全/国/高/等/教/育/金/融/系/列/精/品/教/材

Finance 金融学

主　编◎刘应森　马　郧
副主编◎宋志秀　邓威帝
　　　　赵大利　李小华

经济管理出版社
ECONOMY & MANAGEMENT PUBLISHING HOUSE

图书在版编目(CIP)数据

金融学/刘应森,马郧主编.—北京:经济管理出版社,2012.1

ISBN 978-7-5096-1688-8

Ⅰ.①金… Ⅱ.①刘… ②马… Ⅲ.①金融学—高等学校—教材 Ⅳ.①F830

中国版本图书馆 CIP 数据核字(2011)第 239538 号

出版发行:**经济管理出版社**

北京市海淀区北蜂窝 8 号中雅大厦 11 层

电话:(010)51915602　　　邮编:100038

印刷:**三河市延风印装厂**　　　经销:新华书店

组稿编辑:房宪鹏　　　责任编辑:刘　宏

责任印制:杨国强　　　责任校对:曹　平

787mm×1092mm/16　　　28.25 印张　　636 千字

2012 年 1 月第 1 版　　　2014 年 1 月第 2 次印刷

定价:48.00 元

书号:ISBN 978-7-5096-1688-8

《金融学系列教材》总序

我国的高等教育在飞速发展的同时，也呈现出多样性，如有的人将我国高等学校分为研究型大学、研究教学型大学、教学研究型大学、教学型大学、高职高专等；或分为普通本科、成人本科、函授本科、自修本科；或分为一本、二本、三本等。

不同的高等院校，其办学思想和理念可能存在比较大的差距。但是，它们所开展的高等教育活动是相同的，例如都需要进行包括师资队伍建设在内的学科建设、都需要进行课程改革建设、都需要进行教材改革建设等。

长期以来，由于各方面的原因，我国高等学校教材的编写工作都集中在研究型大学，教学型大学很少编写教材。而研究型大学所开展的教材编写工作，基本上都沿袭了计划经济时期精英教育的需要，没有考虑到不同层次高等学校对教材的特殊需要。过去，我国只有一个层次的大学，即综合型大学或专科学院。现在，由于研究型大学编写的教材不可能满足不同层次高等学校的需要，一些高等学校已经开始编写适合自己的教材，如自修大学、高职高专都有了自己的教材。

独立学院是我国高等教育发展的产物，按照产权划分，其属于民办大学；按照学术水平划分，其属于教学型大学；按照高考录取的安排划分，其属于第三批录取的本科院校；按照教学目标划分，其属于培养应用型人才的院校。

我国民办高等教育包括独立学院的历史都比较短，但实践证明，民办高等学校、独立学院也应该有自己的教材。民办高等学校、独立学院组织编写适合自己的教材，不仅有利于教师开展科研工作，提高自身水平，有利于教学活动的顺利开展和教学质量的保证，也是对研究型大学、公办大学的一种促进，促进其开发新教材、研究新问题、开拓新领域，推动我国高等教育事业的发展。

我国民办高等学校、独立学院的历史比较短，各个学校的力量也都比较薄弱。但是，如果现有民办高等学校、独立学院能联合起来，其力量就可以壮大。

为此，我们发起组织了独立学院金融学专业系列教材的编写。

由于多方面的原因，民办高等学校、独立学院之间往来很少，"鸡犬之声相闻，老死不相往来！"虽然每个学校、每个专业都有自己的方法，但其目的是一致的，都是为了我国民办教育事业的发展、为了独立学院的发展。所以，我国有许多可以合作的平台和项目。我们相信，民办高等学校、独立学院之间通过合作可以相互促进、相互提高，为我国高等教育的发展做出自己的贡献。

《国家中长期教育改革与发展规划纲要（2010～2020）》征求意见稿提出：教育工作的根本要求是：培养造就数以亿计的高素质劳动者、数以千万计的专门人才和一大批拔尖创新人才；高等教育的战略目标是，到2020年高等教育大众化水平进一步提高，毛入学率达到40%。中国是人口大国，也是教育大国，要实现高等教育的战略目标仅依靠国家办学是很难的，我们需要发展民办高等教育。

我国的民办高等学校、独立学院需要社会的浇灌培养！

中南财经政法大学

杨开明

2010年春

前　言

　　《金融学》是经济学、管理学各专业的基础课。鉴于金融在市场经济条件下宏观调节、资源分配的主导作用，为了增强未来适应社会的能力，要求学习和了解金融学知识的学生和社会公众越来越多，很多高等院校的法学、文学、艺术学、工学、理学等学科也把《金融学》作为专业选修课，很多高校把它作为公共选修课，选修的学生越来越多。

　　本书编写的基本指导思想是：第一，各章节要注意内容内在联系的逻辑顺序，全书形成完整的知识体系；第二，基础理论要讲明白，相关金融实务介绍要相对完整；第三，注意合理地、有分析地吸收前沿理论研究成果和介绍分析国内外金融领域的近期重大事件；第四，一个热爱金融学专业并且自学能力很强的学生通过自学也能理解本书的绝大部分内容。因此，本书作了这样的设计：一是适当地增加了案例分析；二是每章都有前沿思考题，这些思考题都是金融理论界、金融从业者以及社会公众关注的热点问题，老师和学生可以在课堂上结合相关章节讨论这些问题，既可以激发学生学习金融学科的热情，又可以帮助学生提高关注和分析现实问题的能力。

　　本书编写分工如下：宋志秀、刘应森拟定全书框架，刘应森负责全书总纂、改稿、定稿，马郧参与审稿。编写分工如下：彭伶（湖北工业大学工程技术学院）导论；邓威帝（武汉纺织大学）第一、三、十三章；刘应森（中南财经政法大学武汉学院）第二、十二章；赵大利、贺绍飞（中南财经政法大学武汉学院）第四章；马郧（武汉纺织大学）第五、六章；阮丹（中南财经政法大学武汉学院）第七章；江柯（中南财经政法大学武汉学院）第八章；李茜（武汉纺织大学）第九章；谢戟（华中农业大学）第十章；徐达（武汉工程大学）第十一章；李小华（中南财经政法大学武汉学院）第十四章；宋志秀（中南财经政法大学武汉学院）第十五、十六章。

　　由于编者水平有限，虽驽驾竭钝，仍可能有错误或不当之处，诚望专家和读者赐教。

　　希望本书能得到任课教师和学生的认可。

刘应森
2011 年 10 月 3 日于武昌竹苑小区梅舍

目　录

导　论
——金融与经济发展

一、金融的含义及金融学的研究对象

（一）金融的含义

金融是商品经济发展到一定阶段的产物，其产生源于货币和信用的产生及发展。

金融活动最初级、最基本的形态是以收支为形式的资金转移，是以货币作为主要载体进行的。在金属货币出现之后，又出现了专门从事货币的发行和流通业务的金融机构，此时货币借贷这种信用活动也开始盛行。随着资本主义经济的发展，在西欧产生了现代银行，许多形式的信用活动及基于信用进行的货币融通都以银行等金融机构为中心展开。到 20 世纪 30 年代，各国先后实施彻底不兑现的信用货币制度，现代经济中主要的信用货币形态——国家发行的纸币、银行账户中的存款货币是以国家和银行信用为保证的，货币流通与信用活动实现了统一。

如果说货币支付与转移仅仅是金融活动的最初级形式，那么随着货币与信用逐渐相互渗透到紧密结合，经营货币资金融通的金融市场和金融机构组织的建立，以货币、信用为基本元素的金融就产生了。而在历史上货币和信用渗透的种种形态则应视为金融的萌芽或早期形态。

金融是什么？在我国古汉语中，“金”和“融”作为两个独立的词存在由来已久，但合为“金融”一词并非古已有之，普遍认为“金融”一词是在 19 世纪初期现代西方文化和传统东方文化融汇之际被引入我国的。1915 年出版的《辞源》中对“金融”的释义是：“今谓金钱之融通状态曰金融，旧称银根。各种银行、票号、钱庄，曰金融机构。”1936 年出版的《辞海》中的释义：“谓资金融通之形态也。”两本辞书均将“金融”定义为通过银钱业的资金融通。但在西方，很难找到一个确切的词来对应“资金融通”这一概念，通常将 Finance 翻译为“金融”，而 Finance 的本义是“货币资财及其管理”，它涉及个人、企业、政府等不同经济主体在资金融通过程中从事的各种经济活动及作出的各种经济决策。对此，《中国金融百科全书》给出了一个比较综合的解释：“金融是货币流通和信用活动以及与之相关的经济活动的总称。”

国外对金融的权威界定来自两本金融学辞典——《银行业与金融百科全书》和《新帕尔格雷夫货币与金融辞典》。

1

《银行业与金融百科全书》认为金融包括三个方面的含义：从最初的意义来看，是指由政府通过税收或发行债券来筹集资金并对其收入支出进行管理，现在专指公共财政；从最基本的意义来看，是指企业通过出售股票、债券或其他工具筹集必要货币的行为；从最广泛应用的意义来看，是指关于货币、信用、银行、证券、投资等业务及其运作与发展的理论与实践。这种释义比较全面，考虑了具有不同目的的主体在不同市场中参与资源配置的问题。

《新帕尔格雷夫货币与金融辞典》指出：金融主要研究资本市场的运营和资本资产的供给与定价，基本内容包括有效率的市场、风险与收益、替代与套利、期权定价、公司金融。这一界定强调储蓄与投资者的微观行为活动，突出金融概念中涉及的微观领域。

综上所述，金融是指资金的融通和货币的流动，是指以金融工具为载体、以金融市场和金融中介机构为中心的各种资金借贷、资本交易、债权与债务转移等经济活动与经济关系的总和。

（二）金融学的研究对象

金融学是从经济学分化出来的一门基础性、理论性和实践性都较强的学科，具有系统的研究内容和研究方法。传统的金融学研究领域大致有两个方向：宏观层面的金融市场运行理论和微观层面的公司投资理论。因此，金融学的研究对象包括货币资金的运动规律、金融市场主体的个体行为和金融体系整体行为产生和发展的规律及其相互关系。其涉及的内容十分广泛，从宏观金融理论到微观金融理论，从货币供求到货币政策理论，从利率制度到汇率制度，从商业银行业务到中央银行监管，从金融创新到金融风险防范等。从研究方法上，金融有理论金融，有实证金融。一方面，金融学的研究将金融活动尽可能纳入宏观经济运行的范围内进行分析，与金融实践的发展紧密相连。近几十年来，金融领域的重大变化，如货币体系的发展、多次世界性金融危机的爆发、金融自由化等，促进了货币理论、汇率决定理论、金融中介理论、金融创新理论的发展，也突出了金融学应用性和实践性强的特点。另一方面，现代金融学越来越注重微观分析，强调数量、模型等实证分析方法的重要性，金融和数学、统计、工程学等交叉发展。客观经济生活的发展推动着学科的建设，如果一个学科不能适应客观经济生活的发展，也必将丧失生命力。随着经济生活中金融活动作用的日益增强，金融学的发展将不断增添新内容，包括金融理论的进步和创新活动产生的新业务。因此我们要不断研究、不断学习。

二、现代金融的特征

现代金融是指资本主义的统一的商品市场形成以来在完善的市场经济条件下逐步形成的金融，是有关资金的流动、集中和分配的一个系统，在中央银行等金融监管机构的调控和监督下，金融中介机构和金融市场利用多种形式的金融工具实现资金在个人、家庭、企业和政府部门之间的融通及配置。现代金融表现出以下三个方面的特征：

(一) 形成了以中央银行为核心、以商业银行为主体的金融机构体系

金融机构是指以货币资金为经营对象，从事货币信用、资金融通、金融交易及相关业务和金融活动的组织。从业务特点及作用看，金融机构主要分为银行类和非银行类两种。前者包括中央银行、商业银行和专业银行等，后者包括保险公司、证券公司和信托公司等。

中央银行独家控制货币的发行，它要根据经济运行的情况，合理调节市场中货币流通的数量，保障币值的稳定，维持货币流通的秩序。此外，中央银行还承担着制定和执行货币政策，实施宏观经济调控和监督管理金融机构的职能。中央银行是一国最高的货币金融管理机构，在各国金融体系中居于"神经中枢"的主导地位。通常情况下，中央银行不直接跟工商企业和个人打交道，只与商业银行等金融机构和政府部门有业务往来，为其提供资金支持及其他金融服务。

商业银行是金融体系中历史最悠久、服务范围最广泛、对经济活动影响最大的金融中介机构，在很多国家和地区的金融体系中居于主体地位。经过数百年的发展，在微观金融领域，商业银行充当间接融资的中介，通过吸收存款、同业拆借、发行债券等负债业务，把社会上的各种闲散资金集中起来，再通过贷款和投资业务，把这些资金投入到需要资金的社会经济各部门，实现社会经济结构的优化调整。例如，2010 年第四季度我国货币政策执行报告显示，2010 年我国银行业机构对中小企业人民币贷款比年初增加 3.3 万亿元，年末余额同比增长 22.4%，其中，小企业贷款比年初增加 1.7 万亿元，年末余额同比增长 29.3%，增速比中型企业高 11.5 个百分点，比大型企业高 16.0 个百分点。这表明我国商业银行对中小企业的信贷支持进一步增强，信贷结构不断优化。在宏观金融领域，商业银行发挥着信用创造功能。一方面创造信用工具，如银行券、支票等；另一方面创造信用量，在支票流通和转账结算的基础上，商业银行利用吸收的存款发放贷款时，往往不提取现金或不完全提现，这就增加了商业银行的资金来源，它又可以凭此发放贷款，贷款又会形成新的存款。如此循环，最后整个银行体系的创造功能使社会货币资金供应量大大扩张。同时，中央银行可以通过各种手段的运用，调控整个社会的货币供应量，影响经济运行。

(二) 形成了能够提供多样化交易对象和交易机制的金融市场

金融市场分为货币市场和资本市场。货币市场是指一年期以下的金融商品交易的市场；资本市场是指一年期以上的金融商品交易的市场，主要是有价证券市场，即债券、股票、投资基金、信托资金等金融资产交易的市场，金融市场通过这些金融资产的交易实现货币与资本的流动、调剂和融通，对社会资源再次配置与整合。

金融市场的基本功能在于：

(1) 通过多种形式，迅速而广泛地把全社会的闲散资金集中起来，使消费资金转化为产业资本，支持扩大规模再生产。银行的借贷、股票和债券的发行，其初始设计和终极目的正在于此。这个最基本、最巨大的功能被伟人和名人们如此描述和称道：第一个获得诺贝尔经济学奖的美国人保罗·A. 萨缪尔森充满激情地说："自从开天辟地以来，曾经有三件伟大的发明，火、车轮和中央银行。"股票和债券等证券市场诞生 100 多年

来，其对社会大生产的推动作用已经为全社会所认同。马克思说："假如必须等待积累去使某些单个资本增长到能够修建铁路的程度，那么恐怕直到今天世界上还没有铁路。但是，通过股份公司，转瞬之间就把这件事完成了。"他还说，股份制度"是发展现代社会生产力的强大杠杆"，"对国民经济迅速增长的影响恐怕估计再高也不为过"（《马克思恩格斯全集》第12卷，第609～610页）。股份公司是适应现代市场经济的企业组织形式，其融资成本低于间接融资，增加了企业利润。由于股份公司是不同类型的股份合资形成的，母公司往往会带动若干子公司，其联动效应是明显的。债券市场是一国金融体系中不可或缺的部分，它可以为全社会的投资者和筹资者提供低风险的投融资工具——债券，引导资金的流向和资源配置。债券和股票一样，可以吸收和集中巨额资金，兴建大企业，建设大项目，往往需要企业债券和国债的支持，扩大规模的大生产又会形成新的投资需求。债券的收益率是社会经济中金融商品收益水平的基准，因此债券市场也是传导中央银行货币政策的重要通道，影响着宏观经济调控的效率。可以说，统一、成熟的债券市场构成了一个国家金融市场的基础，纵观世界上比较成熟的市场经济国家，都有发达的债券市场在社会经济中发挥着重要作用。长久以来美国国债市场是美国社会经济强有力的支柱，美国国债管理的目标之一是使国债发行与联邦政府的财政和货币政策相协调，成为经济调节手段。

（2）引导资金合理流动，提高资源配置效率。首先，任何一国的政府和货币管理当局的政策都会有利于完善和规范本国金融市场，引导资金由效率低的行业和企业向效率高的行业和企业流动。其次，市场交易工具的价格发现，投资者追求较高收益的愿望也有利于投资者把资金投向经营效益好、利润高的企业和有较好发展前景的"朝阳产业"。再次，投资者的资金可以在各种金融工具之间随时转换，或使长期资金与短期资金转换，或使消费基金与积累基金转换，或使未来的现金流与当前的现金流转换，或使不同经营效益的企业之间的股票和债券转换，增强了投资的流动性和灵活性，增强了市场对投资者的吸引力，有利于金融市场的发展。最后，由于金融工具的交易价格能灵敏地反映出市场资金供求状况、企业盈利能力、行业前景和经济形势的变化，因此是进行经济预测和分析的重要指标。对于企业来说，股权的转移和股票行市的涨落是其经营状况的指示器，还能为企业及时提供大量信息，有助于它们进行经营决策和改善经营管理。

（三）证券化、全球化和自由化成为现代金融的发展趋势

1. 金融证券化

资金融通形式主要分为两种：一是最终贷款人通过金融市场购入最终借款人发行的证券，如股票和债券等本源证券，即直接融资；二是最终借款人从专门的金融中介机构借入资金，金融中介机构则通过向最终贷款人发行相应间接证券获得资金，然后转换成本源证券以完成资金的供需匹配，即间接融资。从股票、债券的出现到金融创新下的资产证券化，金融证券化提高了金融在整个社会经济中的影响。

2. 金融全球化

金融全球化是指世界各国、各地区在金融业务、金融政策等方面相互交往和协调、相互渗透和扩张、相互竞争和制约并发展到相当水平，进而使全球金融形成一个联系密

切、不可分割的整体。金融全球化的原因主要是：首先，金融管制的放松，各国对金融机构跨国经营的限制减少，尤其是对外汇管制政策的放宽，大大地促进了国际资本的流动以及金融市场的国际化。其次，现代电子通信技术的快速发展，使国际金融交易中的信息传递更及时、交易成本更低、手续更简便。这构成了现代金融市场全球化的技术基础。再次，20 世纪 70 年代以来的国际金融创新浪潮产生了许多新兴的金融工具，它们有的本身就具有国际性质，如利率互换、货币交换等。最后，国际金融市场的参与者越来越多样化，特别是各种类型的投资基金的崛起大大地改变了投资结构及交易性质，产生了一批专为套利而参与买卖的机构投资者。他们频频出没于全球各国的金融市场，寻找获利机会。这种频繁的交易更加促进了各国市场间的联系。

3. 金融自由化

金融自由化是指 20 世纪七八十年代以来各国普遍放松金融管制后出现的金融机构体系和金融市场充分经营、公平竞争的趋势。金融自由化主要体现为四个方面：一是利率和汇率自由化。国家放松对利率和汇率的限制，其水平由市场资金供求状况等因素决定。如美国在 20 世纪 80 年代取消了 Q 条例规定的银行存款利率限制，利率市场化得以全面实现。二是混业经营与业务范围自由化。金融机构的规模大小、业务范围的宽窄等决定其在竞争中所处的地位。20 世纪 70 年代以后各国监管当局逐渐放松对金融机构业务范围的严格控制。美国于 1999 年通过的《金融服务现代化法案》从法律上取消了商业银行和证券公司跨界经营的限制。对金融机构通过购并、金融创新等手段实现混业经营采取了默许甚或鼓励的态度。三是金融机构准入自由。对内是指放宽金融机构的设立标准，对外则指允许外资金融机构进入国内市场。如 20 世纪 90 年代后期，日本将证券公司与信托投资公司的开业管制由以前的许可制改为注册制，降低了证券业与信托业的进入与退出壁垒。四是资本自由流动。

三、现代金融是市场经济的核心

现代经济是一种发达的货币信用经济或金融经济，金融自身的特殊性质和作用决定了其在现代经济中的核心地位，金融活动已经渗透到经济生活的各个方面，金融的运行与经济的运行相互交融，具体表现在：

（一）金融调控是市场经济主要的宏观调控方式

为保证经济的持续、快速、协调、健康发展，一国需要对经济运行状态和经济关系进行干预和调整，即宏观调控。财政和金融都是宏观调控的经济手段。在高度集中的计划经济体制下，社会资源由国家统一配置，统收统支的财政制度成为社会投融资的基础。当今市场经济体制下，"集财于国"转变为"分财于民"，金融积累取代财政积累占据主导地位，储蓄向投资转化离不开金融市场和金融中介机构的金融工具及其交易机制。另外，传统经济以商品市场为运行中心，所以经济活动围绕商品的生产、分配、交换、消费四个环节展开，它以商品价格作为主要调节机制，通过价格在供求关系等因素影响下的自发变动，引导和调节着资源组合。这种经济运行，"实物流"占主导地位，而在以现代金融为核心的市场经济中,"资金流"居于主导地位,资金运动先于商品和实物运动,资金越过实物直接进入生产部门,反过来再引导各生产要素向生产过程流动。金融业是联结国民经济各方面的纽带,它能够比较深入、全面地反映成千上万经济主体的活动,同时,利率、汇率、信贷等金融手段对"资金流"有着直接影响。国家可以根据宏观经济政策的需求,通过中央银行制定货币政策,运用各种金融调控手段,适时地调控资金活动,推动资源合理配置,促进经济发展。所以说,金融调控已经成为主要的宏观调控方式。

(二) 经济货币化和金融化程度提高是经济发展的必然趋势

经济货币化和金融化程度提高是现代市场经济发展的内在要求,也是必然趋势。

经济货币化是指一国国民经济中用货币购买的商品和劳务占其全部产出的比重及其变化过程,衡量一国经济货币化程度的重要指标是金融相关率(通常为货币量与国内生产总值之比)。一般来说,该比率越高,经济货币化程度越高,金融业越发达;反之,则经济货币化程度越低,金融业越落后。货币化程度的提高意味着社会产品均成为商品,其价值均通过货币来表现与衡量,商品和劳务均以货币为尺度进行分配,而且,货币形式多样化,分为不同层次,货币的作用范围大,渗透力、推动力和调节功能强。所以,经济货币化对于商品经济的发展和市场机制的运作具有重要作用。

经济金融化是经济货币化向纵深推进的高级阶段,反映其发展程度的指标有很多。例如,通过存款银行国内资产与 GDP 之比来衡量存款类金融机构的发展水平。一般而言,一国经济增长速度越快,作为金融体系的主体,存款银行规模将不断扩张,存款银行国内资产与 GDP 之比会有较大程度的上升。对于金融市场发展规模的衡量,运用资本化比率这一指标,即一国证券总市值与 GDP 的比率。通常该指标隐含的经济意义是市场规模越大,资本转移和风险分散的能力越强。此外,还可通过银行、证券、保险等广义的金融业在一个经济体中的比重来全面衡量一国经济金融化程度。以美国为例,1990 年美国广义金融业产值占国内生产总值的比重达 18%,首次超过制造业,2003 年这一比重升至 20.4%。2002 年美国金融业资产为 37.9 万亿美元,2004 年达到 45.3 万亿美元。目前美国金融企业市值约占美国股市总市值的 1/4,其利润占美国企业利润总额的 40%。经济金融化大大提升了美国经济的整体实力,成为维系和巩固美国在全球经济中超级大国地位的重要基础之一。

(三) 金融对经济发展的推动作用日益增强

金融推动经济的发展主要是通过以下四条途径实现的:

(1) 金融运作为经济发展提供条件。现代经济活动与货币信用紧密相连,金融运行过程中提供货币促进商品生产和流通,提供信用促进资金融通,为现代经济发展服务。

(2) 金融的基本功能是为经济发展提供资金支持。金融机构和金融市场以各种金融工具为载体,促进储蓄向投资转化。金融体系就如同经济的血液循环系统,为货币资金这一经济"血液"的流通提供了丰富的载体、媒介和管道。例如,居民理财不仅可以选择储蓄存款这种传统方式,还可以进行股票投资、债券投资和其他金融投资;企业不仅可以利用银行信贷融资,还可以走向市场进行债券和股票融资。因此,整个经济体的资源配置效率得以提高。

（3）金融机构的经营和服务节约交易成本，便利经济活动，提高经济发展效率。例如，支付体系是经济基础设施最重要的组成部分，尤其是随着网络技术和通信技术的进步，各类新型支付服务产品和服务组织不断涌现，对经济活动的安全和效率产生重大影响。

（4）金融业自身的产值增长直接为经济发展做贡献。通常我们用国民生产总值或国内生产总值来衡量一国经济发展状况，这些指标由不同产业的产值构成。当前金融业的产值大幅度增加，占总产值比重不断提高。

应注意的是，金融业的快速发展也可能产生一些不良影响，阻碍甚至破坏经济发展。比如当今金融创新推动新工具、新业务和新交易方式层出不穷，新型金融市场不断形成，加大了信用膨胀的可能性。华尔街不断"创新"的房贷衍生品所带来的高风险被认为是诱发美国次贷危机的原因之一，也引起全球对于金融衍生品的深刻反思。此外，金融业是一个高风险行业，其面临的种种风险如行业风险、营运风险、系统风险等，直接威胁金融业的安全。一旦风险失控，就会出现债务危机、清偿力危机，通过"多米诺骨牌"效应，波及整个金融系统，导致金融危机甚至经济危机。加之金融全球化和自由化使国际资本流动更加便捷快速，危机在全球的蔓延速度更快，冲击性更强。

一、重要概念

金融　金融学　金融机构　金融市场　金融证券化　金融全球化　金融自由化　经济货币化

二、复习思考题

1. 简述银行和金融市场在现代金融体系中的重要性。
2. 简述现代金融的特征。
3. 为什么说金融调控是市场经济条件下宏观调控的主要方式？
4. 论述金融对经济的推动作用。

三、前沿思考题

长期以来，全球金融市场的话语权由标准普尔、穆迪和惠誉三家国际信用评级机构掌握，被视为"金融市场的看门人"。2011 年 8 月 5 日，标准普尔表示，出于对美国预算赤字问题的担忧，将美国主权信用评级由 AAA 调低至 AA＋。而此前近百年，标普、穆迪、惠誉三大评级机构对美国主权信用均维持 AAA 评级。针对此次降级将对全球经济和金融业产生的影响，谈谈你的看法。

第一章　货币与货币制度

> **本章提要**：货币是经济的血液，是金融史上研究时间最久的金融范畴。所有对金融学的研究都是以货币为起点的。
>
> **本章主要讲述**：
> 货币的本质、起源、职能、形式。
> 货币层次划分的内容、依据及意义。
> 货币制度的构成要素。
> 货币制度的演变。

货币就像是一条无形的纽带，它将不同的人、不同的行业、不同的机构、不同的国家紧密地联系在一起。它对我们是如此重要，以至于有人把它比做国民经济的血液。尽管人们可以给出货币的不同定义，但归根结底，它是我们在购买商品和劳务或清偿债务时被广泛接受的一般等价物。货币有多种经济功能，在历史上也有不同的表现形式，一部货币史就是一部人类商品经济的发展史。在现实经济生活中，货币收支大体表现在五个方面：以政府为中心的货币收支，以企业为中心的货币收支，以银行等金融部门为中心的货币收支，以居民个人为中心的货币收支，还有一国对外的货币收支，这些以各经济部门为中心的货币收支包括了整个国民经济中一切现实的货币收支，它们彼此相互联系，此收彼支，此支彼收，构成了一个连绵不断的货币收支系统，这个系统就称为货币流通。货币流通是现实的货币在经济生活中运动的总和。

第一节　货币的本质及其起源

19 世纪 40 年代，马克思在西方经济学家对货币的起源问题进行了三四百年的探索的基础之上，进一步对货币起源问题进行了极富创见性的阐释。马克思是从商品和商品交换入手进行分析的。在人类发展的历史中，早期的交换采取了物物直接交换的形式，随着商品经济的发展，交换行为的普遍化、复杂化程度的提高，人们发现，物物交换的方式会造成交易过程效率过低、成本过高，有时会导致交换行为无法完成。这是因为物物交换的顺利完成必须满足三个基本条件：第一个条件是需求的双重巧合。也就是说，要完成一项交易，首先必须使参加交换的两种产品正好是交换的双方所有者互相需要的产品。例如，粮食所有者用于交换的粮食的品种刚好是布匹所有者所需要的，而布匹所有者用于交换的布匹则刚好是粮食所有者需要的。在绝大多数情况下，每一个要求出售自己商品的所有者都难以迅速、直接地找到合适的交易对象，他们只能在市场上反复地、多次地寻找自己所需要的交换对象。第二个条件是时间的双重巧合。也就是说，两个互相需要对方商品的交换者，在市场上出售商品的时间应该是一致的。否则，两位商品生产者就无缘相见。这一点在现实生活中也是很难实现的，时间上的限制使得许多商品交换受到影响。第三个条件是空间的双重巧合。也就是说，商品生产者在交换各自的商品时，必须在同一地点出现、相遇，交换才能成功。商品生产者为了得到只有在其他地方才能生产出来的商品，就只有将自己的商品运到异地，才有可能使交换成功，这必然会导致交换成本的提高。当某种商品能被普遍接受成为交换的媒介时，这种商品会最终从商品世界中分离出来，成为特殊商品，即货币，货币开始走上历史舞台。

一、货币的产生来源于商品交换，是价值形式发展的结果

货币是商品生产和商品交换的产物，是在长期的商品生产和商品交换的过程中，逐渐从商品世界中分离出来的、固定地充当一般等价物的特殊商品，货币是价值形式发展的结果。

（一）简单的价值形式

在原始社会末期，由于生产力水平低下，人们的劳动产品除了满足自己的需要外，很少有剩余产品进行交换。商品交换的行为只是个别的、偶然的。在这种交换过程中，一种商品的价值偶然地表现在另一种商品上，即表现为简单的或偶然的价值形式。交换的偶然性使商品价值的表现是不完善、不成熟的，也是不充分的。随着社会生产力的进一步发展，剩余产品开始增多，交换的场所和领域也在不断扩大，商品交换也不再是很偶然的，于是出现了扩大的价值形式。

（二）扩大的价值形式

在扩大的价值形式中，一种商品的价值已经不是偶然地表现在某一种商品上，而是表现在一系列的商品上。这时，各种商品交换的比例关系和它们所包含的社会必要劳动时间的比例关系更加接近，商品价值的表现也比在简单的价值形式中的价值表现更完整、更充分。但是，扩大的价值形式也有其弱点：首先，商品的价值表现是不完整的，因为作为等价物的商品的系列是无止境的，任何一种新的产品都可以加入交换；其次，商品的价值表现也不统一，作为等价物的每一种商品都可表现处于相对价值形态地位的商品的价值；最后，商品的价值表现也很复杂。由于处在等价物地位的不同商品之间是相互排斥的关系，商品价值要想获得表现，其实际交换过程可能十分复杂。由于这些内在矛盾的存在，价值形式得以进一步发展。

（三）一般价值形式

在一般价值形式中，一切商品的价值都只能统一地表现在某一种商品上，这种商品充当一般等价物角色。一般等价物具有排他性，拒绝任何其他商品与之并列。它拥有特殊的地位，任何一种商品只要与作为一般等价物的商品交换成功，该商品的使用价值便转化为价值，具体劳动便转化为抽象劳动，私人劳动也获得了社会的承认，成为社会劳动的一部分。一般价值形式的出现，是商品价值形式演变过程的质的飞跃，作为一般等价物的商品实际上起着货币的作用，只是在一般价值形式中，作为一般等价物的商品还没有固定下来。

（四）货币形式

随着商品生产和商品交换的不断发展，从充当一般等价物的众多商品中逐渐分离出一种固定地充当一般等价物的特殊商品，这种商品就是货币。从货币的产生过程看，货币是商品生产和商品交换发展到一定阶段的必然产物，同时也是商品经济内在矛盾发展的必然结果。它解决了物物交换的诸多困难，但又使商品经济的内在矛盾进一步发展，使商品的价值和使用价值的内在对立表现为货币和商品的外在对立。

二、货币形态的历史演变

货币的形态从其诞生之日开始，便不断经历着从低级向高级的演变过程。

几千年来，货币大体经历了实物货币、金属货币、代用货币、信用货币和电子货币这几种形式。

（一）实物货币

最原始的货币是以实物的形式出现在人们面前的。在物物交换时代，人们在进行交易时，某些商品能够广泛而普遍地被人们接受和使用。一旦某种商品在一个比较大的范围里得到人们的认可，开始充当交换的中介，那么这种商品就成了货币。这就是实物货币或商品货币。

早期的实物货币形态多种多样。根据考古学家的考证，中国最早充当货币的实物是贝。这一点可以从我国的文字中得到印证。汉字中许多以"贝"作为偏旁部首的文字，其含义都和财富相关，如财、货、贸、贫等都是这样。日本、东印度群岛以及美洲、非洲的一些地方也有用贝充当货币的历史。而在古代欧洲、古波斯、印度、意大利等地，人们选择用牛羊充当货币，埃塞俄比亚曾用盐作为货币，美洲曾经选择烟草、可可豆等作为货币。

早期的实物货币，是在长期的商品交换过程中由普通商品发展而来的，在充当货币时，基本上保持原来的自然形态，虽然能够代表财富，但并不是理想的货币材料，因此在使用中暴露出很多缺点，阻碍了交易的进行。例如，牛羊等牲畜的价值较高，也便于转移，但是分割后的牲畜其部分价值的总和会大大低于整体，这样，一些价值较低商品的交易就无法使用牛羊作为交易的中介了。

（二）金属货币

随着交换的发展，早期实物货币的缺点越来越明显。此时人们发现金属具有可以充当货币的特殊的性能：可多次分割，可按不同比例任意分割，分割后可以冶炼还原；金属易于保存，不易腐蚀变质。于是，在世界各地金属逐渐取代了其他商品的地位，开始固定地充当货币。

货币并不是自然产生的，而是在一定的社会生活条件下形成的，而货币一旦产生，并进入经济生活之后，就逐渐找到了金银这类最适宜的贵金属，充当自己的载体。马克思用了这样一句话来描述这一现象："金银天然不是货币，但货币天然是金银。"

历史上充当货币的金属主要是金、银、铜，铁充当货币的现象比较少。这主要是因为随着人类社会冶炼技术的发展，铁的冶炼变得比较容易，和金、银、铜比较起来，铁的价值比较低，而且容易锈蚀，不利于保存。在我国历史上，最早的金属货币是金和铜。东汉以后，黄金的数量急剧减少，到宋代时，白银取代了黄金的地位，成了主币的币材。白银的流通在中国一直延续到 20 世纪 30 年代。而在西欧，最初银币的数量多于金币的数量，自 13 世纪以来，金币的数量逐渐增多，到 18、19 世纪金币已经占据了主要地位。20 世纪初期，世界主要的工业化国家均使用黄金作为币材。

（三）代用货币

随着人类社会经济生活的进一步发展，人们逐渐发现金属货币虽然具有很多优点，但是，其缺点也很明显，已经不能完全满足进一步扩大的商品生产和流通的需要。例如，当商人前往比较遥远的地区采购商品时，随身携带大量的金、银既不方便，也不安全。于是，人们开始选用纸张来代替金、银行使货币的职能，这些纸做的货币通常是由政府或银行发行，被称为银行券，可以在市面上流通，持有者可以随时向政府或发行银行兑换成金属铸币或金、银，其效力与金属货币完全相同，因此又称为代用货币，或者是兑现纸币。

和金属货币相比，代用货币的优点非常明显。除了便于携带和运输以外，印刷纸币的成本低于铸造金属货币的成本，能够节约交易费用。此外，纸币流通还可以避免金属货币流通时所产生的"劣币驱逐良币"的问题。

银行券产生过程是这样的：人们为了保证货币的安全性，把自己所持有的金属货币存放于银行、钱庄之中，而银行、钱庄则开出一张书面凭证，证明存款人的权益，这张书面凭证就是银行券。存款人凭手中持有的银行券就可以随时要求银行、钱庄兑现等额的金属货币。因为银行券能够随时兑换成等值的金属货币，因此在交易时就可以充当媒介，代替金属货币。银行券的发行需要两个基本保证，即黄金保证和信用保证。黄金保证是指发行多少银行券，必须有多少相应的黄金进入流通，以保证银行券随时可以兑换黄金；信用保证是指银行券是通过贴现商业票据发行出去的，可以由信用好的债务人偿还，且时间较短。

世界上最早使用纸币的国家是中国，但是我国历史上的纸币大多不能兑现成金属货币。早在北宋年间，即 10 世纪末期，中国就开始使用纸印刷的货币——"交子"。此后元朝在全国范围内实行纸钞流通制度，明朝也发行了"大明宝钞"，欧洲的纸币则发源于银行券。最初，一般商业银行都可以发行银行券，发行银行券的银行保证银行券可以随时按面额兑换成金币、银币。到了19世纪，西方工业化国家先后禁止商业银行发行银行券，银行券的发行权归中央银行所有。

（四）信用货币

信用货币，又称为不兑现纸币，是指货币本身价值低于货币价值，而且不能兑换成贵金属的货币。信用货币是代用货币进一步发展的产物，目前世界上几乎所有国家都采用这种货币形式。比如美国的美元、日本的日元、中国的人民币等都是信用货币。相对于信用货币的票面价值而言，印刷这些货币的成本几乎可以忽略不计，既然货币本身价值远远低于货币价值，那么人们为什么会愿意接受这些货币呢？信用货币产生的机理就在于信心和信用。人们接受、储存信用货币，是因为他们相信这些信用货币能够换到他们所需要的商品和服务。而人们对信用货币的信心，则来源于法律和传统。各国法律都对本国货币在本国境内的使用做出了规定。

从历史的角度看，信用货币的出现是金属货币制崩溃的直接后果。在第一次世界大战之前，只有在战时或是经济震荡时期，部分国家才会停止兑现银行券，由国家法令来支持银行券的流通。但是，由于战争和世界性的经济危机、金融危机接踵而至，世界各主要国家的银行券都普遍停止兑现金属货币。既然纸币不再能兑换成金属货币，那么纸币也就不再是代用货币了。此时纸币的发行由中央银行垄断，完全转变为信用货币了。

除了上述直接的历史原因之外，信用货币的诞生也是经济发展的必然结果。政府和金融机构根据长期的发行经验发现，只要银行券的发行量控制得当，社会大众对银行券和发行机构保持信心，那么银行券不需要十足的金属货币作为准备。既然银行券不再用足额的金属货币作为准备，那么银行券之所以能够按面值在市场上流通，其原因自然在于人们对银行券发行机构的信任。这样，纸币就由代用货币转变为信用货币——依靠发行机构的信用流通的货币。

当然，信用货币的出现并不意味着发行机构可以随心所欲地发行货币。货币发行机构要想维持货币币值的稳定，就必须保证社会大众对发行机构的信誉具有信心，因此也就不得不对信用货币的发行数量有所控制，以免货币贬值。

目前我们使用的信用货币主要有下述三种：

（1）辅币。在进行小额或零星交易时使用的货币就是辅币。辅币一般采用铸币的形式，由铜、镍等金属铸造，其本身所含金属价值低于其货币价值。目前，世界各国辅币的铸造权都由政府或中央银行掌握。

（2）钞票或纸币钞票。纸币就是人们在日常生活中通常说到的现金，其发行机构各国均有所不同，但多数国家都指定发行权归中央银行所有。

（3）银行存款。现代银行的一项重要业务就是为客户开立支票存款账户，客户可以据此向银行签发支票。所谓支票，就是银行存款户根据协议向银行签发的即期无条件支付命令。客户拥有了支票存款账户之后，就可以用支票来代替现金进行交易了，在现代经济生活中，通过支票转账进行的交易数量远远多于通过现金进行的交易数量。

在银行信用制度发达的国家，支票是流通中最重要的工具。这主要是相对于现金而言，支票具有很明显的优点：支票可以挂失，从而可以减少使用现金遭受损失的风险；支票传输便利，减少了交易的成本；支票可以按照交易的实数收付，避免了找换零钱的麻烦；支票可以背书转让。在进行大额交易时，支票的优点就更为明显了。当然，使用支票也有一定的缺点。由于支票的支付最终必须通过银行转账才能实现，因此支票结算费时费力。而且，支票本身只是一种代表存款的票据，在交易方不了解开立支票者信用的情况下，可能就会拒收支票。在银行信用制度健全的国家，人们已经创造出了许多辅助的信用工具，如保付支票等来克服支票的缺点。

除能够签发支票的存款之外，不能签发支票的存款，如企业的定期存款和居民的储蓄存款等，也是现代信用货币的一种。只不过这些存款不能签发支票，因此也就不能直接流通，不能直接用于执行交易媒介、支付手段的职能。

（五）电子货币

随着电子计算机技术的发展和互联网的普及，货币形态又开始发生改变，出现了电子货币。所谓电子货币，就是采用电子形式的货币。换言之，此时货币的形式不再是纸（纸币）和金属（硬币），而是电子载体中包含的信息。

电子货币就其具体的表现形式来讲通常有两种情形：电子资金转账和电子现金。电子资金转账，是以各种各样的电子工具为基础访问银行存款，从银行存款中提取现金，或进行其他银行转账业务。我们比较熟悉的有银行发行的借记卡。凭借借记卡，持卡人可以通过银行柜台、自动提款机、POS机、电话银行、网上银行等对自己的银行账户进行操作，或提取现金，或进行消费，或转账结算。这种形式的电子货币需要银行或中央银行作服务的中介。为此，银行必须拥有高处理能力的计算机和连接各金融机构的通信网络。

电子现金可以称为电子钱包。它实际上是一种可以再次装入资金的多用途预付卡，比如我们经常使用到的各种储值卡。电子钱包是不记名的，人们在使用电子现金时，不需要访问自己的银行账户，既可直接从买方的电子钱包向卖方的特殊终端进行转账，也可以从一张卡进行转账。目前各大学普遍使用的食堂餐卡就是一种电子钱包。

无论哪种情况的电子货币，持有人都必须预先以央行货币向发行机构支付电子货币价值，而且价值都以电子形式存储。与纸币、硬币、支票等支付工具相比，电子货币的主要优点在于不用借助有形的货币实体进行交换，从而可以简化异地支付费用，节省流通费用，特别是可以节省处理现金和支票所耗费的人力物力。因此，电子货币深受消费者、商家和金融机构的欢迎，甚至开始逐渐取代现金、支票等传统货币。然而，电子货币的安全性是电子货币无法回避的一个问题。

目前电子货币已经成为西方国家流通中广泛使用的支付工具。在我国，以银行卡、IC卡为代表的电子货币也得到了蓬勃发展。

三、货币的本质

从货币的产生过程可以看出，货币是商品，但货币不是普通的商品，而是固定地充当一般等价物的特殊商品，并体现一定的社会生产关系，这就是货币的本质。

（1）货币是一种商品，具有商品的共性，即都是用于交换的劳动产品，具有使用价值和价值。如果货币没有商品的属性，那么它就失去了与其他商品相交换的基础，也就不可能在交换过程中被分离出来充当一般等价物。

（2）货币是一般等价物，它具有两个基本特征：①货币是表现一切商品价值的材料。普通商品直接表现出使用价值，其价值必须在交换中由另一种商品来体现；而货币是作为价值的体现物出现的，在商品交换中直接体现被交换商品的价值。一种商品只要能交换到货币，商品的价值就得到了体现。因而，货币就成为商品市场唯一的核算社会劳动的工具。②货币具有直接同所有商品相交换的能力。普通商品只能以其特定的使用价值去满足人们的某种需要，不可能同其他一切商品直接交换。货币是人们普遍接受的一种商品，是财富的代表，拥有它就意味着能够去换取各种商品，从而获得其使用价值。因此，货币成为每个商品生产者所追求的对象，货币也就具有了直接同一切商品相交换的能力。

（3）货币体现一定的社会生产关系。货币作为一般等价物，无论是表现在金银上，还是表现在某种价值符号上，都只不过是一种表面现象。货币是商品交换的媒介和手段，体现的是商品生产者之间的社会关系。商品交换是在特定的历史条件下，人们互相交换劳动的形式。因此，货币作为一般等价物反映了商品生产者之间的交换关系，体现着劳动的形式。体现着产品归不同所有者占有，并通过等价交换来实现它们之间的社会联系。

（4）货币作为财富的象征具有非常广泛的影响力和支配性。就直接职能来说，货币的作用仅存在于商品交换领域，但实际的情况并不仅限于此。在现代市场经济条件下，整个社会经济都成为一种"货币经济"，货币的影响力渗透于社会经济活动的各个领域，甚至支配一切，成为现代经济的血液。这种神圣地位并非产生于货币本身，而是来自它代表的社会经济关系。因为在社会还没有完全消灭占有关系的情况下，货币作为财富的象征，自然地具有了某种特殊的地位。货币作用的深化，是经济发展的必然，同时也给社会发展造成了某些消极影响。

第二节　货币的职能

货币的职能是指由其本质所决定的内在的功能。在现代经济生活中，一般认为货币具有五种职能，这五种职能是价值尺度、流通手段、贮藏手段、支付手段和世界货币。

一、价值尺度

价值尺度是指货币在表现商品的价值（质的方面）并衡量商品价值量的大小（量的方面）时的职能。在这里，货币是一种尺度，一种单位，所有的商品和劳务的价值均可通过它来衡量，用它表示，从而可以方便地进行比较。

货币之所以能够充当价值尺度是因为货币本身也是商品，也具有价值，它与其他所有的商品在质上是相同的，在量上是可以比较的。这样，作为一般等价物的货币就可以表现、衡量其他所有商品的价值。货币在执行价值尺度时有如下特点：

（1）货币作为商品的价值尺度可以是观念上的货币。货币是商品内在价值的外在表现尺度，货币在执行价值尺度职能时，并不需要将现实的货币放在商品旁边，而是只需要运用长期积累的经验和知识，形成观念中的货币概念就可以了。观念上的货币存在的前提条件是货币币值的相对稳定，否则人们头脑中原有的观念就会失效，从而无法完成或无法精确完成对商品价值的衡量。

（2）必须是足值的货币，这是价值尺度职能存在和正常发挥作用的前提条件，在金属货币流通的条件下，货币用其实际价值来衡量商品的价值，单位金属含量必须符合国家法律规定的标准，其名义价值必须与实际价值相等；在信用货币流通的条件下，货币的币值必须稳定，正如一把自身尺度不断变化的尺子无法精确度量物体的长度一样，币值不断变化的货币无法精确衡量商品的价值量。

货币将商品的内在价值转化为价格，必须通过价格标准来完成。价格标准是法定的货币单位及其等分，这是一种为统一计价方式而做出的技术性的规定，首先是确定一个基本的货币单位，然后以这个货币单位进行等分，这样通过货币单位的累计可以精确衡量商品的价值量。在我国的价格标准中，"元"是基本单位、"角"、"分"是基本单位的进一步等分，计价方式是十进制的累计，于是便可以用这些基本单位及其等分精确地为商品标价了。在实物货币时代，就已经有了货币单位。如最早的实物货币"贝"的单位是"朋"，五枚或者十枚贝为一串，两串合在一起为一"朋"，《诗经·小雅·菁菁者莪》有句云："既见君子，赐我百朋"。牲畜用"头"。后来价格标准与重量标准一致，如我国古代的贵金属称量制，其贵金属货币单位与重量单位完全一致，秦汉时期的货币单位为"半两"、"五铢"。价格标准与重量单位的这种联系随着货币制度的演变而不断变化，最后完全分离。

二、流通手段

流通手段是指货币在商品和劳务的交换中充当交换媒介的职能。货币产生之前，人们之间的交换采取物物交换的方式，即商品所有者拿着自己的商品去寻找持自己需要商品的所有者进行交换。在这种交换形式中，买卖是在同一过程中完成的。有了货币，则使商品交换的过程变成了买和卖两个阶段，这样一个连续不断的过程就是商品流通。而货币在商品流通过程中从一个所有者手中转到另一个所有者手中的运动就是货币流通。货币流通是由商品流通引起的，没有商品流通就没有货币流通，而货币流通是为商品流通服务的，尤其在现代经济中，货币流通对促进和扩大商品流通有着重要意义。

执行流通手段的货币有如下特点：

（1）必须是现实的货币。货币作为流通手段在商品交换时体现着等价交换的原则，必须一手交钱，一手交货，必须是现实的货币。

（2）可以是不足值的货币，因而可以用价值符号来代替。这是因为货币作为交换媒介不断地从一个商品所有者手中转移到另一个商品所有者手中，货币在商品所有者手中所发生作用的时间是非常短暂的，人们关心的只是货币能否换回与自己交换出去的商品等值的商品，而货币本身是否足值并不重要。

（3）具有一定的货币危机性。货币危机性是指货币的运动与商品的运动脱节引起两者数量失衡，从而使物价波动不定的可能性。危机性有可能来自两个方面：一方面，由于货币作为流通手段将商品交换分割成两个独立的环节，内部密切联系而外部又相互独立，也就是说货币流通渠道与商品流通渠道相互独立。如果脱节的时间太长，就会造成货币沉淀和商品积压。另一方面，因为人们愿意接受不足值的货币作为流通手段，价值符号取代足值货币就具备了现实条件。当货币发行机构在理论上和技术上具备了垄断发行信用货币的条件，货币发行也成了相对独立的环节，成了货币供求上的主观因素，货币流通与商品流通脱节的可能性就更大了。

三、贮藏手段

贮藏手段是指货币退出流通领域被当做社会财富的一般代表的职能。在私有制条件下，人们为了防备不测之需或为了以后生活得更好而必须进行当前剩余产品的贮藏。商品是不容易保存的，作为一般等价物的货币就成了贮藏的首选。

货币充当贮藏手段时有如下特点：

（1）必须是现实的货币，而且是足值的货币。货币的贮藏实际上是价值的贮藏。为了保证货币退出交换时的购买力与进入交换时的购买力等同，金属货币必须足值，信用货币必须保证币值稳定。

（2）质上的无限性。贮藏货币在可购买的商品数量上是有限的，但货币作为一般等价物，是可以同任何商品交换的，所有贮藏状态下的货币转变为现实的购买力，购买何种商品都有一种无限性。不同货币形式的贮藏手段发挥的作用是不一致的。

四、支付手段

支付手段是指货币在用于清偿债务时所执行的职能。货币作为支付手段最初是为了适应商品的赊销活动的需要。在偿还赊购货款时，货币已经不再是流通过程的媒介，而是成为补足交换的一个独立的环节，即作为价值的独立运动形态存在，使商品的流通过程结束，随着商品交换的发展，货币支付手段的职能也扩展到商品流通领域之外，在赋税、地租、借贷等支付活动中发挥作用。货币的支付手段职能有两种类型：一种与商品交换直接相关，如预付、赊销等，这实际上是流通手段的延长。这种支付手段往往与债务关系相关。另一种与商品交换的关系不是很大，如财政收支、信贷收支、工资费用收支、捐赠和赔款等。从表面上看，它们与商品交换没有直接的关系，实际上在代替商品流通时，应该由商品来承担的价值量由货币来承担了。

货币作为支付手段具有以下特征：①货币作为独立的价值形式进行单方面的转移，不论在赊销活动还是在其他支付活动中，都没有商品与之同时、同地相对运动。②作为支付手段的货币必须是现实的，但可以由价值符号执行。③货币危机性最大。这是因为，首先，支付手段可能形成债务锁链，从而导致货币流通和商品流通的不正常；其次，货币具有了相对独立的运动能力，在无发行信用保证时，可能引起货币的超量发行。比如中央银行可能为弥补财政赤字而进行财政性发行，商业银行则可能为增加利润而盲目扩大贷款规模等。

五、世界货币

世界货币是指货币越出国境在国际市场上发挥一般等价物作用时的职能。货币作为世界货币可以发挥三方面的作用：作为支付手段以平衡国际收支差额，作为购买手段进行国际贸易，作为一般性财富转移手段进行国际间财富的转移。金属货币因具有十足的价值，所以自动地承担世界货币的职能，而信用货币因其名义价值高于实际价值，是国家强制赋予其流通能力的，越出国境以后，其强制力量失去效力，所以世界上只有少数几个国家的货币具有世界货币的职能，如美元等。这些货币在国际货币体系中起着重要的作用，并广泛地被其他国家作为国际储备和国际购买手段。

信用货币取得世界货币职能的一般条件：①货币发行国的经济实力足够强大且国际贸易足够发达。②这种货币是自由兑换货币，并在国际市场上有较大的需求量。③这种货币币值比较稳定，发行国愿意承担维护和调节该货币币值的相应义务。

虽然黄金已经不再作为固定资产货币形态了，但黄金仍然是国际支付的最后手段，当一国其他的国际购买或支付手段如外汇储备、国际货币基金组织特别提款权及其他储备头寸均已告罄时，黄金就有可能再次承担起国际购买和国际支付的职能。所以，在各国储备中，黄金都是重要的组成部分。

上述货币的职能是相互联系的整体，是对货币本质的全面体现。它们的相互关系表现为：

(1) 价值尺度和流通手段是货币的两个最基本的职能。这是因为这两个职能满足了商品的基本要求。因此，马克思指出：一种商品变成货币，首先是作为价值尺度和流通手段的统一，换句话说，价值尺度和流通手段的统一就是货币。

(2) 货币的其他三种职能是货币作为一般等价物在不同环境中本质的表现。货币作为贮藏手段是因为货币首先是价值尺度和流通手段，而且随时有可能转化为流能手段，只有这样，人们才有可能愿意储存货币，货币作为支付手段与货币的一般等价物的本质特征直接相联系。货币在执行支付手段时往往是在商品交易行为之后，此时，货币已经完成计价，即已经作为价值尺度职能发挥作用了。同时，货币的支付手段职能与流通手段职能是可以互相转化的。货币作为世界货币的职能是在国际市场上充当一般等价物。

第三节 货币的计量

一、货币的实证定义

货币的实证定义也可称为货币的计量定义，即为实现对货币的宏观控制，从统计的角度给出货币供应量的层次范围并计算数量。

（一）狭义货币

狭义的货币量：M＝现金＋活期存款。这里现金也就是所谓的通货。活期存款的量，在国外是指全部的活期存款，在我国只包括支票类和信用类活期存款。西方国家的活期存款都是支票存款，支票可以广泛用于购买和支付。而在我国，存折类活期存款不能直接用于购买和支付，狭义货币量中并不包括全部活期存款。

（二）广义货币

广义的货币量：M＝现金＋全部存款＋某些短期流动性金融资产。这里的金融资产是指那些人们接受程度较高的可在一定程度上执行货币某些职能的信用工具，如商业票据、可转让存单、国库券、金融债券、保险单、契约等。

（三）划分狭义货币与广义货币的标准

划分狭义货币与广义货币的一般性标准应该是金融工具能否作为直接购买力。很多信用工具被纳入广义货币范畴，是因为其能在一定程度上执行货币的某些职能尤其是支付手段和贮藏手段，如偿债、质押、保值等，但它们又不可能具备全部的货币职能尤其是流通手段，也就是不能直接用于购买。因此，如果要严格地按货币职能来界定狭义货币，其标准只能是其能否作为直接购买力。

一般将广义货币口径中除狭义的货币以外的部分称为准货币或亚货币。

二、货币层次划分

（一）货币层次划分的依据及意义

世界各国的货币当局都必须通过对货币数量的调控实现对整个经济进程的干预和调节，这就需要对货币供应量进行比较精确的计量，即进行层次划分。在实际操作中，只有大概化的货币数量是远远不够的，需要根据统计的要求，对货币进行精确定义，从而确认哪些资产可以作为货币统计起来，哪些资产还不能纳入货币的口径。此外，还要对纳入货币统计范畴的资产进行进一步的区分，以便于货币政策的操作。许多经济学家都认为，在计量货币时，应该用实证的方式来划分货币。

在具体操作中，人们往往选择流动性指标作为计量货币的标准。流动性是指迅速转换成现实购买力而不致遭受损失的能力。流动性的大小取决于如下三个因素：①资产变现的难易程度。②变现时发生的交易成本大小。③该资产价格的稳定性。资产价格的波动幅度越大，资产的流动性越差。流动性程度实际上反映了资产作为流通手段和支付手段的方便程度。流动性程度较高，在流通中周转起来就比较便利，形成购买力的能力也比较强；反之，则较弱。根据流动性这个标准计量出来的货币供应量，对于观察经济状况、实施宏观调控有重要意义。

（二）国际货币基金组织推荐的货币供应量及其层次划分

国际货币基金组织的货币供应量采用三个层次：通货、货币和准货币。通货即流通中的现金；货币等于通货加上私人部门的活期存款，相当于各国通常采用的 M1；准货币相当于定期存款、储蓄存款与外币存款之和。货币加上准货币，相当于各国通常采用的 M2。

（三）中国的货币供应量及其层次划分

从 1994 年 10 月开始，中国人民银行正式把货币供应量作为我国货币政策的中介指标，并按季度公布货币供应量指标。经 2001 年 6 月第一次修订后，其具体划分层次为：

M0＝流通中现金

M1＝M0＋单位活期存款

M2＝M1＋储蓄存款＋企业定期存款＋证券公司客户保证金＋其他存款

2002 年年初，第二次修订货币供应量统计口径，将在中国和外资、合资金融机构的人民币存款业务，分别计入到不同层次的货币供应量。

（四）美国的货币供应量及其层次划分

美国中央银行货币供应量统计由 M1、M2、M3 三个层次组成，同时公布大口径货币范围流动的流动性资产 L 的数字。

M1＝流通中现金＋旅行支票＋活期存款＋其他支票存款

M2＝M1＋小面额定期存款＋储蓄存款和货币市场存款账户＋货币市场互助基金居民份额（MMDAS）＋隔日回购协定＋隔日欧洲美元

M3＝M2＋大面额定期存款＋货币市场互助基金机构份额（MMMFS）＋定期回购协定＋定期欧洲美元

L＝M3＋短期财政部证券＋商业票据＋储蓄债券＋银行承兑票据

（五）欧洲中央银行的货币供应量及其层次划分

欧洲中央银行的货币供应量体系由三个层次组成，分别是狭义货币 M1、中间货币 M2 和广义货币 M3，其中 M3 是欧洲中央银行重点监测的指标。

狭义货币 M1 有现金和具有即时支付能力的存款如隔夜存款两种形式，是欧洲中央银行货币统计中流动性最强的货币，处于货币体系的最底层。中间货币 M2 是在狭义货币的基础上增加了期限为两年以下的定期存款。广义货币 M3 是在中间货币 M2 基础上增加了回购协议、货币市场基金（MMF）和货币市场票据，期限为两年以内的债券。期限超过两年的定期存款在广义货币 M3 中统计并公布，作为一个参考指标。

第四节 货币制度的构成及演变

一、货币制度及其构成要素

货币制度简称币制，是指一个国家以法律形式确定的货币流通的结构与组织形式。

货币制度的宗旨是加强对货币发行和流通的管理，维护货币的信誉，管理金融秩序，促进经济发展。尤其在现代社会中，建立有序的、稳定的货币制度能为经济发展提供有利客观条件。货币制度已成为建立宏观调控体系的重要内容，并成为每个国家所共同追求的目标。

货币制度的发展并不完全与货币本身的发展同步。古代的实物货币流通阶段几乎没有规范的货币制度。金属货币流通阶段开始对货币的铸造和流通做出了一些具体规定，但在资本主义制度建立之前，由于自然经济占统治地位，商品经济不发达，存在着币材众多、铸币权分散、货币规格各不相同、成色降低、货币流通混乱等状况，所以货币制度也是分散而且混乱的。

随着资本主义生产方式的建立，不规范的货币制度很难适应资本主义国家建立统一的市场体系和稳定的市场环境的要求，于是各国都通过法律程序建立起严格的、统一的和规范的货币制度，到现代信用货币流通阶段，货币制度的宗旨和要求没有变化，但其内容已经有了较大的改变。

（一）货币材料和货币单位的规定

规定何种材料为币材，在金属货币时代是非常重要的，它决定了哪种金属作为基本货币金属，即作为本位币的铸造材料，因此也就确定了整个货币制度和货币流通的基础。币材的确定是受客观经济规律制约的，绝不是国家机关或主管部门的主观意志可以决定的。一旦原有的币材不能适应生产力水平的发展，经济就会"自动"选择新的材料来取而代之，货币制度实质上只是客观选择的确定。

历史上曾有许多商品充当过货币材料。实物货币中有贝壳、布帛、珠玉等。金属货币流通阶段的币材比较集中，但在不同的国家和不同的地区也会有所不同，如商品经济不发达的国家一般选择白银或其他贱金属作为货币材料，而经济发达的国家就可能选择黄金作为货币材料。另外，在同一国家同一时期，币材也可能不是单一的，有可能出现多种货币材料同时存在的现象。现在世界各国都实行不兑现的信用货币制度，法令中没有规定由何种商品作为币材。这就是说，在传统的货币制度构成要素中关于货币材料的规定的内容现在已不复存在了，这是货币制度的一个重大变化。

货币单位包括两重含义，一是规定货币单位的名称，二是确定单位货币的币值。货币单位的名称，最早与货币商品的自然单位保持一致，在金属称量制下的货币单位与重量也就是单位完全一致，在金属铸币制中货币单位开始与重量单位名称相分离，而货币单位价值量也就是单位货币的含金量，仍以重量单位表示。

各国法律规定的本国货币名称，通常都是以习惯形成和名称为基础。按照国际惯例，一国货币单位和名称往往就是该国货币的名称；几个国家货币名称一致时，则在前面冠以国名。如法郎是许多国家所共有的货币单位名称，因此就有了法国法郎、瑞士法郎等。单位货币币值的确定在金属货币流通和条件下，就是规定单位货币含的货币金属的重量和成色，在可兑换货币流通的情况下，货币单位名称与铸币相同，单位货币的含金量为可兑换的金属量。在现代信用货币流通的情况下，货币单位名称可能沿用铸币名称，但不再规定单位货币的贵金属含量，国家对货币的名义价值也不作具体规定，只是在货币发行管理中按经济发行的原则，以商品物资为基础发行货币并通过各种措施保证币值的稳定。

（二）本位币与辅币的铸造与偿付能力的规定

本位币又称主币，是一个国家法定的作为价格标准的主要货币，是用于计价、结算的基本的货币单位，具有无限法偿的能力。在金属本位制条件下，本位币有如下两个特点：①本位币一般以贵金属作为币材，是足值的货币，可以自由铸造。足值是指货币的名义价值与实际价值相等，也就是法定含金量与实际含金量相等。考虑到铸造技术和金属货币在流通中的磨损问题，国家同时规定了两种价值的最大差距，称为铸币公差，凡是实际含量低于法定标准超过铸币公差者，禁止进入流通领域。自由铸造是指任何部门和个人均可以将国家规定的铸币材料交给国家广泛设立的铸币机构铸造成本位币，并且可以将流通的本位币熔化为条块状的贵金属。②本位币是无限法偿的货币，即具有无限的法定偿付能力。任何人在任何地方使用本位币进行购买和支付，不论数额多少，收款人均不得拒绝接受。

辅币是本位币基本单位以下的小面额货币，主要用于零星支付与找零。由于辅币流通速度快，流通中磨损速度快，贮藏能力差，为节约流通成本，辅币多用贱金属铸造，多为不足值货币。同时，国家为防止私人通过铸造不足值货币牟利而垄断辅币铸造，一般对辅币实行限制铸造，公差部分形成铸币收入，是财政收入的主要来源。根据辅币的特点，国家规定辅币为有限法偿货币，但在使用辅币纳税或者用辅币兑换本位币时不受数量限制。

在信用货币流通的条件下，主辅币的铸造与偿付的规定有了很大的变化。现在绝大多数国家的主币为纸币，也有少量基本单位的硬币，均为无限法偿货币，由中央银行统一发行，辅币多为不足值硬币，一般也是无限法偿。

（三）银行券与纸币发行流通的规定

在金属货币流通的条件下，银行券是一种黄金凭证，是商品银行票据贴现业务活动过程中投入市场的货币符号，需要规定其含金量。银行券的发行必须有黄金保证和信用保证，可兑换银行券的持有者可以在任何时候向发行者或指定商业银行兑换一定数量的黄金。19世纪中叶以后，可兑换银行券逐渐演变成了不可兑换银行券，不可兑换银行券只规定了含金量，发行时不需要黄金保证，也不可以与黄金兑换。各国为了防止通货膨胀，对不可兑换银行券的发行管理非常严格。纸币是由于战争、财政赤字或其他需要而由国家强制发行的货币符号，既不需要发行的黄金保证，也不需要规定其含金量。

现代信用货币与黄金不存在任何直接的联系。因此传统的货币制度中的有关银行券的规定已没有实际意义。现代货币制度中一般只规定实行信用货币本位制，信用货币由中央银行垄断发行，国家承担维护币值稳定的义务。

（四）黄金准备制度

金属货币制度中，黄金准备制度的主要目的是建立国家的黄金储备。将黄金集中保存在中央银行或国库，主要用于以下三个方面：作为兑付银行券的准备金；作为流通中的货币量的调节准备金；作为国际支付的准备金。现代的黄金准备制度已经没有前两方面的用途了，只是形成国家储备中的黄金储备，作为国际收支信付的最后手段，用于国际购买、国际支付和国际财富转移等。

二、货币制度的演变

币材是货币制度的基础，根据币材不同，主要经历了金属货币本位制和信用货币本位制两个阶段。如图 1-1 所示：

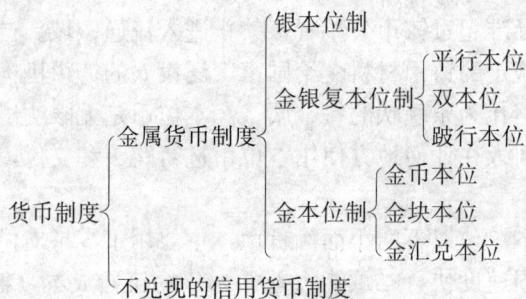

图 1-1　货币制度类型

（一）银本位制

银本位制是指以白银作为货币材料的货币制度。它的主要内容包括：以白银铸造本位币；银本位币具有无限法偿的能力；银本位币可以自由铸造；银本位币和白银可以自由输出输入国境；银行券及辅币可以自由兑换银本位币或等量白银。白银作为币材，在世界各国都具有悠久的历史，但银本位制作为一种独立的货币制度存在的时期并不长，实行的范围也不广，主要是在一些商品经济不发达的国家。在我国银本位制正式开始于1910 年 4 月，清朝政府颁布《币制则例》，宣布实施银本位制，实际上是银币与银两混合流通。1933 年，国民党政府实行币制改革，颁布《银本位币铸造条例》宣布"废两改元"，限制了银两的流通，保证了银元作为本位币的地位。1935 年 11 月，又实行了"法币改革"，废止了银本位制，以纸币流通代替了银本位币的流通。

银本位制的最大缺点在于：①白银价值不稳定。由于白银矿藏的分布较广泛，开采成本比较低，冶炼的技术难度也较小，其产量变动很大，使得白银在市场上的供求状况变化很大，从而导致市场上商品价格的变化频繁，影响了商品交易活动的正常进行。②白银单位价值量小，不利于大宗交易的进行，因此也无法适应日益发达的商品经济发展的要求。

（二）金银复本位制

金银复本位制是指以金和银两种金属同时作为本位币币材的货币制度，金银复本位制的主要内容是：金银两种本位币都可以自由铸造；金银两种本位币都具有无限法偿的能力；金银两种本位币和金银两种金属都可以自由输出输入；流通中的辅币可以自由地与金银币兑换。

这种货币制度是资本主义初期西方各国曾经实行过的一种货币制度。如英国在1717年、美国在1792年均实行过这种货币制度，这种货币制度为稳定当时的商品市场起到了重要的作用。但这种制度实行不久，其本身的不稳定性就开始暴露出来。当金银铸币按各自本身的价值进入流通时，市场上所有的商品都会出现两重价格——金价和银价，而这两种价格之间的比价关系又会因为金银两种金属的市场比价的不断变化而发生变化，这无疑给商品的定价及交换带来了许多麻烦。为了解决这一问题，很多国家采用了新的办法来确定金银两种货币间的比价关系，因此金银复本位制因确定金银两种货币间的比价方法的不同又分为平行本位制、双本位制和跛行本位制三种类型。

平行本位制是指金银两种货币间的比价完全按照各自的价值量由市场供求决定的制度；双本位制是在金银比价波动比较大，尤其是金贵银贱引起流通混乱时出现的，这种货币制度是通过法律来规定金币与银币的比价；跛行本位制则是当国家无力再维持金银两种货币间的固定比价时宣布对银币实行限制铸造，并且规定银币有限法偿。跛行本位制实际上已经不是金银复本位制，而是一种过渡性的货币制度。

金银复本位制是一种不稳定的货币制度，存在着不可克服的缺点：①有可能在实际生活中就出现两种金银比价关系，即市场比价与法定比价。二者之间比价关系变动的依据不同，因此变动的大小也是不同的。二者比价变动的不一致使得"劣币驱逐良币"的现象出现了，银贱则银币充斥市场，金贱则金币充斥市场。比如金币与银币的法定比价为1∶15，而金与银的市场比价由于银的开采成本下降，使得其比价为1∶17，此时金币为良币，银币为劣币，人们就会将银币兑换为金币，将金币贮藏，最后使银币充斥流通，而金币则被排斥出流通领域。与之相反，若银币的价格上升而金币的价格降低，人们就会将手中的金币兑换为银币，将其贮藏，流通中就会仍然只有一种货币真正在执行货币的职能。②价值尺度的二重化与价值尺度职能的独占性是完全矛盾的。金币与银币的比价频繁波动，使得以这两种货币标价的商品价格也不断发生变化，引起价格标准的混乱，结果使货币的价值尺度职能不能正常发挥。

（三）金本位制

金本位制是以黄金作为货币币材的货币制度。金本位制又包括了金币本位制、金块本位制和金汇兑本位制三种不同的形态，其中，金币本位制是最典型的金本位制。

金币本位制是国家规定以黄金作为货币金属，以一定重量和成色的金铸币作为本位币的货币制度。金币本位制具有以下三个特点：①金币可以自由铸造，同时，人们可以自由地将金币熔化成金块。②价值符号（辅币和银行券）可以自由地按票面面额与等量的黄金相兑换。这种规定使流通中的价值符号能够稳定地按其名义价值流通，保证流通中价值符号的价值稳定。③黄金可以自由输出输入国境。黄金的自由输出输入，能使黄金的国内价格与国外价格维持同等水平。由于金本位制的三个特点使这种货币制度成为历史上相对稳定的货币制度，对资本主义经济的发展曾起了很大的促进作用。

金块本位制也叫生金本位制，它与金币本位制的主要区别在于：在金块本位制下，黄金只能在有限的范围内流通。金铸币不再自由铸造，也不再投入到流通过程中去。银行券和辅币要兑换黄金必须符合一定条件，即要求兑换的黄金数量达到规定的最低数量，方能兑换金块。黄金也不再允许自由地输出输入国境。金块本位制的实行使得流通中的黄金数量大大减少，节约了黄金的使用，对于缓解一国流通中黄金不足的矛盾起到了一定的作用。

金汇兑本位制也叫虚金本位制，是指一国的货币与黄金间接兑换的货币制度。在这种货币制度下，一国货币按法律程序规定其含金量，但不能直接与黄金兑换，它可以自由地兑换为某一种外币，而这种外币可以直接兑换为黄金。实行这种货币制度的优点在于，国家的货币准备金可以不是黄金，而是外币债权。

（四）信用货币制度

信用货币本位制是指不兑现的纸币本位币，本位币不规定含金量，也不可以兑换黄金的一种货币制度。这种货币制度的特点是，在流通中执行货币职能的是纸币和银行存款，有的国家的货币也规定本国货币的含金量，但仅限于名义上，流通中的纸币并不能凭此规定与黄金兑换。有的国家并不规定单位纸币含金量。而且，黄金也不再作为一国货币发行的储备。当然，在信用货币本位制的条件下，各国仍然保持一定数量的黄金储备，但并不以此作为货币发行准备，而是将这种黄金准备作为一种特殊商品，在黄金市场上根据当时的价格来出售，获得本国所需要的对某一国进行支付的货币。

在信用货币本位制的条件下，流通中的货币是通过信用程序进入流通过程的，流通中货币的量并不是取决于一国黄金的准备量，而是取决于一国政府对经济发展和其他因素的判断而制定的货币政策。对货币流通的调节成为国家对宏观经济进行调控的一个重要手段。

信用货币本位制取代金属货币本位制可以说是货币制度发展史中的质的飞跃，它突破了货币的黄金限制，使具有个别使用价值的商品形态的货币形式发展成为无个别使用价值的信用货币，不仅大大地节约了社会流通费用，而且使金属货币本位制度下经常出现的币材匮乏的问题得到了一劳永逸的解决。

但是，信用货币本位制本身也具有很大的危机性，主要表现在：①现代信用货币是一种不兑现的货币，没有规定的发行保证，其发行的过程缺乏内在的制约机制，很容易出现过度发行，导致通货膨胀。②信用货币不具有自发调节货币流通量的能力，只要流通中的货币量超过定期需要量的容纳弹性就会直接表现为币值下降、物价上涨，影响市场的稳定。③信用货币中的存款货币可以通过商业银行的资产业务尤其是贷款业务进行大规模存款派生，而商业银行作为特殊金融企业，受经济利益的驱使，往往会突破存贷款控制比例，从而导致信用膨胀。

三、我国的货币制度

（一）我国货币的历史沿革

我国使用货币已有几千年的历史。原始货币主要是海贝、布帛、农具等。商周开始使用金属货币，秦始皇开始统一铸造内方外圆的贱金属铸币，这种形式的金属铸币，一直沿用到清末，历时2000余年，成为我国的基本流通货币。在贱金属货币流通的同时，黄金、白银也是流通货币之一，但主要不是以铸币形式流通，而是以称量货币形式参与流通。

我国是使用信用货币最早的国家。早在周朝时就有了商业票据。元朝和明朝时期，纸币占重要地位。但因多次发生纸币贬值和通货膨胀，清朝从17世纪起便取缔了纸币，到19世纪中叶才又重新开始流通。

我国古代货币制度是不健全的。金、银与铜铁铸币同时流通，金银条块与贱金属铸币同时流通，纸币和金属货币同时流通，铸造货币和纸币发行比较分散。从鸦片战争到中华人民共和国成立前的很长的历史时期中，我国货币制度一直是一种混乱的、分散的、不独立的货币制度。这是由我国当时的政治背景、经济背景决定的。

（二）我国目前的人民币制度

人民币是我国的法定货币，由中国人民银行发行并投入流通。人民币是信用货币，包括现金和存款货币。人民币制度的基本内容包括：

（1）我国法定货币是人民币，人民币是具有无限法偿能力的本位币。人民币的单位为"元"，辅币的名称为"角"和"分"，1元＝10角，1角＝10分。人民币以"￥"为符号。

（2）人民币是我国唯一的合法流通货币。国家规定，金银不许计价流通、不准买卖，但允许公众持有。严禁伪造、变造人民币，违者予以法律制裁，一切企业、事业单位和机关、团体印制和使用内部核算的凭证，必须报经上级机关批准，并且一律不许使用人民币的图案。

（3）人民币制度是一种不兑现的信用货币制度。人民币没有规定含金量，是纸制的不兑现的信用货币，是代表一定价值的价值符号。人民币在流通中起一般等价物作用，稳定人民币价值的最基本的保障是商品，是国家拥有的大量的生产和生活所必需的各类重要物资。

（4）人民币的发行实行高度集中统一和经济发行原则。国家规定中国人民银行是我国唯一的发行货币的银行，除此以外，任何地区和任何部门不准发行任何货币、变相货币和货币代用品。人民币的发行坚持经济发行的原则，即根据商品流通扩大和经济增长的客观合理需要发行货币，坚持按货币流通规律的客观要求发行货币，投放的货币数量与商品的生产和流通相适应，保持货币流通的稳定。

（5）人民币是一种管理货币，实施严格的管理制度。特别是现阶段，为适应社会主义市场经济的需要，货币当局正努力创造条件实现由主要运用直接调控手段向主要运用间接调控手段的转换，以便更有效地对货币流通进行调节和控制。

（6）人民币是独立自主的货币。我国的人民币是不依附于任何国家的货币，也不与任何国家的货币保持固定比价。人民币外汇价格由银行间外汇交易市场的外汇供求关系所确定，是外汇市场外汇交易的结果。

一、重要概念

货币　价值尺度　流通手段　支付手段　贮藏手段　货币制度　无限法偿　有限法偿　劣币驱逐良币规律

二、复习思考题

1. 货币是怎样产生的？
2. 阐述货币的本质及其职能。
3. 简述货币制度的构成要素。
4. 货币层次划分的依据和意义是什么？
5. 为什么说信用货币制度下隐含着产生通货膨胀的可能性？

三、前沿思考题

人民币能否成为世界货币？其路径应怎样选择？

参考文献：

［1］周建松：《货币金融学概论》，北京：中国金融出版社，2006。

［2］宋玮：《金融学概论》，北京：中国人民大学出版社，2007。

［3］夏德仁：《货币银行学》，北京：中国金融出版社，2006。

［4］黄达：《金融学》，北京：中国人民大学出版社，2003。

［5］姜波克：《国际金融学》，北京：高等教育出版社，2000。

［6］刘军善：《国际金融学》，大连：东北财经大学出版社，2005。

第二章 信 用

本章提要：信用是连接银行和货币的桥梁，是各种经济关系的基础，现代经济是信用经济。掌握信用的基本知识，为后面学习利率、金融市场等知识夯实基础。

本章主要讲述：

信用的特征。

信用的产生和发展。

信用形式的内容及比较，特别是银行信用与商业信用的区别。

信用工具及特征。

信用在现代经济中的作用。

第一节 信用概述

一、信用的含义及特征

"信用"一词源于拉丁文，本义是信任、信誉、恪守诺言。作为经济学术语，它的含义是指对经济行为的承诺和实践条约。在金融学上信用是指以偿还和付息为条件的借贷行为。贷者之所以贷出，是因为他是货币的所有者，有权取得利息；借者之所以借入，是因为他承担了支付利息的义务。信用在社会再生产过程中处于分配环节，现代信用的直接标的物虽是货币，但货币借贷的背后却是资源的分配，分配闲置的资源是信用在社会再生产过程中的重要职能之一。信用的特征表现在：

1. 偿还和付息

信用作为一种借贷行为，商品或货币的所有者把一定数量的商品或货币贷放出去，借者在一定时期内使用这些商品或货币，并按约定的期限归还，并支付一定利息。所以，偿还和付息是信用最基本的特征。

2. 价值单方面转移或让渡

信用是价值运动的特殊形式，在信用活动中，商品和货币的所有者让渡的是商品或货币的使用权，并没有让渡其所有权，所以，信用是价值单方面的转移或让渡。它同财政分配、无偿赠与、缴纳税收等价值的无偿转移是不一样的，同商品的等价交换也是不一样的，马克思称之为"独特形式的运动"。

3. 信用是债权债务关系

任何信用都是授信人和受信人之间的契约，无论这种信用链条延伸多长，债权怎样转移，债权债务关系是不会消失的。全社会的债权总量等于债务总量，即全社会的信用总量。

4. 收益性和风险性并存

信用是有偿的让渡，货币的借出要求增值，即货币的时间价值表现在它的收益性，或是利息收入，或是资金运用的差价收入。但也有一定的风险性。由于宏观经济和微观经济变化的种种不确定因素，以及债务人的信誉度、道德缺失、法律不完善等因素，会导致债权人的收益减少，甚至为零。

二、信用的产生和发展

（一）商品货币经济的产生和发展是信用产生的基础

信用是商品货币经济发展到一定阶段的产物。一般认为，首先，当商品交换出现延期支付、货币执行支付手段职能时，信用就产生了。无论信用对象是实物形态还是货币形态，借贷都是价值的借贷，商品货币经济是价值经济，如果没有商品货币经济的产生和发展，就不可能出现剩余产品和闲置的货币，就没有可供借贷的商品和货币。商品货币经济的产生和发展是信用产生的总根源。其次，商品与货币不能同时交换的矛盾推动了信用的产生。商品生产过程有长短之分，销售市场有远近之别，这些都给商品价值的实现带来了困难，造成有的商品生产者出售商品时，其买者因自己的商品尚未卖出而无钱购买。为了使社会再生产能够继续进行下去，在销售商品时就不能再坚持现金交易，而必须实行赊销，即延期支付，于是，商品的让渡和其价值实现在时间上就分离了。这样，买卖双方除了商品交换关系之外，又形成了一种债权债务关系，即信用关系。最后，货币支付手段职能的产生催生了信用的产生。信用只有在货币的支付手段职能存在的条件下才能发生。当赊销到期、支付货款时，货币不是充当流通手段，而是充当支付手段，这种支付是价值的单方面转移。由于货币拥有支付手段职能，因此，它能够在商品早已让渡之后独立地完成商品价值的实现；否则，赊销就不可能出现。

私有制的出现和私有权的观念使信用合法化。货币所有者把货币看做自己的财产，需要回报，借贷的回报就是利息。

（二）信用的发展

历史上，信用经历了高利贷信用、借贷资本信用阶段。

1. 高利贷信用

（1）高利贷信用的产生和发展。高利贷信用是旧资本主义的信用，是人类历史上最早产生的信用形式。高利贷信用的最突出特征是贷款利息率特别高。高利贷信用最初出现于原始公社末期。第一次社会大分工促进了生产力水平迅速提高和商品经济的发展并使原始公社内部出现了私有制和贫富之分。穷人缺乏必要的生产资料和生活资料，不得不向富人借贷，并被迫接受支付高额利息的要求，这样就产生了高利贷。高利贷最初是部分地以实物形式出现的，随着商品货币关系的发展，货币借贷才逐渐成为高利贷的主要形式，并出现了专门从事货币借贷的高利贷者。高利贷在奴隶社会和封建社会得到了广泛的发展。这是因为，高利贷资本作为生息资本的特殊形式，是同小生产者即自耕农和小手工业者占优势的情况相适应的。小生产者拥有少量的财产作为借款的保证，同时他们的经济基础又十分薄弱，为了获得购买手段，以换取必需的生产资料，他们不得不求助于高利贷者。小生产者的广泛存在是高利贷信用存在和发展的经济基础。除了小生产者之外，高利贷的需求者还包括一些奴隶主和封建主。奴隶主和封建主借贷是为了满足其奢侈的生活需要或者政治上的需要，如豢养军队、进行战争等。这些大量的货币支出往往无法通过租税收入得到满足，于是，便不得不向高利贷者借贷，这也促进了旧资本主义社会高利贷信用的发展。

（2）高利贷信用的本质。发放高利贷者大多是商人，特别是掌握着大量货币的货币经营者；各种宗教机构，如寺院、庙宇、教堂和修道院等，往往也积聚着大量的货币资财，这些宗教组织常常通过发放高利贷敛财；此外，一部分封建地主和富农也向贫苦农民发放高利贷。高利贷的年利息率一般在 30% 以上，100%～200% 的年利息率也是常见的。高利贷的利息率之所以这样高，其原因有两个：一是借款人的借款大多不是用于追加资本、获取利润，而是为了取得一般的、必需的购买手段和支付手段；二是在自然经济占统治地位、商品货币经济不发达的情况下，人们不容易获得货币，而人们对货币的需求又大，这就为高利贷的形成创造了条件。高利贷者获取的高额利息来源于农民和其他小生产者的剩余劳动，甚至包括一部分必要劳动。高利贷者贷款给奴隶主和封建主，奴隶主和封建主支付的高额利息，主要来自于他们无偿占有的农民和其他小手工业者的一部分劳动，所以在旧资本主义社会，高利贷信用反映了高利贷者无偿占有小生产者劳动的剥削关系，也反映了高利贷者和奴隶主、封建主共同瓜分农民和其他小手工业者所生产的剩余产品的剥削关系。在现代市场经济中存在的高利贷信用同样反映了高利贷者剥削小生产者的剩余劳动或高利贷者和其他资本所有者共同瓜分雇佣劳动提供的剩余价值的剥削关系。

（3）高利贷信用的作用。高利贷信用在旧资本主义社会有以下两个方面的作用：

1）在旧资本主义社会中，高利贷信用是促使自然经济解体和商品经济发展的因素之一。小生产者借高利贷往往以破产而告终，从而使小农经济受到极大的破坏，加速了自然经济的解体。由于高利贷主要采取货币借贷形式，无论是奴隶主、封建主还是小生产者，为了近期支付利息和清偿债务，都不得不努力发展商品生产，并通过出售商品而换回货币，这样又促进了商品经济的发展。

2）高利贷信用的高利盘剥破坏和阻碍了生产力的发展。自然经济中的小生产者，本来就只能勉强维持简单再生产，高利贷使小生产者在艰难的条件下难以有足够的经济实力维持简单再生产。奴隶主、封建主为了清偿债务而更加残酷地压榨奴隶、农奴及农民，使生产条件日益恶化，造成生产规模逐渐萎缩。在封建社会瓦解并向资本主义社会过渡时期，高利贷也具有双重作用。资本主义生产方式的产生必须具备两个前提条件：一是要有大量的有人身自由的无产者；二是要有大量的为组织资本主义生产所必需的货币资本。在高利贷的压榨下，大批农民和手工业者因破产而加入了劳动后备军；而高利贷者在长期的借款活动中又积累了大量的货币资本，它同商人资本一样转化为产业资本。所以，高利贷对资本主义生产方式产生的前提条件的形成起了一定的促进作用。但是，与此同时，高利贷又具有保守的反作用。因为小生产占优势的旧资本主义生产方式是最适宜高利贷活动的基础，高利贷者当然不愿这种生产方式覆灭。因此，高利贷者必然会想方设法维持这种旧的生产方式。此外，高利贷的高利息率还妨碍着产业资本的发展。因为按资本主义生产方式的要求，需要信用的发展和扩大，这时的借贷是为生产做准备或直接用于生产的，而高利息率则可能使生产变得无利可图，使产业资本的扩张受到制约，因此，新兴的资产阶级坚决反对高利贷。

2. 借贷资本信用

借贷资本，是货币资本家借给产业资本家使用的资本，前者是借贷资本，可以获取利息；后者是产业资本，可以创造利润。它是随着资本主义生产关系的建立而逐步发展起来的信用形态，是市场经济条件下的信用，所以它是现代资本的运动形式。

（1）借贷资本的产生。资产阶级反对高利贷，但并不是一般地反对生息资本，而是要使这种生息资本服从于资本主义生产方式的要求，其中心问题是利息率。新兴的资产阶级要把高利贷的利息率压低到平均利润率以下，使之适合现代经济发展的需要。在资产阶级取得政权后，便利用国家机器，通过制定法律，规定最高利率，限制高利贷。例如，英国在 1545 年的法案中规定最高利息率为 10％，1624 年定为 8％，1657 年定为 6％。但是，在信用业被高利贷垄断的情况下，这种降低利息率的法令并没有取得令人满意的效果。这就促使新兴的资产阶级通过创办现代银行，集中大量的闲置资金，来为资本家提供所需的货币资本，从而加速了适合现代经济发展所需要的信用制度——借贷资本信用制度的建立和发展。例如，1694 年在英国建立的英格兰银行，一开始就把贴现率定为 4.5％～6％，打破了高利贷者对信用的垄断。同时，现代银行还发挥信用创造的功能，打破了高利贷者对货币的垄断，有效地同高利贷者进行斗争，从而使借贷资本信用在反对高利贷的斗争中产生和发展起来，并逐渐占据了主导地位。

（2）借贷资本的来源。借贷资本首先来源于产业资本循环过程中形成的一部分暂时闲置的货币资金。

1）固定资本循环过程中的暂时闲置资本。固定资本，即厂房、机械设备等固定资产的价值。在再生产过程中，固定资产价值随着再生产的进行，一部分一部分地转移到产品中去。再随着产品的出售，通过提取折旧基金的方式积累起来，以便将来更新固定资产。在折旧提取后，到更新固定资产之前，这期间固定资本表现为闲置的货币资金。

2）流动资本循环过程中的暂时闲置。在再生产过程中，流通资本周转的特点是一次投入生产，其价值全部转移到新产品中去，并通过产品的销售一次收回。但由于种种原因，这部分价值也会出现暂时闲置。例如，商品出卖所得销售收入，在没有立即购买原材料、燃料和辅助材料之前和在未支付工资之前，流动资金会出现闲置状态。

3）以货币形式所形成的积累基金，在不足以作为资本来追加投资之前，在未支付股息和纳税之前也表现为闲置资金。可见，在再生产过程中，资本的循环和周转，经常出现暂时游离出来的闲置货币资金，停止执行资本的职能，这与资本的本性是相矛盾的。因此，客观上产生贷放出去的必要。此外，食利者阶层的货币资本、居民货币收入的消费剩余等也构成借贷资本的重要来源。和循环周转相适应，一部分企业在拥有暂时闲置资本的同时，另一部分企业则暂时需要借入资本，使暂时闲置的借贷资本有了使用的场所。

（3）借贷资本的特点。借贷资本，既不同于高利贷资本，也不同于职能资本，其主要特点是：

1）借贷资本是商品资本，它和普通商品一样，具有使用价值和价值。但这是一种既有别于普通商品，又有别于货币的特殊使用价值和价值。其特殊使用价值是说它能带来价值的增值，产生利润；其特殊的价值是说它有以利息形态表现出来的"价格"。借贷资本的让渡实际上等于用利息"价格"交换了它增值的"使用价值"。

2）借贷资本是所有权资本。借贷资本虽然是一种作为商品的资本，但其"买"（借入）"卖"（贷出）并不是真正意义上的买卖。借贷资本被"卖"出的仅仅是它的使用权，即增值价值，带来利润的能力，而借贷资本的所有权仍然在贷款人手中。贷款人正是凭借着这种所有权，以及对使用权的暂时让渡获得利息。

3）借贷资本有特殊的运动形式。借贷资本有着与产业资本不同的运动形式。产业资本的循环周转表现为：$G—W—P—W'—G'$；而借贷资本的运动则表为 $G—G'$，即货币资本——带来增值的货币资本，借和还同为货币形态，无质的变化，只有量的增长。这种特殊的运动形式，给人以假象，似乎货币会自行增值。因此，要考察借贷资本运动的全过程：$G—G—W—G'—G'$，并由此看出，借贷资本具有双重支付、双重归流的特征。第一重支付是货币资本家将货币资本贷给产业资本家使用，为再生产做准备；第二重支付是产业资本家将借得的货币资本购买生产要素，投入再生产过程。第一重归流是产业资本家将商品销售出去，变为已增值的货币资本；第二重归流是产业资本家以还本付息的方式归还借贷资本。从这里可以看出，借贷资本并不是自行增值的，其价值的增长是在再生产过程中形成的。

货币借贷是市场经济条件下的信用形式，但是在资本主义条件下，它体现了资本的剥削本质。所谓借贷资本，就是为了获取剩余价值而暂时贷给职能资本家使用的货币资本，它是生息资本的现代形式。贷者将闲置的货币资金作为资本贷放出去，借者借入货币资金则用以扩大资本规模，生产更多的剩余价值，贷者和借者共同瓜分剩余价值。而社会主义市场经济条件下，这种信用形式是为了调节全社会的资金余缺，以扩大社会再生产。

三、信用的构成要素

（一）信用主体

债权债务是同一问题的两个侧面。它们都代表将来承担的一定经济义务。在信用关系确立时，从债权人来看，这种债权是要求债务人归还借款的权利；从债务人来看，这种义务则是到时必须向对方清偿的一笔债务。因此，凡是信用必须有两个当事人存在，一个是借入的债务人，另一个是贷出的债权人。债权是将来收回价值的权利，债务是将来偿还价值的义务。债权人与债务人是构成信用的第一要素，没有债权人与债务人的存在，就无所谓信用。

（二）信用工具

信用工具是证明债权或所有权的合法凭证，是贷者与借者之间进行资金融通的工具。信用关系的确立，必须有凭据作证。在早期，信用多用口头约定，容易引起争端，后来发展为账簿信用，立字为据，这虽比口头约定可靠，但仅限于双方，不能转让。现代信用均以合法书面凭证作为确定信用关系的依据，且可在市场上转让流通，既避免了口头信用易发生争端的麻烦，又克服了账簿信用中债权债务不能转让的缺点，从而使融资范围和融资规模进一步扩大。

（三）融资期限

无论何种信用，在同一信用中从信用关系的发生到信用关系的终止，必然有着或长或短的时间间隔，否则，就无所谓信用。信用实际上是价值在不同的时间的相向运动，是资金的时间价值的体现。

（四）利率

信用关系是建立在以偿还和付息为条件的借贷行为基础上的。因此，任何一种信用通常都有利息这一经济范畴的发生，而计算支付利息则必须要有一定的标准，这个标准便是利率。

四、信用的功能和风险

在现代经济中，信用形式呈多样性，它支撑和联系着国民经济的各个方面，可以说金融就是信用。信用对国民经济显示出巨大的功能。

（一）信用的功能

1. 集中和积累社会基金，促进扩大再生产

现代经济的增长，扩大规模的再生产，不仅需要商品市场、劳务市场，也需要金融市场。金融市场就是信用，它从货币资金方面支持和推动商品市场和劳务市场的发展，通过资金的重新配置来改变商品和劳动的流动和组合。它将社会闲置的、分散的资金集中起来，聚短为长，聚小为大，投放到需要资金的企业，投放到生产环节，变消费基金为积累基金。众所周知，投资是扩大再生产的起点，扩大再生产需要巨量的资金投入，

仅靠储蓄的支持是有限的，必须通过各种传统的和创新的信用形式，广泛地吸纳社会资金来支持农业、工业、服务业的发展。近一个世纪世界各地铁路、公路、港口、能源、化工、水利设施等大项目建设，都是依靠信用扩大投资规模。

2. 创造和扩大消费

企业、银行和其他金融机构以商品或货币的形式向消费者提供信用，既扩大了消费规模，促进了某一行业的生产，又调节了市场供求，在一个国家需要通过扩大内需来刺激经济发展的时候，信用消费的作用尤为重要，信用消费的作用还表现在将未来的消费转化为当前的消费。社会的各个家庭都需要消费，但是他们的收入分布和消费的时间分布是不可能同步的，一部分家庭需要积累现在的收入，准备未来的消费，比如教育经费、医疗经费、购房、购车等大额资金的支出都具有积累性和预见性。一部分家庭会将资金存入银行以备未来使用，一部分家庭当前就需要购买，银行信用可以把未来消费和现时消费相交换。随着人们收入的不断增加，消费收入总会不断地延续和扩大，从而提高了消费。

3. 促进社会资源合理分配，调节宏观经济和微观经济

在生产、分配、流通、交换四个环节中，信用属于分配环节。它把资金集中起来，又把资金分配出去，因为货币形态的资本可以支配任何生产要素和社会资源。哪个部门、企业、项目、地区需要生产资料和劳动，资金就流向哪个部门、企业、项目和地区。因此信用成为国家调节宏观经济和微观经济的重要杠杆，如贷款规模、利率等。特别是中央银行制定的官方利率，既影响整个利率体系，又和税收、价格、汇率等经济杠杆相配合，共同调节国民经济。从宏观方面讲，它能促进生产布局和产业结构的调整。资金总是从效益差、利润率低的部门、企业、项目向效益好、利润率高的部门、企业、项目流动，向调节经济结构和生产布局需要的方向流动。通过信用资金的调节，提高了资金的使用效率。同时，通过扩张或者收缩信用，可以达到控制经济发展的目的。当经济过热、投资规模过大时，中央银行运用一般性货币政策工具，减少流通中的货币；当经济低迷时需要刺激生产和消费，中央银行同样可以运用货币政策工具扩张信用，增加货币投入。特别是出现经济危机时，世界各国都尽可能运用各种信用工具刺激生产和消费。从微观方面讲，企业可以在不同的时期通过对信用工具的选择使用来降低经营成本，或者开辟新的生产项目促进企业的发展。

（二）现代信用对经济也有负面作用，隐含着极大的风险甚至危机

1. 现代信用形式的多样性和债务链条的延伸助长了投机行为

在各种金融市场上，活跃着借贷资本经理人、产业资本经理人、供应商、消费者、各种货币形式的买卖者，他们带着投资或者投机的目的，受某种利益驱动来到市场上。由于信用链条长或者融资期限长，通过多次的背书、转让、流通，那些最初的债务人和债权人的关系往往演化为最初的债务人和其他债权人的关系，那些带着投机心理的债务人可能利用这些机会，拖延偿还甚至不偿还债务而转嫁风险。更有甚者，在市场上制造假票据、假存单；利用网络银行信用盗取存款者密码；传递假信息；发展违法的私人信用，发放高利贷等。除信用风险外，市场利率的变化也会给债权人带来损失，增大企业

经营成本。信用关系越复杂，欺诈投机行为往往越严重。在国际信用中，那些短期流动资本的投机行为已经严重地威胁到一个国家的经济安全。

2. 现代信用潜藏着经济危机发生的危险性

随着金融创新的产生和发展，金融衍生工具越来越复杂，金融衍生工具设计者的初衷是想分散风险，节约流通费用，但实践证明金融衍生工具是一把"双刃剑"，它制造了大量的虚拟资产，使资本和实体经济脱离造成了对商品的虚假需求，表现出虚假信用，由虚假信用而导致虚拟经济即泡沫经济。虚拟信用产生的信誉量远远高出对货币的实际需求，于是造成了证券价格剧烈波动、房地产价格飞涨、投机交易活跃的现象。在错综复杂的债券债务链条中，某一个环节断裂，必然会引起多米诺骨牌式的连锁反应，相关银行等金融机构倒闭，特别是大银行大金融机构的倒闭会给社会造成极大危害，社会震荡，经济衰退，那些经济力量薄弱的小国甚至面临经济崩溃的危险。2007年，美国的次贷危机不仅严重地创伤了美国，也严重地影响和创伤了世界经济，就是一个最好的例证。美国的次贷危机就是由作为债务链终端的一些信用度较低的债务人无法偿还借贷资金而引起的，这些债务的传递使一些大银行和大的融资机构濒临倒闭，世界其他国家的金融机构甚至政府也深受其害。所以，加强金融监管成为世界各国政府和货币管理当局的重要任务。

信用在现代经济中的功能和它存在的风险是相互依存的，当前在经济全球化、金融全球化的世界格局下，预防金融风险，加强信用监管，完善信用建设是一个重要的课题。

第二节　信用形式

信用可以表现为多种形式。在信用经济发展的推动下，信用形式也逐渐由低级向高级、由简单向复杂不断向前演进，信用活动日趋频繁与深化。信用按照不同的标准可以划分为不同形式。如按照期限划分，信用可分为短期信用与长期信用；按照发生地域划分，信用可分为国内信用与国际信用；按照主体划分，信用可以分为商业信用、银行信用、国家信用和消费信用。下面按照以主体划分的方法对现代信用形式逐一介绍。

一、商业信用

（一）商业信用的界定

商业信用是指企业之间相互提供的、与商品交换直接相联系的信用，包括两种基本形式：赊购与赊销。

商业信用具有如下特点：①发生在生产流通过程之中，直接服务于商品生产和流通。在社会化大生产过程中，各个企业的生产经营活动紧密相连，相互依赖。企业之间交易过程中常常会出现这样的情况：上游企业拥有商品等待出售，下游企业急于购买却无力支付现款。这种情况下，上游企业可以采用赊销方式向下游企业提供商品信用实现销售，由此，上游企业实现了销售，到期收回货款，可以扩大生产规模，下游企业及时购入商品，维持正常的生产经营过程，取得收入后再归还欠款，实现自身利润。②商业信用是企业之间以商品形态提供的信用，在这一过程中包含着两个同时发生的经济行为：买卖行为和商品借贷行为。因为不是货币的借贷，商业信用不存在利息偿还的问题。③商业信用的参与主体是工商企业，工商企业是社会经济生活中最基本的行为主体，商业信用是社会经济生活中最基本的信用形式，构成了现代信用制度的基础。

（二）商业信用的作用

1. 商业信用为经济增长提供了信用支持

在市场经济中，工商企业之间存在着各种稳定的经济联系：原材料工业与加工工业之间、工业与商业之间、批发商与零售商之间、国内工商业与国内外进出口贸易商之间必然发生各种联系。对于经济的稳定发展而言，这种联系的可持续性是必要的。但在经济生活之中，无论是商品的供给方还是需求方都有可能缺乏必要的资金，企业之间的联系就会由此而发生阻滞。商业信用的存在为资金不足的一方提供了信用支持，为经济增长提供了信用支持。

2. 商业信用直接沟通了社会生产流通过程

工商企业之间的联系是在经济运行过程中以万计、以亿计的战场上发生的，在激烈的市场竞争中，工商企业之间的各种联系可能会由于寻求有利的条件而不断变化，同时也可能稳定彼此之间的联系以加强竞争力量。处于不断的动态变化之中的买卖双方都可独立决策，商业信用的直接性特点适应了社会上存在的亿万个连接点上的企业决策独立性、分散性的客观要求。商业信用与社会生产活动有着直接的联系，这种可以分散决策的商业信用活动较之具有间接性的银行信用而言，是直接信用，更直接地沟通了整个生产流通过程，能够更好地服务于社会资本再循环过程。

3. 商业信用的普遍发展有利于形成社会生产的基本经济秩序

商业信用是工商企业之间自发的、分散的信用活动，其正常运行有助于建立企业之间的良好信用秩序。商业信用与社会信用秩序密切相关、互为因果。商业信用的普遍发展对社会建立完善的信用秩序提出了客观的要求，同时完善的信用秩序又为商业信用的发展提供了保证。

（三）商业信用的局限性

1. 规模较小

商业信用仅存在于工商企业之间，它的规模大小是以产业资本的规模为度，单个工商企业至多也只能把自己无须用于再生产过程的部分资本用于商业信用，所以商业信用的最高限额就是工商企业现有产业资本的充分利用。

2. 商业信用具有严格的方向性

一般情况下，是上游产品企业向下游产品企业提供信用，工业企业向商业企业提供信用，没有直接生产和业务关联的企业很难从这种信用形式中获得支持。

3. 商业信用的范围与期限受到限制，只能以短期信用形式实现

商业信用只适用于有经济业务联系的工商企业之间，这样就限制了商业信用适用的范围。而且，由于工商企业暂时闲置的资金时间很短，如果以商品形态贷出的资本不能很快地以货币资本形态收回，就会影响到产业资本的正常运转，所以商业信用运用的期限也受到限制。

（四）我国商业信用的发展

商业信用是信用发展史上最早的信用形式。我国早期的商业信用始于先秦时代，到了宋代，商业信用得到一定程度的发展。在宋代，民间的商业信用首先流行于茶、盐、酒、布这些日常生活品的贸易之中。其赊购赊销通常有"牙人"作中介，以契约为凭证，用资产作担保，并得到政府法律的保护。商业信用的发展在当时为经济发展创造了流通工具，代替了货币流通，节省了流通费用，加速了商品交换，对于促进当时经济发展起到了积极的作用。但是在漫长的封建社会发展过程中，我国商业信用从整体来看缺乏大规模发展的外部环境，发展缓慢。

1929年，国民政府颁布了票据法，明确规定商业票据是法定的票据之一，对商品信用较大规模的发展有所推动。新中国成立之后，由于实施高度集权的中央计划管理体制，采取了取消商业信用的政策。经过20多年，到实施改革开放的方针政策之后，商业信用才开始重新恢复，运用于商品推销等经营活动之中。顺应着这样的变化，银行也开始对商业信用的发展给予支持。1995年10月《中华人民共和国票据法》颁布，新票据法明确规定了在商业票据开出与使用过程中各当事人的权利与义务。新票据法的实施，对于中国商业信用的规范化发展起到了推动的作用。

商业信用的发展在我国是一个不断规范发展的过程，其发展的深度与广度不仅仅取决于法律法规的完善，而且要受到多种社会因素的制约，如社会经济发展的水平、社会信用体系的完善程度以及社会市场化水平等。目前来看，我国的商业信用依然很不规范，并没有得到显著的发展。商业信用链条的被迫中断、强制商业信用等现象的出现说明商业信用的完善尚需要时间来催化。

二、银行信用

（一）银行信用的界定

银行信用是指以银行或其他金融机构为媒介、以货币为对象向其他经济个体提供的信用。银行信用中介职能是商业银行基于存贷业务与生俱来的基本功能，其实质是通过吸收存款，动员和集中社会上一切闲置的货币资本，通过贷款把这些货币资本贷放给使用者。这种信用中介活动，克服了直接信用在时间、数量等方面的矛盾，最大限度地把闲置的社会资本集中起来，转化为现实运动中的资本，提高了社会资本的使用效率，空前地促进了全社会实体经济的发展。

（二）银行信用的特征

银行信用是商品经济发展的必然结果，它突破了商业信用在数量与方向上的局限性，现代银行信用的发展使社会信用总量得到了极大的拓展，对经济生活的促进作用显著增强。银行信用的规模和作用都居各种信用之首，是各种信用形式中最基本、最普遍的信用形式。银行信用具有广泛性、间接性和综合性三个特征。

1. 广泛性

银行信贷的主要对象是货币，而货币作为流通和支付的一般手段，具有普遍接受的特性，因此它的来源与运用没有方向性。作为社会经济活动主体的居民个人、企业以及政府可以广泛地参与到银行信用之中去。银行信用将社会上分散的小额货币积聚成巨额的资金，从而满足经济发展对大额资金的需求。在银行信用下，银行或其他金融机构续短为长的功能可以把短期货币集中起来，并维持一个稳定的余额，从而满足较长时期的资金需求，较长期的可贷货币也可以满足短期的货币需求。信用的灵活性可以使货币资金得到充分的利用。由于银行信用是以银行为中介，而参与银行信用的主体具有广泛性，信用方式也是多样的，可以弥补商业银行的局限性。

2. 间接性

金融市场上存在着信息不对称现象，由此导致的道德风险和逆向选择问题制约了金融市场融资功能的有效发挥。而银行作为金融中介机构可以在一定程度上解决信息不对称问题。在银行信用中，银行和其他金融机构是信用活动的中间环节，是媒介。从筹集资金的角度，银行是货币资金供给者的债务人；从贷放资金的角度，银行又是货币资金需求的债权人。货币资金的所有者和需求者之间并不发生直接的债权债务关系。所以，这种资金筹集方式称为间接融资。这是一个与公司、企业、政府从金融市场上通过发行股票和债券的方式直接融通货币资金相对的概念。

3. 综合性

银行是一国金融体系中最重要的金融机构，是国民经济的中枢神经。通过银行的信贷业务，可以反映国民经济的运行情况，也可以通过银行灵活地调度资金，促进经济的发展。银行信用的综合性使得银行对国民经济既具有反映和监督作用，又具有调节和管理作用。

正是由于银行信用的这些特点，使它大大克服了商业信用的局限性，成为现代经济中的主要信用形式，具有灵活调节资金的作用。国家在进行宏观调控时，也把调控银行信用作为主要手段，通过控制贷款的收与放来影响国民经济的发展水平与结构。

（三）银行信用在社会资金融通中的地位

银行信用本身具有规模大、成本低、风险小的优势；银行作为专门的信用中介机构，具有较强的专业能力来识别与防范风险；银行作为吸收存款、发放贷款的企业，不仅能够提供信用而且能够创造信用。在信用领域，银行信用无论是在规模，还是在范围拓展以及期限灵活性上都大大超过其他信用形式，在信用领域中居于主导地位。国家信用、商业信用、消费信用等日益依赖于银行信用，商业信用、国债的贴现和发行往往都是通过银行来进行的。在发达国家的社会信用结构中，银行信用是工商企业外源融资的最重要的渠道。在世界各国，工商企业的外源融资的主要来源是贷款，在号称市场融资为主导的美国，来自银行的信用支持也占到企业融资的 60% 以上，在正常年份通过银行贷款筹集的资金比通过发行股票所筹集的资金多 25 倍。

（四）银行信用与商品信用的关系

从历史的视角来看，商业信用先于银行信用而存在。基于商业信用而产生的商业票据贴现和抵押贷款就是早期商业银行发展过程中首先扩展的信用业务。银行信用是在商业信用发展到一定水平的基础上产生和发展起来的。而且商业信用直接服务于商品的生产与流通过程，能够满足工商业信用融通资金，银行信用是商业信用的必要补充和延伸。

银行信用的发展又使得商业信用得到进一步完善，如果没有银行信用的存在，一个企业是否提供商业信用，必然要考虑在没有贷款收入的情况下自己的企业能否正常运转。有了银行信用的支撑，企业之间的赊购赊销才不会使企业的资金链条中断，企业之间的商业信用才可能发生。因此，商业信用的发展有赖于银行信用的支撑。

随着市场经济的发展，商业信用与银行信用之间有着紧密的联系，二者的发展不是相互排斥的，而是相互补充、互为条件，是现代经济生活中服务于工商企业的两种基本的信用形式。

（五）我国银行信用的重要性

在我国的经济运行中，银行信用一直是最基本的资金融通形式。在经济体制改革之前，我国只允许通过银行信用来融通资金，禁止和取消其他形式的资金融通方式。随着改革的深化，金融机构多元化，资金融通方式日益多样化。但是从目前来看，通过银行信用融通资金仍然是我国企业资金融通的最基本形式。

（1）我国目前的商业信用发展不普遍。计划经济体制下，行政命令和组织纪律是维系运行的基本规则，公有产权形式之下，企业之间不存在偿还性的资金运动。20 世纪 70 年代以来，随着我国市场经济导向体制改革的深化，商业信用开始运用于企业推行商品的经营活动之中，并逐步得到了发展。但是产权制度改革的滞后造成了国有企业产权边界的模糊不清，同时在商业信用的交易规则不完善的情况下，商业信用的发展受到制约。

（2）我国股票市场的发展不规范，融资规模的扩大需要时间。我国从 1991 年恢复发展股票市场以来，股票市场规模发展迅速。但是从融资总量的角度来看，我国以股票市场为代表的直接融资还很少，间接融资依然是企业最重要的融资渠道。

同时，我国企业债券市场规模有限，尚不能担负起为企业大量融资的重任。我国企业债券的发行受到严格的管制，国家对企业债券的发行实行额度管理和审批制。企业发行债券的资金用途、发行金额、发行价格、发行费用以及投资主体也同样受到管制，这些不利因素使得企业债券的发展受到很大限制。这一点可以通过考察我国企业目前的债务规模和债务结构加以分析：一方面，我国企业目前的债务规模占 GDP 的比重显示，2008 年和 2009 年，我国企业债务融资规模相对于 GDP 的比例分别为 3.1% 和 4.9%，相对于美国正常年份的 8% 有很大差距，与亚洲新兴经济体相比更明显：2009 年泰国企业债券发行量占 GDP 比重为 17.1%，韩国为 9.6%，分别为我国的 3.5 倍和 1.9 倍。另一方面，企业债务融资在整个融资结构中比例偏低。据统计，2008 年我国企业债券融资占企业融资总额的 10.22%，2009 年维持在 10% 左右，远远落后于同期的日本和美国（日本 2007 年为 22%，美国 2008 年为 49%）。

三、国家信用

（一）国家信用的界定

国家信用是指以政府为主体的借贷行为，它包括国家以债务人的身份取得信用和以债权人的身份提供信用两个方面。在现代经济生活中，国家信用主要是指国家负债。

国家负债就信用资金的来源不同，分为国内信用和国际信用。国家信用较之其他信用形式而言，信用发行主体是政府，政府不仅具有稳定的税收收入作为还款来源，更有国家信誉作为担保，因此国家信用工具的安全性强、流动性好、风险小，是金融市场上普遍受到欢迎的投资工具。

（二）国家信用形式

国家信用就内债而言，其形式有：①公债。在西方国家，公债是以政府名义发行的中长期债券，期限一般在一年以上。公债发行的目的是弥补财政赤字和支持国家重点项目建设。②国库券。国库券的期限一般是在一年以内，国库券的发行一般是为了解决财政年度内先支后收的时间间隔矛盾。国家信用就外债而言，其形式有：①国际债券。通过发行国际债券来筹集资金是国际金融市场上所普遍采用的一种融资方式，发行国际债券的目的是弥补国际收支逆差或者为大型工程项目筹措资金，发行的方式包括委托国外金融机构发行和直接发行两种。②政府借款。包括向国外政府借款、国际金融机构借款、国外商业银行借款以及出口信贷等形式。

（三）国家信用的作用

国家信用的作用主要表现在对货币流通和经济增长的影响两方面。

1. 通过国家信用的方式调节财政收支不平衡、弥补财政赤字，有助于稳定货币流通、稳定物价

在现代经济条件下，财政赤字的出现是各国经济运行过程的常态。财政赤字一般可以通过三条途径来加以解决：增加税收、向中央银行借款或者透支，以及发行国债。增加税收需要经过严格的立法程序，要受到一国经济发展水平的制约，税收负担过重，不仅会导致经济萎缩，甚至会危及社会稳定。向中央银行透支或借款，将直接导致基础货币投放增加而货币供给增加，引发通货膨胀。发行国债，债券的购买者主要是企业、部门、个人以及商业银行。购买国债使得货币购买力由非政府部门转移到政府部门，相对于其他的弥补赤字的方法而言，既可以缓解财政赤字，又不会增加流通中的货币量，不会对经济发展产生不利的影响。

2. 国家信用可以扩大投资总量、优化投资结构，促进经济增长

（1）国家信用可以通过改变国民收入的分配格局以及储蓄与消费的比例关系来增加

社会投资总量。国债的发行有利于推迟当期现有支付能力的购买力的实现，促使消费基金向积累资金转化。同时，政府投资具有乘数效应，政府通过国债投资能够拉动民间投资的增加，从而增加社会的有效供给，促进经济增长。对外国的国家信用能够有效把国外资金吸引到国内，弥补国内资金的不足。

（2）国家信用有利于国家调节投资方向，从而优化投资结构。在市场经济中，存在着多元化的投资主体。投资主体投资方向的确定是由利润最大化动机所确定的。而一些"瓶颈"产业和基础性产业，由于利润回报率低、风险较大，很难吸引到足够多的私人投资，而这些行业又是社会经济均衡发展所必需的。国家通过信用的方式集合社会上的分散性资金，向基础性产业部门以及"瓶颈"产业部门进行投资倾斜，这有利于引导社会闲置资金，贯彻国家的产业政策，优化社会整体投资结构，促使国民经济协调发展。

（四）中华人民共和国国家信用的发展

第一阶段：新中国成立之初的 1950 年。当时，国民经济极困难。新解放区的税收尚需时间整顿，全国统一的税收制度也未建立；加之战争尚在继续，军费开支庞大。为了填补财政赤字，稳定市场物价，发行了总价值约为 3.02 亿元的属于"临时举债"性质的"人民胜利折实公债"。计算单位采用的是实物标准，包括大米、面粉、白细布、煤炭等。

第二阶段：1954～1958 年，我国"一五"时期。在我国国民经济完成了恢复任务并进入大规模经济建设之际，对财政资金的需求十分巨大；但由于国民经济基础依然落后和薄弱，财政收入十分有限。为了缓解这一矛盾，我国在连续五年的时间里分五次发行了总额为 35.46 亿元的"国家经济建设公债"。1958 年以后，虽然财力的需要与供给之间矛盾依然存在，而且，在连续三年的"大跃进"和随后发生的连续三年的自然灾害的形势下，这一矛盾更加突出，但中国进入了为期长达 20 年（1958～1978 年）的"既无内债，又无外债"的国债空白时期。

第三阶段：1979 年实行改革开放政策以后。经济体制改革首先是以财政"减税让利"开始的。而减税让利的结果却是财政收入占国民收入的比重大幅度降低（由 1978 年的 37.2% 下降至 1980 年的 28.3%）。但财政支出并未随之下降，财政收入连年出现赤字。为了弥补财政赤字，财政向银行透支，而同时物价大幅度上涨。1981 年，财政预算又是赤字，为此，同年 1 月 16 日，国务院颁布了《中华人民共和国国库券条例》；26 日又公布了《关于平衡财政收支，严格财政管理的决定》，决定发行国库券，以此来平衡财政收支，稳定市场物价。这一举措打破了长期统治人们思想的"既无内债，又无外债"是社会主义优越性的错误观点。

改革开放 30 多年来，我国积极完善国债制度，国债在经济生活中的作用越来越大。①国债发行额呈逐年增长的趋势，由最初 1981 年的近 49 亿元至 2005 年发行额到 7042 亿元，详见表 2—1。②发行方式不断完善，1981～1988 年，国债发行基本采取的是政治动员和行政摊派的方式；1991 年实行了国债的承购包销，由 70 多家证券中介机构参与，标志着国债一级市场的建立；1996 年，所有可流通的国债发行都采取了招标方式，竞争标的是债券价格和收益率，招标方式既有单一价格方式，又有多种价格方式，提高了发行效率。③国债种类不断丰富，结构不断趋于完善。国债的计息方式越来越市场化、国际化，国债的期限种类也在不断增加。

表 2—1　我国国债的发行情况（1980～2007 年）　　　　单位：亿元

年度	当年财政收入	国债实际发行数	国债发行比上年增长数
1980	1159.93	48.66	—
1985	2004.82	60.61	42.51%
1990	2937.10	197.23	11.91%
1995	6242.20	1510.80	32.81%
1996	7407.99	2126.20	42.73%
1997	8651.14	2412.00	13.44%
1998	9875.95	3808.70	57.91%
1999	11444.08	4015.00	5.42%
2000	13395.23	4657.00	15.99%
2001	16386.04	4884.00	4.87%
2002	18903.64	5934.00	21.50%
2003	21715.25	6280.10	5.83%
2004	26396.47	6924.00	10.25%
2005	31649.29	7042.00	1.70%
2006	38760.20	8883.3	26.15%
2007	51321.78	23483.28	164.35%

资料来源：《2009 年中国统计年鉴》、《中国人民银行统计季报》、《2007 年中国货币政策执行报告》等。

四、消费信用

（一）消费信用的界定

消费信用是指对消费者个人提供的，用以满足其消费方面所需货币的信用。消费信用旨在解决消费者支付能力不足的困难，实现消费者提前消费的目的，这一方面提高了消费效用满足，另一方面帮助工商企业实现产品和服务的生产和销售，促进生产过程的完成。消费信用的目的决定了其主要是用于满足消费者购买耐用消费品、支付劳务费用和购买住宅等方面的需要。与银行信用以及商业信用直接服务于企业生产与流通过程相比较，消费信用服务于消费领域，具有非生产性的特点。

消费信用可以直接采取商品形态，由商品生产和销售企业直接向消费者提供所需要的消费品，也可以采取货币形态，由商业银行和其他信用机构向消费者提供贷款，再由消费者利用所得贷款购买所需要的消费品或支付劳务费用。

（二）消费信用的方式

1. 分期付款

分期付款是消费者根据合同规定分期偿付贷款，这种信用方式多用于消费者购买大件耐用消费品，如汽车、房屋、家用电器等商品。这种消费信用是以商品形态提供的信用，与商品信用有类似的地方，所不同的是商品信用是企业之间提供的，而消费信用则是由企业向消费者个人提供的。

2. 信用卡

信用卡是由信用卡公司或银行对信用合格的消费者发行的信用证明，持有该卡的消费者可以到有关的商业服务部门购买商品，再由银行定期同消费者和商店进行结算，信用卡可以在规定的额度内消费，有的信用卡也可以透支。

3. 消费贷款

消费贷款是银行或其他金融机构直接以货币形式所提供的服务于消费的贷款。消费贷款按照直接接受的对象不同，可以分为买方信贷和卖方信贷。买方信贷是指银行直接对消费品的购买者所发放的贷款；卖方信贷是以分期付款单证作为抵押，对销售消费品的企业发放的贷款。

（三）消费信用的作用

消费信用在现代经济生活中具有积极作用。

1. 消费信用的发展可以提高人们当前的消费效用满足

人们的消费效用是收入水平的函数，一般而言，消费能力要受到收入水平的制约。在消费效用函数中引入消费信用之后，将使消费者实现跨期的收入分配，人们可以动用一部分未来的收入去消费当前尚无力购买的消费品，由此，可以提高消费者的总效应和福利水平。

2. 消费信用能够促进消费商品的生产与销售，进而促进经济增长

消费信用的存在使得消费者可以在取得收入之前购买到消费品，这样，消费信用人为地扩大了一定时期内商品劳务的总需求规模，从而在一定程度上刺激了消费品的生产和销售。在现代经济的买方市场条件下，有效需求不足始终是制约经济增长的重要因素，消费提前实现能够直接地扩大社会有效需求，最终能够拉动经济的增长。

消费信用在一些情况下也会产生消极影响。如果消费信用过度，形成经济的虚假繁荣，在生产扩张能力有限的情况下，会造成市场供求状况紧张，进一步拉大供求缺口，促使物价上涨，加剧通货膨胀。

（四）我国消费信用的发展

在改革开放以前，我国计划经济体制呈现短缺经济特征，基本上不存在消费信用的市场环境。随着改革开放政策的实施，市场经济秩序逐渐确立，社会生产规模迅速扩大，商品的销路问题逐渐显现出来，分期付款促进销售才逐渐进入我国的市场营销之中。1985 年信用卡开始发行，之后又实施了"金卡工程"，但是由于我国的信用卡采取借记卡形式，并不具备真正意义上的信用本质，我国商业银行正式办理消费贷款始于1987 年，首先推出的消费信贷品种是居民购房的按揭贷款。

改革开放之后到 1995 年期间，尽管我国市场总体仍然处于卖方市场状态，但是市场环境已经发生了很大的改变。1996 年，我国的市场环境出现了质的变化，买方市场逐步形成，经济结构逐步脱离生产主导形式，开始向消费型经济转变。

居民住房管理体制以及高等教育体制的改革，使得住房按揭贷款、助学贷款逐步发展起来。随后，其他一些耐用消费品，如汽车的促销，也越来越多地采用分期付款、质押贷款等方式进行。1999 年 2 月中国人民银行出台《关于开展个人消费信贷的指导意见》，1999 年 3 月中国人民银行总行发布《银行卡业务管理办法》。这些措施引发了社会开展消费信贷的尝试和宣传，消费信用规模不断扩大，2003 年年底，消费信贷总额达 1.56 万亿元。住房、汽车、教育、旅游等方面消费信贷的适时启动，对刺激消费、调节社会需求具有重要意义。市场经济体制的确立，政府的宏观调控也将更多地借助于调整消费信贷的规模来实现调节社会总需求的目的。

五、民间信用

民间信用又称个人信用，是指金融机构之外的个体之间的资金借贷行为，在中国已有几千年的历史。在民间信用发展的很长时间里，民间信用主要用于解决物质生活的急需；在现代，其规模越来越大，范围越来越广，相当部分用于生产领域，成为银行信用的补充。在西方国家，民间信用指国家信用之外的一切信用形式，包括商业信用和银行信用。《中华人民共和国银行管理暂行条例》规定，个人不得经营金融业务，因此，在中国，民间信用指个人之间以货币或实物形式所提供的直接信贷，故又称个人信用。

（一）民间信用的作用

（1）广泛地积聚社会资金，支持多种经济成分的发展。民间资金的借入者大多是个体经济及中小企业，涉及商业、手工业、养殖业、种植业、旅游业和运输等行业，民间信用一般是在国家银行信用和信用社信用力不能及的领域发展起来的，可起到拾遗补阙的作用。通过民间资金的调剂，进一步发挥分散在个人手中资金的作用，加速全社会资金运转。

（2）民间信用具有银行信用不可能有的灵活、简便、及时，在任何国家都有一定的市场。所以，它把竞争机制引入金融领域，促进了金融体制的改革和金融业务的发展。

（二）民间信用的特点

（1）借贷方式灵活、简便，可及时调节个人之间的资金余缺，能在一定范围内弥补银行信用的不足。

（2）期限一般较短，利润较高，因为其利率的高低取决于对资金的供求关系，借入者往往急需。

（3）由于缺乏监督机制，因此风险较大。民间信用往往是分散、盲目的，容易发生违约，造成经济纠纷，影响社会安定，甚至扰乱国家正常的金融秩序，滋长金融投机，加大中央银行控制资金的难度。因此，必须对民间信用正确引导和加强管理。

（三）中国的民间信用

中华人民共和国成立以后的 30 年中，由于个人收入水平很低，无多余资金可供借贷，借入信贷也无力偿还，另外，个人无须进行生产经营投资，无大量借贷的必要，因此民间信用规模范围很小，呈萎缩状态。改革开放以来，随着经济的发展，个人收入逐渐增多，除日常生活开支外，节余和积累逐渐增加，同时借贷偿还能力也有所增强，这就为民间信用的发展创造了基础条件。随着个人和家庭生活的改善与不断提高，个人和家庭生产经营的开展，生活开支和投资需要增加，个人之间的融资融物也有客观需要，于是民间信贷逐渐发展起来。民间借贷主要发生在农村。主要原因是：①农民个人资金闲置和资金需求随着商品经济的发展迅速增长，这在客观上要求在农户之间或农村重点户、专业户和其他人员之间互相调剂资金余缺。②国家银行信用和信用合作社信用不能完全满足个人对资金的需求。这一方面是由于国家银行和信用社的资金有限，以及经营方式、经营作风和经营能力等与农民对资金的需要不相适应；另一方面是由于国家银行和信用合作社贷款有比较严格的限制，个人的资金需求许多与国家政策和贷款原则的要求不符。

民间信用大都根据生活和生产需要在个人之间临时无组织地进行。但有些需要数额大、时间长，非一家一户所能解决，故也产生了一些民间信用的临时组织形式，如摇会、标会、轮会等，统称合会。合会的基本做法是，先由急需资金的人充当会首（借方），他们凭借个人的信用，请收入较为充裕而又有信用的人出面担保，邀集亲友、邻里、同事等数人乃至数十人充当会脚（贷方），然后议定每人每次出多少份金、多长时间会一次等事宜。第一次缴纳的会金一般归会首，以后依不同的方式，决定会脚收款次序。如按预先排定次序轮收的，称为轮会，如按摇骰方式确定的称为摇会，如按投标竞争办法的称为标会。

中国目前的民间信用与历史上的民间借贷比较，具有如下特点：①规模范围扩大。借贷范围从本村本乡发展到跨乡、跨县甚至跨省；交易额从几十元、几百元发展到几千元甚至上万元；借贷双方关系从亲朋好友发展到非亲非故，只要信用可靠，即可发生借贷关系；借贷期限从春借秋还或 2～3 个月，发展到长达 1～2 年，最长 5～10 年。②借贷方式由繁到简。从借钱还物、借物还钱、借物还物、借钱还钱发展到以货币借贷为主。③借款用途从解决温饱、婚丧嫁娶或天灾人祸等生活费用和临时短缺需要，发展到以解决生产经营不足为主，主要用于购买生产资料、运输工具、扩大再生产，一部分大额借贷用于建房。城市居民之间发生借贷主要用于购买耐用消费品或个体户用于生产经营。

六、国际信用

国际信用是国际间的借贷关系，即各个国家的银行、企业、政府同国外的银行、企业、政府之间的借贷关系以及国际金融机构向其成员国提供的信用。主要有以下方式：

1. 出口信贷

这是出口银行在政府的支持和补贴下，为扩大商品支出而对本国出口商品或国外进口商（或银行）提供的一种利率较低的贷款，利率由出口国政府补贴，并由出口国官方或半官方信贷保险机构提供担保。出口信贷有以下五种方式：①卖方信贷。出口商品所在地的外资银行或商业银行向出口商提供的中长期信贷。②买方信贷。银行直接向进口商品或进口商的政府部门发放贷款，指定贷款用于购买发放贷款的国家或企业的商品。③福费廷。在延期付款的大型设备贸易中，出口商把进口商承兑的期限在半年以上到五六年的远期汇票，无追索权地售予出口商所在地的银行，提前提供现款的一种资金融通方式。④信用安排限额。即出口商所在地的银行为了扩大本国一般消费品出口，给予外国进口商所在地的银行以中期融资的便利，并与进口商所在地的银行配合，组织数额较小的资金融通成交。⑤混合信贷。即多重信用方式混合使用的一种资金融通方式。

2. 补偿贸易

这是指外国企业向进口国企业提供机器设备、专利技术、员工培训等，待项目投产后，进口方以该项目的产品、双方商定的其他产品或用投产后形成的收入或利润来清偿贷款的一种信用方式，其实只是国际间的一种商业信用，被发展中国家广泛采用。

3. 国际银行贷款

国际银行贷款是商业银行、银团、大公司、企业及其他金融机构在国际市场上进行的借贷活动，由一国借贷人向另一国家的银行直接借贷。国际银行贷款是国际投资中普遍运用的一种方式。

国际银行贷款的特点：①借贷人可以自由使用借贷，无附加条件，资金的用途一般不受贷方限制，手续也很简便。②来源广泛。国际上众多的商业银行和银行集团，均可作为资金来源。③方式灵活。可借到不同的货币资本，期限与数额也可由自己选定后与银行协商，还本付息的方法也较多。④利率远较其他国际信贷形式高，不能享受出口信贷的优惠利率等。⑤风险大。银行普遍采用的浮动利率计息，加上汇率的频繁变动，增大了客户的利率风险和汇率风险。⑥以中、短期贷款为主，长期的一般也限于10年以内。短期贷款国际间的同业拆借，期限从1天到6个月为多，每笔交易额在10亿美元以下。典型的银行间的交易为每笔1000万美元左右。银行对非银行客户的交易很少。中期信贷是指1年以上、5年以下的贷款。这种贷款是由借贷双方银行签订贷款协议。由于这种贷款期限长、金额大，有时贷款银行要求借款人所属国家的政府提供担保。中期贷款利率比短期贷款利率高。一般要在市场利率的基础上再加一定的附加利率。长期信贷是指5年以上的贷款，这种贷款多为银团贷款，通常由数家银行共同贷给某一客户。单一银行贷款多为中、短期贷款。由于国际贷款风险较大，一时发生损失难以挽回，因此单一银行贷款一般数额较小，期限较短。多银行贷款是指一笔贷款由几家银行共同提供。

4. 国际金融机构贷款

国际金融机构贷款指联合国所属的国际金融机构或区域性开发银行对其会员国提供的信贷。主要包括：国际货币基金组织、世界银行、国际开发协会、亚洲开发银行等，这些国际金融机构按各自设定的宗旨，对会员国提供各种有特定用途的贷款。

5. 国际间政府贷款

国际间政府贷款指一国政府以其国库资金向他国政府提供的具有援助性质的贷款，这种贷款的条件一般比较优厚，利息低、期限长。但这种贷款的附加条件较多。

6. 国际租赁

国际租赁是一种跨国的、融资与融物相结合的筹资形式。它由租赁公司垫付资金购买设备，租给用户使用，用户定期支付资金，租期期满后承租人可以任意选择退租、续租或留租三种方式。它包括金融租赁、杠杆租赁、经营租赁、专业租赁、服务租赁、综合租赁等方式。

7. 国际债券

国际债券是指一国政府、公司企业、银行等其他金融机构在国际债券市场上以外国货币面值发行债券、筹借资金的一种方式。

第三节　信用工具

一、信用工具的特性

信用工具又称金融工具，是在资金融通中证明债权或所有权的合法凭证，是货币资金或金融资产借以转让的工具。信用工具的数量大小、种类多少，直接关系到融资的深度和广度。信用工具虽然种类繁多，但通常都具有四个方面的特性，即偿还性、流动性、安全性和收益性。

（一）偿还性

信用工具的偿还性主要取决于偿还期。偿还期是指借款人从借款开始，到借款全部偿还为止所经历的时间。除了股票与活期存款外，信用工具都具有或长或短的偿还期。由于信用工具可以转让流通，它在投资者实现债权之前可能已经转让多次。因此，偿还期的计算只有根据某持有人持有信用工具的时限来考虑才有实际意义。如政府于 1990 年 1 月 1 日发行的 2000 年 1 月 1 日到期的公债，从券面看，偿还期为 10 年，但某人于 1995 年 1 月 1 日从二级市场上购入该公债，此时，偿还期则为 5 年，而非 10 年了。由此说明信用工具的偿还期是动态指标而非静态指标。如果某人于 1998 年 1 月 1 日又把此债券转让出去，那对于下一个购买者而言，就只有两年偿还期了。

偿还期的长短对债权人与债务人有着不同的意义。从债权人的角度看，则意味着从接受信用工具开始还有多长时间就可以收回投资并获得收益。选择偿还期长短取决于债权人对现时消费与未来消费的估计，同时还取决于债权人将能得到的收益率与对未来货币价值涨落的预期。从债务人角度，他所关心的是信用工具从发行到偿还的全部期限，这个期限决定借来的资金可供自己使用多长时间。选择偿还期长短取决于债务人的项目性质、对利率变化的预期等。

（二）流动性

信用工具的流动性是指信用工具在无损和少受损状态下迅速转变为现金的能力。一般来说，信用工具如果具备以下两个特点，就可能具备较高的流动性：一是发行信用工具的偿还期短，这样它受市场利率的影响小，转让时遭受亏损的可能性就小；二是信用工具的发行主体信誉高。这样，在转让流通时有众多的接受群体。因此，我们可以得出这样的结论：信用工具的流动性与其偿还期成反比，与债务人的信誉成正比。

（三）安全性

信用工具的安全性是指投资者投资于信用工具的本金遭受损失的可能性大小。信用工具的安全度高低通常是借助于信用可能遭受的风险的种类多少、风险发生的可能性大小来衡量的。风险一般可分为两类：一类是债务人到期不能履行债务的风险，即信用风险；另一类是由于信用工具的价格随市场利率的升降涨跌而给投资者带来的损失的风险，即市场风险。一般来说，本金安全性与偿还期成反比，与流动性成正比。

（四）收益性

信用工具的收益性是指信用定期或不定期给持有人带来收益的特性。信用工具收益性的大小是通过收益率来衡量的，其具体指标有名义收益率、当期收益率、实际收益率等。

名义收益率是信用工具票面收益与票面面额之比。如某债券面值 100 元，偿还期为 10 年，年息 8 元，每年一次分期付息，则该债券的名义收益率为 8%。

当期收益是信用工具的票面收益与信用工具当时的市场价格之比。若上面提到的债券，其市场价格为 95 元，则

$$当期收益率 = \frac{8}{95} \times 100\% = 8.42\%$$

实际收益率是信用工具持有者获得的实际收益与购入证券的价格之比。实际收益包括信用工具的票面收益与资本损益。若上面提到的债券持有者在债券发行 1 年后买进并持有债券到期满，则

$$实际收益率 = \frac{(8 \times 9 + 100 - 95) \div 9}{95} \times 100\% = 9.0\%$$

实际收益率可以更准确地反映投资者的收益情况，因而是证券投资者考虑的基本参数。

二、信用工具的分类

信用工具种类繁多，按不同的标准划分为不同类型的信用工具，以下简要介绍几种常见的划分信用工具种类的标准。

（1）以信用关系存续时间为标准，信用工具可分为短期信用工具和长期信用工具。

短期信用工具是指偿还期在 1 年以下（包括 1 年）的信用工具；长期信用工具是指偿还期在 1 年以上的信用工具。

（2）以融资的性质为标准，信用工具可分为直接信用工具和间接信用工具。直接信用工具是指在直接融资活动中所使用的信用工具，通常是由非金融机构发行的信用凭证，如企业债券、国库券等；间接信用工具是指在间接融资活动中所使用的信用工具，通常是由银行等金融机构发行的信用凭证，如存款凭证、保险单等。

（3）以流动性为标准，信用工具可分为完全流动性信用工具和有限流动性信用工具。具有完全流动性的信用工具是指已经在公众中取得普遍接受的资格，在流通转让过程中不必附有任何条件的信用工具，如现代信用货币（即纸币和银行活期存款）；具有有限流动性的信用工具是指在流通转让过程中须附有一定条件才能被人们接受的信用工具，如存款凭证、股票、债券等，它们被接受的程度取决于这些信用工具的性质，包括信用工具的偿还性、流动性、安全性和收益性等。

（4）以融资范围为标准，信用工具可分为国内信用工具和国际信用工具。国内信用工具是指以本国货币标明面值，向境内投资者发行的融资工具；国际信用工具是指以外国货币标明面值，向境外投资者发行的融资工具。

从以上信用工具的分类可见信用工具的种类繁多，而且随着金融业的不断发展，新的各种衍生信用工具还在不断产生。

三、信用工具介绍

（一）短期信用工具

短期信用工具是商业银行用于结算的各种票据。票据是记载一定日期、一定地点、一定金额，向受款人或执票人无条件支付的信用证券。它是有价证券的一种，票据上记载的权利，与票据本身同时存在，同时转移或占有，不能脱离票据而独自存在。商业银行用于结算的票据一般有三种，期票、汇票和支票。

1. 期票

期票又称本票，是一种承诺式信用凭证，即债务人承诺在一定时间、地点支付一定款项给持票人的合法凭证。因发票人不同，期票又可分为商业期票与银行本票。商业期票是商业信用的工具之一。经持票人"背书"后，未到期的商业期票可以转让给他人或向银行贴现"背书"，其意义在于对票据的清偿负责。银行本票是银行签发的，承诺自己在见票时无条件支付确定的金额给收款人或者持票人的票据。银行本票的提示付款期限自出票日起一个月。

2. 汇票

汇票是一种命令式或委托式信用凭证，即由债权人命令或委托银行要求债务人在一定时间、地点支付一定款项的合法凭证。汇票必须经过承兑才具有法律效力。汇票分为商业承兑汇票和银行承兑汇票。商业承兑汇票是由银行将款项交存当地银行，由银行签发给汇款人持往异地办理转账结算或支取现金的票据。银行汇票结算方式是指利用银行汇票办理转账结算的方式。与其他银行结算方式相比，银行汇票结算方式具有如下特点：

（1）适用范围广。银行汇票是目前异地结算中较为广泛采用的一种结算方式。这种结算方式不仅适用于在银行开户的单位、个体经济户和个人，而且适用于未在银行开立账户的个体经济户和个人。凡是各单位、个体经济户和个人需要在异地进行商品交易、劳务供应和其他经济活动及债权债务的结算，都可以使用银行汇票。并且银行汇票既可以用于转账结算，也可以支取现金。

（2）票随人走，钱货两清。实行银行汇票结算，购货单位交款，银行开票，票随人走；购货单位购货给票，销售单位验票发货，一手交票，一手交钱；银行见票付款，这样可以减少结算环节，缩短结算资金在途时间，方便购销活动。

（3）信用度高，安全可靠。银行汇票是银行在收到汇款人款项后签发的支付凭证，因而具有较高的信誉，银行保证支付，收款人持有票据，可以安全及时地到银行支取款项。而且，银行内部有一套严密的处理程序和防范措施，只要汇款人和银行认真按照汇票结算的规定办理，汇款就能保证安全。一旦汇票丢失，如果确属现金汇票，汇款人可以向银行办理挂失，填明收款单位和个人，银行可以协助防止款项被他人冒领。

（4）使用灵活，适应性强。实行银行汇票结算，持票人可以将汇票背书转让给销货单位，也可以通过银行办理分次支取或转让，另外还可以使用信汇、电汇或重新办理汇票转汇款项，因而有利于购货单位在市场上灵活地采购物资。

（5）结算准确，余款自动退回。一般来讲，购货单位很难准确确定具体购货金额，因而出现汇多用少的情况是不可避免的。在有些情况下，多余款项往往长时间得不到清算从而给购货单位带来不便和损失。而使用银行汇票结算则不会出现这种情况，单位持银行汇票购货，凡在汇票的汇款金额之内的，可根据实际采购金额办理支付，多余款项将由银行自动退回。这样可以有效地防止交易尾欠的发生。

支票结算方式和银行本票结算方式用于同城结算，汇票结算用于异地结算。同城结算方式是指在同一城市范围内各单位或个人之间的经济往来，通过银行办理款项划转的结算方式，异地结算方式是指不同城镇、不同地区的单位或个人之间的经济往来通过银行办理款项划转的结算方。

3. 支票

《中华人民共和国票据法》将支票定义为：支票是出票人签发的，委托办理支票存款业务的银行或者其他金融机构在见票时无条件支付确定的金额给收款人或者持票人的票据。有以下四种：

（1）现金支票：收款人不记名，任何持票人都可以从银行提取现金，或转账。除非付款人（比如银行）事先得知该支票已经报失或止付，否则付款人不能拒付或迟付。

（2）转账支票：持票人只可以进行银行转账，不得提取现金。

（3）普通支票：持票人既可以提取现金，也可以进行银行转账。

（4）划线支票：在普通支票票面划两道平行线，持票人只可以进行银行转账，不得提取现金。

4. 信用证

信用证是由银行（开证行）根据付款方（申请人）的要求向收款方（受益人）开立的一定金额、一定期限，并根据一定条件进行付款的一种凭证（保证书）。信用证可以分为商业信用证与旅行信用证两种。商业信用证是商品交易过程中进行货款结算的一种凭证，它广泛用于国内贸易与国际贸易中。旅行信用证是银行为方便旅行者在国外旅行时取款发给旅行者的一种信用凭证。

5. 信用卡

信用卡是银行或信用卡发卡机构对具有一定信用的顾客（消费者）发行的赋予信用的证书。由于使用方便，并能扩大银行信贷及商业购销业务，所以为广大消费者、银行和商号所采用。

信用卡的推行，对于在银行开有存款账户的人来说，免去了使用支票的麻烦，对特约商业经营单位来说，可以增加营业额，并可以解除收受空头支票或假支票的顾虑。对于发卡银行来说，则可以多吸收存款或垫付客户欠款，扩大利息收入。

6. 大额可转让定期存单

它是指银行发行的用于筹集稳定来源的书面证书。其特点是金额起点高，利息收入多且可转让流通，当持有者不愿持有时，可以转让取得现金，但不得提前支取，这就保证了银行对这部分资金的稳定利用。具体分析见第七章第二节相关内容。

7. 国库券

国库券是财政部为平衡财政收支，筹集预算急需资金而发行的借款凭证。主要用于调节国库预算收支差额。一般公开发行，其期限短，最长不超过一年，其还本付息的来源是当年的预算收入。西方国家一般采取折价发行的方式发行，即低于票面金额出售，到期按票面金额偿付，差额视同持有人的利息收入。

（二）长期信用工具

长期信用工具主要包括股票与债券两类，一般称为有价证券。有价证券具有一定的票面额，证明持有人有权到期取得一定收入，并可以买卖的所有权或债权凭证。有价证券是虚拟资本的一种形式，其自身没有价值，但能够为投资者带来一定的股息、红利或利息收入。其价格为资本化的收入，价格变动受利率变动水平、市场预期、经济政策等许多因素的影响。

1. 股票

股票是投资人从股份公司取得的证明其资本额和股东权益的凭证。每股股票都代表股东对企业拥有一个基本单位的所有权。股票是股份公司资本的构成部分，可以转让、买卖或作价抵押，是资金市场的主要长期信用工具。

（1）股票的作用。首先股票是一种出资证明，当一个自然人或法人向股份有限公司参股投资时，便可获得股票作为出资的凭证；其次股票的持有者凭借股票来证明自己的股东身份，参加股份公司的股东大会，对股份公司的经营发表意见；最后股票持有者凭借股票参加股份发行企业的利润分配，也就是通常所说的分红，以此获得一定的经济利益。

在现实的经济活动中，人们获取股票通常有四种途径：①作为股份有限公司的发起人而获得股票，如我国许多上市公司都由国有独资企业转为股份制企业，原企业的部分财产就转为股份公司的股本，相应地原企业就成为股份公司的发起人股东。②在股份有限公司向社会募集资金而发行股票时，自然人或法人出资购买的股票，这种股票通常被称为原始股。③在二级流通市场上通过出资的方式受让他人手中持有的股票，这种股票一般称为二手股票，这种形式也是我国股民获取股票的最普遍形式。④他人赠与或依法继承而获得的股票。

（2）股票的特征。①稳定性。股票投资是一种没有期限的长期投资。股票一经买入，只要股票发行公司存在，任何股票持有者都不能退股，即不能向股票发行公司要求抽回本金。同样，股票持有者的股东身份和股东权益就不能改变，但他可以通过股票交易市场将股票卖出，使股份转让给其他投资者，以收回自己原来的投资。②风险性。任何一种投资都是有风险的，股票投资也不例外。股票投资者能否获得预期的回报，首先取决于企业的盈利情况，利大多分，利小少分，公司破产时则可能血本无归；其次股票作为交易对象，就如同商品一样，有着自己的价格。而股票的价格除了受制于企业的经营状况之外，还受经济的、政治的、社会的甚至人为的等诸多因素的影响，处于不断变化的状态中，大起大落的现象也时有发生。股票市场上股票价格的波动虽然不会影响上市公司的经营业绩，从而影响股息与红利，但股票的贬值还是会使投资者蒙受部分损失。③责权性。股票持有者具有参与股份公司盈利分配和承担有限责任的权利和义务。股东有权或通过其代理人出席股东大会、公司的经营决策。股东权力的大小，取决于占有股票的多少。股票可以在股票市场上随时转让，进行买卖，也可以继承、赠与、抵押，但不能退股。所以，股票亦是一种具有颇强流通性的流动资产。无记名股票的转让只要把股票交付给受让人，即可达到转让的法律效果；记名股票转让则要在卖出人签章背书后才可转让。正是由于股票具有颇强的流通性，才使股票成为一种重要的融资工具而不断发展。

由于电子技术的发展与应用，我国沪深股市股票的发行和交易都借助于电子计算机及电子通信系统进行，上市股票的日常交易已实现了无纸化。

（3）股票的类别。股票的类别很多，我们从不同的角度进行分类。

1）按股东权利分类，可分为优先股、普通股、后配股。

①优先股。优先股是"普通股"的对称，是股份公司发行的在分配红利和剩余财产时比普通股具有优先权的股份。优先股也是一种没有期限的有权凭证，优先股股东一般不能在中途向公司要求退股（少数可赎回的优先股例外）。

优先股的主要特征表现在三个方面：一是优先股通常预先定明股息收益率。由于优先股股息率事先固定，因此优先股的股息一般不会根据公司经营情况而增减，而且一般也不能参与公司的分红，但优先股可以先于普通股获得股息，对公司来说，由于股息固定，它不影响公司的利润分配。二是优先股的权利范围小。优先股股东一般没有选举权和被选举权，对股份公司的重大经营决策无投票权，但在某些情况下可以享有投票权。

优先股的优先权主要表现在两个方面：一是股息领取优先权。股份公司分派股息的顺序是优先股在前，普通股在后。股份公司不论其盈利多少，只要股东大会决定分派股息，优先股就可按照事先确定的股息率领取股息，即使普遍减少或没有股息，优先股仍然分派股息。二是剩余资产分配优先权。股份公司在解散、破产清算时，优先股具有公司剩余资产的分配优先权，不过，优先股的优先分配权在债权人之后，而在普通股之前。只有还清公司债权人债务之后，有剩余资产时，优先股才具有剩余资产的分配权。只有在优先股索偿之后，普通股才参与分配。

优先股的分类：一是累积优先股和非累积优先股。累积优先股是指在某个营业年度内，如果公司所获得的盈利不足以分派规定的股利，日后优先股的股东对往年未付给的股息，有权要求如数补给。对于非累积的优先股，虽然对于公司当年所获得的利润有优先于普通股获得分派股息的权利，但如该年公司所获得的盈利不足以按规定的股利分配时，非累积优先股的股东不能要求公司在以后年度中予以补发。一般来讲，对投资者来说，累积优先股比非累积优先股具有更大的优越性。二是参与优先股与非参与优先股。当企业利润增大，除享受既定比率的利息外，还可以跟普通股共同参与利润分配的优先股，称为"参与优先股"。除了既定股息外，不再参与利润分配的优先股，称为"非参与优先股"。一般来讲，参与优先股较非参与优先股对投资者更为有利。三是可转换优先股与不可转换优先股。可转换的优先股是指允许优先股持有人在特定条件下把优先股转换成为一定数额的普通股。否则，就是不可转换优先股。可转换优先股是近年来日益流行的一种优先股。四是可收回优先股与不可收回优先股。可收回优先股是指允许发行该类股票的公司，按原来的价格再加上若干补偿金将已发生的优先股收回。当该公司认为能够以较低股利的股票来代替已发生的优先股时，就往往行使这种权利。反之，就是不可收回的优先股。

优先股的收回方式有三种：一是溢价方式。公司在赎回优先股时，虽是按事先规定的价格进行，但由于这往往给投资者带来不便，因此发行公司常在优先股面值上再加一笔"溢价"。二是公司在发行优先股时，从所获得的资金中提出一部分款项创立"偿债基金"，专用于定期地赎回已发出的一部分优先股。三是转换方式。即优先股可按规定转换成普通股。虽然可转换的优先股本身构成优先股的一个种类，但在国外投资界，也常把它看成是一种实际上的收回优先股方式，只是这种收回的主动权在投资者而不在公司里，对投资者来说，在普通股的市价上升时这样做是十分有利的。

②普通股。普通股是"优先股"的对称，是随企业利润变动而变动的一种股份，是公司资本构成中最普通、最基本的股份，是股份企业资金的基础部分。

普通股的特点：

一是持有普通股的股东有权获得股利，但必须是在公司支付了债息和优先股的股息之后才能分得。普通股的股利是不固定的，一般视公司净利润的多少而定。当公司经营有方，利润不断递增时普通股能够比优先股多分得股利，股利率甚至可以超过50%；但赶上公司经营不善的年头，也可能连一分钱都得不到，甚至可能连本也赔掉。

二是当公司因破产或结业而进行清算时，普通股东有权分得公司剩余资产，但普通股东必须在公司的债权人、优先股股东之后才能分得财产，财产多时多分，少时少分，没有则只能作罢。由此可见，普通股股东与公司的命运更加息息相关，荣辱与共。当公司获得暴利时，普通股股东是主要的受益者；而当公司亏损时，他们又是主要的受损者。

三是普通股股东一般都拥有发言权和表决权，即有权就公司重大问题进行发言和投票表决。普通股股东持有一股便有一股的投票权，持有两股便有两股的投票权。任何普通股股东都有资格参加公司最高级会议——每年一次的股东大会，但如果不愿参加，也可以委托代理人来行使其投票权。

四是普通股股东一般具有优先认股权，即当公司增发新普通股时，现有股东有权优先购买新发行的股票，以保持其对企业所有权的原百分比不变，从而维持其在公司中的权益。在发行新股票时，具有优先认股权的股东既可以行使其优先认股权，认购新增发的股票，也可以出售、转让其认股权。当然，在股东认为购买新股无利可图，而转让或出售认股权又比较困难或获利甚微时，也可以听任优先认股权过期而失效。公司提供认股权时，一般规定认股权登记日期，股东只有在该日期内登记并缴付股款，方能取得认股权而优先认购新股。通常这种登记在登记日期内购买的股票又称为附权股，相对地，在股权登记日期以后购买的投票就称为除权股，即股票出售时不再附有认股权。这样在股权登记日期以后购买股票的投资者（包括老股东），便无权以低价购进股票，此外，为了确保普通股权的权益，有的公司还发行认股权证，即能够在一定时期内以一定价格购买一定数目普通股份的凭证。一般公司的认股权证是和股票、债券一起发行的，这样可以更多地吸引投资者。

③后配股。后配股是在利益或利息分红及剩余财产分配时比普通股处于劣势的股票，一般是在普通股分配之后，对剩余利益进行再分配。如果公司的盈利巨大，后配股的发行数量又很有限，则购买后配股的股东可以取得很高的收益。发行后配股，一般所筹措的资金不能立即产生收益，投资者的范围又受限制，因此利用率不高。

后配股一般在下列情况下发行：一是公司为筹措扩充设备资金而发行新股票时，为了不减少对旧股的分红，在新设备正式投用前，将新股票作后配股发行；二是企业兼并时，向被兼并企业的股东交付一部分后配股；三是在有政府投资的公司里，私人持有的股票投息达到一定水平之前，把政府持有的股票作为后配股。

2）按票面形态分类。

①记名股。这种股票在发行时，票面上记载有股东的姓名，并记载于公司的股东名册上。记名股票的特点就是除持有者和其正式的委托代理人或合法继承人、受赠人外，任何人都不能行使其股权。另外，记名股票不能任意转让，转让时，既要将受让人的姓名、住址分别记载于股票票面，还要在公司的股东名册上办理过户手续，否则转让不能生效。显然这种股票有安全、不怕遗失的优点，但转让手续烦琐。这种股票如果需要私自转让，比如发生继承和赠与等行为时，必须在转让行为发生后立即办理过户等手续。

②无记名股。此种股票在发行时，在股票上不记载股东的姓名。其持有者可自行转让股票，任何人一旦持有便享有股东的权利，无须再通过其他方式、途径证明自己的股东资格。这种股票转让手续简便，但也应该通过证券市场的合法交易实现转让。

③面值股。有票面金额股票，简称金额股票或面额股票，是指在股票票面上记载一定的金额，如每股人民币 100 元、200 元等。金额股票给股票定了一个票面价值，这样就可以很容易地确定每一股份在该股份公司中所占的比例。

④无面值股。也称比例股票或无面额股票。股票发行时无票面价值记载，仅表明每股占资本总额的比例。其价值随公司财产的增减而增减。因此，这种股票的内在价值总是处于变动状态。这种股票最大的优点就是避免了公司实际资产与票面资产的背离，因为股票的面值往往是徒有虚名，人们关心的不是股票面值，而是股票价格。发行这种股票对公司管理、财务核算、法律责任等方面要求极高，因此只在美国比较流行，而不少国家根本不允许发行。

3) 按投资主体分类。我国上市公司的股份可以分为国有股、法人股和社会公众股。

国有股是指有权代表国家投资的部门或机构以国有资产向公司投资形成的股份，包括以公司现有国有资产折算成的股份。由于我国大部分股份制企业都是由原国有大中型企业改制而来的，因此，国有股在公司股权中占有较大的比重。

法人股是指企业法人或具有法人资格的事业单位和社会团体以其依法可经营的资产向公司非上市流通股权部分投资所形成的股份。目前，在我国上市公司的股权结构中，法人股平均占 20% 左右。根据法人股认购的对象，可将法人股进一步分为境内法人股、外资法人股和募集法人股三个部分。

社会公众股是指我国境内个人和机构，以其合法财产向公司可上市流通股权部分投资所形成的股份。我国国有股和法人股目前还不能上市交易。国有股东和法人股东要转让股权，可以在法律许可的范围内，经证券主管部门批准，与合格的机构投资者签订转让协议，一次性完成大宗股权的转移。由于国有股和法人股占总股本的比重平均超过70%，在大多数情况下，要取得一家上市公司的控制股权，收购方需要从原国有股东和法人股东手中协议受让大宗股权。除少量公司职工股、内部职工股及转配股上市流通受一定限制外，绝大部分的社会公众股都可以上市流通交易。

4) 按上市地点分类。我国上市公司的股票有 A 股、B 股、H 股、N 股、S 股等的区分。这一区分主要依据股票的上市地点和所面对的投资者而定。A 股的正式名称是人民币普通股票。它是由我国境内的公司发行，供境内机构、组织或个人（不含台、港、澳投资者）以人民币认购和交易的普通股股票。B 股的正式名称是人民币特种股票。它是以人民币标明面值，以外币认购和买卖，在境内（上海、深圳）证券交易所上市交易的。它的投资人限于：外国的自然人、法人和其他组织，中国香港、中国澳门、中国台湾地区的自然人、法人和其他组织，定居在国外的中国公民，中国证监会规定的其他投资人。现阶段 B 股的投资人，主要是上述几类中的机构投资者。

B 股公司的注册地和上市地都在境内，只不过投资者在境外或在中国香港、中国澳门及中国台湾。H 股，即注册地在内地、上市地在香港的外资股。香港的英文是 Hong Kong，取其字首，在港上市外资股就叫做 H 股。依此类推，纽约的第一个英文字母是 N，新加坡的第一个英文字母是 S，纽约和新加坡上市的股票就分别叫做 N 股和 S 股。

5) 按公司业绩分类，有绩优股、垃圾股的区别。绩优股就是业绩优良公司的股票，但对于绩优股的定义国内外却有所不同。在我国，投资者衡量绩优股的主要指标是每股税后利润和净资产收益率。一般而言，每股税后利润在全体上市公司中处于中上地位，公司上市后净资产收益率连续三年显著超过 10％ 的股票当属绩优股之列。在国外，绩优股主要指的是业绩优良且比较稳定的大公司股票。这些大公司经过长时间的努力，在行业内达到了较高的市场占有率，形成了经营规模优势，利润稳步增长，市场知名度很高。绩优股具有较高的投资回报和投资价值。其公司拥有资金、市场、信誉等方面的优势，对各种市场变化具有较强的适应能力，绩优股的股价一般相对稳定且呈长期上升趋势。因此，绩优股总是受到投资者，尤其是从事长期投资的稳健型投资者的青睐。与绩优股相对应，垃圾股指的是业绩较差的公司的股票。这类上市公司或者由于行业前景不好，或者由于经营不善，往往亏损。

2. 债券

债券是一种有价证券，是经济主体为筹措资金而向债券投资者出具的，并且承诺按一定利率定期支付利息和到期偿还本金的债券债务凭证。由于债券的利息通常是事先确定的，因此，债券又被称为固定利息证券。债券作为一种债券债务凭证，与其他有价证券一样，也是一种虚拟资本，而非真实资本，它是经济运行中实际运用的真实资本的证书。债券的种类可以划分如下：

（1）按发行主体划分，债券可以分为政府债券、金融债券、公司（企业）债券。

1）政府债券。政府债券是政府为筹集资金而发行的债券。主要包括国债、地方政府债券等，其中最主要的是国债。国债因其信誉好、利率优、风险小而又被称为"金边债券"。

2）金融债券。金融债券是由银行和非银行金融机构发行的债券。在我国目前金融债券主要由国家开发银行、进出口银行等政策性银行发行。

3）公司（企业）债券。公司（企业）债券是企业依照法定程序发行，约定在一定期限内还本付息的债券。公司债券的发行主体是股份公司，但也可以是非股份公司的企业发行债券，所以，一般归类时，公司债券和企业发行的债券合在一起，可直接称为公司（企业）债券。

（2）按是否有财产担保划分，债券可以分为抵押债券和信用债券。

1）抵押债券是以企业财产作为担保的债券，按抵押品的不同又可以分为一般抵押债券、不动产抵押债券、动产抵押债券和证券信托抵押债券。以不动产如房屋等作为担保品，称为不动产抵押债券；以动产如适销商品等作为担保品的，称为动产抵押债券；以有价证券如股票及其他债券作为担保品的，称为证券信托债券。一旦债券发行人违约，信托人就可将担保品变卖处置，以保证债权人的优先求偿权。

2）信用债券是不以任何公司财产作为担保，完全凭信用发行的债券。政府债券属于此类债券。这种债券由于其发行人的绝对信用而具有坚实的可靠性。除此之外，一些公司也可发行这种债券，即信用公司债券。与抵押债券相比，信用债券的持有人承担的风险较大，因而往往要求较高的利率。为了保护投资人的利益，发行这种债券的公司往往受到种种限制，只有那些信誉卓著的大公司才有资格发行。除此以外，在债券契约中都要加入保护性条款，如不能将资产抵押其他债权人，不能兼并其他企业，未经债权人同意不能出售资产，不能发行其他长期债券等。

（3）按债券形态分类，债券按其形态可分为实物债券、凭证式债券、记账式债券。

1）实物债券（无记名债券）。实物债券是一种具有标准格式实物券面的债券。它与无实物债券相对应，简单地说就是发给债权人的债券是纸质的而非电脑里的数字。在其券面上，一般印制了债券面额、债券利率、债券期限、债券发行人全称、还本付息方式等各种债券票面要素。其不记名，不挂失，可上市流通。实物债券是一般意义上的债券，很多国家通过法律或者法规对实物债券的格式予以明确规定。实物债券由于其发行成本较高，将会被逐步取消。

2）凭证式债券。凭证式债券是指国家采取不印刷实物券，而用填制"国库券收款凭证"的方式发行的国债。我国从 1994 年开始发行凭证式国债。凭证式国债具有类似储蓄、又优于储蓄的特点，通常被称为"储蓄式国债"，是以储蓄为目的的个人投资者理想的投资方式。从购买之日起计息，可记名、可挂失，但不能上市流通。与储蓄类似，但利息比储蓄高。

3）记账式债券。记账式债券指没有实物形态的票券，以电脑记账方式记录债权，通过证券交易所的交易系统发行和交易。我国近年来通过沪、深交易所的交易系统发行和交易的记账式国债就是这方面的实例。如果投资者进行记账式债券的买卖，就必须在证券交易所设立账户。所以，记账式国债又称无纸化国债。记账式国债购买后可以随时在证券市场上转让，流动性较强，就像买卖股票一样，当然，中途转让除可获得应得的利息外（市场定价已经考虑到），还可以获得一定的价差收益，这种国债有付息债券与零息债券两种。付息债券按票面发行，每年付息一次或多次；零息债券折价发行，到期按票面金额兑付，中间不再计息。由于记账式债券发行和交易均无纸化，因此交易效率高，成本低，是未来债券发展的趋势。

记账式国债与凭证式国债有何区别？①在发行方式上，记账式国债通过电脑记账、无纸化发行，而凭证式国债是通过纸质记账凭证发生。②在流通转让方面，记账式国债可自由买卖，流通转让也较方便、快捷。凭证式国债只能提前兑取，不可流通转让，提前兑取还要支付手续费。③在还本付息方面，记账式国债每年付息，可当日通过电脑系统自动到账，凭证式国债是到期后一次性支付利息，客户需到银行办理。④在收益性上，记账式国债要略好于凭证式国债，通常记账式国债的票面利率要略高于相同期限的凭证式国债。⑤在发行期限上，凭证式国债一般以短、中期，以三、五年为主，记账式国债一般以中长期，5、7年以上，也有 10 年、20 年的。

（4）按是否可以转换为公司股票划分，可以分为可转换债券和不可转换债券。

1）可转换债券是指在特定时期内可以按某一固定的比例转换成普通股的债券，它具有债务与权益双重属性，属于一种混合性筹资方式。由于可转换债券赋予债券持有人将来成为公司股东的权利，因此其利率通常低于不可转换债券。若将来转换成功，在转换前发行企业达到了低成本筹资的目的，转换后又可节省股票的发行成本。根据《公司法》的规定，发行可转换债券应由国务院证券管理部门批准，发行公司应同时具备发行公司债券和发行股票的条件。

2）不可转换债券是指不能转换为普通股的债券，又称为普通债券。由于其没有赋予债券持有人将来成为公司股东的权利，因此其利率一般高于可转换债券。

（5）按付息的方式划分，债券可以分为零息债券、定息债券、浮息债券和累进利率债券。

1）零息债券也叫贴现债券，是指债券券面上不附有息票，在票面上不规定利率，发行时按规定的折扣率，以低于债券面值的价格发行，到期按面值支付本息的债券。从利息支付方式来看，贴现国债以低于面额的价格发行，可以看做是利息预付，因此又可称为利息预付债券、贴水债券，是期限比较短的折现债券。

2）定息债券。固定利率债券是将利率印在票面上并按其向债券持有人支付利息的债券。该利率不随市场利率的变化而调整，因此固定利率债券可以较好地抵制通货紧缩风险。

3）浮息债券。浮动利率债券的息票率是随市场利率变动而调整的利率。因为浮动利率债券的利率同当前市场利率挂钩，而当前市场利率又考虑到了通货膨胀的影响，所以浮动利率债券可以较好地抵制通货膨胀风险。其利率通常根据市场基准利率加上一定的利差来确定。浮动利率债券往往是中长期债券。

4）累进利率债券。累进利率债券指年利率以利率逐年累进方法计息的债券。累进利率债券的利率随着时间的推移，后期利率比前期利率更高，呈累进状态。

（6）按是否能够提前偿还划分，债券可以分为可赎回债券和不可赎回债券。

1）可赎回债券是指在债券到期前，发行人可以以事先约定的赎回价格收回的债券。公司发行可赎回债券主要是考虑到公司未来的投资机会和回避利率风险等问题，以增加公司资本结构调整的灵活性。发行可赎回债券最关键的问题是赎回期限和赎回价格的制定。

2）不可赎回债券是指不能在债券到期前收回的债券。

（7）按偿还方式不同划分，债券可以分为一次到期债券和分期到期债券。

1）一次到期债券是发行公司于债券到期日一次偿还全部债券本金的债券。

2）分期到期债券是指在债券发行的当时就规定有不同到期日的债券，即分批偿还本金的债券。分期到期债券可以减轻发行公司集中还本的财务负担。

债券与股票的区别在于：

1）性质不同。债券是一种表明债权债务关系的凭证，债券持有者是证券发行单位的债权人，与发行单位是一种借贷关系。而股票则是股权证书，股票持有者是股份公司的股东，股票所表示的是对公司的所有权。

2）发行主体不同。债券的发行主体可以是股份公司，也可以是非股份公司、银行和政府。而股票发行主体必须是股份公司和以股份制形式创办的银行。

3）发行期限不同。债券有固定的期限，到期还本付息。而股票是无期限的，不存在到期还本的问题。

4）本金收回的方法不同。债券持有者可以在约定日期收回本金并取得利息。股票不能退股，但持有者可以通过转让售出股票收回资金。

5）取得收益的稳定性不同。债券持有者获得固定利息，取得的收益相对稳定，风险较小。但当公司盈利很多时，债权人的利益却不能随之增加。而股票持有者的收益不固定，收益多少因公司的经营情况和利润而定，具有较大的风险性。

6）责任和权利不同。债券的购买者无权参与公司的经营决策，对其经营状况亦不负任何责任。而股票的持有者有权参与公司的经营管理和决策，并享有监督权，但也必须承担公司经营的责任和风险。

7）交易场地不同。债券的交易大部分是通过场外交易市场进行。而股票大都在证券交易所内进行。

8）付息办法不同。债券利息的分配是累积性的而且是税前开支。而股票则是按股权分配的股息在税后利润中支付。

（三）衍生信用工具

衍生信用工具是指在原生性信用工具（如股票、债券）的基础上派生出来的新型的信用工具。主要有以下几种：

1. 远期合约

这是一种相对简单的衍生信用工具，是由合约双方约定在未来某一日期按约定的价格买卖约定数量的相关资产的合约。远期合约通常是在两个金融机构之间或金融机构与其客户之间签署的。远期合约的交易一般不在交易所内进行。目前，远期合约主要有远期货币合约和远期利率合约两类。

2. 期货合约

期货合约与远期合约十分相似，也是由交易双方按约定价格在未来某一期间完成特定资产交易行为的一种协议，其收益曲线与远期合约一致。两者的区别在于：远期合约交易一般规模较小，较为灵活，交易双方易于按各自的愿望对合约条件进行磋商；而期货合约的交易是在有组织的交易所内完成的，合约的内容（如相关资产种类、数量、价格、交割地点等）都有标准化的特点，这使得期货交易更规模化，也更便于管理。

3. 期权合约

期权合约是由期权出售者制定的、期权购买者在约定期限内以一定价格买进或卖出一定数量某种金融资产，并可根据需要放弃行使这一权利的协议。期权买方为获得这一权利而支付给期权卖方的费用，称为期权费。期权分看涨期权和看跌期权两种基本类型。

4. 互换合约

互换合约又称为掉期合约，是指交易双方约定在合约有效期内以事先约定的名义本金为依据，按约定的支付率（利率、股票指数收益等）相互交换支付的约定。互换合约主要有两种：货币互换合约和利率互换合约。互换合约实质上可以分解为一系列远期合约的组合，其收益曲线也大致与远期合约相同。

对金融衍生工具，这里只作简要说明，在金融市场一章中将作比较详细的讲解。

一、重要概念

信用 直接信用 间接信用 商业信用 银行信用 国家信用 消费信用 期票 汇票 债券 优先股票 金融衍生工具 可转化公司债券 凭证式国债 累进利率债券 股权分置 贴现债券

二、复习思考题

1. 简述信用的本质和特征。
2. 现代信用对经济有哪些积极和消极影响?
3. 国家信用有何作用?
4. 试述商业信用和银行信用的关系与区别。
5. 简述信用工具的特征。
6. 股票和债券有什么区别?

三、前沿思考题

1. 中国当代消费信用的发展现状及展望。
2. 如何认识和对待当前中国民间的高利贷信用?

参考文献:

[1] 潘焕学、钱军:《金融学概论》,北京:经济管理出版社,2008。
[2] 刘金章:《金融手册》,沈阳:辽宁人民出版社,1988。
[3] 张建海、王一开:《证券金融》,太原:山西经济出版社,1991。

第三章 利息与利率

```
本章提要：利率是货币政策的中介目标，是任何一个国家政府和货币管理当
局调节宏观经济和微观经济的重要杠杆，是政府、企业、个人最关心的经济
变量。
本章主要讲述：
利息的本质。
利率体系。
单利和复利的计算及现值和终值的意义。
决定和影响利率的因素。
利率的经济职能。
```

第一节 利息及其计算

一、利息的本质

利息是与信用相伴随的一个经济范畴。从信用关系的债权人角度看，利息是货币资金所有者贷出一定数量货币所获得的报酬；从债务人角度看，利息是货币资金需求者借入一定数量货币所付出的代价。

西方经济学家中也有许多人探讨了利息本质问题，但是他们大都是从某个侧面入手来观察利息、解释利息的本质。例如，"资本生产力论"认为，利息可以推动生产力，是资本本身的产物；"节欲论"侧重从资本来源于储蓄、储蓄来源于节欲的思路去分析利息的本质，把利息看做是节欲应得的报酬；"时差利息论"则将时间因素导入利息分析，认为利息产生于人们对现有财货的评价大于对未来财货的评价，利息是价值时差的贴水；"流动偏好论"认为，利息是放弃流动偏好所得的报酬。马克思则透彻地分析了

借贷资本和产业资本的关系、资本所有权和使用权的关系、货币资本家和职能资本家的关系，指出利息是剩余价值的转化形式，是利润的一种分割，从本源上回答了利息的本质问题。

马克思认为，利息是利润的一部分，即剩余价值的一部分，但在现实生活中，利息可以脱离利润而独立存在。这是因为：利息是资本所有权的收益，不论职能资本家借入资本能否获得利润，利息到期必须支付；利息是由借贷双方在借贷时以一定利率确定的，所以，无论产业资本家的生产经营情形如何，都不会改变这个量。马克思在《剩余价值论》中指出：在这里，有一个现实的因素作为基础，货币（作为商品一般的价值表现）在生产过程中所以能占有剩余价值（不管它叫什么，不管它分解成哪些部分），只是因为在生产过程之前货币就已经被假定为资本……资本不仅是资本主义生产的结果，而且是它的前提。利息转化为收益掩盖了利息的真正来源，但在资本主义制度下，利息无论从哪里支付，都是利润的一部分，都是剩余价值的一部分。从全社会而言，利息是平均利润的一部分。讲这个问题是要说明，利息从本质上讲，不是"钱生钱"，而是来源于劳动，是社会财富再分配的一种形式。

二、利息的合理性

本金对于贷出者和借入者双方，都是把同一货币额作为资本支出的，前者作为货币资本支出，借给企业。后者作为产业资本支出，投入生产过程，产品经过生产和销售，获取利润，是合理的、合法的。同样作为生产要素的货币资本是一种财产所有权，使用财产所有权是应该得到补偿的。

利息的合理性还表现在利率的适度性。货币资本（资金）如果看做商品，利率就是它的价格，它的使用价值就是创造平均利润。前资本主义社会的利率主要是高利贷，具有剥削性，提高了生产成本，限制了扩大再生产，是旧的生产关系桎梏生产力发展的表现。所以高利贷者被称为食利者。它遭到了新兴资产阶级的反对，现代商业银行一成立就否定了旧的高利贷制度。

为了保证利率的合理性，一国的利率是由货币管理当局来决定的，由官方利率来影响市场利率。

三、利息的计算

计算利息的基本方法有两种：单利计息法和复利计息法。

单利计息法是指仅对本金部分计算利息，对本金所产生的利息部分不再计算利息的计算方法。若设 P 表示本金，I 表示利息，r 表示利率，n 表示融资期限，S 表示本利和，则单利计算公式为：

$I = P \times r \times n$

$S = P + I = P(1 + r \times n)$

复利计息法是指在整个借款期限内，将前期利息转入本期本金一并计入利息的计算方法，即利滚利的计算方法。其基本公式是：

$S=P(1+r)^n$

$I=S-P=P[(1+r)-1]$

复利较之单利更能体现对债权人利益的保护。一般而言，复利计息更多地适用于长期信用，单利计息更多地适用于短期信用。

例如，甲企业向 A 银行申请贷款 10000 万元，年利率为 8%，贷款期限 5 年，分期付息，到期一次还本付息。

如果利息转换期为 1 年，每年付息一次，则本利和为：

$10000\times(1+8\%)^5=14693$（万元）

利息额为：$14693-10000=4693$（万元）

四、现值与终值

由于利息成为收益的一般形态，因此任何一笔金额，无论将做怎样的运用，甚至还没有考虑将做怎样的运用，都可根据利率计算出在未来的某一时点上，将会是多少金额。这个金额就是前面说的本利和，也通称为"终值"（Future Value）。如果年利率为 6%，现有 100000 元，在 5 年后的终值可按复利计算公式计算。即

$100000\times(1+6\%)^5=133822.56$（元）

把这个过程倒过来，如果我们知道在未来某一时点上有一定金额的货币，只要把它看成是那时的本利和，就可按现行利率计算出当前所必须具备的本金数额。即

$P=S/(1+i)^n$

设 5 年后期望取得一笔 100000 元的货币，假如利率不变，现在应有的本金是：

$100000\div(1+6\%)^5=74725.82$（元）

这个逆算出来的本金称为"现值"（Present Value）；这个公式叫做"贴现值"（Present Discounted Value）公式。

现值的计算方法不仅可用于银行贴现票据等类似业务方面，而且还有很广泛的运用领域。比如用来比较各种投资方案时，现值的计算是不可缺少的。在现实生活中，一个项目的投资很少是一次性的，大多是连续多年陆续投资完成，不同的方案不仅投资总额不同，而且投资在年度之间的分配比例也不同。如果不运用现值方法，把不同时间、不同金额的投资换算成统一时点的值，则根本无法比较。

例如，现有一项工程需 10 年建成，有甲、乙两个投资方案，甲方案第一年初需投入 5000 万元，以后 9 年每年年初再追加投资 500 万元，共需投资 9500 万元；乙方案是每年年初平均投入 1000 万元，共需投资 1 亿元。从投资总额看，甲方案少于乙方案；从资金占压时间看，乙方案似较甲方案好一些。如果不进行现值的计算、比较，很难分清两个方案的优劣。假设市场利率为 10%，这样两个方案的现值如表 3—1 所示。

表3-1 两个方案的现值 单位：万元

甲方案			乙方案		
年份	每年初投资额	现值	年份	每年初投资额	现值
1	5000	5000	1	1000	1000
2	500	454.55	2	1000	909.09
3	500	413.22	3	1000	826.45
4	500	375.66	4	1000	751.31
5	500	341.51	5	1000	683.01
6	500	310.46	6	1000	620.92
7	500	282.24	7	1000	564.47
8	500	256.58	8	1000	513.16
9	500	233.25	9	1000	466.51
10	500	212.04	10	1000	424.10
合计	9500	7879.51	合计	10000	6759.02

现在看起来，采用乙方案投资成本可节约 1000 多万元（7879.51－6759.02＝1120.49）。如果其他条件类似，决策就有了明确的依据。

在求现值的公式中，$1/(1+i)^n$ 称为一次性支付系数，即一笔未来到期日一次支付的货币金额乘上该系数，就可以得出现值。

五、我国金融机构的计息与结息规则

计息是指利息的计算。目前，我国金融机构一般采用两种计息方法：一是对年、对月、对日计息，即对一笔存款或贷款，先按整年、整月和整日分别计算利息，然后相加计算出整个存款期或贷款期的全部利息；二是日积数法，即以本金乘以天数算出日积数，再根据日积数乘以日利率得出全部利息。

结息是指利息的实际给付。金融机构对一笔存款或贷款，并不是每天支付或收取利息，而通常是集中在特定的日期才实际收付利息。对于实际收付利息，因取息人有了支配权，又可以存入金融机构或进行其他投资而产生新的收益，因此，即使同样的年利率水平，因结息时间和频率不同，也会产生不同的实际利率。

我国对金融机构的存贷款利率仍实行比较严格的管制，存贷款利息的计算和结算规则由中国人民银行统一规定。我国金融机构的计息、结息规则曾经做过多次调整。中国人民银行制定并从 1999 年 4 月 1 日开始实行的《人民币利率管理规定》对我国金融机构人民币存贷款的计息、结息规则做出了详细规定。

（一）存款的计息与结息规则

根据我国现行利率政策，活期储蓄存款每年结息一次，结息日为每年 6 月 3 日，利息并入本金起息，因而活期储蓄存款计息带有一定的复利性质。活期储蓄存款未到结息日，按清户日挂牌公告利率计息到清户前一日止。

定期储蓄存款按存入日挂牌公告的利率计息，利随本清，遇利率调整不分段计息。逾期支取的定期储蓄存款，其超过原定存期限部分，除约定自动转存的外，按支取的定期储蓄存款利率计付利息。未到期的定期储蓄存款，全部提前支取的，按支取日挂牌公告的活期储蓄存款利率计付利息；部分提前支取的，提前支取的部分按支取日挂牌公告的活期储蓄存款利率计付利息，其余部分到期的按存单开户日挂牌公告的定期储蓄存款利率计付利息。

定活两便储蓄存款按支取日挂牌公告的 1 年期以内（含 1 年）相应档次的定期整存整取存款利率打折计息，打折后低于活期存款利率时，按活期存款利率计息。大额可转让定期存单在存期内按照存单开户日银行挂牌公告的利率计息，利随本清，遇利率调整不分段计息，逾期期间不计息。单位活期存款按存款按季结息，每季度末月 20 日为结息日。金融机构经中国人民银行批准收取的保证金，按照单位存款计息、结息。

职工个人住房公积金存款，当年归集的按结息日挂牌公告的活期存款利率计息，结息后转入上年结转户；上年结转的按结息日挂牌公告的 3 个月定期整存整取存款利率计息。公积金存款的结息日为每年 6 月 30 日。

金融机构的准备金存款按季结息，每季末月 20 日为结息日，按结息日的利率计息，遇利率调整不分段计息。对欠交准备金的金融机构，从欠交之日起按罚息利率计收罚息，直至交足准备金为止，遇罚息利率调整分段计息。

（二）贷款的计息与结息规则

期限在 1 年以下（含 1 年）的短期贷款，按贷款合同签订日相应档次的法定贷款利率计息。短期贷款合同期内，遇利率调整不分段计息。短期贷款按季结息的，每季度末月 20 日为结息日；按月结息的，每月 20 日为结息日。短期贷款的具体结息方式由借贷双方协商确定。对贷款期内不能按期支付的利息按贷款合同利率按季或按月计收复利，贷款逾期后改按罚息利率计收复利，最后一笔贷款清偿时，利随本清。

期限在 1 年以上的中长期贷款利率实行一年一定。贷款（包括贷款合同生效日起一年内应分笔拨付的所有资金）根据贷款合同确定的期限，按贷款合同生效日相应档次的法定贷款利率计息，每满一年后（分笔拨付的以第一笔贷款的发放日为准），再按当时相应档次的法定贷款利率确定下一年度利率，中长期贷款按季结息，每季度末月 20 日为结息日对贷款期内不能按期支付的利息按贷款合同利率按季计收复利，贷款逾期后改按罚息利率计收复利。

逾期贷款或挤占挪用贷款，从逾期或挤占挪用之日起，按罚息利率计收罚息，直到清偿本息为止，遇罚息利率调整分段计息。对贷款逾期或挤占挪用期间不能按期支付的利息按罚息利率按季（短期贷款也可按月）计收复利。如同一笔贷款既逾期又挤占挪用，应择其重，不能并处。

如果借款人提前归还贷款，贷款人有权要求借款人除支付按照实际贷款期限计算的利息外，再给予一定的补偿，补偿金额不超过提前还款日至借款合同到期日之间应付的利息。因为按《中华人民共和国合同法》的有关规定，借款人提前偿还贷款也是一种违约行为，贷款人有权要求借款人予以补偿，并在第一百一十三条对补偿金额做了明确规定。借款双方签订借款合同时对提前还款问题另有约定的，应按借款合同的约定执行。

贴现按贴现日确定的贴现利率一次性收取利息。同理，再贴现按再贴现日的再贴现利率一次性收取利息。中国人民银行对金融机构再贷款按合同利率计息，遇利率调整不分段计息。再贷款按季结息，每季度末月 20 日为结息日。对再贷款期内不能按期支付的利息按合同利率计收复利。

第二节　利率的种类及体系

一、利率的种类

利率是指借贷期内所形成的利息额和本金的比例。利率包括存款利率、贷款利率、贴现利率、拆借利率；年利率、月利率和日利率等，不同期限的存贷款有不同的利率水平。

利率通常用分数表示，不同分数表示的利率含义不同。百分数表示的利率为年利率，即以年为时间单位计算的利率；千分数表示的利率为月利率，即以月为时间单位计算的利率；万分数表示的利率为日利率，习惯叫"拆息"，即以日为时间单位计算的利率。我国民间习惯上年息用"分"表示，如 2 分，即 2%，月息、拆息都用"厘"作单位，如年息 8 厘，即 8%；月息 8 厘，即 8‰；日息 8 厘，即万分之八。

在现实经济生活中，利率都是以某种具体形式存在的。利率的种类也不断增加，种类繁多的利率构成了庞大的利率体系。根据不同的标准，可以将利率分为名义利率和实际利率；固定利率和浮动利率；市场利率和官定利率；一般利率与优惠利率等。

（一）名义利率和实际利率

由于在借贷活动中，债权人要承担两个方面的风险：收回本金的风险和通货膨胀的风险，这样，利率就有名义利率和实际利率的区别。

所谓名义利率，是指以名义货币表示的利率，它没有涉及通货膨胀对债权人利息收入的影响。我们日常所接触到的利率，就是名义利率。

实际利率，是指物价不变，从而货币购买力不变条件下的利率。如果通货膨胀率为零，物价没有上涨，则名义利率等于实际利率。但是在市场条件下，物价总是波动的，考虑到物价的变动，名义利率和实际利率总是不一致的，如果概略地表示，它大致相当于实际利率与通货膨胀率之和。用公式表示如下：

名义利率（r）＝实际利率（i）＋借贷期内的物价变动率（p）

实际利率大致相当于名义利率扣除通货膨胀率，用公式表示为：

实际利率（i）＝名义利率（r）－通货膨胀率（p）

假设某个贷款人要按10％的利率水平取得利息收入，通货膨胀率为5％，则贷款利率至少应为15％，或者说，在贷款利率为15％，通货膨胀率为5％的情况下，他的实际利率约为10％。

上面两个公式只能大致表示通货膨胀条件下，名义利率和实际利率的关系，在这个公式中，只考虑到债权人的本金部分所受通货膨胀的影响，而没有考虑利息部分受到的影响。因此，全面考虑本金和利息的情况，精确计算的公式应该表示为：

$$实际利率 = \frac{1+名义利率}{1+通货膨胀率} - 1$$

名义利率 ＝（1＋实际利率）×（1＋通货膨胀率）－1

精确计算的公式推导过程如下：

设 Sr 为名义利率计算的本利和，Si 为实际利率计算的本利和，P′为物价上涨率，P 为本金，r 为名义利率，i 为实际利率。

则 Sr 与 Si 的关系可以表示为：

Sr＝Si（1＋P′）   （3－1）

Sr＝P（1＋r）   Si＝P（1＋i）   （3－2）

即

本利和（名义）＝本金×（1＋名义利率）

本利和（实际）＝本金×（1＋实际利率）

将式（3－2）代入式（3－1）得

P（1＋r）＝P（1＋i）（1＋P′）   （3－3）

r＝（1＋i）（1＋P′）－1

即

名义利率＝（1＋实际利率）×（1＋通货膨胀率）－1

根据式（3－3）推导得

1＋i＝（1＋r）／（1＋P′）

$$i = \frac{1+r}{1+P} - 1$$

即

$$实际利率 = \frac{1+名义利率}{1+通货膨胀率} - 1$$

对借贷双方来讲，实际利率的高低对投资决策有重要意义：若实际利率低，债权人的利益受到影响，放贷的动机下降，资金供给减少；而债务人的筹资成本较低，贷款的需求强烈，资金需求旺盛；若实际利率高，债权人受利益驱动，放贷的动机上升，资金供给增加；而债务人的筹资成本较高，贷款的需求下降，资金需求减少。因此，实际利率的高低，会对资金供求产生影响。

（二）固定利率和浮动利率

根据利率在借贷期间内是否调整，分为固定利率和浮动利率。

所谓固定利率，是指在整个借贷期间，利率不作调整，不随市场利率的波动而改变，按贷款发放时规定的利率计算利息。它的特点是简便易行，透明度高，有利于借贷双方计算成本和收益。但是在通货膨胀的情况下，债权人，特别是长期贷款的债权人，要承担通货膨胀的损失；在通货紧缩的情况下，债务人，特别是长期借款的债务人，筹资成本会过高。为了规避通货膨胀或通货紧缩的风险，就产生了浮动利率。

浮动利率是指在借贷期间内，可以根据市场利率定期调整的利率。调整的期限和依据，由借贷双方放贷时事先议定。一般调整期为半年。在贷款期限较长，市场利率波动较大时，采用浮动利率能够使借贷双方规避利率风险。但是计算比较复杂。在西方国家长期贷款中使用较为普遍。

（三）市场利率和官定利率

根据利率是否随市场供求关系自由波动，利息率分为市场利率和官定利率。

所谓市场利率，是指由资金供求关系和风险收益关系等市场因素所决定的利率，它是资金价格的真实表现。西方发达国家的利率多采用市场利率。

所谓官定利率又称为法定利率，是指由货币当局规定的并强令执行的利率。官定利率属于管理利率，是国家实施宏观调控的重要的政策手段。利率管制是否严格，是衡量一国金融自由度的重要标志。官定利率的确定，应该以市场利率为基础，因此，官定利率不能和市场利率完全脱节。我国现阶段商业银行等金融机构的存贷款利率都是由中央银行统一制定并管理，属于官定利率。但是，根据市场经济的发展，我国利率制度也在改革。

（四）一般利率与优惠利率

根据利率是否带有优惠性质，利率分为一般利率和优惠利率。享有优惠条件的利率称为优惠利率，其他的是一般利率。优惠利率低于一般利率。优惠利率一般提供给信誉卓著、有良好发展前景的借款人。我国优惠利率是根据国家的产业政策和宏观经济发展目标，对于国家鼓励发展，需要重点扶持的行业、部门和企业实行优惠利率。现在的财政贴息贷款就属于优惠利率。接受贷款的单位和个人按低于一般利率的利率水平向发放贷款的银行支付利息，然后由地方政府或中央政府部门按优惠利率和一般利率之间的利差向贷款银行支付利息。

二、利率体系

依据各种不同标准划分的利率种类适用于研究不同的利率问题。在同一经济运行机制中存在着各种利率。例如，中央银行对商业银行的再贷款利率和再贴现率，商业银行在中央银行的存款利率，银行之间的同业拆借利率，银行的存、贷款利率，政府债券利率，企业债券利率等。各种利率并不是孤立的，而是形成一种内在联系的体系，即利率体系。

利率体系是指在一个经济运行机体中存在各种利率，它们是由各种内在因素联结成的有机体，主要包括利率结构和各种利率间的传导机制。由于世界各国的经济体制和经济条件不同，因此就一般情况而论，利率体系结构中包括中央银行利率、商业银行利率和市场利率，我们把中央银行的利率称为基准利率，即指在多种利率并存的条件下起决定作用的利率。商业银行利率和市场利率灵敏地反映着货币资金供求状况，因而是中央银行调整利率的指示器。各种利率之间的传导机制是通过以下途径进行的：首先，中央银行调整对商业银行的再贴现率，调节商业银行的可贷资金量，影响商业银行的贷款利率，进而调节金融市场上货币资金的供求状况，使市场利率朝着中央银行的调节目标变动；其次，中央银行直接在金融市场上买卖有价证券，调节市场货币资金供求状况，进而调节商业银行利率和市场利率；最后，中央银行一般把市场利率作为其货币政策的中间目标，依此监测货币政策的执行情况，根据市场利率变动情况相应采取调节措施，其中包括调整中央银行利率。

三、决定和影响利率的因素

（一）平均利润率是决定因素

利息来源于利润，是利润的一部分，因此，利息率高低首先应由利润率的高低决定。但是，用于借贷的资金是在全社会流动的，甚至还在国际间流动，因此，利率不能由个别企业的利润率决定，否则，如果个别企业无利润或利润为负，那么贷款人就无任何利息而言，这时这个利润率应该是平均利润率。平均利润率是利率的最高界限，否则，融入资金者就会因成本太高而停止融入资金；另外，利率又不能等于零或为负数，否则，融出资金者又会因无利可图而停止供给资金。所以，利率在平均利润率和零之间波动。

（二）货币资金的供求关系

利率在平均利润率与零之间究竟处于哪一水平，这主要是由借贷双方在金融市场上通过相互竞争来决定的。这种竞争取决于预期的利润与现时的货币资金供求状况。在预期利润提高和当前货币资金供给紧张时，利率便会上升；反之，在预期利润下降和当前货币资金供给偏多时，利率便会下降。总之，借贷资金的供求状况决定现时的利润水平高低。

（三）国家经济政策

当今任何国家的经济都不同程度受制于政府，利率也愈来愈成为国家较为重要的一种货币政策工具，在相当程度、范围内为国家所控制。因此，利率在很大程度上反映着国家在一定阶段对经济的导向。例如，当国家在某一时期出现了经济过热、通货膨胀时，便可能通过提高利率水平加以控制；相反，当国家在某一时期要刺激经济发展、谋求较高经济增长速度时，便可能通过降低利率水平、增加货币投放来实现。

（四）利率管制

利率管制是由政府有关部门直接制定利率，或者规定利率变动的上下限，具有高度行政干预和法制约束力。它排斥制约利率的经济因素，不是市场经济的产物。在经济不发达国家或者发达国家经济发展的非常时期采用。实行利率管制的原因主要有：

（1）由于经济不发达，资金供求缺口比较大，政府通过实行利率管制，促进经济发展，防止利率过高对经济带来的负面效应。

（2）实行利率管制，以抑制通货膨胀。

（3）不发达的金融市场和银行垄断经营，形成利率管制。

（4）在实行计划经济的国家中，利率管制是计划经济的一个重要内容。

（五）物价水平

物价水平上升，意味着实际利率下降，从而给投资者带来不利影响。对于存款者而言，如果存款利率保持不变，当通货膨胀、物价上涨后，实际利率水平下降，甚至可能会出现负利率，使资本遭受损失。为弥补物价上涨给存款人带来的这种损失，银行在吸收存款时就必须考虑合理提高利率水平，否则难以吸收到存款。所以，利率水平与物价水平具有同步变化的趋势，物价水平的变动成为影响利率水平变动的因素之一。

（六）信用的期限与风险

信用活动中的债权人从贷出一定数量的货币资金到收回一定数量的货币资金需要经过一定的时间间隔，在这段时间里，贷款人要承担一定的风险，如债务人倒闭破产无力偿还、市场利率提高、货币贬值等风险。而借贷的期限越长，这些不确定因素出现的可能性越大，贷款人损失的可能性越大。为了弥补这些风险损失，贷款人在确定贷款利率时，就必须充分考虑这些风险因素。总之，借贷期限越长，风险越大，利率越高；反之，借贷期限越短，风险越小，利率越低。

（七）国际因素

由于世界经济的全球化趋势，世界市场上的利率总会通过国际资本的流动对一国利率的形成产生直接影响。由于套利、套汇、投机、避险、海外投资等原因，不可避免会引起资本在国际间流动。当资本流入时，会增加一国的资金供给量，如果要制约资本大量流入，就必须降低国内利率水平。但利率的降低会刺激投资的增长，利润增加。在利润上升的条件下，利率水平也会相应提高。当资本流出时，会减少一国的资金供给量，如果要制约资本的大量流出，就必须提高国内利率水平，但利率的提高会导致投资的减少，利润降低。在利润降低，利息在利润中所占比例缩小的条件下，利率水平会相应降低。总之，同一国际因素对一国利率水平的影响是多方面的，最终结果是使利率水平提高还是降低，不能一概而论，而取决于经济各方面受影响的综合程度。

第三节　利率的决定

关于利率水平是如何决定的问题，一直是金融理论研究中的一个重要课题，不同的学者站在不同的角度会有不同的观点。

一、马克思关于利率的决定理论

马克思认为利息是利润的一部分，是剩余价值的转化形式。就全社会来讲，利息最终来自在生产过程创造的利润。利润可分解为两个部分，一部分是作为企业自有资本和经营报酬的企业主收入，另一部分是作为企业借入资本报酬的利息收入。平均利润率决定着利润总量，也制约着利润总量。在资本总量一定时，平均利润率越高，利润总量越大，利息总量才能增加；反之，利息总量便会减少。

因此，平均利润率是决定利率的基本因素。一般说来，利率不能低于零；如果低于零，借贷资本所有者就不愿将手中的资本贷放出去，而宁可持有在手中。利率也不能高于或者等于社会平均利润率，借贷利率高于或者等于社会平均利润率，借贷资本的需求者无利可图就不会借款了。利率通常在零和平均利润率之间波动。

利润率决定利息，从而使得利率具有以下三个特点。①平均利润率随着技术发展和资本有机构成的提高呈下降趋势，因而影响平均利润率有同方向变化的趋势。②平均利润率虽有下降趋势，但这是一个非常缓慢的过程，就一个阶段来考察，每个国家的平均利润率是一个非常稳定的量，因此平均利率也具有相对的稳定性。③由于利率的高低取决于两类资本家对利润的分割结果，因此其决定具有很大的偶然性。

二、西方的利率决定理论

西方的利率决定理论可大致分为三种类型：一是古典学派的储蓄投资理论；二是凯恩斯学派的流动性偏好理论；三是新古典学派的借贷资金理论。西方经济学中关于利率决定的理论全都着眼于利率变动与供求关系的对比，但观察的角度各不相同。

（一）古典学派的储蓄投资理论

以庞巴维克、费雪以及马歇尔为代表的西方古典经济学家认为，利率决定于资本的供给与需求，这两种力量的均衡决定了利率水平。资本的供给来源于储蓄，储蓄取决于"时间偏好"、"节欲"、"等待"等因素。在这些因素既定的条件下，储蓄是利率的增函数，即利率上升储蓄量会增加，反之则会减少。资本的需求取决于资本的边际生产率与利率的比较。只有当资本的边际生产率大于利率时，才能导致净投资。在资本的边际生产率一定的条件下，投资是利率的减函数，即利率越高，投资越少，反之则越多。利率的变化则取决于投资流量与储蓄流量的均衡，参见图 3-1。

当 S>I 时，促使利率下降；反之，当 S<I 时，利率水平便上升。当储蓄者所愿意提供的资金与投入者所愿意借入的资金相等时，利率便达到均衡水平，此时的利率即为均衡利率。古典学派的利率决定理论的核心是储蓄＝投资，即 S（r）＝I（r）。

古典学派利率决定理论有两个特点：①古典利率理论是非货币性理论。该理论认为储蓄与投资的均衡决定均衡利率。均衡利率不受任何货币数量变动的影响，储蓄与投资都是实物性的，因此利率为实物利率，或者自然利率。②古典利率理论是一种局部均衡理论。储蓄与投资的数量都是利率的函数，而与收入无关。利率的变动仅仅影响储蓄与投资，并促使二者达到均衡，而不影响其他变量。

（二）凯恩斯学派的流动性偏好理论

凯恩斯认为利率是放弃流动性偏好的报酬，是一种纯货币现象，利率与实物因素（节欲和生产率）无关，因此利率不是由借贷资本的供求关系来决定，而是由货币市场

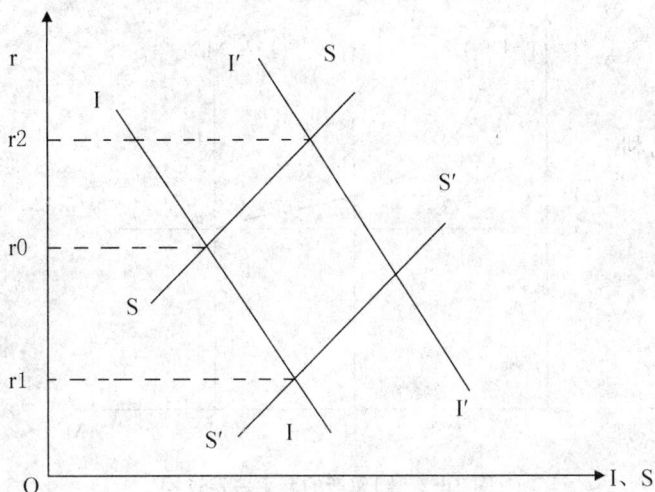

图 3—1　利率的变化取决于投资流量与储蓄流量的均衡

的货币供求关系来决定，利率的变动是货币供给和货币需求变动的结果。

凯恩斯认为利率的变化取决于货币供求关系，货币供给为外生变量，由中央银行直接控制。货币需求则是一个内生变量，由人们的流动性偏好决定。所谓"流动性偏好"是指公众愿意持有货币资产的一种心理倾向。货币作为一种特殊形式的资产，具有完全的流动性和最小的风险性，因此当人们考虑持有财富的形式时，对货币资产具有流动性偏好。而人们的流动性偏好的动机有三个：交易性动机、谨慎性动机和投机性动机。其中，交易性动机和谨慎性动机与利率没有直接关系，而与收入成正比。投机性动机则与利率成反比。如果以 L1 表示为交易性动机和谨慎性动机而保有货币的货币需求，以 L2 表示为投机性动机而保有货币的货币需求，则 L1(Y) 为收入 Y 的递增函数，L2(r) 为利率 r 的递减函数。货币需求总量 L＝L1(Y)＋L2(r)。再以 M1 表示满足 L1 的货币供应量，以 M2 表示满足 L2 的货币供应量，则货币供应量 M＝M1＋M2。凯恩斯认为均衡利率决定于货币需求与货币供给的相互作用。如果人们的流动性偏好加强，货币需求大于货币供给，利率便上升。相反，当人们的流动性偏好减弱，货币需求小于货币供给时，利率便下降。当人们的流动性偏好所决定的货币需求量与货币管理当局所决定的货币供给量相等时，利率便达到了均衡水平。这种利率决定过程可用图 3—2 表示。

货币供给由货币当局控制，可视为常数，所以货币供给曲线为一条垂直线。货币需求曲线向右下方倾斜，越向右越与横轴平行。当货币供给线与货币需求线的平行部分相交时，利率将不再变动，即无论怎样增加货币供给，货币均会被储存起来，不会对利率产生影响。这便是凯恩斯利率理论中著名的"流动性陷阱"假说。图 3—2 中的 M1 是与 r1 对应的货币供应量，M2 是货币供给在这之后无论如何继续增加，利率也不会从 r2 再下降的货币供应量。

（三）新古典学派的借贷资金理论

借贷资金理论是 20 世纪 30 年代提出来的，其主要代表人物有剑桥学派的罗宾逊和

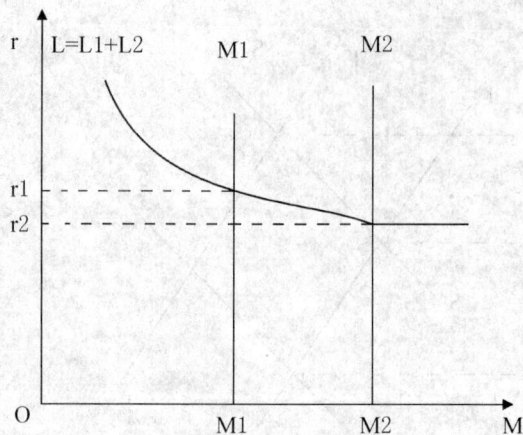

图 3-2　凯恩斯的利率决定过程

瑞典学派的俄林。该理论认为，在利率决定问题上，古典利率理论肯定储蓄与投资的交互作用是对的，但完全忽视货币因素则是不妥当的。凯恩斯学派完全否定实物因素的存在是不对的，但他指出货币因素对利率的影响则是可取的。因此应该将货币因素和实物因素统一起来加以综合分析。其基本主张是：利率为借贷资金的价格，借贷资金的价格取决于金融市场上的资金供求关系。而借贷资金的供求既有实物市场的因素又有货币市场的因素，既有存量又包括流量。

借贷资金供求理论后经英国经济学家希克斯和美国经济学家汉森改造成了著名的IS－LM模型。希克斯认为，利率是一种特殊的价格，必须从整个经济体系来研究它的决定。因此应该将生产率、节欲、灵活偏好、收入水平和货币供应量，即非货币因素和货币因素结合起来，运用一般均衡的方法来探索利率的决定。IS－LM模型的基本方程如下：

$I(r) = S(Y)$

$L(r, Y) = M$

一般均衡分析法中有两个市场：实物市场和货币市场。在实物市场上，由于投资是利率的递减函数，储蓄是收入的递增函数，根据投资与储蓄的恒等关系，可以得出一条向下倾斜的 IS 曲线。曲线上任何一点代表实物市场上投资与储蓄相等条件下的局部均衡点。在货币市场上，由于货币需求 L 是收入 Y 和利率 r 的函数，货币需求与利率负相关，而与收入水平正相关，在货币供给量由中央银行决定时，可以导出一条向上倾斜的 LM 曲线。LM 曲线上任何一点意味着货币市场上货币供需相等情况下的局部均衡。IS 和 LM 两曲线相交，形成货币市场和实物市场同时均衡的一般均衡利率，参见图 3－3。

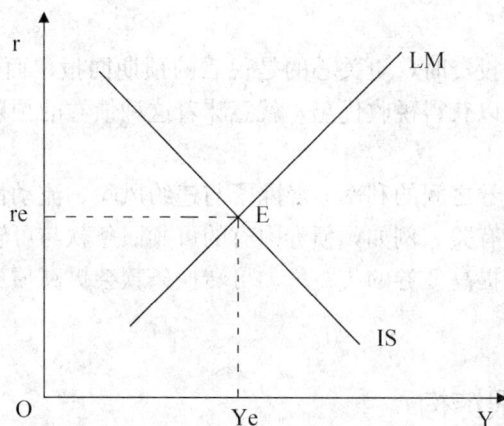

图 3—3　IS—LM 模型

第四节　利率的风险结构与期限结构

一、利率的风险结构

在金融市场上，期限相同的不同债券的利率一般不同，而且相互之间的利差也不稳定。例如，10 期国债的利率要低于 10 期企业债券的利率，不同企业发行的 10 期债券的利率也各不相同。我们把期限相同的金融资产因风险差异而导致的不同利率称为利率的风险结构。导致利率风险结构的主要原因有：

（一）违约风险

违约风险是债券的发行者不能支付利息和到期不能偿还本金的风险。企业债券或多或少都会存在违约的风险，而国债的违约风险很小。由于企业的违约风险较大，债券的持有者就必然要求更高的利率，这是对其承担更多风险的补偿，称为风险升水。

金融市场上各种债券的违约风险可以通过专门评级公司的信用评定等级加以区别。著名的穆迪公司和标准普尔公司就是专门从事信用等级评定的公司。穆迪评级 Baa 级及以上的公司债券和标准普尔评级 BBB 级及以上级别的债券违约风险较低，称为投资级债券。在 Baa 或 BBB 级以下的债券违约风险较大，称为非投资级债券，也称为垃圾债券。

（二）流动性风险

流动性的差异也是造成相同期限的不同债券之间利率不同的一个重要原因。流动性较差的债券其利率水平一般较高。

（三）税收因素

投资者在进行债券投资时，更关心的是税后的预期回报，而不是税前的预期回报。所以，如果一种债券可以获得税收优惠，就意味着这种债券的预期回报率会上升，因此其利率就可以低一些。

相同期限的不同债券之间的利率差异除了与违约风险、流动性及税收因素有密切关系外，还会与其他因素有关。例如，债券附有的可赎回条款与可转换条款等。可赎回条款会降低债券的价格，提高债券的收益率。可转换条款会提高债券的价格，降低债券的收益率。

二、利率的期限结构

金融市场上，品质（风险、流动性、税收等）基本相同但期限不同的债券其利率水平也往往不同，这种差异我们称为利率的期限结构。利率的期限结构可以形象地以收益率曲线表示出来。若以横轴表示距离到期日的时间，以纵轴表示收益率，将不同期限的利率连接起来，就会形成一条收益率曲线。利率的期限结构可以概括为四种收益率曲线，参见图3－4。四种不同的收益率曲线表明，期限越长，其利率并非必然越高。

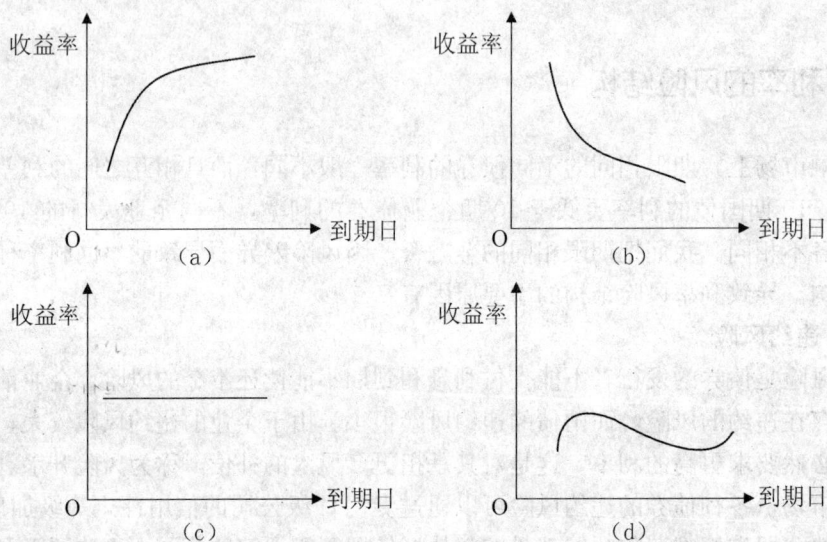

图3－4　收益率曲线

影响利率期限结构的一个重要因素是投资者对未来利率，尤其是对未来短期利率的预期。在自由套利的情况下，长期利率由现实短期利率和预期未来短期利率决定。当投资者预期未来短期利率上升时，作为现实和未来短期利率平均数的长期利率会高于现实的短期利率，从而形成上升的收益率曲线，如图3－4（a）所示；当投资者预期未来短

期利率下降时，长期利率会低于现实的短期利率，从而使收益率曲线下降，如图 3—4
(b) 所示；当投资者预期未来短期利率与现实的短期利率持平时，就会形成一条水平
的收益率曲线，如图 3—4 (c) 所示；当投资者预期未来短期利率先上升后下降，那么
就会形成一条先升后降的收益率曲线，如图 3—4 (d) 所示。

另外，影响利率期限结构的其他因素还有：人们对流动性的偏好以及资金在不同期
限市场之间的流动程度等。

三、中国的利率市场化

我国利率管理一直是实行利率管制。所谓利率管制，是指由政府有关部门直接制定
利率或规定利率变动的上下限，各金融机构必须遵照执行，具有高度行政干预的成分在
内。我国利率过去是由国务院统一制定，由中国人民银行统一管理。1995 年颁布了
《中国人民银行法》，规定利率由中国人民银行作出决定，报经国务院批准后执行。1999
年 4 月《人民币利率管理规定》颁布实施，明确提出人民币利率事项由中国人民银行
管理。

我国在确定利率水平时，除了考虑社会平均利润率和借贷资金供求关系这两个基本
因素以外，还要着重考虑以下四个制约因素：

(1) 国家的经济政策和经济建设发展目标。对于急需扶持鼓励和发展的产业、部门
和产品，实行倾斜性政策，享受利率优惠。

(2) 利率水平要适当，利息支出要在企业的成本中占有一定比例。

(3) 利率水平要与物价水平和通货膨胀率挂钩。

(4) 要考虑国际资金市场利率的影响。

在高度集中的计划经济体制下，经济资源的配置是通过计划的数量分配方式实现
的，所有重要的价格变量（包括利率）都是计划制定的，政府的计划部门是资源配置的
平衡和决策机构，银行只不过是信贷资金计划的执行者。在这种历史条件下，利率管理
中必然存在很多问题，主要体现在利率档次少，水平低，存贷款利差小，管理权高度集
中，导致利率不能及时、准确地反映资金供求状况。改革开放以来，随着我国市场经济
的发展，整个金融制度也朝着市场化的方向发展，利率市场化是必然的改革方向。虽然
我国目前仍实行利率管制，但是多年来采取的一系列利率改革措施，为利率市场化创造
了条件。

所谓利率市场化，是指金融机构在货币市场经营融资的利率水平由市场资金供求关
系决定，它包括利率决定、利率传导、利率结构和利率管理的市场化。它体现在存贷款
的利息率由商业银行根据资金市场的供求变化来自主调节，最终形成以中央银行基准利
率为主导，以货币市场利率为基础，各种利率保持合理利差和分层有效传导的利率
体系。

我国推动利率市场化的措施，最初是赋予银行贷款实行差别利率和一定的利率浮动
权。20 世纪 90 年代以后，利率市场化步伐显著加快，目前在同业拆借市场、国债市场

已初步构建起按资金供求关系决定利率的机制。为减轻国有企业利息负担，减弱物价持续下降对企业和居民的不利影响，中央银行自 1996 年至 2000 年连续 7 次主动下调存贷款利率，并提高了部分贷款利率的浮动范围。2000 年，人民银行进一步下放了外币贷款和 300 万（含）美元以上存款利率的自主定价权，300 万美元以下存款由银行业协会制定。为了应对加入世界贸易组织的挑战，我国已经制定出用三年左右时间完成利率开放的整体计划，实现利率市场化。其总体框架是：先外币，后本币；先贷款，后存款；先农村，后城市；先批发，后零售。

显然，我国利率市场化的改革是一项系统工程，既要力争与国际惯例接轨，又要兼顾国情，走渐进式改革的道路。

一、重要概念

利息　利息率　复利　名义利率　实际利率　固定利率　浮动利率　官定利率　市场利率　现值　终值

二、复习思考题

1. 简述利息率的分类。
2. 举例说明单利计息和复利计息。
3. 分析决定和影响利率的因素有哪些？
4. 什么是利率的期限结构？运用期限结构理论解释为什么收益率曲线会有不同的形状？
5. 什么是利率风险结构？导致利率风险结构的主要因素有哪些？

三、前沿思考题

我国利率市场化的改革进程及展望。

参考文献：

[1] 周建松：《货币金融学概论》，北京：中国金融出版社，2006。
[2] 宋玮：《金融学概论》，北京：中国人民大学出版社，2007。
[3] 夏德仁：《货币银行学》，北京：中国金融出版社，2006。
[4] 黄达：《金融学》，北京：中国人民大学出版社，2003。
[5] 姜波克：《国际金融学》，北京：高等教育出版社，2000。
[6] 刘军善：《国际金融学》，大连：东北财经大学出版社，2005。

第四章 金融工具和金融市场

本章提要：金融市场是指以金融资产即金融工具为交易对象而形成的供求关系及其机制的总和。

本章主要讲述：

金融市场的类别、构成要素。

各种金融工具的作用。

股票、债券、证券投资基金的发行、流通和运作。

货币市场的职能及其各个子市场的特征及运行。

资本市场的职能及其各个子市场的特征及运行。

远期、期货、期权、互换四种金融衍生工具的介绍。

第一节 金融市场概述

一、金融市场的概念

金融，是指资金的融通和借贷，核心问题是：如何在不确定的环境下，对资源进行跨期的最优配置。

金融市场是指以金融资产为交易对象而形成的供求关系及其机制的总和。它包括以下三层含义：首先，它是金融资产进行交易的一个有形或无形的场所；其次，它反映了金融资产的供应者和需求者之间所形成的供求关系；最后，它包含了金融资产交易过程中所产生的运行机制。其中最主要的是价格（包括利率、汇率及各种证券的价格）机制，它揭示了资产的定价过程，说明了如何通过这些定价过程在市场参与者之间合理地分配风险和收益。那么，何为金融资产呢？

金融资产，也称为金融工具或有价证券，它的主要价值体现在对未来现金流的索取权上。直观上看，资产价值表现为在某一时点上的金融工具（或有价证券）在市场上交易时的价格。对于金融资产的所有者，资产价值代表着一定时期内获得未来货币收入的来源和权力。投资者愿意为获得未来收入而付出的价格就是金融资产价值的体现。

索取权表现为固定的，或者浮动的。代表金融资产现金流的法定索取权主要可以区分为债券和股权两种。相应地，有价证券分为债务性证券和权益性证券两种类型。债务性证券如公司债、金融债、国债等一般支付固定或者浮动的现金流。权益性证券最常见的如股票，其收益水平取决于发行人的经营状况，且支付顺序在债务性证券之后。另外，还有一些金融工具介于两者之间。例如，优先股就是一种要求固定回报的股权，但其收益支付在债券之后，收益的获得也取决于发行人的经营状况；可转换债券允许投资者在一定条件下把债权转变为股权，因此，兼备两种不同的属性。在了解了金融资产的概念和分类后，需要进一步了解金融资产的收益和风险。

二、金融资产：收益与风险

金融资产的价值附在投资者对资产未来现金流的要求权上，资产定价的原则是：金融资产的价格等于其预期的未来现金流的现值。有些金融资产的未来现金流是固定的，如政府债券；有些是不确定的，只能以预期的价值进行折现，如普通股。普通股的股息分派是以企业净利润为基础的，因此具有不确定性；而且这种不确定性不仅体现在现金流多少的支付上，还体现在现金流支付的时间上。即使是固定收益类，其未来的现金流也可能会因为发行主体的原因或在债券到期之前发生的事件而产生不确定性。金融资产这种在未来现金流支付上的不确定性称为风险。

任何金融资产的发行主体的信誉和实力都直接影响着该金融资产未来现金流的确定程度。一般认为，中央政府所发行的国债的信用等级最高。除此之外，通货膨胀所引发的货币购买力的变化也会影响未来现金流的价值。虽然国债一般没有违约风险，但是高通胀率仍会使得资产贬值。最后，在跨国投资中，汇率的变动也会影响金融资产的未来现金流，此类风险称为汇率风险。关于风险，后文会有进一步阐述。

在金融资产收益和价格的形成过程中，时间因素和不确定因素起了重要作用。从时间因素看，任何人购买金融资产，都是把当前的货币在一段时间内让渡给别人，以期在未来获得更多的货币。未来货币收益与当前货币投入的差额即为货币使用权让渡的补偿。显然，让渡的时间越长，要求补偿的金额越多。从不确定因素看，金融资产的购买者承担了投资风险，必然要求风险补偿，风险越大，风险补偿越高。所以，相同剩余期限的债券中，国债的收益率低于企业债的收益率。

从某种意义上讲，金融是一种以承担风险换取收益的经济活动。所谓风险是指由于不确定性导致损失或获利的可能性，这一可能性的分布状况显示了风险的程度。

按照不同的标准，可以对金融风险进行不同的划分。根据风险发生的范围可以将金融风险分为系统性风险和非系统性风险。系统性风险（例如，经济周期）会影响所有的金融变量，是不可分散风险。非系统性风险（如某家企业的法律纠纷）一般是与特定市场主体相关的风险，是可以通过分散化投资削弱其影响的。根据风险承担能否给承担者带来收益可以将风险分为纯粹风险和投资风险。前者只能给风险承担者带来损失，如火灾、地震等；后者使承担者既有损失的可能，也有获利的希望，如利率风险。更具体地，可以将投资者在金融市场中所面临的金融风险分为市场风险、信用风险、流动性风险、操作风险和法律风险。

三、金融市场要素

(一) 金融市场主体

金融市场的主体指金融市场的参与者。从动机看，金融市场的主体可以分为投资者、融资者、套期保值者、套利者、调控和监管者五大类。金融市场的投资者与实际部门的投资者是不同的，它是指为赚取差价收入或股息、利息收入而购买各种金融工具的参与者，是资金的供应者。融资者则是金融市场上资金的需求者。套期保值者是指利用金融市场转嫁自己所承担风险的主体。套利者则是利用市场定价的低效率来赚取无风险利润的主体。调控监管者则是指对金融市场实施宏观调控和监管的中央银行和其他金融监管机构。

更具体地，我们也可以把金融市场的主体分为政府部门、工商企业、家庭部门、金融机构及中央银行五个部门。由于上述五个部门在专业化分工中所处的地位不同，因此，它们在金融市场中扮演的角色也就不尽相同。

1. 政府部门

政府部门往往是资金的主要需求者之一，主要通过发行中央政府债券或地方政府债券来筹集资金，用于基础设施建设，弥补财政预算赤字等。一般不存在违约风险，可以享受税收优惠。政府部门有时也可称为金融市场的资金供应者，不少国家政府也是国际金融市场上的积极参加者。

2. 工商企业

工商企业是仅次于政府部门的资金需求者，既通过市场筹集短期资金从事经营，以提高企业财务杠杆比例和增加盈利，又通过发行股票或中长期债券等方式筹措资金用于扩大再生产和经营规模。工商企业是金融市场上的资金供应者之一，也是套期保值的主体。

3. 家庭部门

家庭部门是金融市场上的主要资金供应者。家庭部门通过在金融市场上合理购买各种有价证券来进行组合投资，既满足日常的流动性需求，又能获得资金的增值。家庭部门有时也有资金需求，但数量一般较小，常常是用于耐用消费品的购买和住房消费等。

4. 金融机构

金融机构分为存款性金融机构、机构投资者（非存款性金融机构）和中介机构。

(1) 存款性金融机构。指通过吸收各种存款而获得可利用资金，并将之贷给需要资金的各类经济主体或投资于证券等金融资产以获取收益的金融机构。

(2) 机构投资者。代表中小投资者的利益，将他们的储蓄集中在一起管理，为了特定目标，在可接受的风险范围和规定的时间内追求投资收益的最大化。投资主体机构化目前已成为国际金融市场的发展趋势，并成为判断一个国家金融市场成熟程度的主要标准之一。

（3）中介机构。包括投资银行和其他中介机构，如投资顾问咨询公司、证券评级机构等。

5. 中央银行

中央银行既是金融市场的行为主体，又是金融市场上的调控者和监管者。从中央银行参与金融市场的角度看，首先，作为银行的银行，它充当最后贷款人的角色，从而成为金融市场资金的提供者；其次，中央银行为了执行货币政策，调节货币供应量，在金融市场上进行证券的买卖。中央银行的公开市场操作不以盈利为目的，但会影响到金融市场上资金的供求以及其他经济主体的行为。此外，一些国家中央银行还接受政府委托，代理政府债券的还本付息；接受外国中央银行的委托，参与证券交易。

（二）金融市场的客体

1. 金融工具

金融市场的客体就是金融工具——信用关系的化身。资金的融通是建立在信用关系之上的，它往往必须借助某种金融工具才能实现。具体说，信用关系的建立和终止都是通过金融工具的交易来完成的。

金融工具或者说金融资产的价值取决于其所能给持有者带来未来收益的量和确定性。在决定金融资产价值时，有的金融资产与实务资产（如厂房）之间存在着密切的联系。例如，股票收益有时归因于上市公司购买了先进设备等能产生良好效益的资产。也有些金融工具的价值依赖于股票、债券等金融资产，这类产品常见于金融衍生品，如股指期货。

需要指出的是，金融工具在实现资金和资源重新分配的过程中还同时帮助分散或转移风险。例如，一个企业通过借债可以将企业所有者的一部分风险转移给债权人。

2. 金融工具的特性

在融通资金的过程中，它有两方面重要作用：促进资金从其盈余方向其短缺方流动，使收益和风险在资金供求双方重新分布。具有收益性、流动性和风险性的特征。

收益性指金融工具能够带来价值的增值。流动性指的是金融工具可以在金融市场上进行交易转让，一种金融工具的流动性强弱往往是其活力大小的重要标志。风险性指的是投资在金融工具上的本金和利息能够安全地收回。

任何金融工具都是以上三种特性的组合，是三种特性的矛盾的平衡体。

四、金融市场的构成与分类

按不同的标准，可以对金融市场进行不同的分类，从而更充分地了解金融市场。

（一）金融市场按标的物分类

金融市场按标的物分为货币市场、资本市场、外汇市场、黄金市场等。

1. 货币市场

货币市场指以期限在一年以内的金融资产为交易标的物的短期金融市场。它的主要功能是保持资产流动性，可以随时转换成货币。它一方面满足了借款人短期的资本需求，另一方面也为暂时闲散资金找到了出路。货币市场一般指国库券、商业票据、银行承兑汇票、可转让定期存单、回购协议、联邦资金等短期信用工具买卖的市场。许多国家将银行短期贷款也归入货币市场的业务范围。票据市场和拆借市场是货币市场最重要的组成部分。所谓票据市场是指以各种票据作为媒介进行资金融通的市场，按照票据的分类，可具体分为商业票据市场、银行承兑票据市场和大额可转让存单市场。拆借市场则是金融机构间进行短期资金融通的市场，为各金融机构尤其是商业银行弥补资金不足、减少资金闲置提供通道。

2. 资本市场

资本市场是指期限在一年以上的金融资产交易的市场。一般而言，资本市场包括两大部分：一是银行中长期存贷市场，一是有价证券市场。本书的讨论主要指后者。

通常资本市场主要指的是债券市场和股票市场。它与货币市场的区别有：①期限的差别。资本市场上交易的金融工具均为一年以上，最长的可达数十年，而股票则无到期日。货币市场上交易的是一年以内的金融工具，最短的只有一天如隔夜回购、一天拆借。②作用不同。货币市场所融通的资金大多用于工商企业的短期周转资金。在资本市场上所融通的资金大多用于企业的创建、更新等，政府在资本市场上筹集长期资金则主要用于兴办公共事业和保持财政收支平衡。③风险程度不同。货币市场的信用工具由于期限短而流动性高，价格不会发生剧烈变化，风险较低。资本市场的信用工具由于期限长而流动性较低，价格变动幅度较大，风险也比较高。

3. 外汇市场

外汇市场是指从事外汇买卖或兑换的交易场所。在外汇市场上，一国政府只能干预或管制本国的货币。

外汇市场有广义和狭义之分。狭义的外汇市场指的是银行间的外汇交易，包括同一市场各银行间的交易、中央银行与外汇银行间以及各国中央银行间的外汇交易活动，通常被称为批发外汇市场。广义的外汇市场是由各国中央银行、外汇银行、外汇经纪人及客户组成的外汇买卖、经营活动的总和，包括上述的批发市场以及银行同企业、个人间外汇买卖的零售市场。

外汇市场的主要功能在于：①通过外汇市场的外汇储备买卖和货币兑换业务，使各国间债权债务关系的货币清偿和资本的国际流动得以形成，实现购买力的国际转移。②外汇市场集中了各国政府、企业、公司等单位的闲置资金，并对国际贸易中进出口商进行借贷融资，从而加速了国际资金周转，调剂国际资金余缺。③外汇市场所拥有的发达的通信设施及手段将世界各地的外汇交易主体连成一个网络，缩短了世界各地间远程货币收付时间，提高了资金的使用效率。④进出口商利用市场中的远期外汇买卖业务可有效避免或减少因汇率变动带来的风险，从而促进国际贸易的发展。⑤外汇市场也是各国政府调节国际收支乃至整个国民经济的重要通道，各国政府通过一系列的政策和措施影响外汇的供求和汇率的变动，进而达到调节国际收支仍是宏观经济的目的。

4. 黄金市场

黄金市场是专门集中进行黄金等贵金属买卖的交易中心或场所。黄金市场可分为有固定场所的有形市场和没有固定场所的无形市场。无形市场中以伦敦黄金交易市场和苏黎世黄金市场为代表，称为欧式黄金市场；有形市场在商品交易所内进行黄金买卖业务，以美国的纽约商品交易所和芝加哥商品交易所为代表，称为美式黄金市场；也有专设的黄金交易所里进行交易的有形黄金市场，以中国香港金银业贸易所和新加坡黄金交易所为代表，称为亚式黄金市场。其中，伦敦、纽约、苏黎世、芝加哥和中国香港的黄金市场被称为五大国际黄金市场。

（二）按中介特征划分

金融市场按中介特征分为直接金融市场和间接金融市场。

1. 直接金融市场

直接金融市场指资金需求者直接从资金所有者那里融通资金的市场，一般指的是通过发行债券或股票方式在金融市场上筹集资金的融资市场。

2. 间接金融市场

间接金融市场是通过银行等信用中介机构作为媒介来进行资金融通的市场。资金所有者将手中的资金贷放给银行等信用中介机构，然后再由这些机构转贷给资金需求者。资金所有者只拥有对信用中介机构的债权而不能对最终使用者具有任何权利要求。

需要强调的是，直接金融市场与间接金融市场的差别并不在于是否有金融中介机构的介入，而主要在于中介机构的特征差异。在直接金融市场上也有金融中介机构，只不过这类公司不像银行那样，它们不是资金的中介，而大多是信息中介和服务中介。

（三）按金融资产的发行和流通特征划分

金融市场按金融资产的发行和流通特征分为一级市场、二级市场、第三市场、第四市场。

1. 一级市场

即发行市场，是资金需求者将金融资产首次出售给公众时所形成的交易市场。金融资产的发行方式主要有两种方式：公募和私募。公募指发行人通过中介机构向不特定的社会大众广泛发售股票。私募指面向少数特定的投资者发行股票的方式。私募发行的对象有个人投资者和机构投资者。私募发行手续简便，可以节省发行时间和发行费用，不足在于投资者数量有限，流通性较差，不利于提高发行企业的社会信誉。但私募近年来呈现逐渐增长的趋势。

私募又分为包销和代销两种。此外还有一种自办发行或称自销的方式。目前国际上流行的是包销方式。包销是指金融资产的发行人与银行等金融机构协商，由金融机构按照商定条件把全部的证券承接下来负责面向公众销售。包销期满后，不论是否已经推销出去，包销机构都要如数付给发行人应得资金。代销则是发行人自己承担全部的发行风险，只是将公开销售事务委托投资银行等办理的一种方式，代销商销多少算多少，它只是收取手续费等费用，不承担任何风险。此外，还有一种自销的方式，一般通过私下洽商的方式直接销售给为数不多的个人及团体投资者。目前国际上流行的是包销方式。

2. 二级市场

证券发行后，各种证券在不同的投资者之间买卖流通所形成的市场。可分为两种，一是场内市场即证券交易所，另一是场外交易市场。证交所是按照国家有关法律规定经政府主管机关批准设立的证券集中竞价的有形场所。场外交易市场又称为柜台交易（OTC），是在证券交易所外进行证券买卖的市场。原则上场外交易以未上市的证券为主，然而情况发生了很大变化，许多上市证券尤其是国债、地方债、公司债等纷纷进行场外交易。

一级市场是二级市场的基础和前提，没有一级市场就没有二级市场；二级市场是一级市场存在与发展的重要条件之一，无论从流动性上还是从价格的确定上，一级市场都要受到二级市场的影响。

3. 第三市场

第三市场是由交易所会员直接从事大宗上市证券交易而形成的市场。第三市场最早出现于20世纪60年代的美国。

4. 第四市场

第四市场是指大机构（和富有的个人）绕开通常的经纪人，彼此之间利用"电子通信网络"直接进行的证券交易。

（四）按成交与定价的方式划分

金融市场按成交与定价的方式分为公开市场和议价市场。

1. 公开市场

公开市场指的是金融资产的交易价格通过众多的买主和卖主公开竞价而形成的市场。金融资产在到期偿付之前可以自由交易，并且只卖给出价最高的买者。一般在有组织的证券交易所进行。

2. 议价市场

金融资产的定价与成交是通过私下协商或面对面的讨价还价方式进行的。在发达的市场经济国家，绝大多数债券和中小企业的未上市股票都通过这种方式交易。

（五）按有无固定场所划分

金融市场按有无固定场所分为有形市场和无形市场。

1. 有形市场

即为有固定交易场所的市场，一般指的是证券交易所等固定的交易场地。在证券交易所进行交易首先要开设账户，然后由投资人委托证券商买卖证券，证券商负责按投资者的要求进行操作。

2. 无形市场

无形市场是指在证券交易所外进行金融资产交易的总称。它的交易一般通过现代化的电讯工具在各金融机构、证券商及投资者之间进行。它是一个无形的网络，金融资产及资金可以在其中迅速地转移。在现实世界中，大部分的金融资产交易均在无形市场上进行。

五、金融市场的发展趋势

近几十年来，国际金融市场发生了重大变化。就宏观角度看，金融全球化和金融自由化倾向明显；从微观角度看，金融工程化已成趋势。

（一）金融全球化

在全球各地的任何一个主要市场上都可以进行相同品种的金融交易；世界上任何一个局部市场的波动都可能马上传递到全球的其他市场上。这就是金融的全球化。

金融的全球化意味着资金可以在国际间自由流动，金融交易的币种和范围超越国界，各国的利率水平趋于一致。具体包括金融交易的国际化和市场参与者的国际化。

金融交易国际化。西方主要发达国家通过欧洲货币市场筹集短期资金，参与国际金融市场的活动。通过发行国际债券进入国际资本市场融资。外汇市场交易更加活跃，新的外汇交易工具层出不穷。

市场参与者的国际化。传统国际金融活动主体正为越来越多样化的国际参与者所代替。近十几年来，各国金融机构之间并购重组浪潮风起云涌，各种投资基金空前发展，大大地促进了金融市场交易国际化。

1. 金融全球化的原因

推动金融国际化的力量有以下几个方面：金融管制放松所带来的影响；现代电子通信技术的快速发展，为金融的全球化创造了便利的条件；国际金融市场上投资主体的变化推动了其进一步的全球化。

2. 金融全球化影响

有利影响：促进国际资本的流动，有利于稀缺资源在国际范围内合理配置，促进世界经济共同增长。为投资者在国际金融市场上寻找投资机会、合理配置资产持有结构、利用套期保值技术分散风险创造了条件。为筹资者提供更多的选择机会，有利于其更快获得低成本资金。不利影响：导致金融风险在全球扩散。增加政府执行货币政策与金融监管的难度。增加政府金融监管部门的监管难度。

（二）金融自由化

金融自由化是指20世纪70年代中期以来在西方发达国家出现的逐渐放松，甚至取消对金融活动的管制措施的过程。

1. 金融自由化的主要表现

减少或取消国与国之间对金融机构活动范围的限制；放松或解除外汇管制，促进资本的国际流动；放宽各种金融机构业务活动范围的限制，允许不同金融机构之间的业务适当交叉；放宽或取消对银行的利率管制；鼓励金融创新活动，允许和支持新型金融工具的交易。

2. 金融自由化的原因

金融自由化是由于原有的管制措施无法适应新形势下经济金融环境的变化，阻碍了金融业乃至整体经济的发展。随着金融活动的全球化，投资者随时会转向其他国家和地区得到相同的服务，这就使得某国单独地执行管制变得非常的不利。新经济自由主义强调市场机制的作用，反对政府的过度干预，成为金融自由化的理论基础。

3. 金融自由化的影响

有利影响：促进金融业经营效率的提高，降低交易成本。促进资本的国际自由流动，有利于资源在国际间的合理配置。不利影响：金融市场上管制的放松，对金融机构的稳健经营提出了较高的要求，一旦处理不好，有可能危及金融体系的稳定，并导致金融动荡和经济危机。金融自由化还给货币政策的实施及金融监管带来了困难。

（三）金融工程化

金融工程化是指将工程思维引入金融领域，综合采用各种工程技术方法（主要有数学建模、数值计算、网络图解、仿真模拟等）设计、开发新型的金融产品、创造性解决金融问题。其应用可概括为套期保值、投机、套利与构造组合。

原因：金融工程化的动力来自 20 世纪 70 年代以来社会经济制度的变革和电子技术的进步。今天的金融市场日益依赖于信息的全球传播速度、交易商迅速交流的能力和个人电脑及复杂的分析软件的出现。金融工程化的趋势为人们创造性地解决金融风险提供了空间。金融工程的出现标志着高科技在金融领域内的应用，它大大提高了金融市场的效率。

第二节　货币市场

货币市场是进行短期资金融通的市场。货币市场并不是指一个单一的市场，而是一组相互联系的市场。货币市场包括银行短期信贷市场、同业拆借市场、商业票据市场、可转让大额定期存单市场和短期债券市场等。

货币市场上交易的金融工具是由政府、银行或工商企业发行的短期信用工具，这些金融工具具有期限短、流动性强、风险小和收益较低的特征。货币市场上交易的金融工具的期限最长为一年，最短仅为一天甚至几个小时，由于期限比较短，价格波动范围较小，价格不可能有剧烈的波动，因此风险较低。短期金融工具价格波动的因素在短期内具有一定的稳定性，持有短期金融工具的投资者在货币市场可能遭受市场的风险小。金融工具的市场价格波动的范围较小，价格表现相对平稳，投资者受损失的可能性较小。货币市场的参与者主要是机构，每笔交易规模大；客户数量较少，交易对手之间有一定的了解；交易频繁。这些特点使得货币市场交易完全可以借助于现代通讯手段进行，因此，它已逐步形成一个庞大的无形市场，能够实现任何数量的金融商品的方便、快捷和低成本的交易。

在货币市场上金融工具的变现速度快，具有准货币的性质，易为融资者所接受。货币市场最初主要是金融机构之间进行融资的场所，相当于金融市场的"批发市场"。随着经济生活中货币数量的增多，许多非金融机构也相继进入了货币市场。然而这并没有改变货币市场是整个金融体系调节流动性的重要渠道。因为货币市场提供的资金主要用于生产和经营活动过程中的周转，而不是用于较长期的资本投资。借助于这些短期金融工具的交易，一方面可以满足各类经济主体对短期流动资金的需求；另一方面也为短期资金的剩余者提供了短期的投资机会。

货币市场主要有以下子市场。

一、同业拆借市场

（一）同业拆借的目的和特征

同业拆借市场，也称为金融同业拆借市场，是指银行与银行之间、银行与其他金融机构之间短期互相借用资金所形成的短期借贷市场。同业拆借市场是金融机构之间调剂资金的市场。

同业拆借有三个目的：

（1）调节金融机构资金头寸不足。银行等金融机构在日常经营活动过程中，总会有一些机构发生资金头寸不足，而另一些机构则可能出现资金头寸多余的情况。所谓资金头寸，简称"头寸"，是指金融机构每日收支相抵后，资金不足或过剩的数额。如收大于支称为"多头寸"，支大于收称为"缺头寸"，收支调节平衡称为"扎平头寸"。为了相互支持对方业务的正常开展，并使多余资金产生短期收益，需要进行短期资金融通。这种融通在金融术语上称为"拆借"。通过同业拆借市场，调剂资金头寸就是同业拆借市场形成的最初原因。

随着同业拆借市场发展，它已成为金融机构间以货币借贷方式进行短期资金融通的重要渠道。是金融机构弥补资金流动性的不足，以及有效地利用闲置资金的市场。为金融机构特别是商业银行协调流动性和盈利性的关系，实现资金平衡提供了重要场所。

（2）补充银行存款准备金的不足。同业拆借的一个重要内容是相互拆借他们在中央银行存款准备金账户上的准备金余额。按照银行法的规定，商业银行吸收存款后，必须按照一定比率向中央银行缴存法定准备金。然而，商业银行在日常经营过程中，存款余额随时都在发生变动，有的商业银行的实际准备金额超出法定准备金，形成超额准备金，而中央银行对商业银行的准备金一般不支付利息，已超出部分将遭受利息损失。为了避免损失，这些银行就有必要拆借出超额准备金；而有的商业银行的实际准备金达不到法定准备金要求，面临中央银行的处罚，为了避免处罚，这些银行就有必要拆入资金。这样就形成了商业银行之间的同业拆借市场。

（3）季节性、临时性的资金需求。银行和非银行金融机构业务都有季节性的资金流入和流出的特点，有时还有业务发生而引起的临时性的资金需求，需要资金的拆借。

同业拆借市场的特点有：

（1）各国的同业拆借市场是以银行间的拆借为主体的市场。进入同业拆借市场的主体必须获得准入资格。

（2）融资期限短。多数国家以隔夜拆借为主，是重要的短期融资市场。早期的同业拆借市场主要是满足金融机构之间临时性的调剂资金头寸。然而，今天的同业拆借市场已成为各金融机构弥补短期资金不足和进行短期资金运用的市场，是短期融资市场。

（3）同业拆借市场上通过交易双方讨价还价产生的利率是市场化程度最高的利率，它充分地反映了市场上资金供求状况。

（4）通常交易数量较大，期限较短的拆借一般无需担保或抵押，属于信用借贷。在同业拆借市场上，进行资金的借贷活动没有交易额的限制，双方都以自己的信用作担保，严格遵守交易协议。

（5）同业拆借市场一般没有固定的交易场所，主要是通过电讯或网络手段进行交易。

（二）同业拆借的期限与利率

同业拆借期限较短，多为隔夜，拆借在一天或几天时间的称为日拆，用于调节金融机构资金头寸。金融机构之间为资金平衡进行的拆借称为同业借贷，期限一般比头寸拆借的时间长，但最多不超过1年。

如果拆借期限较短，为一天或几天时间的，交易双方很可能以口头协议的方式约定，尤其是那些相互之间经常有业务往来的金融机构之间，这样的可能性就很大。一般来说不需要担保或抵押，完全是凭信用和协议进行交易。

同业拆借的双方以同业拆借市场利率水平为基准，通过自由协商确定拆借利率。拆借利率通常低于中央银行再贴现利率，因为如果高于再贴现利率，则拆入银行就可能转向中央银行申请再贴现贷款。

同业拆借市场利率变动频繁，是一种市场化程度最高的利率，它能及时、迅速和准确反映市场资金供求状况和变化。同业拆借利率决定了银行获得资金的基本成本，可以视为整个金融市场的基准利率。同业拆借市场利率还是利率变动的风向标。它的变化将直接影响其他相关利率的变化和金融工具的收益率及价格。因此，各个金融企业密切关注该利率，以把握市场利率的走向。中央银行还根据拆借利率的高低来把握市场银根松紧情况，实现其货币政策目标。同业拆放有两个利率：拆进利率（Bid Rate）表示银行愿意借款的利率，拆出利率（Offered Rate）表示银行愿意贷款的利率。同一家银行的拆进和拆出利率相比较，拆进利率永远小于拆出利率，其差额就是银行的得益。在美国市场上，一般拆进利率在前，拆出利率在后，如3.25～3.50；而在英国市场上，一般是拆出利率在前，拆进利率在后，如3.50～3.25。但意思一样，都表示"我的借款利率3.25，我的贷款利率3.50"。

在国际货币市场上，比较有代表性的同业拆借利率有三种：伦敦银行同业拆借利率、新加坡银行同业拆借利率、中国香港银行同业拆借利率。由于同业拆借利率决定了银行获得资金的基本成本，因此它经常被视为整个金融市场的基准利率。国际银行在进行中长期借贷时，通常以这三种利率为基础，然后再根据贷款金额、期限以及客户资信等加收一定利息的方式来确定中长期借贷利息。

LIBOR代表的是伦敦的第一流银行借款给伦敦的另一家第一流银行资金的利率。现在LIBOR已经作为国际金融市场中大多数浮动利率的基础利率，以银行从市场上筹集资金进行转贷的融资成本，贷款协议中议定的 LIBOR，通常是几家指定的参考银行在规定的时间（一般是伦敦时间上午 11：00）报价的平均利率。

目前最大量使用的是 3 个月和 6 个月的 LIBOR。我国对外筹资成本即是在 LIBOR 利率的基础上加一定百分点。从 LIBOR 变化出来的，还有新加坡同业拆放利率（SIBOR）、纽约同业拆放利率（NIBOR）、香港同业拆放利率（HIBOR）等。

（三）我国的同业拆借市场

1984 年 1 月 1 日，中国人民银行成立，专门行使中央银行职能。中国人民银行出台了一系列管理办法，鼓励发展拆借市场。1984 年 2 月，中国人民银行颁布《关于中国人民银行专门行使中央银行职能的若干具体问题的暂行规定》，规定专业银行出现资金不足，可向其他专业银行拆借。1984 年 10 月，中国人民银行颁布《信贷资金管理办法》，明确允许资金横向调剂，搞好资金融通和各银行之间的相互拆借。

1986 年 1 月，国家体改委、中国人民银行在广州召开金融体制改革工作会议，会上正式提出发展同业拆借市场。同年 3 月国务院颁布的《中华人民共和国银行管理暂行条例》，也对专业银行之间的资金拆借作出了具体的规定。此后，同业拆借市场在全国各地迅速开展起来。至 1987 年 6 月底初步形成了一个以大中城市为依托、多层次、纵横交错的同业拆借市场。

1988 年 9 月，国家实行了严厉的"双紧"政策，对经济采取了治理整顿的宏观措施，对银行同业拆借也作出了一些限制规定。同业拆借市场的融资规模大幅下降，1990 年为 2641 亿元，较 1988 年的 5247 亿元下降了 2606 亿元。

到 1992 年，宏观经济和金融形势趋于好转，全国各地掀起新一轮的投资热潮。同业拆借市场获得快速发展，交易活跃，交易量不断上升。1993 年的交易规模是 3000 亿元，1994 年达到 5000 亿元。但同时也出现了突破中国人民银行利率限制、变短期拆借为实际上的长期资金、挪用拆借资金等违规行为。1993 年 7 月国家开始对拆借市场进行清理。拆借市场的交易量大幅下落。为了巩固整顿同业拆借市场的成果，1995 年中国人民银行又发文要求撤销商业银行所办的拆借市场。要求跨地区、跨系统的同业拆借必须经过央行融资中心办理，非金融机构和个人不得进入同业拆借市场。

1996 年 1 月 3 日，全国统一的同业拆借市场正式建立。这一市场由两级网络组成：一级网络为由各类商业银行和各省、自治区和直辖市的人民银行组织的融资中心参加，其交易平台为中国外汇交易系统，实行计算机联网交易；二级网络由融资中心组织，由商业银行的分支机构及其他各类金融机构参与的交易。两级网络同时运行，交易信息同步公开。1996 年 1 月，中国人民银行第一次发布了全国统一拆借市场的加权平均利率，即 CHIBOR。并于当年的 6 月 1 日全面放开拆借市场，取消银行同业之间同业拆借利率上限的限制。

1998 年上半年，中国人民银行正式撤销融资中心。为此造成成交量萎缩，1998 年成交量仅 989.58 亿元，为历史低点。另外由于市场面猛然收窄，将为数众多的中小金融机构排除在市场之外。1999 年上半年开始，同业拆借市场逐步走出低谷，交易量显著上升。交易主体逐步扩大，批准了大量的证券公司、证券基金公司和养老基金参与同业拆借市场。2000年下半年，交易更为活跃，共成交2743亿元，同比增长179%，利率继续全面下调，尤其是成交品种结构更趋合理，7天品种交易额占比达到56.7%，表明融资期限趋于短期化，改变了以往拆借期限长的特点，拆借市场正在向真正短期资金融资市场的发展。

2002年4月，银行间市场成员的进入由审批制改为核准制，为此市场交易成员迅速增加，到2003年上半年为止，同业拆借市场交易成员达到643家，极大地促进了市场交易的活跃。目前，我国同业拆借市场交易量每年达3万多亿元。已有16类金融机构进入市场，即商业银行、信用社、政策性银行，它们的拆借期限可达1年；有财务公司、证券公司、信托公司，它们的拆借期限为7天；有保险公司、金融政策管理公司、汽车租赁公司、金融租赁公司等，它们的拆借期限可达3个月。

二、票据市场

（一）票据承兑市场

票据市场就是对票据进行交易的市场。票据是具有法定格式、表明债权债务关系的一种有价凭证。它们产生于商业信用活动，是建立在赊销基础上的债权债务凭证。随着金融市场的扩展，票据逐渐成为短期融通资金的一种有价证券。所谓票据就是出票人自己承诺或委托付款人，在指定日期或见票时，无条件支付一定金额，并可以流通转让的有价证券。

最初票据的交易活动主要是在票据的发行者与票据的贴现者之间进行的。票据的发行者如工商企业等通过发行票据筹集资金，票据的贴现者如银行等金融机构则通过贴现票据发放贷款。随着整个金融行业的发展，一方面银行等金融机构利用手中持有的票据向中央银行进行再贴现，另一方面银行本身还通过发行票据筹集资金。由于票据融资的期限较短，一般在1年以内，因此，票据市场是短期融资市场。

按照到期时间的不同，票据分为即期票据和定期票据。即期票据就是见到票据就要立即付款。定期票据则是到了规定期限才付款。

按照票据的付款人的不同，票据分为银行票据和商业票据。银行票据就是银行承担付款义务的票据，包括银行本票、支票和汇票。商业票据则是因商业交易而发生的票据，包括商业本票、支票和汇票。

按照信用关系的不同，票据可分为本票、支票和汇票。

本票是由出票人签发，承诺自己在见票时无条件支付一定款项给持票人或收款人的票据。根据出票人的不同，本票分为银行本票和商业本票。银行本票是银行签发、承诺向持票人无条件支付一定款项的票据。商业本票是企业签发、承诺向持票人无条件支付一定款项的票据。由于本票的出票人就是付款人，因此本票无需承兑。并且本票的持票人可以经过背书将本票转让给其他人。

支票是由出票人签发，委托银行见票时无条件支付给收款人或持票人的票据。支票的作用主要是用于提现和进行转账结算，支票经过背书可以将本票转让给其他人。

汇票是由出票人向付款人发出的，命令付款人按照指定的日期、金额向持票人或其他收款人无条件支付的票据。根据出票人的不同，汇票分为商业汇票和银行汇票。商业汇票是在商业活动中，由债权人向债务人签发，要求债务人在一定时间内无条件支付一定款项给收款人的票据。银行汇票是一家银行签发的，要求另一家银行（分支行或代理行）向持票人或指定收款人支付一定金额的票据。

汇票按付款期限可分为即期汇票和远期汇票。即期汇票见票后立即付款。只有远期汇票才有承兑问题。票据承兑是指汇票到期前，汇票付款人或银行确认票据证明事项，在票据上作出承诺付款的文字记载、签章的一种手续。未到期的远期汇票的承兑行为实际上就是背书的过程，背书后的汇票可以进行转让。承兑后的汇票的承兑人便成为汇票的主要债务人，所以，承兑是汇票独有的票据行为，目的在于确定付款人的责任。根据承兑人的不同，远期汇票可以分为商业承兑汇票和银行承兑汇票。前者由作为付款人的买方承兑，后者由付款人委托的银行承兑。相对来说，银行承兑汇票具有更高的安全性，人们更愿意受让这种汇票，持票人也很容易在银行承兑汇票市场上通过贴现将其转让给他人。

本票、支票和汇票三者之间的异同：

（1）本票和汇票主要是一种信用凭证，支票作为支付凭证。

（2）支票和汇票的当事人涉及三方，即出票人、收款人（持票人）和付款人。本票则只有出票人和收款人（持票人）。

（3）本票的出票人自己承担付款义务，支票的出票人应担保支票的支付，汇票的出票人应担保付款和担保承兑。因此，本票与支票没有承兑的必要，汇票有承兑的必要。

（4）本票、支票和汇票的付款人是不同的。本票的付款人就是出票人，支票的付款人为银行，汇票的付款人则不确定，承兑汇票的付款人为承兑人。因此，支票的发行则需要先于付款人（银行）建立资金关系。

（5）本票和支票的背书人负有追偿义务，汇票的背书人负有担保承兑和付款的义务。

（二）票据贴现市场

票据贴现是商业票据的持有人在票据到期前，为获取现款向银行贴付一定的利息后所作的票据转让。贴现对于持票人来说是出让票据，提前收回垫支于商业信用的资金，促进资金周转；对于银行来说，它将资金支付给贴现申请人，待票据到期日再从票据付款人那里收回资金。票据贴现前，体现的是出票人和持票人之间的债权债务关系，经过贴现后，体现的是出票人和贴现银行之间的债权债务关系。票据贴现实质就是将商业信用向银行信用的转化过程。

经过贴现的票据，在贴现银行需要资金的时候，还可以进行转贴现和再贴现。所谓票据的转贴现，是指贴现银行将已贴现的票据再向其他同业银行办理贴现的票据转让行为，是银行之间的资金融通。除了向同业银行进行票据的贴现外，商业银行还可以将已贴现的未到期的票据向中央银行进行再贴现。再贴现是商业银行向中央银行转让票据的行为。中央银行在再贴现的过程中，充当"最后贷款人"的角色。利用再贴现中央银行对商业银行实施信用调控，它是中央银行的重要货币政策工具。

贴现、转贴现和再贴现是票据贴现的具体形式，都是票据的转让行为。但是，相比较而言，再贴现并非仅作为资金融通的形式，由于再贴现是中央银行投放基础货币的重要渠道，因此，它对市场货币量和社会经济的影响程度要大得多和重要得多。更重要的是，再贴现是中央银行调节市场银根和实现金融调控的重要手段。

贴现利息与票据到期时应得款项金额之比称贴现率。持票人提出贴现要求后，贴现机构根据市场资金供求状况和市场利率以及票据的信誉程度议定一个贴现率，扣除自贴现日至到期日的贴现利息，从票据金额中扣除贴现利息后的金额用现款支付给持票人。未到期票据贴现付款额的计算公式是：

贴现付款额＝票面金额×（1－年贴现率×票据未到期天数/360）

例如，某企业持有一张半年后到期的一年期汇票，面额为 2000 元，到银行请求贴现，银行确定该票据的市场贴现率为 6％，贴现金额为：2000×（1－6％×180/360）＝1940（元）即扣除 60 元贴现利息，贴现银行实付 1940 元给要求贴现的企业。

三、本票市场

商业本票即期票，发源于商品交易，是买方由于资金一时短缺而开给卖方的付款凭证。但是，现代商业本票大多已和商品交易脱离关系，而成为出票人（债务人）短期融资、筹资的手段。本票是一种只能由知名的信用度高的金融机构或企业发行，通常无担保，到期按照票面额向持票人付现的一种短期负债。它通常是企业为提供流动性或为企业存货和应收账款的投资而融资。本票是替代短期银行贷款的一种融资方式。商业票据的额度较大，一般最低交易额为 10 万美元。期限最低为 3 天，通常为 30～50 天，一般不超过 270 天。

本票通常采取贴现方式发行，即以低于票面额的价格发行。由于商业票据是到期按照票面额偿还，因此，到期的商业票据的投资收益就是票面额与发行价格之差。商业票据的收益一般高于同期限的国库券。

利用商业票据进行融资有几个特点：①对公司来说，融资成本较低。由于商业票据是由信誉好的大公司发行的，从投资者那里直接获得资金，因此融资成本一般低于银行同期借款成本。②对投资者来说，商业票据是风险低、期限短、收益率高的投资工具。在大多数情况下，商业票据被投资者一直持有到期。③商业票据没有活跃的二级市场。因为商业票据的期限短并且收益率高，投资者愿意持有到期。另外，不同公司发行的商业票据在期限、面额和利率等方面各不相同，不方便集中大规模交易。

商业票据可以由发行者直接向投资者发行，也可以通过商业票据交易商发行。商业票据主要发行者主要是信誉高、规模大的国内金融机构和非金融公司、外国公司等。因为商业票据缺乏担保，只有信用等级比较高的大公司才能以这种方式筹集资金。发行票据的公司必须经过信用评级公司的评级，才有资格进行票据的发行。商业票据评级主要依据发行人的管理质量、经营能力和风险、资金周转速度、竞争力、流动性、债务结构、经营前景等项目将发行人分成若干等级。商业票据评级是对商业票据的质量进行评价，按照质量高低分成等级。商业票据的级别不同，发行的难易度和发行利率水平也不同。

本票的投资者主要包括商业银行、保险公司、养老基金、非金融机构、地方政府等。对它们来说，商业票据是风险较低、期限较短、收益较高的投资工具。

我国票据市场的发展情况如下：

在20世纪30年代，旧中国的票据业务逐渐与国际接轨。1936年，推出"银行票据承兑所"，标志着现代意义上的票据业务的开始。

自新中国成立到1982年2月，中国人民银行试办同城商业承兑汇票贴现业务，1986年专业银行正式开办票据承兑、贴现和再贴现业务。1996年1月1日，《中华人民共和国票据法》正式生效，票据业务在中国开始迅速发展。2000年11月9日，中国人民银行批准中国工商银行设立票据营业部，第一家全国性的票据专营机构诞生。2002年6月28日中国建设银行北京分行也成立了系统化的票据专营机构。

针对商业汇票中银行承兑汇票占比过高、商业承兑汇票占比过低的结构性矛盾比较突出。2006年11月11日，中国人民银行提出了促进商业承兑票据业务的发展意见，指出要进一步提高企业结算效率，调整商业汇票种类结构，引导和鼓励商业信用发展，发挥商业承兑汇票对社会经济发展的促进作用。

四、国库券市场与回购协议市场

（一）国库券市场

国库券是政府发行的期限在一年以内的短期债务凭证。国库券的期限有3个月、6个月、9个月和1年，通常是3~6个月。政府发行国库券的目的，一是筹措短期周转资金，弥补短期财政收支缺口；二是为中央银行的公开市场业务提供可供操作的工具。美国财政部每次发行国库券时，会根据到期国库券的数额、财政部资金需求、利率水平以及中央银行货币政策执行的需要等因素，决定发行数额，由财政部公布，中央银行对可能的购买者发出通知函。

国库券与其他货币市场工具相比，有如下优点：①国库券是政府发行的期限最短的有价证券，是一种安全性较好的短期无风险证券。国库券的利率一般被看做是无风险利率，是作为测算其他有价证券风险程度和计算有价证券价值的基本依据。②国库券的流动性强，变现成本低。往往被作为仅次于现金和存款之类的货币形态的准货币。这是因为国库券的期限短和二级市场活跃。③国库券通常享有免征利息所得税的优惠。国库券的避税优惠吸引了许多高收入者或短期资金所有者。

国库券在一级市场上采用公开拍卖的方式发行，即每次发行前，向公众发出通知，然后，购买者按照自己的需要量，提出自己的购买价格和购买量。按照认购者的出价从高到低排序，认购者依次购买，直到卖完为止。在拍卖发行方式下，各认购者的购买价格和收益率是不同的。因为这是一种竞争性报价的方式。除此之外，投资者还可以选择非竞争性报价方式认购，即以最高报价和最低报价的平均数从中央银行购买一定数量的国库券。

国库券的发行通常采用贴现方式发行，即以低于面额的价格发行。国库券不支付利息，到期按照票面额支付。国库券的面额与国库券的售价之差是国库券的利息，该差价也称为贴现利息。

例如，发行某国库券的面值为 100 元，偿付期为 120 天，贴现率为 10％，则其发售价为：

国库券售价＝国库券面值×（1－贴现率×到期日/360）

＝100×（1－10％×120/360）

＝96.67（元）

在拍卖的情况下，国库券的价格不是由个人决定的，而是由市场力量决定的。国库券的收益率是国库券的贴现利息与市场价格之间的比率。从上面的公式可以看出，当贴现利息上升，国库券的价格下降，国库券的收益率随之上升；当贴现利息下降，国库券的价格上升，国库券的收益率随之下降。

在国库券的交易市场上，国库券的持有人为获取现金，可以转让已发行而尚未到期的国库券。在交易市场上国库券通过证券交易商或交易所转让。在国库券的交易市场上，其参与者有证券交易商、银行、基金、保险公司、其他非金融机构、个人投资者和中央银行等。商业银行投资于国库券，将其作为调整其资产流动性的重要手段。中央银行在国库券市场上的活动主要集中在交易市场，其买卖国库券不是以盈利为目的，国库券市场是中央银行根据货币政策目标进行间接宏观调控的重要场所。中央银行通过公开市场业务在调控了货币量的同时，还会对市场利率产生影响。与中央银行进行国库券交易的主体一般是大型金融机构。

（二）回购协议市场

回购协议就是在卖方向买方临时出售一定数量的证券的同时，通过签订协议约定在某一时间卖方以约定的价格从买方手中购回所卖数量的证券。回购协议的期限较短，一般是隔夜至 7 天以内，不超过 1 年，是一种短期融资工具。从本质上来说，回购协议是一种以证券为抵押品进行贷款。一旦到了协议约定期，卖方又将该笔资产（证券）如数购回，其购回价格可以与售出价格是一致的，但借方应支付一定利息给贷方。利率一般按回购协议议定的利率支付。

与回购协议相对应，还有逆回购协议。在逆回购协议中，买入证券的一方同意，在约定的时间按照约定的价格卖出所购证券。每一笔回购协议交易中由一方的回购协议和另一方的逆回购协议共同组成。

回购协议的参与者主要是商业银行、非银行金融机构、企业和中央银行。商业银行参与回购协议主要是为了扩大资金来源。因为商业银行一般持有大量证券，以证券作抵押，获得大量资金，并且通过回购协议获得的资金不属于存款负债，无须向中央银行缴纳存款准备金，是一种低成本的筹资方式。在回购协议市场上，非银行金融机构与企业等机构多是回购协议中的资金借出方，回购协议因为有证券作为抵押减少了无法还款的信用风险，同时也可以免受证券价格下跌的损失。对它们来说，回购协议市场是一个重要的短期资金投资市场。地方政府参与回购市场后，使政府债券业务更加活跃，资金回流又有保证。总的来说，回购市场对借贷双方有利：对资金借入方（卖方）来说，约定回购价格可以免受回购时市场价格上升引起的损失，降低了市场风险；对于资金借出方（买方）来说，回购业务使其掌握了抵押品，可减少债务人无法按期还款的风险，同时也可免除卖出时由于市场价格下降引致的损失。可见，回购协议是一种合理的融资工具，它的市场流动性使之可随时变现，也为其发行赋予了更大的可能性。中央银行也是回购协议市场重要的参与者。其参与的主要目的是进行公开市场操作，执行货币政策。其优点在于不仅对货币供应量进行很好地调节，还可以节省公开业务操作的成本。

五、大额可转让定期存单市场

（一）大额可转让定期存单的特点

大额可转让定期存单（Certificates of Deposit，CDs），是由美国花旗银行于 1961 年首创发行的货币市场融资工具。大额可转让定期存单是实力雄厚的商业银行发行的期限在 1 年以内的，存款人可以在市场上转让的定期存款凭证。存单上印有票面金额、存入日、到期日和利率等，到期后可按票面金额和规定利率提取本金和利息。存单不能提前支付，但可流通转让，到期还能转存。

实际上，大额可转让定期存单是一种远期本票，银行是出票人和债务人，按照一定利息在约定的时间支付本金和利息给持票人的债务凭证。通过发行大额可转让定期存单为商业银行吸引了大量的存款，其流动性为它的发行和流通提供了有力的保证。投资者可以获得接近于市场利率的利息水平，并且在需要资金的时候可以在二级市场上转让兑现。

但大额可转让定期存单与普通定期存单之间存在较大差异：①前者规定面额，而且发行面额较大；而后者的存款金额由存款人决定。②前者通常不记名，可以在二级市场上转让，具有较高的流动性；后者记名，不可流通。③前者不可提前提款，但可转让；后者可提前提款，但需要支付一定的罚息。此外，前者的期限在 1 年之内；后者的期限不固定。

转让大额定期存单是买卖已经发行的存单。二级市场赋予存单很强的流动性，存单的流动性是存单受投资者欢迎的重要原因。不记名存单的转让很简单，无须背书，将存单交给购买者即可。如果是转让记名存单，则需要背书，在存单背面写上原存单的持有人和存单新的持有人。存单在转让时，存单上约定的利率往往和交易时的市场利率不一致，但交易时基本上还是以存单利率为基准，存单购买人按照存单利率支付持有日期的利息给存单的出售者，而原持有人可能在利息收益上获得收益或者亏损。

CDs 的出现，商业银行可通过负债结构的重新组合增强其流动性，提高资金周转活力。同时，银行在资金来源中变被动为主动，可以主动发行大额可转让定期存单，让客户购买。由于这些优点，存单成为货币市场的重要交易工具。

大额可转让定期存单市场的参与者主要是商业银行、投资基金、政府、企业、事业单位等，个人投资者占比较小。大部分国家和地区的货币管理当局不允许商业银行在流通市场上购买本行发行的未到期的存单，可以买卖其他商业银行发行的大额可转让定期存单。

（二）我国的大额可转让定期存单市场

我国在 1986 年下半年首先由交通银行和中国银行开始发行大额可转让定期存单。中国人民银行于 1989 年发布了大额可转让定期存单管理办法，对我国大额可转让定期存单市场的有关事项作了明确规定。如发行单位只限于各类银行；发行对象为个人和企业、事业单位，对个人发行的存单面额为 500 元、1000 元、5000 元三种，对单位发行的存单面额为 1 万元、5 万元、10 万元、50 万元、100 万元五种；票面格式由各银行总行统一设计，交人民银行总行审核，分为记名和不记名两种，银行以发行大额可转让定期存单吸收存款，要向中国人民银行缴纳存款准备金；存单全部直接通过柜台向投资者销售，无须借助中介机构；存单的利率水平高于同期限的定期存单的利率水平，但不超过 5 个百分点。存单不可提前支取，但可以上市流通转让。

1990 年后银行存款额迅速上升，信贷资金短缺状态得到根本扭转，甚至出现资金过剩，致使 CDs 的发行受到影响，其优势削弱。1996 年 12 月 4 日，中国人民银行下文取消此项业务。

第三节　资本市场

资本市场，也称长期资金市场，它是融资期限在一年以上的债务工具以及无到期期限规定的权益工具的交易，实现长期资金融通和转移的市场。资本市场主要包括中长期信贷市场和证券市场。中长期信贷市场是银行提供中长期资金信贷的场所。它是一个非公开市场，同时又是一个协议的无形市场。而证券市场是一个公开性的市场，在市场经济发达国家，证券市场是最重要的融资渠道，同时它也是投资者最主要的投资场所之一。证券市场不但能反映和调节资本的流动，还对整个经济的运行起到重要作用。进入 20 世纪 80 年代以来，证券市场出现了很多新变化。主要表现在：

（1）金融证券化。通过证券直接融资的比重不断增大，证券在金融市场中的地位越来越重要。

（2）证券市场自由化。政府取消了许多限制证券市场发展的规章制度，有力地促进了证券市场向市场化方向发展。

（3）证券市场国际化。当前证券市场趋向全球化交易，各大金融中心的全球化交易网络，形成了一个世界证券市场体系。

（4）证券品种多样化以及管理手段现代化。随着证券市场的发展，证券品种多样化，新的金融工具不断涌现。同时由于现代化手段普及，证券交易的数量、范围、速度和精准性都得到极大提高。

资本市场的功能主要是通过证券市场发挥出来的。证券市场按照市场功能的不同可以分为一级市场和二级市场。证券一级市场又称证券的发行市场，它是通过股票和债券的发行筹集资金的场所。在这个市场上主要是买卖新发行的证券。证券的发行市场是资本职能转化的场所。通过证券的发行，将大量资金集中起来，流向资本市场，流向发行证券的企业，为企业的发展提供所需资金。证券二级市场又称证券的流通市场，它是对已经发行的证券进行交易和转让的市场。证券流通市场增强了证券的流通性和变现能力，为新的投资者的进入提供了机会。

证券市场的功能表现在：

（1）证券市场为企业筹集资金提供了重要渠道。相比银行的中长期信贷的数量有限和条件严格来说，证券市场非常有效地体现了资本市场的资本积聚功能。在那些证券市场发达的国家资产证券化率越来越高。

（2）证券市场发挥了资本市场调节资金流向的功能，也为投资者提供了极为灵活的投资方式。证券市场上投资者可以根据不同筹资者所发行的股票或债券来做出选择，这主要取决于收益水平的高低和风险的大小。有价证券的价格反映了不同证券的不同风险和不同收益。一般来说，那些经营风险小且投资收益高的企业发行证券，能够对投资者产生吸引力。相反，那些经济效益低也没有发展前景的企业，要么不够发行证券条件，要么证券发行困难，难以通过证券市场筹集资金。资金的合理流动可以有效地减少资金的盲目配置，引导社会闲置资金向生产效率高的企业流动。

（3）证券市场促使公司提高经营管理水平和提高资金使用效率。公司在发行证券后，证券市场上投资者投资选择的自由使得公司面临压力，要么能按时支付债务利息，要么能给出让投资者满意的经营业绩。为了吸引更多的投资者，市场竞争会促进公司提高经营管理水平和提高资金使用效率。

（4）证券市场还是宏观经济的"晴雨表"。证券市场的走势通常领先于宏观经济走势。证券市场能够从整体上反映出社会经济发展的动向。另外，证券市场为中央银行执行货币政策提供重要场所。公开市场操作是中央银行重要的货币政策工具，中央银行通过在证券市场买卖证券来执行公开市场业务，从而实现货币政策目标。

一、股票市场

（一）股票发行市场

股票发行市场，也称为一级市场或初级市场，它是公司或通过中介机构向投资者出售新发行的股票的市场。

股票发行分为首次公开发行和增发。公司首次公开发行是指公司对公众第一次股票发行。增发股票是已有股票发行在外的公司再次发行新股的活动。增发股票可以采取优先认股权方式，也称为配股，它是指给予现有股东以低于市场价格优先按一定比例购买新发行的股票。其优点是发行费用低并可维持现有股东在公司的权益比例不变。还有一种增发股票的方式是派送红利股，它是一种股票股利发放形式。它在无偿向股东按比例发送红利股的同时，也加大了股票的发行。

股票的公开发行涉及众多投资者的利益，为保障投资者利益，促进股市健康发展，各国政府都授予某一机构对申请发行股票的公司按一定的条件进行审核，只有符合发行条件的公司才允许发行股票。

股票一级市场的整个过程通常由发行准备阶段和认购销售阶段构成。在发行阶段，发行公司首先要选择发行方式，然后根据发行方式的不同，采取不同的方式销售。同时发行公司还要准备招股说明书以及确定发行价格。

股票发行的方式一般可分为公开发行和私募发行两类。

公开发行，简称公募，是指面向市场上大量的非特定的投资者公开推销股票的方式。公开发行的优点是：可以扩大股东范围，筹资潜力大；无须提供特殊优厚的条件，发行者具有较大的经营管理独立性；股票可在二级市场上流通，从而提高发行者的知名度和股票的流动性。其缺点是：发行工作量大，难度也大，通常需要承销商的协助，发行者必须向证券管理机关办理注册手续，必须在招股说明书中如实公布有关情况，以供投资者作出正确决策。

私募发行，简称私募，是指只向少数特定的投资者推销股票的方式。其对象主要有个人投资者和机构投资者两类。通常在股东配股和私人配股的情况下，采用私募发行。股东配股主要是针对公司的原有股东发行新股。私人配股则主要是将新股票分售给使用发行公司产品的用户或股东以外的本公司的职工或与发行者有密切业务往来关系的公司。私募发行的股票通常采取由发行者直接向认购者推销出售，不必借助中介机构。私募具有节省发行费用、通常不必向证券管理机关办理注册手续、有确定的投资者从而不必担心发行失败等优点。但也有需向投资者提供高于市场平均条件的特殊优厚条件、发行者的经营管理易受干预、股票难以转让等缺点。

在公募发行的条件下，既可以由股份公司自己直接发售，也可以支付一定的发行费用通过金融中介机构代理。根据发行者推销出售股票方式的不同，可以分为直接发行和间接发行。所谓直接发行是指股份公司自己承担股票发行的一切事务和风险，直接向认购者推销出售股票的方式。私募发行多采取直接发行。采取直接发行要求发行者熟悉招股手续，精通招股技术并具备一定条件。一般来说，采取直接发行可以节省发行成本，但发行风险完全由发行公司自行承担。这种发行方式并不普遍采用，一般适用于发行风险小，手续较为简单，数额不多的股票发行。所谓间接发行则是指发行者委托证券发行机构出售股票的方式。这些中介机构作为股票的推销者，办理一切发行事务，承担一定发行风险并从中提取相应的收益。间接发行对于发行人来说，虽然要支付一定的发行费用，但有利于提高发行人的知名度，筹资时间短，发行人的风险也较小。因此，一般情况下，证券发行大都采用间接发行方式。

在认购销售阶段，采取间接发行方式发行股票的发行者和推销者双方协商确定可以采取代销、承销和包销三种方式向投资者销售。

发行定价是股票一级市场的关键环节。发行价格是股份公司在募集公司股本或增资发行新股时所确定和使用的价格。股票发行价格是股票发行中最重要的内容。如果定价过高，使得股票的发行数量减少，进而发行公司不能筹到所需资金，股票承销商也会遭受损失；如果定价过低，则股票承销商的工作容易，但发行公司却会蒙受损失。

发行价格主要有平价、溢价和折价三种。平价发行，也称为等价发行，是以股票票面所标明的价格发行。溢价就是按超过票面金额的价格发行；其中溢价发行又可分为时价发行和中间价发行，时价发行是指按发行时的市场供求状况决定发行价格，中间价发行则介于时价和平价之间。折价发行就是按低于票面金额的价格发行。我国明确规定股票发行时，不能以低于面值的价格发行。

在上述发行价格当中，究竟要选择哪一种价格，主要看各国证券市场惯例。作为大多数国家能接受的习惯是，股票公开发行时，宜采用时价发行，时价发行是股票发行市场的主要形式。

（二）股票交易市场

二级市场也称交易市场或流通市场，是指对已发行的股票进行买卖、转让和流通的市场，包括交易所市场和场外交易市场。

二级市场的交易改变了股票的所有权，但不会增加所筹资金的总量。股票交易市场为一级市场上发行的股票提供流动性。二级市场的流动性及其活跃程度，影响着一级市场上发行者的信心。因此，股票流通市场的存在和发展为发行者创造了良好的筹资环境，同时也为投资者提供了投资选择的自由。

在股票二级市场上所形成的股票价格，能灵敏地反映公司经营状况、行业前景和整个宏观经济形势。二级市场上的股票价格指数是进行经济分析和预测的重要指标。

在二级市场股票的交易和转让也意味着控制权的重新配置。二级市场的大规模集中交易，有利于降低这种转让的交易成本。当公司经营状况不佳时，大股东通过卖出股票放弃其控制权，这实质上是一个"用脚投票"的机制，它使股票价格下跌以"发现"公司的有关信息并改变控制权分布状况，进而导致股东大会的直接干预或外部接管，而这两者都是"用手投票"行使控制权。由此可见，二级市场的另一个重要作用是优化控制权的配置，从而保证权益合同的有效性。

二级市场通常可分为有组织的股票交易所和场外交易市场，但也出现了具有混合特性的第三市场和第四市场。

1. 场内交易市场

即证券交易所。证券交易所是由证券管理部门批准成立的专门进行证券交易的固定场所。它是股票二级市场的最重要的组成部分。具体功能有：

（1）提供买卖证券的固定场所和有关交易设施如交易显示系统、清算、保管、信息分析、监管等项设施。因此，股票交易双方能够集中在一起，加上通过在交易所取得合法席位的经纪人的参与，大大方便了股票的交易和提高了交易的速度和水平。

（2）制定证券的上市、交易、清算、交割、过户等各项规则。上市是赋予某个证券在证券交易所内进行交易的资格。但获得上市资格并不等于一劳永逸，证券交易所为了保证上市股票的质量会对其进行定期和不定期的复核，不符合规则者可暂停上市或予以摘牌。股票交易所集中交易符合交易所上市条件的股票，股票交易所一般采取公开竞价法交易上市的股票，又称双边拍卖法，即买卖双方按价格优先和时间优先的原则进行集中竞价：在不同价位，买方最高申报价格和卖方最低申报价格优先成交；在同一价位，指令先到者优先成交。证券交易所有助于形成一个公正和合理的股票交易价格。

股票买卖成交后，就进入交割过户阶段，交割一般可分为证券商之间的交割和证券商与委托客户之间的交割。至于成交后要相隔多少天交割，各证券交易所有不同的规定，称作 T+0，T+1，T+2…对于记名股票，还须办理过户手续以享受股东的各种权益，但目前大多数股票均已实现无纸化交易，过户和交割同时完成。

（3）管理交易所的成员，执行场内交易的各项规则，对违纪现象作出相应的处理等。从而保证了股票交易的公开性、公正性和公平性。

（4）编制和公布有关证券交易的资料，为广大投资者提供各种投资信息。

从股票交易的实践可以看出，证券交易所有助于保证股票市场运行的连续性，实现资金的有效配置，形成合理价格，减少投资风险。

我国的证券交易所有两家，分别是上海证券交易所和深圳证券交易所。上海证券交易所成立于 1990 年 11 月 26 日，是我国目前最大的证券交易中心。深圳证券交易所筹建于 1989 年，在 1991 年 7 月正式营业。

上海证券交易所和深圳证券交易所都是按照会员制方式组成，是非营利性事业单位。所谓会员制证券交易所是由会员自愿组成、不以营利为目的的社会法人团体。上海证券交易所和深圳证券交易所由会员、理事会、总经理和监事会四部门组成。其业务范围：①组织和管理上市证券。②提供证券交易场所。③办理上市证券的清算和交割。④提供上市证券市场信息。⑤办理中国人民银行许可或委托的其他业务。其业务宗旨是：完善证券交易制度，加强证券市场权利，促进中国证券市场的发展与繁荣，维护国家、企业和社会公众的合法权益。

2. 场外交易市场

场外交易是相对于证券交易所交易而言的，凡是在证券交易所之外的股票交易活动都可称为场外交易。由于在证券市场发展初期，股票的买卖都在柜台上进行，因此场外交易市场也称柜台市场。

目前场外交易市场主要是由客户和证券经营机构通过电讯工具进行交易。实际上，场外交易市场是由许多证券商组成的一个抽象的证券买卖市场。证券交易商用自己的资金买入证券后，随时随地将自己的存货卖给客户投资者，同时也买进投资者的股票，因此他们可以被看做是"市场组织者"。证券交易商挂牌买卖股票的差价可以看做证券交易商提供服务的服务费。但是，证券交易商又不像交易所的特种会员一样有维持价格稳定的义务，在价格大幅波动的情况下，他们将停止交易以避免更大的损失。如果某种证券的交易不活跃，只需一两个证券交易商作为市场的组织者；当交易活跃时，更多的市场组织者会加入竞争，从而降低买卖差价。

场外交易市场与证券交易所相比，其区别有：①没有固定的、集中的交易场所，场外交易市场分散各地，规模有大有小，一般由证券交易商来组织交易。②场外交易市场的交易价格是通过商议达成的，一般是由证券交易商与投资者之间直接协商确定。证券交易所的交易价格是通过公开拍卖竞争确定的。③与证券交易所的严格交易规则和严格的市场监督相比，场外交易市场的交易规则灵活，手续方便且市场管理较宽松。

3. 第三市场

第三市场是指原来在证交所上市的股票移到场外进行交易而形成的市场。第三市场交易的股票是既在证券交易所上市又在场外交易市场（柜台市场）交易的股票。

第三市场最早出现于20世纪60年代的美国。长期以来，美国的证券交易所都实行固定佣金制，导致买卖大宗证券的机构投资者（养老基金、保险基金、投资基金）和个人投资者通过场外交易上市股票以降低交易费用，以后随着机构投资者的增多而迅速成为一种专门的市场。但在1975年美国取消了固定佣金制，由交易所会员自行决定佣金，投资者可选择佣金低的证券公司来进行股票交易，从而大大削弱了第三市场的吸引力。

4. 第四市场

第四市场是指大机构或大的个人投资者绕开经纪人和自营商，彼此之间利用计算机网络进行的大宗证券交易。这种交易可以最大限度地降低交易费用，它的发展对证券交易所和场外交易形成了巨大的压力，从而促使市场降低佣金，改进服务。

（三）股票价格指数

股票价格指数是证券市场中最为人们所关注的经济指标。股票价格指数可以全面、综合以及及时地反映出股票市场中股票价格变化的情况。股票价格指数通常是以一组选定的股票为基础，利用统计方法，将选定的股票的价格与某一日期为基期时股票的价格进行比较，从而计算出股市在此期间的大致变动。

股票价格指数的功能主要体现在以下三个方面，这也是编制股票价格指数的意义和目的所在。首先，股票价格指数和板块分类指数为投资者提供决定入市时机、持有何种股票以及何时何时买卖交易股票提供投资指南。这是股票价格指数最基本的功能。其次，股票价格指数本身还是一系列金融衍生工具如股指期货和股指期权等的标的物。最后，股票指数能够在一定程度反映一国的宏观经济情况。

在编制股票价格指数时，通常确定一个基础日期，以基期的股票价格作为100点或1000点，用以后报告期的股票价格和基期价格相比较，计算出相应的百分比，得出报告期的股票价格指数。投资者就可根据股票价格指数的变动，判断股票整体价格的变化情况。

国际上著名的股票价格指数有道·琼斯股票价格指数、标准普尔股票价格指数、日经股票价格指数、金融时报股票价格指数以及香港恒生指数。

道·琼斯股票价格指数是世界上最早和最有影响的股票价格指数，它是由道·琼斯公司的创始人查理斯·道开始编制的。现在的道·琼斯股票价格指数是以1928年10月1日为基期，基点是100，此后报告期的股票价格指数就是同基期相比计算出的百分比。新的道·琼斯股票价格指数的编制方法也做了修正，采用修正平均数法。道·琼斯股票价格指数最初分为工业和运输业两大类。在1929年后，加上了公用事业类。当前的道·琼斯股票价格指数中工业股票价格平均指数包括30家股票，运输业股票价格平均指数包括 20 家股票，公共事业类股票价格平均指数包括 15 家股票。

标准普尔股票价格指数是由美国最大的证券研究机构标准普尔公司编制。在 1923 年编制时，选取了 230 家股票，编制两种股票价格指数。到 1957 年标准普尔股票价格指数的范围扩大到 500 家股票，此后一直保持该数目。

日经股票价格指数是在 1950 年 9 月由日本经济新闻社编制的。1975 年 5 月开始采用道·琼斯公司的修正法计算。在 1985 年 5 月改名为日经股票价格指数。

金融时报股票价格指数的全称是"伦敦《金融时报》工商业普通股股票价格指数"，是由英国《金融时报》编制。它是以 1935 年 7 月 1 日为基期，其基点为 100。该股票价格指数能及时显示伦敦股票市场行情。

香港恒生指数是香港联合交易所影响最大的股票价格指数，由香港恒生银行于 1969 年 11 月 24 日开始编制。香港恒生指数挑选了 33 家具有代表性且实力雄厚的大公司股票，将其分为金融业类、公用事业类、房地产业类和其他工商业类，几乎涉及香港的各个行业。现在的香港恒生指数是以 1984 年 10 月 13 日为基期，基点为 1000。

我国大陆地区的主要股票价格指数有：上证综合指数、深圳综合指数、上证 180 指数和上证 50 指数以及深圳成份指数等。

上证综合指数是上海证券交易所于 1991 年 7 月 15 日开始编制的上海证券交易所股价指数。它以 1990 年 12 月 19 日为基期，基点为 100，股票样本数为全部的上市股票。从 1992 年 2 月开始，分别推出 A 股股价指数和 B 股股价指数。1993 年 5 月开始公布分类股价指数。上证综合指数反映了上海证券交易市场的整体状况。

深圳综合指数是以 1991 年 4 月 3 日为基期，基点为 100，选取了全部上市股票为样本编制的。深圳综合指数也包括 A 股股价指数和 B 股股价指数。

上证 180 指数，又称上证成份指数，是在原上证 30 指数基础上发展而来的指数。上证 30 指数是由上海证券交易所，在所有上市的股票中选取具有市场代表性的 30 家股票为样本股，以流通股数为权数的加权综合指数。上证 180 指数是在原上证 30 指数编制方案的基础上进一步地完善，编制上证 180 指数的目的在于建立一个能反映上海证券市场全貌和运行状况的指数。

上证 50 指数，是 2004 年 1 月 2 日开始对外发布的指数，以 2003 年 12 月 31 日为基期，基点为 1000。它是从上证 180 指数样本中挑选的具有规模大和强流动性的 50 只股票为样本股。上证 50 指数反映了上海证券市场中最具影响力的一批优质的大盘股的整体状况。

深圳成份股指数是由深圳证券交易所编制，从上市股票中选取 40 家具有代表性的作为样本股，以所选股票的可流通股数为权数，采用加权平均法编制而成。它以 1994 年 7 月 20 日为基期，基点是 1000。

二、债券市场

债券市场是以期限在 1 年以上的中长期债券作为交易对象的长期资金市场，是进行债券这种债务工具发行和流通转让的市场。

(一) 债券概述

1. 债券的概念及基本特征

债券是发行者为了筹集资金向社会公众发行，并约定在一定时期内按照一定利率还本凭证，它表明了一种资金借贷关系。债券的发行人即债务人，债券的投资者或购买人即债权人，他们之间是一种债权债务关系。

债券不仅是证券投资的客体，也是一种重要的融资手段和金融工具，具有如下特征：

（1）偿还性。债券在发行的时候都会确定偿还期限，到期时债券发行人必须按约定条件偿还本金并支付利息。

（2）债券的流动性。经过证券管理部门批准后，债券可以自由转让流通。流动性越强，债券的变现能力越强。

（3）安全性。债券发行人一般都具有较高的信用，偿本付息有一定的保障。同时与股票相比，债券通常有固定的利率。收益比较稳定，风险较小。此外，在企业破产时，债券持有者比股票持有者享有对企业剩余资产的优先求索权。

（4）收益性。债券的收益性表现在两个方面：一是给投资者带来的利息收入。二是转让未到期的债券获得的价格差额。

（5）风险性。债券的风险性主要体现在两个方面：一是违约风险。也就是债券的发行人到期不能兑现偿本付息的承诺。二是通货膨胀风险。当债券利率固定时，高通货膨胀使得债券投资人的收益受损。

2. 债券的构成要素

债券构成要素包括债券面额、票面利率、付息期、债券到期日等，它们明确了债权人和债务人的权利和义务，这些要素是发行人必须在债券上载明的基本内容。

债券面值是指债券的票面价值，是发行人对债券持有人在债券到期后应偿还的本金额，也是债券持有人获得支付利息的计算依据。

票面利率是债券发行人承诺一年内向投资人支付的利息占票面金额的比率，也称名义年利率。它是支付债券持有人利息的利率依据。在债券的存续期间，债券的发行人按照债券的面值与票面利率的乘积向债券的投资者支付利息。在确定票面利率时，通常会考虑到金融市场状况、债券期限以及债券的信用等级等因素。不支付利息的债券，称为零息债券。零息债券是一种以低于票面面值的价格发行，不支付利息，到期按面值偿还。面值与购买价格差就是对投资人的利息补偿。

付息期是债券利息支付的频率，它可以是到期一次性支付，或1年、半年、每季度支付一次。在考虑到货币时间价值和通货膨胀因素的情况下，付息期对债券的实际投资收益有很大的影响。

偿还期是发行者偿还债券本金的期限。债券的期限可以分为短期、中期和长期。期限在1年以下的为短期债券，期限在1年以上10年以内为中期债券，期限在10年以上为长期债券。债券发行人会根据资金需求性质、对未来市场利率水平的预期判断、债券二级市场的发达程度、物价的变动趋势、投资者的偏好等来决定债券期限。

3. 债券的分类

（1）根据发行债券的主体的不同，可以分为政府债券、公司债券和金融债券。

政府债券，也称为国债，主要是指各国中央政府为弥补财政赤字或筹集建设资金等目的发行的债券。政府债券属于信用债券，具有最高的信用度，是公认的最安全的投资工具。一般由各国中央政府的财政部直接负责发行。国债不经申请即可上市流通，享有上市豁免权。国债除了低风险特征外，还可以享受税收优惠。在政府债券中，期限最短的债券是国库券，具有流动性强、基本无风险、收益较高等特点，被称为"金边债券"。

公司债券，是指公司为筹集长期资金发行的债券。公司债券一般期限都在 3 年以上，目的在于为企业筹集中长期资金。公司债券的还款来源主要是公司经营利润，因此公司债券的违约风险较高。但债券的求偿权优先于股票，当公司经营状况不佳时，债券持有人比股票持有人享有更多的保障。公司债券又可以分为信用债券和抵押债券。信用债券是完全凭借信誉，无需任何抵押品而发行的债券。对企业来说，只有信誉良好者才能发行信用债券。与此相反，抵押债券是以土地、房屋等不动产作为抵押品发行的债券。对于债权人而言，抵押债券比信用债券有更多的偿付保障。和国债相比，由于公司债券的安全性不高，因此其利率水平一般高于国债。

金融债券是银行等金融机构利用自身信誉向社会公众发行的债券，无需财产抵押的信用债券。在西方国家，由于金融机构大都是股份公司，因此，金融债券都列为公司债券。在中国，金融债券主要由专业银行从 1985 年开始发行，将它们发行的证券单独称为金融债券，以便和一般企业发行的债券区别开来，后来到 1988 年，其他金融机构也开始发行金融债券。金融机构发行的债券信誉水平一般高于其他公司发行的债券，因此其利率水平低于公司债券。

（2）按照偿还期限的不同，可以分为短期债券、中期债券和长期债券。

短期债券是期限在 1 年以下（包括 1 年）的债券。中期债券是期限在 1 年以上 10 年以下的债券。长期债券是期限在 10 年以上的债券。

（3）按照利息的支付方式，可以分为附息票债券和贴现债券。

附息票债券是在债券上附有各期息票的中长期债券。息票上标明利息额和付息期，到期时债券持有人可以将息票剪下以取得利息。

贴现债券也称为无息票债券，是指在债券发行时，债券利息是现行返还给投资者的一种债券。短期债券多属于贴现债券。零息债券是指以低于面值的折价方式发行的，不支付利息，到期按面值一次性付清的债券，又称纯贴息债券。

（4）按照有无担保，可以分为信用债券和担保债券。

信用债券也称为无担保债券，是无需提供任何形式的担保，完全凭发行人的信誉发行的债券。政府债券就属于信用债券。一般来说，只有那些具有良好信誉的大公司发行的债券属于信用债券。

担保债券提供一定形式的担保发行的债券，包括抵押债券、质押债券和保证债券等。抵押债券是指发行人以土地、设备和房屋等不动产作为抵押品发行的债券。质押债券是指发行人将公司自有的有价证券作为抵押品发行的债券。保证债券是指由第三方担保保证还本付息发行的债券。

（5）按照发行国家的不同，分为国内债券和国际债券。

国内债券是以本国货币计价在国内金融市场上融资发行的债券。国际债券是指以外国货币计价在国际金融市场上融资发行的债券。国际债券分为外国债券和欧洲债券。外国债券是一国以另一国的货币为面值在该国发行的债券。如我国在美国发行以美元标注面值的债券。

4. 债券的偿还

债券的偿还一般可分为定期偿还和任意偿还。

（1）定期偿还。定期偿还是在经过一定限期后，每过半年或1年偿还一定金额的本金，到期时还清余额。这一般适用于发行数量巨大、偿还期限长的债券，但国债和金融债券一般不使用该方法。

（2）任意偿还。任意偿还是债券发行一段时间（称为保护期）以后，发行人可以任意偿还债券的一部分或全部，其具体操作可以根据可赎回条款进行，也可在二级市场上购回予以注销（买入注销），还有通过债券替换的方式偿还，即以公司发行的新债券替换已到期或未到期的旧债券。

（二）债券市场的发行与交易

债券市场与股票市场类似，也分为一级市场和二级市场。从企业债券看，它的发行与股票类似，不同之处主要是债券有发行合同书和债券评级两个方面。同时，由于债券是有期限的，因此其一级市场多了一个偿还环节。

1. 债券发行要求

发行债券还应制订具体的发行基准和发行条件，一般在发行章程或发行合同书中加以确定。债券发行合同书是说明发债公司与债券持有人双方权益的法律文件，由受托管人（通常是银行）代表债券持有人的利益，监督各种条款的履行。发行合同书通常包括许多限制性条款，这些条款是保护债权人利益的，一般分为否定性条款和肯定性条款。其中，否定性条款是限制公司做某些事情的规定。肯定性条款是公司应该履行某些责任的规定。债券的发行合同上常常还会附加其他的条款。最常见的就是可赎回条款和可转换条款。可赎回条款赋予债券的发行人在规定的到期日之前买回全部或部分债券的权利。可转换条款赋予债券的持有人在一定的条件下把债券转换成普通股股票的权利。

债券发行基准是指企业的经营状况和财务状况，包括资产负债率、盈利水平及累积利润额、资本比率等项指标。公司债券有一定的存续期，发行人必须在到期时向投资者支付本金，并按预定的利率水平支付利息。因此，各国对公司债券的发行制订了严格的限制条件，以确保发行人偿债能力，保护投资人的合法权益。我国《公司法》不仅对发行债券的主体资格进行了严格的规定，同时还规定发行人的经营状况和财务状况必须满足严格的要求才可以发行债券。

我国《公司法》规定，股份有限公司、国有独资公司和两个以上的国有企业或其他两个以上的国有投资主体设立的有限责任公司这三类性质的公司才能发行债券。另外，要求具备发行资格的公司同时满足如净资产额须达到规定的最低额度；债券累积总额比例不超过净资产的 40％；最近 3 年平均可分配利润足以支付债券 1 年的利息等要求。

债券发行条件是指债券发行者在以债券形式筹集资金时所涉及的各项条款和规定。发行条件应使发行者和投资者均能接受。债券发行的条件是：发行对象、时间、期限、方式，以及债券种类、期限、利率、面额、总发行额、还本付息方式等。

2. 债券评级

债券评级的最重要的原因，是保护投资人的利益。投资者购买债券是要承担风险的，如果发行人到期不能偿本付息，投资者就会蒙受损失。这种风险是投资债券的最大风险，也称为信用风险。在信息不对称和不完全的条件下，投资者无法对众多的债券作出理性判断和正确的选择，因此，通过债券评级给予投资者可靠、权威的信息，有利于保护投资者的利益。

债券违约风险不仅与投资者的利益密切相关，同时，它也直接影响着发行者的筹资能力和成本。债券的信用评级表明了发行者的信誉状况，发行者的信誉越高，投资该债券的风险越小，因而投资者可以接受较低的票面利率；相反，如果发行人的信用状况不好，那么发行的债券只能靠提高票面利率来吸引投资者。

债券的信用评级是由评级机构根据发行人提供的材料，并通过调查和预测，运用科学的评级手段，集中在公司的违约风险、债券质量等方面，对公司将来完全偿还或按其偿还债务的能力及其可偿还债程度进行综合评价。债券的信用评级主要内容包括债券发行公司法律性质、信誉状况以及在行业中的地位和发展前景；发行公司的财务状况；发行公司的偿债能力，有无破产的可能性；发行公司的经营管理水平和员工素质等。

为了较客观地估计不同债券的违约风险，通常需要由中介机构进行评级。评级是否具有权威性取决于评级机构。目前，国际上最著名评估机构有标准普尔公司、惠誉国际信用评级公司和穆迪投资者服务公司。

3. 债券的发行和交易

债券的发行一般分为公募发行和私募发行两种。公募发行是指发行者按法定手续，经主管部门批准在市场上向社会公众公开发售债券。这种发行方式手续较为复杂，一般需要通过中介机构帮助发行和推销债券。公募发行的发行者一般都有较高的信誉，发行公募债券有助于提高公司的信誉度。同时，公募发行债券流动性强，可以在二级市场上公开买卖和转让。

私募发行是指发行者直接向特定的投资者发售债券，不面向社会公众，一般以少数关系比较密切的单位和个人为发行对象。私募发行手续简单，因此，不需要通过中介机构，筹资成本低。私募发行的债券利率往往高于公募发行的债券。但是，私募发行的债券一般不上市，流动性较差，转让受到限制，风险较大。

债券的发行价格与债券的票面面值相比，有三种方式：一是溢价发行，即发行价格高于票面面值；二是平价发行，即发行价格等于票面面值；三是折价发行，即发行价格低于票面面值。

债券的二级市场是债券的流通转让市场，与股票二级市场类似，也分证券交易所和场外交易市场。但与股票二级市场不同的是，大多数债券的交易是在场外市场进行的，场外交易市场是债券二级市场的主要形态，证券交易所是债券二级市场的一个较小的组成部分，在证券交易所进行交易的债券主要是企业债券，并且企业债券的场外交易要大于场内交易。

在二级市场进行转让和交易的债券是没有到期的债券，在债券的偿还期内转让的债券的收益，不仅包括持有期的利息收益，还包括买卖差价收益。

4. 债券价格的影响因素

影响债券价格波动的因素主要有：宏观经济因素和债券特性。宏观经济因素主要包括债券市场供求、中央银行货币政策、国家经济发展状况以及市场利率等。债券特性主要包括票面利率和期限等。

（1）宏观经济因素。

1）债券市场的供求关系。债券的供求会直接影响债券价格。当债券初次发行时，如果发行量过大，且处于不利的发行条件下，投资者可能不会选择投资债券，而选择投资其他金融资产，从而影响债券的价格。

2）中央银行的货币政策。中央银行运用货币政策工具的行为会影响债券价格。若中央银行进行公开市场操作，从金融市场中买进大量债券会引起债券价格的上升，反之，卖出债券会引起债券价格的下降。同样，提高（或降低）存款准备金率和再贴现率都会对债券的价格产生影响。

3）国家经济发展状况。当国家经济处于繁荣时期，企业对资金的需求增加，会大量发行债券筹集资金，银行等金融机构也会因资金紧张减少债券，从而债券的价格下降。反之，则会促使债券价格上升。

4）市场利率的变化。市场利率是影响债券价格最重要的因素。当市场利率上升，超过债券的票面利率，债券的持有人会减少对债券的投资，将资金投向其他利率较高的金融资产，对债券需求的减少会促使债券价格下降。反之，则会引起债券价格的上升。

（2）债券的特性。

债券的特性主要包括票面利率和期限。在宏观经济因素的影响下，债券价格的变动程度主要取决于债券的票面利率和期限。一般来说，在债券期限等条件一定的情况下，债券的票面利率越高，由市场利率变化所引起的债券价格变动的幅度就越小。反之，债券的票面利率越低，市场利率变化所引起的债券价格变动的幅度就越大。总之，债券价格的变动与票面利率的高低呈反向关系。

在债券的票面利率等条件一定的情况下，债券的期限越长，市场利率的变动就会使得债券价格较大幅度的波动；债券期限越短，市场利率的变化使得债券价格的波动性就越小。总之，债券价格的变动与债券期限的长短呈反向关系。

三、证券投资基金市场

证券投资基金起源于英国，盛行于美国，经过 100 多年的发展，证券投资基金作为证券市场的新型投资品种，不仅在证券市场发挥了越来越重要的作用，而且也广泛受到投资者的青睐。

（一）证券投资基金的概念

证券投资基金是一种利益共享、风险共担的集合证券投资方式，即通过发行基金券，将投资者分散的资金集中起来，由基金托管人托管，由基金管理人管理和运用，投资于股票、债券或其他金融资产，扣除一定的托管费和管理费后将投资收益的盈余分配给基金持有者。基金券，也称基金单位或基金份额，是指向社会公开发行的凭证。投资者通过购买基金份额的方式间接进行证券的投资。

证券投资基金之所以受到投资者的欢迎和广泛发展，主要是由于其具有以下特点：

1. 专门管理，专业运作

证券投资基金的管理者对投资者的资金负有管理和经营的职责，而且必须按照合同的要求确定资金的投向。从而，保证了投资者的资金的安全和收益的最大化。另外，基金从发行、收益分配、交易、赎回都有专门的机构负责，特别是可以将收益自动转化为再投资，使整个投资过程轻松、简便。证券投资基金是由具有专业化知识的人员进行管理的，他们不仅掌握了广博的投资理论知识，而且具有丰富的投资经验。

2. 间接投资，风险小

与直接购买股票相比，投资者是通过购买基金间接投资证券的，主要由基金管理人具体管理和运作基金资产，进行证券的买卖活动。投资者与上市公司之间没有任何直接关系，不参与公司的决策和管理，只享有公司利润的分配权。

3. 组合投资，分散风险

投资基金的一个重要特征是分散投资，通过有效的组合来降低风险。因此，基金的投资就是投资组合的实现，不同种类的投资基金根据各自的投资对象和目标来确定和构建不同的"证券组合"。我国规定基金投资于股票和债券的比例，不低于基金资产总值的80%；投资于一家公司的股票，不超过基金净值的10%；持有一家公司的证券，不超过该公司证券的10%；投资于国债的比例，不低于该基金净值的20%。同时，还规定基金之间不得相互投资，不得将基金用于抵押、担保、贷款及投向房地产。

4. 交易成本低

基金的交易费用通常较低，低于购买股票的费用。证券投资基金是将各个投资者的资金汇集在一起，形成一笔巨额的资金后进行证券交易。其经营具有规模优势，可以降低交易成本。

（二）证券投资基金的性质

投资基金在不同的国家有不同的称谓，在美国称"共同基金"；英国和中国香港称"单位信托基金"；日本、韩国和中国台湾称"证券投资信托基金"。虽然称谓有所不同，但却无本质区别，其性质可以归纳为以下三个方面：

1. 证券投资基金是一种金融市场的媒介

它存在于投资者与投资对象之间，起着把投资者的资金转换成金融资产，通过专门机构在金融市场上再投资，从而使货币资产得到增值的作用。

2. 证券投资基金是一种资金信托形式

它与一般资金信托关系一样，主要有委托人、受托人、受益人三个关系人。其中受托人与委托人之间订有信托契约。但证券投资基金作为金融信托业务的一种形式，又有自己的特点，如主要进行有价证券投资。主要当事人中还有一个不可或缺的托管机构，它与受托人不能由同一机构担任，而且基金托管人一般是法人；基金管理人并不对每一个投资者的资金都分别加以运用，而是将其集中起来，形成一笔巨额资金再加以运用。

3. 证券投资基金本身属于有价证券

它发行的凭证即基金券，与股票和债券一起构成有价证券的三大品种。但它们三者所反映的关系是不同的，由此带来的收益和风险也是不同的。股票反映的是一种产权关系，其收益取决于多种因素的影响，因此，其收益是不固定的，风险较大。债券反映的是一种债权债务关系，其投资收益相对固定，风险较小。证券投资基金反映的是一种信托关系，除公司型基金外，购买基金券并不是取得所购买证券发行公司的经营权，也不参加证券的发行、销售；同时，证券投资基金是委托由投资专家进行操作，按照投资组合理论进行分散投资，因而可能把风险降到最低程度，把收益提高到最高程度。

（三）证券投资基金的种类

证券投资基金的种类，根据不同的标准有不同的分类。

1. 根据基金单位是否可赎回可以分为封闭式基金和开放式基金

封闭式基金是指基金规模在发行前就已确定，在发行后的规定期限内，基金规模固定不变的基金。开放式基金是指基金设立后，投资者可以随时申购或赎回基金单位，基金规模不是固定不变的基金。封闭式基金和开放式基金的主要区别有：

（1）基金规模的可变性不同。这是二者之间最根本的区别。封闭式基金在其存续期内不能被赎回，基金规模固定不变。而开放式基金是可以被赎回的，并且在基金的存续期内可以随时申购，因此，开放式基金的资金总额是不断变动的。

（2）交易关系不同。封闭式基金在交易时，投资者也可以在证券交易所按市价买卖。对于开放式基金，投资者则可以随时向基金管理公司或销售机构申购或赎回。一般情况下，开放式基金并不上市交易。但是现在有些国家已经推出了如上市型开放基金（LOF）和交易所基金（ETF）等。可以看出，封闭式基金的交易主要在投资者之间完成。开放式基金的交易主要在基金投资人和基金管理者之间进行。

（3）交易价格不同。封闭式基金在交易所上市，其买卖价格受市场供求关系影响较大。在买卖费用方面，与买卖股票相类似，投资者要缴纳一定比例的交易税和手续费。开放式基金的买卖价格是以基金单位的资产净值为基础计算的。并且其买卖基金的相关费用包含在基金价格中。

（4）投资策略不同。由于封闭式基金不能被随时赎回，其所筹集到的资金可全部用于投资，因此基金管理公司可以制定长期投资策略，取得长期经营收益。而开放式基金为应付投资者随时赎回基金，必须保留一部分现金，因此，基金管理公司可能将大部分资金投资于变现能力强的资产。

2. 根据组织形式可分为公司型基金和契约型基金

(1) 公司型基金是依据公司法成立的、以营利为目的的股份有限公司形式的基金，其特点是基金本身是股份制的投资公司，基金公司通过发行股票筹集资金，投资者通过购买基金公司股票而成为股东，享有基金收益的索取权。公司型基金成立后，通常委托特定的基金管理公司运用基金资产进行投资并管理基金资产。基金资产的保管则委托另一金融机构，其主要职责是保管基金资产并执行基金管理人的指令，二者权责分明。

公司型基金又可细分为开放型和封闭型两种。开放型基金是指基金可无限地向投资者追加发行股份，并且随时准备赎回发行在外的基金股份，因此其股份总数是不固定的。而封闭型基金是基金股份总数固定，且规定封闭期限，在封闭期限内投资者不得向基金管理公司提出赎回，而只能寻求在二级市场上挂牌转让，其中以柜台交易为多。

(2) 契约型基金也称信托型基金，是依据一定的信托契约组织起来的基金，其中作为委托人的基金管理公司通过发行受益凭证筹集资金，并将其交由受托人（基金保管公司）保管，基金管理公司本身负责基金的投资营运，而投资者则是受益人，凭基金受益凭证索取投资收益。

契约型基金又可细分为单位型和基金型两种。单位型基金的设定是以某一固定资本总额为限筹集资金组成单独的基金。该类基金往往有一定的期限，期限终止时，信托契约解除，退回本金和收益，期限未满时则不准解约也不得追加投资。基金型基金的特点是规模和期限没有固定限制，基金的筹资和投资活动不区分为若干个独立的单位，而是综合为一个基金。契约型基金也有开放式和封闭式之分，其分类与公司型相同。

3. 根据投资风险和收益可分为收入型基金、成长型基金和平衡型基金

(1) 收入型基金是以获取最大的当期收入为目标的投资基金，其特点是损失本金的风险小，但长期成长的潜力也相应较小，适合较保守的投资者。

(2) 成长型基金是以追求资本的长期增值为目标的投资基金，其特点是风险较大，可以获取的收益也较大，适合能承受高风险的投资者。通常投资于有长期增长潜力或存在长期盈余的成长公司。

(3) 平衡型基金是以获取当期可观的收入和追求资本的长期成长为目标的投资基金，其特点是具有双重投资目标，谋求收入和成长的平衡，故风险适中，成长潜力也不很大。投资者既可以获得当期收入，又可以得到资金的长期增值。这种基金一般是将25％～50％的资产投资于债券等有固定收益的证券，其余部分则投资于普通股。

4. 按投资对象细分，大致可分为股票基金、债券基金、货币市场基金、指数基金和衍生证券基金

(1) 股票基金。它的投资对象是股票，这是基金最原始、最基本的品种。由于股票基金积累了巨额资金，甚至一只基金就可能引发金融动荡，因此各国政府一般都不同程度地规定了购买某一家上市公司的股票总额不能超过基金净资产价值的一定比例，以防止基金过度投机和操纵股市。

(2) 债券基金。它是投资于债券的基金，这是基金市场上规模仅次于股票基金的另一种重要品种。债券基金收益受货币市场利率的影响明显，当市场利率下降时，其收益

会上升；当市场利率上升时，其收益会下降。

（3）货币市场基金。它是投资于国库券、大额可转让存单、商业票据等货币市场工具的基金，货币市场基金通常被认为是无风险或低风险的投资。

（4）指数基金。它是投资于某种证券市场价格指数的基金。其主要特点是：该基金的投资组合等同于市场指数的权重比例，收益随当期的股价指数而上下波动。

（5）衍生证券基金。它是投资于衍生金融工具，包括期货、期权、互换等高风险投资品种。

（四）证券投资基金的运作机制

设立基金首先需要发起人，根据1997年11月14日国务院证券委员会发布《证券投资基金管理暂行办法》的规定，经中国证券监督管理委员会审查批准，可以设立投资基金的发起人必须符合规定的条件。目前我国只允许三类公司作为发起人参与发起设立基金，即证券公司、信托投资公司和基金管理公司。

基金的设立申请一旦获主管机关批准，发起人即可发表基金招募说明书，着手发行基金股份或受益凭证，该股票或凭证由基金管理公司和基金保管公司共同签署并经签证后发行，发行方式可分公募和私募两种，类似于股票的发行。我国规定在募集中，发起人须向证监会提交如下文件：发起人名单和发行协议；基金契约和托管协议；招股说明书；募集方案；发起人近3年的财务报告等。同时还规定，封闭式基金的募集期为3个月，自基金批准之日起计算。到期末募集资金超过该基金批准规模的80％的，该基金方可设立；否则，基金不得成立。封闭式基金成立后，基金管理人、基金托管人可以向中国证监会及证券交易所提出基金上市申请。基金上市规则由交易所制定，经中国证监会批准。开放式基金自批准之日起3个月净销售额到超过2亿元的，该基金方可成立，否则，基金不得成立。

基金管理人，又称基金经理人，一般由基金管理公司来承担管理基金的任务，它是因投资基金的操作需要而产生的基金经营机构。在我国，基金管理人通常由证券公司、信托投资公司或其他机构发起成立，具有独立法人地位。根据组建基金的信托契约，基金管理公司是基金的设计者，是基金的委托公司，对基金的信托资产负有直接的信托责任。根据我国的相关法律法规的规定，基金管理人的职责主要有：按照基金契约的规定，运用基金资产投资并管理基金资产；及时、足额向基金持有人支付基金收益；保存基金的会计账册、记录15年以上；编制基金财务报告，及时报告，并向中国证监会报告；计算并公告基金单位资产净值；基金契约约定的其他职责；开放式基金的管理人还应当按照国家有关规定和基金契约的规定，及时、准确地办理基金的申请与申购。

基金托管人，它是投资人权益的代表，是基金资产的名义持有人或管理机构。为保证基金资产的安全，基金应按照资产管理和保管分开的原则进行运作，并有专门的基金托管人保管基金资产。基金托管人的主要职责有：安全保管基金的全部资产；执行基金管理人的投资指令，并负责办理基金名下的资金往来；监督基金管理人的投资运作，发现基金管理人的投资指令违法违规，不予执行，并向中国证监会报告；复核、审查基金管理人计算的基金资产净值及基金价格；保存基金会计账册、记录15年以上；出具基金业绩报告，提供基金托管情况，并向中国证监会和中国人民银行报告；基金章程或基金契约、托管协议规定的其他职责。

基金管理人与基金托管人之间是经营与监管的关系。基金管理人由专家组成，负责基金资产的经营；托管人由认可的金融机构担任，负责基金资产的保管，并监督管理人的投资运作是否合法合规。

基金受益人，又称基金单位持有人，是指购买基金并希望通过投资基金获得分红或转让收益的投资者。收益人就是基金资产的最终拥有人，承受基金资产的一切权益。基金受益人和基金管理人之间是所有者和经营者之间的关系。基金管理人是凭借其专业知识和经验，运用所管理基金的资产，根据法律、法规及基金契约或章程的规定，按照投资组合原理进行投资决策，为基金受益人谋求收益的机构。资金受益人和基金托管人之间是委托和受托的关系。基金受益人将资产委托给基金托管人管理，可以确保资产的安全。基金托管人则必须对受益人负责，监管基金管理人的行为，保证资产的安全，提高资产的增值。

虽然投资者的资金由信托人代管，由经理人代为投资，但一切风险概由投资者自行承担。

基金受益人的权利是通过在单位持有人大会上的表决权来行使的。基金单位持有人大会是基金的最高权力机构，一般每年举行一次。除享有权利外，持有人还要履行义务，如遵守基金契约；缴纳基金认购款及规定的费用；承担基金亏损或终止的有限责任；不从事任何有损基金及其他基金持有人利益的活动。

（五）证券投资基金价格的确定

基金的净资产值（NAV）是基金申购和赎回价格的基础，它在封闭式基金价值评估中占有重要地位，更是开放式基金申购和赎回价格的基础。单位基金净资产值指的是基金的总资产减去总负债后，除以发行在外的基金单位数所得到的数额。其公式表示为：

NAV＝（基金总资产－总负债）/基金单位数额

其中，基金总资产是指基金拥有的所有资产的价值，包括现金、股票、债券等有价证券等。基金的总负债是指基金应付给基金管理人的管理费和付给基金托管人的托管费等必要的开支费用。

对于封闭式基金而言，基金的交易价格虽然和基金的净资产值相互联系，但是最终还是由基金的供求关系来确定的，并且是买卖行为发生时已经确知的市场价格。与此不同的是，开放式基金的基金单位交易价格却是取决于申购、赎回行为发生时尚未确知的单位基金资产净值。通常在当日收市后计算出，并于下一个交易日公告。其计算公式如下：

认购价格＝基金单位面值＋认购费用

申购价格＝单位基金净值×（1＋申购费率）

申购单位数＝申购资金金额/申购价格

赎回价格＝单位基金净值×（1－申购费率）

赎回资金金额＝赎回单位数×赎回价格

例如，一位投资者有 10 万元用来申购某只开放式基金，假设申购费率为 2%，单位基金净值为 2 元。又假设要赎回 10 万份基金单位，赎回费率为 1%，单位基金净值为 2 元。

申购价格＝单位基金净值×（1＋申购费率）＝2×（1＋2%）＝2.04（元）

申购单位数＝申购资金金额/申购价格＝10÷2.04＝4.9019（万份基金单位）

赎回价格＝单位基金净值×（1－申购费率）＝2×（1－1%）＝1.99（元）

赎回资金金额＝赎回单位数×赎回价格＝10×1.99＝19.9（万元）

第四节　金融衍生工具市场

金融衍生工具，也称金融衍生产品或金融衍生商品，是指从原生金融商品的价值中派生出自身价值的金融商品。金融衍生工具是基于或衍生于金融基础产品（汇率、利率、股票价格指数等）的金融工具。与其他金融工具不同的是，金融衍生工具自身并不具有价值，其价格是从可以运用衍生工具进行买卖的货币、汇率、证券等的价值中衍生出来的。金融衍生工具主要有远期、期货、期权和互换四种。

现代市场经济条件下，货币利率、外汇汇率、债券价格或利率、股票价格和股票指数等都处在不断变化之中。投资者预测这些金融工具未来的变化，支付少量的保证金或权利金签订远期性的合约，合约到期后，交易双方一般不进行实物交割，而是根据合约规定的权利与义务进行清算。通过这类基本形式的组合或者嵌入到其他金融工具中，就形成了多种多样的金融衍生工具。

金融衍生工具具有以下特性：第一是金融衍生工具交易具有高度杠杆效应。投资者只要支付少量的初始费用（保证金）就可以进行全额交易，从而实现对标的物价格的波动进行投机的目的。与投资标的物相比，投资金融衍生工具的预期收益和风险都要大得多。第二是具有转移价格风险的功能。因此，金融机构和其他公司能够利用这种衍生工具对其持有的标的物进行风险规避和套期保值（对冲）。在标的物价值缩水时，投资于衍生工具仍可以从中受益。第三是也隐含着巨大的风险。在特殊条件下，这种隐含着的巨大风险一旦爆发，会带来危及全社会的恶果，甚至导致金融危机。所以金融衍生工具被称为金融市场上的双刃剑。

目前，在世界主要的金融市场上，金融衍生工具已经成为金融市场交易的主要工具了。它不仅给金融机构、公司和个人投资者提供了符合其风险偏好的更多的投资选择，也增加了金融市场的流动性，扩大了市场规模。

一、金融远期市场

金融远期市场是 20 世纪 70 年代以来，在世界各国逐渐放松对利率和汇率的管制的情况下，为了适应规避利率、汇率等的价格风险的需要而逐步发展起来的，其基本功能是为了那些利用原生金融工具进行交易的债权人、债务人和投资人提供一种锁定成本和收益、转移汇率和利率变动风险的途径。

（一）金融远期合约的特点

金融远期合约，也称为金融远期，简称远期，是指交易双方约定在未来某一确定时间，按照预先约定的价格买卖一定数量的某种金融资产的合约。在合约中规定，在将来买入标的物的一方称为多方，而在未来卖出标的物的一方称为空方。

金融远期合约通常是由金融机构之间或金融机构与公司客户之间在场外市场通过谈判后签订的，是一种非标准化合约。由于远期合约是非标准化合约，因此它不方便在交易所进行集中大规模交易，不利于信息交流和传递，不利于形成统一的市场价格，市场效率较低。

在签署远期合约之前，双方可以就交割地点、交割时间、交割价格、交易规模和标的物的品质等进行详细的谈判，尽量满足双方的需求，具有较大的灵活性，这也是远期合约的主要优点。但是，由于每份远期合约千差万别，不便于流通转让，因此，远期合约的流动性较差。

此外，由于远期合约是在场外市场由交易双方临时商定的，缺乏第三方的监督，缺乏必要的履约机制，因此，远期合约的违约风险较高。

（二）金融远期合约市场的种类

目前常见的金融远期合约主要有远期外汇合约、远期利率协议及远期股票协议等。

远期外汇合约是指双方约定将来在某一时间按照约定的交易量和汇率水平买卖一定数额的某种外汇的合约。远期合约中所约定的远期汇率就是到期交割时所依据的汇率，远期汇率是指两种货币在未来某一日期交割时的买卖价格。报价银行在对外报出远期汇率时，通常运用直接报价法和间接报价法，直接报价法就是报出各种不同交割期限的期汇的买入价和卖出价。间接报价法就是报价银行报出远期汇率相对于即期汇率的升水或贴水数，由客户自行求出远期汇率。远期外汇市场是外汇市场的重要组成部分，其基本功能就是规避汇率变动的风险，固定进出口贸易和国际借贷投资的成本和收益。

远期利率协议是指双方同意从未来某一商定的时期开始在某一特定时期内按照协议的利率借贷一笔数额确定、以具体货币表示的名义本金的合约。之所以称为"名义"，是因为借贷双方不必交换本金，只需要在结算日根据协议利率与市场实际利率之间的差额和名义本金进行计算利息差额进行交割的一种远期协议。在协议到期时，如果市场利率高于协议中约定的协议利率，则名义本金贷款人向借款人支付利息差额；反之，名义本金借款人向贷款人支付利息差额。远期利率协议的买方是名义本金借款人，其签订利率协议主要目的是为了防范未来市场实际利率上升带来未来借款成本的上升风险。远期利率协议的卖方是名义本金的名义本金贷款人，其签订利率协议主要目的是为了防范未来市场实际利率下跌可能使得未来实际贷款收益下跌的风险。远期利率协议通过将未来某一时间或借出资金的实际利率提前锁定在协议利率上而成为交易者防范利率风险的有效工具。

远期股票合约是指在将来某一特定日期按特定价格支付一定数量单只或一揽子股票的协议。

（三）金融远期合约市场的特征

金融远期合约交易发展到一定程度，便产生了金融期货。远期合约与金融期货交易的共同点都是先成交，后交割的交易方式。但是二者之间也有很大区别。

金融远期市场的特征主要体现在四个方面：首先，远期市场组织较为松散，没有固定的、集中的交易场所；其次，远期合约是非标准化合约，交割地点、交割时间、交割价格、交易规模和标的物的品质等由交易双方自由协议决定，没有固定的规格和标准；再次，远期合约不需保证金，也不必日日结算，合约到期后才结算盈亏；最后，参与远期市场的交易者主要是专业化的生产商、贸易商和金融机构等，不具有大众意义。

关于金融远期交易双方的亏盈。金融远期合约作为一种衍生金融资产，其本身的价格将会随合约有效期内标的金融商品现货市场的即期价格的波动而变化，因此，合约交易双方的盈亏也会随之发生变化。

在合约到期时，如果现货市场的即期价格 S 高于合约中约定的交割价格 F，则合约的买方盈利（S-F）；如果现货市场的即期价格 S 低于远期合约中约定的价格 F，则合约的买方亏损（F-S）。反之，买方的盈亏与卖方的盈亏正好相反。

二、金融期货市场

近年来，金融期货市场越来越引起人们的关注，一是因为其具有能够给投机者带来丰厚回报的潜力，二是因为其具有的高风险性。金融期货市场是专门进行金融期货交易的场所。世界著名的期货交易所有芝加哥期货交易所、伦敦国际金融期货交易所等。

金融期货的交易是在商品期货交易的基础上发展起来的。它最先出现在国际金融领域。1972 年 5 月 16 日，美国芝加哥商品交易所的国际货币市场率先推出了包括英镑、日元、马克等 7 种主要货币在内的货币期货，这标志着金融期货的产生。1975 年 4 月，美国商品期货交易委员会正式将金融期货纳入监管范围，使得金融期货有了正式的合法地位并因此获得长足发展。

目前，在世界各主要金融期货市场，交易活跃的金融期货合约有数十种之多。其中有较大影响的合约有芝加哥商业交易所的日元期货合约、S&P500 股票指数期货合约、芝加哥期货交易所的美国长期国库券期货合约、香港交易与结算所的恒生指数期货合约等。

（一）金融期货的概念和种类

金融期货是指通过买卖标准化的金融期货合约而达成的交易。金融期货合约是指协议双方同意在约定的日期按当前指定的价格买入或卖出一定标准数量的某种金融工具而达成的标准化协议。

（1）金融期货合约具有以下三个特点：

1）规范的标准化期货合约。期货交易合约具有法律约束力，必须规范化和标准化。

除了交易价格是由双方通过竞价方式达成之外，其他条款包括合约品种、交易时间、交易数量及单位、价格变动单位、价位涨幅的限定、每日交易限量、对冲规定、交割期限、违约罚款和保证金数额等。这些都是事先由交易所统一设计规定好的。因此，期货交易主要在交易所内进行，一般不允许场外交易。

2）金融期货的标的物不是一般的商品，而是诸如外汇、债券、短期利率、股票价格指数等金融资产。

3）执行的强制性。期货合约的执行对买卖双方都是强制性的。在合约到期时，无论本次交易对自己是否有利，金融期货合约的买者必须按既定的价格买入金融工具，而金融期货合约的卖者必须按既定的价格卖出金融工具。

（2）根据各种合约标的物的性质不同，通常将金融期货分为三大类：外汇期货、利率期货和股票指数期货。

1）外汇期货合约是以各种可以自由兑换的国际货币作为合约标的物的期货合约，是指在将来某个指定的时间以指定价格（汇率）卖出或买进一定数量某种外国货币的标准化协议。1972年5月16日，美国芝加哥商品交易所的国际货币市场率先推出了包括英镑、日元、马克等7种主要外币的期货交易，它是国际上出现最早的金融期货。外汇期货的出现主要是用来防范汇率波动的风险。

2）利率期货是指衍生于债务证券，如国库券、长期国债和欧洲美元等作为合约标的物的金融期货合约。由于这类合约中的标的物——债券的价格与利率变动密切相关，并且这类期货主要用来防范利率波动风险，因此这类合约称为利率期货合约。1975年10月20日，美国芝加哥商品交易所成功地开办了第一张抵押证券期货合约，这标志着利率期货的正式产生。同年开始交易美国政府国库券期货合约。

3）股票指数期货是指以股票价格指数为标的物的金融期货合约，交易双方约定在将来某个指定的日期以指定的价格买入和卖出一定数量的某种股票价格指数的标准化协议。目前，作为期货交易对象的主要股票价格指数有美国的道·琼斯股价指数和标准普尔500股价指数、中国香港恒生股价指数、日本日经股票价格指数等。中国有沪深300股指期货。股指期货的价格等于某种股票价格指数的点乘以规定的每点价格。各种股指期货合约每点的价格不尽相同。股指期货的出现，使投资者可以在更为广泛的范围内投资整个股市而不是单只股票上，从而避免了进行证券组合投资的麻烦。更重要的是股指期货交易的出现为转移风险和实现投机收益提供了机会。一般来说，股票价格的变动是与股票价格指数的变动保持同方向和同幅度的，所以，在股票价格指数的现货市场和股票价格指数的期货市场作相反的操作，就可以抵消股票价格变动的风险损失。

（二）金融期货市场的交易和管理

金融期货交易的完成不是一个简单的过程，每一个步骤需要由相应的机构完成。同时，还应该有相应的措施预防每一种可能出现的问题。

金融期货交易所是专门组织各种金融期货交易的场所，是一个非营利性法人组织。交易所并不直接参与交易活动，只是依靠本身的严密组织、健全的规章、先进的设备、优良的服务及较高的效率为客户提供一个进行交易的场所。只有在交易所进行的期货交易才有效。金融期货交易的第一步，客户下订单给经纪人。第二步，经纪人将订单交给交易所。在接到客户的订单后，经纪人将指令直接传给自己在交易所内的交易代表或某家经纪公司。这种替客户买卖期货的经纪人或经纪公司被称为佣金经纪人。第三步，参与公开竞价交易。在交易所内，期货的品种很多，每一种期货都有一个交易点。在交易点既有佣金经纪人，也有自营商。自营商是为自己账户买卖，赚取买卖差价的交易所会员。佣金经纪人与自营商在交易所内以公开竞价的方式即通过一系列的手势信号报出买卖条件并确定交易，成交后交易员将结果做成交易单和订单。第四步，交易双方的交易员核对无误后，将交易结果立即通知客户，并将交易单交给交易所官员，以便计算机系统进行匹配和登记。

在交易过程中，清算所是期货交易参与者之间的媒介。任何参与期货交易的人都必须直接或间接地通过经纪人公司在会员清算所开立账户。清算所，也称清算公司，每一个期货交易所都有一个清算所。清算所每天进行交易清算，其工作的主要内容有：将客户的订单进行匹配，协调买卖以及保证金账户管理。

清算所的作用是履行金融期货合约的保证人，在每一笔期货交易中，它首先充当卖者角色，和期货合约的买方之间进行交易，然后，充当买者角色，和期货合约的卖方进行交易。清算所通过记录所有交易并保证期货合约按时偿付，大大便利了期货交易过程。

在期货交易中，清算所把买卖双方分割开来，使每个客户都以清算所为交易对象。从而免除了客户可能要承担的信用风险，与此同时，清算所则要面临来自客户的信用风险。为了避免这种情况的发生，清算所要求每个交易者都要在会员清算所那里保存一定数额的保证金。

同时，清算所还负责管理客户的保证金账户。在每个交易日结束时，清算所根据当天的收盘价对客户的保证金账户进行清算。如果客户当天的交易是亏损的，那么，保证金账户中的资金将减少，客户将补充资金，以便下一个交易日继续参与交易。如果当天的交易是盈利，则账户中的资金将增加。清算所的这种清算每天都要进行。在每日清算制度下，保证金账户中的资金分为初始保证金、价格变动保证金和维持保证金。

初始保证金是期货交易双方在合约成交后，在第二天开市前在各自经纪人处存入的保证金。初始保证金以一天的最大潜在损失为最高限。为了保证市场的安全性，防止客户逃单，初始保证金由经纪人代表其客户存入。当保证金账户的保证金余额超过初始保证金水平时，交易者可随时提取现金或用于开新仓。而当保证金账户的保证金余额低于交易所规定的维持保证金水平时，经纪人就会要求交易者补交保证金，使其达到维持保证金水平，这种新追加的保证金被称为价格变动保证金。否则就会被强行平仓。以后每日都要按照这种方式结算，直到期货合约被平仓或期满交割。为了避免追加价格变动保证金的次数过于频繁，期货交易实行维持保证金制度。维持保证金一般占初始保证金的75％。如果客户的亏损不是很大，虽然客户的保证金金额有所减少，但仍高于维持保证金限额，客户便无须追加价格变动保证金。只有当客户的亏损大到使保证金水平低于维持保证金时，客户才需要追加价格变动保证金。

（三）金融期货市场的功能

金融期货市场是 20 世纪 70 年代世界金融体制发生重大变革，世界金融市场日益动荡不安的背景下诞生的。在经历了"二战"后最长的一次经济繁荣后，西方主要资本主义国家先后陷入经济危机。通货膨胀加剧，导致利率风险大大增加。布雷顿森林体系崩溃后，国际货币制度实行浮动汇率制度。汇率频繁波动，导致外汇风险日益增加。国内外经济环境的变动，不可避免地导致股市大起大落，给股票的持有者带来巨大风险。

在利率、汇率和股市急剧波动的情况下，为了适应投资者规避风险和稳定基础金融工具价值的需要，以套期保值和转移价格风险为目的的金融期货市场便应运而生。

1. 套期保值功能

期货市场最重要的功能就是套期保值。所谓套期保值，是指投资者为预防价格的变动而采取的抵消性的操作，通常的做法是在现货市场和期货市场上进行两组相反方向的买卖，从而使两个市场上盈亏大致抵消，以此来达到防范风险的目的。

例如，假定某进口商预期未来将要在即期外汇市场上买进某种外汇支付货款，并且担心这种外汇的价格将会上涨，为防范未来外汇汇率上涨的风险，那么现在就可以在外汇现货市场上买进外汇期货，等到未来在即期外汇市场上买进外汇现货时，再在外汇期货市场上卖出原来买进的外汇期货，以便用外汇期货市场上的盈利来弥补外汇现货市场上因为外汇汇率上涨而造成的价格损失。如果这种外汇的价格没有与预期的那样上涨而是出现下跌的话，那么进口商在未来卖出原来买进的期货时就会发生亏损。不过，这笔亏损可以在很大程度上被现货市场上的低价买入所产生的额外盈利所抵消，从而无论外汇汇率上涨还是下跌，都可以起到固定本币成本，防范汇率风险的作用。

在期货市场上，套期保值者利用期货市场买卖合约，并在合约到期前予以对冲，为其现货市场商品保值，防止因价格波动引起不必要的损失，把利润固定在某一水平。

2. 投机牟利功能

所谓投机即不以实物交易为目的，而是预测商品价格变化的趋势，赚取现在的期货市场价格与未来现货市场真实价格的差额。期货合约由于采用保证金管理系统，可以以小博大，牟取暴利。应该说，投机是期货市场必不可少的润滑剂，投机者增强了期货市场的流动性。只有适度的投机可以实现价格风险的转移，而过多的投机则会给市场带来高风险。

3. 价格发现功能

在期货市场上形成的价格明显区别于其他市场。在一定的严格假设条件下，期货价格是所有参与期货交易的人对未来某一时间的现货价格的预期的平均值，而期货价格和现货价格走向相同，并逐渐趋于一致，因此今天的期货价格可能就是未来的现货价格。实证研究结果显示，尽管期货市场并非未来现货市场的完美指示器，其差价往往在 20% 以上，但其他预测方法并不比期货价格强。通过期货市场交易为社会揭示具有权威性、连续性、超前性等特征的价格，这就是期货市场的价格发现功能。

（四）金融期货市场与金融远期市场的比较

金融期货市场是在金融远期合约市场的基础上发展起来的。但二者之间有很大的区别。

1. 交易场所不同

金融远期交易并没有固定的场所，交易双方各自寻找合适的对象，因此是一个无组织的效率较低的分散市场。金融期货市场是一个有组织、有秩序的、统一的市场。金融期货合约主要在交易所内交易，一般不允许场外交易。交易所不仅为期货交易提供了交易场所，而且还为期货交易提供了许多严格的交易规则，并为期货交易提供信用担保。

2. 合约标准化程度不同

金融期货合约是符合交易场所规定的标准化合约。而远期合约对于交易的各项内容均由交易双方自行决定，没有固定的规格和标准。

3. 价格确定方式不同

远期合约的交割价格是由交易双方直接谈判并私下确定的。由于没有固定的场所，因此在确定价格时信息是不对称的，不同的交易双方在同一时间所确定的合约价格可能相差甚远，因此远期市场的定价效率很低。期货交易的价格是在交易所中由很多买者通过其经纪人在场内公开竞价确定的，有关价格的信息较为充分、对称，由此产生的期货价格较为合理统一，因此期货市场的定价效率较高。

4. 违约风险不同

远期合约交易通常不交纳保证金，履行仅以签约双方的信誉为担保，因此远期交易的违约风险很高。通常在签订合约前，交易双方必须对对方的信誉和实力等情况做出充分的了解。期货合约的履行通过保证金制度以及由交易所或清算所提供担保，其违约风险较小。交易双方通常不必直接接触，交易的完成是通过交易所或清算所实现的。

（五）金融期货交易双方的盈亏

在买卖双方通过公开竞价成交后，交易双方的盈亏取决于未来一段时间内期货市场上该种期货价格的走势与成交价的对比。当未来期货价格 Ft，高于成交价 Fb 时，即 Ft>Fb，则意味着期货合约的买方盈利；反之，当未来期货价格下跌，低于成交价，即 Ft<Fb，则意味着期货合约的卖方盈利。买方的盈亏与卖方的盈亏正好相反。

三、金融期权市场

金融期权市场是在世界各国利率、汇率和股价等波动越来越频繁的情况下，为了规避金融资产价格变动风险，在原生工具上衍生和发展起来的。近年来，期权交易的种类从普通股票期权发展到利率期权、股价指数期权、货币期权和期货期权等。与传统的金融远期和金融期货交易相比，期权交易的投资小、风险小和灵活便利的特点，正逐步成为现代投资方式的一个重要领域。

（一）金融期权的概念及构成

期权是一份合约，也称选择权，指在确定的日期或这个日期之前，持有人依照事先约定的价格，享有买进或卖出一定数量的某种资产或金融指标的权利。期权的买方有权利选择在到期日或到期日之前的有效期间的任何一天买入或卖出某种金融资产或商品，也有权转让或放弃期权。期权的卖方在买方期权有效期内都必须履行合约的规定。不论行情怎样变化，均得卖给买方或从买方购进约定的金融资产或商品。买方的义务是支付一定的期权费，卖方则有权利接受买方付给的期权费。不论买方是否行使期权，期权费不能退还。交易双方这种权利与义务的法律关系一直要延续到合约有效期满之日后才告终止。

金融期权就是指期权的买方向期权的卖方支付了一定数额的期权费后取得的，在规定的有效期内按照事先约定的价格，向期权的卖方买进或卖出一定数量的某种金融资产或商品的权利。按照标的物的不同，金融期权可分为利率期权、外汇期权、股价指数期权以及金融期货期权等。

金融期权合约的构成要素主要包括期权的买方和卖方、标的物、协定价格、期权费和到期日等。

金融期权的买方即金融期权的持有人，是指购买金融期权的一方。它购买的是一种权利，期权的买方为获得此项权利，需向期权的卖方支付一定的费用，这项费用就是期权费或称为期权价格。金融期权合约赋予买方在合约有效期内按照事先确定的履约价格，买进或卖出一定数量金融商品的权利。金融期权的买方就是否履约具有选择的权利。也就是说，期权的买方享有买进或卖出的权利，而不必承担买进或卖出的义务。如果市场行情的变化对期权的买方有利则执行合约。如果对其不利，期权的买方则可以放弃这种权利不予执行合约。金融期权的买方放弃行使权利可能遭受的最大损失就是购买期权所支付的费用。总之，期权合约的买方是期权的投资人，期权的买入价是期权买方的基本投资和最大损失。另外买方还可以转卖这种权利。

金融期权的卖方是指卖出期权的一方。卖方在合约中的义务是无限的而权利是有限的。期权的买方得到此项权利后有权选择执行或放弃该权利，而期权的卖方则只能服从买方的选择。一旦期权的买方要求行使权利，期权的卖方必须按照约定的价格卖出或买进一定数量的某种金融产品。期权的卖方可以通过出售期权获得一定数额的期权费。

期权费是指买卖期权合约的价格，即期权合约的价格。期权合约的交易首先是期权合约本身的交易。期权费是期权的买方向期权的卖方支付的为了获得某种金融商品的期权合约权利的费用。期权费用是通过期权的买卖双方公开竞价确定的。

协定价格是指金融期权合约中双方约定买卖金融工具的价格，也称协定价格、履约价格、合同价格或成交价格。期权的买方行使权利时就按照协定价格买进或卖出某种金融商品。协定价格一旦确定就不可更改。

标的物是指经过批准允许进入期权交易市场的金融商品、金融证券和期货合约等。金融期权的标的物有外汇、债券、股票和股票价格指数以及期货合约等。

到期日是指一份金融期权合约的最终有效期。事先约定某日为期权合约的交割日，则这天就是期权的到期日。

（二）金融期权市场的分类

1. 按合约规定的权利，期权可以分为买权和卖权

买权也称为看涨期权，它赋予期权的买方在约定的日期以协定价格从期权卖方手中买入一定数量标的物的权利。看涨期权是买进某种金融工具的权利而非义务。看涨期权的持有者要支付一笔期权费以获得期权。买权的买方之所以购买买权是由于预计该标的资产在现货市场上的价格将上涨到期权合约里所约定的协定价加期权费用之上，从而能给他带来盈利。预期价格上涨者可购买看涨期权，预期价格下跌者可卖出看涨期权。

卖权又称看跌期权，它赋予期权买方在未来一定时期内向期权卖方以协定价卖出一定数量某种金融资产的权利。与看涨期权一样，也要支付一笔期权费以获得期权，并且有在期权到期日前执行期权的权利，而不是义务。看跌期权的持有者即买方之所以购买卖权是由于预计该标的资产在现货市场上的价格将会下跌到期权合约里所约定的协定价加期权费用之下，从而能给他带来盈利。预期价格下跌者可购买看跌期权，预期价格上升者可卖出看跌期权。

2. 按合约执行日期规定，期权可以分为美式期权和欧式期权

欧式期权是指期权买方只可以在到期日当天行使权利的期权。美式期权是指期权买方在到期日以及之前的任何一天都可以行使权利的期权。现在市场上绝大多数期权交易都是美式期权。因为美式期权对合约购买者来说有两点好处：一是可以提前执行合约，获得货币时间价值。二是便于选择最有利的价格执行合约。也因为如此美式期权的价格要明显高于欧式期权。

3. 按照期权合约的标的资产，金融期权合约可以分为利率期权、货币期权（外汇期权）、股票指数期权、股票期权等现货期权以及金融期货期权

（三）金融期权市场的特点

（1）金融期权的交易赋予金融期权的买方就是否履约具有选择的权利，因此金融期权交易具有灵活性的特点。因为期权执行与否完全由买方决定。如果市场行情的变化对期权的买方有利则执行。如果对其不利，期权的买方则可以放弃这种权利不予执行。

（2）期货交易一般在有组织的交易所进行，在有组织的交易所交易的期权是标准化的期权合约，交易所对期权合约的交割方式、标的资产的品种和最后交易日等都有明确的规定。同时，期权交易也可以在场外期权市场进行，主要通过交易双方协商确定，是一种非标准化期权合约。

（3）金融期权的基本功能是进行套期保值，利用金融期权的交易不仅能规避未来价格不利变动可能遭受的损失，而且还可以从未来价格的变动中获得盈利的可能性。与远期合约和期货合约进行套期保值不同，他们只能通过将未来某日的价格锁定在某一既定水平上来所锁定成本和收益。因此利用期权进行套取保值具有其他衍生工具难以比拟的优点。

金融期权合约与金融期货合约的共同点在于：首先，都是买卖契约，其构成要素都是标准化的合约；其次，都以金融商品作为标的物；再次，都是在正规的交易所进行交易，有履约保证金的保障；最后，基本功能作用都是套期保值，可以用来防止市场价格出现不利于交易者变动时提供最大限度的价格保护，将自己的风险控制在一定的范围内。

金融期权合约与金融期货合约的区别有：首先，买卖双方的权利和义务的对称性不

同。金融期权合约的买卖双方的权利和义务是不对等的。在期权交易中，期权的买方享有有效期内买进或卖出一定数量的某种金融商品或期货合约的权利，但他并不负有必须这样做的义务；对期权的卖方来说，则只能服从买方的选择，而没有选择的权利。金融期货合约的买卖双方其权利和义务是对等的。其次，履约保证金的不同。金融期权的买方不需要缴纳履约保证金，只有卖方才要缴纳保证金。而金融期货合约的买卖双方均要缴纳保证金。再次，风险和收益的不同。从理论上来说，金融期权的买方和卖方面临的风险和收益是不平衡的。具体来说，金融期权的买方承受的风险是有限的，可能遭受的风险就是买入期权时所支付的期权费，然而，如果买方行使期权时，可能的收益则是无限的。但对于期权的买方而言，在期权交易中所面临的风险是不确定的，承担的风险可能是无限的，然而其收益是有限的。金融期货合约的双方盈利和亏损的可能性是对等的。最后，标的物的不同。金融期货合约的标的物都可以作为金融期权的标的物，甚至金融期货合约也可以作为期权的标的物。

（四）金融期权合约交易双方的盈亏

期权交易中买卖双方的盈亏状况取决于交易双方的地位、期权类型、协议价格（执行价格）、期权费以及标的金融商品现货市场未来价格的走势。

以看涨期权为例分析交易双方的盈亏状况。对于看涨期权的买方来说，在期权到期日，如果标的资产的市场价格 S 低于期权合约所协议的价格 F，即 S<F 时，那么期权的买方则会放弃执行期权，此时他的损失就是期权费 P。在期权到期日，如果标的资产的市场价格 S 高于期权合约所协议的价格 F，即 S>F 时，则期权买方应该执行买权，他将按照较低协议价格 F 买进市价为 S 的标的资产，然后以较高的现货价格 S 卖出该标的资产。此时看涨期权的买方是否盈亏取决于买卖的差价收入（S−F）能否弥补期权费 P 的损失。如果买卖的差价收入低于当初支付的期权费 P，即 S−F<P 时，则意味着期权的买方亏损，亏损额为 P−（S−F）；如果买卖的差价收入高于当初支付的期权费 P，即 S−F>P 时，则意味着期权的买方盈利，盈利额为（S−F）−P。可以看出，期权的买方在期权交易中最大的亏损就是期权费，而其盈利可能是无限的。

由于期权交易中买方的盈亏正好与卖方的盈亏相反，因此对于看涨期权的卖方来说，他的盈亏与买方的盈亏正好相反。可以看出，期权的卖方在期权交易中的损失可能是无限的，而其盈利是有限的，最大的盈利就是期权费。

四、互换市场

互换是指互换双方或者以第三方为中介达成协议，在预定的期限内互换彼此的货币种类、利率形式及其他金融资产的一种交易。互换交易的内容有：利率互换、货币互换、远期利率协议、长期外汇交易、长期利率期权。最基本的形式是利率互换和货币互换。

（一）利率互换

利率互换是指双方同意在未来的一定期限内根据同种货币的同样的名义本金交换现

金流，其中一方的现金流根据浮动利率计算，而另一方的现金流根据固定利率计算。互换的期限通常在 2 年以上，有时甚至在 15 年以上。

最常见的利率互换形式是在双方之间进行的。例如，若一个想支付固定利率的借款者已借入了浮动利率资金，而一个想支付浮动利率的借款者已借入了固定利率资金，那么，这两个借款者可以将其各自现有负债进行互换，而不必借入新的资金。于是，双方可以达成利率互换协议，各自只向对方定期支付以其利率为基础的利息成本，而彼此不进行本金的支付。利率互换的结果是双方以可接受的条件得到了其想获得的利率基础。利率互换的基本结构见图 4-1。

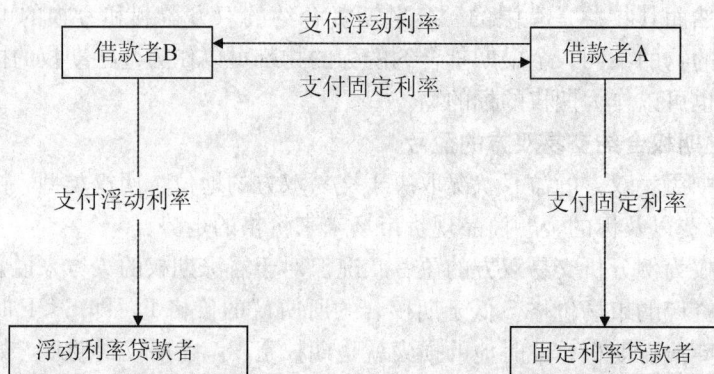

图 4-1　利率互换的基本结构

例：假设 A 公司借入固定利率为 7.5％的 5 年期 100 万美元，B 公司借入了浮动利率为 6 月期 LIBOR＋0.5％的 5 年期 100 万美元。A 与 B 达成互换协议，由 B 向 A 支付 7.5％的年利率，A 向 B 支付美元 6 月期 LIBOR。这一互换交易所产生的现金流如图 4-1 所示。

（二）货币互换

货币互换是将一种货币的本金和固定利息与另一货币的等价本金和固定利息进行交换。换言之，就是双方彼此并不进行货币借贷，而是通过协议将货币卖给对方，并承诺在未来确定的日期换回该货币。其主要原因是双方在各自国家中的金融市场上具有比较优势。货币互换分三个步骤进行：初始本金互换、利息定期支付、本金到期再互换。也可以不进行初始的本金互换，只根据一个参考汇率作为即期汇率进行外汇交易，便可以获取各自所需的货币。

货币互换是一项常用的债务保值工具，主要用来控制中长期汇率风险，把以一种外汇计价的债务或资产转换为以另一种外汇计价的债务或资产，达到规避汇率风险、降低成本的目的。但是无论是"平行贷款"还是"背对背贷款"仍然属于贷款行为，在资产负债表上将产生新的资产和负债。而货币互换作为一项资产负债表外业务，能够在不对资产负债表造成影响的情况下，达到同样的目的。

例如，公司有一笔日元贷款，金额为 10 亿日元，期限 7 年，利率为固定利率 3.25%，付息日为每年 6 月 20 日和 12 月 20 日。1996 年 12 月 20 日提款，2003 年 12 月 20 日到期归还。公司提款后，将日元买成美元，用于采购生产设备。产品出口得到的收入是美元收入，而没有日元收入。

从以上的情况可以看出，公司的日元贷款存在着汇率风险。具体来看，公司借的是日元，用的是美元，2003 年 12 月 20 日时，公司需要将美元收入换成日元还款。那么到时如果日元升值，美元贬值（相对于期初汇率），则公司要用更多的美元来买日元还款。这样，由于公司的日元贷款在借、用、还上存在着货币不统一，就存在着汇率风险。

公司为控制汇率风险，决定与中行续做一笔货币互换交易。双方规定，交易于 1996 年 12 月 20 日生效，2003 年 12 月 20 日到期，使用汇率为 USD1＝JPY113。这一货币互换，表示为：

第一步：在提款日（1996 年 12 月 20 日）公司与中行互换本金。公司从贷款行提取贷款本金，同时支付给中国银行，中国银行按约定的汇率水平向公司支付相应的美元。

第二步：在付息日（每年 6 月 20 日和 12 月 20 日）公司与中行互换利息。中国银行按日元利率水平向公司支付日元利息，公司将日元利息支付给贷款行，同时按约定的美元利率水平向中国银行支付美元利息。

第三步：在到期日（2003 年 12 月 20 日）公司与中国银行再次互换本金。中国银行向公司支付日元本金，公司将日元本金归还给贷款行，同时按约定的汇率水平向中国银行支付相应的美元。

从以上可以看出，由于在期初与期末，公司与中国银行均按预先规定的同一汇率（USD1＝JPY113）互换本金，且在贷款期间公司只支付美元利息，而收入的日元利息正好用于归还原日元贷款利息，从而使公司完全避免了未来的汇率变动风险。

关于货币互换，有几点需加以说明：

货币互换的利率形式，可以是固定换浮动，也可以是浮动换浮动，还可以是固定换固定。期限上主要外币一般可以做到 10 年。

货币互换中所规定的汇率，可以用即期汇率（Spot Rate），也可以用远期汇率（Forward Rate），还可以由双方协定取其他任意水平，但对应于不同汇率水平的利率水平会有所不同。

在货币互换中，期初的本金互换可以省略，但对应的美元利率水平可能会有所不同。这样，对于那些已经提款使用的贷款，仍然可以使用货币互换业务来管理汇率风险。

1973 年，布雷顿森林体系完全崩溃，主要发达国家相继实行浮动汇率制，这使得跨国厂商，国际贸易及国际金融市场的参与者们无奈地开始面对汇率、利率频繁波动带来的极大不确定性，这些不确定性的负面影响，往往会使市场参与者们的经营成果顷刻化为乌有；同时，各国政府从自身利益出发，制定了诸多相应的外汇管制措施，使国际间的资金流动成本增加。互换作为一种新的金融衍生工具，就是在这种大的经济背景下产生的。和金融创新中产生的许多新工具一样，互换产生的原始动因也是为规避市场风险，逃避政策管制和套利。时至今日，互换已成为 30 多年来规模增长最快，最经久使用的衍生工具。

一、重要概念

货币市场　同业拆借市场　贴现　转贴现　再贴现　回购协议　国库券　商业票据　银行承兑汇票　大额可转让定期存单　本票　远期　期货　期权　互换　股票　股指期货　证券投资基金　一级市场　二级市场　金融衍生工具

二、复习思考题

1. 简述货币市场的功能和特点。

2. 简述资本市场的功能和特点。

3. 简述同业拆借的目的。

4. 简述大额可转让定期存单与银行定期存单的区别。

5. 简要说明国库券的价格与国库券收益率之间的关系。

6. 金融期货交易和金融远期交易有何区别？

三、前沿思考题

1. 你对我国股票市场不断扩容有何评价？

2. 如何完善我国金融市场？

参考文献：

［1］潘焕学、钱军：《金融学概论》，北京：经济管理出版社，2008。

［2］叶永刚：《金融工程学》，大连：东北财经大学出版社，2002。

［3］夏丹阳：《货币银行学》，北京：经济管理出版社，2010。

［4］张建海、王一开：《证券金融》，太原：山西经济出版社，1989。

［5］陈善昂：《金融市场学》，大连：东北财经大学出版社，2009。

第五章 金融机构体系与金融中介机构

> **本章提要：** 世界大多数国家都形成了以中央银行为核心，以商业银行为主体，由各种专业银行和非金融机构组成的金融机构体系。在金融机构体系中，业务最广泛、规模最大、分支机构最细密的是金融中介机构。
>
> **本章主要讲述：**
> 金融中介机构的形成、作用、类别。
> 金融机构体系。
> 中国的金融机构体系。
> 国际金融机构体系。

第一节 金融机构简述

市场经济需要统一的、完整的金融市场的支持。金融市场上最活跃的参与者是各类金融机构。当今，世界大多数国家都形成了以中央银行为核心，以商业银行为主体，包括各类非银行金融机构的多元化的金融机构体系。在金融机构体系中，规模最大、分布最广、业务最广泛的是金融中介机构。金融中介机构是专门从事各种金融活动，以及为金融活动提供相关金融商品和金融服务的机构。

一、金融机构的产生和发展

（一）从早期银行到现代金融机构

金融机构历经若干个世纪，经历了早期银行、现代银行、跨国银行的发展，并根据经济和社会生活各方面的发展需要，由商业银行到中央银行，到各种专业银行，到保险公司、信托投资公司、证券公司、企业财务公司等各种金融中介机构，到各种政策性银行。世界经济的联系又催生了各种国际金融机构和区域性金融机构。

在前资本主义社会，封建割据，货币铸造分散，重量、成色不统一，为了适应贸易的需要，就逐渐从商人中分离出一种专门从事货币兑换业务的商人；进而发展到代商人保管货币、办理支付、结算和汇款；因此，货币兑换业者手中聚集了大量货币资财，他们就利用这些资财办理贷款业务。这样，货币兑换业就发展成为既办理兑换，又经营货币存款、贷款、汇款等业务的早期银行了。在古代的东方和西方，都先后有货币兑换商和银钱业的发展。如公元前 2000 年的巴比伦寺庙、公元前 200 年的罗马都有这类银钱业的活动。在中国，较早的记载是南北朝之际寺庙有经营典当业的，但由于封建社会的长期停滞，中国古老的银钱业一直未能自己实现向现代银行业的质的转化，因此，对于现代银行业的兴起，还需要从西方考察。我们以英国为例进行说明。

在英国，早期银行是通过金匠业发展而来的，人们为了安全起见，把金银托付给有良好安全设施的金匠保管。金匠签发保管凭条，还可按顾客的书面要求将其保管的金银划拨给第三者，省去顾客提现和支付的麻烦。

早期的商业银行，由于规模小，风险大，因此，经营成本比较高，贷款利率也就比较高，不能满足工商企业发展的需要。1694 年，在政府的扶持下，英国成立了第一家股份制商业银行——英格兰银行。它规定的正式贴现率只有 4.5%～6%，大大低于早期银行业的贷款利率，这意味着高利贷在金融领域的垄断地位遭到了动摇。标志着现代商业银行的诞生，到 18 世纪末 19 世纪初，各主要资本主义国家纷纷建立了规模巨大的股份制商业银行，这些银行由于资金雄厚、业务全面，有很强的规模经济效益，因此可以收取较低的利率，极大地促进了工商业的发展。与此同时，商业银行在整个经济体系中的地位和作用也日益提高，成为最重要的经济部门之一。

为了规范利率和遏制商业银行的恶性竞争，维护金融秩序，保护金融安全，协调金融活动，需要有权威的能够对银行进行宏观管理的中枢机构，在政府的支持下，诞生了中央银行。中央银行是专门从事货币发行、保管商业银行准备金，通过制定货币政策，运用货币工具，对商业银行实行监管，并对货币流通进行调控的金融核心机构。最早的中央银行，如英格兰银行是从商业银行分离出来的。19 世纪中叶，在各国政府的支持下纷纷成立了中央银行。

随着现代经济的发展，社会分工越来越细密，现代经济分工的细密程度要求金融服务多样化，推动着金融创新，专业性质不同的多种金融机构应运而生，逐步形成了以中央银行为核心，商业银行政策性银行和各种非银行机构，组成的规模庞大的金融体系。由此可见，金融机构体系的形成是商品经济发展，资金融通发展的需要。

（二）现代金融机构的类型

一般而言，现代金融机构有以下几种类型：①金融中枢机构，即各个国家的中央银行。②金融监管机构。有些国家由中央银行行使金融监管职能，有些国家把金融监管职能从中央银行剥离出来，成立了专门的金融监管机构。③金融中介机构。包括间接融资中介机构和直接融资中介机构。间接融资中介机构是指以商业银行等金融机构为信用中介的金融中介机构，如银行以吸收存款和向其他机构借款、发放金融债券为主要金融来源，银行和其他资金供给者形成债权债务关系，银行向全社会发放贷款又形成了新的债务关系，资金供给者和资金需求者之间的资金融通是通过二重债权债务关系得到实现的，这是间接金融的一个特征。直接金融机构是指提供交易场所或者某种机制，让资金供给者或资金需求者直接融通资金的机构。④政策性金融机构。它不是以追求利润为目的的，是政府支持的以贯彻某种经济政策为目的的金融机构。⑤服务类金融机构。⑥外资金融机构。如图5－1所示。

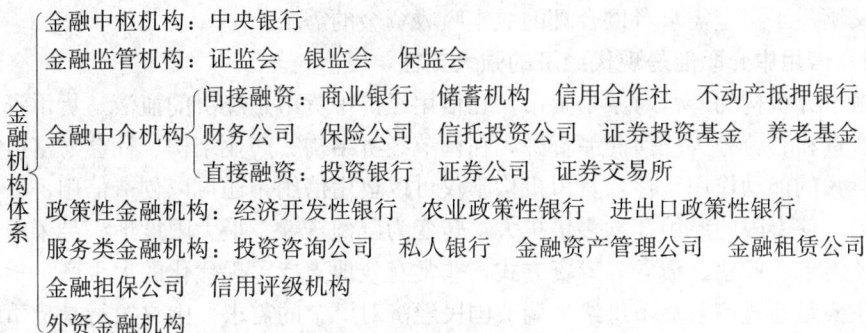

```
          金融中枢机构：中央银行
          金融监管机构：证监会　银监会　保监会
          ┌间接融资：商业银行　储蓄机构　信用合作社　不动产抵押银行
金融    金融中介机构┤财务公司　保险公司　信托投资公司　证券投资基金　养老基金
机构          └直接融资：投资银行　证券公司　证券交易所
体      政策性金融机构：经济开发性银行　农业政策性银行　进出口政策性银行
系      服务类金融机构：投资咨询公司　私人银行　金融资产管理公司　金融租赁公司
          金融担保公司　信用评级机构
          外资金融机构
```

图5－1　金融机构体系

二、金融中介机构的作用

金融中介机构的形成已经说明了它的作用。

（一）融资渠道广泛，能提供多种金融服务

如商业银行，除了传统的存款、贷款、贴现、汇兑业务外，还可以进行承兑业务、银行卡业务、代收业务、代客买卖、代理融资、保管箱业务、担保业务、承诺业务、公开市场业务等各种服务。保险业和养老基金还可以把资金运用投向债券、股票等，既支持了金融市场，又扩大了自身资金规模。加之保险公司、证券公司、信托投资公司、租赁公司、投资银行等多种金融业务的开展，使融资渠道多元化，所以现代经济被称为信用经济。

（二）强大的资金积聚和资金使用功能能有效地降低风险和降低交易成本

在金融活动中，借款人违约不还款的信用风险概率较大，而银行在市场经济的信息不对称环境中，由于分支机构广泛，业务渗透到经济生活的各个方面，掌握着企业和个人的大量信息，在业务开展上处于优势，能有效地规避风险，还可以对贷款企业及个人的履约情况进行有效的监督。同时，通过担保贷款、抵押贷款、质押贷款的形式在很大程度上限制了借款人的违约行为，银行、证券投资基金等机构在进行投资时十分注意进行投资分析、科学组合，分散风险。为了应对可能发生的风险，银行还会从税前利润中提取资本准备金、贷款损失准备金、证券损失准备金。在资产管理和负债管理上注意协调管理，形成了科学的管理理论和方法。此外，有金融机构作为中介，对于资金供给者和资金需求者，在时间上、费用上都可以节约大量的交易成本。

（三）与各微观经济主体有广泛的业务联系，克服了融资障碍

在所有的经济部门中商业银行对于客户的信息最灵敏，信息的沟通最有效，如果采取直接融资的方式，资金需求者不一定能够寻求到数额相当、期限相当的资金供给者，资金供给者想使闲置的资金增值，不一定在较短时间内能找到合适的资金需求者。而存款货币机构则克服了这个障碍，它们把社会上的各类闲散资金集中起来，聚小为大，聚短为长，贷放给不同数额、不同期限的资金需求者，既满足了资金所有者让资本增值的需求，又满足了资金需求者以合理的成本吸收资金的需求。

（四）信用中介职能是现代经济的强大支柱

金融中介机构的经营对象是货币，在信用经济中货币是经济的血液。货币资源可以支配生产资料、劳务等任何商品资源，在调节经济结构、产业结构、社会财富再分配等方面有巨大的能动作用。存款货币机构不仅可以运用信用，还可以创造信用，在整个银行体系内，使有限的原始存款多倍扩大，转变为巨额贷款，最大限度地满足了国民经济对资金的需求。股票、债券等筹资方式，非常有效地支持了现代化的大生产。货币政策的作用主要是通过调节货币供给来调节国民经济对资金的需求。中央银行是货币政策的制定者、实施者，金融中介机构是货币政策的实施者。

第二节 金融中介机构体系

金融中介机构根据其融资性质不同，分为间接金融中介机构和直接金融中介机构。间接金融中介机构主要是通过各种负债业务筹集资金，再通过各种资金业务活动分配这些资金，从而实现资金供给者和资金需求者之间的资金融通；直接金融中介机构是作为中介人提供场所和交易渠道，帮助资金需求者和资金供给者直接进行融资。

一、间接金融中介机构

（一）存款类金融机构

1. 商业银行

商业银行是以办理工商业存、放款为主要业务，又称存款货币银行，是谋取利润为主要目标的信用机构。在西方各国，最早的商业银行以办理工商企业存款、发放短期贷款、抵押贷款为主要业务。目前西方国家的商业银行向着业务多样化和多功能方向发展，除开展以各种方式吸收资金和投资、放款等主要业务外，还开展对外放款、租赁、信托、咨询等许多服务性的业务，有金融百货公司之称。在当代资本主义银行体系中，商业银行以其机构多、业务量大、范围广而居于其他任何金融机构不能取代的重要地位，是金融机构的中坚。

2. 储蓄银行

储蓄银行是指办理居民储蓄并以吸收储蓄存款为主要资金来源的银行，又称节俭银行。其主要功能是鼓励城乡居民储蓄。储蓄银行所汇集起来的储蓄存款余额较为稳定，所以主要用于长期投资，如发放不动产抵押贷款（主要是住房贷款），投资于政府公债、公司股票及债券。与商业银行相比，储蓄机构的资产业务期限长，抵押贷款比重很高。西方政府常利用储蓄机构来实现政府的某些经济目标，其中多为房地产政策目标，因此，一些储蓄机构得到了政府的扶持。由于房地产抵押贷款具有自偿性低、资金周转慢的特点，使得储蓄机构的抗风险能力较弱。在中国，所有的商业银行和信用合作社等存款类金融机构都可以吸收储蓄。

与我国几乎所有的金融机构均经营储蓄业务的情况不同，在西方不少国家，储蓄银行大多是专门的独立的储蓄机构。最早的储蓄机构起源于 18 世纪的意大利，是一个由宗教和其他团体持股的联合股份制银行机构。在美国，储蓄机构只限于法律允许直接吸收家庭储蓄存款。有互助储蓄银行、储蓄与贷款协会、货币市场基金和信用合作社。这些机构以储蓄存款为其主要的资金来源，并办理有关的住宅贷款、不动产抵押贷款以及公司债券投资等业务。全美第一家储蓄信贷协会于 1831 年诞生于宾夕法尼亚州。"二战"后，美国民众住房需求空前旺盛，加上政府为刺激内需，推行"人人有住房"的政策，这给储蓄信贷协会带来了空前的发展机遇。到 20 世纪 70 年代末，全美共有 4700 家储蓄信贷协会，资产总额突破 6000 亿美元，成为美国重要的金融巨人之一，但是由于从 70 年代中后期开始，美国通货膨胀率和利率持续攀升，储蓄信贷协会借贷利率出现严重倒挂现象；到 80 年代初，全行业亏损 500 亿美元，以后又由于内部管理混乱、监管不力等原因，到 1989 年全美倒闭和有问题的储蓄信贷机构数以千计，总亏损额高达 5000 亿美元左右，储蓄信贷协会已经走到了全行业破产的边缘，此后，虽然美国政府制定了庞大的救助计划，但是储蓄信贷协会从此一蹶不振。美国互助储蓄银行是由联邦政府担保的住房抵押贷款组织，最早于 1819 年在纽约建立，以后在美国东北地区发展。初期目的是为小额存户储蓄提供服务，以后由于金融机构间争取储蓄存款的竞争日益加剧，其经营业务逐步集中于由联邦住宅管理局和退伍军人管理局提供的住宅抵押贷款，规模次于储蓄贷款协会。由于美国 2007 年爆发次贷危机，到 2008 年，美国互助储蓄银行的净亏损总额达 159 亿美元，截止到 2010 年第一季度，已经有 73 家互助储蓄银行被监管机构接管，其中有 5 家已经被关闭。在法国、德国等西欧国家都普遍设有储蓄银行、储蓄信托银行、邮政储蓄等储蓄机构。在东欧各国也设有专门的储蓄银行机构。

家庭储蓄存款是社会总储蓄中稳定而日益增长的组成部分。以美国为例，家庭所拥有的定期存款和储蓄存款，20 世纪 80 年代中期为第二次世界大战结束时的 15 倍以上，有 6000 多家储蓄与贷款协会，600 多家互助储蓄银行及近 5 万家办事处，同 1.4 万多家商业银行在储蓄市场上展开竞争。其中，储蓄贷款协会是仅次于商业银行的最大金融机构。

中国的现代储蓄机构起源于 20 世纪初，1912 年 9 月法国商人伯顿在上海设立万国储蓄会，是中国第一个专门办理有奖储蓄业务的机构。1914 年 10 月上海设立了新华信托储蓄银行；1915年6月由庄得之等人在上海设立上海商业储蓄银行，开始办理小额储蓄；1923年1月由盐业金城、中南大陆四家银行联合开设了四行储蓄会，以"存户即是股东"的口号和保息、优息等办法广泛吸收储蓄；1936年3月中央储蓄会在上海成立，专门办理有奖储蓄；1930年3月成立邮政储金汇业局，总局设在上海，利用邮政汇兑业务的有利条件开办储蓄存款业务。

中华人民共和国成立后，对金融机构进行了改造和调整，专门的储蓄机构统一并入中国人民银行，在中国人民银行总行设立了储蓄局，负责业务管理。储蓄业务由银行基层机构办理。金融体制改革以后，于1986年2月成立了专门办理储蓄业务的邮政储蓄总局，它由邮电部领导，对城乡居民办理定期和活期储蓄存款，补充了银行系统储蓄网点的不足。中国工商银行、中国农业银行、中国银行、中国建设银行、交通银行、农村信用合作社、城市信用合作社以及经中央银行批准的其他金融机构，在基层设有专门的储蓄所或专门的储蓄业务专柜，办理个人的储蓄存款。

3. 信用合作社

这是在西方国家普遍存在的一种互助合作社性金融组织，有农村信用合作社，有城市手工业者等特定范围成员的信用合作社，这类金融机构一般规模不大，它的资金来源于合作社成员缴纳的股金和吸收的存款，贷款主要用于解决其成员的资金需要。在美国，1980年后，银行管理法规也允许其签发支票存款，并提供除消费贷款以外的抵押贷款。在美国，信用合作社是美国第三大对个人与家庭提供分期贷款的机构，仅次于商业银行与金融公司，大约占美国消费者分期贷款的1/8。其业务由过去的只能发放消费贷款已发展到可以像商业银行一样发放长期抵押贷款。

4. 邮政储蓄银行

利用邮政机构网点遍布城乡和资金汇寄的特点，在各邮政机构网点设立银行，主要经营小额存款。存款一般不提交准备金；资金运用主要是购买政府债券。现在已发展到可经营各类商业银行业务。

5. 外资银行

就是在一国境内，外国开设的银行或银行的分支机构，各国一般都将这类银行列入本国银行体系内，并受本国金融当局管理和监督。

(二) 专业性质的金融机构

专业性质的金融机构即专业银行。专业银行是指办理特定范围内专门性金融业务的银行，专业银行一般都有其特定的客户。它们的业务活动方式有别于或部分有别于商业银行一般的存、放、结、汇等业务活动方式。专业银行的存在是社会分工发展在金融领域中的表现。随着经济和社会分工的不断发展，要求银行必须具有某一方面的专门知识和专门职能，从而推动着各式各样的专业银行不断再现。

1. 开发银行

这类银行是专门为满足经济建设长期投资需要而设立的银行。由于开发性投资项目的投资量大，资金回收期限长，经济收益见效慢，投资风险也大，一般商业银行不愿承担。开发银行多为国家或政府创办，不以营利为目的。像新产业的开发，新经济区的基础设施，公共设施和水电站等都属于投资多周期长的工程，是否能盈利也难以预计，重在社会效益，所以，往往由具有官方支持的开发银行承担。现有的开发银行可以分为国际性的、区域性的和本国的三种。如国际复兴开发银行（世界银行）、亚洲开发银行等。

2. 进出口银行

是通过金融渠道支持本国对外贸易的专业银行。一般是政府的金融机构，如美国的进出口银行、日本的输出入银行等，也有的是半官方性质的，如法国的对外贸易银行，就是法兰西银行与一些商行共同出资组建的。创建进出口银行的目的是政府为促进商品输出而承担私人出口商和金融机构所不愿意或无力承担的风险，并通过优惠出口信贷增强本国政府对外援助的一个金融机构，所以这类银行在经营原则、贷款利率等方面都带有浓厚的政治色彩。

3. 农业银行

农业银行是向农业提供信贷的专业银行。农业银行受自然因素影响大，其对象具有对资金的需求有强烈的季节性；农村地域广阔、农户分散、资本需求数额小、期限长、收益低等特点。因此，商行和其他金融机构一般都不愿意做这方面的业务。为此，西方许多国家专设了以支持农业发展为主要职责的农业银行。如美国的联邦土地银行、合作银行；法国的土地信贷银行、农业信贷银行；德国的农业抵押银行；日本的农林渔业金融公库等。农业银行的资金来源，有的完全由政府拨款，有的则靠发行各种债券或股票，也有以吸收客户的存款或储蓄来筹措资金的。农业银行贷款方向一般几乎涵盖农业生产方面的一切资金需要。有的国家对农业银行的某些贷款给予利息补贴、税收优惠等。近年来，不少农业银行的业务范围逐渐超出单纯农业信贷业务的界限。有些国家已准许农行办理商业银行业务。

4. 不动产抵押银行

不动产抵押银行也称为抵押银行，是专门从事土地、房屋及其他不动产抵押贷款的专业银行。它与商业银行的不同之处在于它不从事一般的存、贷款业务，它的贷款对象有两类：一类是以土地为抵押的土地所有者和土地购买者；另一类是以房产为抵押的房屋购买者、房屋建筑商。不动产抵押银行的资金来源主要是发行不动产抵押证券、金融债券等。不动产抵押银行在西方较为发达，如法国的房地产信贷银行、德国的私人抵押银行、美国的联邦全国抵押贷款协会等。

5. 企业集团财务公司

是大企业内部的金融机构，为本企业内部各子公司筹集和融通资金，促进技术改造，扩大生产，资金来源和资金运用都在企业内部，不能在生活上寻找生存空间。

（三）契约类金融机构

这类机构以契约规范为基础，从社会吸收长期的稳定的资金来源；同时，在资金的使用上，既有本源业务，又有投资功能的业务。包括保险公司、养老基金等。

1. 保险公司

保险公司是为保障社会经济安全而提供经济补偿的金融机构，是对社会影响力最广泛的非银行类金融机构。西方国家的保险业十分发达，几乎是无人不保险、无物不保险、无事不保险。为此，西方各国按照保险种类分别建有形式多样的保险公司。如财产保险公司、人寿保险公司、信贷保险公司、存款保险公司，其中以人寿保险公司规模最大。资金来源主要是投保人缴纳的保费和发行人寿保险单积累的资金。资金运用首先是赔偿被保险人的损失，其次是大量用于投资，是一种长期投资资本，可以购买各类债券、股票，甚至发放不动产抵押贷款等。因为保险的实现比较固定，保险资金成为比银行存款更稳定的长期性资金来源。

2．养老基金

养老基金是以定期收取退休或养老储蓄金的方式向退休者提供退休收入或年金的金融机构。资金来源：平时由雇员按期交付工资的一定比例，退休后或者一次性领取，或者按月领取养老金。资金运用：投资于债券、股票、共同基金等，由专门的投资人来管理和运用。这是第二次世界大战后西方国家迅速发展起来的一项金融业务。

3．金融公司

金融公司是指通过发行商业票据、债券和股票等方式获得资金，并将资金主要用于特定消费者贷款、证券投资者融资的金融企业，一般不吸收存款。金融业务不受商业银行法规的限制，也无需缴存准备金，其业务特点是大额借入，小额贷出。主要有两类：消费金融公司和证券金融公司。

消费金融公司是指不吸收公众存款，以小额、分散为原则，为境内居民个人提供以消费为目的的贷款的非银行金融机构，包括汽车等个人耐用消费品贷款及一般用途个人消费贷款等。由于消费金融公司发放的贷款是无担保、无抵押贷款，风险相对较高，因此各国金融管理机构设立了严格的监管标准。

证券金融公司也称证券融资公司，是指依法设立的在证券市场上专门从事证券融资业务的法人机构。证券金融公司自股票市场或银行取得资金，再将这些资金提供给需要融资的投资人，并依规定将融资担保的股票提供给融券的投资人，以促进交易市场的活络，并建立完整的金融制度。证券金融公司的产生是源于信用交易的发展。信用交易从其积极的方面而言，是通过其引致的大规模融资融券活动，促进市场上的资金或证券供给增加，从而可以使证券市场更趋活跃，投资者也有机会赚取更大的利润，激发他们参与交易的愿望；但从其消极方面而言，则会产生涨势助涨、跌势助跌的情况，妨碍证券市场的稳定运行。由于证券金融公司是基于开展信用交易的需要而存在的，因此其业务内容也独具特色。其主要业务是：

（1）为维持证券的市场价格而发放贷款，为证券承销业务向包销商贷放资金。

（2）通过证券交易所的清算机构贷放交易结算所需的资金或证券。

（3）通过证券抵押贷放资金或出借证券。

（4）通过包销商向公众投资者贷放认购所需的资金。

（5）在规定的范围内进行公司债券交易。

（6）保管证券和接受证券寄存。

由证券金融公司统一为券商融资的方式在日本、韩国运作相当成功，为这些国家当时的经济发展作了巨大的贡献。日本的证券公司在筹措资金方面可直接从商业银行或其他金融机构获得贷款，但主要还是通过证券金融公司进行信用交易融资。这种通过证券金融公司的融资模式，在亚洲其他一些国家或地区如韩国、中国台湾地区等也颇为流行。证券金融公司属于非银行金融机构，中央银行把它视为商业银行看待。

（四）投资类金融机构

1. 信托投资公司

信托投资公司是经营投资信托业务的金融机构，19世纪初创始于英国。第一次世界大战后，广泛推行于美国和其他国家。它通过发行自身的股票和债券吸收资金，投资于公司股票、公司债券等。其经营宗旨是汇集中小投资者的资金分散于不同国家不同地区的各种不同证券上，借以将投资风险减少到最低限度。因此，极受中小投资者的欢迎。

2. 证券投资基金

它以股份方式筹集资金，然后投资于各种有价证券和房地产等高获利行业。在国外的实际运作中，通常是基金经理公司已经发行了各种不同的投资标的的基金，投资人只需决定哪种基金符合自己的投资要求，就可以直接向基金经理公司申请，轻松完成交易手续。这种投资工具，通称为共同基金。共同基金中，投资标的为有价证券的，即是我们所说的证券投资基金。投资基金在不同国家或地区称谓有所不同，在美国的正式名称为投资公司，英国和中国香港称为"单位信托基金"，日本和中国台湾称为"证券投资信托基金"。

证券投资基金是一种利益共享、风险公担的集合投资方式，该方式通过发售基金份额，将众多投资者的资金集中起来，形成独立财产，由基金托管人托管，有基金管理人管理和运作，以投资组合的方法进行证券投资，并将投资收益按投资者所投资金比例加以分配。

按设立方式分类，证券投资基金可非为契约型基金和公司型基金两类。二者的区别在于：公司型基金是具有共同投资目标的投资者依据公司法组成以盈利为目的、投资于特定对象（如有价证券，货币）的股份制投资公司。这种基金通过发行股份的方式筹集资金，是具有法人资格的经济实体。基金持有人既是基金投资者又是公司股东。公司型基金成立后，通常委托特定的基金管理人或者投资顾问运用基金资产进行投资。契约型基金是基于一定的信托契约而成立的基金，一般由基金管理公司（委托人）、基金保管机构（受托人）和投资者（受益人）三方通过信托投资契约而建立。契约型基金的三方当事人之间存在这样一种关系：委托人依照契约运用信托财产进行投资，受托人依照契约负责保管信托财产，投资者依照契约享受投资收益。契约型基金筹集资金的方式一般是发行基金受益券或者基金单位，这是一种有价证券，表明投资人对基金资产的所有权，凭其所有权参与投资权益分配。美国的基金多为公司型基金；我国香港、台湾地区以及日本多是契约型基金。更具体的区别：一是法律依据不同。公司型基金组建的依据是公司法，而契约型基金组建的依据是基金契约信托法。二是基金财产的法人资格不同。公司型基金具有法人资格，而契约型基金没有法人资格。三是发行的凭证不同。公司型基金发行的是股票，契约型基金发行的是受益凭证（基金单位）。四是投资者的地位不同。公司型基金的投资者作为公司的股东有权对公司的重大决策发表自己的意见，可以参加股东大会，行使股东权利。契约型基金的投资者购买受益凭证后，即成为契约关系的当事人，即受益人，对资金的运用没有发言权。五是基金资产运用依据不同。公司型基金依据公司章程规定运用基金资产，而契约型基金依据契约来运用基金资产。六是融资渠道不同。公司型基金具有法人资格，在一定情况下可以向银行借款。而契约型基金一般不能向银行借款。七是基金运营方式不同。公司型基金像一般的股份公司一样，除非依据公司法规定到了破产、清算阶段，否则公司一般都具有永久性；契约型基金则依据基金契约建立、运作，契约期满，基金运营相应终止。

按能否赎回分类，证券投资基金可分为封闭式基金和开放式基金。封闭式基金发行的份额是固定的，基金可以像股票一样在证券市场交易，但持有人不能向基金公司赎回。开放式基金发行的股份不定，基金持有人随时可按基金资产净值向基金管理公司赎回投资。封闭式基金有固定存蓄期，发行规模固定。开放式基金没有固定的存蓄期，期限无限，投资者可随时申购或者赎回。

二、直接金融中介机构

（一）证券公司

证券公司是专门经营证券业务的金融中介机构。在英国称为商人银行，在欧美国家称为投资银行。

证券公司的主要业务，一是为公司股票、债务的发行提供咨询和担保并代理发行和包销；二是向公司融资，包括直接投资公司股票、债务和向公司提供中长期信贷；三是直接参与公司的创建与改组活动，为公司设立、合并、收购、调整提供投资及财务方面的咨询服务；四是从事证券的自营买卖；五是充当政府的投资顾问，即报销本国及外国政府债券，较大的证券公司还充当国际金融顾问，为国外企业和政府机构提供国际金融市场的咨询服务。此外，一些证券公司还从事外汇及黄金买卖，经营资本设备以及耐用品的租赁，提供公司股票登记与法规咨询服务，管理退休基金、投资信托和单位信托等各种投资基金，兼营一些短期贷款和其他业务。近年来，证券公司的业务日趋多样化，它与一般商业银行的区别正在缩小。

按业务范围，证券公司可分为三类：证券经纪商、证券自营商和证券承销商。

（1）证券经纪商，即证券经纪公司，是代理买卖证券的证券机构，接受投资人委托代为买卖证券，并收取一定手续费作为其佣金。

（2）证券自营商，即综合型证券公司，除了证券经纪公司的权限外，还可以自行买卖证券的证券机构，它投资雄厚。可直接进入交易所为自己买卖股票。

（3）证券承销商，以包销或代销形式帮助发行人发售证券的机构。实际上，许多证券公司是兼营这三种业务的。

按照各国现行的做法，证券交易所的会员公司均可在交易市场进行自营买卖，但专门以自营买卖为主的证券公司为数极少。

证券公司产生于 19 世纪 40 年代，主要从事长期信贷业务及证券投资业务。是在商业银行混业经营带来风险的背景下从商业银行中分离出来的业务。进入 20 世纪后，证券公司有了巨大的发展，20 世纪 30 年代经济大危机后，为了防范金融危机，证券公司的业务范围与经营方式受到了较多的限制与严格的管理。

（二）证券交易所

证券交易所亦称"场内交易市场"，是有组织而集中进行证券竞争交易的场所，是组织和管理证券交易的机构。证券交易所本身不参与证券买卖，只是提供场所、设备和服务，由买卖双方通过交易所内的经纪人，经讨价还价后达成交易，因而最有可能为交易双方提供公平、公开且稳定的交易市场。现在大部分投资者是坐在电脑前，通过网上交易来完成的。

世界上最早成立的交易所是 1613 年成立的荷兰阿姆斯特丹证券交易所，成立于 1773 年的伦敦证券交易所和成立于 1792 年的纽约证券交易所是最大的交易所，其他较著名的交易所还有东京证券交易所、中国香港股票交易所和多伦多股票交易所。

证券交易所组织形式分为公司制和会员制两种。公司制证券交易所按本国《公司法》规定组织成立，有股份公司章程和资本，要求设有股东大会、董事会、监事会等机构，以营利为目的，只允许经申请合格的证券经纪商进行买卖，对买卖方违约造成的损失负责赔偿。会员制证券交易所是由证券经纪商同业设立，参加者为会员，会员由证券公司、投资公司等证券商组成，共同负担会费，不以营利为目的，只准有会员身份的证券经纪商入场进行买卖，设有赔偿准备基金，作会员违约赔偿用。这两类不同组织形式的证券交易买卖，均采用经纪制，即一切证券买卖必须委托具有会员席位资格的证券经纪商办理。代办买卖的证券商称经纪商。自行买卖的证券商称自营商。还有一种是专业股票商，兼有经济和自营两重身份和职能。目前，大多数西方国家的证券交易所，如世界上最大的纽约证券交易所，都采用会员组织形式。

证券交易所的功能主要体现在：①维持证券的市场能力。保持较强的流动变现性是证券的生命力所在。证券交易所为证券买卖提供一切方便，并有一套较成熟的组织管理手段，使证券能在价格较稳定及较短时间内完成大量交易，从而保证证券流通市场是储蓄与投资的桥梁，其发展有赖于证券交易所的发展。在证券交易所上市公司可以较方便地采用公开募集方式（发行新证券）来筹集资金。②经济信息来源之一。证券交易所的有关信息，如股票价格指数、成交量、成交额等不仅是投资者投资决策的重要信息来源，也是国家宏观经济走势的信号。

三、服务类金融机构

这类机构不是融资性质，而是为社会融资服务。

（一）信用评级机构

信用评级机构是依法设立的对各类信用工具进行信用评级的机构。这种评级有相当的权威性，在各经济主体中有巨大的影响。它是由专门的经济、法律、财务专家组成的对证券发行人和证券信用进行等级评定的组织。信用评级主要包括国家主权信用评级、企业资信评级和个人信用评级三大类。企业资信评级一般在资本市场上运作，提供的服务主要有：债券评级、金融机构评级、上市公司评级、公用事业单位评级等。个人信用评级主要应用于消费信贷中，征信调查的对象主要是消费者。消费者的资信状况可以从众多方面反映出来，信息来源广，内容多，需要建立大型数据库，通过动态数据来评估消费者的信用状况。

世界上著名的三大评级机构是：美国的穆迪投资服务公司（Moody's Investers Service）和标准普尔公司（Standard & Poor's Corporation，S&P）、惠誉国际公司（Firch）。这些评级机构以其评级的公正性、客观性和权威性而享誉全球，其为证券发行所作出的信用等级评定，对发行公司和投资者都会产生重要的影响。

穆迪公司总部位于纽约的曼哈顿，最初由 John Moody 在 1900 年创立。穆迪投资服务公司曾经是邓白氏（Dun & Bradstree）的子公司，2001 年邓白氏公司和穆迪公司两家公司分拆，分别成为独立的上市公司。穆迪公司的创始人是约翰·穆迪，他在 1909 年首创对铁路债券进行信用评级。1913 年，穆迪开始对公用事业和工业债券进行信用评级。目前，穆迪在全球有 800 名分析专家，1700 多名助理分析员，在 17 个国家设有机构，股票在纽约证券交易所上市交易（代码 MCO）。

标准普尔公司向全球金融界提供了 140 余年的独立见解。该公司在 1941 年由标准统计公司及普尔出版公司合并而成，公司历史则可追溯到 1860 年。当时，普尔先生（Henry Varnum Poor）出版了《铁路历史》及《美国运河》，并以"投资者有知情权"为宗旨率先建立了金融信息业。时至今日，早已成为行内权威的标准普尔仍在认真严格地履行最初的宗旨。

惠誉国际公司是唯一的欧资国际评级机构，总部设在纽约和伦敦。在全球设有 40 多个分支机构，拥有 1100 多名分析师。1913 年，惠誉国际由约翰·惠誉（John K. Fitch）创办，1997 年底并购了英国 IBCA 公司，又于 2000 年收购了 Duff & Phelps 和 Thomson Bank Watch。目前，公司 97％的股权由法国 FIMALAC 公司控制。Hearst Corporation 于 2006 年并购了惠誉集团 20％股份。惠誉国际业务范围包括金融机构、企业、国家、地方政府和结构融资评级。迄今惠誉国际已完成了 1600 多家银行及其他金融机构评级，1000 多家企业评级及 1400 个地方政府评级，以及全球 78％的结构融资和 70 个国家的主权评级。其评级结果得到各国监管机构和债券投资者的认可。目前，惠誉国际连续两年在国际著名调查机构 Cantwell & Co 的调查报告中被评为全球最佳评级机构，其金融机构评级业务量在全球首屈一指。在结构融资方面，惠誉国际连续两年在亚太地区占有第二大市场份额，年市场占有率为 70％。在 2000 年度，成为国际结构融资组织年度最佳评级机构，并被国际证券化报告组织 ISR 评为亚太及欧洲地区年度最佳评级机构，以及美国年度最佳评级机构。

1975 年美国证券交易委员会 SEC 认可惠誉国际、标准普尔、穆迪为全国认定的评级组织。这三家评级机构各有侧重，标普侧重于企业评级方面，穆迪侧重于机构融资方面，而惠誉则更侧重于金融机构的评级。目前，惠誉的评级类型主要包括企业、金融机构、结构融资和地方政府、国家主权等方面。惠誉在美国市场上的规模要比其他两家评级公司小，但在全球市场上，尤其在对新兴市场上惠誉的敏感度较高，视野比较国际化。

2000 年惠誉正式进入中国市场，是三大评级公司里最早进入中国的。并在 2003 年 6 月份，在北京成立了代表处，现在主要从事资料的搜集、研究、报告、宣传等工作。

其实，资本市场越发达的地方，评级机构生存得就越好。而中国新生的资本市场自创立之初就受制于多种客观因素，信息失真、利益失衡、功能失效等诸多弊端让投资者望而却步。而且中国的资本市场大部分是以银行为主导，发债量很小。而企业债券评级历来是评级机构的主营业务，遗憾的是，目前中国的企业债券市场规模与整个债券市场或股票市场相比都显得无足轻重。1987～2001 年，中国累计发行的企业债券才 2000 多亿元人民币，平均每年发债额仅 140 多亿元。这对于国际评级三巨头之一的惠誉来说，还是一个仍需挖掘的市场。

（二）证券投资咨询公司

证券投资咨询公司是专门为证券投资者提供投资指导的机构。该机构人员具有各类金融工具的专业投资知识和技能，熟悉货币当局的相关法律法规政策，密切关注金融市场的变化，有广泛的信息来源渠道。主要向客户提供参考性的证券市场统计分析资料，对证券买卖提出建议，代拟某种形式的投资计划等，并收取相应的咨询费。证券投资咨询公司的最大特点，就是根据客户的要求，通过对大量基础信息资料进行收集、整理和系统的研究分析，向客户提供分析报告和操作建议，帮助客户建立有效的投资策略及确定投资方向。

（三）私人银行

私人银行是为私人客户提供投资服务的金融机构。它为个人理财提供咨询，设计个性化的解决方案。通常设在一流的写字楼，到访的客户在随从人员的陪同下商谈业务。更多的时候是通过电话联系上门服务。私人银行的财务顾问大多担任过跨国银行的工作人员或者分行经理，有 10 年以上的专业经验。

第三节　中国的金融机构体系

中国的金融机构体系是以中国人民银行为核心，国有商业银行为主体，政策性金融与商业性金融相分离，多种金融机构并存、功能互补和协调发展的金融体系。

一、中央银行

我国的央行是中国人民银行，中国人民银行是 1948 年 12 月 1 日在华北银行、北海银行、西北农民银行的基础上合并组成的，其地址最初设在河北省石家庄市，并在当日首次发行了人民币。它是国家的银行、发行的银行、银行的银行，行使服务、调节、监管的职能。人民银行并不是一开始就行使中央银行的职能，在 20 世纪 70 年代，我国实行的是大一统的银行模式，全国只有人民银行一家银行，它既行使央行的职能，又办理普通的存贷款业务。这种大一统的模式是以苏联为样板的，苏维埃建立之初的形势非常严峻，必须实行组织严密、强有力的计划体制，对银行的管理高度集中，我国既然以苏联为样板，那我国的银行体制就不可避免地打上了计划经济的烙印。随着我国 80 年代的改革开放，人民银行也顺应计划经济向市场经济转变的需要，从自身分出了四大专业银行，1983 年国务院决定人民银行只行使央行的职能。2003 年又成立了银行监督管理委员会，中国人民银行只负责货币政策的制定和执行。目前，中国人民银行下设九个大区银行，一直到地、县设立分、支行。

二、商业银行

中国的商业银行包括：

（一）国有商业银行

处于中国金融中介体系中主体地位的是国有商业银行：中国工商银行、中国农业银行、中国银行和中国建设银行。它们成立之初是完全的国有性质，即国有独资商业银行。进入 21 世纪以来，国有商业银行加快了改革的步伐，先后进行了股份制改革，使之成为国有控股的股份制商业银行。这四家银行已成为上市公司。

（二）中国邮政储蓄银行

邮政储蓄自 1986 年恢复开办，2007 年 3 月 6 日正式成立了中国邮政储蓄银行有限责任公司，是在改革邮政储蓄管理体制的基础上组建的商业银行。中国邮政储蓄银行承继原国家邮政局、中国邮政集团公司经营的邮政金融业务及因此而形成的资产和负债。

截止到 2008 年已建成覆盖全国城乡网点面最广、交易额最多的个人金融服务网络，拥有储蓄营业网点 3.6 万个。邮政储蓄银行已在全国 31 个省（市、自治区）全部设立了省级分行，并且在大连、宁波、厦门、深圳、青岛设有 5 个计划单列市分行。可以经营现代商业银行的各类业务。

（三）其他股份制商业银行

在我国多层次的银行体系中，股份制商业银行改革和发展的步伐最快。1986 年 7 月 24 日，作为金融改革的试点，国务院批准重新组建交通银行，1987 年 4 月 1 日，重新组建后的交通银行正式对外营业，成为中国第一家全国性的国有股份制商业银行。此后，各家股份制商业银行迅速成立和发展，目前已有中信银行、中国光大银行、华夏银行、中国民生银行、北京银行、广东发展银行、深圳发展银行、招商银行、兴业银行、南京银行、上海浦东发展银行、浙商银行、恒丰银行、渤海银行等。

（四）城市商业银行

20 世纪 80 年代，中国成立了大量的城市信用社，90 年代甚至达到近 6000 家，由于外部监管和内部管理不严格，出现了不少风险漏洞甚至经济犯罪案件。为了加强监管，国务院决定在全国以城市信用社为基础组建城市商业银行。原城市信用社的宗旨是为地方经济和中小企业提供金融支持，新组建的城市商业银行实际已可以经营商业银行的各种业务。现有的城市商业银行大部分已进行了股份制改革，城市信用社遗留下来的大量不良资产已逐步消化。

（五）农村商业银行

农村商业银行是由辖区内农民、农村工商户、企业法人和其他经济组织共同入股组成的股份制的地方性金融机构。它是在原农村信用合作社基础上重新组建的。原农村信用合作社是指由社员入股组成、实行民主管理、主要为社员提供金融服务的农村合作金融机构。农村信用社是独立的企业法人，以其全部资产对农村信用社的债务承担责任，依法享有民事权利。其财产、合法权益和依法开展的业务活动受国家法律保护。但是，多年来我国农村城镇化的步伐加快，在经济比较发达、城乡一体化程度较高的地区，"三农"的概念已经发生了很大的变化。农业比重很低，有些只占5％以下，作为信用社服务对象的农民，虽然身份没有变化，但大都已不再从事以传统种养耕作为主的农业生产和劳动，对支农服务的要求较少，信用社实际也已经实行商业化经营。对这些地区的信用社，实行股份制改造，组建农村商业银行，是农村经济和社会生活发展的要求。目前我国有20多家农村商业银行，其业务已基本和一般商业银行相同。

截止到2011年4月，已有16家商业银行上市：中国工商银行、中国农业银行、中国银行、中国建设银行、交通银行、招商银行、兴业银行、中信银行、浦发银行、民生银行、华夏银行、深圳发展银行、光大银行、北京银行、南京银行、宁波银行。

三、非银行金融机构

（一）投资银行

在中国，没有直接以投资银行命名的投资银行。1995年8月，依据中外合资投资银行类机构管理办法，中国建设银行与美国投资银行摩根斯坦利公司等五家金融机构合资组建了中国第一家中外合资投资银行——中国国际金融有限公司。此外，为数众多的证券公司也是中国金融中介体系中投资银行的主要构成部分。证券公司，又称券商，是由证券主管机关批准设立的以经营证券业务为主的非银行金融机构。其业务范围包括：代理证券发行业务；自营、代理证券买卖业务；代理证券还本付息和红利的支付；证券的代保管和签证；接受委托办理证券的登记和过户；证券抵押贷款；证券投资咨询业务等。

（二）保险公司

保险公司分为保险经营公司和保险中介公司。

保险经营公司：截止到2010年年底，中国共有保险集团控股公司8家，它们是中国人民保险集团股份有限公司、中国太平保险集团股份有限公司、中国平安保险集团股份有限公司、中国人寿保险（集团）公司、阳光保险集团股份有限公司、中国太平洋保险集团股份有限公司、中华联合保险控股股份有限公司、中国再保险集团股份有限公司。此外，财产保险公司 58 家，其中中资财产保险公司 37 家，外资财产保险公司 21 家。人寿保险公司 61 家，其中，中资人寿保险公司 34 家，外资保险公司 27 家。还有养老保险公司 5 家，再保险公司 7 家。保险资产管理公司 9 家。业务规模最大的三大保险公司是中国人寿保险公司、中国太平洋保险公司、中国平安保险公司，这三家保险公司已经上市。

保险中介公司：截止到 2010 年年底，中国共有保险专业中介公司 3488 家，其中保险代理中介 2617 家，保险经纪中介 518 家，保险公估公司 353 家。兼业代理机构近 16 万家，而保险营销员则达 300 多万人。

（三）信托投资公司

中国的信托制度已有近百年的历史，经历过几次大起大落，并一度处于停顿状态。1979 年 10 月 4 日，中国第一家信托投资公司——中国国际信托投资公司经国务院批准成立，此后，从中央银行到各专业银行及行业主管部门、地方政府纷纷成立了各种形式的信托投资公司，到 1988 年达到最高峰时共有 1000 多家。这些信托投资公司在增加资金流量、挖掘资金潜力、为经济部门提供金融服务等方面发挥了一定的作用。但由于缺乏法律规范和管理经验，从 1995 年以来，中银信托、中创、中农信、广国投等国有信托企业纷纷关闭破产，中国人民银行自 1999 年开始对信托业再次整顿，大多数信托公司或是改变企业性质，或是被撤并。2002 年 10 月 1 日，中国第一部信托法规开始实施，这标志着中国通过立法确立了信托制度。

（四）投资基金

中国证券投资业务产生于 20 世纪 80 年代，1987 年中国银行和中国国际信托投资公司尝试开展基金业务，1992 年深圳投资基金管理公司成立，这是中国第一家专业性的基金管理公司。1997 年 11 月，颁布了《证券投资基金管理办法》，自此中国基金投资有了较快速度的发展；2000 年以来由于机构投资者的加入基金业得到了跨越式的发展，2001 年 9 月，第一只开发式基金——华安创新基金诞生，开始了由封闭式基金向开放式基金的发展。截止到 2009 年 12 月，我国共有 60 家基金管理公司，其中获得 QDII 业务的有 21 家。目前我国共有开放式基金 500 多家，封闭式基金 60 家，全部基金资产净值 3 万多亿元。目前前五名规模比较大的基金管理公司是南方、华夏、嘉实、易方达和博时。

（五）信用联合社

信用联合社是一类规模较小的金融中介，它是由消费者自发成立的合作组织，比如社团成员、某特定公司的职员等。它们向成员吸收存款（通常称为股份），然后再对其成员提供消费贷款。

我国的农村合作金融机构产生于 20 世纪 50 年代初，当时刚刚获得解放的农民为了保护胜利的果实，为了摆脱农村高利贷的盘剥，解决生活、生产中对货币资金的需求，在政府的号召下自愿地组建起了农村信用合作社。农村信用合作社成立后，本着为社员服务、不以盈利最大化为目的。但由于种种历史和现实原因，农村信用合作社"合作"的特征逐步被淡化，"商业化"特征日益明显。类似的情况也出现在我国城市信用合作社。目前，这类机构大多改为"农村商业银行"和"城市商业银行"。

（六）财务公司

通过发行商业票据、股票或从银行借款获得资金，并向购买家具、汽车等耐用消费品的消费者和小企业发放贷款。与商业银行不同，财务公司是大额借款小额贷款，商业票据市场的发展为财务公司带来的利益超过了银行，因此，财务公司在西方金融中介市场中占有一席之地，而商业银行的份额则下降。由于财务公司不公开吸收存款，因此管理当局除了信息披露要求并尽力防止欺骗外，几乎没有管理规则。我国的财务公司基本上立足于企业集团内部，专门办理企业集团内部金融业务。

（七）金融租赁公司

现代金融租赁是指设备需求者（承租人）在需要添置技术设备而又缺乏资金时，由出租人代其购进或租进所需设备并出租给其使用，按期收取租金，待租赁期满，承租人可选择退回、续租或者以象征性的价款购买租进设备的一种把金融、贸易和技术更新结合起来的租赁方式。从事金融租赁的公司称为金融租赁公司。金融租赁是所有权与使用权相分离的一种新的经济活动方式，具有融资、透支、促销和管理的功能。

1981年，中国国际信托投资公司组建了东方国际租赁有限公司和中国租赁有限公司。2000年7月25日，中国人民银行颁布了《金融租赁公司管理办法》。经过20多年的发展，到2000年，经外经贸部审批成立的中外合资租赁公司已有42家，经中国人民银行审批成立的金融租赁公司有15家，再加上近200家兼营融资租赁业务的非银行金融机构，金融租赁业已形成了一个遍布全国、沟通海内外的业务网络。

（八）金融资产管理公司

20世纪90年代以来，特别是亚洲金融危机后，各国政府普遍对金融机构不良资产问题给予了极大关注。我国国有商业银行是金融体系的重要组成部分，是筹措、融通和配置社会资金的主渠道之一，长期以来为经济发展提供了有力支持。然而，在1995年《银行法》出台之前，国有银行是以专业银行模式运作的，信贷业务具有浓厚的政策性色彩，加之受到90年代初期经济过热的影响，以及处于经济转轨过程中，在控制贷款质量方面缺乏有效的内部机制和良好的外部环境，从而产生了一定规模的不良贷款。此外，在1993年之前，银行从未提取过呆账准备金，没有核销过呆坏账损失。这样，不良贷款不断累积，金融风险逐渐孕育，成为经济运行中一个重大隐患，如果久拖不决，有可能危及金融秩序和社会安定，影响我国下一步发展和改革进程。

鉴于上述情况，在认真分析国内金融问题和吸取国外经验教训的基础上，我国政府审时度势，决定成立金融资产管理公司，集中管理和处置从商业银行收购的不良贷款，并由中国信达资产管理公司先行试点。

组建金融资产管理公司，是中国金融体制改革的一项重要举措，对于依法处置国有商业银行的不良资产，防范和化解金融风险，推动国有银行轻装上阵，促进国有企业扭亏脱困和改制发展，以及实现国有经济的战略重组都具有重要意义。

1999年，东方、信达、华融、长城四大AMC在国务院借鉴国际经验的基础上相继成立，并规定存续期为10年，分别负责收购、管理、处置相对应的中国银行、中国建设银行和国家开发银行、中国工商银行、中国农业银行所剥离的不良资产，金融资产管理公司是专门用于清理银行不良资产的金融中介机构。由于银行自行清理不良资产会遇到法规限制、专业技术知识不足、管理能力不够和信息来源不充分等困难，需要成立由有关方面人员组成的、拥有一定行政权力的金融资产管理公司来专门清理不良资产。

金融资产管理公司通常是在银行出现危机时由政府设立的，并且不以盈利为目的。通过审慎地收购资产，有效地管理资产和处置不良资产，向银行系统注入资金等以挽救金融行业，重建公众对银行体系的信心；通过运用有效的资产管理及资产变现战略，尽可能从破产倒闭银行的不良资产中多收回价值；在尽量减少动用政府资金的前提下，使金融行业能够实现资本重整，减轻银行重组对社会整体的震荡以及负面影响。

四、政策性银行

1994 年以来政府投资设立的以贯彻国家经济政策为目的的不以盈利为目标的金融机构有三家。

（1）国家开发银行。建立长期稳定的资金来源，确保重点建设资金需要，办理政策性重点建设贷款和贴息贷款业务。资金来源：向其他金融机构发行政策性金融债券，再贷款，投资领域包括：制约经济发展的"瓶颈"项目，高新技术在经济领域运用的重大项目，直接增强综合国力的自主产业的重大项目、跨地区的重大项目等。

（2）中国进出口银行。执行国家产业政策和外贸政策，为扩大机电产品和成套设备等资本性货物出口提供金融服务。资金来源：发行金融债券，在国际金融市场上借款，财政拨款。

（3）中国农业发展银行。为农业和农村经济发展服务，包括粮、棉、油等主要农副产品收购和储备的贷款，扶贫贷款，农、林、牧、副、水利基本建设和技术改造贷款。资金来源：向中国人民银行再贷款，发行少量金融债券。

五、外资金融机构

外资金融机构是指外国金融机构在中国境内投资设立的从事金融业务的分支机构和具有中国法人地位的外商独资金融机构、中外合资金融机构。

外资金融机构的形式：

（1）总行在中国境内的外国资本的银行。

（2）外国银行在中国境内的分行。

（3）外国的金融机构同中国的金融机构在中国境内合资经营的银行。

（4）总公司在中国境内的外国资本的财务公司。

（5）外国的金融机构同中国的金融机构在中国境内合资经营的财务公司。

外资金融机构的业务范围：

目前外资银行和外资财务公司在我国境内开展的业务主要是外汇业务，主要包括外汇存款、外汇贷款、外汇结算与汇兑及经批准的外汇投资业务。其主要服务对象是外商投资企业、外国公司和外国人。

外资金融机构的作用：

引进外资金融机构是我国利用外资的重要途径。外资金融机构最大的特点是它引进外资的规模远远超过了其资本金和营运资金。它作为引进外资的中介机构，以发行多种债务凭证或吸收外汇存款的方式将外资引入我国，并通过发放贷款、间接投资或直接投资等方式向我国境内企业提供资金，为我国吸收外资拓宽了渠道，为我国企业的生产经营和发展提供了必要的资金支持，对促进地方经济的发展发挥了有益的作用。

截至 2011 年 5 月末，已经有 14 个国家和地区的银行在华设立了 37 家外商独资银行，2 家合资银行，并有 25 个国家和地区的 76 家外国银行在华设立了 92 家分行，此外，还有 45 个国家和地区的 182 家银行在华设立了 209 家代表处。

银行业对外开放是中国对外开放基本国策的有机组成部分，银监会高度重视银行业的对外开放，支持符合条件的外资银行在中国设立机构、开展业务。目前，国内的外资银行已初步形成了国别来源多、业务种类广、主营业务特色全的全面发展局面。自 2006 年我国加入世贸组织过渡期结束后，银监会对外资银行在中国设立机构、开展业务方面的监管，除遵循审慎条件以外，没有限制性措施，对外资银行已经全面实施了国民待遇。

六、金融监管机构

（一）中国银行业监督管理委员会

简称银监会，2003 年 3 月设立，负责制定有关银行业监管的规章制度和办法；对银行业金融机构实施监管，维护银行业的合法、稳健运行；审批银行业金融机构及其分支机构的设立、变更、终止及其业务范围；对银行业金融机构实行现场和非现场监管，依法对违法违规行为进行查处；审查银行业金融机构高级管理人员任职资格；负责编制全国银行数据、报表，并按照国家有关规定予以公布；加强对银行业金融机构风险内控的监管，重视其公司治理机制的建设和完善，促使其有效地防范和化解金融风险。银监会的成立标志着中国人民银行自新中国成立 50 多年来集货币政策与银行监管于一体的时代的结束。

（二）中国证券监督管理委员会

简称证监会，成立于 1992 年 10 月，是全国证券期货市场的主管部门，按照国务院授权履行行政管理职能，依照法律、法规对全国证券、期货业进行集中统一监管，维护证券市场秩序，保障其合法运行。

（三）中华人民共和国保险监督管理委员会

简称保监会，成立于 1998 年 11 月 18 日，根据国务院授权履行行政管理职能，依照法律、法规统一监督管理全国保险市场，维护保险业的合法、稳健运行。

自此，中国银监会、中国证监会、中国保监会三大机构共同实施金融监管，加上中国人民银行，形成了"一行三会"分业监管的金融格局。借鉴了国外的金融监管体系，顺应了中国金融市场的发展趋势。对于增强银行、证券、保险三大市场的竞争能力、更大范围地防范金融风险起到非常重要的作用，确立了央行宏观监管和保监会微观监管的新型保险业监管体系。

七、信用评级机构

中国的信用评级机构有两家：

（1）大公国际资信评估有限公司。1994年经中国人民银行和国家经贸委批准成立，是可为所有发行债券的企业进行信用等级评估的机构，2005年起涉足国家主权信用评级领域。1999年，大公与美国穆迪投资者服务公司（Moody's）结成战略联盟。大公国际拥有员工500余人，在国内设有6个区域总部、34个分支机构，在海外设有2个办事处。

（2）中诚信国际信用评级有限责任公司（以下简称"中诚信国际"）。其前身创建于1992年，是国内首家经营全国性信用评级业务的专业机构。1999年，经中国人民银行总行和中华人民共和国对外贸易经济合作部批准，中诚信国际在国家工商行政管理局注册成立，成为迄今为止国内第一家和唯一一家国际化、专业化的中外合资信用评级机构。

第四节　国际金融机构体系

一、全球性国际金融机构

（一）国际货币基金组织

在国际货币体制中起轴心作用的是国际货币基金组织（简称基金会）。除了协商功能之外，它还可以在各中央银行对本国外汇市场实行干预方面提供合作和建议。另外，国际货币基金组织还可以通过常规项目和特别提款权（以下称特提权）提供短期信贷和辅助性储备。

国际货币基金组织（the International Monetary Fund，IMF），是政府间的国际金融组织。它是根据1944年7月在美国新罕布什尔州布雷顿森林召开联合国和联盟国家的国际货币金融会议上通过的《国际货币基金协定》而建立起来的。于1945年12月27日正式成立，1947年3月1日开始办理业务。同年11月15日成为联合国的一个专门机构，但在经营上有其独立性。至今，IMF已有182个成员。

该组织宗旨是通过一个常设机构来促进国际货币合作，为国际货币问题的磋商和协作提供方法；通过国际贸易的扩大和平衡发展，把促进和保持成员国的就业、生产资源的发展、实际收入的高水平，作为经济政策的首要目标；稳定国际汇率，在成员国之间保持有秩序的汇价安排，避免竞争性的汇价贬值；协助成员国建立经常性交易的多边支付制度，消除妨碍世界贸易的外汇管制；在有适当保证的条件下，基金组织向成员国临时提供普通资金，使其有信心利用此机会纠正国际收支的失调，而不采取危害本国或国际繁荣的措施；按照以上目的，缩短成员国国际收支不平衡的时间，减轻不平衡的程度等。

该组织的资金来源于各成员认缴的份额。成员享有提款权，即按所缴份额的一定比例借用外汇。1969 年又创设"特别提款权"的货币（记账）单位，作为国际流通手段的一个补充，以缓解某些成员的国际收入逆差。成员有义务提供经济资料，并在外汇政策和管理方面接受该组织的监督。

基金组织的最高权力机构为理事会，由各成员派正、副理事各一名组成，一般由各国的财政部长或中央银行行长担任。每年 9 月举行一次会议，各理事会单独行使本国的投票权（各国投票权的大小由其所缴基金份额的多少决定）；执行董事会负责日常工作，行使理事会委托的一切权力，由 24 名执行董事组成，其中 6 名由美、英、法、德、日、俄、中、沙特阿拉伯指派，其余 16 名执行董事由其他成员分别组成 16 个选区选举产生；中国为单独选区，亦有一席。执行董事每两年选举一次；总裁由执行董事会推选，负责基金组织的业务工作，任期 5 年，可连任，另外还有三名副总裁。

该组织临时委员会被看作是世界两大金融机构之一国际货币基金组织的决策和指导机构。该委员会将在政策合作与协调，特别是在制订中期战略方面充分发挥作用。委员会由 24 名执行董事组成。国际货币基金组织每年与世界银行共同举行年会。主要出版物有《世界经济展望》、《国际金融统计》（月刊）、《国际货币基金概览》（周刊）、《国际收支统计》（月刊）、《政府财政统计年鉴》。

中国是该组织创始国之一。1980 年 4 月 17 日，该组织正式恢复中国的代表权。中国在该组织中的份额为 33.852 亿特别提款权，占总份额的 2.34%。中国共拥有 34102 张选票，占总投票权的 2.28%。中国自 1980 年恢复在货币基金组织的席位后单独组成一个选区并派一名执行董事。1991 年，该组织在北京设立常驻代表处。

（二）世界银行

世界银行的主要任务是向会员国提供长期贷款，促进第二次世界大战后的复兴建设，协助不发达国家发展生产，开发资源。主要业务对象为会员国政府。世界银行不是一般意义上的"银行"，它是联合国的专门机构之一，拥有 184 个成员国。这些国家对世界银行资金的筹措和使用共同负责。

1. 世界银行的资金来源和组织机构

世界银行属于企业性质，其资金来源主要有三个：会员国所缴纳的股本、借款、债权转让。

世界银行成立初期，法定资本为 100 亿美元。1988 年 6 月 30 日，世界银行法定资本是 1713.62 美元。其中新股中实交股金 3%，催交股金 97%，世界银行本身的股本远远不能满足对贷款的需求，因此它还通过短期借款及发行中长期债券等方式进行筹资。第三个渠道是把贷出的款项转让给私人投资商，以提高贷款资金周转率。

世界银行的最高权力机构是理事会，由全部成员国派出理事和副理事，任期5年，可连续任职。该理事会主要职权包括：批准接纳新成员，停止成员国资格，增减银行资本，分配银行收入等重大问题的决定。每年举行一次例会，通常与国际货币基金组织的理事会联席召开。

世界银行负责日常事务的机构为执行董事会，由24名董事组成，拥有股份最多的美、英、法、日、德各1名，其他董事则经各成员国选举，我国有执行董事和副董事各1名，董事会推选1名行长，同时兼任执董会主席。一般行长没有投票权，只在执董会表决中双方票数持平时投下关键的一票。

2. 世界银行的主要业务范围及其程序

世界银行的主要业务活动有两项：贷款和提供投资担保。世界银行贷款的对象必须是成员国政府。非成员国申请贷款必须由成员国有关官方机构提供担保。世界银行贷款只能用于特定范围的项目，重点为基础设施工程项目，及农村建设和教育发展项目等。贷款期限可长达30年，利率按国际金融市场利率的变化而定。使用的货币一般为贷款项目承担人的承包商或供应商所属国家的货币，如需购买进口物资，则使用物资出口国家的货币支付。银行监督范围包括贷款的专项使用、工程进度及管理等方面。在贷款程序上，首先由成员国提出计划，银行贷款部门有关人员对项目的意义及偿债能力等方面进行实地调查。项目确定后，世界银行专家组要对项目实施过程中的管理、技术、资金、财务等方案进行审查，通过后才能进行贷款谈判、签订贷款合同，有关文件签字后在联合国注册登记。

贷款批准后，借贷国通过公开招标的方式确定工程承包商，投标人只限于来自成员国和瑞士。所有由世界银行提供的项目都要接受"后评价"，即事后审核，由世界银行所属的"业务评价局"（OED）独立负责，直接向董事会和行长报告。世界银行对贷款项目的实施情况提出审计报告，对项目完成情况及经济效益等作出估价。

世界银行的第二项主要业务活动是为发达国家向发展中国家进行直接投资提供担保，并在1988年成立专门机构开展这方面的业务，主要有以下四种非商业性风险：

（1）因投资对象国政府对货币兑换及转移方面的限制而带来的转移风险。

（2）因投资对象国政府的法律或行政措施而造成投资人失去对投资的所有权与控制权的风险。

（3）因投资人无法进入有关法庭或该法庭不正当的延误或无法实施对投资人有利的判决，政府撤销与投资人订立的合同所造成的风险。

（4）因战争或内乱而造成的风险。

世界上的低收入国家通常没有能力从国际资本市场筹措资金，或是只能以高息借款。除了发达国家直接提供的捐款和贷款之外，这些国家还从世界银行获得赠款、无息贷款和技术援助，使其能够提供基本服务。世界银行贷款的期限为35～40年，并有10年的宽限期。无息信贷和赠款来自国际开发协会，是世界上最大的优惠资助来源。约有

40 个富裕国家每四年以捐款的形式为此类融资提供资金。捐款国同意增加使用国际开发协会赠款，最高可达资金总额的 21%，用以解决一些特殊困难，如最穷困国家和最脆弱国家面临的艾滋病病毒/艾滋病。国际开发协会的信贷约占世界银行资金援助的 1/4。除国际开发协会的资金以外，世界银行的收入几乎都不是由其成员国提供的。世界银行还把防治艾滋病病毒/艾滋病作为其首要议程。世界银行是艾滋病病毒/艾滋病项目最大的长期资金提供机构。目前世界银行对艾滋病病毒/艾滋病承诺的资金已超过 13 亿美元，其中一半是用于撒哈拉以南非洲的项目。迄今为止，世界银行参与了遍及几乎所有的部门和所有发展中国家的 1800 多个项目。

二、区域性国际金融机构

（一）国际清算银行

1. 国际清算银行的建立

国际清算银行是英、法、德、意、比、日等国的中央银行，代表美国银行界利益的摩根银行、纽约和芝加哥的花旗银行的银团，根据海牙国际协定于 1930 年 5 月共同组建的。刚建立时只有 7 个成员国，现成员国已发展至 41 个。国际清算银行最初创办的目的是为了处理第一次世界大战后德国的赔偿支付及其有关的清算等业务问题。第二次世界大战后，它成为经济合作与发展组织成员国之间的结算机构，该行的宗旨也逐渐转变为促进各国中央银行之间的合作，为国际金融业务提供便利，并接受委托或作为代理人办理国际清算业务等。国际清算银行不是政府间的金融决策机构，亦非发展援助机构，实际上是西方中央银行的银行。

第一次世界大战后，凡尔赛协议中关于德国战争赔款事宜原来是由一个特殊的赔款委员会执行，按照当时的"道维斯计划"，从 1924 年起，德国第一年赔付 10 亿金马克，以后逐年增加，一直赔付 58 年，至 1928 年，德国赔款增至 25 亿金马克，德国声称国内发生经济危机，无力照赔，并要求减少。美国同意了德国的要求，又由杨格（O. D. Young）策划制定了"杨格计划"。协约国为执行"杨格计划"，决定建立国际清算银行取代原来的赔款委员会，执行对德国赔款的分配和监督德国财政。

1930 年 1 月 20 日，以摩根银行为首的一些美国银行（另外还有纽约花旗银行、芝加哥花旗银行）和英国、法国、意大利、德国、比利时、日本等国的中央银行在荷兰海牙会议上签订国际协议，成立"国际清算银行"。英、法、比、德、意、日六国政府与瑞士政府达成协议，由瑞士承诺向国际清算银行颁发建行特许证，特许证规定：国际清算银行具有国际法人资格，免税，瑞士政府不征收、扣押和没收该行财产，准许该行进出口黄金和外汇，享有外交特权和豁免权。第二次世界大战后，国际清算银行先后成为欧洲经济合作组织（即现在的经济合作与发展组织）各成员国中央银行汇兑担保的代理人；欧洲支付同盟和欧洲煤钢共同体的受托人；欧洲共同体成员国建立的欧洲货币合作基金的代理人。

国际清算银行成立的实质就是美国要利用这个机构作为掌握德国财政的手段，并将欧洲债务国偿还美国债务问题置于自己的监督之下。1944年，根据布雷顿森林会议的决议，国际清算银行的使命已经完成，应当解散，但美国仍把它保留下来，作为国际货币基金组织和世界银行的附属机构。

国际清算银行开创资本为5亿金法郎，分为20万股，每股2500金法郎，由六国中央银行和美国银行集团七方平均认购。1969年12月国际清算银行更新了章程，其宗旨改为促进各国中央银行之间的合作，并向之提供更多的国际金融业务的便利，在国际清算业务方面充当受托人或代理人。银行资本也相应地增至15亿金法郎，分为60万股，每股2500金法郎。现在国际清算银行4/5的股份掌握在各成员国中央银行手中，1/5的股份已经由各成员国的中央银行转让给了私人，由私人持有，但私人股股东无权参加股东大会。1996年9月，国际清算银行决定接受中国、印度、韩国、新加坡、巴西、墨西哥、俄罗斯、沙特阿拉伯和中国香港九个国家和地区的中央银行或与行使中央银行职能的机构为机关报成员。这是国际清算银行25年来首次接纳新成员。国际清算银行已经成为除国际货币基金组织和世界银行集团之外的最重要的国际金融机构。

2. 国际清算银行的组织机构

国际清算银行是以股份公司的形式建立的，组织机构包括股东大会、董事会、办事机构。国际清算银行的最高权力机关为股东大会，股东大会每年6月份在巴塞尔召开一次，只有各成员国中央银行的代表参加表决。选票按有关银行认购的股份比例分配，而不管在选举的当时掌握多少股票。每年的股东大会通过年度决算、资产负债表和损益计算书、利润分配办法和接纳新成员国等重大事项的决议。在决定更新银行章程、增加或减少银行资本、解散银行等事项时，应召开特别股东大会。除各成员国中央银行行长或代表作为有表决权的股东参加股东大会，所有与该行建立业务关系的中央银行代表均被邀请列席。

董事会是国际清算银行的经营管理机构，由13名董事组成。比利时、德国、法国、英国、意大利和美国的中央银行行长是董事会的当然董事，这6个国家可以各自任命1名本国工商和金融界的代表作董事，此外董事会可以2/3的多数通过选举出其他董事，但最多不超过9人。董事会设主席1名，副主席若干名，每月召开一次例会，审议银行日常业务工作，决议以简单多数票作出，票数相等时由主持会议的主席投决定票。董事会主席和银行行长由1人担任。董事会根据主席建议任命1名总经理和1名副总经理，就银行的业务经营向银行负责。国际清算银行下设银行部、货币经济部、法律处、秘书处等办事机构。

3. 国际清算银行的宗旨与任务

国际清算银行的宗旨是促进各国中央银行之间的合作，接受各中央银行的委托开展各种业务。根据国际清算银行章程的规定，其有权进行下列业务活动：

（1）既可为自己，又可为中央银行购买、出售、交换和储存黄金。

（2）为各成员国中央银行提供贷款和接受它们的贷款。

（3）为各成员国中央银行收买或出售期票以及其他优等短期债券。

（4）既可靠自己，也可靠各成员国中央银行收受展品出售外汇和有价证券（股票除外）。

（5）接受各成员国中央银行选择往来资金和存款。

（6）作为被委托人接受政府的存款或根据董事会的决议，接受其他资金，不得发行提示付款银行券、承兑汇票、为各国政府提供贷款（购买国家公债例外）。

（7）对成员国任何一个企业有监督权。

（8）由于低价偿还银行的债务而归于银行的不动产，在没有更合适的价格被变卖之前，掌管这些不动产。

国际清算银行以各国中央银行、国际组织（如国际海事组织、国际电信联盟、世界气象组织、世界卫生组织）为服务对象，不办理私人业务。这对联合国体系内的国际货币金融机构起着有益的补充作用。现在世界各国的国际储备约有 1/10 存放在国际清算银行。各国中央银行在该行存放的外汇储备，货币种类可以转换，并可以随时提取而无需声明理由。这对一些国家改变其外汇储备的结构，实现多样化提供了一个很好的途径。在国际清算银行存放黄金储备是免费的，而且可以用作抵押，从国际清算银行取得黄金价值 85% 的现汇贷款。同时，国际清算银行还代理各国中央银行办理黄金购销业务，并负责保密。因此它在各成员国中央银行备受欢迎。除了银行活动外国际清算银行还作为中央银行的俱乐部，是各国中央银行之间进行合作的理想场所，其董事会和其他会议提供了关于国际货币局势的信息交流的良好机会。

4. 国际清算银行的资金来源

国际清算银行的资金主要来源于三个方面：

（1）成员国缴纳的股金。该行建立时，法定资本为 5 亿金法郎，1969 年增至 15 亿金法郎（gold francs），以后几度增资。该行股份 80% 为各国中央银行持有，其余 20% 为私人持有。

（2）借款。向各成员国中央银行借款，补充该行自有资金的不足。

（3）吸收存款。接受各国中央银行的黄金存款和商业银行的存款。

5. 国际清算银行的主要业务

（1）处理国际清算事务。"二战"后，国际清算银行先后成为欧洲经济合作组织，欧洲支付同盟，欧洲煤钢联营、黄金总库，欧洲货币合作基金等国际机构的金融业务代理人，承担着大量的国际结算业务。

（2）办理或代理有关银行业务。"二战"后，国际清算银行业务不断拓展，目前可从事的业务主要有：接受成员国中央银行的黄金或货币存款，买卖黄金和货币，买卖可供上市的证券，向成员国中央银行贷款或存款，也可与商业银行和国际机构进行类似业务，但不得向政府提供贷款或以其名义开设往来账户。目前，世界上很多中央银行在国际清算银行存有黄金和硬通货，并获取相应的利息。

（3）定期举办中央银行行长会议。国际清算银行于每月的第一个周末在巴塞尔举行西方主要国家中央银行的行长会议，商讨有关国际金融问题，协调有关国家的金融政策，促进各国中央银行的合作。

6. 中国与国际清算银行的关系

我国于 1984 年与国际清算银行建立了业务联系，中国人民银行自 1986 年起就与国际清算银行建立了业务方面的关系，办理外汇与黄金业务。此后，每年都派代表团以客户身份参加该行年会。国际清算银行召开股东大会，中国人民银行被邀请列席，并以观察员身份多次参加该行年会，这为中国广泛获取世界经济和国际金融支持，发展与各国中央银行之间的关系提供了一个新的场所。中国的外汇储备有一部分存放于国际清算银行，这对中国人民银行灵活、迅速、安全地调拨外汇、黄金储备非常有利。自 1985 年起，国际清算银行已开始向中国提供贷款。1996 年 9 月 9 日，国际清算银行通过一项协议，接纳中国、巴西、印度、韩国、墨西哥、俄罗斯、沙特阿拉伯、新加坡和中国香港地区的中央银行或货币当局为该行的新成员。香港回归之后，其在国际清算银行的地位保持不变，继续享有独立的股份与投票权。中国香港金融管理局与中国人民银行同时加入国际清算银行。我国中央银行加入国际清算银行，标志着我国的经济实力和金融成就得到了国际社会的认可，同时也有助于我国中央银行与国际清算银行及其他国家和地区的中央银行进一步增进了解，扩大合作，提高管理与监督水平。

（二）亚洲开发银行

亚洲开发银行是一个区域性国际金融机构，它创建于 1966 年，总部设在菲律宾首都马尼拉。有来自亚洲和太平洋地区的成员，称作区域成员；还有来自欧洲和北美洲的非区域成员。

1. 亚洲开发银行的宗旨和任务

建立亚洲开发银行的宗旨是促进亚洲和太平洋地区的经济发展和合作，特别是协助本地区发展中成员以共同的或个别的方式加速经济发展。

亚洲开发银行的具体任务是：

（1）促进公、私资本对本地区的投资。

（2）为本地区发展中成员的发展筹集和提供资金，优先考虑最有利于整个地区经济协调发展的项目和规划。还应特别考虑本地区较小的或较不发达的成员的需要。

（3）根据本地区成员的要求，帮助其进行发展政策和规划的协调，以便更好地利用自身的资源，更好地在经济上取长补短，并促进其对外贸易，特别是本地区贸易的发展。

（4）为拟定、融资和执行发展项目及规划提供技术援助，包括编制具体的项目建议书。

（5）在亚洲开发银行的章程范围内，以亚洲开发银行认为适当的方式，同联合国及其附属机构、向本地区发展基金投资的国际公益组织、其他国际机构以及各国公、私营实体合作，并向上述组织机构提供投资和援助的机会。

（6）开展符合亚洲开发银行宗旨的其他活动和服务。

2. 亚洲开发银行的资金来源

亚洲开发银行自身开展业务的资金分三部分：一是普通资金，用于亚洲开发银行的硬贷款业务；二是亚洲开发基金，用于亚洲开发银行的软贷款业务；三是技术援助特别基金，用于进行技术援助业务。此外，亚洲开发银行于 1988 年建立了日本特别基金，用于赠款性质的技术援助业务。

（1）普通资金（Ordinary Capital Resources）。普通资金是亚洲开发银行开展业务活动的主要资金来源，它由股本、储备、净收益以及从国际资本市场的借款构成。亚洲开发银行建行时法定股本为 10 亿美元，后来经过多次增资，截止到 1996 年年底，亚洲开发银行的核定股本增至 501.3 亿美元，其中 493.68 亿美元已被各成员认缴。认缴股本的 7.03％为实缴股本，92.97％为待缴股本。实缴股本可用于普通资金贷款的拨付，而待缴股本则作为亚洲开发银行从国际资本市场筹集资金的后盾。日本和美国是亚洲开发银行最大的出资国，其认缴股本额相等，均占亚洲开发银行总股份的 16.054％。中国认缴额在亚洲开发银行总股份中占 6.628％，居第三位。

（2）亚洲开发基金（Asian Development Fund）。亚洲开发基金始建于 1974 年 6 月 28 日，专门对亚太地区贫困成员发放优惠贷款。该基金主要由亚洲开发银行发达成员捐赠，并经常得到补充。除捐赠外，亚洲开发银行理事会还根据亚洲开发银行章程的规定，从各成员缴纳的未核销实缴股本中拨出 10％的款项作为亚洲开发基金的一部分来源。

（3）技术援助特别基金（Technical Assistance Special Fund）。亚洲开发银行于 1967 年建立了技术援助特别基金，用于资助发展中成员聘请咨询专家，培训人员，购置设备进行项目准备、项目执行、制定发展战略、加强技术力量、从事部门研究并制定有关国家和部门的计划和规划等等。技术援助特别基金的资金来源为亚洲成员的捐款、亚洲开发基金拨款、普通资金贷款净收益拨款、日本特别基金捐款以及多边和双边来源赠款。截止到 1996 年年底，技术援助特别基金的资金总额为 6.3 亿美元，其中 5.119 亿美元已被利用，余下 1.181 亿美元。

（4）日本特别基金（Japan Special Fund）。1987 年，日本在亚洲开发银行第 20 届年会上表示，愿意出资建立一个特别基金，用于加速亚洲开发银行发展中成员的经济增长。1988 年 3 月 10 日作出决定，由亚洲开发银行和日本政府正式签署成立日本特别基金的协议。日本特别基金旨在帮助亚洲开发银行发展中成员调整经济结构，以适应整个世界经济环境的变化，开拓新的投资机会，在此基础上使本地区资本富裕成员和地区的资本回流到发展中成员和地区。截止到 1996 年年底，日本政府对该项基金的拨款为 6.34 亿美元。

（5）联合融资。亚洲开发银行除了用自己筹集到的资金从事贷款和技术援助以外，还通过联合融资这一形式为本地区的经济发展筹集更多的开发资金。亚洲开发银行的联合融资是指一个或一个以上的外部经济实体与亚洲开发银行共同为某一开发项目融资。亚洲开发银行最大的融资伙伴是官方机构，官方融资总数为 177.23 亿美元，占联合融资总额的 72.04％，另外商业融资 24.88 亿美元，占 10.11％，出口信贷为 43.9 亿美元，占 17.84％。

（6）日本扶贫基金。2000 年 5 月 23 日，亚洲开发银行决定建立"日本扶贫基金"，用以资助亚洲开发银行的扶贫项目。该项基金是根据日本大藏大臣宫泽喜一在亚洲开发银行第 33 届年会上的提议建立的。日本计划向亚洲开发银行捐款 100 亿日元，用于帮助亚洲开发银行发展中成员的扶贫项目和其他社会发展项目。基金的重点支持那些直接向贫困人口提供经济和社会服务的项目，帮助贫困人口获得自我发展的能力，使亚洲开发银行贫困成员的脱贫计划能持续进行。

3. 亚洲开发银行的援助形式

亚洲开发银行对发展中成员的援助主要采取四种形式：贷款、股本投资、技术援助、联合融资和担保。

（1）贷款。向发展中成员提供贷款是亚洲开发银行援助中最具实质性的内容。截止到 1996 年年底，亚洲开发银行向 36 个成员提供了约 621.52 亿美元的贷款。亚洲开发银行的贷款一般直接贷给发展中成员政府或由发展中成员政府担保借给发展中成员的机构。该类贷款又分为普通资金贷款，即硬贷款，和特别基金贷款，即软贷款。有时亚洲开发银行贷款是向发展中成员的私营部门提供的。这种贷款的风险大，因此不具有政府担保的优惠条件，近似于商业贷款。

（2）股本投资。股本投资是对私营部门开展的一项业务，它不要政府担保。除亚洲开发银行直接经营的股本投资外，还通过发展中成员的金融机构进行小额的股本投资。自 1983 年开展对私营部门的投资业务以来，亚洲开发银行已对 12 个国家约 92 个企业进行了股本投资，总金额达 2.822 亿美元。此外，亚洲开发银行还对 15 个区域性机构或基金进行了总额约 1.85 亿美元的投资。

（3）技术援助。技术援助是亚洲开发银行工作的重要组成部分。亚洲开发银行通过技援帮助其发展中成员经济而有效地设计、拟定、执行和经营发展项目，以此来促进资源和技术向亚洲开发银行发展中成员的转移。亚洲开发银行以赠款、贷款或赠贷结合的方式为技援提供资金。在 1967～1996 年期间，亚洲开发银行批准的赠款技援项目 435 个，总金额达 12.937 亿美元，受益国家达 36 个。

（4）联合融资和担保。亚洲开发银行不仅自己为其发展中成员的发展提供资金，而且吸引多边、双边机构以及商业金融机构的资金，投向共同的项目。这是亚洲开发银行所起的催化作用。这种做法对各方都有利。对受款国来说，增加了筹资渠道。而且条件优惠于纯商业性贷款。对亚洲开发银行来说，克服了资金不足的困难。对联合融资者来说，可以节省对贷款的审查费用。从 1967 年开始联合融资业务到 1996 年年底，亚洲开发银行共为 435 个项目安排了联合融资，总金额为 246.01 亿美元。我国上海南浦大桥项目是联合融资项目，亚洲开发银行提供了 7000 万美元的贷款，从商业渠道联合融资 4800 万美元。这是亚洲开发银行在中国开展的第一个联合融资项目。此外，亚洲开发银行还为山东莱芜钢厂和上海杨浦大桥项目进行了联合融资。亚洲开发银行对参加联合融资和私营机构所提供的贷款还提供担保服务。担保服务可以帮助发展中成员从私营机构那里争取到优惠的贷款。亚洲开发银行做的第一项担保业务是在 1989 年。亚洲开发银行为担保收取一定的费用。

（三）非洲开发银行

1963 年 7 月，非洲高级官员及专家会议和非洲国家部长级会议在喀土穆召开，通过了建立非洲开发银行的协议，总部暂设突尼斯，是非洲最大的政府间开发金融机构。

非洲开发银行通过提供投资和贷款，利用非洲大陆的人力和资源，促进成员国经济发展和社会进步，优先向有利于地区的经济合作和扩大成员国间的贸易项目提供资金和技术援助，帮助成员国研究、制定、协调和执行经济发展计划，以逐步实现非洲经济一体化。

中国与非洲开发银行的关系：中国于 1985 年 5 月 8 日和 10 日先后加入非洲开发基金和非洲开发银行。非洲开发基金是非洲开发银行的软贷款窗口，旨在向非洲最贫穷的国家提供优惠贷款和技术援助赠款。截至 2006 年年底，我国在非洲开发银行持股 24230 股，占非洲开发银行总股份的 1.117％。自加入以来，我国先后 7 次参加非洲开发银行基金捐资，累计承诺捐资 3.64 亿美元，实际捐资 3.14 亿美元。

一、重要概念

中央银行 存款货币银行 企业财务公司 国际货币基金组织 世界银行 投资银行 政策性银行

二、复习思考题

1. 政府为什么设立政策性银行？
2. 简述金融中介机构的作用。

三、前沿思考题

分析金融国际化的动因及发展趋势。

参考文献：

[1] 刘舒年：《国际金融》，北京：对外经济贸易大学出版社，2001。
[2] 傅予行：《国际金融学》，成都：西南财经大学出版社，1999。
[3] 邵军：《国际金融教程》，北京：首都经济贸易大学出版社，2000。

第六章 商业银行

本章提要：商业银行是存款货币机构，金融机构的中坚，是金融机构中业务最广泛、规模最大、向社会渗透力最强、历史最悠久的金融机构。

本章主要讲述：

商业银行的性质及职能、经营原则。

商业银行的负债业务。

商业银行的资产业务。

商业银行的中间业务。

商业银行的资产负债管理和风险管理的理论和实践。

特别要注意学习和理解商业银行的信用创造能力是怎样形成的。

商业银行是一国银行体系中最基本的组成部分，是经济社会的"神经中枢"，是公众社会的"财务中介"。商业银行已经以其长达几个世纪的历史，充分证明了它是近代工业经济的崛起、发展的最强大的资金融通者，同样也必将以其富有活力的经营创新昭示：当代的知识经济社会更需仰仗商业银行的发展，并以其作为整个经济发展的金融前提和基础。

第一节 商业银行的性质及职能

一、商业银行的产生和发展

商业银行分为早期银行和现代商业银行。

（一）早期银行

早期银行是指古代和中世纪从事货币兑换、保管及汇兑、放款业务的银钱业，是兑换商人和高利贷者的银行。在前资本主义社会，由于封建割据，货币铸造分散、重量、成色不统一，为了适应贸易和需要，就逐渐从商人中分离出一种专门从事货币兑换业务的商人，他们最初只是单纯地办理铸币的兑换业务，从中收取手续费，随着商品交换的扩大，经常来往于各地的商人，为了避免携带和保存货币的风险，就把货币交给兑换商人保管，并委托他们办理支付、结算和汇款。因此，货币兑换业者手中聚集了大量货币资财，他们就利用这些资财办理贷款业务。这样，货币兑换业就发展成为既办理兑换，又经营货币存款、贷款、汇款等业务的早期银行了。在古代的东方和西方，都先后有货币兑换商和银钱业的发展。如公元前 2000 年的巴比伦寺庙、公元前 200 年的罗马都有这类银钱业的活动。在中国，较早的记载是南北朝之际寺庙有经营典当业的，但由于封建社会的长期停滞，中国古老的银钱业一直未能自己实现向现代银行业的质的转化。在英国，早期银行是通过金匠业发展而来的，人们为了安全起见，把金银托付给有良好安全设施的金匠保管。金匠签发保管凭条，还可按顾客的书面要求将其保管的金银划拨给第三者，省去顾客提现和支付的麻烦。早期的商业银行贷款具有高利贷性质，且规模小，如英国的早期银行利率在 20%～30%，而且主要是贷给政府，商人很难从他们那里获得贷款。为了摆脱高利贷的束缚，17～18 世纪，新兴资产阶级进行了反对高利贷的斗争，要求以法律形式降低利率，但是当金融机构被高利贷者垄断时，法律执行不可能有实际效果。由于规模小，风险大，经营成本比较高，不能满足工商企业发展的需要。

（二）现代商业银行

现代商业银行是指从资本主义社会初期发展起来的银行。它是通过两个渠道发展起来的：一是由旧式银行业，即兑换商人和高利贷者的早期银行转化而来；二是以股份制形式组建的银行，资本雄厚，规模大，发展快，成为现代商业银行的主要形式。1587年建立起来的威尼斯银行是历史上第一家以"银行"命名的信用机构。它是由早期银行转变成的现代银行，自威尼斯银行开始，此后 100 多年间相继出现的银行虽然属于资本主义性质，但没能完全摆脱高利贷的阴影。资本主义工商业的急剧发展迫切需要建立能够支持和推动资本主义扩大再生产需要的银行，于是，以股份制形式组建的银行就成为现代银行的主要形式。1694 年在英国伦敦创设的英格兰银行是世界上第一家股份制银行，它是在英国政府支持下由私人创办的，一开始就规定贴现利率为 4.5%～6%，大大低于早期银行业的利率。这意味着高利贷在金融领域的垄断地位动摇。英格兰银行的成立，标志着现代银行制度的建立。

到 18 世纪末 19 世纪初，各主要资本主义国家纷纷建立了规模巨大的股份制商业银行，这些银行由于资金雄厚、业务全面，有很强的规模经济效益，因此可以收取较低的利率，极大地促进了工商业的发展。与此同时，商业银行在整个经济体系中的地位和作用也日益提高，成为最重要的经济部门之一。

二、现代商业银行的性质

商业银行在产生的初期阶段，主要发放基于商业行为的自偿性贷款，从而获得了商业银行的称谓。自偿性贷款是指能随着物资周转、产销过程的完成，从销售中得到偿还的贷款。这些贷款一般为短期贷款。随着商品经济的发展，商业银行的业务已远远超出了传统的范围，其经营内容与名称相去甚远。尽管如此，由于历史的延续性并没有抛弃商业银行这一名词，但在这一名称之下，已包含了一个更为广泛、不断深化的金融业务综合经营体系。

商业银行在银行体系的存贷业务中占有最大比重，它不仅是企业贷款的主要供应者，而且还同其他金融机构发生密切的联系；它们通过办理非现金结算实现着绝大部分的货币周转，起着创造存款货币的作用；商业银行为客户提供多方面服务，给企业和个人带来便利，虽然商业银行同其他金融机构的业务界限早已消失，但在许多方面还是其他金融机构所不能代替的。

学术界和银行界对于商业银行有不同的解释。英国银行家吉尔伯特认为：银行是借贷双方的媒介，从一方借入转而贷给另一方，两方受授条件的差额即是银行的利润。萨缪尔森认为：商业银行是一种和其他企业非常相似的企业，是唯一能够提供信用货币的组织银行，货币是指可用支票提取的活期存款，而这种存款能够方便地用作交换媒介，商业银行在经济上的重要性即在于此。以上例举的有关商业银行的几种定义实际上揭示了商业银行的性质：现代商业银行是以获取利润为经营目标、以多种金融资产和金融负债为经营对象、具有综合性服务功能的金融企业。

三、现代商业银行的职能

商业银行是经营货币的特殊企业，货币的出现是商业银行产生的前提，因此，在一定程度上，商业银行的职能是由货币的经济职能决定的。商业银行通过其业务服务于国民经济各主体，表现出以下四方面职能。

（一）信用中介职能

这是商业银行最本质、最能反映其经营活动特征的职能。这一职能的实质，是通过银行的负债业务，把社会上的各种闲散货币资本集中到银行里来，再通过资产业务，把资金贷放到各生产部门中去；信用中介是商业银行最基本的功能，发挥这一功能有以下作用：

（1）使闲散货币转化为资本。商业银行通过开办活期存款和储蓄存款等业务，把居民手中的闲散货币集中起来，投放到生产和流通部门，成为生产资本、商品资本或货币资本，扩大了社会资本的规模，促进了生产和流通的发展。

（2）使闲置资本得到充分利用。商业银行通过各种存款形式，还能把从再生产过程中游离出来的暂时闲置的货币资本转化为生产资本、商品资本等职能资本，在社会资本总量不变的情况下，提高资本使用效率，扩大了生产和流通规模，也提高了社会资本总的增值能力。

（3）满足社会对长期资本的需要。商业银行存款绝大部分是短期存款，通过信用中介的功能，可以使众多短期资金来源在期限上相衔接，变成数额巨大的长期稳定余额，用于满足社会对长期借贷资本的需求。

商业银行的信用中介职能并不改变货币资金的所有权，改变的只是货币资金的使用权。它使商业银行具有将货币资金积少成多、续短为长、化消费为积累的功能，促进储蓄向投资转化，对经济过程形成多层次的调节关系。

（二）支付中介职能

支付中介也就是商业银行办理货币收付和转账结算，从历史上看，商业银行的支付中介功能要早于信用中介功能。当银行的信用中介功能形成后，支付中介功能的发挥就要以信用中介功能为存在前提了。现代商业银行所提供的转账结算、支付汇兑等服务主要是面向存、贷款客户的。而支付中介功能发挥得好，又反过来促进了银行存、贷款业务的扩大，使银行信用中介功能得到更充分的展现。

支付中介职能的发挥，大大减少了现金的使用，节约了社会流通费用，加速了结算过程和货币资本的周转，促进了再生产的扩大，银行结算业务电子化使这一优点表现得更为明显。商业银行支付中介职能的发挥，是以活期存款为基础的。长时间里，商业银行是唯一能够吸收活期存款、开设活期支票账户的金融机构。近些年来，随着西方各国金融管制的放松，专业银行和其他金融机构虽然也开设类似于支票账户的其他账户（如可转让支付命令账户等），发挥支付中介职能，但与商业银行相比，仍然存在着很大差别：工商企业间的大额支付以及多数与个人有关的货币支付，仍由商业银行办理。

（三）信用创造职能

在信用中介职能和支付中介职能的基础上，商业银行通过借贷资本的运动能够产生信用创造的职能。信用创造是指商业银行利用其可以吸收活期存款的有利条件，通过发放贷款、从事投资业务衍生出更多存款，从而扩大社会货币供应量。当然，这种货币不是现金货币，而是存款货币，它只是一种账面上的流通工具和支付手段。在现实中，客户向银行取得贷款，一般是要随时支用或者立即使用的，这样贷款就转变成存款或活期存款，在支票流通和转账结算的条件下，一家银行的这种存款货币即支票货币执行支付手段职能时，会增加另一家银行的存款余额。因此，商业银行把自己的负债当作货币来流通，发挥支付手段和流通手段功能时，就具有了信用创造的职能。由此看来，信用创造职能是商业银行在吸收活期存款的基础上，在银行实行部分准备金和转账结算制度条件下利用自己的资产形成负债，再把负债凭证投入流通，商业银行在信用中介职能和支付职能的基础上，产生了信用创造职能。这个问题我们在本章第六节还将详细讲述。

（四）金融服务职能

所谓金融服务是指商业银行利用其在国民经济活动中的特殊地位，及其在提供信用中介和支付中介业务过程中所获得的大量信息，运用电子计算机等先进手段和工具，为客户提供的其他服务。这些服务主要有财务咨询、代理融通资金、信托、租赁、计算机服务和现金管理等。通过提供这些服务，商业银行一方面扩大了与社会各界的联系和服务市场的份额，另一方面也为银行取得服务费用收入，同时也加快了信息传播，提高了信息技术的利用价值，促进了信息技术的发展。商业银行是各行业中率先大规模使用计算机信息技术的部门之一，正是由于银行业和信息技术产业的紧密结合，才推动了信息技术的迅速发展，为人类社会进入信息经济时代创造了有利条件。借助于日新月异的信息技术，商业银行的金融服务功能也正在发挥着越来越大的作用，并使整个商业银行业发生革命性变化，在不断扩大对国民经济各部门的服务的同时，积极探索面向城乡居民个人的服务项目。

四、现代商业银行的组织形式

由于各国政治经济情况不同，商业银行的组织制度也有所不同，各国商业银行的组织形式大体可分为以下四种类型。

(一) 单一银行制

单一银行制是指商业银行业务完全由一个银行机构（总行）经营，不设立任何分支机构的制度。目前仅美国银行采用这一体制。各州银行法禁止或限制银行开设分支行，主要原因是各州独立性比较大，但目前许多州对银行开设分支机构的限制正在逐步放宽，有从单一制向分支行制发展的趋势。

(二) 分、支行制

分、支行制是指商业银行机构除总行外，还在其他地区设立分支机构。在这种体制下，分支行的业务和内部事务统一遵照总行的规章和指示办理，目前世界各国一般都采用这种银行组织制度，尤以英、德、日最为典型。它的优点是规模大、分工细、专业水平高、网点多，容易吸收存款，快速调度资金，分散风险。

(三) 控股公司制

控股公司制一般是指专以控制和收购两家以上银行股票所组成的公司。从立法角度看，控股公司拥有银行，但控股公司实际上往往是由银行建立并受银行操纵的组织。大银行通过控股公司把许多小银行甚至于一些企业置于自己的控制之下。这一制度在美国最为流行，它是美国对设分支行进行严格控制这一特殊制度下的产物，与美国实行单一银行体制是分不开的。银行持股公司有两种形式：①单一银行持股公司。这种公司控制一家商行的股权，便于设立各种附属机构，开展各种非银行的金融业务，它多以银行为主。②多家银行持股公司。这种公司控制两家以上商行的股权，便于银行扩展和进行隐蔽的银行，它多以中小银行为主。持股公司的优点在于：能够扩大资本总量，增加实力，提高抵御风险和竞争的能力，从而弥补单一银行制的不足。这种形式易于形成垄断集中，不利于开展公平竞争、增强活力。

(四) 连锁银行制

连锁银行制指两家以上商业银行受控于同一个人或同一集团，但又不以股权公司的形式出现的制度。它在美国西部比较发达，它与持股公司一样，都是为了弥补单一银行制的不足，回避对设立分支行的限制而实行的。但连锁公司与持股公司相比有它的局限性，因为受个人或某个集团的控制因而不易获得银行所需要的大量资本，所以许多连锁银行相继转为银行分支机构或者组成持股公司。

以上四种类型，是西方商行的基本组织形式。随着近几年来国际银行业务的发展，又出现了一种由不同国家的大商行全资成立的跨国联合制财团银行，专门经营国际存放业务，进行大规模的投资活动。

五、现代商业银行的经营原则

商业银行在长期的经营实践活动中，为了追求利润最大化，同时防止银行经营状况的恶化，形成了一整套有效而现实的经营管理基本原则。这一原则要求商业银行在各项业务活动中，兼顾盈利性、流动性和安全性，寻求三者之间的最优组合。在我国，《中华人民共和国商业银行法》将其概括为"效益性、安全性、流动性"经营原则。要在保证安全性的前提下，通过灵活调节流动性，达到不断提高盈利能力的目的，实现"三性"的高度统一。

（一）盈利性

盈利性是商业银行经营管理活动的主要动力，商业银行的一切经营活动，包括如何设立分支机构，开发何种新的金融产品，提供何种金融服务，建立什么样的资产组合等均要服从这一目标，这是由商业银行的性质决定的。

银行利润是银行各项收入减去各项支出成本之后的余额。银行收入包括：贷款利息收入、同业拆放利息收入、各项手续费收入、信托业务收入、外汇业务收入、结算罚款收入、出纳长款收入、其他收入。银行支出包括：存款利息支出、同业拆借利息支出、各项业务费支出、职员工资支出、固定资产折旧、设备支出、营业性支出（贷款损失、结算赔款、出纳短款）和其他支出。其中对银行利润影响最大的三个要素是：存贷款利差、其他业务手续费收入和管理费用。

商业银行盈利水平的高低是其经营管理状况的综合反映。它不仅反映商业银行现行战略与策略是否正确，更重要的是为商业银行的进一步发展打下了良好的基础：首先，较高利润就意味着较多的留存盈余，为银行扩大规模、开拓业务提供了资金条件；其次，较高利润条件下商业银行给予银行股东的回报也比较高，其股票市价应当有所上升，便利了资金的筹集；再次，商业银行的盈利水平还直接影响其信誉，盈利多的银行社会公众对其信任度也普遍较高，因而有稳步上升的客户基础，并且有益于商业银行同社会各界保持良好的关系，降低其营运总成本；最后，较高盈利意味着可以给银行职员较高的工资，这一方面提高了职员工作的积极性和效率，另一方面有利于商业银行吸收更多人才，为今后进一步发展铺平道路。因此，商业银行考虑的第一件事是如何提高本银行的盈利水平。

银行贯彻盈利性原则，不仅对银行本身经营管理意义重大，而且直接对工商企业的经营管理产生积极影响。在盈利性方针驱使下，银行致力于确保贷款安全和较高的利息收入，由此对工商企业形成压力，并迫使它们努力提高企业经济效益，并相应改变企业行为。银行贯彻盈利性原则，不仅对微观经济活动发生作用，而且也影响到宏观经济活动。银行旨在提高盈利的各项措施，最终都会反映到宏观的经济规模、经济速度、经济结构和经济效益上来，会反映到市场利率水平和物价水平上来。

（二）安全性

商业银行安全性是指商业银行应当尽量避免各种不确定因素对其资产、负债、利润、信誉等方面的影响，保证银行的稳健经营与发展。商业银行作为信用资金的中介机构，面临着比一般工商企业更大的风险。安全性原则要求银行管理者对于经营活动中出现的各种风险有清醒的认识，懂得如何衡量风险，分析风险，降低风险，预防风险。追求最小风险前提下的尽可能多的盈利。安全性包括两个方面：一方面是负债的安全，包括资本的安全、存款的安全、各项借入资金的安全等；另一方面是资产的安全，包括现金资产、贷款资产和证券资产等的安全。资产如处于正常周转、无损失状态，负债自然也就有了安全保障。因此，保持安全性的侧重点在于保持高质量的资产，其高质量资产又包含两方面的含义，即资产的本金和利息的同时收回。因为资产所占用的资金是以负债方式筹措的，商业银行要为此支付一定的利息。如果只收回本金而没有收回利息，它的资金就会因减少而造成损失。从另一方面看，商业银行为了保证其资产的安全性，只能保持一定的非盈利性资产，如现金资产，以免遭受机会成本的损失。

（三）流动性

流动性是指银行能够随时应付客户提存，满足必要贷款需求的支付能力。商业银行的流动性包括资产的流动性和负债的流动性两个方面。资产的流动性是指资产在不受价值损失的条件下具有迅速变现的能力。因此，能迅速变现而不会带来损失的资产，流动性就强；相反，不能迅速变现或变现过程中会遭受损失的资产流动性便弱。一般来说，流动性较好的资产有：库存现金、在中央银行的存款、短期同业拆借、短期政府债券及一些商业票据等，而流动性较差的资产有：中长期贷款或证券投资等。负债流动性是指银行以较低的成本随时获取资金的能力。保持流动性对商业银行来说之所以重要，主要是因为一旦银行不能应付客户提取存款或满足客户贷款需求以及银行本身需求时，便出现了流动性危机。流动性危机将严重损害商业银行的信誉，影响业务发展并增加经营成本。由此可见，商业银行在经营管理中必须十分注意保持良好的流动性。

流动性虽有量的概念，但无普遍适用的确切的标准。在银行经营过程中，通常采用几种指标来近似地较为模糊地表达流动性程度，以此来衡量和反映本银行的流动性状况，这些指标可分三大类，一是资产类流动性指标，如现金资产比例（又称头寸比例）、流动性资产比率和贷款占总资产比率等；二是负债类流动性指标，如股权占总资产的比率、存款占总负债的比率、核心存款占总存款的比例以及预期存款变动率等；三是资产负债综合类流动性指标，如贷款占存款的比率、流动性资产与易变性负债的差异、存款增长率与贷款增长率之比等。商业银行可根据以上这些指标的要求编制流动性计划，这种流动性计划可分年度、季度、月度和隔日四种，流动性计划的主要内容是合理安排资产与负债的对应结构，使资产的期限结构和负债的期限结构相适应，避免或减少"借短贷长"的现象。商业银行还可根据流动性计划执行情况和资产来源与运用的变化，进行头寸调剂，积极开展主动性负债业务，以弥补缺陷。

（四）经营目标之间的协调与平衡

在商业银行经营活动中，效益性、安全性、流动性三者并非孤立的，流动性和安全性成正比，和盈利性成反比。经营目标之间的协调与平衡是非常重要的。商业银行的基本经营目标可以概括为追求利润最大化。但是实现这一目标有很多限制因素，其中最重要的是，银行经营收益的高低是和其所承受的风险的大小成正比的。要想获得更高的收益，就不得不承受更大的风险。由于银行业自身的特点及其在国民经济中的重要作用，世界各国的金融管理当局采取很多措施来限制商业银行一味追求高额利润的行为，它要求商业银行的经营管理不能仅仅顾及到盈利性，同时还必须兼顾到安全性和流动性。因此，对银行管理者来讲，一个重要的指导思想应是设法在这些相互矛盾的经营目标之间寻求平衡，力求在既定的风险水平上实现最高的盈利，或者是在既定的盈利水平上使银行所承受的风险最低。

第二节　商业银行的负债业务

负债业务是商业银行的资金来源业务，包括自有资本和吸收外来资金两部分。负债业务是商业银行资产业务和其他业务的基础。商业银行的负债作为债务，是商业银行所承担的一种经济义务，银行必须用自己的资产或提供的劳务去偿付。因此，银行负债是银行在经营活动中尚未偿还的经济义务。商业银行负债的基本特点是：它的数量是必须能够用货币来确定的，一切不能用货币计量的经济业务都不能称为银行负债。负债只能偿付以后才消失，以债抵债只是原有负债的延期，不能构成新的负债。

一、自有资本

即银行资本金。商业银行的设立，首先必须拥有一定数额的资金来源，即原始资本金。银行资本与一般企业资本的显著差别在于，它的绝对数额是较大的。

（一）银行资本金的作用

商业银行的资本金是银行设立和开展业务的基础条件，是银行承担经营风险、保障存款人利益、维护银行信誉的重要保证，是金融管理局实施监管的标尺之一。商业银行资本（即自有资本）的功能，基本上可以归纳为营业功能、保护功能和管理功能三种。

1. 营业功能

即资本是商业银行开展业务的前提和信誉保证。首先，商业银行和其他企业一样，市场准入前，必须先拥有自己的资本，不可能一开始就用外部资金来建立一个商业银行。只有具备一定数量的资本作为从事经营活动的本金，商业银行才有可能存在。任何一个国家法律都规定成立时必须要有最低限度的注册资本，如美国规定商业银行资本与总资产比例为9%左右，法国为5%，如果达不到这个要求，就不可能办理注册登记手续。而且，当银行资产总额增加时，其自有资本也必须相应补充。其次，资本的多少直接影响商业银行的信誉，进而影响其业务经营。银行作为一个信用机构，其业务开展必须要有一定的信誉。而在建立之时，银行的信誉主要由资本决定，资本越多，信誉越高，社会公众越信赖。在理论上，资本越多，银行存款的安全越大；从客户的心理看，资本雄厚的银行最能保证存款的安全，信用可靠，愿意将钱存入该银行；从实际情况看，资本越多的银行，吸收存款也越多。所以，资本越多，银行信用越高，其负债业务越发达，资本越多的银行，在竞争中越易取胜。

2. 保护功能

即资本是银行经营活动的风险基金和最终保证金。其一，资本是银行经营活动的风险基金，银行经营环境是由众多不确定因素组成的，不确定因素的存在使银行经营中存在各种风险，虽然可以通过各种方式降低风险，但无法完全消除风险，商业银行经营过程中可能出现的风险损失，最终只能用资本弥补。如银行负债业务中，除资本以外的全部资金来源都必须按期还本付息，属于硬约束，这些资金来源都不能用于补偿风险损失，只有资本才可用于弥补风险损失。当风险损失超过资本以后，就面临破产，不仅危及资金安全，还进一步危及银行的安全。为此，银行都要保持一定量的资本，用于应付多种损失。其二，资本是存款的最终保证金。银行的存款受法律保护，不论经营状况如何，都必须进行支付。当银行破产清偿债务时，如果银行收回全部债权不足以支付全部债务时，就得用自有资本进行清偿，因此资本实际上充当了存款的最终保证金。只要银行损失不超过收益和资金总额，全部存款就不会受到损失。如果银行损失巨大或经营不善等原因宣布破产时，银行资本也可以对存款进行一定的补偿，正因为如此，资本始终是存款安全程度的标志之一。

3. 管理功能

即资本是金融监管部门监管银行的工具。金融管理当局通过对银行资本数量的规定或提出具体要求来实现对银行的监控，一般都对各种业务活动规定有不同的资本比率，如银行最低资本额、各类资产与资本的比例等，金融管理部门通过对这些规定的执行，对银行业务活动进行约束，也通过这些比率进行检查和调节，实现监控。

正如美国联邦储备理事会给银行资本下的定义一样：资本对不可预见的损失能起缓冲作用，当银行资产遭受损失时，可以动用银行资本进行一定的补偿；协助维持公众对某一银行的信心，银行资本的充足，可以证实一个银行的实力雄厚，取得社会信任，顺利地开展业务；在资金短缺及无法应付客户提出的需求时，万一发生不能偿债的情况下对提款人提供部分保护；支持该行的合理增长。

（二）银行的资本构成

1. 核心资本

《巴塞尔协议》认为，核心资本是银行资本中最重要的部分，它具有以下特点：第一，资本的价值比较稳定；第二，是各国银行唯一相同的部分，并是各银行账目中公开的部分；第三，是判断资本充足比率的基础，对银行盈利和竞争能力关系极大。核心资本由股本和公开储备构成。

（1）股本。

1）普通股本。普通股是银行股权资本的基本形式，可以由于发行新股和将盈余转为股本账户而增加。普通股股东对银行拥有所有权，对银行债务负有有限连带清偿责任，同时享有参与银行管理权、盈余分配权、剩余财产分配权和新股优先认购权。商业银行通过发行普通股筹集资本的主要优点是：①没有固定的股息负担。普通股不事先确定股息和红利水平，股息和红利的多少完全取决于银行的经营状况，从而使银行具有较大的灵活性，可以根据收益的多少支付股息和红利。②稳定性强。与债务资本相比，普通股是银行可以永久使用的资本，不必向股东偿还本金。③可以对债权人提供损失保障，从而增强银行信誉。一个银行的普通股数量越大，债权人的保障程度越好，在社会公众中的信誉就越高。④普通股的出售比较容易。尽管普通股的收益可能时高时低，但一般情况下其收益要高于优先股和附属债券，因此普通股更容易为投资者所接受。

2）带有债务性质的资本工具，如永久非累积优先股。优先股是"普通股"的对称，是股份公司发行的在分配红利和剩余财产时比普通股具有优先权的股份。优先股也是一种没有期限的有权凭证，优先股股东一般不能在中途向公司要求退股（少数可赎回的优先股例外）。优先股的种类很多，为了适应一些专门想获取某些优先好处的投资者的需要，优先股有各种各样的分类方式，其中的一种分类是累积优先股和非累积优先股。非累积优先股，是指股息当年结清不能累积发放的优先股票。非累积优先股是相对于累积优先股而言的。如果本年度商业银行的盈利不足以支付全部优先股股息，对其所欠部分，银行将不予累积计算，优先股股东也不得要求商业银行在以后的营业年度中予以补发。这样，商业银行不论以往年度的优先股股息是否派足，都可以按当年的盈利状况按顺序分派当年的优先股股息和普通股股利，因不承担以往未付足优先股股息的补偿责任，故不会加重商业银行付息分红的负担。

（2）公开储备。公开储备是指通过保留盈余或其他盈余的方式在资产负债表上明确反映的储备，如股票发行溢价、未分配利润和公积金等。

我国商业银行核心资本的界定范围，基本与《巴塞尔协议》中的规定一致，只是不包括优先股和一些特殊的基金，不过这两项占股东权益的比例应比较小。包括实收资本、资本公积（股本溢价、法定财产重估增值、接受捐赠的资产价值）、盈余公积（法定盈余公积金和任意公积金、公益金）、未分配利润。

2. 附属资本

（1）非公开储备（隐蔽储备）。它具有以下四个特点：第一，它不公开在资产负债表上标明，但必须反映在银行的损益账户上，第二，它与公开储备具有相同的内在质量，可以自由和及时应付不可预料的损失；第三，由于它缺乏透明度，许多国家不承认未公开储备为要接受的会计概念，也不承认其作为资本的合法成分，因此，它不能包括在核心资本的股本成分中；第四，在监管机构接受的情况下，它才有资格包括在附属资本之内。

非公开的储备只包括虽未公开，但已反映在损益账上并为银行的监管机构所接受的储备。

（2）重估储备。它以两种形式出现：

1）一些国家允许银行经常地重估它们的固定资产（一般是它们自己的商业楼宇，

以与变化的市值一致，其中一些国家，重估的数额取决于法律的规定，这种类型的重估，作为一种重估储备反映在资产负债表上。

2）隐藏的价值或潜在储备。由于是以历史的成本价格反映在资产负债表上的长期持有的股票证券，银行的股票证券是以历史价值计算的。一定时期后它与市场价格往往出现背离，在某些情况下，银行有可能把这些资产按市价出售，并用于弥补亏损，所以这种潜在的重估储备可以被包括在资本基础中，但由于市价波动不定和增值收益实现后要缴税，因此，在潜在的重估储备中，对历史成本和账面价值与资产市价之间的差额要打55％的折扣，以反映这种虚拟资本潜在风险和象征性的税收费用。

（3）普通准备金（普通呆账准备金）。它是为防备未来可能出现的亏损而设立的，只要不把它们用于某项特别资产，并且不反映某项特别资产值的减少，就可以包括在资本内作为第二级资本，但是，为已确认的损失或某项特别资产值明显下降而设立的准备金，用于特别目的的准备金不应包括在资本范围内。

（4）混合资本工具。永久性累积优先股带有一定股本性质又具有一定债务性质，是指可将以往营业年度内未支付的股息累积起来，由以后营业年度的盈利一起支付的优先股股票。它具有股息率固定、股息可以累积计算的特点，商业银行如果当年经营状况不佳，没有盈利而不能分派股息，或盈利不够支付全部优先股股息，银行就应对未分派的股息累积计算。而在以后营业年度的利润增加时，累积优先股的股东有权要求商业银行补付累积股息。

（5）长期次级（附属）债券。这是银行资本中较为特殊的一项。它是指当商业银行破产清算时，偿还顺序较为靠后的债务。由于这些债务的清偿排在担保债券、存款和其他一般性债务之后，因此也具有一定的资本属性。但由于其固定期限和银行如不破产就不能用于冲销营业损失，使其作为资本的构成存在严重缺陷，因此在管理上有一定的规定，期限为5年以上的附属债务工具可以包括在附属资本成分之中，但其比例最多应仅相当于核心资本的50％，并且应有足够的分期摊还安排。

我国的附属资本包括贷款呆账准备金、坏账准备金、投资风险准备金以及5年期以上的长期债券。其中，贷款呆账准备金，是银行按贷款余额的一定比例提取的用于补偿贷款本金损失的准备金；坏账准备金是银行按应收账款余额的一定比例提取的用于核销银行坏账损失的准备金；投资风险准备金是银行按投资余额的一定比例提取的用于弥补其投资过程中发生的风险损失的准备金。

为了使银行资本的计算精确，应扣除以下成分：①扣除商誉。②扣除对从事银行业务和金融活动的附属机构的投资，可避免同一资本来源在一个集团的不同机构中重复计算。

商业银行迫于监管的压力，经常需要补充资本金，补充资本的途径有很多，但商业银行主要是利用内部来源来增加资本金，也就是提高盈利水平进行自我积累来实现。内部获得资本的优点在于它不必依赖市场，避免了价格波动造成的费用以及证券发行的费用。

（三）《巴塞尔协议》与资本充足率

商业银行持有资本，主要是出于对存款安全性的考虑，而实际影响存款安全的则是银行资产。要确保多项存款的绝对安全，就必须由银行的资本来承担资产中的一切风险。所以，一个商业银行资金运用中所面临的风险程度，就决定了其资本需要量的基本水平。自有资本过多会减少银行运用资产获取的利润；利润太少，会减弱银行抵御风险的能力。一个商业银行在某一时期应保持多少资本为适，各国商业银行都有自己的经历，先后出现过几种指标，如资本与存款比例，1914年至第二次世界大战以前，美国把10%的资本存款比率作为资本最适量标准，并作为官方法令。还有资本总资产比率，第二次世界大战后，美国联邦储备委员会规定使用7%的资本总资产比率作为最适量资本标准。还有资本与投资资产比率，美国银行管理机构认为，该比率在15%～20%较适宜。最终，《巴塞尔协议》给出了资本充足率的概念。资本充足率，即银行的自有资本同全部加权风险资产的比率，《巴塞尔协议》规定该比率为8%。

1987年12月10日，"十国集团"（美国、英国、法国、日本、联邦德国、加拿大、瑞典、意大利、荷兰、比利时）加上瑞士和卢森堡在巴塞尔召开12国中央银行行长会议，讨论加强对经营国际业务的商业银行的资本及风险资产的监管问题。会议通过并发表了《统一资本计量与资本标准的国际协议》，后经修改，于1988年7月在巴塞尔签署了协议，即著名的《巴塞尔协议》。《巴塞尔协议》规定了对银行资本和资产之间的比例的计算方法和确定比例的目标。主要包括以下四个方面的内容：一是资本的构成，即核心资本和附属资本及其具体内容；二是推行风险加权制，即根据资产的风险程度设定一个风险权数；三是资本比例的标准，即资本同全部加权风险资产的比率最低为8%，其中核心资本最低应占加权风险资产的4%；四是过渡期和实施安排。2004年6月，十国集团的中央银行行长，经过多年的修订，又产生了《新巴塞尔资本协定》，简称《新巴塞尔协议》或《巴塞尔协议Ⅱ》（英文简称Basel Ⅱ），是由国际清算银行下的巴塞尔银行监理委员会（BCBS）所促成，内容针对1988年的旧巴塞尔资本协定（Basel Ⅰ）做了大幅修改，以期标准化国际上的风险控管制度，提升国际金融服务的风险控管能力。

《新巴塞尔协议》和旧协议的区别如下：

（1）从一开始巴塞尔委员会希望新协议的适用范围不仅局限于十国集团国家。尽管其侧重面仍是国家的"国际活跃银行"（Internationally Active Banks）。巴塞尔委员会提出，新资本协议的各项基本原则普遍适用于全世界的所有银行，并预计非十国集团国家的许多银行都将使用标准法计算最低资本要求。此外，巴塞尔委员会还希望，经过一段时间，全世界所有的大银行都能遵守新协议。

（2）与1988年资本协议相比，新资本协议的内容更广、更复杂。这是因为新协议力求把资本充足率与银行面临的主要风险紧密地结合在一起，力求反映银行风险管理、监管实践的最新变化，并尽量为发展水平不同的银行业和银行监管体系提供多项选择办法。应该说，银行监管制度的复杂程度，完全是由银行体系本身的复杂程度所决定的。十国集团国家的银行将在规定时间内实施新协议。为确保其在国际竞争中的地位，非十国集团国家也会力争在规定时间内全面实施新协议。同发达国家相比，发展中国家的市场发育程度和监管水平存在较大的差距，实施新协议的难度不可低估。新协议首先是十国集团国家之间的协议，还没有充分考虑发展中国家的国情。

（3）新资本协议提出了两种处理信用风险办法：标准法和内部评级法。标准法以1988年资本协议为基础，采用外部评级机构确定风险权重，使用对象是复杂程度不高的银行。采用外部评级机构，应该说比原来以经合组织国家为界限的分类办法更客观、更能反映实际风险水平。但对包括中国在内的广大发展中国家来说，在相当大的程度上，使用该法的客观条件并不存在。发展中国家国内的评级公司数量很少，也难以达到国际认可的标准；已获得评级的银行和企业数量有限；评级的成本较高，评出的结果也不一定客观可靠。若硬套标准法的规定，绝大多数企业的评级将低于BBB，风险权重为100％，甚至是150％（BB－以下的企业）。企业不会有参加评级的积极性，因为未评级企业的风险权重也不过是100％。此外，由于风险权重的提高和引入了操作风险的资本要求，采用这种方法自然会普遍提高银行的资本水平。

（4）将内部评级法用于资本监管是新资本协议的核心内容。该方法继承了1996年市场风险补充协议的创新之处，允许使用自己内部的计量数据确定资本要求。内部评级法有两种形式，初级法和高级法。初级法仅要求银行计算出借款人的违约概率，其他风险要素值由监管部门确定。高级法则允许银行使用多项自己计算的风险要素值。为推广使用内部评级法，巴塞尔委员会为采用该法的银行从2004年起安排了3年的过渡期。

二、吸收外来资金

商业银行的来源资金以吸收存款为主，约占商业银行资金来源的70％～75％，其次是向央行借款、同业拆借、国际货币市场借款等手段进行。

（一）吸收存款

1. 存款资金的来源

商业银行的存款资金，主要来自以下六个方面。

（1）企业的闲置资本，这主要是指：企业的营运资本，由于收支时间不一致，而存入商业银行的资金；企业固定资产的折旧提成，企业在其固定资产尚未更新以前，而存入商业银行的固定资产折旧提成的资金；企业为了扩大生产而追加的资本，在其未达到一定的数额购置新设备以前，这部分累计的资金余额，也存入商业银行。

（2）社会各阶层民众的储蓄资金。这部分资本包括：职工居民的收入节余；富有阶层所拥有的巨额资金，在其未确定投资方式以前，也暂时存入商业银行；依靠利息收入的货币资本。

（3）放款的转存。银行对企业发放的贷款，在其未使用以前，一般也存在商业银行的活期存款账户上。

（4）证券投资的回存。商业银行经营证券投资业务所支出的资金，往往也由证券经纪人存在商业银行的活期存款账户上。

（5）同业存款。为了便于同业间的相互清算，商业银行之间相互存放在对方账户上的资金，称为同业存款。有些商业银行为了装饰其账面，炫耀其资力雄厚，也把资金存放在同业存款账户上。

（6）代收款项。指银行代客户收回的资金，在客户没有使用之前，银行可以作为存款使用。

在上述六个方面的来源中，前三个方面是主要的。

2. 存款种类

存款分为活期存款、定期存款和储蓄存款三大类。

（1）活期存款，指那些可以用支票随时支取款项的存款。开立这种存款账户的目的是为了通过银行进行各种结算，由于支付比较频繁，银行提供服务要付出大量的人力物力，因此一般不对存户支付利息。虽然活期存款流动性很强，但存取中总会在银行形成一笔相对稳定数量可观的余额，是银行用于贷款的重要资金来源。

起初，商业银行对活期存款是支付利息的，但后来发展到不支付利息，有其历史原因。以美国为例，在20世纪20年代，各家银行竞相采用抬高存款利率的办法，争取吸收更多的存款。为了补偿高利息支出，发展到商业银行不择对象地按高利率发放风险大额贷款。1929～1933年，资本主义世界爆发了空前尖锐的世界性经济危机。针对这一情况，美国政府和金融主管部门公布法令，规定银行对活期存款不再支付利息。这种账户，也叫"支付账户"，由于要承担支付服务（如提供支票等），在一定的经济条件下还可能倒收存款人的利息。在中国，银行对个人活期储蓄（这应该是准确的提法）账户是支付利息的，这是中国计划经济体制下资金短缺的遗留产物。随着银行资金越来越多，银行存贷比例失衡，对活期存款（包括单位活期存款和个人储蓄账户）不付利息的情况也可能出现。目前的通行做法是各大商业银行开始对个人活期储蓄账户收费。

（2）定期存款，指那些具有确定的到期期限才准提取的存款，这种存款是为了得到较多的利息，一般具有投资性质。定期存款具有稳定性，客户不能随便提取。它是银行吸收外来资金中可靠的部分。定期存款的利率与存期长短成正比，即存期越长，利率越高。在未到期以前，一般不能提前支取。但商业银行为了方便客户，招揽存款，往往采取通融的办法。假如约定为7天前通知，自通知后不计利息，当客户愿意倒扣7天利息，也可随时支取。商业银行通过办理定期存款而吸收了大量较稳定的存款余额，这为办理中长期放款和投资业务，创造了可靠的资金来源。

（3）储蓄存款，主要是针对居民个人积蓄货币的需要所开办的存款。有活期和定期，以定期居多，但无论定期、活期都支付相应的利息。近一二十年以来，伴随着存款总额的增长，存款的结构也普遍发生了显著的变化，定期存款（包括储蓄存款）的比重呈现出迅速上升的趋势。存款的变化使银行的资产负债管理也发生了变化，这个变化体现在使放款和投资长期化，以及更多地购买国库券和公债券。因为在长期的经营实践中，商业银行总结出这样一条经营原则，即短期负债和短期资产相对称，长期负债与长期资产相对称。从历史上看，商业银行负债多属于短期性质，多是要求即付的，这是商业银行在过去多年来主要发放短期贷款的理由。既然银行的长期负债增大了比例，相应的长期放款和投资也会增大比例。

（4）通知存款，通知存款的存期不固定，但取款前必须预先通知商业银行。预先通知的期限一般为 7 天。如果商业银行事先没有接到提款通知，可以拒绝付款。通知存款的利率，视预先通知期限的长短而定。通知期限越长，利率就越高。有些国家（如美国），目前已停止办理通知存款业务。

（5）定活两便存款，具有定期存款和活期存款的优点。定活两便存款可随时支取，又能获得一定的利息。计算利息按存期长短以实际存储天数计算利息。一般的规定是：存期不足 3 个月者不计息。存款时间超过 3 个月不足 6 个月者，按 3 月期定期存款利率计息。存款时间超过 6 个月不足 1 年者，按 6 月期定期存款利率计息。存期 1 年以上者，按 1 年期定期存款利率计息。

3. 存款创新

美国 1929 年颁布的 Q 条例推动了存款创新。Q 条例的内容是：银行对于活期存款不得公开支付利息，并对储蓄存款和定期存款的利率设定最高限度，即禁止联邦储备委员会的会员银行对它所吸收的活期存款（30 天以下）支付利息，并对上述银行所吸收的储蓄存款和定期存款规定了利率上限。当时，这一上限规定为 2.5%，它对银行资金的来源产生了显著影响。

Q 条例的实施，对 20 世纪 30 年代维持和恢复金融秩序、40～50 年代初美国政府低成本筹措战争资金、战后美国经济的迅速恢复，起到了一定的积极作用。然而到 20 世纪 50 年代中后期，特别是进入 60 年代之后，这一条例的弊端便暴露出来。依据当时的情形，美国通货膨胀率曾一度高达 20%，而 Q 条例执行的结果是银行存款利率上限受到管制。这一方面使银行存款对投资者的吸引力急剧下降，公众对存款越来越没有兴趣；另一方面，银行的吸存能力受到很大影响，以致存款性金融机构的生存受到威胁。并且在 1970 年，美国国会取消了 Q 条例中关于 10 万美元以上存款利率最高限额的规定，这又造成了对存款小户的利率歧视。商业银行为了扩大存款来源，又不违背法律，便产生了许多存款业务的创新形式。

（1）定期存款开放账户（Time Deposits，Open Accounts，TDOA，一译定期存款往来账户或定期存款开放账户）。定期存款开放账户是商业银行为客户的零存整付而开立的账户。客户预定在将来某一日期需要支付一笔较大的金额，就可订出计划，不断地定期地将固定金额存入商业银行的定期存款开放账户中。由于定期较长，因此比一般储蓄存款的利率要高。开放账户存款的利率，根据存期的长短和存款金额的大小而定。

（2）清单储蓄存款（Statement Savings Deposits）。清单储蓄存款是一种不用存折的储蓄存款账户。清单储蓄存款用储蓄清单（Statement Savings）代替存折，这种储蓄清单可以用电脑处理，大大加速了记账和传递的速度。在储蓄清单上记载着储户存取的次数与金额以及利息收入。储户存入资金时，商业银行交给储户收据，储户取款时，可签发不能转让的储蓄取款单。存取款项也可以用通信方式办理。储户每月从商业银行收到一张储蓄存款余额和利息收入的清单，清单储蓄存款的名称，即由此而来。

（3）可转让支付命令账户（Negotiable Order of Withdrawal Account，NOWs）。可转让支付命令账户由马萨诸塞州的储蓄贷款协会于 1972 年创办，是一种不使用支票的支票账户：存款人可以开出可转让支付命令（相当于支票，但不使用"支票"字样）向第三者进行支付，或提现，或背书转让。同时，它属于储蓄存款账户，可以对平均存款余额支付利息。可转让支付命令账户兼有传统的活期支票存款的方便性和储蓄存款的获利性，对存户的吸引力较大。

（4）自动转账服务账户（Automated Transfer Service Account，ATS）。自动转账服务账户创办于1978年，是在电话转账制度基础上建立的一种更方便的转账服务业务。客户在银行开立两个账户：一个是储蓄账户，另一个是活期存款账户，后者的余额永远保持1美元，其余款项全存入前一个账户，以取得利息收入。当客户开立支票后，银行自动将必要的金额从储蓄账户转账到活期账户进行支付。开立该账户，客户要为此支付一定的手续费，同时商业银行也要向中央银行缴纳存款保证金。

（5）货币市场存款账户（Money Market Deposit Account，MMDA）。1982年10月，美国国会通过《高恩·圣杰曼存款机构法》，取消商业银行存款利率上限，商业银行开办货币市场存款账户日渐流行。该账户的特点是没有利率上限，账面平均余额在2500美元以上的，由商业银行自行确定利率支付水平，同时存户可以开出支票。

（6）可转让定期存单（Negotiable Certificate of Deposit，CDs）。可转让定期存单是定期存款的创新形式，由美国花旗银行于1961年首创。特点是：存单面额固定（最初是10万到100万美元的大额存单，后来推广到小面额存单），不记名，利率有固定也有浮动，存款期限为3、6、9、12个月不等。与定期存款最大的不同在于可以流通转让，有活跃的二级市场，流动性和盈利性的效果均好。

（7）股金提款单账户（Share Draft Account，SDA）。该账户是储蓄账户的创新形式，存户可以随时开出提款单，代替支票提现或支付转账。在未支付或提现前，是储蓄账户，取得利息收入；一旦开出提款单，银行立刻付款。

此外，国际金融市场上还有欧洲美元存单（CED）、个人退休金账户（IRAS）等其他的新型存款形式。

4. 存款保险制

这是一种存款制度的创新。为了保障存户的利益和银行的安全经营，除了设置存款准备金外，西方国家还先后建立了存款保险制度。所谓存款保险，即接受存款的金融机构向存款保险公司投保，一旦银行出现挤兑与破产等情况，存款保险公司要对承保的存款承担赔偿的责任。

银行是资本主义经济的"神经中枢"。它同各经济部门、企业、广大民众有着千丝万缕的密切联系。银行如果发生信用破产，不仅给存款人造成直接的经济损失，而且对整个社会的经济发展和社会秩序的稳定，都会带来消极的影响，波及面非常之广。建立了存款保险制度以后，就可以维护存款人的利益，稳定存款人的信心，从而为经济的发展、社会秩序的稳定，起到良好的保证作用。美国早在20世纪30年代就建立了存款保险制度，在30年代初，世界经济大危机期间，很多企业倒闭，银行贷款收不回来，出现了挤兑和银行成批破产等情况。当时，银行倒闭达4000家之多，使存款人蒙受重大的损失。1933年3月6日，美国政府命令银行暂时停止营业。1933年美国颁布的银行法，确立了存款保险制度，并相应地成立了联邦存款保险公司（FDIC）。联邦存款保险公司由联邦政府和联邦储备委员会共同出资创办，建立了董事会，由董事长和两名董事主持工作。私人每户存款保险额，由最初的 2500 美元提高到 1980 年的 10 万美元。投保银行要按季向联邦存款保险公司送交业务与财务报表。联邦存款保险公司除了审查投保银行的书面报表外，还要派人深入到投保银行进行实地检查，以便及时发现经营中存在的问题，及时督促改进。如果投保银行对这些意见置若罔闻，不认真改进工作，联邦存款保险公司在必要时可以撤销对其承保的义务。投保银行一旦经营失败破产清理时，联邦存款保险公司可以采取下列措施，以资补救：

一是资助其他银行或投资者去接管或合并经营失败的银行；二是资助经营失败的银行；三是开设一家新银行，承担原来银行所欠存户的债务。

联邦存款保险公司建立以后，银行倒闭的数量明显下降。例如，在尚未建立联邦存款保险公司的 1920～1929 年期间，平均每年倒闭的银行数为 588 家。从 1933 年成立联邦存款保险公司至 1942 年期间，平均每年倒闭的银行数已减少到 54 家。1946～1979 年，每年平均倒闭数进一步下降到 5 家，可见其实际效果。货币经济学家米尔顿·弗里德曼曾经说过，对银行存款建立了联邦存款保险制度，是 1933 年以来货币领域里最重要的一件大事。

我国长期以来一直实行的是隐性担保制度，等于政府提供了一个隐性的存款保险制度，实质上是国家作信用担保，政府为危机银行"买单"的制度，政府一般是不允许银行破产的。在近年来主要商业银行股份制改造基本完成的形势下，这种制度隐含着极大的风险，商业银行没有退出机制，不利于商业银行的健康成长和发展，同时增加了政府处置金融风险的成本，对金融体系的良性运转构成威胁。一个国家的金融安全网一般靠负责监管职能的金融监管机构、处于金融体系核心地位的中央银行以及负责存款保险责任的存款保险机构这三大支柱支持，我国尚缺少存款保险制度这一重要组成部分，所以，当前，我国应该借鉴其他国家的成功经验，建立科学、合理、完善的公开存款保险制度，并对其进行客观的评价。在金融理论界和金融界，已酝酿了多年，存款保险制度的建立势在必行。

（二）向中央银行借款

由于中央银行向商业银行的放款将构成具有成倍派生能力的基础货币，因此各国中央银行都把对商业银行的放款作为宏观金融调控的重要手段。中央银行在决定是否向商业银行放款、何时放款、放多少款时遵循的最高原则，是维护货币和金融的稳定；其利率随经济、金融形势的变化而经常调节，通常要高于同业拆借利率。在一般情况下，商业银行向中央银行的借款只能用于调剂头寸、补充储备不足和资产的应急调整，而不能用于贷款和证券投资。在特殊情况下，如为满足强化国家计划、调整产业结构、避免滑坡和企业倒闭的资金需要，中央银行的放款也可能被不定期地展期下去，但这应当被视为迫不得已而采取的办法。

商业银行向中央银行借款的主要形式有三种：

（1）再贷款：是中央银行向商业银行的信用放款，也称直接借款，而在商业票据信用不普及的国家，则主要采取再贷款的形式。

（2）再抵押：商业银行开出借据，以政府债券等作为抵押，向中央银行取得贷款。

（3）再贴现：商业银行把办理贴现业务所买进的未到期票据如商业票据、短期国库券等再转卖给央行。央行的信用对商业银行来讲只是一种优惠而不是一种权力，它借来的资金不能用于放款和证券投资。在市场经济发达的国家，由于商业票据和贴现业务广泛流行，再贴现就成为商业银行向中央银行借款的主要渠道。

（三）同业借款

同业借款的用途主要有三方面：一是扎平当日票据头寸，为了填补法定存款准备金的不足。这一类借款大都属于日拆借行为；二是为了满足银行季节性资金的需求。同业借款在方式上比向中央银行借款灵活，手续也比较简便。

（1）同业拆借：指的是金融机构之间的短期资金融通，主要用于支持日常性的资金周转，它是商业银行为解决短期资金余缺、调剂法定准备金头寸而融通资金的重要渠道。一般都通过各商行在央行的存款账户进行，一般期限较短，有时甚至只有一天而且利率水平较低，实际上是超额准备金的调剂，因此又称中央银行基金，在美国则称之为联邦基金。同业拆借的利率一般是以高于存款利率、低于短期贷款利率为限。否则，拆借盈亏就不能达到保本的要求。通常情况下，拆借利率应略低于中央银行的再贴现率，这样能迫使商业银行更多地面向市场借款，有利于中央银行控制。

在美国，银行同业拆借通过各银行在中央银行的存款账户进行。由于联储体系成员银行在中央银行的准备金账户上的余额被称作联邦资金，美国商业银行的同业拆借也称借入或贷出联邦资金。拥有超额储备金、贷出联邦资金的多为中小银行和一些非银行存款机构及证券经纪人。借入联邦资金的是为数150多家的大银行，它们借入资金多以百万美元为单位成交，联邦资金多在电话或电传中交易，其供求反应十分敏感，故其高灵敏度的利率被视为货币市场利率的标志，也成了美国金融当局实行货币政策的参考指标。

（2）转抵押借款：转抵押借款是商业银行在临时性资金周转困难之际，向银行同业申请抵押贷款。由于抵押物多为银行工商客户向其举借抵押贷款提交的抵押品，故此种借款有"转抵押"之名。

（3）转贴现借款：类似于前者，只不过以银行对客户办理贴现业务而收到的未到期票据转售给银行同业来代替交纳抵押品。

鉴于金融当局对后两类借款的较严管制和银行的股东、客户以及其他社会公众容易由这两类的借款的堆积联想到银行的经营和资信恶化，银行较少运用这两种借款方式。

（四）回购协议

这里的回购协议是指资金融入方在出售证券的同时和证券购买者签订的、在一定期限内按原定价格或约定价格购回所卖证券的协议。

从本质上看，回购协议是一种质押贷款协议。协议的标的物是有价证券。

我国回购协议市场上回购协议的标的物是经中国人民银行批准的，可用于在回购协议市场进行交易的政府债券、中央银行债券及金融债券。

回购协议市场从两个方面吸引投资者。一方面，该市场为剩余资金的短期投资提供了现成的工具。实际上，大量的回购协议交易是一个晚上的时间进行的，称为隔夜回购。隔夜回购的利率通常比联邦基金的利率低，尽管利率很低，但对那些无法进入联邦基金市场的投资者来说，总比没有回报要好。另一方面，在剩余资金数量每日不定的情况下，投资者可通过滚动隔夜回购的办法来有效地管理可能的剩余资金。它是公开业务市场的重要工具。

我国回购协议市场上回购协议的标的物是经中国人民银行批准的，可用于在回购协议市场进行交易的政府债券、中央银行债券及金融债券。

（五）发行金融债券

金融债券是指商业银行依照法定程序发行并约定在一定期限内还本付息的有价证券。金融债券的主要功能在于拓宽了银行的负债渠道，促进了银行负债来源的多样化，增强了负债的稳定性。但与存款相比，金融债券的局限性也比较明显：①金融债券发行的数量、利率、期限都要受到管理当局有关规定的严格限制，银行筹资的自主性不强。②金融债券除利率较高外，还要承担相应的发行费用，筹资成本较高，受银行成本负担能力的制约。③债券的流动性受市场发达程度的制约。在金融市场不够发达和完善的发展中国家，金融债券种类少，发行数量也远远小于发达国家。

（1）一般金融债券：金融机构法人在全国银行间债券市场发行。

（2）商业银行次级债券：商业银行次级债券是指商业银行发行的、本金和利息的清偿顺序列于商业银行其他负债之后，先于商业银行股权资本的债券。

（3）混合资本债券：《巴塞尔协议》并未对混合资本工具进行严格定义，仅规定了混合资本工具的一些原则特征，而赋予各国监管部门更大的自由裁量权，以确定本国混合资本工具的认可标准。混合资本债券是一种混合资本工具，它比普通股票和债券更加复杂。我国的混合资本债券是指商业银行为补充附属资本发行的、清偿顺序位于股权资本之前但列在一般债务和次级债务之后、期限在 15 年以上、发行之日起 10 年内不可赎回的债券。

按照现行规定，我国的混合资本债券具有四个基本特征。

（1）期限在 15 年以上，发行之日起 10 年内不得赎回。

（2）混合资本债券到期前，如果发行人核心资本充足率低于 4%，发行人可以延期支付利息。

（3）当发行人清算时，混合资本债券本金和利息的清偿顺序列于一般债务和次级债务之后、先于股权资本。

（4）混合资本债券到期时，如果发行人无力支付清偿顺序在该债券之前的债务或支付该债券将导致无力支付清偿顺序在混合资本债券之前的债务，发行人可以延期支付该债券的本金和利息。

金融债券是银行筹集信贷资金的重要方式，尤其金融债券可以转让，较好地解决了筹资人与投资人之间的矛盾，既可以保证投资人投入的实际收益水平，又可以延长兑换期，稳定银行资金来源。我国金融债券信用度比较高，投资风险小，收益率较高，所以，是很有潜力的筹资方式。目前，我国金融债券在各种债券中所占比例较小，随着金融体制改革和金融市场的建立，金融债券将有很大发展。

（六）国际货币市场借款

近年来，发达国家的商业银行，在国家金融市场上广泛地通过发行大额定期存单、办理定期存款、出售商业票据、银行承兑票据及发行债券等方式筹集资金。但国际金融市场波动性大，其资金成本也较高，过于依赖此市场隐含着极大的风险。主要是通过固定利率的定期存款、欧洲美元存款、本票筹集资金。

第三节　商业银行的资产业务

商业银行的资产业务是指将自己通过负债业务所聚集的货币资金加以运用的业务，是其取得收益的主要途径。商业银行对于所聚集的资金除了必须保留一部分的现金和在央行的存款准备金外，其余部分主要是以贴现、贷款和证券投资等方式加以运用。

商业银行的资金主要是用于购买可以带来收入的资产，而银行的资产主要有四种：现金资产、贷款资产、证券资产和其他资产。其中贷款和证券业务可以给银行带来收益，而库存现金、中央银行的存款准备金、存放同业和托收过程中的现金，基本上不给银行带来收益，但却是银行正常经营所必需的。其他资产主要是指固定资产。因此，从商业银行的安全性、流动性和盈利性的原则分析，如何达到资产在规模上、结构上、品种上最为高效，需要用科学的方法加以管理，这就是为什么资产业务的经营在商业银行业务经营中占有重要地位的原因。

一、现金资产

现金资产是商业银行资产中流动性最强，安全性较好而盈利性较差的一种资产。包括：

（1）库存现金。商业银行为满足客户提现而准备的现金。

（2）在中央银行存款，又称准备金。包括法定存款准备金和超额准备金两部分。法定存款准备金是中央银行规定商业银行按其存款的一定比例上缴中央银行，目的是满足客户提取存款和银行的安全经营。在实践中发现中央银行变动法定存款准备金率可以影响商业银行的贷款规模，进而影响市场的信用扩张与收缩，影响流通中的货币量。于是，中央银行就把调整法定存款准备金率作为货币政策的一个重要工具。超额准备金是指商业银行在中央银行全部准备金中超过法定准备金的部分。法定存款准备金中央银行可以集中使用，超额准备金商业银行可以自主决定使用。在我国把库存现金和超额准备金并称"备付金"。

（3）同业存款。有业务关系的商业银行之间相互存入资金，供同业之间资金结算时使用，存款余额不计利息。

二、贴现业务

票据贴现是商业银行经常使用的贷款方式。顾客将未到期票据提交银行，由银行扣除自贴现日起至到期日止的利息而取得现款。

银行通过贴现间接贷款，且偿还期限一般都较短。商业银行所贴现的票据，由于多为正当的交易所产生，因此这样的资金运用比较安全、可靠。另外，贴现时利息预先扣除，不像一般贷款到期才能收取。从商业银行角度考虑，贴现业务较一般贷款为优。因为，银行对票据贴现，实际上是对以票据作抵押进行的贷款。票据到期，银行可以据此向票据标明的债务人收款。如果该债务人没有偿债能力，银行就可以对票据标明的有关责任人进行追索。而票据贴现对于借款人来说，相当于预付利息的借款，因此，其利息的支付实际要比标明的贴现率高。

贴现付款额＝票据到期值－贴现息

贴现息＝票据到期值×银行贴现率×贴现期限

贴现期限＝票据有效天数－企业持有天数

例：假如票据的面额为 10000 元，要 3 个月以后到期，贴现率年息为 4%，那么，银行就要从票据面额中扣出 100 元。

贴息：10000×4%×（3/12）＝100（元）

贴现付款额：10000－100＝9900（元）

即银行只能付给客户 9900 元。

大部分国家的年计息日按 360 天计算，少数国家的年计息日为 365 天。贴现业务形式上是票据买卖，实际上是信用业务。票据所反映的是，载明的付款人对持票人负责；在票据未贴现之前，他对持票的客户负责；在票据被贴现后，付款人对购入票据的银行负责。所以，票据的贴现实际是债权债务的转移，即银行通过贴现间接贷款给票据的付款人，只不过银行预先扣除了利息而已。

三、贷款资产业务

贷款资产业务又称放款，是银行将其所吸收的资金按一定的利率贷放给客户并约期归还的业务。它是流动性比较低的一种银行资产，因为在贷款到期日之前，银行很难将它收回。相应地，它的利率在各种资产中也是最高的，构成了商业银行最主要的收入来源。

贷款业务是商业银行的一项基本业务，也是商业银行最重要的资产。在美国，贷款资产占银行总资产的 60%～70%。我国近年来，全国金融企业的贷款占全部资金运用总额的 90% 以上。商业银行通过贷款满足社会经济对资金的需求，从而发展经济并为银行带来利润。贷款运用得恰当与否，不仅是银行成败的关键，也是社会经济兴衰的重要因素。

为了确保贷款的安全与盈利，西方商业银行非常重视对借款人信用情况的调查与审查，并于多年的实际操作中逐渐形成一整套衡量标准，这就是通常所说的放款审查6C原则。贷款在资产业务中的比重一般占首位，它的种类很多，按不同的标准划分，至少有以下几个类别。

（一）按贷款有否抵押品划分

（1）抵押贷款：是指以特定的抵押品作担保的贷款，抵押品可以是不动产、应收账款、固定资产。作为抵押的资产必须能够在市场上出售而且价值一般要求大于贷款金额。当银行因为借款人违约而处理抵押品时，收入超过贷款本息和的还给借款人，不足的通过法律程序追索不足的款项。

（2）担保贷款：是指根据《担保法》的规定，要求贷款人在贷款时须提供相应的担保，若贷款人到期无力偿还贷款，则由担保人承担偿还责任从而有效地保障银行资金的安全。

贷款担保政策一般应包括以下内容：明确担保的方式，如《中华人民共和国担保法》规定的担保方式有保证人担保、抵押担保、质押担保、留置以及定金；规定抵押品的鉴定、评估方法和程序；确定贷款与抵押品价值的比率、贷款与质押品价值的比率；确定担保人的资格和还款能力的评估方法与程序等。在贷款政策中明确上述担保政策，是为了在贷款中能够完善贷款的还款保障，确保贷款的安全性。

（3）信用贷款：是指企业依靠自身的信誉而无需提供抵押品或法人担保向银行取得的贷款。这种贷款手续简便，利率相对较高，贷款数额受公司财务情况的限制，但对银行来说，其风险较大，一般是贷给资信良好者。

注：按揭（mortgage）贷款，意为抵押，但又和抵押贷款有区别，它是指购房由于资金不够，而将房产的产权转让给提供贷款的银行作为还款保证，在还清贷款后，银行再将房产产权回复给购房人的业务。它适用于预售商品房即"楼花"的形式，是购房者（按揭人）、银行（按揭权人）、房地产开发商（回购担保人）共同参与的商品房预售合同关系，按揭权是物权，而不是债权，按揭贷款的额度一般在五到七成。

（二）按贷款的用途划分

（1）流动资金贷款：包括流动资金贷款、周转性贷款、结算贷款，是企业为解决流动资金不足向银行申请的贷款。

（2）固定资金贷款：包括基本建设贷款、技术改造贷款、专用基金贷款，是企业对固定资产的维修、更新、改造或扩大的资金需求而向银行申请的贷款。

（3）科技开发贷款：是企业为解决引进先进技术、新工艺、开发新产品的资金需要而向银行申请取得的贷款。

（三）按贷款期限划分

（1）短期贷款：短期贷款是指借款期在一年以内的各种贷款，包括季节性贷款、临时贷款。即使贷款后来被展期仍然归为短期贷款。主要包括短期流动资金贷款、票据贴现、出口押汇、部分个人消费贷款等。目前对企业发放的短期流动资金贷款是商业银行贷款的主要种类之一，也是企业流动资金的主要来源。同时短期贷款仍然也是商业银行主要的盈利资产，也是银行贷款资产中流动性较强，偿还性、安全性良好的优质资产。主要用于满足借款人对短期资金的需求。

（2）中期贷款：中期贷款是指期限在 1 年以上（含 1 年）、5 年以下的贷款。中期贷款一般是项目借款，主要用于企业的技术更新改造，也用于收购和兼并企业和部分消费者的贷款。中期贷款利率比短期贷款高，本息归还采取分期还息、到期还本方式，也可采用等额本息、分期还贷方式，而短期贷款通常采用到期还本付息或按季结息、到期还本方式。其特点是期限长、利率高、流动性差、风险大。

（3）长期贷款：长期贷款是指期限在 5 年（含 5 年）以上的贷款，主要包括项目贷款、不动产抵押贷款、基本建设贷款、科技开发贷款等。这类贷款期限长、流动性差，风险也相对较大。

（四）按还款方式划分

（1）一次偿还的贷款：是指借款人在贷款到期日一次性还清本金，其利息可以分期支付，也可以在归还本金时一次性付清。一般说来，短期的临时性、周转性贷款都是采取一次性偿还方式。

（2）分次偿还的贷款：是指借款人按规定的期限分次偿还本金和支付利息的贷款，到还款期结束时，刚好还清全部款项的贷款。这种贷款的期限通常按月、季、年确定，中长期贷款大都采用这种方式，其常见的利息计算方法有加息平均法、利随本减法等。

（五）按风险进行分类

我国由原来以流动性管理为基础的贷款分类方法，转变为以风险管理为基础的贷款分类办法。新的方法将贷款分为五类，即正常、关注、次级、可疑和损失。这是西方发达国家多年经验与教训的总结。与以流动性为基础的贷款分类方法相比，这种分类方法可以全面、准确地反映银行贷款质量，找到贷款质量差的原因，从而使银行可以主动采取有效措施，为金融资产流动与改组提供依据。每家金融机构都将计提数量庞大的呆坏账准备金。中国人民银行颁布的《银行贷款损失准备计提指引》中明确规定，对于关注类贷款，计提比例为 20％；对于次级类贷款，计提比例为 25％；对于可疑类贷款，计提比例为 50％；对于损失类贷款，计提比例为 100％。其中，次级和可疑类贷款的损失准备，计提比例可以上下浮动 20％。

四、证券投资业务

证券投资是指商业银行以其资金在金融市场上购买各种有价证券的业务活动。其目的是为了增加盈利、分散风险和增加资产的流动性。

（一）增加盈利

银行盈利的主要来源是存款和放款的利息差额。当社会对放款的需求旺盛、利率较高而且风险较低时，银行必然将资金大量运用于放款。当外界经济条件出现下述变化时，银行会改变这种资金运用的方向：当贷款普遍减弱时；当企业普遍不景气，虽有放款需求，但可能转嫁风险时；当市场利率下浮影响放款利率下浮时。此外，当放款不能按期收回，形成呆账、坏账的放款占相当数额时，银行对于放款更加谨慎。在上述情况下，银行会将部分资金用于购买有价证券，使资金得以充分利用，使资金的整体运用能获取尽可能大的收益。

（二）分散风险

资产分散化是银行规避风险的基本手段，银行在放款业务之外，又投资于多种证券，能够从多方面分散风险。证券投资比放款选择面更广，银行掌握主动权，资金的流进流出更为灵活。凡证券市场上进行交易的证券，银行都可选择，什么时候购进，什么时候售出，购销哪一种证券，完全由银行随机决定。而放款一旦出去，即使察觉出了风险，也无法在到期前收回。证券买卖并不是没有风险，它和放款风险的表现形式不同。它们可以起到一种相互抵消风险的作用。为了银行的安全和不因银行风险而影响国民经济，许多国家的政府用法规制约着银行的证券投资。如美国联邦政府只允许银行拥有政府债券以及权威的莫迪和普尔两公司所评定的质量最高四级的公司债，不得购买投机性债券，也不允许把相当于银行资本和公积金 10％以上的资金投向某一个债务人。这些法规，减少了银行证券投资的风险性。

（三）增强流动性

没有流动性就没有安全性。银行的流动性是以资产和负债两个方面来表现的。从资产方面讲，流动性最强的是现金，存放在中央银行和其他银行的款项，其次就是变现能力较强的有价证券，特别是短期有价证券，是银行的第二准备。当第一准备满足不了流动性需求时，银行就要动用第二准备。如在经济衰退时期，存款减少，放款不能收回，而借款需求增加。银行不可能完全满足借款需求时，银行就会出售有价证券来换取现金。增强了银行资产的流动性，从而增强了银行信誉。

商业银行的投资对象是信用可靠、风险较小、流动性较强的政府及其所属机构的证券如公债券、国库券等。此外，一些财力雄厚、信誉较高的公司债券，也是商业银行投资的对象。与贷款业务比较，证券投资业务便于银行根据经济情况的变动灵活调度资金。近年来，在美国商业银行的投资总额中约有 60％以上是联邦政府债券。至于投资于公司、企业的股票，在实施金融分业经营的国家，政府的管理是极其严格的；或严禁商业银行涉足此类活动，如禁止银行购买和持有股票；或给予苛刻的限制，例如，只允许银行以其自有资金及盈余的一个极小比例用于股票投资。至于在实施全能银行制度的国家中，虽无严格的管理，但不少国家在投资数量上也有限制性的规定，而且一般不允许银行对企业参股。

第四节　商业银行的中间业务

中间业务是指银行不占用或很少占用自有资金，以中间人的身份为客户办理各种收付和其他委托事项、提供各种金融服务并收取手续费的业务。与传统的存、贷款业务相比，商业银行的中间业务有时也被称为辅助业务或中间业务。国外商业银行通常将中间业务统称为表外业务。根据《巴塞尔协议》的规定，商业银行中间业务可分为四类：传统的代理、中介业务；担保业务；贷款承诺业务；金融工具创新业务，如期货、期权、互换、远期协约等。为在激烈的竞争中处于有利地位，商业银行往往利用其在技术、信息、机构、资金和信誉等方面的优势，从多方面拓展自己的业务。

中间业务是银行的资产与负债业务的发展与延伸，它依存于商业银行的存、贷业务，又区别于存、贷业务，中间业务很少占用银行的资本金，而且不涉及资产负债表内数据的变化，但可以提高商业银行的收益。银行创新性中间业务领域以其独有的无资本要求、低风险、高盈利、服务性强的特点，已经成为发达国家商业银行的支柱业务，中间业务的范畴也由传统的结算、信用证、票据承兑等发展为信托、基金管理、信息咨询等众多体系。商业银行中间业务的经营范围是随着社会经济活动客观需要而不断发展的，因此，在业务项目上它没有一个明确的界限。

20 世纪 80 年代以来，由于金融市场的发展，商业银行的贷款业务有所萎缩，中间业务和表外业务在银行中的地位则变得重要，手续费收入也越来越成为商业银行收入的重要来源。

一、结算类中间业务

这是商业银行的重要作用之一，就是充当工商企业之间的支付中介，通过为各个单位开立账户，完成货币结算与收付，加速社会资金周转。这是由商业银行为客户办理因债权债务关系引起的与货币收付有关的业务，如结算、进口押汇、信用卡业务等。它是由商业银行的存款业务衍生出来的，顾客到银行存款（尤其是存入活期存款）除了安全保值的目的外，很大程度上是为了利用转账结算方面的便利。商业银行为了吸收更多的存款，也尽可能地加强和完善结算业务工作。

（一）汇兑

汇兑业务是指承兑行将客户持交的一定款项汇至异地指定的收款人。承汇行在接受客户持交的款项后，通过汇票或支付委托书向异地承兑行发出命令，由承兑行向第三者支付一定数额的货币。

单位和个人的各种款项的结算，均可使用汇兑结算方式。汇兑分为信汇和电汇两种，不受金额起点限制。目前已基本取消了信汇业务。汇兑的必须记载事项包括：表明"信汇"或"电汇"、无条件支付的委托、确定的金额、汇款人名称、收款人名称、汇入地点、汇入行名称、汇出地点、汇出行名称、委托日期、汇款人签章。汇兑凭证上欠缺上列记载事项之一的，银行不予受理。汇兑凭证记载的汇款人名称、收款人名称，其在银行开立存款账户的，必须记载其账号，欠缺记载的，银行不予受理。委托日期必须是汇款人向汇出银行提交汇兑凭证的当日，汇兑凭证的金额、日期和收款人不得更改，其他事项的更改必须由原记载人签章证明；单位汇款人在汇兑凭证上的签章必须是该单位预留银行的签章。汇款回单只能作为汇款银行受理汇款的依据，不能作为该笔汇款已转入收款人账户的证明。从承兑行收到客户现金到汇入行支付给收款人，这中间有时间间隔，银行可以占用客户资金。当前，在电子技术广泛运用的情况下，大额资金都是采用电子调拨系统处理，系统内银行之间的资金转划均可瞬间完成。

（二）承兑

承兑是汇票所特有的一种制度。银行为客户未到期的票据承担付款保证，应客户要求在票据上签字盖章，实质上是银行以自己的信用来加固客户的信用。银行要收取手续费。票据到期，银行要为无力支付或者不愿支付款项的客户，承担付款责任。银行承兑汇票和商业承兑汇票的承兑人不同，决定了商业承兑汇票是商业信用，银行承兑汇票是银行信用。目前银行承兑汇票一般由银行签发并承兑，而商业承兑汇票可以不通过银行签发并背书转让，但在信用等级和流通性上低于银行承兑汇票，在银行办理贴现的难度较银行承兑汇票高。

（三）信用证业务

由银行保证付款的业务主要是商品信用证业务，适合于异地采购，尤其是国际贸易。出口方对进口方的信用不了解，银行应进口方即购货方的要求，收取其一部分或全部货款，并向出口方即销货方开立信用证，注明货物的规格、单价、数量，只要出口方按条件发货，就可持信用证和提货单要求开证行付款。银行得到的利益有两方面：一是收取手续费，二是收取一定货款作为保证金，并且可以占用这部分资金。

（四）银行卡业务

银行卡是一种供客户办理存款、取款和转账支付的工具。包括信用卡、支票保证卡、记账卡等。信用卡可以在指定的商店和其他场所进行记账消费，支付劳务甚至支取现金，1951 年开始在西方银行实行。支票保证卡流行于欧洲，是供客户签发欧洲支票时证明其身份的银行卡。欧洲支票始行于 1968 年，是全欧洲通行的支付工具，保证卡只有证明作用没有授信功能。记账卡是在自动取款机上插卡取款或转账使用的工具，是一种借记卡，使用后立即从客户在银行的账户扣除。

二、担保和承诺类中间业务

担保是由商业银行向客户出售信用、或为客户承担风险引起的有关业务，如担保、承诺承兑、信用证等。承诺是由商业银行向客户提供传统信贷以外的其他融资服务引起的有关业务，如租赁、承诺承兑、信托投资、代理融通等。

利用银行信用从事担保活动，是商业银行的一项传统业务。如传统的票据承兑及国际贸易活动中由银行签发的信用证等均属于担保业务。不过，这些传统的担保业务不会影响到银行资产负债业务的质量。而近年来银行开展的担保业务，则往往是可能对银行资产负债业务构成潜在影响的业务。正因为如此，在银行经营管理活动中，往往将其称为"或有负债"。例如，签发备用信用证，为发行债券的政府机构、公司提供债券还本付息履约担保。

担保业务是以银行信誉为前提的，没有银行信誉作后盾，银行的担保业务也就失去了存在的基础。以银行在证券融资过程中的信誉作用为例。银行作为信用中介人，已逐步成为社会公认的信誉人，融资者要在市场上顺利地发行有价证券，前提条件是必须让市场承认其信誉地位，实现这一前提的有效途径通常是取得银行的信誉担保。

（1）信用担保：是指银行应某项交易中一方的申请，允诺当申请人不能履约时由银行承担对另一方的全部义务的行为。信用担保一般以出具保函的形式进行。

（2）信用见证：是商业银行为申请人提供证明，证明申请人向受益人所提供的材料属实，有履约能力，作为双方合同的见证。信用见证只负有道义上的责任，如出了问题，见证人并不赔款，仅遭受一定的信誉损失。

（3）贷款承诺：是银行与借款客户达成的一种具有法律约束力的正式契约，银行将在正式的有效承诺期内，按照双方商定的金额、利率，随时准备应客户需要提供信贷便利，作为提供承诺的报酬，银行可得到承诺佣金。

1）定期贷款承诺：这是借款人在承诺期限内只能一次性提款，提款数可以是全部或部分承诺金额，如一次未提满承诺金额，则剩余部分作废。

2）备用贷款承诺：在备用承诺条件下，借款人可在承诺期内多次提用资金，一旦借款人开始偿还贷款，尽管偿还发生在承诺到期之前，已偿还的部分就不能被再次提用。

3）循环贷款承诺：银行和借款人可以协议一个最高限额，在一定期限（1～5年），借款人在不超过限额的情况下，可以随时要求贷款和还款，利息按实际借款额和借款期限来确定。银行也可以不贷款，只支付承诺费。主要对象是信用等级高的企业，不要抵押、担保。在社会基金供应紧张的情况下，企业担心未来不容易贷款，往往采取这种方式。

（4）票据发行便利。银行对企业中期周转型的票据发行融资的承诺。企业在5～7年内，可以多次发行短期票据筹集资金，常用的是一年期企业债券。按短期债券计算利息，这样企业可以较低的利率筹集到中长资金，银行和企业有协议，如果企业票据发行不畅，银行要存够票据。银行信誉高，为企业连续发行票据提供保障，可以收取手续费，一般为票据金额的 0.25％～0.5％。

（5）回购协议。回购协议带有承诺的性质。

承诺分为可撤销承诺和不可撤销承诺。如果客户没有履行协议中的条款或者信用等级降级，银行可撤销承诺。不可撤销承诺是指银行不经客户同意不得私自撤销承诺。上述承诺中，贷款承诺属于可撤销承诺，票据发行便利和回购协议属于不可撤销承诺。

三、融资类中间业务

由商业银行向客户提供传统信贷以外的其他融资服务引起的有关业务，如金融租赁、信托投资、代理融通等。

（1）金融租赁是指信托部门以收取租金为条件，出资购置机器或者与设备生产单位合作，对承租人提供机器设备的一种信托方式。在租赁期内，设备的所有权属于出租方，设备的使用权属于承租方，承租方按合同规定分期向出租方支付一定的租赁费，租期届满，按双方协定办法处理设备。承租人可以归还给出租人，也可以购买这些设备归其所有。

（2）代理融通又叫代收账款或收买应收账款，是由商业银行或专业代理融通公司代顾客收取应收款项，并向顾客提供资金融通的一种业务方式。代理融通业务一般涉及三个方面的当事人：一是商业银行或经营代理融通业务的公司；二是出售应收账款，取得资金融通的工商企业；三是取得商业信用赊欠工商企业、货款的顾客。三者的关系是，工商企业对顾客赊销货物或劳务，然后把应收的赊销账项转让给银行或代理融通公司，由后者向企业提供资金并到期向顾客收回。

（3）信托投资。金融信托也叫银行信托，是银行的一项中间业务。如各种信托银行、信托投资公司、银行信托部等，接受拥有资金和财产的部门或个人的委托，按其要求代为经营管理或处理资财，并按规定标准收取费用。

四、代理类中间业务

由商业银行接受客户委托、利用自身经营管理上的职能及优势，为客户提供各种服务引起的有关业务，如各种代保管、代理理财、代理清债等代理业务及现金管理等。代理业务是指商业银行接受政府、企事业单位、其他银行或金融机构以及居民个人的委托，以代理人的身份代表委托人办理经双方议定的经济事务的业务。

（1）代理中央银行业务。代理财政金库业务、发行政府债券。

（2）代理收付款业务。是商业银行接受单位和个人的委托，代为办理指定款项的收付事宜。该项业务可以利用商业银行先进的结算手段，广泛的营业网点，以及与单位、个人紧密的联系，为社会提供丰富的服务项目，同时增加商业银行的经营收入。如代收各种费用、代付工资。

（3）代理承销和兑付债券。

（4）代理融通业务。商业银行代客户收取应收账款，并向客户提供资金融通的业务。

（5）代理保管业务。代理保管业务是指商业银行以自身所拥有的保管箱、保管库等设备条件，接受单位和个人的委托，代为保管各种贵重金属、契约文件、设计图纸、文物古玩、珠宝首饰以及股票、债券等有价证券。代理保管的方式主要有：出租保管、密封保管、露封保管等。银行按保管物品的不同，按年一次收取手续费。

五、其他中间业务

其他中间业务是指上述业务以外的各种中间业务，如咨询、评估、财务顾问、计算机服务等。

近年来，随着金融管制的放松和"脱媒"现象的产生，西方商业银行传统的存贷款业务收益日渐下滑，迫使很多商业银行把中间业务作为突破口进行金融创新，以寻找新的利润增长点。国外商业银行的中间业务收入一般要占总收入 40％左右。如 1997 年在美国大通曼哈顿银行总收入中，利息收入仅占 69％，非利息收入所占比例达到 31％。与国外银行相比，我国商业银行中间业务开发明显不足，其收入在利润中的份额不到 10％，且主要是传统的结算性业务。随着我国金融业的开放，与外资银行竞争的焦点也集中在中间业务上，中间业务中传统的结算业务因为中资银行网点多所以不受威胁，但对于知识含量多的新型中间业务中资银行无法与外资银行抗衡，新型中间业务是中资银行需要发展的。

六、表外业务的界定

上述各类中间业务被称为广义的表外业务。表外业务是指那些没有列入资产负债表，但在一定条件下可能转为表内资产负债业务的经营活动，所以又称为或有资产、或有负债。《巴塞尔协议》把表外业务分为两大类：广义的表外业务和狭义的表外业务。广义的表外业务是指所有的中间业务；狭义的表外业务是指有风险的表外业务，如承诺业务、担保业务、金融衍生工具业务、投资银行业务。

第五节　商业银行的资产负债管理

商业银行通过众多的内部机构，为社会提供服务。每个机构都由不同的金融决策专家组成。所以，通常在银行内部由不同的人来决定应向何种客户发放贷款，应在其投资组合中增加何种证券、存款和其银行所提供的服务应该如何向公众标价，以及银行应依靠何种资本来源。然而，今天的银行家们认识到所有的这些管理决策是密切相关的。关于哪个客户的贷款要求应得到满足的决策与银行筹取存款和非存款资金以支持那些新贷款的能力密切相关。同样，银行所接受的贷款组合的风险大小与银行的充足性相关，因为银行资本保护股东和存款人免受坏账损失的危害。在一家管理良好的银行，所有这些管理的决策都必须在全行范围内协调，以保证其不会相互冲突。商业银行为力求盈利性、流动性、安全性的平衡而对资产和负债协调统一管理，被称为资产负债管理。

商业银行的资产负债管理理论经历了三个发展阶段：从 18 世纪资本主义自由竞争到 20 世纪 50 年代中期，资产管理理论盛行一时；从 20 世纪 50 年代末期到 70 年代，负债管理理论成为商业银行经营管理的主导思想；从 20 世纪 70 年代以来又进一步发展到资产负债协调管理的理论。

一、资产管理的理论和方法

资产管理理论，产生于银行经营的初期阶段，是以银行资产的安全性和流动性为重点的经营管理理论。在商业银行产生以后的相当长的一段时期内，由于它的资金来源主要是存款，资金运用也比较单一，一般只是短期的临时性贷款，而且金融市场尚不发达，银行的变现能力较低，因此商业银行经营管理的重点，主要放在资产方面，通过资产结构的恰当安排，来实现经营方针的要求。由此便形成了资产管理理论。资产管理理论又经历了三个不同的发展阶段：商业性贷款理论、资产转移理论、预期收入理论。

（一）商业性贷款理论（Commercial-Loan Theory）

商业性贷款理论，又称"真实票据理论"，"自偿性理论"，"生产性贷款理论"。该理论从银行的资金来源主要是吸收存款这一客观现实出发，认为存款随时有被提取的可能，为保持资产的流动性，商业银行只应发放短期的、与商品周转相联系或与生产物资储备相适应的自偿性贷款。这类贷款能随着物资周转、产销过程的完成，从销售中得到偿还；放款是以商业行为作基础，并有真实的商业票据为凭证，一旦企业不能偿还贷款，银行可以处理作抵押的票据，收回贷款。从宏观上看，由于这种自偿性贷款依贸易需要自动伸缩，因此，对货币和信用量具有自动调节作用。

商业性贷款理论产生于 200 多年前，在相当长的时期内，一直支配或指导商业银行的业务经营。不仅在当时自由竞争的条件下对稳定银行的经营起到了积极作用，而且，银行贷款自偿性的论点对银行的经营方针也有着深远的影响，至今仍对商业银行经营方针起着重要作用。它是整个资产负债管理的理论基础。但是，随着生产力水平的迅速提高，企业资本的壮大，社会对贷款的需求扩大，特别是企业需要中、长期贷款及消费贷款需求的增加，这是自偿性贷款所不能满足的，被一种新的理论——资产转移理论所替代。

（二）资产转移理论（the Shifitibility Theory）

资产转移理论又称"可转换性理论"。第一次世界大战后，金融市场进一步发展和完善，金融资产多样化，流动性加强，银行对流动性有了新的认识，转移理论也就应运而生。转移理论是关于保持商业银行资产流动性的理论。这种理论认为，商业银行能否保持其资产的流动性，关键在于它持有的资产能不能随时在市场上变成现金。只要银行手中持有的第二准备金（政府债券和其他短期证券）能在市场上变成现金，银行资产就有较大的流动性。这种资产被称作可售性资产，即可以增加盈利的非现金流动资产。同样，只要中央银行随时准备购买商业银行提出贴现的资产，银行体系也能保持流动性。因此，保持银行资产流动性的最好办法是购买那些急需时可以立即出售的资产。这类资产的债务人必须具有下列特点：信誉高，即资产的债务人要有很高的信誉，到期能还本付息，如国家发行的债券，大公司发行的债券都具有这一特点；期限短，资产的到期日越近，其流动性越强；易于出售变现，不会遇到麻烦和损失。作为流动准备的资产以多长的期限为宜，没有一个明确的说明。一般说来，期限越短越好。一个更加实际的说法是，作为流动准备的资产，它的期限应该是购买它时所承担的利率的期限。这种理论曾广泛影响商业银行的发展，直到目前，全球商业银行的证券投资还占商业银行资产的25%。但是，实践证明，这种理论也有明显的缺陷，当经济危机、市场萎缩，造成企业倒闭时，可售性资产很难在市场上找到买主。于是，它又被一种新的理论——预期收入理论所替代。

（三）预期收入理论（the Anticipted-Income Theory）

第二次世界大战后，经济发展带来了多样化的资金需求，一方面短期贷款需求有增无减，另一方面又产生了大量设备和投资贷款的需求；同时，其他金融机构与商业银行的竞争也日趋激烈。这一切都迫使商业银行的放款标准不能仅仅停留在期限方面，而要更多地放在贷款和投资项目的预期收入方面，以放款的预期收入来保证银行资产的安全性和流动性。

预期收入理论认为，无论是短期商业贷款还是可转让的资产，都是以未来的收入为基础的。如果一项投资的未来收入有保证，即使期限长，仍可保持流动性；相反，如果未来收入没有保证，即使放款期限短，仍有不能收回和坏账的风险。它强调了银行贷款偿还和贷款项目未来收入的关系。

预期收入理论揭示了银行资产流动的经济原因，深化了对贷款清偿的认识，突破了银行原来的经营范围，既不受银行资产期限和类型的限制，也不必过多考虑资产转让的性质，只要收入有保证。问题在于，预期收入状况是银行自己预测的，在资产期限较长的情况下，物价、利率、税率、经济政策等多种因素的变化，既会影响商业银行的预期，又可能使债务人的经营情况发生变化，届时不一定具备偿还能力，故以预期收入作为资产经营的标准，并不能完全保证银行资产的流动性和经营方针的实现。

以上三种资产管理理论，反映了商业银行在不同发展阶段经营管理的特点，在保证银行资产流动性方面各有侧重。商业性贷款理论，主要是通过短期来保证流动性；资产转移理论，是在金融市场得到一定程度的发展，金融资产交易较为普遍的条件下，主要通过金融资产的转移来保证流动性，强调了资产转移性的作用；而预期收入理论，则主要是从放款投资的健全性方面来考虑，保证资产的安全与流动，但它并不排除保持一定数额的短期放款和持有一定的短期票据，来保持流动性的必要。不论商业银行以什么样的经营理论为指导，业务形势的发展如何，短期放款仍还是商业银行的重要资产业务。因此，资产管理的各种理论之间并不是相互排斥的，而是一种相互补充的关系，反映了一种不断完善和发展的演进过程。各种理论的产生，都为银行的资产管理提供了新的思路，推动了资产业务的不断发展。

（四）资产管理方法

无论何种资产管理理论，都要解决一个核心问题，保证资产具备一定的流动性，由此产生了一些资产管理方法，主要介绍两种。

1. 资金集中分类法

银行将不同来源、不同期限的资金集中起来，然后有序地在各种资产之间分配。分配顺序是：第一准备金、第二准备金、贷款、证券投资。不动产投资另作考虑。第一准备金是流动性最强、能直接满足客户提存和借款要求的那些资产，如库存现金、在中央银行的存款余额、同业存款、托收过程中的现金项目等。确定用于第一准备金的资金比例的一般方法，是计算所有同类规模银行的现金资产对存款或总资产的比率的平均数。第二准备金是指可以增加用户盈利能力的非现金流动性资产，一般为票据及短期证券，也包括短期放款。单个银行的资金用于第二准备金的比例一般确定为五年内到期的政府债券对总资产的比率。这种方法盛行时，各银行一般将新增资金的14％用于第一准备金，7％用于第二准备金。

2. 资产对应分配法

资产对应分配法是资金集中法的完善和发展。其主要内容是：银行要根据不同资金来源的流动性来决定资产的分配方向和分配比例，在资产与负债的项目之间建立起对应关系。我们可以用表6—1表示。

表6—1 资产对应分配法

负 债	资 产
活期存款	第一准备金
储蓄存款	第二准备金
定期存款	贷款
	长期证券投资
资本金	固定资产

二、负债管理的理论和方法

在负债结构中，成本较低的负债越多，要求流动性资产的保持额越大，流动性资产的保持额越大，获利资产相应的减少也就越大。因此，负债管理理论所追求的就是在寻找如何保持负债规模及其成本与流动性之间的合理关系，使银行能稳健地经营和发展。负债管理先后产生了银行券理论、存款理论、购买理论和销售理论，其中又以购买理论影响最大，被称为"银行负债思想的创新"。

（一）银行券理论

银行券理论产生于银行业发展的初期。银行券是指银行发行的用以代替商业票据流通的银行票据，它是金属货币的代表物，与金属货币等同流通，但银行券本身已经没有内在价值，它的发行并不需要十足的黄金作为发行准备，只要保留一定的现金准备就足以应付银行券的兑现，但必须保留这部分现金准备。这就是银行券理论的基本内容。

在银行券的发行统一于中央银行后，一般商业银行已经不能尽可能地吸收存款，但存款最终的决策者是存款人；银行必须为存款支付利息，利率对存款的影响很大；存款对银行来说，仍然具有一定威胁，存款不能按时兑付，会使银行失去信用而出现挤兑；在正常情况下，存款具有稳定性，即使是活期存款，在不断存取过程中，也会存在一定数量较为稳定的可以长期运用的沉淀资金，但长期运用的资金必须在这个额度内，否则会出现流动性危机；银行可以创造派生存款。因此在吸收成本较高的存款时，可以通过创造低息的派生存款而使成本得到相应降低。

存款理论反映了这一时期银行经营者追求稳健经营的思想。在这种理论指导下，银行强调适应客户的要求组织存款，根据安全性原则管理存款，按期限对称的方法运用存款，参照贷款收益去确定存款利率。这种保守的管理思想一方面受传统经济学关于货币是第二性的观点影响，另一方面也是因为在当时环境下，银行稳健经营就能获得较高的收益。另外，金融市场不够发达，银行避免流动性危机的措施主要是保持流动性极强的资产。因此当整个金融业日臻完善和经济高度发展后，这种保守的管理思想很快就被创新意识极强的购买理论所取代了。

（二）购买理论

20世纪30年代大危机后的世界各国对存款利率进行了管制，比如美国1933年银行法规定对活期存款不付息，还规定了储蓄存款和定期存款的利率上限，这就使商业银行在通货膨胀严重时，不能灵活运用利率措施稳定存款，而一些非银行金融机构则不受约束，占据了竞争的有利地位。同时，直接金融的发展也使信用非中介化，银行的地位进一步被削弱。在这种情况下，稳健经营的思想并不能使银行稳步发展，而是面临衰退。与此同时，金融市场的拓展，金融创新层出不穷，使金融市场上的金融商品越来越丰富，金融市场上的资金量越来越大，这就为商业银行通过借款获得资本来源和通过借款满足流动性需要，甚至通过借款来发放高息贷款提供了条件。在这种特定历史条件下，购买理论反映了银行经营的客观需要。

购买理论认为，银行对负债并非完全消极被动，银行完全可以积极主动地进行负债，即可以通过购买负债的办法扩大资金来源。不仅如此，银行的流动性也可以从负债中获得。只要商业银行的借款市场广阔，就可以通过借入资金来满足流动性需求。尽管购买理论富于创新精神和充满生气，为商业银行提高竞争能力提供了理论上的指导，但它同时也给银行的经营带来了风险。首先，风险来自费用方面，借入资金的成本一般较高，如果银行的资金运用没有足够大的收益，银行便增加了亏损的可能性。其次，风险来自借入资金的可供量，若金融市场上银根紧缩，就会使银行不能借入急需款项而出现流动性危机。风险还会来自于银行借入资金成本高而不得不将资金投向收益较高的贷款和投资上，导致银行资产的风险增加。

（三）销售理论

销售理论产生于近一二十年。这种理论以一种崭新的眼光来看待银行，认为银行是金融产品的制造企业，银行负债管理的中心任务就是推销这些产品，以获得所需的资金和所期待的收益。因此这种理论的关键在于银行为获得资金，应设计各种各样能满足客户各种需要的金融产品，并宣传推销这些金融产品。销售理论反映了银行综合化、万能化发展的趋势，也是银行与非银行金融机构之间相互竞争和相互渗透的反映。但它的局限性在于：要么不计成本风险地扩大负债，要么不合时宜地稳健经营，失去竞争力。从银行经营原则出发，只有遵循资产负债管理的基本原理使资产管理和负债管理协调进行，才能保持银行的安全、流动和盈利性。如果不考虑资产管理，无论怎样去改进负债管理都是狭隘的。

尽管负债管理理论不断地为银行家们提供着新的经营指导思想，但20世纪70年代中期以后，西方商业银行面临的风险环境发生了剧烈的变化，通货膨胀率不断上升，汇率、利率剧烈波动，西方银行界一向比较稳定的外部环境被打破，各种不稳定因素增加了银行的风险。金融自由化和全球一体化浪潮，使银行的经营环境更加复杂和险恶。

同时，这一时期负债管理理论开始取代了资产管理理论，这一理论的最大特点是强调银行应尽力扩大资金来源，其目的只是为了取得对资金来源的控制，相对于长期以来银行家对其资产的控制，其关键的控制手段是价格。银行若有面临超过其可用资金的贷款需求，只要比竞争对手提高利率，资金就会涌入，反之亦然。

负债管理理论产生于20世纪50年代末的美国，盛行于60年代。当时的美国进入经济繁荣的高度发展时期，社会各方面对贷款的需求也远远超过了存款的增长，这必然促使银行之间争夺存款，并从存款以外去寻求资金来源。利率的变动迫使商业银行要十分认真地对待放款和投资的风险问题，在资产管理理论盛行时期，银行之间为争夺存款，竞相提高利率，甚至不惜危及银行的安全性和盈利性，增加了以后的负债成本，相应地也必然要提高放款利息和投资收益的条件，当社会无法接受这种较高的利率和投资收益的条件时，银行就同全社会的经济一样，面临危机。1929～1933年世界性的经济大危机中，美国银行倒闭9103家，整个社会经济萧条，为了挽救银行走出困境，美国国会通过了《格拉斯—斯特哥尔法案》（即《1933年银行法》）以限制银行业务竞争的盲目性。立法规定对活期存款禁止付利息，这一规定后来推广到其他各资本主义国家，一直延续到现在。对其他存款利率也作了上限限制，利率上限的规定削弱了银行吸收存款的能力。企业为了减少在银行存款方面的利息损失，急迫地提取存款，投资于购买短期证券和商业票据，存款的下降促使银行寻找不受法案限制的新的资金来源。同时，银行和金融机构的竞争日趋激烈，不仅要争夺短期贷款和继续吸收存款，还要争夺长期资金市场，以解脱可贷资金紧张和流动资金的压力，由于资本主义国家经常发生物价上涨、通货膨胀给银行带来了获取盈利的好机会，负债经营虽然有风险，但如经营得法，收益会增加。正是在上述情况下，商业银行产生和发展了各种负债形式。这些形式可归纳为两种模式：

负债管理理论模式Ⅰ，是指商业银行面临清偿能力不足时，可用短期借入款来弥补提取的存款，这样在负债方一增一减，正好扎平。见表6—2。

表 6—2　负债管理理论模式 I

资　产	负　债
贷款 投资	存款提取
	存款
	借入款
	短期借入款

负债管理理论模式 II，是指商业银行在发生可贷资金不足时，可通过借入款来应付增加的借款需求，这样银行的负债和资产同时增加。同时，因资产扩大还会带来利差上的收益。见表 6—3。

表 6—3　负债管理理论模式 II

资　产	负　债
贷款	存款
投资	借入款
增加贷款	增加借入款

（四）关于负债管理理论的评价

负债管理理论对现代商业银行的发展和经济繁荣起到了积极作用，推动了商业银行的主动负债创新，缓解了流动性和盈利性之间的矛盾。负债管理理论并未否定资产管理理论，它主张在加强资产管理的同时，更多关注负债管理，通过发行债券、借款等方式扩大资金来源以满足资金流动性的需求，过去是有多少存款就发放多少贷款，现在是主动负债，通过改变负债结构来满足资金运用的需要，既保持清偿能力，又增加盈利性资产的比重，同时，相应增加收益较高的贷款和投资，推动了信用扩张和银行的盈利能力。

负债管理理论的执行证明，这种理论也有缺陷。主要是外部条件的不断变化增大了银行的风险性，往往破坏流动性和风险性的平衡。可以说，在负债管理理论的影响下，银行家是在冒险中进取的。

（1）增大了资金来源不足的风险。银行靠吸收临时性的借款弥补资金来源有时是靠不住的，在经济衰退时期，社会没有大量的闲置资金出借市场资金供应小于资金需求，银行有"断奶"的危机。

（2）增大了流动性风险。靠负债经营维持流动性，银行负债结构发生了很大变化，存款减少，短期借款的比重增大，为了追求利润，中、长期贷款会增加，"借短放长"的现象日益严重，加大了清偿的难度。

（3）增大了成本风险。除存款以外的很多负债方式，如欧洲美元借款、同业拆借、可转让大额定期存单、贴现窗口、回购协议等，用这些方式吸收资金的利率都要高于同期的存款利率，增大了银行负债成本。

（4）增大了信用风险。由于负债成本较高，银行必然把资金投向收益更高风险也更大的贷款和投资，又会带来更高的信用风险和市场风险。

三、资产负债协调管理的理论和方法

资产负债管理克服了资产管理和负债管理或倚重于资产，或倚重于负债的缺陷，通过资产和负债的统一协调管理，达到"盈利性、流动性、安全性"的均衡，是负债管理和资产管理在高层次上的结合。银行管理者对所有资产负债的类型、数量、总量及其组合等同时作出决策，其实质是对银行资产负债表内表外业务各项目的总量、结构及重新定价等进行计划、安排和控制。狭义的资产负债管理是指对利率的分析和流动性管理。

（一）资产负债管理的原则

1. 总量平衡原则

总量平衡原则是指在动态的变化中，资产和负债尽量保持总量上的平衡，银行的资金流出必须以资金流入为基础，不要超负荷经营。事实上，二者的总量不可能绝对平衡，它的真实意义是银行要保持足够的清偿能力。所以银行要先缴足法定存款准备金，同时留够备付金，再作出放款余额上限。

2. 结构对称原则

结构对称原则是指银行的资产运用的结构期限长短、利息高低要以负债结构的资金来源的流转速度及利率高低来决定，很显然，对称包括两个方面：一是资产偿还期与负债偿还期应保持尽可能接近的对称关系；二是从成本结构讲，资产运用的成本必须与负债成本即利率相适应。实际操作中一般采用资产加权平均到期日与负债加权平均到期日的比率来衡量，称作"持续期缺口分析"，如果二者的比率等于1，说明资产与负债的流动性基本一致；如果比率大于1，说明资金运用过度，银行长期性资金来源不足；如果比率小于1，说明资金运用不足。两种情况下都要求银行作结构调整。

3. 资产分散化管理原则

资产分散化管理原则是指银行在进行资金分配时，应当尽力将证券和贷款的种类分散，目的在于分散风险，保证安全性。包括资产种类分散、行业分散、地区分散、客户分散、货币种类分散、期限分散等。

资产负债理论既讲求资金的安全性，确保有足够的支付能力，又讲求资金的效益性，尽量减少资金闲置，以保证银行总效用。

（二）资产负债协调管理的方法

资金流动性管理是资产负债管理的基础，管理的目标是如何在市场利率频繁波动的情况下，实现最大限度的盈利。主要体现在流动性管理、利差管理、利率敏感性分析和套期保值等方法上。

1. 流动性管理

流动性管理即缺口调整管理，这是一种分析资产方与负债方之间的流动性差额，来表示现有流动性状态和预期流动性需要之间关系的方法。这种方法要求将资产分为流动性资产和非流动性资产。流动性资产包括超额准备金、短期政府债券、短期贷款、现金等；非流动性资产包括法定准备金、中长期贷款、长期证券、房地产投资等。同时，负债也分为易变性负债和稳定性负债两类。易变性负债包括季节性存款、不易把握的流动性存款、其他短期负债等；稳定性负债包括沉淀的活期存款、定期存款、储蓄存款、浮动利率存款、资金等。然后把资产与负债的流动性从量上作对照，其差额称作缺口。当现有的流动性资产小于易变性负债时，我们视为正缺口，说明资产流动性不足，需要加强资产流动性。当现有的流动性资产大于易变性负债时，我们视为负缺口，说明对易变性负债形成的资金来源使用过度。这只是在某一时点上对于流动性的静态分析。实际业务经营中，还要对预期的流动性贷款和易变性存款增长进行分析，分析二者的差额我们视为预期流动性需求。我们把预期的流动性需求和现有的流动性缺口综合考虑，就可计算出实际需要调整的流动性需求额，其算式为：

实际需调整的流动性需求＝预期流动性需求－流动性缺口＝（预期贷款增长－预期存款增长）－（易变性负债－流动性资产）＝预期贷款余额－预期存款余额

2. 利差管理

银行要实现最大限度的盈利，必须尽力扩大利差。衡量利率有三个主要指标：

利差＝利息收入－利息支出

利率差＝（利差/盈利资产）×100%

利率差＝（利息收入/盈利资产）－（利息支出/有息资金）×100%

上述三个指标都必须大于零，银行才有盈利。常用的分析方法有：

确保利差：即对所筹集资金的成本率进行测算，要求所有盈利资产的收益率必须大于付息资金成本率，同时，对需要定价的新贷款必须保证一个最低的收益要求。通过最优化分析以确保利差。

利差差异分析：由于利差是全部资产的利息率与数量的乘积减全部负债的利息率与数量之积所得的差额，因此，资产负债的利率、资金数量和资产负债组合三者对商业银行利差有重要的影响，银行管理人员将上述三种因素的变动对利差的影响分别进行分析。当独立分析某一因素的差异、全额差异、利率差异再求出总差异这样就可以得到一张银行利差表。对利差表进行分析，银行可以知道如何根据利率的变化及时调整资金数量和资产负债的组合以取得较高的利差。

3. 利率敏感性分析即利率缺口调整

利率敏感性分析是一种运用利率敏感性差异调整资产负债结构以谋取在已知风险水平下获得更多利益收益的方法。利率敏感性指各种内部因素和外部因素对利率影响的程度。内部因素是指银行的资产负债状况、贷款的质量和期限、吸收资金的成本和期限等。银行可采取敏感性缺口的管理方法对内部因素进行调节。根据对利率是否敏感，可把资产负债划分为两大类：一类是对短期利率变化敏感的资产和负债，即活动利率的资产和负债；另一类是对利率变化不敏感的资产和负债，即固定利率的资产和负债。利率敏感性资产（RSA）包括同业拆借、短期可转让定期存单和支票存款；非利率敏感性负债包括无息活期存款、长期可转让定期存款、长期债务资本和股本等。利率敏感性资产超过利率敏感性负债的资金差额，我们称之为缺口。缺口管理为利率敏感性资产与负债的组合提供了三种选择：

（1）当利率敏感性资产/利率敏感性负债＞1时，称为正缺口，说明一部分利率敏感性资产是由非敏感性负债筹措的。

（2）当利率敏感性资产/利率敏感性负债＜1时，称为负缺口，说明有一部分利率敏感性负债被用于非敏感性资产。

（3）当利率敏感性资产/利率敏感性负债＝1时，称为零缺口，说明二者的数量相等。

缺口管理的基本方式是根据利率变化趋势，改变缺口的大小。如果预测短期利率上升，就扩大正缺口或缩小负缺口。如果预测短期利率下降，就缩小正缺口，扩大负缺口。这样就能增加银行收益。这几种选择可以在利率不同时期的不同阶段上运用。

4. 套期保值

金融期货的套期保值同粮食、金属等的套期保值的方法近似，只不过它的标的物是金融资产。其方法是，银行同时在现货市场和期货市场各做一笔金融相等、方向相反的交易。目的也是为了减少和避免利率风险。

四、中国商业银行的资产负债管理

如前所述，西方发达国家已经有几百年资产负债管理历史，积累了较丰富的经验。我们的商业银行也在进行这方面的探索。1994年2月中国人民银行正式下达了《关于对商业银行实行资产负债比例管理的通知》。1996年12月又对这个通知进行了修订，下达了《中国人民银行关于印发商业银行资产负债比例管理监控、监测指标和考核办法的通知》，1997年1月1日执行。

监控指标10个：资本充足性指标，贷款质量指标，单个贷款比例指标，备付金比例指标，拆借比例指标，境外资金运用指标，国际商业借款指标，存贷款比例指标，中长期贷款比例指标，资产流动性比例指标。

监测性指标6个：风险加权资产比例指标、股东贷款比例指标、外汇资产比例指标、利息回收率指标、资本利润率指标、资产利润率指标。

（一）监控性指标

1. 资本充足率指标（本外币合并考核）

资本净额与表内、外风险加权资产期末总额的比例不得低于8%，其中核心资本与表内、外风险加权资产期末总额比例不得低于4%；附属资本不能超过核心资本的100%。

（1）$\dfrac{资本净额}{表内、外风险加权资产期末总额} \geq 8\%$

(2) $\dfrac{核心资本}{表内、外风险加权资产期末总额} \geqslant 4\%$

注：资本净额＝资本总额－扣减项。

2．贷款质量指标（对人民币、外汇、本外币合并分别考核）

逾期贷款期末余额与各项贷款期末余额之比不得超过 8%，呆滞贷款期末余额与各项贷款期末余额之比不得超过 5%，呆账贷款期末余额与各项贷款期末余额之比不得超过 2%。

(1) $\dfrac{逾期贷款期末余额}{各项贷款期末余额} \leqslant 8\%$

(2) $\dfrac{呆滞贷款期末余额}{各项贷款期末余额} \leqslant 5\%$

(3) $\dfrac{呆账贷款期末余额}{各项贷款期末余额} \leqslant 2\%$

3．单个贷款比例指标（本外币合并考核）

(1) 对同一借款客户贷款余额与银行资本净额的比例不得超过 10%。

$\dfrac{对同一借款客户贷款余额}{资本净额} \leqslant 10\%$

(2) 对最大十家客户发放的贷款总额不得超过银行资本净额的 50%。

$\dfrac{对最大十家客户发放的贷款总额}{资本净额} \leqslant 50\%$

4．备付金比例指标

(1) 人民币指标。在人民银行备付金存款、库存现金期末余额与各项存款期末余额之比不得低于 5%。

$\dfrac{（在人民银行备付金存款＋库存现金）期末余额}{各项存款期末余额} \geqslant 5\%$

(2) 外汇指标。外汇存放同业款项和库存现汇期末余额与各项外汇存款期末余额之比不得低于 5%。

$\dfrac{（外汇存放同业款项＋库存现汇）期末余额}{各项外汇存款期末余额} \geqslant 5\%$

5．拆借资金比例指标（仅对人民币考核）

拆入资金期末余额与各项存款期末余额之比不得超过 4%；拆出资金期末余额与各项存款期末余额之比不得超过 8%。

(1) $\dfrac{拆入资金期末余额}{各项存款期末余额} \leqslant 4\%$

(2) $\dfrac{拆出资金期末余额}{各项存款期末余额} \leqslant 8\%$

6．境外资金运用比例指标（仅对外汇考核）

境外贷款、境外投资、存放境外等资金运用期末余额与外汇资产期末余额之比不得超过 30%。

$\dfrac{（境外贷款＋境外投资＋存放境外）等资金运用期末余额}{外汇资产期末余额} \leqslant 30\%$

7. 国际商业借款指标（仅对外汇考核）

自借国际商业借款（含出口信贷）和境外发行债券（不含地方、部门委托）期末余额与资本净额之比不得超过 100%。

$$\frac{（自借国际商业借款＋境外发行债券）期末余额}{资本净额} \leqslant 100\%$$

8. 存贷款比例指标

各项贷款期末余额与各项存款期末余额之比不得超过 75%（其中，外汇各项贷款期末余额与外汇各项存款期末余额之比不得超过 85%）。

（1）人民币、本外币合并指标。

$$\frac{各项贷款期末余额}{各项存款期末余额} \leqslant 75\%$$

（2）外汇指标。

$$\frac{各项贷款期末余额}{各项存款期末余额} \leqslant 85\%$$

9. 中长期贷款比例指标

（1）人民币指标。余期一年期以上（不含一年期）的中长期贷款期末余额与余期一年期以上（不含一年期）的存款期末余额之比不得超过 120%。

$$\frac{余期一年期以上（不含一年期）中长期贷款期末余额}{余期一年期以上（不含一年期）存款期末余额} \leqslant 120\%$$

（2）外汇指标。余期一年期以上（不含一年期）的外汇中长期贷款期末余额与各项外汇贷款期末余额的比例不得超过 60%。

$$\frac{余期一年期以上（不含一年期）中长期贷款期末余额}{外汇贷款期末余额} \leqslant 60\%$$

10. 资产流动性比例指标

各项流动性资产期末余额与各项流动性负债期末余额的比例不得低于 25%（其中，外汇各项流动性资产期末余额与外汇各项流动性负债期末余额的比例不得低于 60%）。

（1）人民币、本外币合并指标。

$$\frac{流动性资产期末余额}{流动性负债期末余额} \geqslant 25\%$$

（2）外汇指标。

$$\frac{流动性资产期末余额}{流动性负债期末余额} \geqslant 60\%$$

（二）监测性指标

1. 风险加权资产比例指标

表内、外风险加权资产期末总额与资产期末总额之比。

$$\frac{表内、外风险加权资产期末总额}{资产期末总额} \times 100\%$$

2. 股东贷款比例指标

向股东贷款余额与该股东已缴纳股金总额之比。

$$\frac{对股东贷款余额}{该股东已缴纳股金总额} \times 100\%$$

3. 外汇资产比例指标

外汇资产期末总额与资产期末总额之比。

$$\frac{外汇资产期末总额}{资产期末总额} \times 100\%$$

4. 利息回收率指标

本期实收利息总额与到期应收利息总额之比。

$$\frac{本期实收利息总额}{到期应收利息总额} \times 100\%$$

5. 资本利润率指标

利润期末总额与资本期末总额之比。

$$\frac{利润期末总额}{资本期末总额} \times 100\%$$

6. 资产利润率指标

利润期末总额与资产期末总额之比。

$$\frac{利润期末总额}{资本期末总额} \times 100\%$$

2000 年 1 月 1 日，中国人民银行又下发了《商业银行资产负债比例管理执行办法》。

通过这些指标的监控和监测，以期真实完整反映商业银行面临的经营风险及其自我约束、自我发展的能力。

第六节　商业银行风险管理

一、银行风险成因

（一）负债经营是形成银行风险的基本原因

商业银行的职能是信用中介、支付中介和信用创造。其中，信用中介是商业银行最基本的职能，信用创造是商业银行区别于其他金融机构的特殊职能。银行最早经营的业务是存款和贷款业务，即负债经营。银行充当货币资本贷出者和借入者的中介，实现资本的融通，并取得利差收入，形成自己的利润。马克思说："……银行家把借贷货币资本大量集中在自己手中，以至于产业资本家和商业资本家相对立的，不是单个的贷出者，而是所有贷出者的代表的银行家。银行家成了货币资本的总管理人；另一方面，由于他们为整个商业界借款，他们也把借入者集中起来，与所有贷出者相对立。银行一方面代表货币资本的集中，另一方面代表借入者的集中。"商业银行不仅使社会上闲散的货币转化成职能货币，而且还把城乡居民用于个人消费的收入通过吸储转化为积累资金。这样在不改变全社会资金总量的情况下，通过改变资金使用量，实际扩大了生产规模。在不改变货币所有权的情况下改变货币使用权，通过货币这个万能交易者，打破了单个企业的界限，从整个再生产角度解决了直接融资的局限性，推动信用发展，加速资金周转，进而推动经济发展。银行作为金融企业，同工业企业、商业企业的一个重要区别是，每一个工商企业都有相当数量的自有资本，而银行的自有资本则甚少。银行的主要资金来源是各类存款，而存款的所有权是客户的。商业银行的其他负债业务还包括：向中央银行借款、同业借款、向国外银行借款、发行金融债券等。银行永远是债务者，银行要按规定期限向债权者支付利息，归还本金。负债经营给银行造成的风险表现在如下两个方面：①清偿风险。银行不能按时支付存款者的利息和归还本金，不能按时归还借款，导致客户挤兑，银行信誉败坏，甚至面临倒闭。②成本风险。由于商业银行之间的竞争，银行同其他金融机构吸收闲散资金的竞争；有些银行往往用提高存款成本的方法吸引资金流入。当负债成本高于资产平均盈利水平时，就形成成本风险。没有一定的负债规模，就没有一定的资产规模。所以几乎所有的银行都把"存款立行"当作最基本的信条。很显然银行靠吸收临时性借款充作资金来源是靠不住的。在那些金融市场不发达的国家，在经济衰退时期，社会没有大量的闲置资金出借，市场资金供应小于资金需求或者不能完全满足资金需求，银行告贷无门或负债规模下降，银行有"断奶"的危险。

（二）市场条件是形成银行风险的外部原因

银行的产生是商品经济发展的产物，银行的发展与商品和货币的发展密切相关，在现代社会，没有银行，就没有现代经济，因为现代经济是信用经济、市场经济。现代经济的各种风险，商业银行都可以"感知"，甚至与其息息相关。

（1）商品市场主体的风险影响。企业是市场的主体，企业经营状况恶化甚至破产必然把风险转嫁给商业银行。银行将不能按期追回贷款，形成呆滞、呆账、逾期贷款；如企业破产，贷款损失则完全由银行承担，这是银行最常见的，也是最主要的风险。

（2）金融市场的风险影响。商业银行在金融市场上以双重身份出现，既供给资金，又需求资金。银行以主动负债的方式创新金融工具，在市场上筹集资金，同时又进行证券投资。市场上资金供求关系的变化会影响商业银行经营。如作为资金价格的利率的上升，会影响银行筹资成本的增加。证券投资的盲目性会导致蒙受投资损失。

金融业之间的竞争是市场竞争的一个重要方面。存款大战、争抢客户、争设网点；打破业务分工和地域限制拓宽业务范围；改进服务手段，使用新的管理工具；金融创新等，激烈的竞争必然会使利润流向一部分银行，而使另一部银行受损。

（三）银行经营原则自身的矛盾导致银行风险

盈利性（我国商业银行法称之为"效益性"）与流动性、安全性的统一是商业银行经营的基本原则。商业银行作为金融企业以追求盈利作为经营目标。高盈利必然伴随高风险，资产收益越高，流动性越小，风险越大。安全性高的资产必然是盈利性小的资产。银行把资产分为风险资产和非风险性资产，或称盈利性资产和非盈利性资产，正好说明了风险和盈利的矛盾。银行资产通常分为四类：现金资产、贷款资产、投资资产、固定资产。前三种是银行经营行为的经常性体现。现金资产包括库存现金、法定准备金、备付金、同业存款。其中库存现金最安全，但不能生利。法定准备金是根据准备率提取的，准备率是由中央银行决定的，准备率的升降会影响银行的贷款和投资规模，从而影响盈利。同业存款是有业务往来的商业银行之间相互存入的资金，供同业之间资金结算所需。存款余额不计利息，属于非风险资产，当然也是非盈利资产。

贷款是银行主要的盈利来源，一般来讲，短期贷款风险小，利率较低；中长期贷款利率高，风险也大，那些形成呆滞、呆账的贷款大部分来自中长期贷款。投资资产，是商业银行购买的各种有价证券。证券风险即银行投资风险。那些流动性强即期限短的证券，风险小，收益也小。

（四）经营不善是造成银行风险的人为原因

领导决策失误、员工素质低、制度不健全、机制不完善、管理工具不先进等是给银行带来损失的不可忽视的原因，这已被大量的银行经营实践所证实。

二、商业银行风险分类

商业银行的特点决定了它在各类业务的经营活动中都存在着风险。为了对风险有比较全面、深刻的认识，以警示对风险的管理，我们从不同的角度，根据不同的标准来划分银行风险类别。

（一）从银行风险的性质划分

有纯粹风险和投机风险。

纯粹风险又称静态风险，它是指由于自然灾害和意外事故带来的风险。这种风险是事先不可预测的，它只能给银行带来经济损失，而不能带来额外收益。因为其不可预测性，所以纯粹风险一般是不可计量的，但纯粹损害是可以计量的。纯粹风险是不可回避的，如人身风险、财产风险，在国外，属于被保险损害。投机风险又称动态风险，是指由于银行经营不善和外部社会环境和经济环境变化而带来的风险。投机风险可以给银行带来经济损失，也可能带来额外收益，投机风险有投资风险、贷款风险、管理风险，具有非保险性。

（二）从银行业务范围划分

有负债业务风险、资产业务风险、中间业务风险和国际业务风险。

（三）从银行风险产生的原因划分

有信用风险、国家风险、转移风险、市场风险、利率风险、流动性风险、操作风险、法律风险、信誉风险。

1. 信用风险

对于什么是银行风险，无论是理论界还是实践当中，在认识上都有很大的分歧。因不同的学者对银行风险有着不同的分类方法和标准，也就产生了多种分类方法，它们都有其科学依据。我们这里采用的是巴塞尔委员会颁布的有效银行监管的核心原则中的分类，这个原则为各国监管所接受，中国人民银行也是接受这个分类方法的。

该原则中这样阐述信用风险：贷款是银行的主要活动。贷款活动要求银行对借款人信用水平做出判断，一方面这些判断并非总是正确的，另一方面借款人的信用水平也可能会因各种原因而下降。因此，银行面临的一个主要风险就是信用风险或称交易对象无力履约风险。这些风险不仅高度相关地存在于贷款中，也存在于其他表内与表外业务，如担保、承兑和证券投资中。

信用风险是银行的传统风险，即借款人可能首先不能偿还本金而拖欠贷款，紧接着是贷款损失，如果这种损失惨重，整个银行可能因此而垮台，不过信用风险远不限于这种简单例子，每当银行在将来的某个时候贷款将得到偿还的基础上提供信贷的时候，就存在信用风险。

所谓信用风险，是指债务人由于种种原因不能或不愿偿还银行债务而使银行遭受损失的可能性。这种风险对商业银行来说存在于两个方面：

(1) 贷款风险。贷款是商业银行最重要的资产业务，是商业银行利润的主要来源。商业银行发放贷款的主要资金来源是存款，而存款是有存有取，必须支付利息的，这就决定了贷款必须有贷有收，并收取利息。如果银行发放出去的贷款不能顺利连本带利的回收，就有可能引起支付困难，也可能引起银行倒闭。对银行而言，贷款风险有可能来源于企业的违约风险也有可能来源于银行的内部决策失误。资产配置缺乏地区上的多样化已被证明是影响银行生存和发展的重要因素。尽管如此，但几乎所有地区性银行的资产组合仍然以对附近客户的贷款为其主要的组成部分。还有一个因素使银行贷款风险进一步提高，那就是大规模地贷款给那些看上去没有什么联系，实际上却具有高度相关性的企业。例如，20 世纪 80 年代的美国零售商经营失败，导致不登广告，致使电讯业经营出现很大风险（报纸、电台、电视台）。这使银行认识到自己的资产组合远非想象的那样具有足够的分散化。

(2) 证券投资风险。在世界交易市场上，当一家银行购买债券时，它要冒这样的风险，发行者可能没有能力付款。由于近年来交易活动变得越来越复杂，而且每一笔交易中涉及越来越多的常常是不同时区的交易方，这种对应方的交易额的惊人增长意味着跟踪这种风险已成为对银行的一项重大挑战。

2. 国家风险和转移风险

国家风险就是一个主权国家或其居民出于某种原因，不愿或无力偿还外国商业银行的贷款本息，或是造成国际结算款项、投资收益等汇回途径受阻，从而给外国商业银行造成经济损失的可能。

转移风险是一国出于政治或经济上的考虑，作为一种经济政策，对外国贷款者或投资者的资本金、红利、利息、佣金等实行限制，以致无法将以上种种收益转换为外汇还本付息而产生的风险。

经济发展一进入现代阶段，就强烈地要求打破地区的限制，冲破各种自然地理的行政区划的以及人们心理上的界限，走向更广泛的统一。现代经济的一个基本特征就是国家之间经济联系的日益增强，经济全球一体化的逐步形成，伴随着经济联系的国际化进程，金融国际化的趋势也日益明显。这种趋势突出表现在跨越国界的金融业务已占据很大的比重，金融机构普遍跨国建立业务网络，金融市场走向全球一体化，电子技术的开发极大地节约了业务处理时间，不断提高着银行经营效率。今天的国际资金市场上著名大银行的足迹随处可见，为国与国之间的资金融通与往来牵线搭桥。无论是在银行本身的跨国经营，还是商业银行与外国代理行或客户的业务往来都势必要与一系列非本国事务打交道。凡是涉及两个或两个以上主权地区的业务，就难免受到国家和转移风险的影响。

3. 市场风险

市场风险是指由于市场价格的变动，使银行的表内和表外头寸面临遭受损失的可能。它呈现出多种形式，其最基本的形式是所买进的一种证券的价格下跌，从而造成损失，例如，如果一家公司以 100 美元的价格购买美国国库券，那么这家公司就因市场风险而遭受了损失。在这个例子里，市场风险是利率风险。又如，一家日本公司购买美国国库券，这家公司投资这种债券是为了将来以日元偿还债务，因而它只关心它所得到的以日元表示的回报。债券的价格稳定在 100 美元，但日元的价格从 135 日元兑 1 美元提高到 125 日元兑 1 美元，这家公司几乎损失了最初日元投资的 7.5%。这乃是由于另一种市场风险：外汇风险，还有股票业绩风险、股票流通风险，VAR 法、压力测试、返回检验是几种常用的市场风险管理方法。

4. 利率风险

利率风险是指银行的财务状况在利率出现不利的波动时所面对的风险。20 世纪 70 年代以前，世界范围内的商业银行普遍使用固定利率，即使有浮动利率的情况，也是相对稳定的，很少剧烈变动。经济生活平静而缓慢地进行，利率并非人们关注的焦点。我们以美国等主要国家为例，来具体分析利率风险产生的原因。"二战"后，许多国家在经济恢复时期都不约而同地加大政府对经济的干预力度，采用凯恩斯的赤字预算政策，结果政府的借款普遍快速提高。同时企业的短期借款也明显增长，因为要随时准备清偿债务，企业越来越愿意用浮动利率筹资，并把长期债务转化为中期债务。商业银行将利率风险转给借款者，借款者只希望在比较自由的条件下得到贷款，存款者则一向企盼着高利率的收益，在诸多因素的联合作用下，利率上扬并走向波动逐渐成为现实。当货币主义盛行之后，央行认为只需严格地根据潜在的实际增长来制定货币供应目标，而将利率、信用量等其他一切完全放开，任由市场自己去解决，这是利率自由化的开端，严重的利率风险会给银行的盈利水平和资本带来巨大威胁，在利率开始放松管制的国家，对利率风险应予特别注意。商业银行的放款利率的高低，主要取决于存款利率的高低和业务费用支出的多少，但放款利率必须小于社会平均利润率。在市场经济发达国家，市场利率具有引导资金投向的功能。如果利率上升，则银行能用较低的成本筹集公众的钱存入银行，如果利率下降，那么银行要用较大的成本筹集公众的钱来买证券。

5. 流动性风险

流动性风险是指商业银行能够随时应付客户提取存款和满足客户借款需求的能力。
资产的流动性：指商业银行在资产不蒙受损失的情况下迅速变现的能力。

负债的流动性：指商业银行能以较低的筹资成本随时获得所需资金的能力。

商业银行在业务经营中，常常由于资产和负债的流动性不足而导致经营风险，其主要原因在于银行负债是被动的，必须保持流动性以应付提款，然而使资产保持流动性与追求利润最大化形成冲突。

6. 操作风险

不管用意多么良好，职员都会因犯错误而给银行带来损失，或者是银行内部的职员进行诈骗。随着交易变得越来越复杂，这两种风险造成重大损失的机会也越来越增加了。两种风险相比较而言，后者风险往往较小，即使利用计算机诈骗，也大都可以通过基本操作和检查来对付，较危险的属于前一种。这个问题在大组织内，如商业银行和大保险公司显得尤为尖锐。在这样的大组织里，关键性的决策通常都是由许多贷款业务员、承保员和索赔管理员作出的，高层领导人可能根本不认识他们，因此高层经理不仅必须确定如何避免犯大错误，而且必须设法确保这些人也一样。

7. 法律风险

现代经济是信用经济也是法治经济，商业银行在国内外金融市场上的许多行为，或对银行自身，或对交易对手方都具有法律意义上的约束力。如票据的背书转让、信用证的承兑、信贷合同的签订等，法律法规在市场运行中被视为有利于维护大多数经济主体正当利益的保障，因此，银行若违法、受到制裁，就会直接受到经济上的损失。20世纪80年代中期，许多地方当局同银行做了大量掉期交易。它们大都极为谨慎地做这件事，与银行把浮动利率债务变换成固定利率债务，以减少利率变化风险，但另一些地方当局却试图从这种交易中获利，轻率地进入了一个它们所知甚少的复杂世界。

8. 信誉风险

银行是信用经济的主体，这种以偿还为代价的借出是商业银行一切业务经营的核心和基本出发点，从某种意义上说，信誉是商业银行的生命。

我国的每一家银行都一样面临着信用风险、流动性风险、操作风险。它们有可能因贷款不能收回到期无力偿债，内部监控不严而受到损失和陷入困境；所有银行同样因法律的变革而面临着法律风险；大部分国际业务的银行也承受着国家风险和转移风险、市场汇率风险。

就风险及其所带来的损失而言，我国银行面临着上述风险与西方国家商业银行并无二致。但是，风险成因是有区别的，仅就信用风险而言，我国银行有时迫于行政压力，不得不贷款给问题企业；同为国有企业，有些有还款能力单位可能拒不还款，银行往往无可奈何；在兼并重组中，银行债务被轻易卸掉更不罕见。目前我国在利率方面，只允许银行间拆借利率浮动，存款利率、贷款利率均由中国人民银行报国务院确定，不能随意变动。而且，利率对资产价格影响甚小。所以，时至今日，利率风险对我国银行还未构成威胁。

上面分析风险，是从单个银行角度出发来说的。但是，我国银行目前亟待解决的却是全系统都有的不良资产问题，也可以说是整个银行业的信用风险问题。如何化解不良资产，是目前全体银行风险防范的核心任务。

第七节　商业银行与货币创造

一、两组概念的引出

货币创造又称信用创造，是商业银行独特的职能。它是在特定环境和特定条件下发挥作用的。因此，先要解释两组最基本的概念：一是原始存款和派生存款。原始存款是指以现金形式直接存入银行后形成的存款和商业银行从中央银行获取再贷款而形成的存款。它是信用创造的基础。派生存款则是由银行的放款、贴现和投资等行为派生出来的，主要是银行放款派生出来的。例如，银行向某企业发放贷款，企业用这笔资金除购进物资以外，其余部分又存入银行，这部分存款即为派生存款。银行购买某类证券，投入的货币转入证券发行人的银行账户，又转换为银行的派生存款。二是法定存款准备金率与法定存款准备金。法定存款准备金率是中央银行规定商业银行按照吸收存款的一定比例上缴中央银行，以预防存款人在银行取款不能兑现的风险。上缴中央银行的存款称作法定存款准备金，法定的上缴比例称作法定存款准备金率。

二、信用创造过程

在部分准备金制度和转账结算制度下，商业银行在支票流通和转账结算的基础上，通过把发放的贷款转换为存款，存款又转换为贷款，这一过程将在商业银行体系内持续进行下去，最终形成数倍于原始存款的派生存款。银行的大部分存款是通过这种活动创造出来的。就全社会来讲，信用创造只是增加流通工具，而不是创造资本。它的意义在于加速资金周转，节约流通费用，满足经济对流通和支付手段的需要。这里要明白一个问题，信用创造不是在某一家银行完成的，它是在银行体系完成的。

表 6—4　整个银行体系创造派生存款的过程及结果（设法定存款准备率为 10%）

单位：元

银行	存款增加额	法定存款准备金	贷款增加额
甲银行	100000	10000	90000
乙银行	90000	9000	81000
丙银行	81000	8100	72900
丁银行	72900	7290	65610
……	……	……	……
合计	1000000	100000	900000

从表 6-4 可以看出，100000 元的存款额经过整个银行体系存款和贷款的相互转化，最终形成了 1000000 元的存款总额，可贷能力为 900000 元。最初的 100000 元存款，可以看做原始存款，它来源于两个方面：客户在商业银行的存款和商业银行从中央银行取得的再贷款。900000 元是派生存款。

上述存款的创造过程的假设条件为：

(1) 每家银行只保留法定准备金，其余部分全部贷出，超额准备金等于零。

(2) 客户收入的一切款项均存入银行，不提取现金。

(3) 法定准备金率为 10%。

在这三种情况下，银行扩张信用的能力决定于两大因素，即原始存款数额的大小和法定准备金率的高低。

三、存款扩张倍数

存款扩张倍数又称存款乘数，它表示原始存款经过信用创造过程最终能扩张多少倍存款，是形成的存款总额和原始存款的比例，也是法定存款准备金的倒数。它表示一个单位存款准备金的变化会引起存款乘数多大倍数的变化。

设原始存款为 A，法定存款准备金率为 R，存款扩张倍数为 K，存款货币创造总额为 T，则

存款扩张倍数＝1/法定存款准备金率

即 $K=1/R$

$A=10$ 万元　$T=1/R \times A=1/10\% \times 10=100$ 万元

派生存款为 $100-10=90$ 万元

法定存款准备金率越高，存款扩张的倍数值越小；法定存款准备金率越低，存款扩张的倍数值越大。

商业银行在中央银行的存款账户上一般都会有一定数额的超额准备金，可用于发放贷款，这些贷款又创造出派生存款。如果法定存款准备金不足，贷款和投资会紧缩，使存款变化出现负数，存款的收缩过程和扩张过程相似，只是运动方向相反。

四、派生倍数的修正

前面指出，商业银行创造存款货币的能力，决定于原始存款和法定存款准备金率，存款扩张倍数是法定存款准备金率的倒数。前面计算出的派生倍数为 10 倍，只是派生倍数在理论上达到的最大值。但在实际经济活动中，制约派生倍数扩张的不仅仅是法定存款准备金率，派生倍数还会由于多种因素的影响而制约它的扩张，因此必须做进一步的修正。

1. 超额准备金率

为安全或应付意外之需，银行实际持有的存款准备金总是高于法定准备金，这样也

相应地减少了派生存款的能力。银行超过法定要求保留的准备金与存款总额的比称为超额准备金率，它对派生倍数扩张的制约作用与法定存款准备金率相同。设超额准备金率为 E，则：

K＝1/（R＋E）

2. 现金漏损率

在存款派生过程中，经常有客户提取现金，这部分现金就会流出银行系统，不参与存款创造，出现现金漏损，相当于减少了原始存款，使银行贷款能力减少，最后导致派生存款的能力减少。现金提取额同存款总额的比例称作现金漏损率，又称提现率。

设现金漏损率为 C，则：

K＝1/（R＋E＋C）

3. 活期存款转化为定期存款的比例

我们知道，活期存款，即存款货币是货币创造的基础。在存款创造过程中，有些活期存款将会转变为定期存款，很多国家对活期存款和定期存款规定了不同的法定准备金率，对于活期存款转变为定期存款的这一部分存款，银行要按定期存款的法定准备金率提留准备金。值得注意的是，当某家银行持有超额准备金或者某人持有额外的通货时，这些金额是完全不能进入存款创造过程的，它们也不会转到这个链条中的下一家存款机构。但是专为定期存款的这部分则不然。这部分存款仍会停留在银行体系内，因此，派生存款乘数就调整为：

K＝1/（R＋E＋C＋T·Rt）

式中，T 表示活期存款转化为定期存款的比例，Rt 表示定期存款准备金率。

由上可知，银行吸收一笔原始存款能够创造多少存款货币，不仅要受到法定准备金率高低的影响，还要受到银行持有的超额准备金、社会公众持有的通货以及存款转为定期存款等因素的影响。

一、重要概念

商业银行　信用创造　原始存款　派生存款　法定准备金　超额准备金　贴现　转贴现　再贴现　抵押贷款　质押贷款　表外业务　资产负债管理　自偿性理论　资产转移理论　预期收入理论　购买理论　销售理论　提现率

二、复习思考题

1. 论述商业银行的信用创造职能。
2. 简述商业银行的经营原则。
3. 简述商业银行的资本结构。
4. 商业银行的中间业务包含哪些内容？
5. 简述商业银行资产负债管理的基本原则。
6. 新巴塞尔协议同旧巴塞尔协议的主要区别是什么？

三、前沿思考题

试分析在金融全球化背景下中国商业银行的发展趋势。

参考文献：

［1］戴相龙：《商业银行经营管理》，北京：中国金融出版社，1998。
［2］周平：《商业银行经营管理》，北京：中国财政经济出版社，1998。
［3］刘应森、唐汉良：《现代商业银行概论》，北京：中国商业出版社，1994。
［4］刘秀兰：《商业银行中间业务与经营》，北京：中国财政经济出版社，1998。
［5］朱静：《商业银行经营与管理》，北京：电子工业出版社，2008。
［6］郑沈芳：《商业银行业务》，上海：上海财经大学出版社，2002。

第七章 投资银行

> **本章提要**：投资银行因其业务的独特，创新性、高收益性、高风险性的特点，在现代金融机构体系中具有重要地位，被称为资本市场的灵魂。特别是2008年美国金融危机中一些世界著名的大投资银行的倒闭更引起了人们对投资银行的研究与关注。
>
> **本章主要讲述**：
> 投资银行的类型、组织机构、职能单位及作用。
> 投资银行的业务。
> 投资银行的发展历史与现状，重点介绍美国投资银行的发展史与中国投资银行的现状。
> 资产证券化业务的作用及操作。

第一节 投资银行概述

一、投资银行的定义

投资银行作为金融市场中重要的主体，对世界经济的发展起着重大的积极作用。投资银行产生于经济发展中资本性投资需求的初始阶段，成长于股份公司制度的发展阶段，成熟于证券市场的发达阶段。由于投资银行在各国的发展经历、程度和模式都不一样，目前世界各国对投资银行的定义和称谓并无统一标准。例如，投资银行（Investment Bank）是美国的称谓，在英国和澳大利亚称为商人银行（Merchant Bank），在我国和日本称为证券公司（Security Company），在法国称为实业银行（Industrial Bank）等。

目前学术界普遍认同国际著名投资银行学家罗伯特·库恩（Robert Kuhn）对投资

银行下的四个定义：

（1）广义的定义：任何经营华尔街金融业务的金融机构都可以称为投资银行，业务包括证券、国际海上保险及不动产投资等几乎全部金融活动。

（2）较广义的定义：经营全部资本市场业务的金融机构才是投资银行。业务包括证券承销与经纪、企业融资、兼并收购、咨询服务、资产管理、创业资本等。与第一个定义相比，不包括不动产经纪、抵押贷款及保险等业务。

（3）较狭义的定义：指经营部分资本市场业务的金融机构，尤其着重于证券承销和企业并购业务。与第二个定义相比，不包括基金管理、风险投资等创新业务。

（4）狭义的定义：仅限于一级市场上承销证券和二级市场交易证券和经纪业务的金融机构称为投资银行。

罗伯特·库恩认为，较广义定义是符合美国投资银行的现实状况的最佳定义。我国法律对投资银行作出了比较明确的界定。《中华人民共和国证券法》第六章"证券公司"第一百二十三条规定："本法所称证券公司是指依照《中华人民共和国公司法》和本法规定设立的经营证券业务的有限责任公司或者股份有限公司。"从定义可以看出，中美投资银行业还是存在一定的差距。当然，这个定义是动态的，因为随着资本市场业务的不断发展，投资银行的内涵也在不断发展。罗伯特·库恩也曾说过："投资银行经常在变化、发展，业务是一个有机的进化过程，任何书籍都无法精确而详尽描述。"就目前而言，投资银行主要是通过证券发行、承销和交易等活动，为公司或政府获得资金的非银行金融中介机构，同时投资银行也涉及公司并购、资金管理、风险投资、信贷资产证券化、外汇买卖、金融衍生品及创新等其他资本市场业务。投资银行的经营模式有分业经营模式和混业经营模式两种：分业经营模式是投资银行业务与商业银行业务相分离，分别由两种机构相对独立经营。混业经营模式是投资银行业务与商业银行业务相互融合渗透，名义上是一家商业银行。

投资银行和商业银行虽然都是扮演着经济活动中的中介角色，但它们的本源业务是不同的。投资银行没有存、贷款业务，其实质就是证券商。投资银行和商业银行发展到今天，由于许多国家，包括中国等考虑到不同领域的风险因素等原因，都以法律法规的形式规定了商业银行不能涉及证券业务，但它们之间存在着许多必然的关联与协作，也有许多国家仍保持着混合经营状态。从目前看，考虑到全球范围内的竞争机制因素，商业银行与投资银行混合经营将是发展的趋势。

二、投资银行的类型

当前世界的投资银行主要有以下四种类型：

（一）独立的专业性投资银行

这种形式仅以投资银行业务为主，在全世界范围内广为存在，美国的高盛公司、美林公司、摩根斯坦利公司、第一波士顿公司，日本的野村证券、大和证券、日兴证券等均属于此种类型。并且，专业性投资银行都有各自擅长的专业方向，如企业兼并收购或资产管理等。

（二）商业银行拥有的投资银行

这种形式的投资银行主要是商业银行对现存的投资银行通过兼并、收购、参股或建立自己的附属公司来从事投资银行业务。这种形式的投资银行在英、德等国非常典型。

（三）全能型银行直接经营投资银行业务

这种类型的投资银行主要在欧洲大陆，它们在从事投资银行业务的同时也从事一般的商业银行业务。由于没有法律的限制，全能型银行可以同时从事各种金融活动，投资银行业务只是其中一种。比如在德国和瑞士，投资银行被称为全能银行（Universal Bank）。

（四）大型跨国公司兴办的财务公司

一些大型制造业公司，如美国通用电气，德国奔驰、大众汽车等大公司，拥有自己的财务公司。从性质上看，它们属于信贷机构，但这些公司的业务包含了投资银行业务。

三、投资银行的组织结构

一般而言，一个投资银行采用的组织结构是与其内部的组建方式和经营思想密切相关的。目前投资银行的组织结构形式主要有三种。

（一）合伙制

合伙制公司是指有两个或两个以上合伙人拥有公司并分享公司利润，合伙人即为公司主人或股东。合伙人共享企业经营所得，并对经营亏损共同承担无限责任。所有合伙制公司至少有一个合伙人参与日常经营，也可以由部分合伙人经营，其他合伙人仅出资并自负盈亏。早期的投资银行都采用了合伙制，它们大多都是家族企业。随着投资银行业务规模和范围的扩大，对资金的需求也越来越大，同时内部组织越来越复杂，经营风险增加，合伙制逐步被公司制取代。目前，世界上只有比利时、丹麦、德国和荷兰等少数国家的部分投资银行是合伙制。

（二）现代股份公司制

公司制是指由法律规定人数以上的股东组成，全部资本划分为等额股份，股东仅就其认购的股份对公司债务负清偿责任。现代公司制度使投资银行在资金筹集、财务风险控制、经营管理的现代化等方面，都获得较传统合伙制所不具备的优势。

目前，大多数超大型投资银行采取的是股份有限公司的企业组织形态。不过，由合伙制转为股份制过程还没有完全结束。例如，1986 年，著名投资银行摩根斯坦利公司由合伙制改为股份制，并将 20% 的股权公开上市，以股票的形式转让给一般投资者，而其余的股票仍然掌握在合伙人和公司经理的手中。高盛在以合伙人制度经营了 130 年之后，也于 1999 年 5 月在纽约证券交易所挂牌上市。

需要特别指出的是，在投资银行从合伙制向公司制的转变过程中，投资银行仍想保留合伙制的长处。合伙制中的合伙人，往往是公司制中的大股东。他们仍然凭借其拥有的客户资源，对公司的业务发挥较大的影响。因此，合伙制转为公司制后，公司上层仍然是以前的合伙人，只是现在是通过持有股份的体制，以及利用经营者自己对公司的贡献，按照一定的价格来获得股份。

（三）金融控股公司制

随着经济全球化和金融一体化进程的加快，以组建金融控股公司为主要形式的全球金融由分业经营走向混业经营的趋势愈发明显，形成能量巨大的金融集团已是一种显性现象。根据国际巴塞尔银行监管委员会、国际证券联合委员会、国际保险监管委员会1999年发布的《对金融控股集团的监管原则》，金融控股公司定义为一个公司在拥有实业的基础上，可以跨行业控股或参股，在同一控制权下经营银行、保险、证券两个以上的金融事业。在当今国际金融一体化的趋势下，消费者可以在一个金融机构同时实现银行存贷款、票据金融、信用卡、票据、保险、证券、期货和共同基金等交易活动。1998年4月花旗银行与旅行者集团宣布合并，使其在国际金融业的巨头地位更加巩固，业务遍及100多个国家，成为世界金融控股公司发展的里程碑。合并后的花旗集团拥有花旗银行子公司、所罗门美邦证券公司和旅行者保险公司，囊括了银行、证券和保险三大金融领域业务。在我国，金融控股公司也已形成。如中信金融控股集团，除中信银行外，旗下还包括中信证券、中信信托、中信嘉华银行、信诚人寿、信诚基金、中信基金、中信期货等专业金融公司，其中多家公司在国内享有盛誉。尤其是中信证券通过多年来的稳健经营，业已成为国内最强、最大的综合类证券公司，集团内各金融企业在与中信银行的合作中相互推荐优质客户，实现交叉营销，为中信银行做大做强提供了有力的支持。

四、投资银行职能单位

投资银行内部一般划分为三块：前台部门（Front Office）、中台部门（Middle Office）和后台部门（Back Office）。

前台部门，也就是从事投资银行各项业务的事业部。它包括我们前面所讲到的投资银行的主要业务，如证券交易部、项目融资部、兼并收购部等。此外，前台部门还包括研究部。研究部的职责主要是分析被投资公司和其发展前景，并作出评级。虽然研究部不能直接地产生利润，但是它们提供的信息能有效地帮助自身进行证券交易，或者给顾客提供建议。

近年来为了限制投资银行利用自己的资讯优势和资金实力发布歪曲事实的报告和分析研究评论，当局强行要求投资银行的"研究部门必须独立"。例如，在投资银行负责某公司上市或并购工作时若有经纪部门的研究员参与，该研究员就可获得内幕信息，并极有可能透露给个别重要客户从中渔利，这样其他投资者利益就有可能遭受损失。西方投资银行采用了"Chinese Wall"一词作为其形象的称谓，意喻这一隔离要如中国的长城一样坚固。比如在投资银行内部，负责公司上市融资的部门、经纪和研究部门，以及经纪和研究部门与资产管理部门之间就设有防火墙，不同部门之间的核心客户和工作信息不能相互透露。虽然各家投资银行都设有严格的防火墙规定，但合谋的事件和诱惑仍有发生，如果没有外部法律法规的严格监督，仅靠公司内控很难避免利益冲突。

中台部门主要负责投资银行的风险管理和控制，内部的资本结构的管理，流动性风险监管，以及法律服务。法律服务部门主要确保投资银行的日常经营符合国家法规和国际法规。

后台部门就是提供日常运营和技术服务的部门。几乎每家大型的投资银行都有信息技术部门，其技术团队创造了大量的应用软件，提供技术支持。

五、投资银行的作用

（一）资本供给与需求的媒介

与商业银行相似，投资银行也是沟通互不相识的资金盈余者和资金短缺者的桥梁。它一方面使资金盈余者能够充分利用多余资金来获取收益，另一方面又帮助资金短缺者获得所需资金以求发展。投资银行和商业银行以不同的方式和侧重点起着重要的资金媒介作用，在国民经济中缺一不可。

（二）帮助证券市场的构建

证券市场是一国金融市场的基本组成部分之一。任何一个经济相对发达的国家，无一例外均拥有比较发达的证券市场体系。概括起来，证券市场由证券发行者、证券投资者、管理组织者和投资银行四个主体构成，其中，投资银行起了穿针引线、联系不同主体、构建证券市场的重要作用。从证券发行看，一般的发行者仅靠自身的力量向投资者发行证券不仅费用高，而且程序非常复杂。而投资银行能为其提供咨询、承销、分销的工作。在证券的交易市场，投资银行既是经纪商也是交易商，活跃了二级市场也维护了市场秩序。而且投资银行通过各种金融工具创新，如远期、期货、期权、互换等，不仅有效地控制了自身风险，获得了较高利润，还极大地活跃了金融市场。

（三）促进资源的优化配置

投资银行把社会资本配置得很具体、很精细。从这一意义上来说，投资银行促进了企业实力的增加、社会资本的集中和生产的社会化，成为企业并购和产业集中过程中不可替代的重要力量。

（四）提高了公司经营业绩

（1）投资银行帮助企业上市，获得了更多的资金用于发展投资银行，通过其资金媒介作用，使能获取较高收益的企业通过发行股票和债券等方式来获得资金，同时为资金盈余者提供了获取更高收益的渠道，从而使国家整体的经济效益和福利得到提高，促进了资源的合理配置。

（2）投资银行便利了政府债券的发行，使政府可以获得足够的资金用于提供公共产品，加强基础建设，从而为经济的长远发展奠定基础。同时，政府还可以通过买卖政府债券等方式，调节货币供应量，借以保障经济的稳定发展。

（3）上市公司的信息披露制度和股票价格的变动有利于外部监督和企业改善经营管

理，提高业绩和竞争力，并且将企业的经营管理置于广大股东和债权人的监督之下，有益于建立科学的激励机制与约束机制，以及产权明晰的企业制度，从而促进了经济效益的提高，推动了企业的发展。同时，投资银行通过帮助企业设计一套较为完善的内部激励制度，充分调动了管理层的积极性。

（4）投资银行的兼并和收购业务促进了经营管理不善的企业被兼并或收购，经营状况良好的企业得以迅速发展壮大，实现规模经济，从而促进了产业结构的调整和生产的社会化。企业兼并与收购是一个技术性很强的工作，选择合适的并购对象、合适的并购时间、合适的并购价格及进行针对并购的合理的财务安排等都需要大量的资料、专业的人才和先进的技术，这是一般企业所难以胜任的。尤其在"二战"之后，大量的兼并与收购活动是通过证券二级市场进行的，其手续更加烦琐、要求更加严格、操作更为困难，没有投资银行这样的专门机构作为顾问和代理人是很难完成的。

（5）促进产业结构升级。许多尚处于新生阶段、经营风险很大的朝阳产业难以从商业银行获取贷款，往往只能通过投资银行发行股票或债券以筹集资金求得发展。因此从这个意义上说，投资银行促进了产业的升级换代和经济结构的进步。

第二节　投资银行业务

经过上百年的发展，现代投资银行已日益成熟，早已突破了传统的证券发行与承销、经纪和自营等业务，企业并购、项目融资、风险投资、公司理财、投资咨询、资产及基金管理、资产证券化、金融创新等都已成为投资银行的核心业务组成。投资银行的业务主要有以下方面：

一、证券承销

证券承销是投资银行最本源、最基础的业务活动。投资银行承销的范围很广，包括本国中央政府、地方政府、政府机构发行的债券、企业发行的股票和债券、外国政府和公司在本国的证券，甚至还承销国际金融机构发行的证券等。投资银行在一级市场按发行方式可以分为公募发行和私募发行。公募发行面向社会公众，即为非特定投资人。私募发行，在证券销售中，投资银行直接向一些特定机构客户发行，如投资基金、养老基金和保险公司等，使发行过程得以顺利进行。私募发行不受公开发行的规章限制，除能节约发行费用外，投资银行还接受客户的委托，管理着大量的资本和资产，必须要保证这些资产的保值与增值。此外，投资银行还在二级市场上进行无风险套利和风险套利等活动。

二、兼并与收购（M&A）

"二战"以来，企业兼并收购日益成为投资银行的核心业务之一。企业兼并（Mer-ger）是指两家或更多的独立的企业合并组成一家企业，通常由一家优势企业吸收一家或更多的企业。企业兼并的方法包括用现金或有价证券购买其他企业资产、股票或股份以及股权置换等。兼并形式有：一是横向兼并，双方企业为同一市场，市场产品相同；二是纵向兼并，被兼并企业成为兼并企业原材料供应者或产品消费者；三是扩大市场式兼并，被兼并企业为不同市场，但生产相同产品；四是互补性兼并，虽然双方业务无关、行业不同，但存在某种互补性。企业收购（Acquisition）是指一家企业在证券市场上用现金、股票或债券购买另一家企业的股票或资产，以获得对该企业的控制权，该企业法人地位并不消失。企业收购可分为资产收购和股权收购两种形式，其中股权收购又包括参股式收购、控股式收购和全面收购等形式。

企业兼并与收购已经成为现代投资银行除证券承销与经纪业务外最重要的业务组成部分。投资银行可以以多种方式参与企业的并购活动，如寻找兼并与收购的对象，向猎手公司和猎物公司提供有关买卖价格或非价格条款的咨询，帮助猎手公司制订并购计划或帮助猎物公司针对恶意的收购制订反收购计划，帮助安排资金融通和过桥贷款等，统一协调参与收购相关的会计、法律等专业人员。此外，并购中往往还包括"垃圾债券"的发行、公司改组和资产结构重组等活动。

三、项目融资

项目融资是对一个特定的经济单位或项目策划安排的一揽子融资的技术手段，借款者可以只依赖该经济单位的现金流量和所获收益用作还款来源，并以该经济单位的资产作为借款担保。投资银行在项目融资中起着非常关键的作用，它将与项目有关的政府机关、金融机构、投资者与项目发起人等紧密联系在一起，协调律师、会计师、工程师等一起进行项目可行性研究，进而通过发行债券、基金、股票或拆借、拍卖、抵押贷款等形式组织项目投资所需的资金融通。投资银行在项目融资中的主要工作是：项目评估、融资方案设计、有关法律文件的起草、有关的信用评级、证券价格确定和承销等。

四、公司理财

公司理财实际上是投资银行作为客户的金融顾问或经营管理顾问而提供咨询、策划或操作。它分为两类：第一类是根据公司、个人或政府的要求，对某个行业、某种市场、某种产品或证券进行深入的研究与分析，提供较为全面的、长期的决策分析资料；第二类是在企业经营遇到困难时，帮助企业出谋划策，提出应变措施，诸如制定发展战略、重建财务制度、出售转让子公司等。

五、财务顾问与投资咨询

投资银行的财务顾问业务是投资银行所承担的对公司尤其是上市公司的一系列证券市场业务的策划和咨询业务的总称。主要指投资银行在公司的股份制改造、上市、在二级市场再筹资以及发生兼并收购、出售资产等重大交易活动时提供的专业性财务意见。近年来，投资银行为了巩固长期客户关系，为企业和政府广泛开展了各种财务顾问业务，业务内容不断充实和丰富起来。

投资咨询主要为客户提供各类投资信息和分析，并在此基础上派生出"代客理财"和"合伙投资"等新形式，与资产管理业务形成交叉。投资银行的投资咨询业务是连接一级和二级市场、沟通证券市场投资者、经营者和证券发行者的纽带和桥梁。

六、基金管理

资产管理业务是投资银行在传统业务基础上发展起来的新型业务，是指投资银行作为资产管理人，与资产委托人签订委托资产管理合同，根据资产委托人的投资意愿进行有价证券的组合投资，以实现资产收益最大化的行为。资产管理包括的范围非常广泛，其重点是基金管理。

投资基金是由基金发起人组织，吸收大量投资者的零散资金，聘请有专门知识和投资经验的基金经理将资金分散投资于各类金融工具并取得收益，投资人按照出资比例分享收益并承担有限责任。在基金管理中，投资银行有多重角色。首先，投资银行可以作为基金的发起人，发起和建立基金；其次，投资银行可以作为基金管理者；最后，投资银行可以作为基金的承销人和经纪人。

七、资产证券化

资产证券化是指投资银行把某公司的流动性较差，但未来能够产生稳定现金收益的资产加以组合并据此发行证券筹措资金的过程和技术。资产证券化是一种与传统债券筹资十分不同的新型融资方式。鉴于资产证券化在金融创新和投资银行业务中的重要作用，我们将在本章第四节作专门介绍。

八、金融创新

根据特性不同，金融创新工具即衍生工具一般有期货、期权、调期等。通过金融创新工具的设立与交易，投资银行进一步拓展了投资银行的业务空间和资本收益。首先，投资银行作为经纪商代理客户买卖这类金融工具并收取佣金；其次，投资银行也可以获得一定的价差收入，因为投资银行往往首先作为客户的对方进行衍生工具的买卖，然后寻找另一客户作相反的抵补交易；最后，这些金融创新工具还可以帮助投资银行进行风险控制，免受损失。金融创新也打破了原有机构中银行和非银行、商业银行和投资银行之间的界限和传统的市场划分，加剧了金融市场的竞争。

九、风险投资

风险投资又称创业投资，是指对新兴公司在创业期和拓展期进行的资金投资。新兴公司一般是指运用新技术或新发明，生产新产品，具有很大的市场潜力，可以获得远高于平均利润的利润，但却充满了极大风险的公司。由于高风险，普通投资者往往都不愿涉足，但这类公司又最需要资金的支持，因而为投资银行提供了广阔的市场空间。投资银行涉足风险投资有不同的层次：第一，采用私募的方式为这些公司筹集资本；第二，对于某些潜力巨大的公司有时也进行直接投资，成为其股东；第三，更多的投资银行是设立"风险基金"或"创业基金"向这些公司提供资金来源。投资银行还帮助它们规范公司治理结构和经营管理；在公司发展到一定规模时作为主承销商和上市保荐人帮助它们在创业板市场上市等。此外，投资银行有时也会选择某些潜力巨大的新兴企业直接投入风险资金成为股东，以获得高额回报。

第三节 投资银行业的发展及现状

关于投资银行的发展史，本书将会特别介绍具有典型意义的美国投资银行的历史。同时介绍中国投资银行的发展及现状。

一、美国投资银行的发展

（一）美国投资银行产生的背景

投资银行起源于欧洲，其雏形可以追溯到 15 世纪。早在商业银行发展以前，一些欧洲商人通过承兑贸易商人们的汇票对贸易商进行融资。由于这些金融业务是由商人提供的，因此这类银行就被称为商人银行。英国的商人银行也是从为国际贸易提供承兑的业务中发展起来的。16 世纪中期，随着英国对外贸易和海外殖民扩张的开始，英国的各种贸易公司开始通过创建股份公司和发行股票的方式筹集大量资金，以分担海外贸易中的高风险。此后，随着大量的股票、债券的发行和证券交易的日益活跃，英国的商人银行逐步壮大起来，一些实力雄厚的大银行，如巴林银行（欧洲最大的商人银行，1995年倒闭，被荷兰国际集团 ING 收购）在证券市场和整个国民经济中都发挥着举足轻重的作用。然而"一战"以后，随着英国国际经济金融中心地位的不断下降，英国的商人银行也发展缓慢。

进入 19 世纪，随着美洲大陆殖民扩张和贸易的发展，美国的投资银行业务崭露头角。美国投资银行创始者，股票经纪人撒尼尔·普顿姆于 18 世纪 90 年代创办了经营外汇的普顿姆—华德全投资银行，并进入证券交易领域。18～19 世纪，资本主义国家掀起了建设基础设施的高潮，投资银行在筹资和融资中扮演了重要的角色，其自身也得到了突飞猛进的发展。美国南北战争结束以后，美国开始兴建铁路，工业日益发展，资金需求量猛增。为了筹措资金，企业向投资者发行股票，政府向民众发行债券。在债券的发行过程中，股份公司大量涌现，证券业务迅速膨胀起来，投资银行作为中介机构起了重要的作用。19 世纪末 20 世纪初，美国掀起了历史上第一次并购浪潮，这次浪潮之后，投资银行开拓了其在企业收购、兼并方面的业务，通用电气公司、美国钢铁公司就是这一期间在摩根公司的领导下创建的。

（二）美国投资银行的发展史

在这百年的历史中，美国投资银行的发展可以说是美国经济发展的真实写照。比起欧洲的投资银行，美国的投资银行虽然起步晚，但发展迅猛，并达到了繁盛的顶峰。国际上收入和资产规模占据前 10 位的投资银行分别是：高盛（Goldman Sachs）、花旗（Citigroup）、摩根斯坦利（Morgan Stanley）、摩根大通（JP Morgan）、美林（Merrill Lynch）、瑞银华宝（UBS Warburg）、瑞士信贷第一波士顿（CSFB）、德意志银行（Deutsche Bank）、雷曼兄弟（Lehman Brothers Holdings）和野村证券公司（Nomura Holdings），其中六家都为美国企业。纵观美国投资银行的发展，大致可以划分为两个时期：

（1）《格拉斯—斯蒂格尔法》颁布以前。1929 年以前，投资银行业和商业银行业相互渗透，商业银行也从事证券的承保业务。19 世纪末 20 世纪初，经济的持续繁荣带来了世界证券市场的迅猛发展，在巨大的经济利益的驱动下，所有商业银行和投资银行都从事证券业务。这一阶段投资银行的最大特点就是混业经营，投资银行大多由商业银行所控制。商业银行参与证券投资终于引起不良后果，短期资金用于长期证券投资，当周期性经济波动带来周期性货币需求变化时，商业银行因无法收回资金以满足支付而产生了信用危机。而且商业银行频频涉足于证券市场、参与证券投机，出现了大量违法行为，如虚售、垄断、联手操纵等。结果是商业银行的过度参与导致证券市场的"泡沫"膨胀，这一切都为 1929～1933 年的金融经济危机埋下了祸根。

1929～1933 年爆发了世界历史上空前的经济危机，纽约证券交易所的股票市值下跌了 82.5%，从 892 亿美元下跌到 156 亿美元。美国的银行界也受到了巨大冲击，1930～1933 年美国共有 7763 家银行倒闭。

（2）《格拉斯—斯蒂格尔法》颁布以后。1933 年美国国会通过了著名的《格拉斯—斯蒂格尔法》。金融业分业经营模式被法律条文加以规范，投资银行和商业银行开始分业经营。许多大银行将两种业务分离开来，成立了专门的投资银行和商业银行。例如，摩根银行分为摩根斯坦利和 J.P. 摩根。有些银行则根据自身的情况选择经营方向。例如，花旗银行和美洲银行成为专门的商业银行，而所罗门兄弟公司（Solomon Brother）、美里尔·林奇（Merrill Lynch）和高盛等则选择了投资银行业务。投资银行通过包销证券获取差价和赚取佣金，或者从事证券交易获得差价。而商业银行主要从事存贷款业务。美国的投资银行业走上了平稳发展的道路。

"二战"特别是进入20世纪70年代后，随着国际金融自由化和金融业务不断创新，投资银行不再是纯粹的证券推销商。证券一级市场和二级市场的业务收入在总业务收入中的比重大大降低。投资银行创造出更多新的金融产品。其中具有代表性的是利率期货与期权交易。这些交易工具为投资银行抵御市场不确定性冲击提供了有力的保障。投资银行掌握了回避市场风险的新工具后，还广泛参与了与企业融资活动有关的各种金融服务业务，如资产管理、项目融资等。

到了80年代，科技进步与世界金融市场的不断发展，促使各种金融衍生工具推陈出新，金融业之间的渗透融合力度逐步加强，原来的分业经营与监管的机制阻碍了金融业务创新和服务效率的提高。在这种背景下，西方各国金融当局如英国、德国、法国、瑞士、日本等纷纷进行了以打破证券和银行业界限为主要内容的改革，形成了现代银行混业经营的趋势。在美国放弃管制的呼声也越来越高。美国当局先后颁布了一系列放松对市场和机构管制的法律和法规，如1980年颁布的《存款机构放松管制机构法》以及1989年颁布的《金融机构重组、复兴和强化法》等，这些对投资银行业产生了极为深远的影响，使美国投资银行业在80~90年代取得了长足的进步，产生了大量金融创新产品。

进入20世纪90年代后，全球兴起了金融混业经营的浪潮。国际上投资银行业发生了许多变化。主要是国际大型投资银行机构规模越来越大，投资银行重组大量出现。银行、证券、信托、保险等跨行业强强联合，优势互补，高科技发展带来投资银行业务的革命，创新业务大量涌现等，加快了国际银行业向混业经营迈进的步伐。1999年，美国通过了《金融服务现代法案》，从法律上取消了商业银行和证券公司跨界经营的限制。同时随着全球网络的快速形成和广泛运用，电子商务频繁和大规模地展开，逐步把我们带入一个无疆界的金融电子化时代。现代国际金融业务走上了多样化、专业化、集中化和国际化的发展方向。

二、21世纪初美国投资银行遭重创

2007年，一场百年不遇的金融大海啸席卷世界。由美国次贷危机导致的金融危机，已经在全球范围内各行各业引发了强大的连锁反应，投资银行首当其冲。首先是美国第五大投资银行贝尔斯登因濒临破产而被摩根大通收购。之后，美国第三大投资银行美林证券被美国银行以近440亿美元收购，美国第四大投资银行雷曼兄弟控股公司因为收购谈判"流产"而申请破产保护。前后仅半年时间，华尔街排名前五位的投资银行竟然垮掉了三家。花旗和瑞银，这两家均由于市值巨额缩水而陷入了季报甚至年报亏损的困境。为了应对经济恶化、资本市场混乱及资产价值缩水问题，各大投行纷纷裁员，花旗集团计划全球裁员5.2万人。摩根斯坦利在主要业务部门机构证券部门裁员10%，高盛裁员10%。在此次次贷危机中，以往在美国华尔街叱咤风云的投资银行都伤痕累累。

而硕果仅存的两大投行高盛及摩根斯坦利也被迫转为银行控股公司，重回商业银行的怀抱。这也意味着，银行经营历史再度循环，由分业经营模式再次转变为混业经营模式。

美国投资银行制度遭到重创主要有以下原因：

（1）美国独立投行制度的最大问题是资本金不足，即没有流动性支撑。一旦出现信用危机，持有债券的人要求提前支付，就会出现连锁反应。

（2）过度投机和过高的杠杆率使得投行风险性太大。投资银行传统上是以赚取佣金收入为主，但在高额利润的诱惑和激烈竞争的压力下，大量从事次贷市场和复杂产品的投资，却没有对风险进行足够的控制。一方面，由于杠杆率较高，一旦投资出现问题会使其亏损巨大；另一方面，高杠杆使得这些投资银行对流动性要求较高，在市场较为宽松时，尚可通过货币市场融资来填补交易的资金缺口，而一旦自身财务状况恶化，评级公司降低其评级使融资成本上升，便可能造成投资银行无法通过融资维持流动性，贝尔斯登便是因此遭挤兑而倒下。

（3）美国金融市场过度自由化的发展模式走到了极端，衍生品过度泛滥，监管长期缺位。在美国各种金融衍生品和证券化产品非常多，金融机构不停地创造出各种各样眼花缭乱的复杂产品，通过柜台交易（OTC），不需要论证，也没有监管，只要有对手方买，能够成交就行，当然这些对手方大都也是金融机构。这种模式使得金融产品极大地丰富，但容易使得资产证券化产品等金融衍生品过度泛滥。一旦系统性风险出现的时候，危机就来得很快。

（4）华尔街投资银行过度强调短期回报的激励机制也是危机产生的诱因之一。投资银行高管的薪酬和激励机制没有与风险管理、长期业绩相挂钩，形成了较高的"道德风险"，促成管理层短期行为倾向较重，为迎合追求利润的需要，投资银行不断设计复杂的产品以至于其自身都难以对这些产品的风险加以判断，也就难以进行风险控制了。

从投资银行的发展史我们可以看出，对于分业和混业经营模式的争论由来已久。虽然目前世界投资银行业有混业模式的趋势，但混业经营和分业经营各有长处，没有绝对的优势对比，都是投资银行在不同时代和不同发展程度的选择。

混业经营具有的优点：①混业经营增强了银行业对金融市场变化的适应性。从业务开发来看，全能银行的多元化经营为银行的金融产品创建了巨大的发展空间，从而极大地增强了商业银行对金融市场变化的适应性。②混业经营通过银行内部之间的业务交叉，为客户提供了最佳的服务，客户在一家银行就能享受到最广泛的金融服务，时间节约，交易成本降低明显，有利于增强银行的竞争力。③混业经营可使银行的资源得到充分利用，信息共享，交叉销售，提高经济效益。现代通信和计算机技术的高速发展为这一融合及通过融合降低成本提供了技术保障和物质支持。④从政府的角度看，混业经营精简了金融机构，便于当局进行监管。金融机构与监管当局的协调配合加强，有利于提高政府的宏观调控能力。但是，我们也应该看到，混业经营也带来了巨大的风险。若银行业经营的证券业务遭遇失败，其风险将由存款人乃至整个社会负担，这就可能使银行铤而走险，放松对风险的控制，不利于社会稳定。可见，混业经营对金融监管和金融风险控制能力提出了很高的要求。

三、中国投资银行业的发展

我国投资银行的产生和发展经历了四个阶段：起步阶段、快速成长阶段、重组规范发展阶段和综合治理阶段。

（一）第一阶段：起步阶段（1985～1990 年）

经中国人民银行批准，我国第一家证券公司——深圳经济特区证券公司于 1987 年成立。此后，中国的投资银行从无到有，随着我国金融市场和资本市场的成长而迅速扩张。这一时期，证券公司资产规模都比较小，市场也没有严格的准入限制，银行、信托公司等竞相跻身证券业。我国的投资银行和许多其他国家一样，在初期，其业务也是由商业银行来完成。以国有四大商业银行为主的商业银行在 20 世纪 80 年代纷纷建立了隶属的信托投资公司及其所属的证券营业部。这些证券部后来独立出去，就形成了这些商业银行控制的证券公司。

当时各证券公司的业务还主要是证券的发行承销、经纪和自营业务。由于我国证券市场发展初期，还没有建立集中、统一的证券交易所，因此证券交易都是在证券公司的营业柜台和代办点进行和完成的。

（二）第二阶段：快速成长阶段（1991～1996 年）

90 年代上半期，我国证券市场的迅速发展，对证券发行、承销及经纪业务提出了更高要求，这也推动了我国投资银行的发展壮大。证券公司进入了高速扩张期。1990 年上海证券交易所正式成立，随后 1991 年深圳证券交易所也正式开业。沪、深两个交易所的诞生，标志着中国证券市场从此开始了有组织的场内交易，证券市场规模迅速扩大。1992 年国务院成立了证券委员会和证监会，形成证券业的监管机构。

1995 年《商业银行法》公布，规定了我国银行业和证券业分业经营的模式。中国投资银行业格局进行了第一次大规模的调整，商业银行开始逐步退出证券市场，并逐步退出其在证券公司的股份和在股市的资金。同时一些投资银行通过兼并重组信托投资公司的证券营业部，规模得以迅速扩张。一些大型证券公司脱颖而出，如申银万通国际、海通证券等。

这一时期，证券公司主营业务不再局限于一级市场承销和二级市场经纪，其业务扩展到企业上市指导、企业资产重组、兼并收购、项目融资和资本经营等活动。

从结构层次来看，中国投资银行已基本上形成三个层次：①全国性投资银行，其一是以银行系统为背景的证券公司，如 1992 年经中国人民银行总行批准分别在北京、上海和深圳成立的以国有商业银行为背景的华夏、国泰和南方三大全国性证券公司；其二是以国务院直属或国务院各部委为背景的信托投资公司。②地方性投资银行主要是各省、市人民银行、财政部等办的专营证券机构。③兼营投资银行主要是信托投资公司、融资租赁公司等非银行金融机构办的证券营业部。

（三）第三阶段：重组规范发展阶段（1997～2001 年）

在这一时期，我国证券法规不断完善，证券法制建设取得了重大突破，使我国证券公司运作的规范化程度提高到一个新的水平。1998 年出台的《证券法》，明确了银行、证券、信托之间的分业经营体制，并将证券公司分为综合类券商和经纪类券商。此法直接促成了我国投资银行进入大规模兼并、重组和规范发展时期。综合商和经纪商的划分掀起了投资银行增资扩股的热潮。中小投资银行期待通过增资扩股尽快将自己由地方性、经纪类小投资银行变成全国性、综合类投资银行。大型投资银行则欲在国内外进一步做大业务，向国际迈进。例如，国泰证券、君安证券合并后一度成为当时中国最大的券商。之后又诞生了一批由信托重组而成的大型投资银行，如由四大商业银行与人民保险下属的五家信托投资公司所属证券职能部门合并为一家的银河证券。

2001 年《信托法》施行后，我国对信托投资公司进行了全面的治理整顿，部分以证券业务为主体的信托投资公司改为证券公司，其他信托投资公司兼营的证券业务也归并到有关证券公司。

（四）第四阶段：综合治理阶段（2001 年后）

从 2001 年下半年开始，随着上海和深圳两股指的持续走低，中国证券业的发展开始进入低谷。在这种严峻的市场环境下，由于 20 世纪的迅速扩张，证券公司积压的深层次问题逐渐显现，某些公司更是经历了前所未有的生存危机。许多证券公司违法违规操作严重，为了维护证券市场及金融秩序稳定，在 2004 年至 2007 年间，中国证监会进行了证券公司综合治理工作。在"分类处置、扶优限劣"的监管思路下，一批存在较大风险的证券公司退出竞争舞台，而一批风险控制能力强、资产质量优良的证券公司则得到迅速成长，在经纪、投资银行等业务中取得了较为明显的领先优势。综合治理期间，累计处置了 31 家高风险公司，对 27 家风险公司实施了重组，使其达到持续经营的标准。综合治理工作完成后至 2009 年，我国正常经营的证券公司数量达到 108 家。这些证券公司普遍提高了风险防范意识，抵御风险能力得到进一步加强，业务经营过程更加规范，增强了我国证券公司的竞争力。

从中国投资银行业发展的历程可以看出，中国的投资银行业用短短的十几年时间就走完了西方国家上百年的发展历程，其发展速度在世界历史上是空前的、跳跃式的。但相对于西方较为完善成熟的投资银行体系，中国的投资银行业还存在许多不足：

（1）法律环境与制度建设相对滞后。

（2）机构数量多，资产规模偏小，国际竞争力弱。投资银行业是一个典型的规模经济行业，资金数量对业务空间有相当大的影响。资本资产规模小必然导致抗风险能力不足，开拓新业务能力弱，无力开拓国际市场，同时也限制了其抵御国际竞争的能力。

（3）业务范围窄，创新能力不足。西方投资银行的业务范围除传统的证券业务外，还广泛开展风险投资、资产证券化、项目融资、租赁以及金融衍生工具的创新等广义的投资银行业务。然而，我国投资银行的业务主要集中于经纪、承销、自营三大传统业务领域，这在很大程度上依赖于证券市场的繁荣，一旦市场出现低迷，证券公司将受到严重打击。这种情况又加剧了一级市场的争夺战。创新方面，西方投资银行积极开发使用新金融品种及以利率为基础的期货、期权、远期合约、掉期、互换交易、资产担保证券等，满足不同客户的需要，同时可获得较高利润。而我国投资银行对国际上的各种创新型金融业务如期权、调期、资产证券化、购并重组等几乎尚未涉足。

（4）专业人才缺乏。投资银行是高智脑、高风险的行业。在投资银行里最宝贵的资产是具有高层次专业素质、精通投资银行业务的人才。国际投资银行巨头拥有高素质的投资银行家，他们思维敏捷，富有挑战精神，有深厚的管理金融和财务理论功底和丰富的行业经验。相比之下，我国投资银行从业人员不少，但专业人员和高素质管理人才却很少，专业人员缺乏创新精神和开拓性的思维，使我国投资银行综合竞争能力不高，无力参与国际资本市场的竞争。

加入 WTO 后，我国资本市场和投资银行业的国际化进程明显加快。处在成长期的中国资本市场吸引了众多境外投资银行。随着高盛、瑞银等国际证券公司在中国设立合资公司，国内投资银行开始直接面对拥有雄厚实力的国际投资银行的正面竞争。随着证券行业对外开放步伐的进一步加快，今后我国投资银行面临的机会与挑战并存。

第四节　资产证券化

资产证券化是近几十年来世界金融领域的最重大创新之一。资产证券化开始于 20世纪 70 年代末的美国住房抵押贷款证券化，在短短 30 多年的时间里得到迅猛发展，已经成为当今全球金融发展的潮流之一。进行资产转化的公司称为资产证券发起人。发起人将持有的各种流动性较差的金融资产，如住房抵押贷款、信用卡应收款等，分类整理为一批资产组合，出售给特定的交易组织，即金融资产的买方（主要是投资银行），再由特定的交易组织以买下的金融资产为担保发行资产支持证券，用于收回购买资金。这一系列过程就称为资产证券化。资产证券化的证券即资产证券为各类债务性债券，主要有商业票据、中期债券、信托凭证、优先股票等形式。资产证券的购买者与持有人在证券到期时可获本金、利息的偿付。证券偿付资金来源于担保资产所创造的现金流量，即资产债务人偿还的到期本金与利息。如果担保资产违约拒付，资产证券的清偿也仅限于被证券化资产的数额，而金融资产的发起人或购买人无超过该资产限额的清偿义务。

一、资产证券化参与者

具体完成一次资产证券化交易通常需要以下几个步骤，并且涉及以下参与者：

（一）发起人，确定证券化资产并组建资产池

发起人也称原始权益人，是证券化基础资产的原始所有者，通常是金融机构或大型工商企业。

发起人在分析自身融资需求的基础上，通过发起程序确定用来进行证券化的资产。尽管证券化是以资产所产生的现金流为基础，但并不是所有能产生现金流的资产都可以证券化。总结多年来资产证券化融资的经验可以发现，具有下列特征的资产比较容易实现证券化：

（1）资产可以产生稳定的、可预测的现金流收入。

（2）原始权益人对资产拥有完整的所有权。

（3）资产应具有标准化的合约文件，即资产具有很高的同质性。

（4）资产抵押物的易于变现，且变现价值较高。

（5）债务人的地域和人口统计分布广泛。

（6）资产的历史记录良好，即违约率和损失率较低。

（7）资产的相关数据容易获得。

一般来说，那些现金流不稳定、同质性低、信用质量较差，且很难获得相关统计数据的资产，一般不宜于被直接证券化。

（二）特设机构（Special Purpose Vehicle，SPV）买入资产组合，并发行证券

特设机构指接受发起人转让的资产，或受发起人委托持有资产，并以该资产为基础发行证券化产品的机构。SPV可以是由证券化发起人设立的一个附属机构，也可以是长期存在的专门进行资产证券化的机构。设立的形式可以是信托投资公司、担保公司或其他独立法人实体。

证券化资产从原始的权益人（如住房抵押贷款的发放银行）向SPV转移是证券化运作流程中非常重要的一个环节，要求这种转移在性质上是真实出售。其目的是为了实现证券化资产与原始权益人之间的破产隔离，即最大限度降低发行人的破产风险对证券化的影响。

以真实出售的方式转移证券化资产要求做到以下两个方面：一方面，SPV对于资产及其产生的现金流必须拥有完全的控制权。这样，即使原始权益人破产清算，证券化资产及其现金流也会免受不利影响，从而达到破产隔离的目的。另一方面，由于资产控制权已经从原始权益人转移了，因此应将这些资产从原始权益人的资产负债表上剔除，使资产证券化成为一种表外融资方式。

（三）信用增级机构

信用增级是资产证券化结构的一个显著特点。由于证券化的资产大多流动性较差，信用程度也难以评价，因此需通过一定方法，提高证券的信用程度，以吸引投资者并降低融资成本。此类机构负责提升证券化产品的信用等级，为此要向SPV收取相应费用，并在证券违约时承担赔偿责任。

增级（可以分为内部信用增级和外部信用增级两类），具体手段有很多种，如内部信用增级的方式有：划分优先/次级结构、建立利差账户、开立信用证、进行超额抵押等。外部信用增级主要通过金融担保来实现。

（四）信用评级机构

如果发行的证券化产品属于债券，发行前必须经过评级机构进行信用评级。资产证券化的交易信用级别越高，发行成本就越低，发行条件也越好。信用评级机构是一个独立的单位，具体的评级程序和原则与对债券的评级相似。

（五）承销人

信用评级完成并公布结果后，SPV将经过信用评级的证券交给证券承销商去承销，可以采取公开发售或私募的方式来进行。由于这些证券一般具有高收益、低风险的特征，因此主要由机构投资者（如保险公司、投资基金和银行机构等）来购买。这也从一个角度说明，一个健全发达的资产证券化市场必须要有一个成熟的、达到相当规模的机构投资者队伍。

（六）证券化产品投资者，即证券化产品发行后的持有人

（七）资金和资产保管机构

为保证资金和基础资产的安全，SPV 通常聘请信誉良好的金融机构进行资金和资产的托管。

（八）服务机构

SPV 要聘请专门的服务商来对资产池进行管理。服务商负责对资产池中的现金流进行日常管理。服务商的作用主要包括：收取债务人每月偿还的本息；将收集的现金存入在受托人处设立的特定账户；对债务人履行债权债务协议的情况进行监督；管理相关的税务和保险事宜；在债务人违约的情况下实施有关补救措施。

一般服务商由发起人担任，这种安排有很重要的实践意义。因为发起人已经比较熟悉基础资产的情况，并与每个债务人建立了联系。而且，发起人一般都有管理基础资产的专门技术和充足人力。当然，服务商也可以是独立于发起人的第三方。

由上可见，整个资产证券化的运作流程都是围绕着 SPV 这个核心来展开的。在资产证券化中，投资银行既可以作为 SPV，也可以作为证券承销者。作为 SPV，投资银行从发起者处购买资产，并将其证券化后出售，那么它的收益就来自于购买资产资本与销售全部证券所得收益的价差。而投资银行如果仅仅作为证券承销者，那么它的收益与传统的承销业务一样，按照一定的比例抽取承销费。我们用图 7—1 反映政策证券化的全过程。

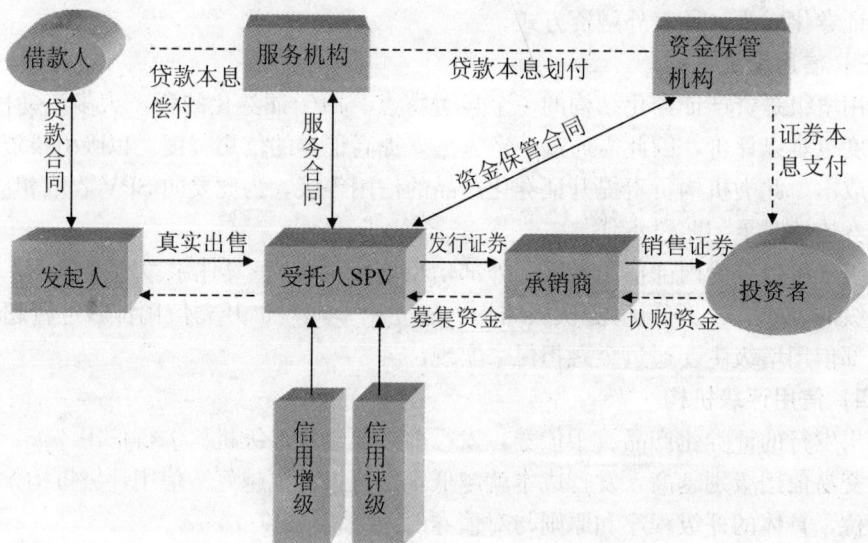

图 7—1　资产证券化的运作流程

注：实线表示各类法律协议，虚线表示现金流。

二、资产证券化的意义

资产证券化之所以取得如此迅速的发展，根本原因在于资产证券化能够为参与各方带来好处。资产证券化的产生和发展虽然始于原始债权人提高资产流动性的基本动因，但由于同时也满足了投资者多元化的投资需求，适应了金融市场环境变化的需要，在诸多方面产生了积极的意义。

(一) 资产证券化对发起人的意义

1. 增加资产的流动性，提高资本使用效率

资产证券化最基本的功能是提高资产的流动性。发起人可以通过资产证券化将贷款出售获得现金，或者以贷款为支持发行债券进行融资。不管通过哪种方式，资产证券化使贷款等流动性差的资产变成具有高流动性的现金，从而为发起人提供了一条新的解决流动性不足的渠道。资产证券化在不增加负债的前提下，使发起人获得了资金，促进了资金的周转，从而提高了资本的使用效率。

2. 提升资产负债管理能力，优化财务状况

证券化融资技术为发起人的中长期应收账款、贷款等资产提供了相匹配的负债融资来源，这种融资可以在期限、利率和币种等多方面帮助发起人实现负债与资产的相应匹配，使得发起人可以和不同情形的债务人开展更大量的业务。

由于证券化采用了表外融资的处理方法，发起人将被证券化资产转移到资产负债表外，从而达到改善资产负债表结构，优化财务状况的目的。这一点对于银行等金融机构尤其具有意义。《巴塞尔协议》要求各国经营国际业务的银行，其自有资本充足率不得低于8%。增加资本充足率的方法可以分为分子法和分母法。其中，分子法即通过增加银行自有资本的方法；而分母法可以通过大量消减资产来提高资本充足率，而资产证券化正是通过出售资产的方式来变现资产。因此，资产证券化自从产生以来，就一直受到许多银行的青睐。

3. 资产证券化创造了新的低成本的融资方式

传统的融资方式一般是以融资方的整体信用为支持的，但是资产证券化是一种结构性融资而非产权融资，其信用基础是一组特定资产，而非发行人的整个资产。企业债券、股票等方式都是以发行人的全部资产和信用为支持的，投资者进行投资必须考虑发行人的整体信用和经营状况，而在资产证券化融资中，投资者只需考虑基础资产的质量就行。资产证券化可以通过破产隔离机制的设计，再辅以信用增级等手段，使得发行的证券的信用级别独立于融资方的信用级别，大大提高证券的信用级别。也就是说，即使融资方的信用级别并不高，资产证券化后的证券也可有比较高的信用级别。信用级别的提高必然使得投资者的要求回报率降低，所以融资成本就得到了节约。

另外，由于资产证券化可以使得证券的信用级别高于原有融资人的整体信用级别，原来可能因为信用级别不够而无法融资的融资人也可以获得融资的机会，这就使其融资渠道得到了拓宽。

4. 增加收入来源

在资产证券化中，服务商通常由发起人担任，使得发起人可以通过收付款服务等途径收取费用，增加新的收入来源。

(二) 政策证券化对投资人的意义

1. 提供多样化的投资品种

资产证券化交易中的证券可以设计出具有不同档级的证券。不同档级的证券具有不同的优次偿付次序。这就为投资者提供了风险和收益多样化的产品品种，为各种类型投资者分散风险，提高收益，创造新投资组合提供了巨大空间。同时，对特定领域资产的证券化，其产品的标准化设计为投资者提供了进入原本不可能进入的投资领域的可能性。

2. 提供更安全的投资方式

由于组成资产池的是优质资产，且有完善的信用增级，因此所发行证券的风险通常很小，而收益却相对比较高，并且在二级市场上具有很高的流动性。资产支持证券可以为那些在投资品种上受到诸多限制的机构投资者（如养老基金、保险公司、货币市场基金）提供新的合意投资品，成为它们投资组合中的合规投资。

(三) 政策证券化对发展证券市场的意义

1. 提供新的投融资途径

资产证券化是一种金融创新工具，通过这种新的金融安排，在资金的供需双方建立了新的沟通桥梁，提供了新的选择。

2. 优化金融市场上资源的配置

在传统的融资方式下，金融市场上资金的流向取决于融资方的综合信用水平。优质资产和劣质资产的"竞争"在很大程度上实现不了，是因为资信水平高的企业所拥有的劣质资产可能会比综合资信水平欠佳的企业所拥有的优质资产获得更大的资金支持，这显然有失资源优化配置的原则。资产证券化则不同，它是一种以资产预期收益为导向的融资方式，而与原始权益人的综合资信水平关系不大，从而使资金竞争在资产层面上展开，使资金更精确地流向优质资产，促进资产之间的优胜劣汰，使金融市场上的资源得到优化配置。因此可以说，资产证券化是市场机制在金融市场上深化的产物，是一种更富有效率的融资方式。

3. 提高金融系统的安全性

通过资产证券化，能够将积压在银行体系的房地产贷款、不良资产等风险合理地配置到社会中各个层次的投资者中，可以有效地避免经济周期影响房地产贷款质量等风险。此外，通过资产证券化的流动性设计，解决了金融机构流动性风险问题。由于金融机构将流动性差的资产证券化，这些金融机构可以很容易地变现资产，在面临挤兑或者经营不善时，金融机构可以维持需要的流动性。

一、重要概念

资产证券化　并购　混业经营　分业经营　破产隔离　信用增级

二、复习思考题

1. 可以证券化的资产必须具备哪些特征？
2. 简述资产证券化的操作流程。
3. 简述资产证券化的意义。

三、前沿思考题

2007 年自美国爆发的世界金融危机同投资银行业务有何关联？

参考文献：

［1］杨德勇、石英剑：《投资银行学》，北京：中国人民大学出版社，2009。
［2］金德环：《投资银行学》，上海：上海财经大学出版社，2002。

第八章 保险、金融信托与租赁

> **本章提要:** 保险业作为与银行业、证券业并列的现代金融行业三大支柱之一,在支持经济增长、促进社会和谐和参与社会管理等方面发挥着越来越重要的作用。金融信托与租赁均是传统的信用业务,经历了漫长的演变过程,发展至今,已成为相对独立的现代金融业务。经济发达国家都十分重视信托与租赁业务的开拓创新。金融信托与租赁具有较强的理论性和操作性。
>
> **本章主要讲述:**
>
> 保险的概念和职能,保险的种类和原则,保险合同与中国的保险市场,保险业务(包括人身保险、财产保险、责任保险、涉外保险、再保险)。
>
> 信托的种类及其职能,信托业务(包括资金信托、企业信托、个人信托)。
>
> 租赁业务,主要是融资租赁、经营租赁。

第一节 保 险

一、保险的概念和职能

(一) 保险的概念

保险是指以集中起来的保险费建立保险基金,用于补偿被保险人因自然灾害或意外事故所造成的损失,或对个人因死亡、伤残、疾病或者达到合同约定的年龄期限时,由保险人(保险公司)承担给付保险金责任的商业行为。

保险基金是指专门从事风险经营的保险机构,根据法律或合同规定,以收取保险费的办法建立的、专门用于保险事故所致经济损失的补偿或人身伤亡的给付的一项专用基金,是保险人(保险公司)履行保险义务的条件。

被保险人是指其财产或人身受保险合同保障,享有保险金请求权的人。

受益人就是当保险事故发生或者约定的保险时间到期，取得利益的人。

投保人简单说就是向保险人（保险公司）缴纳保险费的人，投保人可以是被保险人和受益人。

保险人（承保人）简单说就是保险公司。

从保险关系的角度来看，保险人与投保人订立保险合同，向投保人收取保险费，集中保险费建立保险基金。同时，当保险事故发生时，保险人有义务赔偿被保险人的经济损失。

从本质上讲，保险体现的是一种经济关系，表现在：①保险人与被保险人的商品交换关系。②保险人与被保险人之间的收入再分配关系。从经济角度来看，保险是一种损失分摊方法，以多数单位和个人缴纳保费建立保险基金，使少数成员的损失由全体被保险人分担。从法律意义上说，保险是一种合同行为，即通过签订保险合同，明确双方当事人的权利与义务，被保险人以缴纳保费获取保险合同规定范围内的赔偿，保险人则有收受保费的权利和提供赔偿的义务。

（二）保险的特征

（1）互助性。通过保险人用多数投保人缴纳的保险费建立的保险基金对少数受到损失的被保险人提供补偿或给付得以体现。

（2）契约性。从法律的角度看，保险是一种契约行为。

（3）经济性。保险是通过保险补偿或给付而实现的一种经济保障活动。

（4）商品性。保险体现了一种等价交换的经济关系。

（5）科学性。保险是一种科学处理风险的有效措施。

（三）保险的基本职能

（1）分散风险。现时的、潜在的各种风险，时时刻刻都在威胁着人类社会的方方面面，风险损失的不断发生，逐渐成为单位、家庭和个人购买保险的动力，使保险与千家万户息息相关。投保人将自己面临的风险转移给保险人，而保险人作为经营风险的实体，利用保险"分散风险"的职能，把少数人的风险损失分散到多数未发生风险损失的投保人身上。

（2）损失补偿。保险的损失补偿职能体现在广义的财产保险中。保险人承保业务后，如果发生承保范围内的损失，将根据合同规定支付保险金，使被保险人的损失在实际损失额度内得到补偿。这种补偿只是把已经存在的社会财富进行再分配，而不能增加社会财富。

（3）经济给付。保险的经济给付职能体现在人身保险中。人身保险的标的（保险所要保障的对象）是人的寿命和身体，而它们无法用货币来衡量，人的疾病、伤残、死亡等不幸给个人或家庭带来的损失，只能由投保人根据经济需要提出具体的投保金额，保险人再根据所缴纳的保险费等诸多因素全面衡量，确定适当的保险金额。一旦发生保险事故，保险人则按约定的保险金额予以给付。

二、保险的种类和原则

(一) 保险的种类

保险分类是指保险种类的划分，按照一定的标准对保险业务进行归类。

1. 按保险标的分类

这种分类方法是一种最常见、最普遍的分类方法，按照这一标准可将保险分为财产保险、人身保险、责任保险和信用保证保险四大类。

(1) 财产保险。财产保险是以财产及其有关利益为保险标的的一种保险。当保险财产遭受保险责任范围内的损失时，由保险人提供经济补偿。

(2) 人身保险。人身保险是以人的寿命和身体为保险标的的保险。保险人对被保险人在保险期间因意外事故、疾病等原因导致死亡、伤残，或者在保险期满后，根据保险条款的规定给付保险金。

(3) 责任保险。责任保险是以被保险人依法应负的民事损害赔偿责任或经过特别约定的合同责任作为保险标的的保险。即对被保险人由于疏忽、过失行为造成他人的财产损失或人身伤亡，根据法律或合同的规定，应对受害者承担的经济赔偿责任，由保险人提供经济赔偿。

(4) 信用保证保险。信用保证保险是以各种信用行为为保险标的的保险。当义务人不履约而使权利人遭受损失时，由保险人提供经济赔偿。凡义务人应权利人的要求向保险人投保自己的信用的保险属于保证保险；凡保险人应权利人的要求担保义务人的信用的保险属于信用保险。

2. 按风险转嫁形式分类

按风险转嫁形式分类，可将保险划分为原保险、再保险、共同保险和重复保险。

(1) 原保险。原保险是投保人与保险人之间直接签订保险合同而建立保险关系的一种保险。在原保险关系中，保险需求者将其风险转嫁给保险人，当保险标的遭受保险责任范围内的损失时，保险人直接对被保险人承担损失赔偿责任。

(2) 再保险（分保）。再保险是保险人将其所承保的风险和责任的一部分或全部，转移给其他的保险人的一种保险。转让业务的是原保险人，接受分保业务的是再保险人。这种风险转嫁方式是保险人对原始风险的纵向转嫁即第二次风险转嫁。

(3) 共同保险（共保）。共同保险是由几个保险人联合直接承保同一标的或同一风险而保险金额不超过保险标的的价值的保险，在发生赔偿责任时，其赔偿按照保险人各自承保的金额比例分摊。与再保险不同，这种风险转嫁方式是保险人对原始风险的横向转嫁，它仍属于风险的第一次转嫁。

(4) 重复保险。重复保险是指投保人以同一保险标的、同一保险利益、同一保险事故分别与两个以上保险人订立保险合同的一种保险。与共同保险相同，重复保险也是保险人对原始风险的横向转嫁，也属于风险的第一次转嫁。只不过在大多数情况下，重复保险的保险金额总和超过保险价值，因此，这时各保险人的赔偿金额要按一定标准进行分摊。

3. 按投保单位分类

按投保单位分类，保险可分为团体保险和个人保险。

（1）团体保险。团体保险是以集体名义签订保险合同，由保险人向团体内的成员提供保险保障的保险。

（2）个人保险。个人保险是以个人的名义向保险人投保的保险。

4. 按实施方式分类

按实施方式分类，保险可分为自愿保险和强制保险。

（1）自愿保险是保险人与被保险人在自愿的基础上通过协议订立合同而成立的保险，双方的权利义务都以保险合同为依据。

（2）强制保险亦称法定保险，它是国家颁布法令强制实施的保险。它的特点是，凡是在强制保险条例范围内的保险标的，必须向指定的保险人投保。保险责任是自动产生的，保险金额按国家统一规定标准确定，保险期限是连续性的，不得中断。被保险人如延迟缴纳保险费，必须缴纳滞纳金。

5. 按经营的性质分类

按经营保险的性质，可将保险分为营利保险和非营利保险。

（1）营利保险。营利保险是指保险业者以盈利为目的经营的保险。商业性保险属于营利保险，保险经营者按照营利原则开展业务，将其经营所得的利润或节余进行分配。

（2）非营利保险。非营利保险是指不以盈利为目的的保险。非营利保险一般是出于某种特定的目的，由政府资助营运，以保证经济的协调发展和安定社会秩序为目标而实施的保险保障计划。

（二）保险的基本原则

保险在经营中必须坚持遵循最大诚信原则、保险利益原则、近因原则和损失补偿原则。

1. 最大诚信原则

（1）最大诚信原则的含义。最大诚信原则是指保险合同当事人订立保险合同及在合同的有效期内，应依法向对方提供影响对方做出是否缔约及缔约条件的全部实质性重要事实，同时绝对信守合同订立的约定与承诺。否则，受到损害的一方，可以以此为理由宣布合同无效或不履行合同的约定义务或责任，甚至对此而受到的损害还可以要求对方予以赔偿。

（2）最大诚信原则的意义。在保险活动中，之所以要规定最大诚信原则，其原因有以下三个：①这是由保险经营的不对称性决定的。②保险合同的附合性和射幸性要求保险双方具有最大诚信。③最大诚信原则也是保险本身所具有的不确定性所决定的。

（3）最大诚信原则的内容主要是告知和保证：告知是投保人的义务，告知义务是指投保人在订立保险合同时应当将与保险标的的有关的重要事实如实告诉保险人。保证是指保险人和投保人在保险合同中约定，投保人对某一事项的作为或不作为，或担保某一事项的真实性。比如盗窃险中保证安装防盗门、人身保险中驾驶车辆必须有有效的驾驶证等。

2. 保险利益原则

（1）保险利益（可保利益）原则的含义：保险利益原则其本质内容是要求投保人必须对投保的标的具有保险利益。如果投保人以不具有保险利益的标的投保，保险人可单方面宣布保险合同无效。即使是已经生效的保险合同，如果投保人或被保险人失去了对保险标的拥有的保险利益，保险合同也会随之失效。而当保险标的因保险责任事故的发生受到损失时，被保险人不得因保险而获得保险利益限度以外的额外利益。

（2）坚持保险利益原则的意义：①从根本上划清保险与赌博的界限。②防止道德风险的发生。③界定保险人承担赔偿或给付责任的最高限额。

3. 近因原则

（1）近因原则的含义。《保险法》上的近因原则的含义为："保险人对于承保范围的保险事故作为直接的、最接近的原因所引起的损失，承担保险责任，而对于承保范围以外的原因造成的损失，不负赔偿责任。"按照该原则，承担保险责任并不取决于时间上的接近，而是取决于导致保险损失的保险事故是否在承保范围内，如果存在多个原因导致保险损失，其中所起决定性、最有效的，以及不可避免会产生保险事故作用的原因是近因。

（2）近因原则的基本内容。近因是引起保险标的损失的直接、有效、起决定作用的因素。反之，引起保险标的损失的间接的、不起决定作用的因素，称为远因。在保险理赔中，近因原则的运用具有普遍的意义。

4. 损失补偿原则

损失补偿原则是指保险合同生效后，当保险标的发生保险责任范围内的损失时，被保险人有权按照保险合同的约定，获得全面、充分的赔偿，以弥补被保险人由于保险标的遭受损失而失去的经济利益，但被保险人不能因保险赔偿而获得额外的利益。因此，损失补偿原则包括两层含义：其一，损失补偿以发生保险责任范围内的损失为前提条件；其二，损失补偿以弥补被保险人的实际损失为限，而不能使其获得额外的利益。

损失补偿原则要求保险人在履行保险赔偿责任时，必须以实际损失、保险金额和保险利益为限，以保证被保险人既能恢复失去的经济利益，又不会由于保险赔偿而得到额外的利益。在具体的保险实务中，上述三个限额同时起作用，并且以金额最低的限额为保险赔偿的最高限额。

在保险理论和实务中，损失补偿原则还有两个派生原则：代位追偿原则和重复保险分摊原则。

三、保险合同与中国的保险市场

（一）保险合同

保险合同（保险契约）是保险人与被保险人在自愿的基础上建立的关于接受与转移危险的法律性协议。保险合同是经济合同的一种，保险合同既有经济合同的一般属性，也有自己的特点。

1. 保险合同的一般属性

（1）保险合同是承诺合同。保险合同一经建立，如果被保险人遭受保险责任范围内的经济损失，保险人必须兑现补偿或给付的承诺，保障被保险人的经济生活恢复到受损前的状态。不能退回保险费，不能拒绝赔款，因此也称保险合同是保障性合同。

（2）保险合同是双务合同。保险合同双方当事人必须向对方履行自己应尽的义务。双方当事人的义务互为条件，互相制约。只有被保险人履行缴纳保费的义务，保险人才会补偿或给付；与此相反，只有保险人履行赔偿义务，被保险人才缴付保险费。双方当事人任何一方不履行义务，都会中断保险活动。

（3）保险合同是有偿合同。合同的双方当事人都必须在付出一定代价的条件下，才能得到各自应有的权利。保险人只有向被保险人提供保险保障，才能取得收取保费的权利；被保险人只有向保险人缴付保险费，才能换取保险保障的权利。

（4）保险合同是附合合同。保险条款是保险人单方根据保险标的的性质、危险状况和以往的保险统计资料等事先确定的。对此被保险人只有取与舍的选择，表示投保或不投保，不能增删或修改，如果被保险人有特殊要求，可用附加条款解决。

保险合同的附合性使被保险人处于被动地位，如果遇有合同含义不清，发生争执时，法律规定要作出有利于非合同起草人的解释，以维护被保险人的权益。

（5）保险合同具有"射幸"性。"射幸"的原意是碰运气的意思。保险合同的射幸性主要表现在保险人的给付在合同订立时尚不能确定，而有赖于保险事故的发生。在合同有效期间，倘若发生保险事故，保险标的因而致损，则被保险人从保险人那里得到的赔偿金额可能远远超出其所支出的保险费；反之，如无损失发生，则被保险人只付出保险费而得不到保险人的任何给付。因此，保险合同的后果是不确定的。可见，形成保险合同的射幸性的是保险事故发生的偶然性。

需要说明的是，保险合同这种射幸性只是就各个保险合同而言的。

2. 保险合同的特殊性

（1）保险人履行义务的不确定性。这是指保险人履行补偿合同的义务是不确定的。对每个被保险标的，保险人是否履行义务取决于保险危险是否出现。保险标的发生损失，保险人就履行义务；保险标的没有遭受损失，保险人则不履行义务，这是由危险的不确定性和保险的职能决定的。一般经济合同，当事人必须履行义务，无故不履行义务要受到法律制裁。

（2）当事人之间以不等价进行经济往来。作为补偿合同，保险人与具体的被保险人之间的经济往来，不是等价的，数额也相差很大，甚至悬殊。被保险人遭灾受损，保险人对其补偿远远超过其所缴保险费；被保险人不遭灾受损，保险人则白收一笔保险费。一般经济合同的经济往来都是等价的，否则，合同则不能订立。

（3）签约一方可以是自然人。《合同法》规定经济合同的签订双方必须都是法人，保险合同则例外，保险人可以与法人签订合同，也可以与自然人签订合同。由于保险实施目的所致，实践中保险企业与众多的自然人签订保险合同。

（4）保险合同的可废性。《合同法》规定，合同当事人任何一方不得擅自变更或解除合同。企业财产险和汽车保险的合同，投保人可以以任何理由提出解除合同，对此保险人都要接受，并退回未到期的保险费。保险人对无力支付保险费或对安全建议不采取改善措施的被保险人，中途也可终止保险责任。

（二）保险合同的要素

保险合同的要素是指构成保险关系的主要因素，有主体、客体和内容三要素。

1. 保险合同的主体

保险合同的主体就是保险合同的当事人，是签订保险合同的各方。当事人可以是自然人，也可以是法人。

（1）保险合同的当事人。保险合同的当事人有保险人、投保人和被保险人。

保险人是保险合同的签订者之一。保险人是经政府有关部门审查批准的保险机构，如保险公司。

投保人是任何保险合同不可或缺的当事人之一。投保人是向保险人申请保险保障，与保险人签订保险合同，并承担缴纳保险费义务的人。多数情况下投保人与被保险人就是一个人，也有投保人与被保险人相分离的，主要体现在人身保险上。如夫妻一方为另一方申请保险，一方为投保人，另一方则为被保险人。

被保险人（保户）是指其财产或者人身受保险合同保障，享有保险金请求权的人。投保人可以为被保险人。

在财产保险中，投保人可以与保险人是同一人。如果投保人与被保险人不是同一人，则财产保险的被保险人必须是保险财产的所有人，或者是财产的经营管理人，或者是与财产有直接利害关系的人，否则不能成为财产保险的被保险人。

在人身保险中，被保险人可以是投保人本人，如果投保人与被保险人不是同一人，则投保人与被保险人存在行政隶属关系或雇佣关系，或者投保人与被保险人存在债权和债务关系，或者投保人与被保险人存在法律认可的继承、赡养、抚养或监护关系，或者投保人与被保险人存在赠与关系，或者投保人是被保险人的配偶、父母、子女或法律所认可的其他人。

（2）保险合同的关系人。保险合同的关系人是指除上述当事人以外参与保险活动的有关人，主要的关系人有受益人、保险代理人、保险经纪人。

保险代理人是根据保险人的委托，向保险人收取保险代理手续费，在保险人授权的范围内代为办理保险业务的单位和个人。

保险经纪人是基于投保人的利益，为被保险人和保险人订立保险合同提供中介服务，依法收取佣金的单位。

2. 保险合同的客体

保险合同的客体指的是保险合同中权利、义务所指的对象——保险标的及其可保利益。即保险保障的具体目标和权益。保险合同的客体是保险合同的又一个不可缺少的因素，没有客体就无法确立主体的权利和义务，合同就无从建立。

（1）保险标的。保险标的是指被保险人要求保险人实施保险保障的具体对象和具体目标。保险标的可以是物，也可以是权益、责任、信用或人的身体等。签订保险合同必须明确保险标的，在合同中写明哪些是保险对象，哪些是特约保险对象，哪些是不保对象。

（2）保险利益（可保利益）。指的是被保险人对其所投保的标的所具有的法律上认可的利害关系而产生的经济利益。或者说，保险利益就是当保险标的被灾害事故破坏以后，被保险人所遭受的损失或丧失的权益。签订保险合同必须以保险利益为前提。保险利益是建立保险关系的经济基础。保险人接受被保险人投保，不是保障保险标的不再遭灾受损，而是保障被保险人遭遇灾害事故并发生损失之后，在经济上给予保险责任范围内的补偿。因此，保险合同的客体不仅仅是保险标的，更重要的是依附于保险标的的保险利益。

3. 保险合同的内容

保险合同的内容是指保险合同当事人的权利和义务。由于保险合同一般都是依照保险人预先拟定保险条款订立的，因此，保险合同成立后，双方的权利义务主要体现在这些条款之中，保险合同的条款可分为法定条款和约定条款两种类型，法定条款是指法律规定保险必须具备的条款，《保险法》第十八条规定保险合同的必备条款有 11 项，即：

（1）保险人名称和住所。

（2）投保人、被保险人名称和住所以及人身保险的受益人的名称和住所。

（3）保险标的。

（4）保险责任和责任免除。

（5）保险期间和保险责任开始时间。

（6）保险价值（用于财产险）。

（7）保险金额。

（8）保险费以及支付办法。

（9）保险金赔偿或者给付办法。

（10）违约责任和争议处理。

（11）订立合同的年、月、日。

约定条款是指投保人和保险人在保险合同的法定条款之外，就保险有关的其他事项作出约定的条款，约定条款是由保险合同的性质和特点决定并由投保人和保险人商定的条款。

4. 保险合同的成立、转让和终止

主要包括以下几点：

（1）保险合同的成立。订立保险合同，需经要约和承诺两个步骤。所谓要约就是投保人向保险人申请保险，这种申请就是要约。要约是以投保单的形式向保险人提出的。如其内容符合订立保险合同的要求，保险人应予以承诺。承诺以口头或书面的形式表示。承诺后，保险人应立即签发保险单，保险合同即告成立。

（2）保险合同的转让、变更与终止。保险合同订立后，有时因为保险标的所有权发生变化，涉及保险合同的转让问题。

人身险的保险合同不能转让，因为人身险的保险标的——人的身体或生命不同于其他险种的保险标的，故其合同不能转让。人身险可以变更受益人，但是受益人不是合同的当事人，仅是合同的关系人，变更受益人并非是转让保险合同。

财产险的保险合同可以转让，但必须得到保险人同意，办理过户手续。被保险人转让产权后，新的产权所有人要求保险部门继续生效，必须向保险人申请办理过户手续，经保险人同意，并签发批单后，保险合同才能继续生效，否则合同失效。

运输险的保险合同例外，因为货物在运输过程中不是由被保险人控制和管理，可以不经保险人同意，被保险人在保险单上背书后转让。

保险合同订立后，在保险合同有效期内，保险合同的内容有时发生变化，对此被保险人要随时向保险人提出申请，办理变更手续。被保险人提出改变合同内容必须经保险人同意，并出具批单，方能生效。保险单与批单有矛盾时，以批单内容为准。

保险合同终止即保险合同失效。保险合同订立后，根据规定可以宣告终止。保险合同终止主要有以下几种原因：①自然终止。保险合同一般都订明保险期限，保险期满即为合同自然终止。②义务履行完毕终止。保险人按照保险合同规定已经履行了补偿义务和给付全部保险金以后，保险合同即行终止。③协议明示终止。保险合同在完成履约义务或自然终止前可以以协定规定方式终止。④违约终止。这是指合同一方当事人如果不按照保险合同规定履行义务，另一方可以提出终止合同。⑤原始失效。被保险人以欺诈、捏造、隐瞒真实情况等手段与保险人订立的保险合同，一经发现，保险合同从其订立时起就无效。

（三）中国的保险市场

1. 中国保险业的发展回顾

外商保险公司垄断时期的中国保险市场：我国现代形式的保险是伴随着帝国主义的入侵而传入的。19世纪西方列强侵略中国时，外商保险公司是作为保障其资本输出和经济侵略的工具进入中国的。

民族保险业开创与发展时期的我国保险市场：我国第一家华商保险公司是1875年成立的。这年12月，由官督商办的招商轮船局集股资20万两白银在上海创办了保险招商局。1876年和1878年，招商局又先后设立"仁和保险公司"和"济和保险公司"，后来两公司合并为"仁济和保险公司"。该公司专门承保船舶、货栈以及货物运输的保险业务。

20世纪初，我国民族工业迅速发展，民族资本的保险业随之兴起。20世纪20年代，由"交通"、"金城"、"国华"、"大陆"等六家银行共同投资开办了太平保险公司，主营水险业务，兼营寿险业务。到了30年代末，华商保险公司便发展到了40家。

2. 中国现代保险市场的发展

新中国成立后，政府接管了官僚资本的保险公司，一部分私营保险公司也复业。1949年10月，中国人民保险公司成立，它标志着新中国以国营保险业为主导的保险市场的建立，揭开了中国保险业新的一页。从1949年到1958年的10年中，中国人民保险公司陆续开办了火灾保险，企业和国家机关财产保险，货物运输和运输工具保险，铁路、轮船、飞机和飞机旅客意外伤害保险，农业保险等业务，共收保险费16亿元，支付赔款 3.8 亿元，拨付防灾费用 2300 多万元，上缴国库 5 亿元，保险公司积累公积金 4 亿元，在发挥经济补偿职能、安定人民生活、积累建设资金、防灾防损、促进国际贸易等方面发挥了巨大的作用。[①]

由于错误的经济理论和保险理论，新中国保险业曾"两起两落"。1959 年全部停办了国内保险业务。1964 年部分地区曾一度恢复国内保险业务；但在 1966 年开始的"十年动乱"中这一丝曙光再次熄灭，保险公司被当作"剥削公司"被彻底"砸烂"。偌大的中国，当时从事保险业的专业人员一度仅剩 9 人。

1979 年，党的十一届三中全会以后，国内保险业务得到恢复。1980 年 2 月，中国人民保险公司全面恢复了停办 20 余年（1959～1980 年）的国内保险业务。此后，中国保险业便逐渐步入了一个飞速发展的黄金时期，其间经历了多次重大改革，把中国保险业推上了一个又一个新台阶。

1984 年，中国内地唯一一家保险公司中国人民保险公司从中国人民银行分设出来，以独立法人的资格开展业务；1986 年，中国第一家区域性保险公司新疆生产建设兵团农牧业保险公司（2002 年 10 月更名为中华联合财产保险公司）获准成立；1988 年 3 月，股份制的平安保险公司在深圳成立；1991 年 4 月，交通银行全额投资组建的第一家全国性股份制综合保险公司太平洋保险公司在上海成立。这三家公司的成立打破了保险市场的垄断格局，标志着市场竞争机制开始进入了保险市场。20 世纪 90 年代中期，先后成立新华、泰康和华泰等全国性股份保险公司以及天安、大众、永安、华安等区域性股份保险公司。1996 年，中国人民保险（集团）公司的财产保险公司和人寿保险公司分设。平安、太平洋等中资公司也逐步实行产、寿险分开经营。截至 2002 年年底，中国保险市场共有 57 家保险公司；其中，国有独资保险公司 5 家，内资股份有限公司 11 家。中国保险市场进入市场主体迅速膨胀时期，承保能力不断增强。

1992 年，中国人民银行制定并颁布了《上海外资保险机构暂行管理办法》之后，美国友邦保险公司、日本东京海上火灾保险公司作为首批外资保险公司进入中国大陆，标志着我国保险市场对外开放，国际保险业先进的经营理念和管理技术被引入了中国市场，推进了中国保险市场国际化的进程。在中国加入世界贸易组织之前，在中国保险市场营业的有 8 家境外保险公司的 13 家子公司和 7 家中外合资保险公司。

2001 年 12 月，中国正式加入世界贸易组织，外资进入中国保险市场的步伐明显加快。2002 年，中国保险监督管理委员会（中国保监会）先后批准了德国慕尼黑再保险公司、瑞士再保险公司、美国信诺保险公司、英国标准人寿保险公司、美国利宝互助保险公司和日本财产保险公司等进入中国市场筹建营业性机构。此外，美国 ACE 集团参股华泰并拥有 22.13% 的股权；荷兰国际集团与北京首创集团宣布在大连成立首创安泰人寿保险有限公司；汇丰集团参股平安保险；美国友邦保险在北京设立分公司等等。自加入世界贸易组织以来，我国已先后批准 6 家外国保险公司进入市场筹建保险营业机构，批准 15 家外资保险营业机构开业，共有来自 12 个国家和地区的 34 个保险公司在

[①] 国务院国有资产监督管理委员会，http://www.sasac.gov.cn/xxfw/fxgl/bxsd/200601200159.htm。

我国设有 54 个营业性机构。中国保险业全面对外开放的格局由此逐步形成。

1995 年 10 月 1 日,《中华人民共和国保险法》开始实施,确立了保险市场化机制运作的宏观规范与微观管理原则。1999 年中国保监会公布了《保险公司管理规定》,2001 年 11 月公布并于 2002 年 1 月 1 日实行《保险代理机构管理规定》、《保险经纪公司管理规定》、《保险公估机构管理规定》。2002 年 2 月 1 日开始实行《外资保险公司管理条例》。一系列的法律法规形成了以《保险法》为核心的保险法律体系。2002 年 10 月 28 日,第九届全国人大常委会第三十次会议表决通过了《全国人民代表大会常务委员会关于修改〈中华人民共和国保险法〉的决定》,2009 年 2 月 28 日第十一届全国人民代表大会常务委员会第七次会议修订,新《保险法》于 2009 年 10 月 1 日起开始实施。

四、保险业务

(一) 人身保险

人身保险是以人的生命和身体作为保险标的,并以人的生命、死亡、疾病或遭到伤害为保障条件的一种保险。主要有人寿保险、人身意外伤害保险和健康保险。

人寿保险(寿险)是以人的生命为保险标的,以人的生存或死亡为给付条件的一种保险。最基本的是生存保险和死亡保险,其他寿险险种是在此基础上交叉组合而成的。

意外伤害保险是以被保险人因遭受意外伤害造成死亡、残废、支出医疗费、暂时丧失劳动能力为给付条件的人身保险业务。

健康保险又叫疾病保险,它是以被保险人因疾病、分娩及其致残或死亡等为给付条件的一种保险。

(二) 财产保险

财产保险是以财产及其有关的利益作为保险标的或以造成经济损失的损害赔偿责任作为保险标的的保险。财产保险所包括的范围非常广泛,但必须明确,人的身体和生命是不能作为保险标的纳入财产保险范围的。

目前我国的财产保险主要有:企业财产保险、家庭财产保险、国内货物运输保险以及农业保险等。

1. 企业财产保险的使用范围

企业财产保险适用于国营、集体、中外合资、外商独资、城市农工商联合、合作商店、城镇街道居民委员会和里弄、私营等各种所有制性质的企业,也适用于国家党政机关、工会、共青团、妇联、科研单位、学校、医院、文化艺术团体等国家机关、事业单位和人民团体。

2. 企业财产保险的承保范围

企业财产保险按性质及其价值表现形式分为可保财产、特约承保财产和不可保财产三种。

可保财产的范围包括:①属于被保险人所有或与他人共有而由被保险人负责的财

产。②由被保险人经营管理或由他人保管的财产。③其他具有法律上承认的与被保险人有经济利益关系的财产。

特别约定承保财产的范围包括：①金银、珠宝、钻石、玉器、首饰、古币、古玩、古书、古画、邮票、艺术品、稀有金属等珍贵物品。②水闸、铁路、道路、涵洞、桥梁、码头。③矿井、矿坑内的设备和物资。

上述财产无一确定价值，保险金额很难确定，风险也较特别，因此，必须经被保险人和保险人双方事先约定，在保单及明细表上载明，才能承保。

不可保财产的范围包括：①土地、矿藏、矿井、矿坑、森林、水资源以及未经收割或收割后尚未入库的农作物。②货币、票证、有价证券、文件、账册、图表、技术资料、电脑资料、枪支弹药以及无法鉴定价值的财产。③违章建筑、危险建筑、非法占用的财产。④在运输过程中的物资。⑤领取执照并正常运行的机动车。⑥牲畜、禽类和其他饲养动物。

（三）责任保险

责任保险又称第三者责任保险，被保险人依法对第三者负损害赔偿责任时，由保险人承担其补偿责任的一种保险。主要有产品责任保险、公众责任保险、职业责任保险、雇主责任保险。

产品责任保险是指以产品制造者、销售者、维修者等的产品责任为承保风险的一种责任保险，而产品责任又以各国的产品责任法律制度为基础。产品责任是指产品在使用过程中因其缺陷而造成用户、消费者或公众的人身伤亡或财产损失时，依法应当由产品供给方（包括制造者、销售者、修理者等）承担的民事损害赔偿责任。

公众责任保险主要承保被保险人因过失造成公众的人身伤害或财产损失应承担的损害赔偿责任。公众责任保险的适用范围十分广泛。在美、英等国，它是指雇主责任保险以及汽车、航空、机器和海上保险中的责任保险以外的所有个人和企业责任保险，因而被称为"综合责任保险"或"普通责任保险"。

职业责任保险是以医师、律师、会计师、工程师等专业技术人员的职业责任为标的的保险，它承保此类专业技术人员因工作上的疏忽或过失造成合同对方或其他人的人身、财产损害的经济赔偿责任。在国外又称为职业赔偿保险或业务过失责任保险。

雇主责任保险是以雇主责任为标的的保险。它承保雇主对其雇用人员在受雇期间工作时，因发生意外或因职业病而造成人身伤残或死亡时应负的经济赔偿责任。雇主责任保险多采用独立承包的方式经营。

（四）涉外保险

涉外保险是相对于国内保险而言的，指保险标的或保险责任已跨越国界或带有涉外因素的保险活动。主要有海上运输货物保险和海上运输工具保险。

海上运输货物保险是以海上运输的货物为保险标的的保险，其保障的范围为货物在运输途中可能遇到的风险。也包括与海上运输紧密联系在一起的货物在路上、内河和驳船运输过程中可能遇到的风险，但主要以前者为主。

海上运输工具多是船舶，所以，海上运输工具保险主要是船舶保险。船舶保险是以各种类型船舶为保险标的、承保期在海上航行或者在港内停泊时遭到的因自然灾害和意外事故所造成的全部或局部损失及可能引起的责任赔偿。

（五）再保险

再保险（分保）是保险人在原保险合同的基础上，通过签订分保合同，将其所承保的部分风险和责任向其他保险人进行保险的行为。

在再保险交易中，分出业务的公司称为原保险人或分出公司，接受业务的公司称为再保险人或分保接受人或分入公司。

再保险直接产生于保险风险责任巨大与单个保险公司承受风险能力有限的矛盾。社会的发展使财富迅速增加，同时每一危险单位（保险标的发生一次灾害事故可能造成的最大损失范围）的价值和保险的风险责任也在迅速增大。一艘巨轮连同其所装载的货物，一个巨型钻井平台，其价值都在几亿、几十亿甚至上百亿美元。如此之大的保险标的价值所带来的巨大的保险风险责任，是任何一个保险公司都难以承受的。

再保险业务是国际保险市场上通行的业务。它可以使保险人避免危险过于集中，不致因一次巨大事故的发生而无法履行支付赔款义务，对经营保险业务起了稳定作用。

第二节　金融信托与租赁

一、信托概述，信托的种类及其职能

（一）信托

20世纪初，信托传入中国。最早出现的信托机构是由日本人于1913年在大连设立的"取引所信托株式会社"和由美国人于1914年在上海成立的"普益信托公司"。

新中国成立之初，政府在接管和改造旧中国的信托机构的同时，曾试办过金融信托业。1949年11月1日，中国人民银行上海分行以原中国银行信托部、交通银行的仓库业务为基础，设立了中国人民银行上海分行信托部。

改革开放后，1979年10月，中国国际信托投资公司在北京宣告成立，这标志着中国信托业的正式恢复。同月，中国银行总行也率先成立了信托咨询部，后又在此基础上成立中国银行信托咨询公司。但是，中国信托业是在混沌中诞生、在不断清理整顿中发展起来的。信托业务因为其灵活性而具有极大弹性和普遍性。在金融业分业经营的环境下，信托公司是唯一能够综合利用金融市场、连通产业和金融市场的机构，从基础设施、大型工程建设投融资到企业的兼并重组、改制顾问到租赁、担保，信托公司能够提供全程式的金融服务。几乎涵盖了储蓄、证券经纪、保险以外的其他金融、投行业务。

信托是指委托人基于对受托人的信任，将其财产权委托给受托人，由受托人按委托人的意愿以自己的名义，为受益人的利益或者特定目的进行管理或者处分的行为。

上述定义基本体现了信托财产的独立性、权利主体与利益主体相分离、责任有限性和信托管理连续性这几个基本法理和观念。

我们可以从以下五个方面来把握信托的基本特点。

（1）以信用为基础。任何类型的信托都是建立在委托人对受托人信用的基础上，如果受托人不为委托人所信任，信托行为就不会产生。

（2）具有特定的目的。信托的目的是为了受益者的利益，受托人接受委托人的信托财产，并按照委托人的意愿去运用，所得收益归于委托者或指定的受益人，受托人所得到的是约定的信托报酬。

（3）财产权是信托成立的前提。委托者必须享有财产的所有权（或支配权），受托者才能接受这项信托，受托人替代委托人行使财产上的法定权利。

（4）信托是多边的经济关系。信托行为一般涉及三方面关系人：即委托人、受托人和受益人，有时委托人本身就是受益人；有时受益人不止一个人。而商业银行一般贷款是涉及银行和贷款单位两个方面。

（5）信托按经营的实际效果计算收益。信托机构不承担损失风险。受托人按委托人要求对财产进行经营管理，收益归受益者所有，亏损也由受益者负担。

（二）信托行为

在达成一项信托时，构成法律行为所履行的手续就是信托行为。如委托人与受委托人双方签订合同或协议。信托行为的形成，一般需要四个基本条件：

（1）信托当事人的真实意思表示。确认信托行为的成立，必须有当事人的真实意思表示。在现代信托中，这种意思表示一般采用书面形式。通常有三种具体方式：一是信托合同，它由信托当事人经协商取得一致意见后签订；二是个人遗嘱，它由立遗嘱人及委托人单方面确认；三是法院依法裁定或判决信托行为成立的法律文书。

（2）特定的合法目的。信托目的是信托行为成立的依据。例如，有的以委托运用资产，谋取资产增值为目的；有的以保管财产，使财产不受损失为目的；也有的以委托代销商品、处分财产为目的。这些行为的目的必须合法，并可能实现，否则不能确认信托行为成立。

（3）以财产为中心。根据信托在经济范畴内的狭义定义，我们可以知道，财产是信托的核心。确认信托行为的权利，要以财产为中心，不仅是因为财产是信托的标的物，还因为它的所有权可以转移。信托当事人的一方（委托人）为自己或他人利益提出意见表示，为实现某种既定的目的，就得把信托财产的产权转移给另一方（受托人），受托人同意为其依照一定目的管理或处分这些财产。所以，没有以财产为中心，没有财产所有权的转移，信托行为是不能成立的。

（4）以信任为基础。信托是一种代人理财的财产管理制度，它的确立必须以当事人之间相互信任为基础。如果委托人和受益人对受托人不信任，或者受托人不能忠实履行其管理财产的职责。则信托行为难以发生。即使发生信托行为，因存在不信任，甚至带有欺骗性，在法律上仍不能确认其为有效。

（三）信托关系

信托关系是指信托行为形成的以信托财产为中心的当事人之间特定的法律关系。信托关系与信托行为的存在完全一致，只要有信托行为发生，必然有信托关系存在。信托关系贯穿于心理、法律、经济和社会的各个方面。在心理上，委托人与受托人建立信任感，没有信任感，不能形成信托关系；在法律上，委托人为自己或第三者的利益将信托财产转移给受托人，并通过信托合同对信托财产的转移作一定的限制；在经济上，委托人通过设定信托，以达到为指定的人谋利的经济目的；在社会上，信托关系是一种代办关系。因此，信托关系不仅是经济关系，也是一种法律关系和社会关系。

联结信托关系各方的当事人总称为信托关系人，包括委托人、受托人和受益人。自然人和法人都可以成为信托关系人。

（四）信托财产

信托财产是指委托人通过信托行为，转给受托人并由受托人按照一定的信托目的管理或处理的财产，也叫信托标的物。

1. 信托财产的范围

一般只要有价值，可以计算、转让，并在法律上不禁止的物品，都可充作信托财产。为保护受益人的利益，受托人应注意：必须把自己的固有财产与信托财产相区别，不能继承信托财产，也不能用信托财产抵偿自己的债务；在财务上还必须按照信托财产、固有财产及其他信托财产分别管理，不能混淆。

2. 信托财产的特征

信托是一种为他人利益而转移财产并加以管理的制度。信托财产作为其载体，具有下列特征：

（1）转让性。信托的成立，以信托财产由信托人转移给受托人为前提条件。因此，信托财产的首要特征是转让性，即信托财产必须是为信托人独立支配的可以转让的财产。信托财产的转让性，首先要求信托财产在信托行为成立时必须客观存在。如果在设立信托时，信托财产尚不存在或仅属于信托人希望或期待可取得的财产，则该信托无法设立。其次，要求信托财产在设立信托时必须属于信托人所有。如果信托财产在设立信托时虽然客观存在，但不属于信托人所有，则因信托人对该财产不享有处分权而无权将其转移给受托人，信托无由成立。最后，信托财产的转让性要求凡法律、法规禁止或限制流通的财产，都不能成为信托财产。

（2）物上替代性。物上替代性是指任何信托财产在信托终了前，不论其物质形态如何变换，均属于信托财产。例如，在信托设立时信托财产为不动产，后因管理需要受托人将其出售，变成金钱形态的价款，再由受托人经营而买进有价证券。在这种情况下，信托财产虽然由不动产转换为价款，再由价款转换为有价证券，在物质形态上发生了变化，但其并不因物质形态的变化而丧失信托财产的性质。信托财产的物上替代性不仅使信托财产基于信托目的而在内部结合为一个整体，不因物质形态的变化而丧失信托财产的性质，而且使信托财产在物质形态变化过程中，不因价值量的增加或减少而改变其性质。

（3）独立性。信托财产最根本的特征在于其独立性。信托一旦有效设立，信托财产即从信托人、受托人和受益人的自有财产中分离出来而成为一项独立的财产。就信托人而言，其一旦将财产交付信托，即丧失对该财产的所有权，从而使信托财产完全独立于信托人的自有财产。就受托人而言，其虽因信托而取得信托财产的所有权，但由于他并不能享有因行使信托财产所有权而带来的信托利益，故其所承受的各种信托财产必须独立于其自有财产。如果受托人接受不同信托人的委托，其承受不同信托人的信托财产也应各自保持相对独立。就受益人而言，其虽然享有受益权，但这只是一种利益请求权，在信托法律关系存续期间，受益人并不享有信托财产的所有权，即使信托法律关系终了后，信托人也可通过信托条款将信托财产本金归于自己或第三人，故信托财产也独立于受益人的自有财产。由于信托财产在事实上为受托人占有和控制，故《信托法》对信托财产独立性的维持主要是通过区别信托财产与受托人的自有财产来体现的。

（五）信托的种类

信托可以从不同角度进行多种分类。

（1）按信托行为的不同，可分为契约信托和遗嘱信托。契约信托是通过订立契约、合同、协议建立的信托，又叫合同信托和生前信托；遗嘱信托是通过遗嘱这种法律行为而设立的信托，又叫死后信托。

（2）按信托关系建立的依据不同，可分为设定信托和法定信托。设定信托是按法律行为（合同或遗嘱）建立的信托；法定信托是按法律规定设立的信托。目前多数为设定信托。

（3）按受托人与受益人关系的不同，可分为自益信托和他益信托。自益信托是受托人将自己作为受益人，而他益信托的受益人不是委托人。自益信托一定为私益信托，而私益信托不一定为自益信托。

（4）按受益对象的目的不同，可分为私益信托和公益信托。

（5）按信托财产的不同，可分为资金信托、动产信托、不动产信托、其他财产信托等。

（6）按委托人或受托人的性质不同，可分为法人信托和个人信托。

（7）按信托事项的性质不同，可分为商事信托和民事信托。

（8）按信托涉及的地域不同，可分为国内信托和国际信托。

无论信托种类如何划分，每种划分都只是从一个方面反映了信托业务的性质，每种划分方法又都有相互交叉的地方。例如，一项信托业务，按照不同的标准划分，它可以分别是个人信托、不动产信托和私益信托。

（六）信托的职能

信托的职能概括起来就是"受人之托，履人之嘱，代人理财"。其主要职能有：

（1）财务管理职能，即为人理财、代人办事的职能，具体包括信托机构受托为委托者管理和处理财产或代办经济事务两大内容，是信托首要职能和基本职能。

（2）融通资金职能，指信托机构通过办理自身业务所起到的融资及金融服务职能。

（3）中介服务职能，处理与协调经济关系，提供信任、信息与咨询的职能。

（4）投资职能，信托机构运用信托业务手段参与社会投资行为所产生的职能。

财务管理职能是基本职能，融资职能是派生职能，是信托业在货币信用经济下具有的重要职能；信托的实质是一种财产管理制度，为人理财、代人办事是开展业务的出发点，进行融资是受托人为更好地实现理财目的而采用的手段。

二、信托业务

（一）资金信托

1. 资金信托的定义

资金信托（金钱信托）是指委托人基于对受托人（信托机构）的信任，将自己合法拥有的资金委托给受托人，由受托人按委托人的意愿以自己的名义，为受益人的利益或者特定目的管理、运用和处分的行为。受托人通常为银行的信托部门或信托公司，它们在受理这些业务时，收取一定的手续费和代理费。资金信托业务是信托机构一项重要的信托业务，也是信托机构理财业务的主要存在方式。

受益权的转让是在信托文件有效期限内，受益人可以根据信托文件的规定转让其享有的信托受益权。信托投资公司根据信托文件规定为受益人办理受益权转让的有关手续。

2. 资金信托的类型

按照委托人数目的不同，资金信托又可分为单独资金信托和集合资金信托。信托公司接受单个委托人委托的即为单独资金信托，接受两个或两个以上委托人委托的，则为集合资金信托。

单独资金信托其资金运用的范围包括：

（1）存放于金融机构的存款或信托资金。

（2）投资国债或企业债券。

（3）投资短期票券。

（4）国内上市股票。

（5）国内证券投资信托基金。

（6）其他经主管机关核定的业务。

集合资金信托按其信托计划的资金运用方向又可分为：

（1）证券投资信托，即受托人接受委托人的委托，将信托资金按照双方的约定，投资于证券市场的信托。它可分为股票投资信托、债券投资信托和证券组合投资信托等。

（2）组合投资信托，即根据委托人风险偏好，将债券、股票、基金、贷款、实业投资等金融工具，通过个性化的组合配比运作，对信托财产进行管理，使其有效增值。

（3）房地产投资信托，即受托人接受委托人的委托，将信托资金按照双方的约定，投资于房地产或房地产抵押贷款的信托。中小投资者通过房地产投资信托，以较小的资金投入间接获得了大规模房地产投资的利益。

（4）基础建设投资信托，是指信托公司作为受托人，根据拟投资基础设施项目的资金需要状况，在适当时期向社会（委托人）公开发行基础设施投资信托权证募集信托资金，并由受托人将信托资金按经批准的信托方案和国家有关规定投资于基础设施项目的一种资金信托。

（5）贷款信托，即受托人接受委托人的委托，将委托人存入的资金，按信托计划中或其指定的对象、用途、期限、利率与金额等发放贷款，并负责到期收回贷款本息的一项金融业务。

（6）风险投资信托，受托人接受委托人的委托，将委托人的资金，按照双方的约定，以高科技产业为投资对象，以追求长期收益为投资目标所进行的一种直接投资方式。

3. 资金信托业务的特点

资金信托业务的特点可通过与银行存款业务的比较来认识。

（1）法律关系不同。银行存款是"债的法律关系"，存款人把金钱存入银行，银行接受金钱，即是债的产生；反之，存款人提取存款，银行返还本息，即是债的清偿或消失。其中，存款人是债权人，银行是债务人。存款人并未丧失所有权，只是转让了金钱的使用权给银行，存款利息即是转让的一种报酬。

资金信托是"产权转变的法律关系"，委托人把作为信托财产的资金交给信托机构运用，信托机构按信托合同的规定取得"有限制"的使用权，而且在信托期间取得法律上的所有权。

（2）目的不同。银行存款人的目的，在于取得利息收入，不过问资金的使用情况。资金信托委托人的目的，在于要求信托机构按信托合同的规定运用资金信托，达到信托合同规定的目的。

（3）业务处理不同。①服务对象重点不同。银行存款没有规定突出的重点服务对象，只要有资金，即可吸入；资金信托吸收的重点是以法人团体为主。②资金吸收方式不同。银行吸收存款，无论是零星还是整笔资金都欢迎，期限和种类由存款人决定；资金信托的吸收一般是大额、一次性、定期、能长期使用的资金。③收益分配不同。银行存款视市场情况决定利率升降、支付利息，存款的收益是有保障的；资金信托的收益则由其使用效果而定。④破产时处理方式不同。银行破产时，存款人作为债权人行使债权，与其他债权人处于同等地位；信托机构破产时，由于信托财产的独立性，可排除其他债权人对信托资金的扣押。

（二）企业信托

在国外成熟的市场上，企业是现代信托的最主要的运用者，几乎企业经营管理的各个环节、各个层次都可以运用信托达到目的。

（1）公司理财是人们最为熟悉的信托业务。企业经营中闲置的现金、长期资产均可委托信托公司进行管理。主要有：①通过融资服务信托完善企业的融资渠道。②动产设备信托，这种方式在国外应用非常普遍。③附担保的公司债也多采用信托的方式进行担保。

（2）在交易安全方面，可运用信用账户信托。如企业买卖双方可找一家信托公司，买方开立一个信托账户，专门用来支付货款，由信托公司负责在货物验收完毕后支付货款，大大降低了交易风险。

（三）个人信托

目前，我国个人信托产品主要以资金信托为主。即信托公司通过发行资金信托产品，个人投资者自愿购买的形式。

随着我国经济的发展，人们的财富不断增长，对于富裕阶层来说，信托有时可以解决别的法律制度无法解决的问题。例如，一个人有 100 万元，两个孩子尚小，自己体弱多病。关于身后的财产，其愿望是在孩子长大时把钱给较穷的孩子 2/3，较富裕的孩子 1/3。通常在法律上只有两种处理方式，一种是遗嘱继承，另一种是法定继承。按前一种方式因还无法确定两个孩子中哪一个将来会穷些，无法实行；而法定继承一般是平分，也无法达成愿望。这时候可以采用遗嘱信托的方式，把钱交给受托人，在约定的时间到来时，按照一定的原则进行分配。在这个例子中，信托已不只是代人理财，而且还可以帮助人们达成非财产方面的愿望。

三、租赁业务

（一）租赁的概念

租赁业务是出租人将自己所拥有的某种物品交与承租人使用，承租人由此获得在一段时期内使用该物品的权利，但物品的所有权仍保留在出租人手中。承租人依约按期付给出租人一定数额的租金。

1. 租赁所包括的基本内容

（1）租赁当事人。出租人，出租物件的所有者，拥有租赁物件的所有权，将物品租给他人使用，收取报酬；承租人，出租物件的使用者，租用出租人物品，向出租人支付一定的费用。

（2）租赁标的，租赁标的指用于租赁的物件。

（3）租赁期限（租期），指出租人出让物件给承租人使用的期限。

（4）租赁费用（租金），是承租人在租期内获得租赁物品的使用权而支付的代价。

2. 租赁的主要特征

（1）租赁一般采用融通设备使用权的租赁方式，以达到融通资产的主要目的。对出租人来说，它是一种金融投资的新手段；对承租人来说，它是一种筹措设备的新方式。

（2）租赁设备的使用限于工商业、公共事业和其他事业，排除个人消费用途。

（3）租金是融通资金的代价，具有贷款本息的性质。

（4）租期内，设备的所有权归出租人，使用权归承租人。

3. 租赁的种类

租赁可从不同的角度进行分类。从租赁的目的分，可分为融资租赁和经营租赁；从征税角度来分，有正式租赁和租购式租赁；从交易的程度分，有直接租赁、杠杆租赁、回租租赁和转租租赁等。

(二) 融资租赁

1. 融资租赁概述

融资租赁是设备租赁的基本形式，以融通资金为主要目的。

融资性租赁是指出租人（租赁公司）用资金购置承租人（需要设备的企业）选定的设备，按照签订的租赁协议或合同将其租给承租人长期使用的一种融通资金的方式。这是租赁业务中最重要的一种形式。企业需要筹款添置设备时，租赁公司不是向其直接贷款，而是将代其购入的设备租赁给企业，从而以"融物"代替"融资"。根据这种租赁形式的性质，租赁合同一经签订，就不能解约，租期较长，租赁物的选择、修理、保养、管理均由承租人负责和承担。换句话说，融资租赁是由租赁公司融资，把设备买进或租进来，然后租给企业使用，企业按合同规定，以交租赁费的形式按期付款给租赁公司。合同期满后，设备按合同规定处理。

在融资租赁中，出租人实际上已将租赁所有权所引起的成本和风险全部转让给了承租人。拥有一项固定资产是要承担一定风险和成本的。所有权所引起的成本主要有因租赁物的维修、保险所花费的成本。所有权风险则主要包括两个方面：①出售风险。企业拥有某项资产后如因某种原因须将其脱手，往往要蒙受一定的损失，以低于买进的价格在市场上脱手。②技术陈旧风险。企业拥有的设备有可能因有技术更先进的同类设备出现，或因技术进步使同样设备的价格下降而贬值，从而使企业蒙受损失。

2. 融资租赁的功能

一般说来，融资租赁具有以下功能：

（1）在资金不足的情况下引进设备。企业在资金不足的情况下，可运用租赁方式引进设备、扩大生产，用设备投产后产生的效益逐年归还租金，而不必等到有足够的资金才购置设备。这样，可以起到早投产早得益的效果，是一种"借鸡生蛋，以蛋还钱"的好办法。

（2）提高资金使用效率。由于租金是分次支付，这样，一笔资金可以引进多套设备，起到"一钱多用"的好处，可腾出多余的资金用到急需的地方。

（3）成本固定，避免通货膨胀的风险。由于租金在租赁期间是固定的，可以消除市场利率变动引起成本增加的风险，也不会因通货膨胀引起利率上升，导致成本增加而遭受损失。

（4）引进速度快，方式灵活。采用融资租赁方式从国外引进设备，由于融资和引进都由租赁公司一手办理，企业可以节省时间和精力，加快引进速度。融资租赁只需要支付一小部分款项，就可得到设备的使用权。租赁期限和还租次数可根据企业需要灵活确定。

另外，在对租赁实行投资减免税和加速折旧的国家，承租人还可以享受减免税收的好处。

(三) 经营租赁

经营租赁（业务租赁）与融资租赁相对称，为满足承租人临时使用资产的需要而安排的"不完全支付"式租赁。它是一种纯粹的、传统意义上的租赁。承租人租赁资产只是为了满足经营上短期的、临时的或季节性的需要，并没有添置资产上的企图。

1. 经营租赁的主要特点

经营租赁是以获得租赁物的使用权为目的,其主要特点有:

(1) 可撤销合同期间,承租人可终止合同,退回设备,以租赁更先进的设备。

(2) 不足支付。基本租期内,出租人只能从出租中收回设备的部分垫支资本,需通过该项设备以后多次出租给多个承租人使用,方能补足未收回的那部分设备投资外加其应获得利润。

(3) 租赁机构不仅提供融资便利,还提供维修管理等项专门服务,对出租设备的适用性、技术性能负责,并承担过时风险,负责购买保险。

2. 经营租赁的手续

经营租赁是一种双边交易,业务手续比较简单,大致可分为以下四个步骤:

(1) 未来承租人把自己所需租赁的设备名称、规格和型号向租赁机构提出委托。

(2) 租赁机构研究该项委托后,与未来承租人一起磋商租赁设备的租期、租金和支付方式等租赁条款,待谈妥后与未来承租人签订租赁合同。为简化手续,经营租赁的出租人往往将各类待出租设备按不同的租期和支付方式,分别列出固定租赁费率,供承租人选择,承租人只需按固定格式填写一份表格式简单租约。

(3) 出租人交货、收租并提供出租设备的维修服务。

(4) 出租人到期收回租赁物件。

3. 租赁、融资租赁、经营租赁的区别

租赁是指在约定的期间内,出租人将资产使用权让与承租人以获取租金的协议。融资租赁是指实质上转移了与资产所有权有关的全部风险和报酬的租赁。所有权最终可能转移,也可能不转移。经营租赁泛指融资租赁以外的其他一切租赁形式。

一、重要概念

保险基金 被保险人 受益人 投保人 保险人 承保人 最大诚信原则 保险利益原则 近因原则 损失补偿原则 双务合同 保险标的 人身保险 财产保险 责任保险 再保险 信托 信托行为 信托关系 信托财产 资金信托 企业信托 个人信托 租赁 融资租赁 经营租赁

二、复习思考题

1. 保险的基本职能有哪些?

2. 保险的基本原则及内容是什么?

3. 简要说明保险合同的特殊性。

4. 信托行为的形成所需要的基本条件是什么?

5. 信托的主要职能有哪些?

6. 资金信托的特点是什么?

7. 说明融资性租赁的功能。

参考文献：

［1］魏华林、林宝清：《保险学》，北京：高等教育出版社，2006。

［2］张栓林：《保险学原理》，北京：中国财政经济出版社，2006。

［3］周升业：《金融理论与实务》，北京：中国财政经济出版社，2006。

［4］王淑敏、陆世敏等：《金融信托与租赁》，北京：中国金融出版社，2004。

［5］《中华人民共和国保险法》。

［6］国务院国有资产监督管理委员会，http：//www.sasac.gov.cn/xxfw/fxgl/bxsd/200601200159.htm。

第九章　中央银行

本章提要： 中央银行是一国金融机构体系的中枢，它具有特殊的功能。中央银行负责制定货币政策，监管商业银行等金融机构，并代表国家处理国际金融事务。特别是在一个国家遭遇金融风险和金融危机时，中央银行要发挥应对和转化风险及危机的关键作用。

本章主要讲述：

中央银行的产生和发展。

中央银行的职能。

中央银行的负债业务、资产业务和中间业务。

第一节　中央银行职能

中央银行是一国金融体系的核心，担负着管理金融机构和金融市场、稳定币值的责任，并通过金融体系，对整个国民经济发挥宏观调节作用。银行作为经营货币商品的特殊组织，迄今已有几千年的历史。然而，中央银行产生至今却只有 300 多年的历史。在这 300 多年的时间里，中央银行经历了萌芽时期、创建时期，以及中央银行制度化的推广阶段和强化阶段。目前，世界上大多数国家已实行中央银行制度，各国的中央银行或类似于中央银行的金融管理机构，均处于金融体系的核心地位。央行并非一般意义上的银行，而是一个政府管理机构，它的目标不是利润最大化，而是维护金融体系和整个国民经济的稳定和发展。担负着管理存款货币银行、非银行金融机构以及金融市场的责任，制定和执行国家货币金融政策，调节和控制全国的货币流通和信用活动。中央银行既是管理全国货币金融的最高机构，也是各国政府调控宏观经济的重要机构。

一、中央银行产生的背景

中央银行的产生是资本主义经济危机和国家干预经济的产物。

(一) 银行券统一发行的必要

在中央银行产生之前，很多商业银行都可以发行银行券，如英国在18世纪有279家银行可以发行银行券，产生了货币过剩。一些银行发行的银行券，由于资金和信用度不够，不能保证银行券的兑现，无法在全国范围内流通，使货币流通陷入混乱。银行间还有恶意挤兑现象，破产时有发生，银行信用极不稳定。同时，私人商业银行限于资金力量、分支机构不足，发行地区不广泛，给生产和流通带来很多困难。货币流通的混乱成为资本主义经济发展的极大障碍。特别是经济危机时期，这种负面作用更加突出。

(二) 银行间债权债务集中清算的需要

随着经济货币化程度的加深，社会经济活动各方面的联系更多地表现为金融机构之间的业务关系。由于银行业务的扩大，银行每天收受票据的数量一天天增多，各银行之间的债权债务关系更加复杂化了。但是，由于当时没有统一的票据清算机构，银行票据的清算是由各银行独立进行的。这种分散性的票据清算，不仅使各行自行轧差当日清算、同城结算有困难，而且使异地结算的矛盾更加突出，因此，在客观上要求有一个统一的票据交换和债权债务的清算机构来协调和处理这些问题。虽然当时在一些城市已经建立了票据交换所，但由于其权威性、统一性不够，尚不能为一切银行所利用。例如，英国伦敦于1770年就成立了票据交换所，但直至1854年6月8日，伦敦各私人银行才允许各股份银行参加票据清算所的组织。此后不久，就由英格兰银行实行最后的票据清算。

(三) 为商业银行提供资金的需要

随着资本主义生产的发展和流通的扩大，对贷款的需求不仅数量扩大，而且期限延长。商业银行仅以自身吸收的存款进行放款，远不能满足社会经济发展的需要，加上银行自己发行的银行券，由于受到地区和信用的限制，以及存款过多地用于贷款，银行经常因偿付力不足而面临安全性和流动性的压力。这些问题的出现，说明银行需要有新的、大量的资金来源。但是，当时的同业拆借因数额小，期限短，不能满足银行补充资金的要求，所以，常常由于支付能力不足发生挤兑，导致一些银行破产。充当单个银行最后贷款人的机构必须是超然于一般金融机构之上的，它通过适当集中各家银行的一部分现金准备，在某家银行发生困难时，给予必要的支持。能够承担这项特殊任务的只能是中央银行。

(四) 银行业及金融市场发展的需要

随着商品信用关系和现代经济的发展，以货币为经营对象的银行业和其他金融机构在市场经济中的地位和作用越来越突出，货币资本的运行可以支持其他任何商品资源的运行，金融的稳定成为经济稳定高速发展的重要条件。在近代经济危机往往是由金融风险和金融危机引发的，金融的稳定运行需要有健全的机制和规则，需要有统一的权威的机构来管理，这种机构的目的不是追求利润，而是制定市场规则，对市场进行监管，执行政府的各项经济政策，政府赋予了中央银行这种使命。

历史上中央银行的建立通过了两条途径，或者从商业银行中分离出来；或者由国家重建中央银行。历史上最早的中央银行有人认为是瑞典银行，瑞典银行是成立于1656年的一家私营银行。它是最早发行银行券和办理证券抵押贷款业务的银行之一。1668年，政府将其改造为国家银行，将这家私营银行收归国有。1897年，瑞典政府赋予瑞典银行货币发行权，同时取消了其他28家银行的货币发行权。瑞典银行具备了中央银行最基本的特征。也有人认为历史上的首家中央银行是英格兰银行，英格兰银行成立于1694年，是历史上首家现代商业银行。在英国众多银行中，英格兰银行在成立之初是唯一一个由英国议会批准设立的银行，与政府有密切的关系。大多数学者认为：英格兰银行是最早全面发挥中央银行功能的银行。19世纪中期，各国纷纷成立了中央银行。1920年，布鲁塞尔国际经济会议决定：凡未成立中央银行的国家都要成立中央银行，以克服国际金融混乱的局面。

二、中央银行制度的类型

虽然从20世纪20年代以来，各个国家和地区都建立了中央银行制度，但并没有统一的模式，大体上有四种类型：

（一）单一的中央银行制度

一国只设立一个中央银行，机构设置采取总分行制，上下是垂直隶属关系。这种组织形式是完整的标准意义的中央银行。世界上大多数国家都采用这种制度，如中国、英国、法国等。

（二）二元中央银行制度

中央和地方建立相对独立的两级中央银行机构。它们之间不是完全垂直的业务领导关系，中央级中央银行负责制定货币政策，在执行货币政策方面和地方级中央银行是统一的，中央级中央银行是决策机构，地方级中央银行接受其监督和指导，但地方级中央银行有相对独立性，它可以在本地区内制定相应的法规，这种组织形式适用于联邦制国家，如美国、德国。美国有12个联邦储备银行，设立在纽约的联邦储备委员会是总行，各州有各州的银行立法，但不能与联邦储备委员会发生性质上的冲突。

（三）跨国中央银行制度

一个国家不单独设置中央银行，而是参加某一货币联邦，若干会员国组成一个共同的中央银行，统一货币制度，发行共同货币，实行金融一体化。这种组织形式适合经济条件大体相近地理位置毗邻的相关国家，如欧洲中央银行，还有西非国家中央银行。西非国家中央银行的成员国有科特迪瓦共和国、尼日尔、多哥、塞内加尔等。还有中非货币联盟等。

（四）准中央银行制度

某一国家和地区不设立标准的完整意义的中央银行，而由政府设置类似中央银行的金融管理机构，执行部分中央银行职能，或者授予个别商业银行行使某些中央银行的职能。例如，新加坡是由金融管理局，隶属财政部，除不发行货币外具有中央银行的其他所有职能，货币发行由国家货币委员会负责管理，规模较大的商业银行发行货币。马尔代夫设立货币总局负责货币发行和管理制定货币政策，中央银行的其他职能授权给大商业银行。香港在回归祖国之前也没有统一的金融管理机构，港币发行由渣打银行和汇丰银行负责，现在香港仍然实行独立的货币金融制度，货币发行与金融管理自成体系。

三、中央银行职能

中央银行的职能，从其业务活动的特征划分，可以分为服务职能、调节职能与管理职能。服务职能是中央银行向政府和其他金融机构提供资金融通、划拨清算、代理业务等方面的金融服务。调节职能是中央银行运用自己拥有的金融手段，对货币与信用进行调节和控制，进而影响和干预整个社会经济过程，实现预期的货币政策目标。中央银行的调节职能主要表现在调节货币供应量、调整存款准备金、贴现率和公开市场操作上。管理职能主要是中央银行通过法律法规对金融机构的业务活动实施的管理控制。根据中央银行的性质，中央银行一般具有发行的银行、银行的银行、政府的银行三大职能。

（一）发行的银行

发行的银行是指中央银行垄断纸币的发行权，成为全国唯一的现钞发行机构。在现代银行制度中，发行的银行是中央银行首要的、基本的职能，垄断货币发行权，是中央银行发挥其他职能的基础。在金本位的条件下，发行银行券必须有十足的黄金准备，但现在大多数国家已经取消黄金作为发行准备，这种情况就为赤字财政和通货膨胀打开了方便之门。

在金本位制度下，对银行券发行的管理，各国均有由立法程序确定的严格制度。由于当时货币金融的稳定主要取决于存款货币能否保证顺利地转化为银行券以及银行券能否随时兑换为金币，因此，中央银行的黄金储备成了支持庞大的货币稳定流通的基础。纸币发行的保证制度，尤其是纸币发行数量由发行行所掌握的黄金数量来制约，成了金本位制度下货币发行的核心问题。19世纪以来，各国的货币流通均转化为不兑现的纸币流通，对货币供给的控制，均已扩及存款货币。目前，对纸币发行的实际控制措施是有的国家限制现钞使用范围，但大多数国家没有这种限制。为了控制流通也就只有当商业银行在中央银行有准备金存款时，在存款限度之内，商业银行才有权从中央银行提取现金。

发行纸币是中央银行重要的资金来源。中央银行垄断货币发行权，有利于管理和调节货币流通，稳定货币，满足经济发展对资金的需要，同时，由于政府充当中央银行的后盾，强制货币流通，有利于提高货币信誉。

（二）银行的银行

银行的银行这一职能包括两方面内容：一是中央银行监督管理商业银行，二是和商业银行有密切的业务联系。这里主要讲二者之间的业务关系。

1. 集中存款准备金

中央银行集中存款准备金的目的：

（1）保持商业银行的清偿能力，以备客户提现，从而保障存款人的资金安全及银行自身安全。商业银行在经营过程中发现了一条"大数定律"，即银行经营达到一定规模，在一定的时间内，既有客户来提取存款，也有客户来存款，用来应付客户提现要求的是所吸收存款的一小部分，其余部分可以用于投资。银行经营规模越大，应付客户提现要求的超额存款准备金在所吸收存款中的比率越低。因为，吸收存款需要支付利息，持有存款准备金没有收益。于是银行经营者尽量降低存款准备金比率。这又带来新的问题，准备金比率的高低与银行清偿能力密切相关，比率高，清偿能力强。否则反之。银行清偿能力强，则克服流动性危机的能力也强。而且由于银行与银行之间形成信用锁链，一家银行倒闭很可能引起连锁反应，造成其他银行的倒闭，甚至导致整个信用体系的瘫痪。

（2）控制商业银行货币创造能力和信用规模。随着准备金制度的发展，人们发现存款准备金比率的高低不仅与银行的清偿能力有关，而且还与商业银行的存款货币创造能力密切相关。前面已经讲过，货币供应量决定于货币乘数和基础货币的数量。货币乘数是存款准备金比率的倒数，存款准备金比率越低，货币乘数越大，对基础货币的放大作用也越大。因此，中央银行可以通过改变存款准备金比率，控制商业银行的货币创造能力，调节货币供应量。

（3）增强中央银行的资金实力。中央银行在集中保管存款准备金的同时，也拥有了对存款准备金的支配权，增强了中央银行的资金实力。特别是由于集中存款准备金并不增加中央银行的负债，有利于中央银行在既定的资金量卜调节资金流向。例如，处于经济转轨时期的我国，金融功能正在逐步替代财政功能，通过财政配置的资源越来越少。但是，我国幅员辽阔、经济发展不平衡仍需要政府的政策调节，那么通过提高存款准备金比率集中一部分资金，然后使用政策手段引导这部分资金流向农村和西部等需要政府扶持的地区也是非常有效的方法。

2. 是商业银行的最终贷款人

通常采用再贴现和抵押贷款两种形式。英格兰银行最早开始再贴现、再贷款，即商业银行等金融机构将已贴现但未到期的商业票据交给中央银行再贴现，以获得资金融通。最初一般只对商业票据进行再贴现。第一次世界大战以后，政府债务增加，政府发行的债券也成为再贴现对象。以后随着政府调节宏观经济职能的加强，中央银行也将再贴现贷款作为调节货币供应量的重要渠道，扩大再贴现对象的范围。随着商业银行资产构成多样化和有价证券市场的发展，商业银行使用高质量的有价证券和票据作为抵押向中央银行申请贷款也成为中央银行履行最后贷款人职能的重要形式。

中央银行履行最后贷款人职能的主要目的是：

（1）当个别金融机构发生资金周转困难时，提供贷款，防止挤兑以及信用危机。由于银行之间形成信用关系的锁链，一家银行发生支付困难，很可能累及其他银行。而且由于银行经营的特殊性，如经营对象是货币、负债可变性和资产固定性，即使是经营健全良好的银行，也可能由于存款人听信传闻提现而面临倒闭危险。因此，中央银行及时提供贷款可以避免信用危机的发生。

（2）增加金融机构短期头寸的调剂渠道。随着金融市场的发展、利率多变和负债业务可变，金融机构经营环境的不确定性增加，虽然同业拆借市场等货币市场发展为商业银行等金融机构调剂短期头寸提供了方便，但并不总是能满足金融机构的需要。例如，中央银行提高存款准备金比率，由于某种原因，商业银行又不能够通过收缩资产提高存款准备金比率，满足法定存款金比率的要求，因此不得不从同业拆借市场拆入资金。但是，因为大部分商业银行都面临同样的问题，造成拆借市场利率飙升。由此可能进一步引起金融市场跌宕起伏，并不利于金融的稳定。因此，有时即使不发生金融机构倒闭的危险，中央银行也需要向金融机构提供调剂短期头寸的渠道。

（3）调节银行信用和货币供给。最后的目的实际上已经脱离最后贷款人的本意，并没有救助银行的含义，纯粹是为了通过中央银行贷款向社会提供基础货币，再通过商业银行的存款货币创造，调节货币供应。

3. 办理银行及对其他金融机构间的清算

中央银行清算是指中央银行在结算轧差时直接在有关银行及其他金融机构的账户上转移支付。商业银行都必须将准备金存入中央银行，在中央银行开设账户。其他金融机构并不一定有准备金存款的约束，但是，通过与商业银行建立资金结算关系可以明显提高结算效率。特别是银行存款资金和非银行金融机构投资资金相互联通的金融关系进一步紧密促使非银行金融机构也愿意在中央银行开设账户。为中央银行负责全国的资金清算带来了极大便利。这样简化了票据交换和清算，降低了清算费用，加速了资金的流通，节约了资金的使用。同时，中央银行通过清算系统，及时了解金融机构的经营状况，有利于监督和控制金融体系的正常运转。

（三）政府的银行

政府的银行是指央行代表国家贯彻执行财政金融政策，执行国家银行的职能。

1. 代理国库

央行经办政府的财政收支，执行国库的出纳职能，具体包括代收税款、向财政经费单位划拨资金等。国家财政收支一般不另设机构，而交由中央银行代理。政府的收入与支出均通过财政部在中央银行内开立的各种账户进行，中央银行充当国库的总出纳，为政府管好资金，提供服务。

（1）收受国库的存款。国家通常把暂时闲置的货币资金存放在中央银行的活期账户上，使中央银行成为国库现款的中心。同时，这些资金也构成中央银行的重要资金来源。

（2）为国库办理支付和结算。中央银行根据政府签发的支票，具体办理付款或转账，成为国库的出纳员。

（3）为国库办理代收税款，以及公债的认购、推销、还本、付息等。

2. 代理国家债券的发行

作为政府的银行，中央银行也代理政府的借款。大多数国家的政府通常不能靠税收完全满足筹资的需要，均广泛利用发行国家债券的有偿形式以弥补开支不足。中央银行代理国家发行债券以及债券到期时的还本付息事宜。在货币市场上，中央银行负责发行短期国库券，通常以投标的形式，其中大多数的短期国库券是在金融市场上以贴现的形式出售的。在资本市场上，中央银行将直接向公众出售国债，或通过证券交易所发行国债。

3. 对国家提供信贷

作为国家的银行，在国家财政出现收不抵支的情况时，一般负有提供信贷支持的义务，这种信贷主要采取以下两种形式：

（1）直接给国家财政以贷款或透支。这大多是用以解决财政先支后收等暂时性矛盾。但如果出现财政赤字长期延续的特殊情况，央行会为了弥补财政赤字而发行货币，但一般都尽量避免这样做，因为这样会引发通货膨胀。

（2）购买国家公债。不管是在发行市场还是流通市场，央行只要持有国家债券就表明是对国家的一种融资。

4. 保管外汇和黄金储备、进行外汇黄金的买卖和管理

一个独立自主的国家通常拥有一定数量的外汇和黄金储备。央行通过为国家保管和管理外汇储备，以及根据国内国际情况适时适量购进或抛售某种外汇或黄金用来稳定币值和汇率，调节国际收支，保证国际收支平衡。

5. 从事国际金融活动和处理国际金融事务

中央银行作为国家的银行，还代表政府参加国际金融组织，出席各种国际性会议，从事国际金融活动，以及代表政府签订国际金融协定；在国内外经济金融活动中，充当政府的顾问，提供经济、金融情报和决策建议。

6. 监督金融管理机构

通过法规，使金融机构的活动有法可依，稳健经营，避免金融动荡。目前在中国，监管职能已经分离出去，分别由中国证券业监督管理委员会、中国银行业监督管理委员会、中国保险业监督管理委员会对相关行业进行监管。

7. 市场准入

凡是在国内建立新的金融机构和本国银行在国外建立分支机构，都必须经中央银行批准。

8. 制定和执行各类金融政策

通过调节全社会信用总量，和财政政策、价格政策等相配合对国民经济进行宏观调控。

第二节　中央银行业务

中央银行的性质、职能及其地位要通过其业务体现出来，同商业银行一样，中央银行也有负债业务、资产业务、中间业务。

一、负债业务

中央银行的负债业务是指形成中央银行资金来源的业务。它是中央银行资产业务的基础。主要包括自有资本、货币发行、集中存款准备金、代理国库等。

（一）自有资本

中央银行性质不同，则资本来源不同：

（1）政府出资。大多数中央银行的资本由国家出资，属国家所有。

（2）混合持股。包括两类，一是公私混合所有制，国家和私人各占一定比例，如日本、墨西哥的中央银行。二是资本由各家金融机构集体所有，如美国联邦储备委员会，由会员银行按实收资本和公积金的 6％ 认购股份，享受年率为 6％ 的利息，一般不得转让。

（3）多国所有制。这种所有制适用于跨国中央银行制度，如欧洲中央银行，由欧盟成员国的中央银行行长组成中央银行委员会，各国共同出资。

（二）货币发行

中央银行发行货币主要是通过对商业银行及其他金融机构提供贷款、接受商业票据再贴现、在金融市场上购买有价证券、收兑黄金、白银、外汇等方式投入流通的。在不兑现的信用货币制度下，货币是一种债务凭证，它是货币发行人即中央银行对货币持有者的一种负债，当中央银行接受国家政府委托、代替国家政府发行货币时，货币发行便是国家通过中央银行对货币持有者的一种负债。因此，货币发行便成为中央银行的负债业务之一。这种负债业务与其他负债不同，它有特殊的清偿方式。从历史角度考察，在中央银行集中货币发行的初期，货币的持有者既可以拿货币到市场上去购买商品，也可以按规定的兑现率向中央银行兑现黄金白银。在不兑现的信用货币制度条件下，货币持有者的债权只能通过商品和劳务去实现。所以，现代的货币发行虽然是货币发行人的负债业务，但同时是其发行者的一种净收益。谁发行货币，谁就有这种净收益，发行越多其收益就越大。这种货币发行的有效性一是来自国家的法偿效力，二是来自它对商品和劳务的购买力实现程度。国家政府正是基于货币发行所得利益与应负责任这两方面的考虑，规定了相应的货币发行原则或限制。

中央银行的货币发行必须遵循以下两个基本原则：

1．集中统一发行原则

所谓集中统一发行原则，是指货币发行权集中于中央，保持高度统一。具体包括两重含义：一是发行权高度集中于中央政府，中央政府委托中央银行为唯一的货币发行机关，其他任何单位和个人不得以任何形式发行货币；二是集中统一发行的货币是唯一合法的货币。只有坚持集中统一发行的原则，才能使国家根据国民经济发展的需要和市场供求状况，有计划地提供货币。况且，中央银行向流通所供应的是基础货币，直接影响信贷总规模和货币供应量，因此，通过集中统一货币发行可以对货币流通进行有效的调节和控制，实现社会总需求和社会总供给的平衡。

2. 经济发行原则

所谓经济发行原则，是指根据国民经济发展情况，按照商品流通的实际需要控制和调节货币发行量。具体包括三重含义：一是货币发行量要以商品流通需要为基础，并在总量上保持基本平衡；二是货币发行结构、时机和空间构成要同商品流通结构时空分布相适应；三是要保持单位货币购买力即物价指数基本稳定。坚持经济发行的意义在于：防止货币发行过多，诱发通货膨胀和导致社会经济一系列波动问题的发生；防止货币发行偏少，影响国民经济的正常发展。为保证货币的经济发行，中央银行应杜绝超经济发行。

货币发行的准备制度。在兑现的银行券流通时期，规定银行券发行的黄金或白银准备。在不兑现的银行券流通时期，则有多种情况，既有规定金银准备的，也有规定有价证券或外汇准备的，还有规定最高发行限额的等。概括起来大致有以下三种：①部分准备制，亦称部分信用发行制。法律规定银行券在一定发行限额内，可用商业票据和国家证券作信用保证，超过此限额以上部分必须有100%的黄金保证。英国银行券发行制度属于这种类型。②比例准备制。在银行券的发行总额中，法律规定黄金保证所占的法定最低百分比，其余部分则可用信用保证。德国和美国的银行券发行制度属于这种类型。③最高限额发行制。法律规定银行券发行额的最高限额，在最高限额外不得增加发行。法国的银行券发行制度属于这种类型。

（三）集中存款准备金

存款准备金创设的初始目的是为了确保银行体系不会因放款太多而发生清偿危机，保证商业银行能够支付客户存款的提取。20世纪30年代经济大危机后，准备金制度演化为央行限制银行体系信用创造和调控货币供应量的政策工具。

1. 法定存款准备金的收缴

中央银行根据一定时期的货币政策要求，为不同的存款种类和规模制定不同的存款准备率；各商业银行及其他存款机构（以下统称存款机构），必须根据存款类别和数额，按照相应的法定准备率，按时计提和上缴存款准备。各国法定存款准备的提缴方式有所不同，但一般做法都是以存款机构的库存现金和超额存款准备来抵充；不够抵充时，可通过同业拆借和再贴现等途径予以补足。当调低存款准备率，从而使法定存款储备下降时，在中央银行的超额准备会相应增加；当调高法定准备率，从而需要补充存款准备时，就由库存现金或超额准备予以补充。

计提法定存款准备的范围一般包括所有国内存款机构所吸收的活期存款、定期存款、储蓄存款、企业往来存款以及类似于这些种类的其他存款。提缴法定存款准备，一般要规定一个最低基数，在此基数下可免缴存款准备或降低存款准备率。如1984年美国联邦储备体系规定：提缴法定存款准备的最低负债为220万美元，不足者可免缴准备。企业往来存款余额若低于2890万美元，只提缴3%的准备金。

不同种类的存款，有不同的存款准备率，不同时期的准备率水平也有所差异。一般来讲，流动性较高的存款，就要提缴较多的存款准备。存款准备总水平高低，决定于存款负债的规模和存款准备率的变动。

建立法定存款准备金制度的初衷是为了保证商业银行和金融机构的流动性与安全

性，维护金融体系的安全和稳定，是商业银行与中央银行之间建立信用关系必备的前提条件。在具体的实施过程中，中央银行逐步发现通过确定与调整存款准备金率，可以达到调节商业银行信用创造能力，控制货币供应量的目的。于是，法定存款准备金政策逐步演变成中央银行调节金融、调节经济的政策工具。

2. 集中超额存款准备

为了清算票据交换或为同业资金往来的差额补充头寸之不足，以保持较充分的流动性，同时也为了充分有效地运用暂时闲置的资金和在必要时取得中央银行的资金支持，各存款机构都在中央银行的存款账户上保持一部分超过法定存款准备的存款余额，即超额准备。它同法定准备和库存现金构成总准备。超额准备是相对于法定准备而言的，它们都是存款机构在中央银行的存款。所不同的是，法定准备不能由存款机构自由运用，而超额准备属于自由准备，存款机构有权动用。中央银行对前者一般不支付利息（但也有例外的），对后者却要支付利息。在有些特殊时期，中央银行还集中部分特种存款。

（四）代理国库

作为政府的银行，代理国库是中央银行的重要职责之一。在正常情况下，政府都要赋予中央银行代理国库的职责，财政的收入和支出，都由中央银行代理。在某些情况下，中央银行也会委托其他商业银行进行再代理。同时，有些国家依靠国家财政拨款的行政事业单位、机关团体、部队、学校的存款，也是由中央银行办理的，而且这些存款通常是无息的。央行的其他存款负债业务主要是指特种存款。

在中央银行执行代理国库这一职能的过程中，财政部作为国库的管理者在中央银行开设专门账户。当财政部征缴税款、国有企业的利润，以及收进国有股份的股息和发行政府债券时，其收入的款项都记在财政部的存款账户上，以支票的形式，从有关的存款机构的账户转入中央银行账户。当财政部拨付政府各项经费和资金给指定部门时，就直接从财政部存款账户划拨到有关单位存款账户，这时便借记财政部存款，贷记收款部门开户行的存款。财政部收支相抵而形成的差额，如果是正的，就是财政结余存款；如果是负的，就属于财政透支。

中央银行代理国库的积极意义表现在它可以吸收大量的财政金库存款，形成它的重要资金来源之一。同时，这种存款通常都是无息的，故中央银行代理国库不仅可以积聚大量资金，还可以降低其总的筹资成本。对于政府而言，由中央银行代理国库，既可以减少（甚至是完全免去）收付税款的成本，又可以完全地保管资金，为其妥善使用提供方便。同时，在资金短缺时，还可借助中央银行作短期融通。

二、资产业务

中央银行的资产业务是中央银行运用货币资金的业务，它是中央银行调控信用规模和货币供应量的总闸门。主要有：贷款、中央银行的贴现（再贴现）、以公开市场业务为主的证券买卖业务和保管黄金、外汇储备业务等。

（一）贷款业务

贷款业务是中央银行主要资产业务之一。在中央银行的资产负债表中，贷款是一个大项目，它充分体现了中央银行作为"最后贷款人"的职能作用。中央银行的贷款对维护金融体系的安全、执行货币政策、抑制通货膨胀、平衡财政收支、促进经济发展都具有十分重要的意义。中央银行的贷款业务是它运用其资金的重要途径之一。由于中央银行的特殊性质与特殊地位，能够取得中央银行贷款的借款对象只有两类：一是商业银行和其他经过特殊批准的金融机构；二是国家政府。

1. 对商业银行的放款

这是中央银行放款最主要的种类。中央银行对商业银行的贷款，称为再贷款，是中央银行作为"银行的银行"的职责的具体体现，是指中央银行为了解决商业银行和其他金融机构在经营信贷业务中因资金周转性与临时性资金不足而发放的贷款。再贷款具有三个方面的特性：一是贷款对象是那些经营信贷业务的一般性金融机构；二是这种贷款具有乘数功能，引起信用总规模的倍数扩张；三是这种贷款的利率水平、额度大小和条件限制是中央银行货币政策意愿的反映，是中央银行实施货币政策的一种手段。由以上特性所决定，通常，为了宏观金融控制与管理的需要，中央银行都不能无限制地提供这种贷款，并且还规定，商业银行以这种方式从中央银行取得的资金只能用于解决其短期资金周转不灵或用于补充其存款准备金不足的需要，不能用于纳税，不能利用贷款利息差额取得利润，不能利用贷款从事有价证券、房地产和商品等投机。为达到这一目的，有些中央银行采取行政手段，规定中央银行对商业银行的最高贷款限额，如法国的法兰西银行就实行过这种最高限额管理，而另一些中央银行则采取类似美国的"道义劝告"和日本的"窗口指导"等软硬兼施的手段限制商业银行向中央银行的借款。还有些中央银行则通过提高贷款利率的办法来约束。中央银行通常定期公布贷款利率，商业银行提出借款申请后，中央银行审查批准具体数量、期限和利率，有的还规定用途。一般借款都是短期的，采取的形式多为政府证券或商业票据为担保的抵押放款。

2. 对财政部的放款

对财政部的放款有三种情况：一是财政部正常的借款。放款办法与商业银行放款大体相同。二是财政部的透支。这两种形式的放款都属于信用贷款。三是证券投资性放款。中央银行在从事公开市场业务时，购买政府发行的国库券和公债，事实上是间接向财政部发放了贷款。对中央银行向财政部放款，许多国家为防止财政部滥用借款权力，都有限制性的措施，或者规定年度最高借款额，或由国会每年批准一次借款权。

3. 其他放款

中央银行的其他贷款占贷款业务的比重不大，主要有中央银行对外国银行和国际性金融机构的贷款，以及对国内工商企业少量的直接贷款等。中央银行在放款时，从维护自身的性质、地位、作用出发，一般都严格控制对财政的放款，并尽量避免直接对个人和工商企业贷款，同时，中央银行的贷款应坚持以短期为主，不能以盈利为目的。

（二）再贴现

作为中央银行货币政策工具"三大法宝"之一的再贴现政策，指的是中央银行通过对商业银行票据的再贴现这一机制，调高或调低再贴现率，提高或降低贴现额度，以达到调节信用规模，实现对宏观经济调控的一种政策。它是中央银行实施宏观调控的重要手段之一。对于中央银行而言，它作为银行的银行、最后贷款者，有接受请求、负责资金融通的义务。但不是无条件地接受再贴现的票据，不论再贴现商业银行顾客的票据，还是商业银行自己开出的票据，都要经过审查，然后根据中央银行挂牌的贴现率给予再贴现，以补充请求再贴现者所需要的资金。中央银行挂牌的贴现率，就是再贴现的"价格"，它可以低于或高于市场贴现率，根据市场情况和管制信用的需要，中央银行用提高或降低再贴现率的办法，影响市场一般利率水平，影响商业银行以再贴现方式向中央银行融通资金的成本，从而起到收缩或扩大信用的作用。

再贴现形式，最早起源于英国，大约在 1830 年，英格兰银行就首先给予了明确的规定，当时中央银行实行再贴现的目的是为了不要因银行现金缺乏就限制或停止正常的企业交易。1914 年以前英格兰银行以及欧洲大陆一些中央银行，一般只对短期商业票据进行再贴现。1914 年的世界大战引起的战争债务迫使中央银行取消某些限制，扩大再贴现范围。同时，还开始对国库券再贴现，对政府债券的抵押放款，进一步扩大了对商业银行及其他金融机构的资金融通。随着再贴现业务的扩大，作为再贴现依据的商业汇票在贴现票据中所占比重相对缩小，而且越来越多的国库券被用于贴现。贴现市场上的部分商业银行为了简化手续，试图以短期抵押贷款的形式而不是以再贴现的形式，从中央银行取得资金上的融通。这样，商业银行越来越多地使用合法票据、期票、国库券以及政府或其他信誉好的证券作为保证，向中央银行取得放款。这样，中央银行便通过再贴现和再抵押两条主要渠道向商业银行和其他金融机构融通资金，执行最后贷款人的职能。

（三）证券业务

在证券市场比较发达的国家，证券买卖业务是中央银行主要的资产业务之一，中央银行买卖证券一般都是通过其公开市场业务进行的。其直接目的是增减银行资金的流动性，间接目的则是影响市场利率变动，调节金融机构的信用活动。这一切归根到底是调节和控制货币供应量。尽管中央银行在证券的买卖过程中会获得一些证券买进或卖出的价差收益，但就中央银行自身的行为而言，目的在于通过对货币量的控制和调节，以影响整个宏观经济，而不是为了盈利。中央银行对政府债券的买卖一般有两个对象：一是中央银行对商业银行的买卖；二是中央银行对银行以外投资者的买卖。其中对商业银行的买卖是主要的。中央银行买卖政府债券一般有两种方式：一种是一次性买卖。当中央银行认为需要增加或压缩商业银行的超额准备金时，就会一次性直接购买或出售政府某种债券。另一种是附有回购协议的买卖。当需要临时调节商业银行的准备金或流动资金时，就采取附有回购协议的形式进行买卖。在购买时就定下协议，卖者必须在指定的日期按固定价格再购回所卖出的证券；而当出售时，中央银行将在指定的日期按商定价格购回那些出售的证券。一次性买卖政府债券，是中央银行一种进取性或主动性的资产业务，而回购买卖则是防御性的资产业务。前者将直接改变原来的准备金数额和货币存量；后者则试图抵消市场的临时变化的因素，以保持商业银行准备金的相对稳定。

买卖政府债券时应注意的事项：①不能在一级市场上购买各种证券，而只能在二级市场上购买证券。这是由中央银行的性质所决定的，也是保持中央银行独立性的客观要求。②不能购买市场性差（可销售性差）的证券，只能购买市场性高，随时可以变现的证券。这是由中央银行资产必须保持高度的流动性的特性所决定的。③中央银行不能购买没有上市资格或不能在证券交易所挂牌的证券，只能购买具有上市资格、且在证券交易所正式挂牌销售的政府债券。

（四）金银外汇占款

当今世界各国之间的经济往来是十分频繁的，它包括商品和劳务的进出口、资金借贷、各种赠与和援助等，由此产生了国与国之间的债权、债务关系。这种债权和债务额在一定时期内就需要用国际通用货币进行清算，债务国支出货币，债权国收入货币，因而形成国际间的货币收支，简称国际收支。这种清算国际债权债务的货币包括两类，一类是贵金属，即黄金、白银；另一类是外汇。由于黄金、白银和外汇是国际间进行清算的支付手段，各国都把它们作为储备资产，由中央银行保管，以便在国际收支发生逆差时，用来清偿债务，中央银行保管黄金外汇储备有着特殊重要的意义。

外汇储备的经营原则是要考虑安全性、流动性、增值性。但是，此三者不可能完全兼得，所以各国在经营外汇储备时，往往各有侧重，一般来说，应尽可能兼顾这三项原则，采用"投资组合"、"不把所有的鸡蛋放在一个篮子中"的策略，实现外汇储备的多元化经营，降低风险，实现增值。

（五）其他资产业务

通常，中央银行主要经营上述四种类型的资产业务，但有些国家的中央银行也根据不同时期的具体情况经营一些其他类型的资产业务。

三、中间业务

中央银行除了主要的资产负债业务以外，还有一些具有重要地位和作用的其他业务，如中间业务中的中央银行会计业务和资金清算业务、金银业务与管理等。这些业务通常不直接影响中央银行的资产负债的增减变化，但却和中央银行的资产负债业务有着密切的关系，它们在中央银行的业务中占有相当地位，并发挥着重要的作用。

第三节　中央银行清算制度

一、票据交换

（一）票据交换所

随着支票等银行票据的流通，必然引起银行为客户收进的票据办理向出票人开户行索款的业务。由于支票的签发是以客户在银行有存款为前提，因此，支票授受客户双方的债权债务关系就反映为双方开户银行间的债权债务关系。由此，也就产生了银行间结算这种债权债务关系的问题。

　　早期银行间这种债权债务关系的结清方法是由银行每天派专人持客户交送来的收款票据，前往各应付银行收取款项，付款行支付现金并从而结清债权债务。显然，这种方式耗费人力，既不方便，又不安全。随着银行收进客户交存的别家银行的票据越来越多，银行交款人员就渐渐约定地点，自行相互交换所持对方银行的票据，轧清该收、该付的款项，以节省时间和精力。在这样的基础上，经各银行协商，制定相应的票据交换制度，票据交换所就产生了。

　　世界上第一家票据交换所于 1773 年在伦敦成立。

　　中国银行间最早的票据交换所是于 1933 年在上海成立的，银行均在该所参加票据交换，并由中央银行领导和集中清算。

　　高度集中计划经济体制及"大一统"银行体制的建立，不再需要票据交换所。1986 年以后，全国开始试行扩大同城票据交换，大、中城市普遍建立起票据交换所。目前，全国各城市和经济较为发达的县城也都建立起票据交换所，大大提高了票据清算效率，加速了资金周转。

（二）集中清算的基础

　　任一银行的应收款，一定是其他银行的应付款；任一银行的应付款，又一定是其他银行的应收款；各银行应收差额的总和，一定等于各银行应付差额的总和。这是中央银行能对众多的商业银行票据业务进行集中清算的基础。因此，传统的彼此结清差额的烦琐的办法就可以由这样省时的办法所代替：首先要求所有参加交换的银行分别轧出自己对所有其他银行的应收或应付差额，然后按每个银行最后轧出的应收额或者应付额结清债权债务，不需要每家银行彼此之间一一轧清。

　　由于各商业银行以及票据交换所均在中央银行开有活期存款账户，收付差额通过在中央银行的存款账户间的转账即可完成。在同城和在全国间集中清算是现代商业银行业务的一个跨越式进步。我们可以以表 9—1 说明：

表 9—1　集中清算基本原理　　　　　　　　　　　　　单位：万元

	A 银行	B 银行	C 银行	D 银行	应收总额	应付总额
A 银行	—	20	10	40	70	—
B 银行	30	—	50	20	100	20
C 银行	20	80		10	110	
D 银行	10	20	40	—	70	—
应付总额	60	120	100	70	350	×
应收总额	10	—	10		×	20

　　表中 A 银行对 B 银行应收 20 万元，应付 30 万元；对 C 银行应收 10 万元，应付 20 万元；对 D 银行应收 40 万元，应付 10 万元；应收应付轧差，该行应收 10 万元。其余类推，B 银行应付 20 万元，C 银行应收 10 万元，D 银行应收应付平衡。所以，只要把

A 银行和 C 银行各应收 10 万元与 B 银行应付 20 万元结清后，应收应付各 350 万元的金额即可全部结清。

二、中央银行组织全国清算

(一) 同城、同地区和异地清算

同城或同地区银行间的资金清算，主要是通过票据交换所来进行。票据交换所，在有些国家是由各银行联合举办的，在有些国家则是由中央银行直接主办的。但无论哪种，票据交换应收应付都是通过中央银行集中清算交换的差额。

异地银行间远距离的资金划拨都得由中央银行统一办理。由于各国使用的票据和银行组织的方式不同，异地资金划拨的具体清算做法也不一样，甚至差异较大。一般有两种类型：①先由各商业银行等金融机构通过内部联行系统划转，最后由它们的总行通过中央银行办理转账清算。②中央银行分支机构先在本地清算，再把异地票据统一集中送到中央银行总行办理轧差转账。

中央银行通过全国银行系统的清算，一方面为各家银行提供服务，提高清算效率，加速资金周转；另一方面，有利于中央银行对全国金融情况及各商业银行等金融机构的资金情况加强了解，从而有助于中央银行监督、管理职责的履行。

(二) 清算程序

由于各专业银行在全国均设有分支机构，因此，相当数量的异地结算和资金调度是通过各专业银行本身的联行往来实现的。比如各城市工商企业在中国工商银行的分支机构开户。所以它们之间的结算和资金调度就通过中国工商银行的联行往来进行。联行之间的异地结算无须资金的实际转移。若北京一家商店向上海一家工厂支付货款，北京的工商银行收入款项，上海的工商银行付出款项，这时客户之间的款项就结清了。在这个过程中，工商银行的上海分支机构与北京分支机构之间发生了债权债务关系。在联行往来中，北京工商银行增加了相应金额的资金来源，而上海工商银行增加了同等金额的资金运用。每日，各行处汇算所有联行往来的金额，计算汇差。如果收入的汇出款项大于付出的汇入款项，有应付汇差；反之，有应收汇差。然后将汇差转化为对上级行的存借关系：应收汇差转化为向上级行存入同等金额的资金；应付汇差转化为向上级行借入同等金额的资金。这样，通过联行往来的异地结算在银行内就完成了。直到这时，联行之间没有发生任何实的货币资金运动。但是，由于开展各项银行业务，其中包括异地结算中的汇出汇入，各商业银行的分支机构有的资金有余，有的资金不足，资金不足的银行则自筹或请求上级行予以支持。商业银行系统内的这种实的货币资金的上调和下拨，则只有通过各级机构在中国人民银行的存款账户转账才能实现。

异地结算也经常发生在各个商业银行相互之间，如发生在一个农业银行的分支机构对一工商银行的分支机构之间等。这种跨系统的资金往来清算，规定一律实行"相互转汇"的办法。即通过人民银行为商业银行之间汇划款项并结清应收与应付。商业银行之间办理汇划时要按以下程序：①必须先将资金交给人民银行，然后才能汇出款项。②要解付汇款,必须从自己在中国人民银行的存款账户上提取资金才能支付。所以,商业银行要办理与其他行的清算,必须在中国人民银行存款账户上留足备付金。如资金不足,应主动调拨资金;或向他行拆借,或向人民银行申请日拆借贷款。人民银行收到商业银行的汇划凭证,如现有存款不足支付时,应通知商业银行于1日内补足;届时不能补足的,对不足部分退回凭证,不得在人民银行存款账户上透支。

当前,对跨系统银行间的款项汇划,其转汇程序分三类:

(1) 在汇出与汇入行均双设机构地区(即同一地区有人民银行和有关商业银行),专业银行汇出行办理转汇时,通过当地人民银行从其存款账户划出相应款项并由该人民银行通过人行系统的联行划转到汇入地人民银行,汇入地人民银行再将相应款项转给商业银行汇入行。这种程序习惯上称"先横后直"划款清算方式。

(2) 在汇出行为商业银行单设机构地区,商业银行应将转汇的汇划凭证,先通过其系统内联行将款项划转至双设机构地区的管辖行或附近本系统的代办行,由其按规定向当地人民银行办理转汇和清算资金,习惯上称"先直后横"划款清算方式。

(3) 汇出、入行均为商业银行的单设机构地区,汇出行先通过本系统联行划至双设机构地区管辖或附近系统的代办行,由其按规定向当地人民银行转汇,然后该人民银行通过系统内联行向商业银行有关行转汇,习惯上称"先直后横再直"划款清算方式。

相互转汇的做法有利于专业银行间分清资金,避免相互占用。但如何运用先进的电子网络技术,完善清算制度,加快资金周转,还要进一步探索。

第四节 中央银行反洗钱监管

"洗钱"一词源自英语 Money Laundering,意思是把赃钱洗干净。20 世纪 20 年代,美国芝加哥一个黑手党分子开了一家投币式洗衣店。每晚结账时,他就把黑钱混到洗衣现金收入中一同纳税,使非法收入变成了合法收入,这就是最早的洗钱。20 世纪 80 年代以来,洗钱犯罪已成为国际社会一大公害,对各国的经济造成了很大冲击,我国也把洗钱认定为犯罪,并制定了反洗钱法律法规以有效打击和遏制洗钱活动,由中央银行统一牵头行动。

一、洗钱

(一) 洗钱的含义

洗钱的英文术语最早出现在 1973 年涉及"水门事件"的一些报纸上。而其正式概念在法律规范中出现比较早的是在 1988 年 12 月 19 日《联合国反对非法交易麻醉药品和精神病药物公约》上,该公约将洗钱定义为:"为隐瞒或掩饰因制造、贩卖、运输任何麻醉药品或精神药物所得之非法财产的来源、性质、所在,而将该财产转换或转移者。"

1988 年巴塞尔银行监管委员会将洗钱定义为："银行或其他金融机构可能无意间被利用为犯罪资金的转移或存储中介。犯罪分子及其同伙利用金融系统将资金从一个账户向另一账户作支付和转移，以掩盖款项的真实来源和受益所有权关系；或者利用金融系统提供的安全保管服务存放款项。"

反洗钱金融行动特别工作组（FATF）将洗钱定义为："为了隐藏或伪装非法财产来源，而转移或转换这些非法财产，或是协助任何与非法行为所得财产之真实性质、来源、所在位置、流向及支配权或所有权；取得、拥有、使用那些在获得时就已经知道是非法的财产。"

当今国际上的洗钱，主要是指通过有组织的活动来掩盖大批以贩毒、走私、贪污、偷漏税等非法手段获得的资金，把黑钱漂白使其以合法的身份进入金融市场自由流通。

洗钱的周期一般包括三个阶段：第一个阶段是浸泡阶段，洗钱者必须想尽办法使黑钱进入金融系统；第二个阶段是洗涤阶段，在这个阶段，洗钱者通过在金融系统开立多个隐瞒自己真实身份的账户，使黑钱在这些账户之间进行多次转账，与不正当来源脱离关系；第三个阶段是甩干阶段，被洗过的黑钱干干净净重返流通领域成为合法收入。反洗钱的国际实践表明，这三个阶段洗钱犯罪利用最多的金融机构就是商业银行，通过银行的结算系统快速转移黑钱并使其合法化，是洗钱分子的首要选择，从近年来我国的情况来看，商业银行也常常在不知情的情况下成为了洗钱通道。

（二）中国不法分子洗钱的渠道

1. 利用商业银行洗钱

这是我国洗钱犯罪的最主要的形式，商业银行常常在不知情的情况下成为了洗钱通道。犯罪分子经常采用的手法是利用个人或企业账户把黑钱存入银行，然后以转账支票、银行汇票、信用卡的形式，通过化整为零或化零为整，让黑钱在全国各地银行的账户上进进出出，混淆监管部门的视线，最后达到和不正当来源脱离关系的目的。

2. 通过地下钱庄洗钱

"地下钱庄"一般是专为跨境洗"黑钱"设立的，主要业务是非法买卖外汇、存放款、洗黑钱。在我国，主要用于在内地和香港之间转移"黑钱"，地下钱庄一般与香港的兑换店连为一体，在内地收取人民币或外币，通知境外兑换店将交易数额按当日外汇黑市价格计算应支付的港币或美金数量打入指定账户，按交易数额收取客户一定的费用。据保守估计，中国内地每年通过地下钱庄洗出去的黑钱至少高达 2000 亿元人民币。香港法院曾经审理了一个地下钱庄 500 亿美元跨境洗钱案：犯罪集团在长达 6 年的时间内，活跃在广东珠海、中山、深圳等地，每天雇多名"跑腿"提着 1000 万港币现金的手提箱，把在内地避税和贪污所得的黑钱从深圳罗湖海关偷运至香港，还每天 3 次将 29 种包括英、日、法、美的货币，在内地用货车、私家车经文锦渡、落马洲口岸带往香港，将黑钱存入兑换店于银行开设的账户，以转账方式，将黑钱存到多个由个人或公司持有的存款账户内，将黑钱洗白，变成合法收入。

3. 通过成立空壳公司洗钱

犯罪分子为了掩盖自己的非法收入，常常通过成立空壳公司洗钱，只要有符合法律规定的资本金，空壳公司就可顺利地通过工商部门的核准进行注册，然后合法地到银行开设账户，以公司的名义开展业务。其实，空壳公司很少或不发生经营活动，只是为了方便利用公司的名义把黑钱当做营业款存入银行，变成可以纳税的合法收入。

4. 利用进出口贸易洗钱

如果想将钱转移到国外，洗钱犯罪经常利用进出口双方贸易来洗钱，具体的方式是进口时，在合同上签订的交易价格是比真实价格高得多的名义价格，也就是将黑钱混入贸易资金实际支付，当钱到了出口商的账户后，出口商将高于实际售价的黑钱剥离出来存入指定的交易账户。比如某批货的真实价格是 100 万美元，进口商却以 250 万美元的交易价格付款，出口商就在海外将差价 150 万美元存入指定的交易账户。随着我国加入世界贸易组织，对外贸易的大幅增加，这类洗钱方式的比例日益加大。

（三）洗钱的危害

1. 威胁国家经济体系的稳定和安全

洗钱不遵循资金流向最有效益领域的基本经济规律，破坏了资源的合理配置，客观上干扰了国家宏观经济调控的政策效果，损害经济稳定和可持续增长，侵犯合法经济体的正当权益，破坏市场微观竞争环境，扰乱市场机制的有效运作和公平竞争。相当一部分被"洗"过的钱通过非法渠道流往国外，形成资本外逃，减少了国家投资资本和政府税收。

2. 严重损害国家在国际社会的威信

洗钱问题作为一个全球化问题，已经严重影响到全球经济的正常发展，各国政府极为关注。一个国家的反洗钱不力或纵容洗钱犯罪，不仅其威信受到严重损害，而且易受国际社会的制裁，造成政治、经济等方面的损失。根据国际司法互助公约的要求，一国发生了洗钱问题，需要他国政府给予协助时，该国当局应当给予协助，两国政府还可以根据协议分享利益。如果某国没有反洗钱的法律，在洗钱问题上就无法得到他国的协助。

3. 容易包容、袒护和怂恿犯罪

在我国，职务犯罪是洗钱犯罪的主要基础之一，腐败分子往往通过与洗钱犯罪分子相互勾结和利用，进一步产生腐败温床。如果在一个国家或地区洗钱活动能顺利实施，一方面将会进一步刺激犯罪分子的犯罪欲望和动力，为犯罪分子的进一步犯罪活动提供资金支持，这样就容易形成一个恶性循环怪圈，助长犯罪分子的嚣张气焰。另一方面由于洗钱活动能将非法所得合法化，对绝大多数奉公守法、勤勉诚实劳作的人来说是一种邪恶的诱惑，长此以往必将扰乱社会秩序，给社会带来极大的不安定因素，已成为其他犯罪活动的润滑剂和加速器。

二、反洗钱

（一）反洗钱的含义

反洗钱是政府动用立法、司法力量，调动有关的组织和商业机构对可能的洗钱活动

予以识别，对有关款项予以处置，对相关机构和人士予以惩罚，从而达到阻止犯罪活动目的的一项系统工程。从国际经验来看，洗钱和反洗钱的主要活动都是在金融领域进行的，几乎所有国家都把金融机构的反洗钱置于核心地位，国际社会进行反洗钱的合作也主要是在金融领域。

《中华人民共和国反洗钱法》中对反洗钱的定义是："本法所称反洗钱，是银行为了预防通过各种方式掩饰、隐瞒毒品犯罪、黑社会性质的组织犯罪，恐怖活动犯罪、走私犯罪、贪污贿赂犯罪，破坏金融管理秩序犯罪、金融诈骗犯罪所得及其收益的来源和性质的洗钱活动，依照本法规定采取相关措施的行为。"

（二）反洗钱机制扫描

1. 美国

美国在国际上是反洗钱的主要倡导者，它的反洗钱执法机关是财政部、司法部、税务总署、海关总署、联邦调查局和美国邮政总局。美国制定了一系列的法律法规以打击洗钱犯罪：《1970年银行保密法》、《1986年控制洗钱法令》、《1992年阿鲁兹奥—怀利反洗钱法令》、《1994年禁止洗钱法令》、《2001年爱国者法案》等。对于法律规定的内容，美国政府进行了强有力的监督，通过罚款等手段迫使有关部门，尤其是商业银行大力打击洗钱活动。2002年11月27日，美国纽约市的百老汇国民银行因没有依法建立反洗钱制度和报告大额资金流动而被起诉，并被判罚400万美元的罚款。美国法律规定金融机构要实行客户身份确认制度，将每笔超过3000美元的现金交易的记录保存五年以上，要求对超过1万美元的现金交易提交现金交易报表，而且这一要求不仅适用于银行和其他金融机构，也适用于所有从事现金交易的行业和企业，如旅行社、汽车交易商、保险代理行等。

2. 瑞士

在国际社会的压力下，曾被称为金融天堂的瑞士也规定了洗钱罪，以配合国际社会反洗钱，防止非法资金利用银行保密法将瑞士银行作为洗钱的通道。瑞士联邦委员会发布了《反对与防止洗钱指南》等一系列条例，在这些条例中，第一次明确规定洗钱为犯罪，并对相关的证券市场内幕交易、虚报税款等违法行为，规定了严厉的处罚；废除了银行的匿名账户（B表格账户），要求代理人必须向银行透露账户的受益人；要求银行确认客户身份、把交易记录保存一定时间，要求银行对于任何用超过25000瑞士法郎（17000美元）的现金开立的账户都应加以询问，并规定了可疑交易上报制度。这些法规不仅适用于银行，也适用于会计师、律师、独立金融顾问和保险公司。

3. 澳大利亚

澳大利亚是世界上公认的拥有最有效的反洗钱制度的国家之一，它的反洗钱执法机构是国家犯罪局、澳大利亚联邦警察、海关总署和税务总署等。它的法律规定了客户身份识别制度、可疑交易上报制度（现金交易或国际电报汇兑中大于或等于10000澳元的交易，即6500美元），这些规定不仅适用于银行，也适用于金融公司、保险公司、信用机构、娱乐场等行业。澳大利亚还设立了"澳大利亚可疑交易报告分析中心"，对澳境内及进出澳的资金进行监测和跟踪，分析交易数据，寻找蛛丝马迹，发现洗钱线索，给有关执法部门提供情报信息。

（三）反洗钱的措施

各国反洗钱机制不尽相同，但基本上都建立了信息收集制度、客户身份识别制度、交易报告制度、记录保存制度，我国应借鉴国外良好的预防和打击洗钱犯罪的经验，建立符合中国国情的以央行为主的反洗钱体系。

1. 建立信息分析网络，奠定反洗钱基础

反洗钱的核心问题就是可疑金融交易信息的采集、分析和报告。计算机网络技术的发展，在提高金融效率的同时，也给洗钱带来了便利，与以前相比，犯罪分子可借助网络银行、电子货币、网上支付结算等方式，使黑钱非常隐蔽地在银行账号之间进行转账，在国内国外游走，很容易把黑钱洗白。单靠个别部门的力量，很难对资金的来龙去脉进行追踪和分析，我国可以以各商业银行的网络为依托，建立反洗钱信息分析网络，抽调各行各业专业技术人员，如金融专家、统计专家、计算机专家、数学专家，以金融系统的信息为主，收集大量相关数据，对其进行分类，进行动态和静态审核，让隐藏的、复杂的金融信息变得清晰、简单，通过整合数据直观发现异常情况，及时向有关方面报告，奠定我国反洗钱工作的基础。

2. 以金融系统为反洗钱重点，严厉打击洗钱犯罪

把金融系统作为反洗钱重点，可以同时达到预防和打击洗钱犯罪活动的目的。反洗钱的重点在于预防，如果黑钱无法进入洗钱周期，就很难变成合法收入，而且黑钱在浸泡阶段，也就是想把黑钱存入金融系统时，是最容易暴露的。我国的金融系统呈现以中央银行为核心，以商业银行为主体，证券、保险等多种金融机构并存的格局，现阶段我国金融系统反洗钱应以商业银行为主。

把钱存入商业银行就必须先开户，银行审慎对待开户就等于是树立起了反洗钱的第一道防线，在开户时，银行应严格贯彻国家的法令法规，根据法定的有效身份证件或其他可靠的身份识别资料，确定和记录客户的身份，不得为客户开立匿名账户和假名账户，不能为身份不明确的客户提供存款、结算等服务。明确客户身份是相当重要的，银行通过对客户身份的鉴别，可以初步判断此客户是否有洗钱的嫌疑，资金来源是否符合常理。我国法律规定银行对支付金额在规定金额以上的交易都要报告，称为大额交易报告制度：人民币大额支付交易是指法人、其他组织和个体工商户账户之间金额 100 万元以上人民币的单笔转账支付，金额 20 万元以上人民币的单笔现金支付，个人银行账户之间以及个人银行账户与单位银行账户之间进行的 20 万元以上人民币的划转；大额外汇资金交易是指：当日存、取、结售汇等值外币现金单笔或累计等值 1 万美元以上的，当天外汇非现金资金收付交易个人单笔或累计等值外汇 10 万美元以上的，企业当天单笔或累计等值外汇 50 万美元以上的。

从国外反洗钱的实践来看，很多洗钱的手法是把大资金化整为零进行分拆，分别把低于报告限额的资金存入多个账户，然后再化零为整把各个账户中的资金调集到某个账户，并转账到其他地方。银行对于诸如此类的交易的可疑行为，应引起警觉。我国虽建立有可疑交易报告制度，但哪些交易为正常，哪些交易为可疑，这就需要银行提高反洗

钱业务水平，树立起反洗钱的全局观念，正确对待反洗钱问题。

3. 加强现金管理，提高反洗钱效率

若利用银行账号进行洗钱，不管作案手段如何隐蔽，总会留下蛛丝马迹，反洗钱人员只要有足够的时间和耐心，终究会顺藤摸瓜，弄清黑钱的最初来源，但若利用现金洗钱，就会给反洗钱造成很大障碍，因为现金一旦游离出银行，就脱离了反洗钱监控的视野，无法对其进行追踪。国外发达国家的信用结算制度非常成熟，大额现钞很少在社会上流通，基本上是无现金社会。而我国由于能开具支票、汇票的账户基本上是企事业单位的活期存款账户，而个人在消费时，除了信用卡外，现金可以说是唯一的选择，我国的个人支票业务刚刚开始进行，有着严格的地区、金额、保证金限制，我国应完善信用体系，加大力度开展个人支票业务，减少社会上的现金流通，提高反洗钱效率。

4. 进行国际合作，增强反洗钱效果

自 1986 年以来，洗钱越来越成为一个全球问题，货币、金融证券和电子资金能够轻易在国家与国家之间流通，造成了单个国家反洗钱效率不高，必须国际联手才能更好地达到打击洗钱犯罪的效果，全球反洗钱的网络已基本形成。我国也于 1989 年 9 月 4 日加入了《联合国禁止非法贩运麻醉药品和精神药物公约》，并重视"金融特别行动小组"（FATF）等国际性和区域性组织的作用，自愿参加了 FATF 就 48 条建议所做的问卷调查并已将结果回复 FATF。通过国际合作，我国不但可打击跨境犯罪，而且可以及时追回流入境外的黑钱。

5. 完善法律法规，为反洗钱提供法制保障

《关于严格执行个人存款账户实名制规定有关问题的通知》、《信用卡管理办法》、《银行卡业务管理办法》、《银行账户管理办法》、《金融机构反洗钱规定》、《人民币大额和可疑支付交易报告管理办法》、《金融机构大额和可疑外汇资金交易报告管理办法》等一系列涉及或与反洗钱相关的规定构成了我国反洗钱的法律法规，我国应借鉴国外反洗钱经验，在现有法规体系基础上，专门制定一部"中华人民共和国反洗钱法"，明确反洗钱信息收集机关的权利和义务，制定具体的易于操作的实施细则。反洗钱的重点也不应仅仅局限在商业银行，而要把整个金融系统及有现金流动的旅行社、邮局都包含进来。

一、重要概念

最后贷款人　跨国中央银行　准中央银行　洗钱　清算

二、复习思考题

1. 简述中央银行的职能。
2. 简述中央银行的负债业务。
3. 简述中央银行的资产业务。
4. 为什么说中央银行的产生和发展是经济发展的客观需要？

三、前沿思考题

中央银行如何打击洗钱犯罪？

参考文献：

王广谦：《中央银行学》，北京：高等教育出版社，1999。

第十章　货币需求与货币供给

> **本章提要：** 一国货币政策的根本目的就是要保持适度的货币供给，只有货币供给和货币需求平衡，才能保证国民经济的正常运行。
>
> **本章主要讲述：**
>
> 货币需求和货币供给的含义。
>
> 传统货币数量论、流动性偏好理论和现代货币主义等主要流派及其代表人物的理论。
>
> 货币需求量的基本测算方法。
>
> 货币供给的过程，主要是基础货币、货币乘数和货币供给的一般模型。

第一节　货币需求与供给的内涵

一、货币需求的含义

所谓货币需求，是指经济主体愿意以货币形式持有财产而形成的对货币的需求。

产生货币需求的根本原因在于货币所具有的职能。在使用货币进行交换的经济体系中，人们可以以货币方式取得收入，可以用货币作为交换和支付的手段，也可以用货币进行财富储存或投资，因此，人们自然愿意以货币形式持有财产。不言而喻，自使用货币进行交换以来，货币需求就应运而生，成为长期以来普遍存在着的一种经济现象。

货币需求既体现经济主体占有货币的意愿，又体现经济主体占有货币的实力，是经济主体意愿和实力的统一。经济主体的货币需求与经济利益以及其社会经济状况密切相关，是一种符合实际的、有能力实现的货币占有欲望。货币需求必须同时具备两个基本要素：一是必须有持有货币的欲望，主观上愿意持有货币，希望通过持有货币获得更大的经济利益；二是有持有货币的实力，自身的收入和资产足以满足其持有货币的愿望，有相应财力为其提供兑换货币的现实可行性。

不能将货币需求仅仅理解为经济主体持有货币的主观欲望。形成货币需求，经济主体持有货币的主观欲望是一个不可缺少的要件，但仅有这一要件是不够的，还必须具备持有货币的能力。只有持有货币的欲望而并无持有货币的能力，不是经济学中所指的货币需求，而是一种纯心理的占有欲望。纯心理的占有欲望不切实际，毫无意义，充其量只能算潜在的货币需求。

二、货币需求的分类

通常根据不同的划分标准，将货币需求划分为微观货币需求和宏观货币需求、名义货币需求和实际货币需求。

（一）微观货币需求和宏观货币需求

通常从货币需求主体的角度把货币需求划分为微观货币需求和宏观货币需求两类。

微观货币需求，是指从微观经济主体（个人、家庭、企业等）的角度进行考察，研究该微观经济主体在现实的收入水平、利率水平和其他相关经济条件下，究竟持有多少货币最合算，即机会成本最低，所得利益最大。

宏观货币需求，是指从宏观经济主体（国家或地区）的角度进行分析，估算该国家或该地区在一定的时间内经济发展和商品生产所必需的货币量。这种货币量应当有益于保持社会经济平稳、健康地发展，既能够满足经济发展的客观要求，又不至于引发通货膨胀。

微观货币需求和宏观货币需求不仅主体不同，二者包含的内容也不一样。微观货币需求是指个人手持现金或企业单位库存现金以及各自的银行存款，既看重货币执行其流通手段职能和交换手段职能，又看重货币执行其储存手段职能。而宏观货币需求是指货币执行其流通手段职能和交换手段职能的需要量，一般不包括货币执行其储存手段职能所需要的货币量。

微观货币需求和宏观货币需求是两个相互联系的概念。宏观货币需求是微观货币需求的集合。因此，既不可孤立地研究微观货币需求，也不可孤立地研究宏观货币需求。

（二）名义货币需求和实际货币需求

以是否考虑价格变化情况为划分标准，可以将货币需求划分为名义货币需求和真实货币需求两类。所谓名义货币需求是指经济主体在不考虑价格变动情况时的货币需求，是用货币单位（如元、法郎、英镑等）表示的货币需求。真实货币需求或称实际货币需求是指扣除了物价因素以后的货币需求，即经济主体所持有的货币量扣除物价因素之后的余额。其实质是以实物价值来表示的货币需求。

名义货币需求一般记做 M_d，实际货币需求通常记做 $\dfrac{M_d}{p}$。计算时，将名义货币需求 M_d 用某一具有代表性的物价指数（如 GDP 平减指数）进行平减，就可得到实际货币需求。

名义货币需求和实际货币需求之间的区别，仅仅在于是否剔除了物价变动的影响。

因此，当物价相对稳定时，并没有将二者区分开的必要，名义货币需求即真实货币需求。而当物价变动幅度较大时，则必须把它们严格区分开来。由于物价变化的概率较大，名义货币需求往往不能直接反映经济主体对货币的实际需求，因此人们更重视考察真实货币需求。

（三）货币存量和货币流量

货币存量又称货币供应量，是时点数，指经济社会中一定时点上存在的货币的数量。货币存量通常包括两个部分：非银行部门所持有的中央银行的负债凭证，即流通中的现金（通货）；非银行部门所持有的商业银行的负债凭证，即存款货币。货币存量是一个静态的货币概念，它所描述的是某一时点上的货币数量，可以在任何一个时点上加以确认。货币存量也往往被称为余额、持有额等。

货币流量是时期数，指经济社会中一定时期内发生的货币的变动数值，表示货币在一定时期内的支出或流动数量，即货币存量与单位货币参加交易次数的乘积。货币流量是一个动态的货币概念，它所描述的是某一时期内货币发生交易的数量，货币流量也往往被称为周转额、发生额等。

货币需求量是一种存量指标，分析货币需求量，通常是从存量意义来观察和计算的。但是由于货币本身具有流动性，而货币需求理论所要分析和关注的是某一时期内货币需求量的大致趋势和变化范围，因此讨论货币需求时也必须考察货币需求的流动性。

（四）货币需求弹性

货币需求弹性是指货币需求量和货币流通量之间可以存在一个有弹性的值域，货币流通量在这个值域内可以背离货币需求量，只要不引发通货膨胀，就是正常的。货币流通量是指流通中实际存在的货币量。货币需求量又称作货币必要量，是一个预测的量。它是经济运行本身所决定的内生变量。但是由于各种不确定因素的出现，如生产和流通规模、库存商品等都有临时调整的余地，利率和人们收入的变化都会引起货币需求量的变化，所以流通中实际存在的货币量往往不等同于预测的货币需求量。经济学家和专门人士研究的货币需求的利率弹性和货币需求的收入弹性是一种典型的量变对应关系。

货币需求的利率弹性就是货币需求的变化对利率变化的反应程度，就是货币需求对利率是否敏感，如果利率很小的变动能引起货币需求的显著变动就是敏感，也就是货币需求的利率弹性大，否则就是货币需求的利率弹性小。具体来说，货币需求的利率弹性是指一个百分点的利率变动幅度对货币需求变动幅度的影响是多少。公式是：

$$T = -\frac{\Delta D/D}{\Delta r/r} = -\frac{dD}{dr}\frac{r}{D}$$

式中，T 表示货币需求的利率弹性，D 表示货币需求量，r 表示利率。

类似地，货币需求的收入弹性则是货币需求的变化对收入变化的反应程度，也就是货币需求对收入是否敏感，是指一个百分点的收入变动幅度对货币需求变动幅度的影响是多少。公式是：

$$T = -\frac{\Delta D/D}{\Delta R/R} = -\frac{dD}{dR}\frac{R}{D}$$

式中，T 表示货币需求的收入弹性，D 表示货币需求量，R 表示收入。

三、货币供给的概念

所谓货币供给，通常涵盖两个方面的内容：一是货币供给行为；二是货币供给量。

货币供给行为是指银行系统向货币需求主体提供货币的金融行为，其数量表现是货币供给量。从这个角度讲，货币供给是一个动态概念。

货币供给量是指一国在某一时期内银行系统为社会经济运转提供服务的货币量，它由包括中央银行在内的金融机构供应的存款货币和现金货币两部分构成。从这个角度讲，货币供给又是一个静态的存量概念。

货币供给行为的主体是中央银行和商业银行。整个社会的货币量是由中央银行和商业银行提供的。货币由中央银行发行，中央银行垄断了货币发行权。但是中央银行不直接向社会提供货币，而是以再贷款或再贴现的方式向商业银行提供货币，由商业银行通过放贷、投资贴现等资产业务向社会投放货币。

四、货币的层次划分

货币金融当局必须认真考虑如何分层次调控货币流通。货币层次划分的目的，是为了考察不同种类的货币性资产对经济的影响，并选择与经济变动最密切的货币性资产作为中央银行实施控制的重点，为实现其货币政策目标服务。

美国联邦储备银行（美联储）在 20 世纪 60 年代率先对货币的层次进行了划分，公布了不同层次的货币供给量。随后其他国家的中央银行纷纷仿效。目前，各国中央银行都已普遍采用了将货币供给量划分为若干层次的做法，并以此为基点选择某一层次或几个层次作为控制的重点。

大多数国家的中央银行都是以金融性资产的流动性作为标准来划分货币层次的。流动性是指金融资产转化为现实的流通手段或支付手段的能力，流动性程度不同的货币对商品流通和其他经济活动的影响程度不同。例如，现金和活期存款直接作为社会现实的流通手段和支付手段，其流通性最强，而定期存款的流通性远不如现金和活期存款了。要使定期存款转化为现实的购买力，必须先将其转化为现金或活期存款，所以定期存款对市场的作用不如现金和活期存款直接迅速。为了预测和组织整个社会的货币购买力，稳定货币流通，以流动性作为标准来划分货币层次的做法得到了大多数国家的认可。

虽然大多数国家的中央银行都是以流动性作为标准来划分货币层次，但是在实际操作中却有一些不同。例如，美国一般把货币划分为 M_1、M_2、M_3 和 L 四个层次：

M_1＝通货＋活期存款＋旅行支票＋其他支票存款

M_2＝M_1＋小面额定期存款＋储蓄存款＋隔日回收协议金额＋隔夜欧洲美元存款＋货币市场上流通的互助基金存款

M_3＝M_2＋大面额定期存款＋定期回购协议金额

L＝M₃＋其他流动资产

日本银行对货币层次的划分为：

M_1＝通货＋活期存款

M_2＝M_1＋定期存款＋可转让存款＋CD；其中，CD 是 Certificate of Deposit 的简称，表示大额可转让定期存单

M_3＝M_2＋邮局、农业协同组合、渔协、信用合作社和劳动金库的存款及信托存款

中国目前一般把货币划分为 M_0、M_1 和 M_2 三个层次：

M_0＝通货

M_1＝M_0＋活期存款

M_2＝M_1＋定期存款＋储蓄存款＋证券公司客户保证金

M_1 反映着经济中的现实购买力，M_2 不仅反映现实的购买力，还反映潜在的购买力。若 M_1 增速较快，则消费和终端市场活跃；若 M_2 增速较快，则投资和中间市场活跃。M_2 过高而 M_1 过低，表明投资过热、需求不旺；M_1 过高 M_2 过低，表明需求强劲、投资不足。中央银行和各商业银行可以据此决定货币政策。

五、货币供给的过程

货币供给量包括通货与存款货币，因此货币供给的过程也分为通货供给和存款货币供给两个环节。

（一）通货供给环节

通货供给通常包括三个步骤：首先，由一国货币当局下属的印制部门（隶属于中央银行或隶属于财政部）印刷和铸造通货；其次，商业银行因其业务经营活动而需要通货进行支付时，便按规定程序通知中央银行，由中央银行运出通货，并相应贷给商业银行账户；最后，商业银行通过存款兑现方式对客户进行支付，将通货注入流通，供给到非银行部门手中。

通货供给的特点是：

（1）通货虽然由中央银行供给，但中央银行并不直接把通货送到非银行部门手中，而是以商业银行为中介，借助于存款兑现途径间接将通货送到非银行部门手中。

（2）由于通货供给在程序上是经由商业银行的客户兑现存款的途径实现的，因此通货的供给数量完全取决于非银行部门的通货持有意愿。非银行部门有权随时将所持存款兑现为通货，商业银行有义务随时满足非银行部门的存款兑现需求。如果非银行部门的通货持有意愿得不到满足，商业银行就会因其不能履行保证清偿的法定义务，而被迫停业或破产。

（二）存款货币供给环节

商业银行的存款负债有多种类型，其中究竟哪些属于存款货币，而应当归入货币供给量之中尚无定论，但公认活期存款属于存款货币。在不兑现信用货币制度下，商业银行的活期存款与通货一样，充当完全的流通手段和支付手段，存款者可据以签发支票进

行购买、支付和清偿债务。因此，客户在得到商业银行的贷款和投资以后，一般并不立即提现，而是把所得到的款项作为活期存款存入同自己有业务往来的商业银行之中，以便随时据以签发支票。这样，商业银行在对客户放款和投资时，就可以直接贷入客户的活期存款。所以，商业银行一旦获得相应的准备金，就可以通过账户的分录使自己的资产（放款与投资）和负债（活期存款）同时增加。从整个商业银行体系看，即使每家商业银行只能贷出它所收受的存款的一部分，全部商业银行却能把它们的贷款与投资扩大为其所收受的存款的许多倍。换言之，从整个商业银行体系看，一旦中央银行供给的基础货币被注入商业银行内，为某一商业银行收受为活期存款，在扣除相应的存款准备金之后，就会在各家商业银行之间辗转使用，从而最终被放大为多倍的活期存款。

第二节 货币需求理论

一、古典货币数量论

货币数量论有新、旧之分。旧货币数量论，即传统货币数量论，习惯称为古典货币数量论，发端于 17 世纪，在 20 世纪 30 年代之前发展至顶峰；新货币数量论，即当代货币数量论，是 20 世纪 50 年代之后才开始流行起来的货币需求理论。

古典货币数量论有两个成熟形态：一个是费雪的现金交易方程式（Equation of Exchange）；另一个是剑桥学派现金余额方程式或称剑桥方程式（Cambridge Equation）。

（一）费雪的现金交易方程式

美国经济学家、耶鲁大学教授欧文·费雪（I. Fisher）集前人货币数量论之大成，提出现金交易方程式，成为古典货币数量论的著名代表。

费雪在 1911 年出版的《货币购买力》一书中，对古典货币数量论观点作了最清晰的表述。

费雪特别看重货币的交易媒介功能。费雪认为，人们需要货币，并不是需要货币本身，而是因为货币可以用来交换商品和劳务。人们手中的货币最终将用于购买。因此，在一定时期内，社会的货币支出量等于商品和劳务交易量的货币总值。据此，费雪提出了著名的现金交易方程式：

$$MV = PT$$

式中，M 表示一定时期流通中的货币的数量；V 表示一定时期单位货币的流通次数，即货币的流通速度；P 表示商品和劳务价格的加权平均数，即物价水平；T 表示商品和劳务的交易总量。

费雪提出现金交易方程式，旨在揭示用来交换商品和劳务的货币总值（MV）与用来交换货币的商品和劳务的价值总额（PT）之间的恒等关系，具有以下积极意义：

（1）这个现金交易方程式支撑了货币数量说。

费雪认为，物价水平 P 是交易方程式中的一个绝对被动因素，它受其他因素制约，却不能制约其他因素。因此，交易方程式可以变形为：

$$P=\frac{MV}{T}$$

费雪对各变量的相互关系进行分析：①若货币流通速度 V 和交易总量 T 不变，则物价水平 P 随着货币数量 M 成正比例变动。②若货币数量 M 和交易总量 T 不变，则物价水平 P 随着货币流通速度 V 也成正比例变动。③若货币数量 M 和货币流通速度 V 不变，则物价水平 P 随着交易总量 T 成反比例变动。费雪认为，货币流通速度 V 是由制度因素决定的，而制度因素变化缓慢，因此 V 可以视为常数；交易总量 T 与产出水平保持一定的比例，大体是稳定的，也可以视为常数。所以，上述三种情况，只有①值得特别强调。于是，费雪断言，在货币的流通速度和商品交易量不变的条件下，则物价水平是随着流通中货币数量的变动而成正比例地变动的。若流通中货币数量增加时，则物价水平也相应提高；反之亦然。货币数量决定物价水平。

（2）可以根据这个现金交易方程式推导出货币需求函数。

由现金交易方程式得：

$$M=\frac{1}{V}\cdot PT$$

可据此探讨货币需求量。我们所推导的方程式说明，在一定时期内，流通中所需的货币数量 M 取决于商品交易总量 T、商品价格水平 P 和货币流通速度 V。当货币流通速度 V 不变时，流通中所需的货币数量 M 与商品价值总额（PT）成正比；当商品价值总额（PT）不变时，流通中所需的货币数量 M 与货币流通速度 V 成反比。

（3）这个现金交易方程式显示，要谋求价格稳定，货币数量和交易总量须保持适当的比例关系。

在这个现金交易方程式中，流通速度 V 是一个重要的变量。由现金交易方程式得：

$$\frac{M}{T}=\frac{P}{V}$$

当把 P 视作既定价格水平时，则：

$$\frac{M}{T}=\frac{1}{V}$$

这说明，在既定的价格水平下，货币数量 M 和交易总量 T 之间具有一定的比例关系，这个比例就是 $\frac{1}{V}$。换句话说，要使价格保持既定水平，只有当货币数量 M 和交易总量 T 之间保持一定的比例关系时才能实现。

（二）剑桥学派和剑桥方程式

几乎在费雪发表货币数量说观点的同时，以英国著名经济学家、剑桥学派创始人马歇尔（Alfred Marshall）和他的嫡传弟子、著名经济学家庇古（Arthur Lecil Pigou）为代表的剑桥学派也在研究同样的课题。

剑桥学派的研究角度与费雪不同。费雪主要从宏观经济角度考虑货币数量问题，而剑桥学派的着眼点则是个人对货币的需求，重视微观主体的行为。他们认为，个人货币需求的实质，是选择怎样的方式来保有自己的资产。当然，他们也考虑经济整体的需求，但在他们看来，整体需求是个人需求的总和。

剑桥学派认为，人们决定持有多少货币，要考虑很多因素，包括个人的财富水平、利率变动以及持有货币可能拥有的便利等。每个人的名义货币需求与本人的名义总收入水平都保持着一个较为稳定的比例关系。

剑桥学派的货币需求方程式是：

$M_d = KPY$

式中，M_d 表示货币需求量；P 表示物价水平；Y 表示总收入；PY 表示名义总收入；K 表示名义总收入 PY 与货币需求量 M_d 的比，也就是一年中人们愿意以现金余额方式持有的货币量占商品交易量的比率。因此，剑桥方程式也称为现金余额方程式。

剑桥学派的现金余额方程式是费雪的现金交易方程式的变形和发展，二者的区别在于：①费雪的交易说重视货币作为交易媒介的功能，认为人们需要货币是为了便于交易；而剑桥的余额说强调货币的价值储藏的功能，认为货币是具有充分流动性的价值储藏工具，不仅交换需要货币，而且持有货币也是持有资产的一种形态。②与费雪交易说不同，剑桥余额说以收入（Y）替代了交易量（T），以个人持有货币需求对收入的比率（K）替代了货币流通速度（V）。这是因为剑桥说是以个人货币需求作为考虑的出发点，其自变量当然是收入而不是社会的交易量，相应地也就必然有一个新的系数 K 来替代 V。③费雪交易说重视影响交易的金融及经济制度等因素；而剑桥余额说则重视持有的成本和持有货币的满足程度的比较，重视预期和收益等不确定因素。④费雪交易说没有明确地区分名义货币需求与实际货币需求，所以，交易次数、交易量及价格水平都影响到货币需求；而剑桥余额说的货币需求是实际货币需求而不是名义货币需求，实际货币需求是不受物价水平影响的。

尽管剑桥学派的现金余额方程式同费雪的现金交易方程式有着明显的区别，但都是在剖析货币需求，自有相通之处。剑桥学派承认二者之间存在相同之处，其代表人物庇古自己也说：费雪依据他的方法绘他的画，我则按照我的方法绘我的画，但我们两人所绘的画都是同一事物。

客观地讲，相对于费雪的现金交易方程式而言，剑桥学派的现金余额方程式反映的思路更广，确实将货币需求理论的研究向前推进了一大步。

二、凯恩斯学派的货币需求理论

英国著名经济学家、宏观经济学创始人约翰·梅纳德·凯恩斯（John Maynard Keynes），早期是剑桥学派的一员，但后来独树一帜，形成了凯恩斯学派。1936 年出版的《就业、利息和货币通论》一书，系统阐述了他的货币需求理论。

凯恩斯的主要贡献是对关于货币需求动机的剖析，并在此基础上把利润因素引入了货币需求函数。

（一）凯恩斯的流动性偏好理论

凯恩斯沿着剑桥学派的思路探讨人们为什么愿意持有货币，认为人们之所以愿意持有货币，是因为存在流动性偏好这种普遍的心理倾向。所谓流动性偏好，是指人们在心理上偏好流动性，愿意持有具备流动性的货币资产而不愿意持有其他缺乏流动性的货币资产。这种流动性偏好构成了对货币的需求。因此，凯恩斯的货币需求理论又称为流动性偏好理论。

凯恩斯把决定人们货币需求行为的动机归结为交易动机、预防动机和投机动机三个方面。

1. 交易动机

交易动机是指个人或企业为了应付日常交易需要而产生的持有货币需求。它决定人们为应付交易应该持有多少货币。个人保存货币量的多少直接与货币收入的多少及货币收支时间的长短相关。企业持有货币则是为了满足业务上的从支出到收入这一段时间的货币需要，持有货币量的多少取决于企业当期生产规模的大小及生产周期的长短。可见，交易动机说与建立在确认货币流通媒介职能基础上的货币需求论是一脉相承的。

影响交易需求的因素，包括收入规模、收入和支出的时距及其规律性、支出习惯、金融制度、预期因素等。在这些因素中，除了收入因素外，其他因素都可以视为短期内不变的常量。因此，凯恩斯将交易需求看作收入的函数。

2. 预防动机

预防动机又称谨慎动机，是指个人或企业为应付可能出现的意外支出而持有货币的动机。它的产生源于未来收入和支出的不稳定性，是为了防止未来收入减少或支出增加的意外变化而保留一部分货币以备不测。

货币需求的预防性动机和交易性动机一样，都与收入（Y）有关，只不过货币需求的交易性动机的产生是因为收入和支出之间有一定时差，而货币需求的预防性动机的产生则主要是因为收入和支出的不确定性。所以，就实质讲，预防动机和交易动机可以归入同一个范畴，两者所引起的货币需求都是收入（Y）的函数。

3. 投机动机

投机动机是指个人或企业愿意持有货币以供投机之用。这是因为相信自己对某方面前景的预测比市场上一般人高明，想凭此获取利益，所以愿意持有货币以供投机之用。凯恩斯剖析货币需求的投机性动机，并运用规范化的分析方法建立函数方程式，是对货币需求理论的发展做出的开拓性贡献。

投机动机的货币需求取决于三个因素：①当前的市场利率。②投机者对于正常利率水平的目标值。③投机者对利率变化的预期。其中，第三个因素依赖于前两个因素，所以投机动机的货币需求实际上取决于当前市场利率水平与投机者对正常利率目标的取值之差。从总体分析，如果当前市场利率水平较低，那么预期利率上升的投机者就会较多，以货币形式持有其财富的投机者越多，货币的投机性需求也就越大；反之亦然。所以，货币的投机性需求是当前市场利率水平的递减函数。

（二）凯恩斯的货币需求函数

在剖析货币需求行为的三个动机的基础上，凯恩斯给出如下的货币需求函数式：

$$M＝M_1＋M_2＝L_1(Y)＋L_2(r)$$

式中，M_1 表示由交易动机和预防动机引发的货币需求，它是 Y（收入）的函数；M_2 表示由投机动机引发的市场需求，它是 r（市场利率）的函数；L 是货币需求函数，也称为流动性偏好函数。

这个函数式与此前所有函数式的关键区别在于把 r（市场利率）视为货币需求函数中与 Y（收入）有同等意义的自变量。如果把此前所有函数式概括地表示为 M＝f(Y)，那么，凯恩斯的函数式则可以表示为 M＝f(Y,r)。二者的区别就显而易见了。把 r 视为货币需求函数中 Y 与同样重要的自变量，是凯恩斯的创见。

对于任何已知的价格水平，根据 $L_1＝f(Y)$，我们可以求出在每一个收入水平 Y 上的货币需求。同样，对于任何已知的价格水平，根据 $L_2＝f(r)$，我们可以求出在每一个利率水平 r 上的货币需求。因此，根据 $L_1＝f(Y)$ 和 $L_2＝f(r)$，我们可以求出每一个可能的收入 Y 和利率 r 对货币的总需求。请看图 10—1 凯恩斯的货币需求曲线。

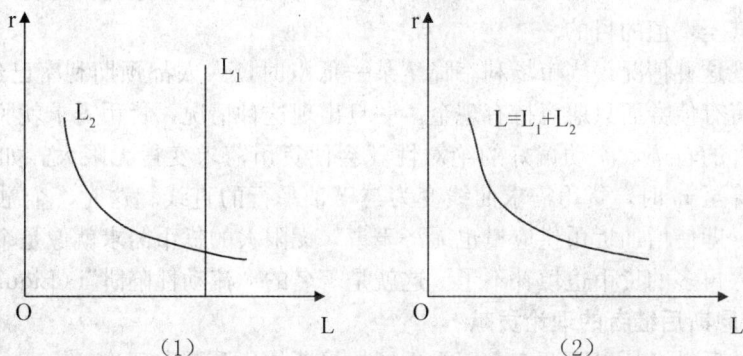

图 10—1　凯恩斯的货币需求曲线

如图 10—1（1）所示，L_1 与利率无关，所以是一条与货币需求横轴垂直、与利率纵轴平行的直线；L_2 则是一条向右向下倾斜的曲线，表示利率越高货币需求越少，利率越低货币需求越多。

如果将 L_1 与 L_2 相加，则货币总需求曲线 L 如图 10—1（2）所示。

（三）凯恩斯的"流动性陷阱说"

货币需求是收入的函数，各档次收入水平的货币总需求曲线 L 都应当有各自相应的位置。既然货币需求因收入多少而增减，那么货币总需求 L 曲线应随着收入的变化而移动。如图 10—2 所示。

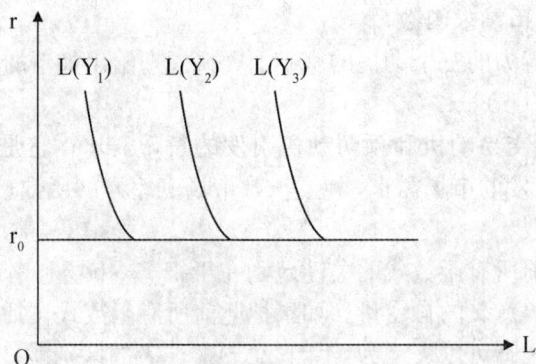

图 10－2　凯恩斯的"流动性陷阱"

$L(Y_1)$是收入为 Y_1 时的货币需求，$L(Y_2)$是收入增加至 Y_2 时的货币需求，$L(Y_3)$是收入增加至 Y_3 时的货币需求。L 是随着收入的变化而移动的一系列曲线。

凯恩斯强调货币并非只是一种交易媒介，它本身也有值得保有的价值。为什么人们预测商品和其他资产的价格将要下跌时，都愿意持有货币呢？这是因为持有货币能够达到财富保值甚至增值的目的。

可能出现这种情况：当市场利率降至某一低点时，人人都预期利率已经降无可降，谁也不愿意持有债券而只愿意持有现金。一旦出现这种情况，货币需求就脱离了"利率的递减函数"的轨迹，流动偏好的绝对性就会使货币需求变得无限大。如图 10－2 所示，当利率降至 r_0 时，货币需求曲线变为与横轴平行的直线。这时，金融当局已经无法控制局面，即使增加货币供应量也无济于事，无限大的货币需求就像是个陷阱，金融当局即使投入再多的货币也填补不了。这就是著名的"流动性陷阱"（Liquidity Trap）。

（四）凯恩斯后继者的理论贡献

凯恩斯的后继者从以下两个方面推进了凯恩斯的货币需求理论：

1. 论证由交易动机和预防动机引起的货币需求同样也是利率的函数

为了应付交易或为了预防不测而准备的货币也有可能部分用来购买债券或其他可以带来收益的资产，没有必要自始至终全部以无收益的货币形式保存。因此，由交易动机和预防动机引起的货币需求不仅与收入相关也与利率相关。通过这种剖析，凯恩斯的后继者建立了"平方根法则"：

$$M = KY^{1/2}r^{-1/2}$$

这个方程式说明交易动机货币需求是 Y 的函数。二者成正比，是正相关。因为不一定是自始至终以货币形态保存，也不一定全部以货币形态保存，所以其指数为 1/2。这个方程式还说明交易动机货币需求同时也是利率 r 的函数。二者成反比，是负相关。同样因为不一定自始至终，也不一定全部以有收益的资产形态来保存，所以其指数为 $-1/2$。

2. 发展了多样化资产组合选择理论

凯恩斯的后继者认为，凯恩斯论证投资者依据其对利率变动的预期而在货币和债券之间进行选择，但在现实生活中，通常不会进行非此即彼的选择，而是全面权衡得失调整两者持有的比例。而且，可供选择的对象也并不限于货币和债券两者。这样就发展了多样化资产组合选择理论。

三、弗里德曼的货币需求函数

1976 年诺贝尔经济学奖获得者米尔顿·弗里德曼（Milton Friedman）是美国芝加哥大学教授、现代货币主义（也叫货币学派）的代表人物。1956 年，他发表题为《货币数量论：一种新的阐释》的著名论文，标志着现代货币主义已发展为一个完整的理论体系。

弗里德曼认定，货币数量论是关于货币需求的理论，是明确货币需求由何种因素决定的理论。于是他在这篇论文中对影响货币需求的各种因素进行了深入的分析，并在深入分析影响货币需求多种因素的基础上，提出了自己的货币需求函数模型：

$$\frac{M_d}{P} = f(Y, W; r_m, r_b, r_e, \frac{1}{P} \cdot \frac{dp}{dt}; u)$$

式中，M_d 表示名义货币需求；P 表示一般物价水平；$\frac{M_d}{P}$ 表示实际货币需求；Y 表示恒常收入，即相对稳定的恒久性收入；W 表示财富结构，指人力资本占非人力资本的比率；r_m 表示存款利率；r_b 表示预期债券收益率；r_e 表示预期股票收益率；$\frac{1}{P} \cdot \frac{dp}{dt}$ 表示预期物价变动率；u 表示其他随机变量。

虽然同样着眼于微观主体行为，但是弗里德曼对于影响货币需求的各种因素的分析，比此前的剑桥学派、凯恩斯派，明显更加深入，更加具体而微。

在货币需求函数模型中，弗里德曼把影响货币需求的各种因素划分为三组：

第一组因素包括恒常收入 Y 和财富结构 W。

恒常收入，即永久性收入，来源于总财富，它是构成总财富的各种资产的预期贴现值的总和。若其他条件不变，则恒常收入越多货币需求也越多。

财富结构 W 也是影响货币需求的又一因素。一个人的总财富是人力资本和非人力资本之和。在总财富中，人力资本比重越大，创造的收入越多，货币需求就越大。

可见，第一组因素与货币需求量呈同方向变化。

第二组因素是各种资产的预期收益和机会成本，包括存款利率 r_m、预期债券收益率 r_b 和预期股票收益率 r_e，以及预期物价变动率 $\frac{1}{P} \cdot \frac{dp}{dt}$。

r_m、r_b 和 r_e，都属于金融资产的预期收益率。一般来说，这三种金融资产的预期收益率高，人们就愿意将货币转化为这些资产，货币需求量就越小；相反，这些资产收益率低，人们就会抛售证券、提取现金，货币需求量就越大。

至于物价变动率 $\frac{1}{P} \cdot \frac{dp}{dt}$ 对货币需求的影响，从理论上讲，物价上涨就意味着货币贬值、通货膨胀，那么，持有货币就意味着损失，人们就会将货币迅速用于消费或变换成其他财产。相反，在预期物价下降时，人们则愿意持有货币，以满足流动性偏好。

可见，第二组因素与货币需求量呈反方向变化。

第三组因素即其他随机变量 u，是指社会富裕程度、取得信贷的难易程度、社会支付体系的状况等。

尽管弗里德曼的货币需求函数列举许多相关因素，但他强调在影响货币需求量的诸因素中，恒常收入起主导作用，而利率对于货币需求的影响是微不足道的。他甚至进行了实证分析，认为利率每增加 1%，货币需求量只减少 0.15%，而收入每增加 1%，货币需求量将增加 1.8%。

弗里德曼强调恒常收入的主导作用，与凯恩斯的货币需求函数理论存在严重分歧。凯恩斯非常重视利率的主导作用。凯恩斯认为，利率的变动影响就业和国民收入，最终影响货币需求量。

基于弗里德曼和凯恩斯强调的侧重点各不相同，导致两人在一系列相关问题上产生了分歧。凯恩斯认为应当选择利率作为货币政策的传导变量，而弗里德曼则认为应当选择货币供应量作为货币政策的传导变量；凯恩斯认为由于利率不稳定货币需求量也不稳定，因此货币政策应"相机行事"，而弗里德曼则认为只要货币供应量稳定货币需求量就稳定，因此主张采取稳定货币供应的货币政策，以防止货币本身成为引起经济波动的原因。

四、马克思的货币需求理论

马克思的货币需求理论又称为货币必要量理论。

马克思曾指出："就一定时间的流通过程来说，$\dfrac{\text{商品价格总额}}{\text{同名货币的流通次数}}=$执行流通手段职能的货币量。这个规律是普遍适用的。"

按照马克思的原意，这个规律可表示为：

$$M=\frac{PT}{V}$$

式中，M 表示流通的货币量；P 表示商品价格水平；T 表示流通中的商品数量；PT 表示商品价格总额；V 表示货币流通速度。这个货币流通规律公式，说明了货币需求量的决定因素为流通的商品量、价格水平和货币流通速度，并且表达了这些因素与货币需求量的关系：货币需求量与货币流通速度成反比，与商品价格和商品数量成正比。

货币流通规律公式的前提是金币流通，马克思认为商品流通决定货币流通，货币流通的基础和前提是商品流通，货币流通从属于或依附于商品流通。货币流通对商品流通也有一定的反作用。商品价格取决于商品的价值和黄金的价值，而价值取决于生产过程，所以，商品是带着价格进入流通的；商品价格有多大就需要多少金币来实现它；商品与货币交换后，商品退出流通，黄金却留在流通中，可使其他的商品得以出售。因此，在金币流通条件下，商品价格决定了货币的需求数量。

马克思也研究了纸币的流通规律，他指出，纸币本身没有价值，只有流通才能作为黄金的代表。纸币象征地代表了黄金，流通所能吸收的黄金总量是客观决定的，纸币投入越多，每一单位纸币所能代表的黄金量就越少，即纸币贬值，物价上涨。所以，在纸币流通条件下，纸币数量的增减就成了商品价格涨跌的决定因素，这样就把金币流通条件下的货币数量与价格之间的决定关系颠倒过来了。马克思认为，货币流通规律公式对金币流通和纸币流通的情况都是适用的，只是金币流通与纸币流通存在不同的特点，故而有不同的内容和形式。

虽然在形式上，马克思的货币流通规律公式与费雪交易方程式一样，但两者却有重要的区别。马克思的货币必要量理论以劳动价值论为基础，其货币流通规律公式对等的基础是劳动创造的价值，即货币价值或货币符号所代表的价值与商品的价值对等。商品价格总额是一个既定的值，并由此决定货币的必要量。而费雪交易方程式中的物价完全取决于流通环节，表现为一个完全由货币量决定的因变量。费雪虽然也认为货币是一种商品，但却不承认商品或货币自身的价值由劳动决定，而认为由商品流通中的供求关系决定。

第三节 货币需求量的测算

一、测算货币需求量的意义

谈到货币需求，必然涉及各类经济主体愿意并且能够以货币形式持有多少财产的问题，即货币需求量的问题。所谓货币需求量，是指在特定的时间内，经济主体愿意并且能够持有的货币数量。

对于个人或企业而言，货币需求量一般是指实际货币需求量。所谓实际货币需求量，包含两个方面的基本意思：一是个人或企业愿意持有的货币，是在其收入或资产总额中愿意以货币形式保有的那一部分；二是实际的，是扣除物价变动因素后的货币余额。

对于国家和某些自成独立经济体系的地区而言，货币需求量是指在特定的时间内，本国或本地区内所有微观经济主体对货币需要持有量的总和。中央银行测算货币需求量就是测算本国或本地区内所有微观经济主体对货币需要持有量的总和。

测算货币需求量具有十分重大的意义，关系到本国或本地区的经济能否持续稳定地发展。因此，在货币经济运行过程中，中央银行必须合理预测各个发展时期的货币需求量，做到心中有数。以便根据测算结果来确定货币供给量，有效进行货币政策操作。

二、货币需求量测算方法

围绕如何测算货币需求量的问题，中外学者在探索中提出了多种不同的计量模型和测算方法。20 世纪五六十年代中国采用经验数据法，80 年代经济体制转变后又采用简明公式法，近些年，中国学者提出的基本公式法和微分法，美国中央银行提出的计量模型，具有一定的代表性。

（一）基本公式法

基本公式法是我国用于测算货币需求量增长率的一种方法。这个方法是根据在经济持续运行过程中某时段的经济增长率、物价变动率和货币流通速度变化率三个因素来计算该时段的货币需求量增长率。计算公式如下：

$$M'_d = \frac{(1+n')\ (1+p')}{1+V'} - 1 \text{（供货币流通速度加快时采用）} \tag{1}$$

$$M'_d = \frac{(1+n')\ (1+p')}{1-V'} - 1 \text{（供货币流通速度延缓时采用）} \tag{2}$$

式中，M'_d 表示货币需求量增长率；n' 表示经济增长率；p' 表示物价调整幅度；V' 表示货币流通速度变化率。

例：2009 年，我国成功应对国际金融危机，全年 GDP 增长 8.7%。专家谨慎预测，2010 年我国将达到 9% 经济增长率。如果物价调整幅度也如专家预测增长到 4%，货币流通速度递增率仍维持 2%，则可根据以上公式测算我国 2010 年的货币需求量增长率。

据式（1）得：

$$M'_d = \frac{(1+0.09)\ \times\ (1+0.04)}{1+0.02} - 1 = 1.1114 - 1 = 0.1114$$

测算结果：我国 2010 年的货币需求量增长率应为 11.14%。

请注意：基本公式法所测算的，是某一时段的货币需求量增长率，而且是狭义的货币需求量，即只是作为流通手段的货币需求量，并不包含储藏货币需求量。

（二）微分法

微分法也是我国学者根据马克思揭示的货币流通规律提出的货币需求量测算模式。

我国学者把马克思揭示的货币流通规律变形为：

$$M_d V = PT$$

然后微分得：

$$\frac{dM_d}{M_d} = \frac{dP}{P} + \frac{dT}{T} - \frac{dV}{V}$$

其经济含义是，货币需求量变动率 $\left(\frac{dM_d}{M_d}\right)$ 等于商品价格变动率 $\left(\frac{dP}{P}\right)$ 加上商品数量变动率 $\left(\frac{dT}{T}\right)$，减去货币流通速度变动率 $\left(\frac{dV}{V}\right)$。其中，商品数量变动率 $\left(\frac{dT}{T}\right)$ 可以用经济增长率 n' 替代；商品价格变动率 $\left(\frac{dP}{P}\right)$ 可以用物价调整幅度 p' 替代。如果我们依旧用 M'_d 替代 $\frac{dM_d}{M_d}$ 表示货币需求量变动率，用 V' 替代 $\frac{dV}{V}$ 表示货币流通速度变动率，那么，以上的微分公式就可表示为：

$$M'_d = n' + p' - V'$$

如果依据这个公式测算我国 2010 年的货币需求量增长率，则得：

$M'_d = 0.09 + 0.04 - 0.02 = 0.11$

即我国 2010 年的货币需求量增长率应为 11%。与用基本公式法测算的结果相近。

与基本公式法相同，微分法所测算的，也是某一时段的货币需求量增长率，而且也是狭义的货币需求量，即只是作为流通手段的货币需求量，并不包含储藏货币需求量。

（三）美国央行的计量模型

美国央行的计量模型是从弗里德曼的理论模型转化而成的计量模型。

自弗里德曼提出货币需求函数模型以来，西方学者一直没有中断把高度抽象的理论模型应用于操作实践的实证研究，先后取得了一些成果。其中，美国普林斯顿大学教授格尔德·菲尔德就曾提出颇受推崇的货币需求量计量模型。美国中央银行借鉴学者们的研究成果，集思广益，提出了更为成熟的计量模型，应用于货币需求量的测算实践。

美国中央银行提出的计量模型是：

$$\log \left(\frac{M_d}{P}\right) = a_0 + a_1 \log \left(\frac{M_s}{P}\right) + a_2 \log \left(\frac{GNP}{P}\right) + a_3 \log (R) + a_4 \log (r)$$

式中，$\frac{M_d}{P}$ 表示实际货币需求量；$\frac{M_s}{P}$ 表示上期已知的货币供应量（M_1，M_2，M_3）；$\frac{GNP}{P}$ 表示实际国民生产总值；R 表示联邦基金等短期利率的综合；r 表示定期存款和长期债券等利率的综合；a_0、a_1、a_2、a_3、a_4 均表示常数系数，可根据有关统计资料，用最小二乘法解出。

从美国公布的结果看，这种测算模型应用效果良好，已引起西方国家的普遍关注。但各国国情不同，美国央行的计量模型都只能供借鉴，不宜生搬硬套。

第四节 货币供给的一般模型

一、基础货币

（一）基础货币的定义

货币是由中央银行和商业银行提供的。中央银行通过控制基础货币来供给货币，商业银行则通过信用创造来提供货币。而货币供给的一般模型就是研究中央银行是如何通过控制基础货币来实现货币供给的。

基础货币又称货币基数、高能货币或强力货币，是指具有使货币供给总量成倍放大或收缩能力的货币，包括公众持有的通货和商业银行的存款准备金。即：

基础货币＝通货＋存款准备金

基础货币直接表现为中央银行的负债。公众持有的通货是中央银行对公众的负债；

商业银行的存款准备金是中央银行对商业银行的负债。

基础货币具有两个特点：一是扩张性。基础货币能够使货币供给总量成倍放大或收缩。二是可控性。中央银行对基础货币具有控制能力，可以通过对基础货币的控制来实现对货币供给量的调控。因此，基础货币是影响货币供给变化的一个最基本的因素。

(二) 影响基础货币变化的因素

基础货币的变化主要取决于以下四个因素：

1. 中央银行对商业银行债权的变动

中央银行对商业银行的债权增加，意味着中央银行对商业银行再贴现或再贷款资产增加，同时也说明通过商业银行注入流通的基础货币增加，这必然引起商业银行超额准备金增加，使货币供给量得以多倍扩张。相反，如果中央银行对商业银行的债权减少，就会使货币供应量大幅收缩。在市场经济条件下，中央银行对这部分债权有较强的控制力。

2. 国外净资产

国外净资产由外汇、黄金占款和中央银行在国际金融机构的净资产构成。其中外汇、黄金占款是中央银行用基础货币来收购的。为了适应经济全球化的国际大趋势，中央银行通常都需要保有一定数额的国外净资产，需要保有适当的外汇储备。因此，中央银行必须动用基础货币来收购一定数量的外汇。但是，收购外汇存在着较大的风险：如果中央银行根据稳定汇率的需要投放基础货币，虽然可以有效地对外汇市场进行干预以平抑汇率，但货币供给却可能因此陷于被动；如果中央银行为着保持货币供给的主动权，根据经济发展的需要投放基础货币，就往往无法达到平抑汇率波动的目的。因此要求中央银行反复权衡利弊，审慎决策。

3. 对政府债权净额

中央银行对政府债权净额增加通常由两条渠道形成：一是直接认购政府债券；二是贷款给财政以弥补财政赤字。无论哪条渠道都可以使得财政的可用资金增加，财政动用这些资金，则基础货币进入了流通领域，也就意味着中央银行通过财政部门把基础货币注入了流通领域。

4. 其他项目净值

其他项目净值主要是指固定资产的增减变化以及中央银行在资金清算过程中应收应付款的增减变化。它们都会不同程度对基础货币量产生影响。

在以上的四个因素中，中央银行对商业银行债权的变动是影响基础货币的最重要因素。

(三) 基础货币量的计算

计算基础货币量的多少，可以采用两种方法：

(1) 根据基础货币的定义进行计算，即将中央银行资产负债表中的现金和商业银行体系的准备金二者加总求出：

基础货币＝通货＋存款准备金

(2) 根据中央银行的资产负债表来进行计算：

基础货币＝对商业银行的债权＋国外净资产＋对政府债权净额＋其他项目净值

或者是：

中央银行资产－中央银行非货币性负债＝基础货币

1. 货币乘数的概念

在货币供给的过程中，基础货币的供给与最终形成的社会货币流通量之间存在着倍数扩张的关系。基础货币与货币供给量的关系如图 10－3 所示。

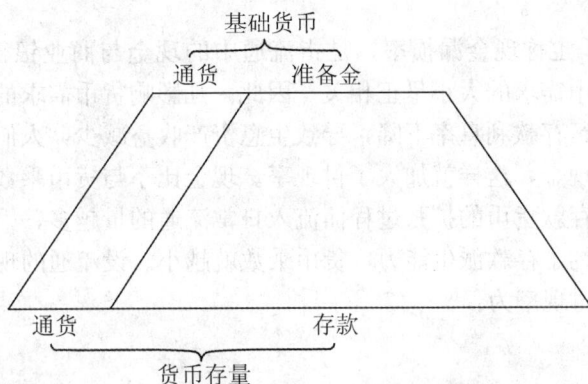

图 10－3　基础货币与货币供给量关系

体现这种乘数效应的概念就是货币乘数。

货币乘数也称为货币扩张系数或货币扩张乘数，是指货币供给量对基础货币的倍数，是货币供给量与基础货币之比。用公式表示如下：

$$m=\frac{C+D}{C+R}=\frac{M}{B}$$

即：

$$M=m \cdot B$$

式中，m 表示货币乘数，M 表示货币供给量，由通货 C 和存款货币 D 构成；B 表示基础货币，由通货 C 和存款准备金 R 构成。

这个由货币乘数概念推导出来的方程式 $M=m \cdot B$，被称为货币乘数模型，即货币供给的一般模型。

货币供给的一般模型显示，货币供给量是由基础货币和货币乘数共同作用而成的。货币乘数也是影响货币供给量变化的一个重要因素，货币乘数的大小决定了货币供给扩张能力的大小。

2. 货币乘数的决定因素

货币乘数由以下四个因素决定：

（1）法定存款准备金率，包括活期存款准备金率 r_d 和定期存款准备金率 r_t。活期存款与定期存款的法定存款准备金率均由中央银行直接决定。通常，法定存款准备金率越高，货币乘数越小；反之，货币乘数越大。

（2）超额准备金率 e。商业银行保有的超过法定存款准备金的准备金与活期存款总额之比，称为超额准备金率。超额准备金的存在相应减少了银行创造派生存款的能力，因此，超额准备金率与货币乘数之间也呈反方向变动关系，超额准备金率越高，货币乘数越小；反之，货币乘数就越大。设银行的超额准备金总额为 E，活期存款总额为 D，则超额准备金率为：

$$e = \frac{E}{D}$$

（3）付现率 c。也称现金漏损率，是指流通中的现金与商业银行活期存款的比率。付现率的高低与货币需求的大小呈正相关。因此，凡影响货币需求的因素，都可以影响付现率。例如，银行存款利息率下降，导致生息资产收益减少，人们就会减少在银行的存款而宁愿多持有现金，这样就加大了付现率。现金比率与货币乘数负相关，付现率越高，说明现金退出存款货币的扩张过程而流入日常流通的量越多，因而直接减少了银行的可贷资金量，制约了存款派生能力，货币乘数就越小。设流通的现金总额为 C，活期存款总额为 D，则付现率为：

$$c = \frac{C}{D}$$

（4）定期存款与活期存款间的比率 t。由于定期存款的派生能力低于活期存款，各国中央银行都针对商业银行存款的不同种类规定不同的法定准备金率，通常定期存款的法定准备金率要比活期存款的法定准备金率低。这样即便在法定准备金率不变的情况下，定期存款与活期存款间的比率改变也会引起实际的平均法定存款准备金率改变，最终影响货币乘数的大小。一般来说，在其他因素不变的情况下，定期存款对活期存款比率上升，货币乘数就会变大；反之，货币乘数会变小。设定期存款总额为 T，活期存款总额为 D，则定期存款与活期存款间的比率为：

$$t = \frac{T}{D}$$

总之，货币乘数的大小主要由法定存款准备金率、超额准备金率、付现率及定期存款与活期存款间的比率等因素决定。

3. 货币乘数的推导

不同层次的货币对应不同的货币乘数，其中 M_1 是流通中的货币量，是最重要的货币层次。我们在这里考察 M_1 的货币乘数决定问题，也就是要知道 M_1 和基础货币 H 之间的关系。M_1 是流通中的现金与活期存款之和，所以有：

$M_1 = C + D$

基础货币 B 是流通中的现金和存款准备金之和，设准备金总额为 A，则有：

$H = C + A$

由于 $e = \dfrac{E}{D}$、$c = \dfrac{C}{D}$、$t = \dfrac{T}{D}$，从而 $E = De$，$C = Dc$，$T = Dt$。法定活期存款准备金为 Dr_d，法定定期存款准备金为 $Tr_t = Dr_t t$，超额存款准备金为 $E = De$。准备金总额为法定准备金与超额存款准备金的总和，即 $A = Dr_d + Dr_t t + De$。所以，基础货币为：

$H=C+A=Dc+Dr_d+Dr_t t+De=D（r_d+r_t t+c+e）$

即有 $D=\dfrac{1}{r_d+r_t t+c+e}H$，进一步得到下式：

$M_1=C+D=Dc+D=D（1+c）=\dfrac{（1+c）}{r_d+r_t t+c+e}H$

因此，我们得到了 M_1 和基础货币 H 之间的关系：

$M_1=\dfrac{（1+c）}{r_d+r_t t+c+e}H$

设 M_1 的货币乘数为 m_1，则：

$m_1=\dfrac{1+c}{r_d+r_t t+c+e}$

对于其他层次的货币乘数，也可以用类似的方法进行推导。

二、货币供给理论

（一）货币供给理论的发展

货币供给理论的产生离不开信用创造学说的产生和发展，该学说的先驱者是 18 世纪的约翰·劳，主要代表人物是 19 世纪末的麦克鲁德和 20 世纪初的熊彼特和哈恩等人。

可以说信用创造学说是货币供给理论的基础。关于银行信用的基本职能，有信用媒介学说和信用创造学说这两种对立的学说。传统的信用媒介学说认为，银行在接受存款的基础上发放贷款，银行的功能只是为信用的提供作媒介。而信用创造学说则认为是银行可以通过创造货币提供信用，这一命题是信用货币供给理论的基石；派生存款理论和货币乘数理论都是以信用创造学说为理论基础的。

货币供给理论在 20 世纪 60 年代成为货币学的一个热点，在这一时期有了长足的发展。弗里德曼（Milton Friedman）、施瓦茨（Anna Jacobson Schwartz）、卡甘（Philip Cagan）、乔顿（Jerry L. Jordan）、梅兹（Allan H. Meltzer）、泰根（Ronald Teigen）和史密斯（Warren L. Smith）等人对货币供给理论作出了重要的贡献，他们对货币供给的各种社会经济因素进行了具体分析，提出了各自的货币供给模型。虽然他们的模型相互不同，但有一点是相同的，即货币供给量是由基础货币和货币乘数共同作用而成的：

$M=m\cdot B$

式中，M 为货币供给量；m 为货币乘数；B 为基础货币。这就是货币供给理论的一般模型，全部的货币供给理论研究都是从这个模型开始的。

（二）弗里德曼—施瓦茨模型

弗里德曼—施瓦茨模型在当代货币供给理论中占有重要地位，值得我们关注。该模型所设定的前提是，货币当局决定基础货币数量，商业银行从中吸收存款准备金和超额准备金，非银行部门从基础货币中吸收通货以满足其货币需求。由于货币当局所提供的基础货币数量有限，商业银行和非银行部门都只能在竞争的情况下获得基础货币。从这个前提出发，货币供给的决定过程是，货币当局变动基础货币供给—商业银行的实际超额准备金变动—商业银行所愿意保有的超额准备金与其实际出现的超额准备金发生差异—商业银行改变投资和放款额—商业银行改变存款货币的供应量。

弗里德曼和施瓦茨将货币划分为两种类型：通货和存款。设 C 和 D 分别表示通货和存款，M 表示货币存量，H 和 R 分别表示基础货币和存款准备金，则有：

H＝C＋R 和 M＝C＋D

因而得到：

$$\frac{M}{H}=\frac{C+D}{C+R}=\frac{1+\frac{D}{C}}{1+\frac{R}{C}}=\frac{\frac{D}{R}(1+\frac{D}{C})}{\frac{D}{R}+\frac{D}{C}}$$

或：

$$M=H\frac{\frac{D}{R}(1+\frac{D}{C})}{\frac{D}{R}+\frac{D}{C}}$$

由于货币存量是基础货币与货币乘数的乘积，即 M＝mH，因此就可以得到货币乘数为：

$$m=\frac{\frac{D}{R}(1+\frac{D}{C})}{\frac{D}{R}+\frac{D}{C}}$$

从该等式出发，弗里德曼和施瓦茨认为，决定货币供给量的三个因素是基础货币 H、存款—准备金比率 $\frac{D}{R}$ 和存款—通货比率 $\frac{D}{C}$，其中，存款—准备金比率和存款—通货比率是货币乘数的决定因素。如果存款—准备金比率 $\frac{D}{R}$ 和存款—通货比率 $\frac{D}{C}$ 为常数或变动较为稳定，则货币供给量的变动将完全取决于基础货币；如果基础货币完全处在货币当局的控制之下，那么货币当局就可以控制货币供给量的变动，货币供给量就成为货币当局决定的外生变量。

（三）货币供给的外生性与内生性

货币供给有外生性与内生性的不同理论，弗里德曼—施瓦茨模型是外生性货币供给理论的代表，在模型中排除了其他金融资产和非银行金融机构对货币供应量决定的影响，认为商业银行有能力供给多少存款，非银行部门就愿意接受多少存款。基础货币是由中央银行在商业银行和非银行部门以外独立决定的，不受模型中其他变量的影响，从而是一个单纯由中央银行控制的外生变量，中央银行可以通过发行货币、规定存款—储备比率等手段来控制货币供给量。该理论在政策取向上，主张单一的货币数量控制，只要确定了经济发展所需的合理货币需求量，再由中央银行供给适量的货币，就可以实现货币的供求均衡。

在 20 世纪 60 年代前，西方的货币理论大都将货币供给看做单纯由中央银行控制的外生变量。60 年代以后，随着对货币供给的研究日益深入，人们发现这种货币供给的外生性理论有很大的局限性，按这种理论进行的货币政策操作是失败的，因此一些经济学家对其进行了修正，形成了货币供给的内生性理论。货币供给的内生性理论认为中央银行不能完全直接控制货币供给量，货币供给的变动是由经济体系中各经济主体的行为共同决定的，其中，非银行金融机构对货币供给量也有着重要的影响，中央银行对货币供给的控制只能是相对的。

货币供给的内生性理论十分重视利率及货币需求对货币供给的影响。货币同其他金融资产一样，其供给和需求不仅取决于这种资产本身的价格和收益，且决定于其他所有资产的价格和收益。如果各经济主体根据收入、利率、风险等选择资产结构，结果使货币需求增加，则利率会提高，银行会用压缩超额准备、提高定期存款减少活期存款等手段解决准备金问题，以更多的货币供给来满足这一需求；若货币需求缩减，银行就无法强迫公众接受货币供给，多余的货币供给会被公众以还债等方式退回来。因此，货币供给与其他金融资产的供给一样，决定于商品生产和商品流通过程本身，货币供给受到货币需求的制约，因而是内生变量。

货币供给的内生性理论还强调非银行金融机构对货币供给的影响。在现代竞争性的金融世界里，随着金融体系的日益发达及其内部竞争的加剧，各种非银行金融机构蓬勃兴起。这种货币金融新的发展趋势使得各种银行金融机构与非银行金融机构在资产运用与负债经营上相互交叉，彼此融合，从而冲淡了货币与其他金融资产的传统区别，以及商业银行与其他金融机构的传统区别。因此，随着公众可选择的资产持有形式的日益多样化及其相互替代性的增强，一方面，商业银行的存款和资产规模要受存款的资产偏好和银行的贷款、投资机会的影响；另一方面，其他非银行金融机构的存款创造能力也会随其贷款融资活动的增加而提高。这样，就货币创造能力而言，它们只有程度上的差异，而无本质上的区别。而公众资产偏好导致的资产结构又是实际经济活动经常调整变动的结果，这就使货币供给的变动往往是内生的。

货币供给的外生性理论和内生性理论之间虽然有很大不同，但是都有其合理的地方。货币供给首先具有外生性，因为基础货币是可以直接由中央银行控制的，而基础货币是货币供给的源头。中央银行能够按照自身意图运用政策工具对社会的货币存量进行扩张和收缩，货币供给量的大小在很大程度上为政策所左右。但是，货币供给也具有内生性，并不是纯粹的外生变量，在现代的金融世界里，决定货币供给量的因素不仅包括货币当局的政策，还受到商业银行、社会公众的偏好和资产选择等多种经济因素的影响。所以，货币供给同时具有外生性和内生性这两种属性。

一、重要概念

货币需求　名义货币需求　实际货币需求　流动性偏好理论　流动性陷阱　货币供给　基础货币　货币乘数　货币乘数模型　货币层次划分

二、复习思考题

1. 为什么说货币需求是经济主体意愿和实力的统一？

2. 简述费雪方程式与剑桥方程式的区别。

3. 简述凯恩斯货币需求理论和弗里德曼货币需求理论的区别。

4. 什么是货币需求量？为什么要测算货币需求量？

5. 试联系实际，运用基本公式法和微分法测算我国某时段的货币需求量增长率。

6. 当前我国的货币供给政策应当把控制重点放在哪个层次？

7. 影响基础货币的因素有哪些？

8. 试分析影响货币供给量的各种因素。

9. 货币供给的形成机制是怎样的？

10. 联系我国实际，应当如何看待货币供给的外生性和内生性理论？

三、前沿思考题

当前影响中国货币市场均衡的主要原因是货币有效需求不足，我国要把发现和满足有效的货币需求作为货币政策的着力点，应采取哪些措施？

参考文献：

[1] 中国人民银行网：http：//www. pbc. gov. cn。

[2] 中国工商银行网：http：//www. icbc. com. cn。

[3] 中国银行网：http：//www. boc. cn。

[4] 花旗银行（香港）网：http：//citibank. com. hk。

[5] 美国联邦储备银行网：http：//www. federalreserve. gov。

第十一章　通货膨胀与通货紧缩

本章提要： 货币需求和货币供给研究的目的是要达到货币均衡，这也是一个国家制定和实施货币政策的目的。货币均衡是相对的，失衡是经常发生的。

本章主要讲述：

货币均衡与失衡的表现。

总需求、总供给与社会总供求平衡与失衡的概念。

通货膨胀的含义、类型、成因及其效应以及治理通货膨胀的对策。

通货紧缩的含义、成因及治理通货紧缩的对策。

第一节　货币均衡与失衡

一、货币均衡

货币均衡是指一定时期内社会的货币供给量与国民经济发展对货币的客观需要量基本相适应的一种状态。对该概念的理解需要把握以下几点：

（1）货币均衡是一种状态，是货币供给与货币需求的基本适应，而不是名义数量上的货币供给与需求的相等。因为不管货币的需求如何，社会公众所持有的货币数量既不可能超过社会的货币供给量，也不可能少于这个量。

实际生活中，货币供给量与货币需求量在数量上完全相等的情况是没有的，在它们之间有一个弹性区域，我们称为货币需求弹性，在这个区域内只要不发生通货膨胀，就是合适的。如果出现通货膨胀或生产萎缩下的平衡，这种平衡不是货币均衡的真实含义。只有当货币供给面对的实际需要量接近适度时，这时的货币供求才会表现出结构上的平衡，才会反映出商品供求平衡与国民经济的平衡，这种平衡才是货币均衡的真实含义。

（2）货币均衡是一种动态的平衡，是在经常性的货币失衡中需要借助调控机制才能恢复平衡的一个过程。因为生产规模、经济结构、流通中的商品、利率都可能脱离预期而在不断调整中。我们并不追求货币供求在某一个时点上的均衡，而是谋求不断纠正失衡的货币供求，确保长期内货币供求大体相适应，保持货币流通基本稳定。

（3）货币均衡的标志，货币均衡本身是社会总供给与总需求平衡的一种反映，而它既表现出货币供求又反映着商品供求平衡。

货币均衡体现在以下几个方面：商品市场物价稳定，价格水平在较长时期内没有发生剧烈波动；商品供求平衡，社会上既没有商品供给过多引起的积压，也没有商品供给不足引起的短缺；金融市场资金供求平衡，形成均衡利率，社会有限资源得到合理配置，货币购买力既非过多，也非不足。

二、货币失衡

（一）货币失衡的含义

货币失衡是同货币均衡相对应的概念，又称货币供求的非均衡，是指在货币流通过程中，货币供给偏离货币需求，从而使二者之间出现不相适应的货币流通状态。其基本存在条件可以表示为：在货币流通过程中，$Md \neq Ms$。货币失衡往往是经济不稳定的重要因素，尤其是在经济过热或过冷条件下，中央银行货币供给面临两种不同方向的货币信贷压力。通过价格运动判断，总供求失衡与货币失衡一般表现为显著的通货膨胀和陡然下跌的通货膨胀甚至出现通货紧缩。

货币失衡大致可以划分为三种类型：一是货币供给量小于货币需求量；二是货币供给量大于货币需求量；三是货币供求的结构性失衡，即货币供给与货币需求在总量上大体保持均衡状态，却由于货币的供给结构同与之相对应的货币需求结构不相适应，造成货币市场上货币短缺与局部货币供给过剩并存，商品市场上部分商品和生产要素供过于求，另一部分商品和生产要素则求过于供，它主要发生在发展中国家。另外，前两类货币失衡又可合称为总量性货币失衡。

（二）货币失衡的原因

以货币失衡三种类型的第一种类型为例：货币供给量小于货币需求量。其原因主要是生产规模扩大后货币供给没跟上；货币供给正常状态下，央行收紧银根；经济危机时，信用失常，货币需求急剧膨胀，而央行货币供给没有跟上。

货币供给小于货币需求的原因主要有政府财政赤字而向中央银行透支；经济发展中，银行信贷规模的不适当扩张；扩张性货币政策过度；经济落后、结构刚性的发展中国家，货币条件的相对恶化和国际收支失衡，在出口换汇无法满足时，由于汇市崩市、本币大幅贬值造成货币供给量急剧增长。

在了解了货币均衡与货币失衡的相关知识后，我们发现，如何衡量一国是否存在货币失衡仅仅通过表面的经济现象是很难确定的，或者说虽然衡量货币是多还是少会有不同的显示，但我们仍需综合考察。仅凭借单一的信号判断均衡是否存在，很容易导致片面性。

货币供给与货币需求在任何时候都是相互制约和相互影响的，一方的变动必然引起另一方发生相应变动。在货币供给大于货币需求时，经济系统内部将产生强烈的物价上涨压力。在开放市场条件下，物价上涨会刺激生产发展，产量增加，进而导致实际货币需求增加，直到越过一定界限，产量停止增长，物价加速增长，央行控制货币供给，又使实际货币供给减少，从而货币供求趋于均衡。当货币需求大于货币供给时，经济系统内部又会产生强烈的增加货币供给的压力。在货币供给暂时未得到增加的情况下，经济运行中的投资需求和消费需求会减少，由此减少国民收入总额，进而导致货币需求量降低，直到央行增加货币供给，使实际货币供给能够满足货币需求，从而货币供求趋于均衡。

可见，在一定条件下，货币供给与货币需求的变动都不是孤立的，货币供给的变动可以部分地创造货币需求，货币需求的变动可以部分地改变货币供给，联系二者的经济要素主要是物价水平、国民收入以及利率水平。

三、社会总供求平衡与失衡

社会总需求是指在一定时期内整个社会对商品和劳务的有效需求总量。它包含两层意思：第一，总需求是全社会购买者愿意购买并且有能力购买商品的需求总量；第二，总需求表现为一定价格水平上的购买总量。

社会总供给是指在一定时期内一国生产部门按每一可能价格提供到市场上的全部产品和劳务的价值总量。与总需求一样，总供给也包含两层意思：第一，它是生产者愿意出售并能够出售的商品总量；第二，它表现为每一可能价格水平上的商品出售总量。

社会总需求与社会总供给的平衡与失衡问题是在价格标准差异上产生的。根据国民经济核算原理，衡量国民经济活动总水平可以用生产法、支出法、收入法来计算，三种方法计算的结果是一致的，且这个结果分别体现了社会总需求与社会总供给。也就是说，按照同一价格标准计算的社会总需求与社会总供给始终是恒等的。

那么，社会总需求与社会总供给失衡又是指的什么呢？通常人们在判断社会总需求大于总供给时，是以商品供应短缺和物价上涨这两种基本表现为依据。所谓商品供应短缺，是指按既定价格进行流通的商品总量少于社会公众要求购买的总量而产生排队、凭证供应、有价无市的现象，这大多出现于计划经济体制中。所谓物价普遍上涨，是指社会公众持有愿意实现购买力总量超过社会按既定价格投入流通的商品总量而产生市场价格总水平上涨的现象，这大多出现于市场经济中。可见，不论是商品供应短缺还是物价上涨，都是由于商品市场购买力超过了按既定价格投入流通的商品量。这里社会总需求是按现值货币体现的市场购买力，它是名义社会总需求；而这里的社会总供给却是按"既定价格"计算的总供给，是实际社会总供给，它在物价上涨时，实际值并没有增加，而名义值却增加了。

因此，所谓社会总需求大于社会总供给，其真实含义是指名义社会总需求大于实际社会总供给；所谓社会总需求小于社会总供给，是指名义社会总需求小于实际社会总供给；所谓社会总供求平衡，是指名义社会总需求等于实际社会总供给，或者说，社会总需求或社会总供给的名义值与实际值保持一致。在社会总供求平衡的条件下，商品市场上物价稳定，商品供应充足，商品库存合理，宏观经济在总量上是平衡的。

社会总供求平衡是国民经济的终极平衡，它内含了商品、劳务总供求与货币总供求各自的平衡及其在总量上、结构上的综合平衡。其中，商品、劳务总供求平衡依赖于货币总供求平衡，货币总供求平衡又反映了商品总供求平衡。在社会总供求平衡中，货币失衡是关键。对此，需要理解货币供求与社会总供求的关系。

四、货币供求与社会总供求的关系

（一）货币供求与社会总需求的关系

总需求是一定时期内一国实际发生的有支付能力的需求总和，它可以概括为投资需求和消费需求。总需求本身是由企业、个人、政府的利益、动机与行为方式来决定的，而后者又会受到货币供求变动的影响。即当货币供给变动后，社会总需求会因货币需求结构的变化作出相应的变动。如果货币供应量增加后，人们增加持有的货币量中，用于消费和投资的量大于储蓄的量，则总需求增长比例较大；反之，人们增加持有的货币量中，用于储藏的量大于消费和投资的量，则总需求增长比例较小。另外，在弹性利率条件下，货币供求的变动可以使利率水平发生变化，影响到投资支出和消费支出，从而改变总需求。总之，货币供求的变化会导致总需求发生变化。

反过来看，社会总需求也会影响货币供求。我们知道，联系货币供求的主要经济要素是国民收入，同时，国民收入又是影响需求的主要变量。它既可以从总量上直接影响货币需求，也可以从分配结构上间接影响货币需求。而国民收入是由总供给与总需求在均衡水平下决定的，因此，当经济运作机制中已经形成扩张总需求的某种内部力量时，投资率的变动在一定条件下会引起货币供求同方向变动，并产生乘数作用。如果国民收入既定，过高的投资率则会改变货币供应量，由此扩大货币供求缺口，导致物资短缺和物价上涨。

（二）货币供求与社会总供给的关系

总供给是指一定时期内一国所实际提供的最终产品的总和。它可以概括为国民收入和存货增加之差。与总需求一样，总供给也是由经济运行机制内部因素决定的，但在货币经济环境中，货币供求变化同时伴随着总供给变化的各种可能。具体来说，当货币供给增加后，货币持有者对资产的偏好行为会促使社会总需求或多或少地增加。此时，如果增加的总需求与潜在生产要素相适应，则社会总供给增加，并表现出商品市场的均衡，物价稳定；反之，由货币供应量增加引起的总需求增加超过或少于潜在生产要素量，则会出现总供给增加下的物价上涨或总供给减少下的存货增加。若由货币供应量增加引起的总需求增加与潜在生产要素在结构上不相适应，这意味着部分潜在生产要素未得到充分利用，那么增加的总需求会促使现实的货币购买力去追逐紧缺的产品，从而商品市场与货币市场均将表现出失衡的态势。

综上所述，要保持社会总供给与总需求之间的平衡，一方面，要能有效地调控货币供应量以促使货币购买力与商品总供给相适应；另一方面，要能增加商品的有效供给以使货币总需求与货币总供给相适应。

第二节 通货膨胀

通货膨胀与通货紧缩是两种截然不同的经济现象，是威胁经济健康运行的"毒瘤"。世界各国，无论是发达国家、发展中国家或不发达国家，都遭遇了不同程度的通货膨胀和通货紧缩。因此，通货膨胀和通货紧缩的产生原因及其治理成为世界经济研究的重点课题，通货膨胀理论和通货紧缩理论也成为金融理论的重要组成部分。

一、通货膨胀的定义与度量

（一）通货膨胀的定义

通货膨胀（Inflation），这个在纸币流通条件下时常困扰人们的经济现象并没有一个完全统一、确切的定义。在我国一般表述为：通货膨胀是指在纸币流通的条件下，由于货币供应量过多，超过流通中对货币的客观需要量，导致货币贬值，从而引起物价水平普遍持续上涨的经济现象。西方经济学界在通货膨胀的定义方面大致有两种倾向：一种是用物价总水平的持续上升来定义通货膨胀。其代表人物美国经济学家保罗·萨缪尔森（P. A. Samulson）认为："通货膨胀的意思是物品和生产要素的价格的普遍上升的时期。"另一种观点认为只有由货币数量的过度增长引起的物价上涨才是真正的通货膨胀。如当代货币学派代表米尔顿·弗里德曼（M. Friedman）认为："通货膨胀是一种货币现象，起因于货币量的急剧增加超过生产的增长，如果货币数量增加的速度超过能够买到的商品和劳务增加的速度，就会发生通货膨胀。"新自由主义经济学派代表人物哈耶克（F. A. Hayek）指出："通货膨胀一词的原意是指货币数量的过度增长，这种增长会合乎规律地导致物价的上涨。"

但多数人认为通货膨胀是货币流通失常的表现，一般具有以下三个特征：

1. 货币发行过多，超过了商品流通对货币的客观需要

流通中货币量的任何增加，并非一定都是通货膨胀。例如，由于社会经济的发展，流通规模的扩大等，使货币需要量增加而引起的通货增加，就不会发生通货膨胀。不过，就一般情况而言，物价总水平的上涨，必然反映着货币流通量的增加，没有货币流通量的急剧增加，物价水平无论如何也不会普遍地、大幅度地上涨。

2. 货币贬值为根本标志

所谓货币贬值，是指由于货币发行数量过多，单位货币的购买力下降。通货膨胀的

最终结果就是货币贬值。这里应当注意两点：①货币贬值与币值下降是两个不同的概念。币值下降是指单位货币购买到商品使用价值减少，货币的价值量降低。币值下降既可能是因货币发行数量过多，也可能是因劳动生产率下降，单位商品价值量增加引起单位货币价值量下降。币值下降可能导致货币贬值，也可能不会导致货币贬值。②通货膨胀不等同于物价上涨。因为引起物价上涨的因素是多方面的，除货币供应过多外，生产成本的上升、商品供不应求、政策的调整等，都会引起物价上涨。通货膨胀只归因于货币供应过多导致的物价上涨。同时，物价上涨是通货膨胀的主要表现形式，但不是唯一的表现形式。通货膨胀还可以通过变相的物价上涨或货币流通速度减慢等方式表现出来。

3. 物价总水平普遍地、持续地上涨

物价总水平是指各类商品和劳务价格总在一起的平均数或称一般物价水平。如果物价总水平保持不变，则任何局部地区的物价上涨，个别商品或劳务的价格上涨，就仅仅是相对价格的变化，而不是通货膨胀。

（二）通货膨胀的度量

度量通货膨胀的程度，是分析通货膨胀的必要环节和治理通货膨胀的依据。

通货膨胀的严重程度是通过通货膨胀率这一指标来衡量的。目前，世界各国采用的价格指数主要有以下三种：

1. 消费价格指数

该指数是根据家庭消费有代表性的商品和劳务的价格变动状况而编制的，用公式来表示即为：

$$通货膨胀率＝\frac{报告期消费物价指数－基期消费物价指数}{基期消费物价指数}×100\%$$

消费物价指数主要反映了与人们生活直接相关的衣、食、住、行、医疗、教育等商品和劳务价格的变动。消费物价指数在反映通货膨胀对居民生活水平及消费结构的影响上具有其他指标难以比拟的优点，但是由于消费品只是社会最终产品的一部分，故使用消费物价指数又不足以全面反映一般物价水平的变动情况。

2. 批发物价指数

该指数是根据企业所购买的商品价格的变化状况编制的，反映包括原料、中间产品及最终产品在内的各种商品批发价格的变化。这一指标的优点是能反映企业生产经营成本的变化情况，所以为企业所关注，缺点是不能反映劳务费用变化的情况。由于企业生产企业经营成本的变化最终往往要在消费品的零售价格中反映出来，因此批发物价指数在一定程度上预示消费物价指数的变化。

3. 国民生产总值平减指数

该指标是按现行价格指标的国民生产总值与按不变价格计算的国民生产总值的比率，即：

$$国民生产总值平减指数＝\frac{报告期价格计算的国民生产总值}{基期价格指数计算的当期国民生产总值}×100\%$$

该指标的优点是其涵盖面广，包括消费品、资本品和劳务，能较全面反映一国物价总水平变动的趋势。但是编制国民生产总值平减指数所需的资料收集比较困难，并且该指标一般一年只统计一次，因此很难迅速地反映一国通货膨胀的程度和走向。

以上指标适宜度量由物价变动所反映的通货膨胀程度，而对隐蔽型的通货膨胀，需要借助以下一些指标来度量：实行价格补贴的商品数量和金额；凭证供应商品占全社会商品总额比例；商品管制价格与非管制价格的差异等。

在我国，度量以物价变动为标志的通货膨胀主要有五种指标：①工业总产值价格指数。②全社会零售物价总指数，其中按商品用途分有消费品价格指数和农业生产资料价格指数。③居民生活消费价格指数。④服务项目价格指数。⑤农副资料购进价格指数。

二、通货膨胀的类型

按照不同的标准，通货膨胀可以分为不同的类型。

（一）按照物价上涨幅度的大小来划分，通货膨胀可分为以下四种类型

（1）爬行式通货膨胀。这种通货膨胀程度最轻，一般认为它不会对社会经济生活产生较大的不利影响，人们对未来货币购买力还有足够的信心。

（2）步行式通货膨胀。它是指一般物价水平明显持续上升，其上升幅度介于 $4\%\sim9\%$。该通货膨胀是人能感觉到，并产生通货膨胀还将持续的心理预期。

（3）奔腾式通货膨胀。它是指一般物价水平急速上涨，其上升幅度在 10% 以上即达到两位数，且短期内物价上涨速度有可能加快，甚至出现三位数的情况。该种通货膨胀属于严重或比较严重的通货膨胀，会给整个社会经济生活带来不良后果。如巴西和阿根廷在 20 世纪七八十年代就曾经出现了高达 $50\%\sim70\%$ 的严重通货膨胀。

（4）恶性通货膨胀，又称极度通货膨胀。它是指一般物价水平失去控制加速直线上升，其上涨幅度超过三位数。该种通货膨胀对整个社会经济所产生的影响是灾难性的，它会导致货币制度瓦解，资源配置恶化，整个国民经济趋于崩溃。20 世纪 20 年代初的德国和 40 年代末的中国都曾出现过物价上涨率数以百计的恶性通货膨胀。

（二）按照物价表现形式的不同来划分，通货膨胀可分为以下两种类型

（1）公开型通货膨胀，也称开放型通货膨胀。它是指在市场经济和自由价格制度下一般物价水平公开上升，持续上涨。物价水平的上升幅度可以较准确地反映通货膨胀程度，通货膨胀率就是物价上涨率。

（2）隐蔽型通货膨胀，也称抑制型通货膨胀。它是指在计划经济和价格管理下，通货膨胀不表现在价格总水平的上涨上。从表面看，物价稳定，货币也稳定，但实际上商品短缺，强制储蓄，货币流通速度减慢。

（三）按通货膨胀是否被预期来划分，通货膨胀可分为以下两种类型

（1）预期型通货膨胀。它是指货币当局有意识地公开宣示货币的增长率，使各经济主体据此预测未来通货膨胀趋势或各经济主体自行推测未来通货膨胀趋势，从而相机抉择，保护自身利益免遭通货膨胀的影响。

（2）非预期型通货膨胀。它是指货币当局采取隐蔽方式增加货币供应，使经济主体难以估计当前通货膨胀态势，预期未来通货膨胀，不产生"货币幻觉"。一般认为，如果发生非预期型通货膨胀，经济主体由于在货币需求上不具有"货币幻觉"，就会提高名义现金持有量，保持现金持有量不变，结果会有效遏止物价上涨。

三、通货膨胀的成因

通货膨胀是经济运行中一种可能存在的状态。通货膨胀的实际发生依赖于一定的社会经济条件。不同的国家发生的通货膨胀的原因会有所不同。西方经济学家关于通货膨胀的成因理论有多种，其中较流行的有三种：需求拉上说、成本推动说、结构失调说。

（一）需求拉上型通货膨胀论

这是从社会总需求的角度来分析通货膨胀的成因，认为通货膨胀是由于社会再生产过程中社会总需求过度增长，超过了既定价格水平下商品的劳务的供给，从而引起货币贬值，物价总水平上涨。

至于总需求为什么过大，主要有两种解释：

1. 货币数量理论的解释

货币数量论是关于货币数量的变化决定价格水平变化理论。该学说经历了三个发展阶段：17~18 世纪的货币数量说及李嘉图、穆勒的货币数量说；费雪的现金交易数量说和剑桥学派的现金余额数量说；弗里德曼的新货币数量说。其中费雪的现金交易数量说和弗里德曼的新货币数量说占有比较重要的地位。费雪在《货币的购买力》一书中提出了著名的"交易方程式"。费雪认为货币数量的多少决定着物价水平的高低，在货币流通速度和商品与劳务的总量不变的情况下，货币数量的变动会使物价同比例变动。弗里德曼基本肯定了这一结论。他把通货膨胀定义为：名义社会总需求的增长超过社会总供给的增长而引起物价水平的上涨。同时指出，名义社会总需求的增长有两种可能：一是货币数量的增加；二是货币流通速度的加快。而经常性的通货膨胀不可能纯粹由货币流通速度的加快引起，即使发生恶性通货膨胀的时期，货币流通速度会加快，通货膨胀过程的起点仍然是货币数量的扩张。实证研究结果表明，从长远看，国民收入流通速度的下降不可能抵消货币数量增加对名义社会总需求及物价水平的影响。所以通货膨胀是单位产品货币流通量增长的表现和必然结果。

2. 凯恩斯主义的解释

如果说货币数量说是强调货币因素对总需求的影响的话，那么凯恩斯主义则是强调实际因素对总需求的影响。凯恩斯认为，通货膨胀是在充分就业实现后产生。当经济中实现了充分就业时，表明资源已经得到充分利用，这时如果总需求继续增加，而国民收入已经无法增加，就会导致价格总水平的上升，引起通货膨胀。与货币数量说不同，凯恩斯认为，货币量的变动对物价水平的影响并不是直接的。他认为，货币量的变动首先是通过灵活偏好规律（在货币供给一定时，利息由货币需求状况决定）影响利率，进而影响投资需求和消费需求，最后间接地影响物价水平的变动。他指出，当货币供应量增加后，利率就会降低，消费、投资、政府开支就会受到刺激，从而有效需求就会增加。有效需求增加，一方面会促使产量与就业增加；另一方面则会促使物价上涨。一旦有效需求的增加使产量达到充分就业水平，之后过度的需求就会带来通货膨胀（见图 11－1）。凯恩斯的通货膨胀论强调了通货膨胀与失业不会并存。但事实上，通货膨胀是在实现充分就业后，由总需求绝对增长引起。所以，后来的凯恩斯主义者修正指出，在实现充分就业之前，只要总需求的增长大于总供给的增长，从而物价的上升幅度不能为增加的总供给所吸收，便会出现物价水平的绝对上升，产生通货膨胀（见图 11－1）。

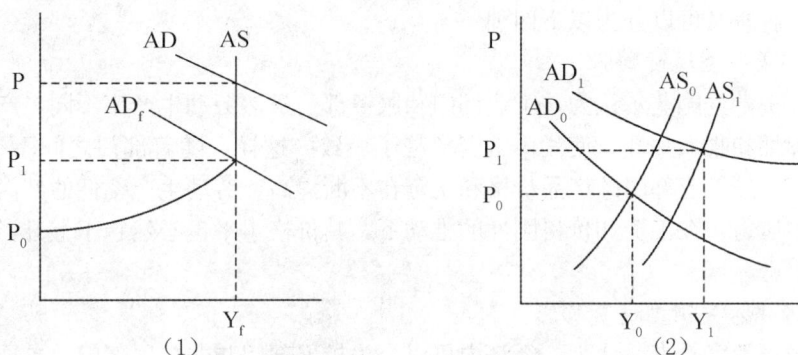

图 11－1　凯恩斯主义对通货膨胀的解释

在图 11－1（1）中，横轴代表总产出或国民收入（Y），纵轴代表物价水平（P），AS 代表总供给，AD_f 代表总需求，充分就业时的生产总量是 Y_f，物价水平是 P_1，P_0 表示未达到就业时的物价。由于社会总需求的增加，总需求曲线从 AD_f 移到 AD 的位置，这时的生产量仍然是 Y_f，但是物价水平却从 P_1 上升到 P。

在图 11－1（2）中，横轴代表总产出或国民收入（Y），纵轴代表物价水平（P），AS_0 代表总供给，AD_0 代表总需求，Y_0 代表生产量，P_0 代表物价水平。当社会总需求增加，总需求曲线从 AD_0 移到 AD_1 的位置，生产总量由 Y_0 增加到 Y_1，供给曲线则由 AS_0 移到 AS_1，物价水平由 P_0 上升至 P_1。

导致通货膨胀的总需求膨胀可以来自以下三个方面：一是自发性需求膨胀，即总支出自动增长带来的需求膨胀；二是诱发性需求膨胀，即由于成本增加等因素诱发需求膨胀；三是补偿性需求膨胀，即政府为阻止失业扩大与弥补财政赤字而采用扩张的货币政策而导致需求膨胀。

（二）成本推进型通货膨胀论

成本推进型通货膨胀论是在 20 世纪 50 年代后期流行起来的一种成因论。由于当时西方的紧缩性财政，货币政策经常达不到预期目的，紧缩需求的结果限制了供给能力，从而加重了通货膨胀的压力，使得一部分经济学家怀疑优化配置绝不单纯是需求拉上，因此，成本推动型通货膨胀作为一种新的通货膨胀理论产生。该理论认为，在社会商品和劳务需求不变的情况下，产品成本提高也要引起物价总水平的上涨。成本推进表现在两个方面：其一是工资推进，工会组织为了保证工人实际收入的增长或不降低，要求增加工资，如果工资的增长快于劳动生产率的增长，加重企业的工资成本负担，会引起物价上涨，也包括由于税收提高后使生产成本上升，导致物价水平上涨。其二是利润推进，一些垄断企业为了获得垄断利润，经常大幅度提高商品价格，这既引起以此为原料的企业的产品成本上升，也推动物价总水平上涨。

（三）结构失调型通货膨胀论

这是从经济结构变动上去寻找通货膨胀的根源。该理论认为，由于经济结构因素的变动，也会直接导致一般物价水平的上升或通过推动成本上升间接导致通货膨胀。结构失调型通货膨胀又可以分为以下四种：

1. 部门差异型通货膨胀

美国经济学家鲍莫尔认为，工业部门和服务部门虽然劳动生产率不同，产量具有不同的价格弹性和收入弹性，使货币工资率趋于一致。这样，随着部门之间不平衡发展，劳动生产率高的工业部门的产品价格和工资在不断提高，劳动生产率低的部门却会产生持久的成本压力，在工资和价格刚性的推动下，其价格水平也必然趋于上升，从而导致物价全面上涨。

2. 资源供求失衡型通货膨胀

英国经济学家希克斯认为，经济中可以分为扩展部门与非扩展部门。扩展部门生产资料和劳动力供不应求，而非扩展部门生产资料和劳动力却供过于求。但由于种种限制，非扩展部门的生产资料和劳动力不能迅速转移到扩展部门。这样，扩展部门由于资源短缺，工资上升，产品价格上涨，而非扩展部门尽管资源过剩，但是由于工资刚性和价格刚性，其工资和产品价格未必会相应下降。由此引起物价总水平的上升。

3. 传递型通货膨胀

挪威经济学家奥克斯特、瑞典经济学家爱德格兰等人认为，处于开放经济中"小型国家"（指这些国家是世界市场上价格的接受者而不是决定者），世界性的通货膨胀会通过国际贸易、国际资本流动等渠道传递到"小型国家"的开放经济部门，使其工资和价格上涨，从而在价格和工资刚性的助导下又带动非开放经济部门的工资和价格的上涨，引起物价全面上涨。其中，开放部门与非开放部门在经济中所占的比重以及两部门间劳动生产率的差异是决定该小型国家通货膨胀率高低的因素。

4. 经济转轨型通货膨胀

经济转轨型通货膨胀是指一些国家由于经济体制从计划经济转向市场经济，经济主体多元化，利益要求的增长快于实际生产的发展，而资金供求矛盾非常尖锐，国家被迫增加货币发行来满足资金需求，从而造成通货膨胀。

四、通货膨胀的效应

通货膨胀通过作用于社会再生产过程广泛地影响着社会经济生活。总的来说，它对社会经济的危害远远大于其短暂发挥的刺激作用。

（一）通货膨胀对产出的效应

通货膨胀在程度较轻的阶段即爬行式通货膨胀阶段，对经济增长具有一定的刺激作用。这是因为：①在工资增长滞后于物价上涨的条件下，利润上升使投资环境得到改善，并且由于企业主收入相对于工人工资的比例提高，社会总储蓄率上升，从而促进投资增长。②在（名义）利率上升滞后于物价上涨的条件下，实际利率下降促进投资增长，刺激生产扩张和经济增长。③通货膨胀可以造成有支付能力的有效需求增加，刺激企业充分利用生产能力和不断进行新的投资。

第二次世界大战后，在一些西方国家的经济发展过程中，通货膨胀政策曾经起过一定的作用。但自20世纪80年代以来，西方国家普遍放弃了以通货膨胀刺激增长的政策。因为通货膨胀对经济增长的刺激作用是暂时的、有限的，而且随着通货膨胀的发展，其负效应日益显露出来并远远大于正效应。因为工资、利率等经济参数会凭经验加快与物价的适应速度，这使得经济进一步增长必须在原有的通货膨胀率基础上增加额外的通货膨胀推力，结果很快使通货膨胀加速，从而对经济产生促退作用。实证研究表明，非爬行的通货膨胀不会有利于经济增长。这是因为：①通货膨胀过程势必扭曲国民经济的价格机制。相对价格越不能正确反映生产要素和产品的稀缺关系，资源配置便越不合理，这将导致总的生产率下降。在这种情况下即使增加投资，实际经济增长率也会停滞甚至下降。②通货膨胀会打乱产业结构合理分布秩序。例如，人们担心进一步通货膨胀会带来损失，将一部分储蓄购买房屋，便产生住房建筑业等个别部门"受惠于"通货膨胀的现象。在生产失衡发展的情况下，"货币幻觉"产生的盲目投资会随着通货膨胀的减缓造成资源的畸形分配及资源的浪费。③通货膨胀的持续发展势必会使社会实际投资减少。经济主体在预测物价持续上涨时会促使社会消费超前，从而导致实际储蓄减少，实际利率上升，经济增长受到"瓶颈"制约。

（二）通货膨胀的分配效应

通货膨胀的社会后果主要表现为国民收入与社会财富盲目的不公平分配和再分配，从而引起社会各阶层之间经济利益关系的调整。

1. 通货膨胀与收入分配

在通货膨胀期间，人们的名义货币收入与实际货币收入之间往往会产生较大的差距，只有剔除物价上涨的因素，才能看出人们实际收入的变化。由于社会各阶层收入来源不同，名义货币收入增长的幅度也不一样，因此，在物价总水平上涨的条件下，有的人实际收入水平会下降，有的人实际收入水平则会提高，收入分配的比例在通货膨胀下发生了变化。①对于领取工资的固定收入者来说，在通货膨胀未被预期的情况下，通货膨胀的到来意味着他们的实际工资降低，实际购买力下降。即使通货膨胀被预期而增加了工资，但工资的增长也会滞后于物价的上涨速度，从而他们的生活质量也会受到严重影响。②对于领取养老金、利息、租金等固定收入者来说，他们很难从预期到的通货膨胀中得到补偿。养老金领取者取得的非市场收入对通货膨胀过程的适应程度是由政治决策及其法律规定决定的，这种适应始终存在时滞现象，使养老金收入者常常因通货膨胀而蒙受明显的损失。利息收入者和租金收入者之所以因通货膨胀而处境恶化，也是因为利息、租金是在一定时期内由当事人协调固定的，这妨碍了名义利率、名义租金对通货膨胀的适应性，从而产生了分配的副作用。③对利润收入者来说，通货膨胀引起的工资收入者和利息收入者的损失将有利于他们因生产成本上涨的时滞而取得额外的利益。当然这只适用于生产成本上涨滞后于物价上涨的前提条件。面对成本型通货膨胀，利润收入者能够在多大程度上避免利润下降，取决于价格对成本所作反应的规模和速度。④对政府来说，通货膨胀对其财政收入的影响是双重的。物价上涨虽然带来了纳税人所得的增加，但纳税人的纳税金额也会随之上升。在税收指数化制度下，纳税人的名义收入增加，实际购买力下降，而政府却从纳税人那里获得名义和实际税收的增加。另外，通货膨胀所造成的收入与财富不公平分配以及资源的低效率使用使政府的支出相应增加。财政收入是否恶化取决于增加的收入是否抵消增加的支出。

2. 通货膨胀与财产分配

在经济生活中，财产可分为真实资产（如房屋、土地、黄金等）与金融资产（如现金、存款、债券、股票等）。由于两种类型财产对货币贬值适应性的差别，通货膨胀也会产生财产分配效应，具体表现在：①对真实资产的持有者来说，由于真实资产的名义价值和实际价值都会随物价上涨而提高，因此他们一般不会因通货膨胀而受损失。如果真实资产是贷款购买的，那么持有者会因真实资产增值和用贬值货币偿还名义价值的固定债务而双重获利。②对金融资产的持有者来说，由于金融资产的名义价值大多较为固定，因此其实际价值会随着物价上涨而下降。即使是股票，在物价上涨时，普通股的实际价值一般也只有部分保值，而优先股的实际价值则根本没有保障。因此，通货膨胀所表现的货币贬值使债权人得到的实际债权额减少，使投资者得到的实际所得减少，同时又使债务人实际偿还的债务额减少，使筹资者实际回报的利润减少，并且融资时间越长，债权人、投资人损失的所得就越多，而债务人、筹集者获益越多。

五、失业与通货膨胀的关系

失业与通货膨胀是经济中的两个主要问题，那么，这两者之间有什么关系呢？这是许多经济学家所关心的问题。

（一）凯恩斯的观点：失业与通货膨胀不会并存

凯恩斯认为，在未实现充分就业，即资源闲置的情况下，总需求的增加只会使国民收入增加，而不会引起价格水平上升。也就是说，在未实现充分就业的情况下，不会发生通货膨胀。在充分就业实现，即资源得到充分利用之后，总需求的增加无法使国民收入增加，而只会引起价格上升。也就是说，在发生了通货膨胀时，一定已经实现了充分就业。这种通货膨胀是由于总需求过度而引起的，即需求拉动的通货膨胀。

（二）菲利浦斯曲线：失业与通货膨胀之间的交替关系

菲利浦斯曲线是用来表示失业与通货膨胀之间交替关系的曲线，由新西兰经济学家菲利浦斯提出。

1958 年，菲利浦斯根据英国 1861～1957 年失业率和货币工资变动率的经验统计资料，提出了一条用以表示失业率和货币工资变动率之间交替关系的曲线。这条曲线表明：当失业率较低时，货币工资增长率较高；反之，当失业率较高时，货币工资增长率较低，甚至是负数。根据成本推动的通货膨胀理论，货币工资增长率可以表示通货膨胀率。因此，这条曲线就可以表示失业率与通货膨胀率之间的交替关系，即失业率高，则通货膨胀率低；失业率低，则通货膨胀率高。这就是说，失业率高表明经济处于萧条阶段，这时工资与物价水平都较低，从而通货膨胀率也就低；反之，失业率低表明经济处于繁荣阶段，这时工资与物价水平都较高，从而通货膨胀率也就高。失业率与通货膨胀率之间存在反方向变动关系，是因为通货膨胀使实际工资下降，从而能刺激生产，增加劳动的需求，减少失业。

可以用图 11－2 来说明菲利浦斯曲线。

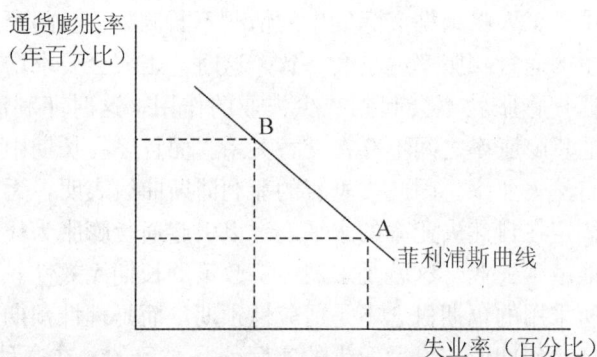

图 11－2　菲利浦斯曲线

菲利浦斯曲线提出了以下四个重要的观点：

（1）通货膨胀是由于工资成本推动所引起的，这就是成本推动通货膨胀理论。正是根据这一理论把货币工资增长率与通货膨胀率联系了起来。

（2）承认了通货膨胀与失业存在交替的关系。这就否定了凯恩斯关于失业与通货膨胀不会并存的观点。

（3）当失业率为自然失业率时，通货膨胀率为零。因此，也可以把自然失业率定义为通货膨胀率为零时的失业率。

（4）为政策选择提供了理论依据。这就是可以运用扩张性宏观经济政策，以较高的通货膨胀率来换取较低的失业率；也可以运用紧缩性宏观经济政策，以较高的失业率来换取较低的通货膨胀率。这也是菲利浦斯曲线的政策含义。

菲利浦斯曲线所反映的失业与通货膨胀之间的交替关系基本符合 20 世纪 50～60 年代西方国家的实际情况。70 年代末期，由于滞胀的出现，失业与通货膨胀之间又不存在这种交替关系了。于是对失业与通货膨胀之间的关系又有了新的解释。

（三）短期菲利浦斯曲线与长期菲利浦斯曲线：货币主义与理性预期学派的观点

货币主义者在解释菲利浦斯曲线时引入了预期的因素。他们所用的预期概念是适应性预期，即人们根据过去的经验来形成并调整对未来的预期。他们根据适应性预期，把菲利浦斯曲线分为短期菲利浦斯曲线与长期菲利浦斯曲线。

在短期中，工人来不及调整通货膨胀预期，预期的通货膨胀率可能低于以后实际发生的通货膨胀率。这样，工人所得到的实际工资可能小于先前预期的实际工资，从而使实际利润增加，刺激了投资，就业增加，失业率下降。在此前提之下，通货膨胀率与失业率之间存在交替关系。短期菲利浦斯曲线正是表明在预期的通货膨胀率低于实际发生的通货膨胀率的短期中，失业率与通货膨胀率之间存在交替关系的曲线。所以，向右下方倾斜的菲利浦斯曲线在短期内是可以成立的。这也说明，在短期中引起通货膨胀率上升的扩张性财政与货币政策是可以起到减少失业的作用的。这就是宏观经济政策的短期有效性。

但是，在长期中，工人将根据实际发生的情况不断调整自己的预期。工人预期的通货膨胀率与实际发生的通货膨胀率迟早会一致。这时，工人会要求增加名义工资，使实际工资不变，从而通货膨胀就不会起到减少失业的作用。这时菲利浦斯曲线是一条垂线，表明失业率与通货膨胀率之间不存在交替关系。而且，在长期中，经济中能实现充分就业，失业率是自然失业率。因此，垂直的菲利浦斯曲线表明，无论通货膨胀率如何变动，失业率总是固定在自然失业率的水平上。以引起通货膨胀为代价的扩张性财政政策与货币政策并不能减少失业。这就是宏观经济政策的长期无效性。

理性预期学派所采用的预期概念不是适应性预期，而是理性预期。理性预期是合乎理性的预期，其特征是预期值与以后发生的实际值是一致的。在这种预期的假设之下，短期中也不可能有预期的通货膨胀率低于以后实际发生的通货膨胀率的情况，即无论在短期或长期中，预期的通货膨胀率与实际发生的通货膨胀率总是一致的，从而也就无法以通货膨胀为代价来降低失业率。所以，无论在短期或长期中，菲利浦斯曲线都是一条从自然失业率出发的垂线，即失业率与通货膨胀率之间不存在交替关系。由此得出的推论就是，无论在短期还是长期中，宏观经济政策都是无效的。

失业与通货膨胀关系理论的发展，是对西方国家经济现实的反映。凯恩斯的论述反映了20世纪30年代大萧条时的情况，菲利浦斯曲线反映了50～60年代的情况，而货币主义和理性预期学派的论述，反映了70年代以后的情况。凯恩斯主义、货币主义与理性预期学派，围绕菲利浦斯曲线争论，表明了他们对宏观经济政策的不同态度。凯恩斯主义者认为，无论在短期或长期中，失业率与通货膨胀率都存在交替关系，从而认为宏观经济政策在短期与长期中都是有用的。货币主义认为，短期中失业率与通货膨胀率存在交替关系，而长期中不存在这种关系，从而认为宏观经济政策只在短期中有用，而在长期中无用。理性预期学派认为，无论在短期或长期中，失业率与通货膨胀率都没有交替关系，因此，宏观经济政策就是无用的。

六、通货膨胀的治理

通货膨胀对一国社会经济的发展会带来明显的破坏性作用，因此，尽管各国遭遇的通货膨胀成因不同，各国对通货膨胀的判别标准不同以及承受能力不同，但都有抑制通货膨胀的要求，并且都从各国的实际情况出发，提出了各种治理通货膨胀的对策和措施。保持币值稳定及低通货膨胀率成为各国政府的宏观经济目标之一。

（一）治理通货膨胀的一般政策

1. 需求政策

由于通货膨胀的一个基本原因在于社会总需求超过了总供给，因此，当经济面临较大的通货膨胀压力时，政府往往采取紧缩性的货币政策和财政政策来抑制过旺的总需求。

（1）紧缩性的货币政策。运用紧缩性的货币政策治理通货膨胀，就是政府根据既定目标，通过中央银行对货币供给的管理和货币需求的调节使总需求恢复到与供给相适应的水平上。中央银行可运用的货币政策工具既有一般性货币政策工具，也有选择性货币政策工具，还有直接信用控制和间接信用控制等。具体来说，主要有：①提高法定存款准备率，以降低商业银行系统的存款准备金，压缩其存款货币的创造能力，从而达到紧缩贷款规模，减少投资，压缩货币供应量的目的。②提高再贴现率，一方面，影响商业银行的借款成本促使其提高贷款利率和贴现率，导致企业利息负担加重，利润减少，进而达到抑制企业贷款需求，减少投资的目的；另一方面，提高存款利率，鼓励居民增加储蓄，以缓解和释放通货膨胀的压力。③开展公开市场业务。中央银行通过公开市场业务向企业、居民出售手中持有的有价证券（主要是政府债券），以减少商业银行的存款准备金和企业、居民的手持现金或商业银行存款，从而达到减少市场货币供应量的目的。④提高消费者分期付款购买耐用消费品首期支付的最低限额，降低商业银行对不动产贷款的最高限额。提高证券保证金比率，以控制消费信用、不动产信用、证券市场信用的进一步扩张。⑤降低中央银行授信的最高额度，限制商业银行放款额度，提高商业银行最低流动比率，以直接限制商业银行信用创造业务。⑥开展道义劝导、窗口指导等活动，谋求商业银行及社会各界对信用扩张、控制的配合。

货币主义者米尔顿·弗里德曼所谓的"单一规则"也是抑制通货膨胀的货币政策。他认为完全可以排除利息率、信贷流量、自由准备金率等因素，而只把一定的货币存量作为唯一支配因素，只要货币供应量增长率同国民生产总值增长率相适应，通货膨胀就会被抑制。所以他提倡实行"有计划的不变的货币供应量增长"——每年货币供应量的固定比率等于实际国民收入增长率加上适度通货膨胀率。

（2）紧缩性的财政政策。运用财政政策治理通货膨胀就是政府根据既定目标，通过财政当局实施紧缩性财政政策措施影响国民收入水平，使过度的需求得到抑制。紧缩性财政政策意味着一方面要增加财政收入，另一方面要减少财政支出。具体来说，财政增收节支的手段主要有以下四种：①提高税率，调整税收结构。税收是政府收入的主要来源，其中所得税又是所占比重最大的税收。提高所得税的税率，采用累进所得税结构或比例所得税结构，可使经济主体可支配收入减少，从而其投资消费减少，政府赤字减少。另外，政府也可以开征特别消费税以及特种营业税来抑制过度的消费需求与某些特殊部门的过度投资需求，最终控制社会总需求的膨胀。②发行公债，弥补财政收支差额，紧缩银根，减轻市场压力。通货膨胀时期，政府向社会公众举债，既可以作为一种财政手段弥补当期财政赤字，也可以作为信用手段减少商业银行准备金，抑制其信用创造能力，还可以降低居民持有金融资产的流动性，减轻市场压力。③降低政府购买水平。要抑制通货膨胀，政府就要削减公用事业投资，以缩小对商品和劳务的需求，降低购买水平，减少财政赤字。④降低政府转移支付水平。在总支出过多，价格水平持续上升时，政府还应减少价格补贴和部分社会福利费用，以压缩开支，减少赤字。

这种抑制总需求的政策比较容易奏效，但它通常伴随着失业率的大幅度上升和产出的下降。在通货膨胀时期，紧缩的货币政策和财政政策并非都能使经济恢复到正常水平。为避免"矫枉过正"，在与通货膨胀并存的经济发展的不同状态、国际收支的不同状态下，货币政策和财政政策一般被要求"搭配"使用。只有在通货膨胀与经济高速增长并存或通货膨胀与总需求大于总供给引起的国际收支逆差并存时，国家才适宜采用"双紧"的财政政策与货币政策。

2. 收入政策

收入政策是指政府在通货膨胀时期用来限制货币收入水平和物价水平的经济政策，旨在制止工资和物价的轮番上涨，同时又克服通货膨胀在收入分配、财富分配、资源配置方面的不利影响。收入政策的理论基础是通货膨胀的成本推进论。各国采取的具体措施主要有：①冻结工资和物价。即由政府通过立法程序，强行把工资和物价冻结在一定水平上，在一定时间内不允许作任何变动。如1971年美国政府实行的"新经济政策"的措施之一就是冻结工资、房租、物价90天。②规定工资和物价增长率的标准。如规定工资增长率与劳动生产率保持一致，对于每个部门由于劳动生产增长率与全国平均劳动生产率的差距而引起的成本变动，允许其通过价格浮动来消除。③工资—价格指导线。即通过各种形式的劝导，使企业和工会自愿执行政府公布的"工资—价格指导线"，限制工资和物价的增长幅度。例如，20世纪60年代美国政府就实行过这种政策。但由于指导线政策原则上是自愿的，只能依靠说服，而不能以法律强制实施，所以效果不太明显。④通过制订反托拉斯法限制价格。如根据反托拉斯法，把某些较大的企业划分为较小的企业，以便增强竞争能力；通过各公用事业委员会，对垄断经营的公用事业部门的价格进行管理等。⑤运用税收手段，抑制工资和物价的超常增长。如对违背工资增长率指导线，过多增加工资的企业按工资超额比率课以特别税。

为了克服通货膨胀在分配方面的不利影响，有人提出了收入指数化的政策。所谓收入指数化，是指在通货膨胀时期，按变化的物价指数来对工资、利息、各种证券收益及其他收入进行相应幅度的调整，从而将工资、利息、各种证券收益及其他收入一律实行指数化。收入指数化政策的好处：一是可以缓解通货膨胀造成的收入分配不公；二是有利于通货膨胀的下降。反对的意见主要有两种：一种意见认为，全面实行收入指数化，在技术上存在许多不易解决的难题；另一种意见认为，收入指数化很可能造成工资和物价螺旋上升，进而会加剧通货膨胀。

3. 供给政策

不论什么原因引起的通货膨胀最终的结果都是物价上涨（抑制性通货膨胀直接表现为商品供给不足），而物价上涨在竞争的市场环境下总是表现为与货币购买力相对的商品供给不足。因此，从长期来看，发展生产，增加有效供给，是克服通货膨胀的根本性政策措施。实施供给政策，一方面，解决总需求与总供给的不平衡，以平抑物价；另一方面，刺激投资和产出，以降低失业率。供给政策的主要措施是减税，使企业和个人的净收入增加，以促进生产和投资，增加供给，这样既可缓解供给不足所造成的通货膨胀的压力，又可杜绝人们对政府的依赖心理，促使人们勤勉工作，从而减少失业。需要注意的是，不论是内涵型扩大再生产还是外延型扩大再生产，都需要增加投资，而投资具有增加供应的扩大需求的二重性。因此，在实施供给政策时，要解决如何使供给政策的供给效应大于需求效应的问题。

（二）中国反通货膨胀的长期政策

中国是一个发展中大国，改革开放以来，中国经济的高速增长基本是投资推动型的，而过度的投资需求造成的需求拉动将加速成本推动的物价上升过程。尽管改革开放以来政府对所发生的几次通货膨胀的治理都卓有成效，但效果却限于中短期。长期来看，治理通货膨胀需要从以下三个方面着手进行：

1. 严格执行适度从紧的财政政策和货币政策

适度从紧的财政政策是指增收节支，控制债务规模，减少财政赤字，实现财政收支基本平衡。增收主要是通过调整税率、开征新税、减少和取消不合理的税收减免等，尤其是中央政府财政收入占全部财政收入的比重。节支则主要是通过调整结构，严格财政纪律，加强支出效益管理等控制住财政支出的规模和速度，确保其与财政收入的基本平衡。国家债务规模要坚持统筹兼顾、量力而行的原则，加强债务的发行，流通管理和期限管理，严格把债务控制在财政可承受的范围内。适度从紧的货币政策是指在控制货币信用总量增长的同时，努力优化信贷结构，提高资金使用效益，加强金融监管，规避金融风险，保持币值稳定。为此，中国人民银行和商业银行要把握住货币投放和贷款发放两个"闸门"，严格现金管理及基础货币的管理，有效控制固定资产投资规模，保证国家重点建设项目和经济效益好的企业的资金需求，全面审查监管金融机构的市场准入、业务经营、资产负债比例、风险控制等。

2. 加快经济结构的调整

治理通货膨胀的核心问题在于经济结构的调整，它包括对投资结构、产业结构、企业结构、产品结构、地区结构的系列调整。在总量严格而适度的情况下，结构调整需要处理好以下四个方面的关系：一是投资与经济发展之间的相互促进与相互制约的关系；二是各产业之间、各行业之间的协调发展的关系；三是东、中、西部地区经济均衡发展的关系；四是企业结构与产品结构相互促进与相互制约的关系。要实现结构优化，增加有效供给，采取以下措施是必要的：①通过财政信贷集中更多的社会资金支持农业、基础产业、基础设施、支柱产业的建设和发展。②发挥财政信息、专项资金的导向作用。③鼓励企业低成本并购进资产重组，优化资本结构，促使存量资产向优势产业流动，同时建立科学、完善的企业法人治理结构，强化企业有效扩张与约束机制。④充分发挥各地区优势，协调区际经济结构，各地区经济发展优势互补，实现国民经济的均衡发展。

3. 深化改革，健全市场机制

通货膨胀是改革不可避免的"阵痛"，为了减少并早日结束这种"阵痛"，必须深化改革。具体来说，深化改革是所有制多元化、法制的健全、政府职能的转变、宏观间接调控机制的形成、社会保障体系的建立等。其基本走向是培育市场竞争机制，市场风险机制与市场制衡机制。为此，我们必须作出以下努力：①对国有企业实行规范的公司制改革，建立产权明晰、责权明确、政企分开、管理科学的现代企业制度，同时鼓励兼并，规范破产，形成优胜劣汰的竞争机制，强化企业预算约束，矫正企业不合理行为，以逐步消除企业方面诱发通货膨胀的体制因素。②加速国有商业银行企业化过程。引入竞争机制，加大对经营不善的银行的兼并与收购力度，促进银行良性经营。同时，严格新银行的市场准入，严格实施资本充足率要求和资产负债比例管理，加强同业自律和社会监督力量，有效防范金融风险。③建立健全社会保障制度，实施失业救济和再就业工程，推进住房商品化与医疗保险化进程，减轻政府财政补贴负担。④建立和完善市场体系，消除垄断行为。具体包括建立、健全劳动力市场，消除收入攀比，抑制工资成本推动型通货膨胀，同时，建立和完善生产要素市场，提高国家宏观调控的效力。⑤建立和完善宏观经济调控体系。要强化中央银行制定和执行货币政策的独立性，积极发展金融市场和金融体系，引入竞争机制，从根本上消除通货膨胀的实现条件。

第三节 通货紧缩

一、通货紧缩的定义及测度

（一）通货紧缩的定义

依据诺贝尔经济学奖得主保罗·萨缪尔森的表述，价格和成本正在普遍下降即通货紧缩。也有学者将通货紧缩细分为一般通货紧缩（deflation）与连续通货紧缩（disinflation）。前者的标志是 CPI 转为负数，亦即物价指数与前一年度相比下降；后者的标志是 CPI 连续下降，亦即物价指数月度环比连续下降。对于通货紧缩的含义，与对通货膨胀一样，在国内外还没有统一的认识，从争论的情况来看，大体可以归纳为以下三种：①通货紧缩是经济衰退的货币表现，因此必须具备三个基本特征：一是物价的普遍持续下降；二是货币供给量的连续下降；三是有效需求不足，经济全面衰退。这种观点被称为"三要素论"。②通货紧缩是一种货币现象，表现为价格的持续下跌和货币供给量的连续下降，即所谓的"双要素论"。③通货紧缩就是物价的全面持续下降，被称为"单要素论"。从上面的介绍可以看出，尽管对通货紧缩的定义仍有争论，但对于物价的全面持续下降这一点却是共同的。一般来说，单要素论的观点对于判断通货紧缩发生及其治理更为科学一些。这是因为，通货紧缩作为通货膨胀的反现象，理应反映物价的变动态势，价格的全面、持续下降，表明单位货币所反映的商品价值在增加，是货币供给量相对不足的结果，也就是说，货币供给不足可能只是通货紧缩的原因之一，因此，双要素论的货币供给下降的界定，将会缩小通货紧缩的范围；而三要素论中的经济衰退，一般是通货紧缩发展到一定程度的结果，因此，用经济衰退的出现来判断通货紧缩就太晚了。根据单要素论的观点，判断通货紧缩的标准只能是物价的全面持续下降，其他现象可以作为寻找成因、判断紧缩程度等的依据，但作为通货紧缩的构成要素是不妥的。

（二）通货紧缩的测度

既然通货紧缩是指物价水平的全面持续下降，那么，判断通货紧缩的程度就必须解决以下两个问题：一是用什么指标来测度物价水平的变化；二是连续下降多长时间才可看作持续下降。通货紧缩反映物价总水平变化的指标，最为常见的有以下三种：国民生产总值物价平减指数、生产者价格指数（批发物价指数）、消费者物价指数。在此要说明的是，依据不同的价格指数来进行判断，会得出不同的结论，因为不同的价格指数在抽样时覆盖的商品范围不同，不同产品的价格变动对货币变动的反应时滞也不同（一般批发价格的反应快于消费价格），而且不同价格指数的测算都会存在各自的误差。应该说，三种价格指数都可作为测度指标，但综合分析，为了进行国际比较和考虑对居民的影响程度，采用消费者价格指数可能更合适一些。而消费者价格指数又有两种：一种是同比价格指数；另一种是环比价格指数。这两种价格指数对于判断价格走势，有时是一致的，有时又会出现差异。对于一般的分析判断，可以用同比价格指数，但据此得出的结论，对于轻度的通货紧缩可能不太准确。对于专业分析，用环比价格指数来衡量和判断通货紧缩的出现、程度更为合理与准确，但限于统计资料的不足，用环比价格指数时要对统计数据进行专业调整。经济运行是一个动态的过程，难免会有偶然事件的发生。如果因为突发事件导致物价的下降，而据此界定通货紧缩无疑是荒谬的。那么需要多长时间才能确认发生了通货紧缩呢？这是一个需要繁杂论证和计算的课题，但有一个起码的标准是可以肯定的，那就是这个时间，至少应长到能够判定物价的下降并非偶然因素所致。而这又与我们对经济形势的认识紧密联系在一起，因此，它将是一个不断缩短的量值。从我国的情况来看，如果价格水平连续 2~3 个季度以上下降就应视作持续下降。

二、通货紧缩的类型

通货紧缩类型的划分，对于全面准确地把握通货紧缩的性质、机理，针对不同情况寻找不同的治理对策具有重要意义。按照不同的标准，通货紧缩可以划分为不同的类型，主要有：

（一）按照通货紧缩的发生程度不同分

可以分为相对通货紧缩和绝对通货紧缩。相对通货紧缩是指物价水平在零值以上，在适合一国经济发展和充分就业的物价水平区间以下，在这种状态下，物价水平虽然还是正增长，但已经低于该国正常经济发展和充分就业所需要的物价水平，通货处于相对不足的状态。这种情形已经开始损害经济的正常发展，虽然是轻微的，但如果不加重视，可能会由量变到质变，对经济发展的损害会加重。绝对通货紧缩是指物价水平在零值以下，即物价出现负增长，这种状态说明一国通货处于绝对不足状态。这种状态的出现，极易造成经济衰退和萧条。根据对经济的影响程度，又可以分为轻度通货紧缩、中度通货紧缩和严重通货紧缩。而这三者的划分标准主要是物价绝对下降的幅度和持续的时间长度。一般来说，物价出现负增长，但幅度不大（比如－5％），时间不超过两年的称为轻度通货紧缩。物价下降幅度较大（比如在－5％～10％），时间超过两年的称为中度通货紧缩。物价下降幅度超过两位数，持续时间超过两年甚至更长的情况称为严重通货紧缩，20世纪30年代世界性的经济大萧条所对应的通货紧缩，就属此类。

（二）按照通货紧缩产生的原因不同分

可以分为需求不足型通货紧缩和供给过剩型通货紧缩。所谓需求不足型通货紧缩，是指由于总需求不足，使得正常的供给显得相对过剩而出现的通货紧缩。由于引起总需求不足的原因可能是消费需求不足、投资需求不足，也可能是国外需求减少或者几种因素共同造成的不足，因此，依据造成需求不足的主要原因，可以把需求不足型通货紧缩细分为消费抑制型通货紧缩、投资抑制型通货紧缩和国外需求减少型通货紧缩。所谓供给过剩型通货紧缩，是指由于技术进步和生产效率的提高，在一定时期产品数量的绝对过剩而引起的通货紧缩。这种产品的绝对过剩只可能发生在经济发展的某一阶段，如一些传统的生产、生活用品（像钢铁、落后的家电等），在市场机制调节不太灵敏，产业结构调整严重滞后的情况下，可能会出现绝对的过剩。这种状态从某个角度来看，它并不是一个坏事，因为它说明人类的进步，是前进过程中的现象。但这种通货紧缩如果严重的话，则说明该国市场机制存在较大缺陷，同样会对经济的正常发展产生不利影响。

（三）按照通货紧缩的表现方式不同分

可以分为显性通货紧缩和隐性通货紧缩。界定通货紧缩，在一般情况下可以而且能够用物价水平的变动来衡量，因为通货紧缩与通货膨胀一样是一种货币现象。但是如果采取非市场的手段，硬性维持价格的稳定，就会出现实际产生了通货紧缩，但价格可能并没有降低的状况，而这种类型的通货紧缩就是隐性通货紧缩。隐性通货紧缩的存在为我们的判断带来了困难，但并不影响我们以物价水平的变化作为通货紧缩的标准，就像隐性通货膨胀的存在，不影响我们以物价水平作为通货膨胀是否发生的判断标准一样。

三、通货紧缩产生的机理

关于通货紧缩的起因、发展与加深，不同国家在不同时期是不同的，不同的经济学家也有不同的认识，由此形成了不同的通货紧缩理论。在此我们介绍几种影响较大的通货紧缩理论。

（一）马克思对通货紧缩问题的分析

在经济学研究中，较早提出通货紧缩问题的是马克思，他在《资本论》中，多次分析到流通中货币的膨胀和收缩问题。认为通货的膨胀和收缩可能由经济的产业周期引起，可能由流通中的商品数量、价格变动引起，可能由货币流通速度变化引起，还可能由技术因素引起。但他在研究这一问题时，其对象是以金币为主的货币流通，由于金属货币本身具有价值，其过多过少都不会引起币值的变化，只有在纸币流通的条件下，货币供给的过多或过少才会引起币值的变动。因此，马克思对通货膨胀和通货紧缩问题的研究，是建立在信用货币（纸币）流通规律的基础上的。实际上是在讨论金币流通与替代金币流通的价值符号的关系，并非在讨论货币供给的多少与物价涨落的关系。

（二）凯恩斯的通货紧缩理论

继马克思之后，联系货币政策来讨论通货紧缩问题的是凯恩斯。他于1923年在《币值变动的社会后果》一书中分析了1914～1923年英国物价水平的变动，指出："从1914年到1923年，所有国家都出现了通货膨胀现象，也就是说，相对于可购买的物品而言，支出货币的供给出现了极大的扩张。从1920年起，重新恢复对其金融局势控制的那些国家，并不满足于仅仅消灭通货膨胀，因而过分缩减了其货币供给，于是又尝到了通货紧缩的苦果。"他认为，通货紧缩将使社会生产活动陷于低落。他指出："无论是通货膨胀还是通货紧缩，都会造成巨大的损害……两者对财富的生产也同样会产生影响，前者具有过度刺激的作用，而后者具有阻碍作用，在这一点上，通货紧缩更具危害性。"而通货紧缩之所以会使社会生产活动陷于低落，是因为通货紧缩的再分配效应不利于生产者。由于生产者的生产资金大部分是借来的，在通货紧缩的情况下，生产者停止经营，减少借款，把自己的实物资产变为通货，比辛苦经营劳作更有益。凯恩斯在他的代表作《就业、利息和货币通论》中，对通货紧缩现象的分析，更多使用的是就业不足和有效需求不足这样的术语，通过对20世纪30年代大危机的精辟分析，提出"有效需求不足"的论断，认为有效需求不足是导致通货紧缩的根本原因。治理的对策自然就是扩张有效需求，而在扩大有效需求方面，财政政策比货币政策更有效，在通货紧缩时期，政府要做的就是通过财政政策和货币政策的有机结合，尽可能地扩张有效需求。

（三）欧文·费雪的通货紧缩理论

与凯恩斯的有效需求理论不同，费雪是从供给角度联系经济周期来研究通货紧缩问题的，他通过对20世纪30年代世界经济危机的研究，于1933年提出了"债务—通货紧缩"理论。他认为企业的过度负债是导致30年代经济大萧条的主要原因。在经济的繁荣时期，企业家为追求更多利润，会过度负债，而在经济状况转坏时，企业家为了清偿债务会降价倾销商品，导致物价水平的下跌，出现通货紧缩。通货紧缩的出现，又会使企业利润减少，生产停滞，失业增加。而失业的增加，会使人们的情绪低落，产生悲观心理，对经济和生活丧失信心，更愿持有较多的货币，居民和企业的这种行为将使货币流通速度下降。而因物价下降出现的利润减少和实际利率的上升，意味着企业真实债务的扩大，会使贷者不愿贷、借者不愿借。过度负债和通货紧缩会相互作用，由于过度负债的存在，在经济周期的阶段转型时，会出现通货紧缩，反过来由债务所导致的通货紧缩又会反作用于债务，其结果会形成欠债越多越要低价变卖，越低价变卖自己的资产越贬值，而自己的资产越贬值，负债就越重的恶性循环。最后，则必然出现企业大量破产，银行倒闭的危机。该理论实际上是将通货紧缩的过程看作是商业信用被破坏和银行业引发危机的过程。走出"大萧条"，解决通货紧缩的对策要么是自由放任，企业破产后的强制恢复，要么是增加货币供给，利用通货膨胀的方式助其恢复。

（四）其他经济学家对通货紧缩的看法

第二次世界大战后，西方许多国家处于通货膨胀之中，因此，理论界对通货紧缩问题的专门论述不多，多是在研究通货膨胀问题时，把通货紧缩作为它的对立面捎带论及。如弗里德曼等人认为，"货币存量的大幅度变动是一般价格水平大幅度变动的必要且充分条件"，货币供给过分低的增长率，更不用说货币供给的绝对减少，将不可避免地意味着通货紧缩；反之，若没有货币供给如此低的或负的增长率，大规模的、持续的通货紧缩决不会发生。萨缪尔森、布坎南等人也把通货紧缩和通货膨胀一样，都看做是政府干预过多、政策失当的产物。20 世纪 90 年代以来，通货紧缩问题开始受到人们的重视，提出了许多很有价值的观点。美国经济学家保罗·克鲁格曼将近年来出现世界性通货紧缩的原因归结为社会总需求的不足，并强调需求不足在不同国家或在同一国家的不同时期有着不同的社会制度根源，如果实行联系汇率和固定汇率制度的国家的货币被高估，就极易受到其他出口国货币突然贬值的冲击，出现国内价格下降导致通货紧缩。他主张用"有管理的通货膨胀"政策来治理通货紧缩，而这一观点则对以稳定物价为目标的传统货币金融理论构成了挑战；美国另一位著名经济学家加利·西林则指出通货紧缩具有自我强化的性质，他认为，当购买者采取观望态度，等待物价进一步下跌时，资本将会进一步过剩，商品存货将继续增加，从而将使物价进一步下降。物价继续下降的结果，会使消费者产生进一步的观望心理。这样物价就会陷入一个螺旋式的自我强化的下降过程；美联储主席格林斯潘认为，通货紧缩的发生是由于人们更愿意把持有的实物换成货币。通货紧缩产生的主要原因很可能是资产泡沫破裂对经济产生的消极影响，20 世纪 30 年代经济危机的出现，与资产泡沫的破裂有着紧密联系，至少加重了通货紧缩的局面。出现的通货紧缩，与技术进步、信息的快速传播导致的结构性变化有着直接的关系，也是导致通货紧缩发生的重要原因。

一、重要概念

货币均衡　总需求　总供给　社会总供求平衡　通货膨胀　通货紧缩

二、复习思考题

1. 什么是货币均衡？其标志是什么？
2. 社会总供求平衡与失衡的含义和基本表现是什么？

3. 简述货币供求与社会总需求的关系。

4. 简述货币需求与社会总需求的关系。

5. 简述通货膨胀的成因及治理的一般政策。

三、前沿思考题

怎样认识中国当前的通货膨胀问题？

参考文献：

[1]［英］马歇尔：《货币、信用与商业》，北京：商务印书馆，1997。

[2]［英］约翰·梅纳德·凯恩斯：《货币通论》，北京：人民日报出版社，2009。

第十二章　货币政策

> **本章提要：**中央银行对国民经济的宏观调控集中体现在制定和执行货币政策上，货币政策也是市场经济国家政府主要的经济调控手段，它是企业和个人预测政府政策走向的"晴雨表"。
>
> **本章主要讲述：**
>
> 货币政策的最终目标即四重目标的要求及其相互关系。
>
> 货币政策的中介目标及其选择标准。
>
> 货币政策的一般性工具和选择性工具及其他工具的作用。
>
> 货币政策的传导机制及效应。
>
> 货币管理当局如何运用货币政策工具调控货币供应量，从而调控国民经济。
>
> 货币政策如何与财政政策搭配，以及与其他经济政策配合从宏观上调控国民经济。

第一节　货币政策的目标

货币政策是国家宏观经济政策的一个重要组成部分。中央银行作为一国金融机构体系的核心，其主要的功能就是制定并贯彻执行国家的货币政策，以达到稳定物价与发展经济之目的。中央银行日常的业务活动，也都是围绕着控制货币与信用这一主题展开的。因此可以说，货币政策的制定与贯彻是中央银行所有活动的出发点与归宿点。

一个完整的货币政策体系包括货币政策目标体系、货币政策工具体系和货币政策传导机制三大部分。作为一国宏观经济政策体系的组成部分，货币政策是中央银行制度的产物，也是中央银行调控宏观经济的主要职能体现。货币政策的内容与传导如图 12—1 所示。

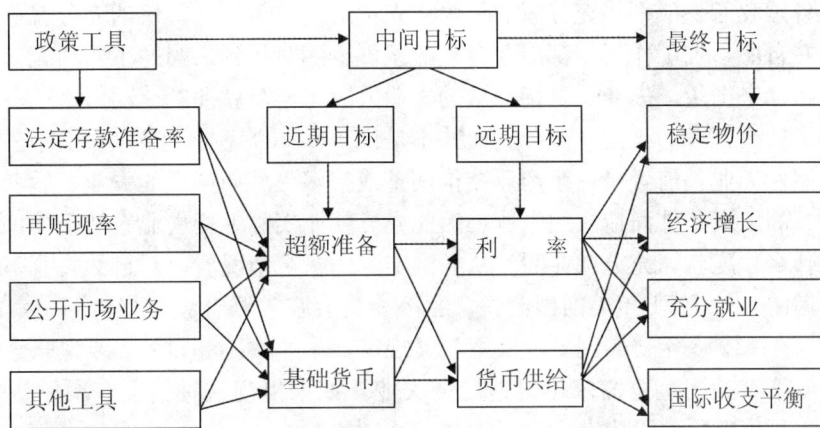

图 12 — 1　货币政策的内容与传导

货币政策一般有狭义和广义之分。狭义的货币政策是指中央银行根据一定时期经济和金融形势，对货币、信贷总量与结构进行控制与调节的行为准则。广义的货币政策，不仅包括中央银行在短期内对货币信贷进行调控的行为准则，还包括中央银行对货币、信贷控制与调节的一般行为。货币政策服从于整个宏观经济政策。因此，货币政策的最终目标就是宏观经济政策的目标，经济学家公认的宏观经济政策目标主要有稳定物价、充分就业、经济增长、国际收支平衡。货币政策四大最终目标并不是同时确立的，而是随着经济社会的发展变化先后出现的，它们有一个逐渐形成的过程。

一、货币政策的最终目标

(一) 稳定物价

所谓稳定物价是指保持一般物价水平在短期内不发生显著或剧烈变动，但在现实经济生活中，物价受各种因素的影响呈现出上涨的趋势，通货膨胀依然是各国经济中存在的普遍现象，无法根除。那么，央行应该把物价稳定控制在什么程度，才算实现了稳定物价的货币政策？经济学家对合理的物价稳定的定义有各种不同的理解。有的认为，物价水平最好是不提高也不下降，或者在 1% 的幅度内波动；有的认为，上涨 5% 以内都可以。总之，在不同的国家和地区，人们对物价的承受力是不同的，但任何一个国家，总想把物价上涨控制在最小的幅度内，以便与其他经济目标相协调。从各国货币政策的实际操作来看，中央银行大都比较保守，一般要求物价上涨率必须控制在 2%～3%。与央行货币政策有关的主要是增发货币造成需求旺盛引发的物价上涨，因此，稳定物价的关键在于央行要严格货币发行，在通货膨胀已成为世界性现象的情况下，物价不可能静止不动，问题的关键在于能否把物价控制在经济所允许的范围内。

(二) 充分就业

较高的失业率不但造成社会经济资源的极大浪费，而且很容易导致社会和政治危机，因此各国政府一般都将充分就业作为优先考虑的政策目标。所谓充分就业通常是指凡有能力并自愿参加工作者，都能在合理的条件下随时找到适当的工作。充分就业一般按失业率指标来衡量。失业率是指社会的失业人数与愿意就业的劳动力之比。失业率的大小代表了社会就业的程度。充分就业并不是说100％的就业，因为难免存在着摩擦性失业、自愿性失业，前者指由于产业结构调整或技术更替而产生的失业，后者指由于不愿接受厂方的工资条件而造成的失业。因此充分就业实际上指失业人数很少，那么，失业率低到什么程度就算充分就业呢？从各国实际的执行情况看，对自然失业率的标准也是灵活掌握的。如1971年美国国会联合经济委员会在《联合经济报告》中，提出失业率不超过3％；1978年《美国就业法案》又规定，失业率不超过4％即为充分就业，与央行货币政策有关的是总需求不足造成的失业，如果出现这种情况，增发货币刺激需求，在一定程度上可消除失业。

（三）经济增长

关于经济增长，经济学界至少有两种观点：一种观点认为，经济增长就是国民生产总值的增加，即一国在一定时间内所生产的商品和劳务总量的增加，或人均国民生产总值的增加。另一种观点认为，经济增长是指一国生产商品和劳务能力的增长。与前一种观点相比，后一种观点更强调增长的动态效应。

经济增长历来被看做是经济政策的主要目标，稳定的经济增长这个政策目标是同高度就业的目标紧密相关的，因为当失业率低的时候，企业更乐于进行资本设备投资以提高生产率和促进经济增长。相反，如果失业率高，工厂闲置，企业就不值得将钱投资于增添厂房和设备上。目前世界各国衡量经济增长的指标一般采用人均实际国民生产总值的年增长率。即用人均名义国民生产总值年增长率剔除物价上涨率后的影响决定经济增长的重要因素：投资。

（四）国际收支平衡

国际收支平衡是指一国的外汇收支平衡或略有顺逆差。国际收支平衡作为货币政策目标怎么确定呢？一个国家在对外收支平衡方面，需要保持外汇储备的适当流动性才能使对外经济活动和贸易支出正常进行。因此，任何时期一个国家都要保持有适当的国际储备流动性，使外汇储备占进口总额的比例维持在一个稳定的水平，究竟多大比例为好，要根据各国的具体情况。央行可通过货币政策影响商品的进出口和对外投资和贷款量，从而影响国际收支的平衡状况。

我国货币政策目标经历了一个从单一目标（充分就业）到多重目标（经济增长、物价稳定、充分就业和国际收支平衡），再到单一目标（稳定物价）的发展过程。我国进入20世纪90年代以来，稳定物价成为货币政策的唯一最终目标，1993年以前，中国货币政策最终目标是双重的，即"稳定货币，发展经济"。1994年通胀达到新中国成立以来最高水平，中央银行坚决实施适度从紧的货币政策，1996年成功实现了经济"软着陆"，1998年以来出现了物价走低现象，为抑制通货紧缩、扩大内需，我们实行了稳健的货币政策。现在适用的《中国人民银行法》明确规定，货币政策目标是保持货币币值的稳定，并以此促进经济增长。

上述四个方面的内容构成了货币政策最终目标体系，但实际上，各目标并非同时被选定为最终目标，这要根据当时特定的历史背景和经济环境来确定。经历了20世纪30年代的大危机后，由于就业问题十分严重，各国货币当局基本上将其政策目标锁定在"充分就业"上。第二次世界大战后，经济增长成为紧迫问题，于是"经济增长"就成为货币政策最终目标的内容。由于长期实行保证就业和促进增长的宏观经济政策，物价开始上升，先是"温和"地上涨，继而"奔腾"起来，终于在20世纪70年代形成滞胀局面。这种严峻的环境，自然迫使货币当局将"稳定物价"作为货币政策的目标之一。20世纪70年代后，随着布雷顿森林体系的解体，各国的国际收支都出现了剧烈动荡，并对国内经济产生了不利影响。这种状况，又促使"保持国际收支平衡"成为货币政策目标之一。由此，货币政策的四大目标体系基本形成。

二、最终目标之间的矛盾与协调

在实际的政策操作中，由于四大目标相互之间往往存在矛盾，并非都协调一致，政策目标的选拔只能是有所侧重而无法兼顾。具体而言，除经济增长和充分就业之间存在正相关关系，具有较多的一致性之外，各大目标相互之间都有矛盾。

（一）稳定物价与充分就业之间的矛盾

对两者关系最经典的描述是菲利浦斯曲线。该曲线表明，失业率与物价变动率之间存在着一种此消彼长的相互替换关系。如果一个社会（或政府）倾向于高就业，比如将失业率控制在4%，为此必然要增加货币供给量，降低税率，扩大政府支出，以刺激社会总需求的增加；总需求的增加在一定程度上又将引起一般物价水平的上涨，比如上涨率为7%。相反，如果一个社会（或政府）更偏好于物价稳定，比如5%的物价上涨率，为此必然要缩减货币供应量，提高税率，削减政府支出，以抑制社会总需求的增加；社会总需求的压缩，又必然导致失业率的升高，比如升至10%的水平。因此对决策者而言，可能的选择只有三种：①失业率较高的物价稳定；②通货膨胀率较高的充分就业；③在物价上涨率和失业率的两极之间进行组合，寻求物价上涨率和失业率之间的某种适当组合，即所谓的相机组合。

（二）物价稳定与经济增长之间的矛盾

物价稳定与经济增长之间的矛盾存在较多的争论，主要有以下三种观点：

第一种观点基于对物价稳定和充分就业之间关系的认识，认为物价波动（或上涨）是经济增长的常态。

第二种观点认为，物价稳定目标与经济增长目标并不矛盾。在经济达到潜在产出之前，适度的物价上涨能够刺激投资和产出的增加，从而促进经济增长；经济增长源于新生产要素的投入和劳动生产率的提高，劳动生产率的提高必然导致单位产品生产成本的降低。因此随着经济的增长，价格可能趋于下降或稳定。

第三种观点从供给决定论出发，认为只有物价稳定才能维持经济的长期增长势头。由于生产率是随时间的推移而不断提高的，货币工资和实际工资也是随生产率的增加而增长的，只要物价稳定，整个经济就能正常运转，维持其长期的增长势头。

（三）经济增长与国际收支平衡之间的矛盾

国内经济的增长会导致国民收入的增加和支付能力的增强，从而增加对进口商品及国内本来用于出口的一部分商品的需求，此时如果出口贸易的增长不足以抵消这部分需求，必然会导致贸易收支的失衡。就资本项目而言，一定的经济增长率需要相应的投资率加以支持。在国内资金来源不足的情况下，必须借助于外资的流入。外资的流入导致国际收支中的资本项目出现顺差，这在一定程度上可以弥补由贸易逆差造成的国际收支失衡，但并不一定就能确保经济增长与国际收支平衡协调一致，还要取决于外资的实际利用效果。

（四）物价稳定与国际收支的矛盾

例如，一国国际收支产生逆差时，央行通常通过货币贬值来调节。虽然可以通过刺激出口、抑制进口平衡国际收支，但却放弃了稳定币值的目标。

从长期来看，四大目标之间是统一协调的，经济的稳定增长是市场价格稳定、保持充分就业和平衡国际收支的基础。只有经济持续稳定协调地发展，才有货币市场和商品市场的平衡，才有价格的稳定和出口能力；价格稳定又是经济正常发展的前提，经济的协调增长只能在稳定的价格环境下才能实现。经济结构的合理化更需要合理的价格结构、需要正确的信号引导。国际收支平衡有利于国内价格的稳定，利用国际资源扩大本国的生产能力，加快经济发展速度，扩大就业。由此可见，从长期趋势来看，四者互为前提，是缺一不可的有机整体。而作为货币政策最终目标来看，主要是指战略性的、长期内应追求的目标，所以，货币政策目标应该是四者兼顾。但就短期来说，货币政策所要达到目标的侧重点有所不同。在价格问题突出时，最重要的政策目标是价格稳定；在经济增长出现问题时，首要任务就是保持合理的经济增长，调整不合理的经济结构；当国际收支问题突出时，重点就是实现国际收支平衡。货币政策战略目标的实现，正是借助于不同时期的政策重点，战术上的行为分解来实现的。货币政策目标之间的协调统一，就是这种战略战术的结合。

由于最终目标之间存在着矛盾，货币政策在作目标选择时不能不有所侧重、有所取舍，难以统筹兼顾。具体的目标选择不但有赖于各国特定的发展阶段和特殊国情，从更一般的意义上说也反映了人们对货币经济和货币政策认识的深化程度。目前国际上经常采用的货币政策最终目标的选择方式主要有两种：一是侧重于统筹兼顾，力求取得各目标间的协调一致；二是相机抉择，突出重点，根据宏观经济的具体运行状况和当前面临的突出问题决定和选择相应的政策目标。

国外大多数中央银行在不同的时期往往采取单一的政策目标制。如当经济萎缩时，选择经济增长作为政策目标，当失业率较高时，又把充分就业作为政策目标。中国则不同，中国的货币政策是围绕物价、经济增长、就业和国际收支平衡等多个目标来制定的，需要缜密的统筹和权衡。当经济平稳发展、通胀水平较低时，在投资和消费增长带动下，经济增长和扩大就业的目标能得到实现，需要争取的是国际收支的基本平衡；在面临国际金融危机、经济增长受到严峻挑战时，防止经济衰退和通缩则成为最紧迫的任务。这就要求货币政策必须加强对形势的分析研判，根据经济条件的变化在几个目标间进行权衡取舍。

第二节 货币政策工具

货币政策工具是实现货币政策目标的措施和手段，分为三类：一般性货币政策工具、选择性货币政策工具、其他货币政策工具。

一、一般性货币政策工具

一般性货币政策工具主要是法定存款准备率、再贴现政策、公开市场业务。

（一）法定存款准备率

存款准备金政策，是通过规定和调整法定存款准备金率，控制商业银行的信用创造能力，间接地调节社会货币供应量。

将存款准备金集中于中央银行的做法最初始于英国，但以法律的形式规定商业银行必须向中央银行缴存存款准备金，则始于1913年美国的联邦储备法。该法案硬性地规定了法定准备率，目的是确保银行体系不因过度放款而发生清偿危机。法定准备金率作为中央银行调节货币供给的政策工具，普遍始于20世纪30年代经济大危机以后。就目前而言，凡是实行中央银行制度的国家，一般都实行法定存款准备金制度。

1. 存款准备金政策的作用

（1）调整存款准备金率对货币乘数有影响。准备率提高，货币乘数减少，银行存款创造信用的规模就缩小，就会收缩经济；反之，就会扩张经济。

（2）调整存款准备金率对超额准备金有影响。准备金率提高，超额准备金就会减少，商业银行的存款创造能力下降。法定准备金率的提高究竟是怎样使信用收缩的呢？假定银行根据10%的法定准备金率已经以10∶1的比例扩大了存款，而多余准备金的数量小到可以忽略不计。然后假定央行决定紧缩信用，把法定准备金率提高到20%，现在，即使央行不使用公开市场业务或贴现率政策来改变银行准备金，商业银行现在也必须大幅度地缩小存款准备金率；反之，商业银行的存款创造能力增大。

（3）变动存款准备金率可以影响社会公众的信用需求预期。

2. 存款准备金政策的优势和局限性

存款准备金政策对货币供给的影响是强有力的，效果明显，收效迅速。

但是，法定存款准备金制度也存在着明显的局限性：

（1）法定存款准备金率提高容易引起银行体系流动性严重不足，可贷能力突然减少，陷入经营困境。因为，正常情况下商业银行要权衡收益和风险，只保留最低限额的超额准备金，如果法定准备金率提高，会使银行特别是小银行面临很大的资金困难，连续提高法定存款准备金率甚至会使一些小银行濒临倒闭。整个银行体系大幅度缩减贷款，或者为了增加资金，不得不抛售有价证券，银行的盈利能力大幅度下降。

（2）准备金率变动对货币流通量的影响太显著，对经济震动太大，因此不能频繁使用这种货币政策工具。由于同样的原因，它的调整对整个经济和社会心理预期都会产生显著的影响，以致使它有了固定化的倾向。

（3）存款准备金对各类银行的影响不同，因此货币政策实现的效果可能因为这些复杂情况的存在而不易把握。

总之，由于效果过于强烈，所以，一般情况下不宜作为中央银行日常调控货币供给的工具。

（二）再贴现政策

中央银行通过贴现窗口向商业银行提供的贷款即为贴现贷款，其利率即贴现率。相对于市场利率而言，贴现率是一种官方利率，具有短期性。在 20 世纪 30 年代大危机以前，贴现率是最主要的货币政策工具，后来逐渐被公开市场业务所取代。

1. 再贴现政策的具体内容

（1）规定再贴现票据的种类。商业银行可以拿客户借款时提供的票据来办理再贴现，或者以中央银行同意接受的其他抵押品作保证而申请贷款。可用作抵押品的通常是政府债券，以及经审查合格的商业票据。中央银行若公开挂牌，规定某些行业的票据可优先办理再贴现，这种情况表明了中央银行的资金意向，旨在扶持某些行业的发展。

（2）规定再贴现业务的对象。各国中央银行根据本国的不同情况，对此有不同的规定。许多国家允许商业银行和金融机构办理再贴现，但也有一些国家对贴现对象有比较严格的限制。如美国联邦储备系统的再贴现业务只限在会员银行之间进行，英格兰银行的贴现对象只是英国 11 家贴现商行持有的一级证券或银行汇票。

（3）决定再贴现率。这个问题关系到中央银行的货币政策，所以必须谨慎行事，决定的过程也比较复杂。早期曾出现过各地中央银行自行决定再贴现率的情况，后来随着西方国家中全国性的金融市场的出现和统一的市场利率的形成，各地采取不同的贴现率在实践中已经行不通了。更重要的是，为了贯彻中央银行的货币政策，也要求再贴现率必须统一。因此，现在各国的再贴现率一般由中央银行决策机构统一确定。

（4）再贴现业务管理。对再贴现业务的管理是再贴现政策的一个重要组成部分。对于商业银行来说，办理再贴现是中央银行给予的一种优待，使商业银行能够应付一时的准备金不足。但商业银行可能滥用贴现之便套利，如用贴现而来的资金从事有价证券、房地产或商品的投机和买卖。中央银行为避免此类事情发生，必须对再贴现业务进行管理，包括审查银行的贴现申请、了解商业银行贷款的用途和性质等。央行通过变动贴现率影响贴现贷款数量和基础货币，从而对货币供应发生影响。较低的贴现率，使得贴现贷款对商业银行更具吸引力，贴现贷款的数量便会增加，这将导致基础货币增加，进而使货币供应扩大；较高的贴现率，加大从央行借款的成本，商业银行将减少借取贴现贷款数量，这将导致基础货币减少，进而使货币供应缩小。

中央银行通过调整贴现率来影响放贷规模，其作用方式如下：中央银行若提高贴现率，商业银行取得借款的成本也就提高了。商业银行若将借来的款再贷放或投资出去，且利率不变，则将减少商业银行的盈利，这就迫使商业银行减少或不向中央银行借款。倘若商业银行也提高其对客户的贷款利率，则又会相应减少公众的借款需求。因此，中央银行提高贴现率，通常可抑制信贷规模和减少货币供应量；相反，降低贴现率，则会扩张信贷规模和增加货币供应量。

2. 再贴现政策的作用

能影响商业银行的资金成本和超额准备，从而影响商业银行的融资决策，使其改变放款和投资活动。

能产生告示效果，通常能表明中央银行的政策意向，从而影响到商业银行及社会公众的预期。

能决定何种票据具有再贴现资格，从而影响商业银行的资金投向。

当然，再贴现政策效果能否很好地发挥，还要看货币市场的弹性。一般来说，有些国家商业银行主要靠中央银行融通资金，再贴现政策在货币市场上的弹性较大，效果也就较大；相反，有些国家商业银行靠中央银行融通资金数量较小，再贴现政策在货币市场上的弹性较小，效果也就较小。尽管如此，再贴现率的调整，对货币市场仍有较广泛的影响。

3. 再贴现政策的局限性

尽管再贴现政策有上述一些作用，但也存在着某些局限性：

(1) 从控制货币供应量来看，再贴现政策并不是一个理想的控制工具。首先，中央银行处于被动地位。商业银行是否愿意到中央银行申请贴现，或者贴现多少，决定于商业银行，如果商业银行可以通过其他途径筹措资金，而不依赖于再贴现，则中央银行就不能有效地控制货币供应量。其次，增加对中央银行的压力。如商业银行依赖于中央银行再贴现，这就增加了对中央银行的压力，从而削弱控制货币供应量的能力。最后，再贴现率高低有一定限度，而在经济繁荣或经济萧条时期，再贴现率无论高低，都无法限制或阻止商业银行向中央银行再贴现或借款，这也使中央银行难以有效地控制货币供应量。

(2) 从对利率的影响来看，调整再贴现利率，通常不能改变利率的结构，只能影响利率水平。即使影响利率水平，也必须具备两个假定条件：一是中央银行能随时准备按其规定的再贴现率自由地提供贷款，以此来调整对商业银行的放款量；二是商业银行为了尽可能地增加利润，愿意从中央银行借款。当市场利率高于再贴利率，而利差足以弥补承担的风险和放款管理费用时，商业银行就向中央银行借款然后再放出去；当市场利率高于再贴现率的利差，不足以弥补上述费用时，商业银行就从市场上收回放款，并偿还其向中央银行的借款，也只有在这样的条件下，中央银行的再贴现率才能支配市场利率。然而，实际情况往往并非完全如此。

(3) 就其弹性而言，再贴现政策是缺乏弹性的，一方面，再贴现率的随时调整，通常会引起市场利率的经常性波动，这会使企业或商业银行无所适从；另一方面，再贴现率不随时调整，又不宜于中央银行灵活地调节市场货币供应量，因此，再贴现政策的弹性是很小的。

（三）公开市场业务

1. 公开市场业务的内容

公开市场业务，是指中央银行在公开市场上买进或卖出二级市场债券（主要是政府债券）用以增加或减少货币供应量的一种政策手段。它是中央银行干预市场的一条主要渠道，最初是在 20 世纪 20 年代早期由美国联邦储备系统为解决自身收入问题买卖收益债券时意外发现的，从 20 年代以后至今，它几乎成为西方银行特别是美国最常用的货币政策工具。

公开市场业务是通过改变银行系统的准备金总量而起作用的。举例来说，当中央银行通过公开市场从一家银行买进债券时，实际上对自己开具了一张支票，该银行收到支票后要求中央银行解付，中央银行就将该笔付款贷记入这家银行在中央银行的准备金账户，从而创造了新的准备金，存款机构的准备金增加；反之，若中央银行向一家银行卖出一笔债券，则借记其在中央银行的准备金账户，导致总准备金的减少。这样，中央银行通过公开市场业务改变准备金总量，就可达到改变货币供应量的目的。

从交易品种看，中国人民银行公开市场业务债券交易主要包括回购交易、现券交易和发行中央银行票据。其中回购交易分为正回购和逆回购两种，正回购为中国人民银行向一级交易商卖出有价证券，并约定在未来特定日期买回有价证券的交易行为，正回购为央行从市场收回流动性的操作，正回购到期则为央行向市场投放流动性的操作；逆回购为中国人民银行向一级交易商购买有价证券，并约定在未来特定日期将有价证券卖给一级交易商的交易行为，逆回购为央行向市场上投放流动性的操作，逆回购到期则为央行从市场收回流动性的操作。现券交易分为现券买断和现券卖断两种，前者为央行直接从二级市场买入债券，一次性地投放基础货币；后者为央行直接卖出持有债券，一次性地回笼基础货币。中央银行票据即中国人民银行发行的短期债券，央行通过发行央行票据可以回笼基础货币，央行票据到期则体现为投放基础货币。

2. 公开市场业务的优越性和局限性

一般认为，在贴现率政策、调整法定存款准备率和公开市场业务这三项主要政策工具中，公开市场业务在控制货币供给量的变动方面具有良好的效果，它是货币当局控制货币供给量的一项最有效的货币政策工具。前两项政策工具所具有的缺点公开市场业务都不具有：它可以随时地、持续地运用，并且在数量上也没有限制；它不需要公开宣告，因而没有误解性的告示效应，也没有在短期内转变政策风向的任何障碍；它不需要规定债券的利润率或实际利率，并不直接影响商业银行的盈利能力；它的影响不会因人而异，而是分散于整个商业银行体系；购进和售出政府债券，可由货币当局凭借判断来决定，由此所产生的货币数量，也可以准确地判定。公开市场业务是比较灵活的金融调控工具。与法定存款准备金政策相比较，公开市场操作政策更具有弹性和优越性：一是中央银行能够运用公开市场业务，影响存款货币银行的准备金，从而直接影响货币供应量；二是公开市场业务使中央银行能够随时根据金融市场的变化，进行经常性、连续性操作；三是由于公开市场业务的规模和方向性可以灵活安排，中央银行有可能用其对货币供应量进行微调。

但是，它的局限性也比较明显：一是金融市场不仅必须具备全国性，而且具有相当的独立性，可用以操作的证券种类必须齐全并达到必需的规模；二是必须与其他货币政策工具配合。

在市场经济条件下，三种一般性货币政策工具往往是互相配合、交替使用的。中国当前采用的货币政策工具主要有：法定存款准备率、再贴现利率、公开市场业务、基准利率。

二、选择性货币政策工具

（一）选择性货币政策工具与一般性货币政策工具的不同

选择性货币政策工具是指中央银行针对某些特殊的经济领域或特殊用途而采用的信用调节工具。与一般性的货币政策工具不同，选择性的货币政策工具对货币政策与国家经济运行的影响不是全局性的而是局部性的，而一般性货币政策工具对经济调控的影响是广泛的、覆盖全社会的；选择性的货币政策工具是质量型的直接控制工具，一般性货币政策工具是数量型的间接控制工具。

（二）选择性的货币政策工具的种类

选择性的货币政策工具种类很多，各国中央银行一般根据本国的实际情况和货币政策的目标加以选择和运用，大体有以下几种：

（1）优惠利率：是指中央银行对国家产业政策要求重点发展的经济部门或产业，规定较低的贷款利率，支持其发展。优惠利率对不同地区、不同行业、不同产品进行调控的作用非常明显。优惠利率不仅用于发展中国家，发达国家也经常运用。

（2）消费信用管制：健全消费信用制度在现阶段主要应表现为有效放松消费信用管制，可以从几方面考虑：完善消费信用的法律法规体系；认真做好消费信用中首期付款比例、还款期限、信贷规模等方面的实证研究；应充分发挥信用卡在消费信用中的作用。

（3）房地产信用控制或称不动产信用控制：是指中央银行对金融机构在房地产放款方面的限制措施，如规定贷款限额、最长期限以及首次付款比例等，目的是抑制房地产投机。同时对盘活现有房地产资产、搞活房地产市场、刺激房地产投资与消费、培育国民经济新的增长点、拉动国民经济增长是有重大作用的。

（4）证券市场信用控制：是指中央银行对有关证券交易的各种贷款进行限制，目的在于限制对证券市场的信贷数量，稳定证券市场的价格。如规定一定比例的证券保证金比率对投机规模和市场风险进行控制。

（5）预缴进口保证金：是指中央银行要求进口商预缴相当于进口商品总值一定比例的保证金，以抑制进口的过快增长。多为国际收支出现赤字的国家采用。

鉴于我国以后将会出现通货膨胀与通货紧缩相交替的局面，以后以消费信贷控制为代表的选择性货币政策工具的运用是非常有必要的。为了实现货币政策目标，应科学完整地进行货币政策工具选择。既要有合理的一般性货币政策工具，对货币供给量和信贷规模实施总量调整，又要有合理的选择性货币政策工具对信贷结构进行调控，特别是目前，因投资乘数效应递减，货币供给总量的扩张在刺激经济发展中的作用明显减弱，选择性货币政策工具能进行结构调控的作用就应尽可能地得到发挥。

三、其他货币政策工具（补充性货币政策工具）

（一）直接信用控制

直接信用控制是指中央银行以行政命令或其他方式，从质和量两个方面，直接对金融机构尤其是存款货币银行的信用活动进行控制。其手段包括利率最高限、信用配额、流动性比率和直接干预等。

规定存贷款最高利率限制是最常用的信用管制工具，其目的是为了防止银行用抬高利率的办法竞相吸收存款和为谋取高额利润而进行高风险存贷，如美国 1980 年前的 Q 条例。

信用配额是指中央银行根据金融市场状况以及宏观经济需要，分别对各个商业银行的信用规模加以分配，限制其最高数量。这种办法在资金供给严重不足的发展中国家广泛地被采用。

流动性比率是流动资产占存款的比例，商业银行要保持中央银行规定的流动性比率，必须缩减长期贷款，扩大短期贷款和增加易变现的资产，从而限制信用扩张。

直接干预是指中央银行直接对商业银行的信贷业务、放款范围等加以干预。如直接干预商业银行对存款的吸收，对经营不当的银行拒绝再贴现或采取惩罚利率等。

（二）间接信用指导

间接信用指导是指中央银行通过道义劝告、窗口指导等办法间接影响存款货币银行的信用创造。

道义劝告是指中央银行利用其声望和地位，对存款货币银行及其他金融机构经常发出通告或指示，或与各金融机构负责人面谈，劝告其遵守政府政策并自动采取贯彻政策的相应措施。

窗口指导是指中央银行根据产业行情、物价趋势和金融市场动向等经济运行中出现的新情况和新问题，对存款货币银行提出信贷的增减建议。若存款货币银行不接受，中央银行将采取必要的措施，如可以减少其贷款的额度，甚至采取停止提供信用等制裁措施。窗口指导虽然没有法律约束力，但影响力往往比较大。

间接信用指导的优点是较为灵活，但是要起作用，必须是中央银行在金融体系中有较高的地位，并拥有控制信用的足够的法律权利和手段。

第三节　货币政策的中介目标

货币政策传递机制，是指货币政策的各种措施的变动，通过经济体制内的各种经济变量，最终影响整个社会经济活动的传递过程。这一过程涉及货币政策中介指标的选择，以及中介指标如何影响货币政策既定目标，其时间效应如何等内容。

中央银行所面临的问题是，它希望达到诸如在高度就业条件下，物价稳定这样的政策目的，但是它无法直接影响这些政策目的。它有一套工具可以使用（三大工具），这套工具的使用能够在一段时间以后（通常是一年以上）间接地影响到这些目的。但如果中央银行等一年后再去考察物价水平和就业的结果如何，而对政策作修正，已经太晚了，甚至无可挽回。为此，央行为运用货币政策实行了另一种战略，在其政策工具和所要达到的政策目的之间选定一些变量作为目标。具体地说，央行使用了中间目标，就能较为迅速地判断它的政策是否处于正确的轨道上，而不必等待着从就业和物价水平等方面看其政策的最终结果。

一、建立货币政策中介目标的意义

货币政策中介指标，又称中间目标，是指受货币政策工具作用，影响货币政策最终目标的传导性金融变量指标。

货币政策的最终目标是一个长期性目标，它只是为中央银行制定货币政策提供指导思想，而不能为中央银行提供现实的操作依据。中央银行的货币政策工具，并不能直接地控制和实现货币政策目标。因此，必须有一些短期的、数量化的、能够运用于日常操作的并且能直接控制的指标，作为实现货币政策最终目标的中介。所以，中介目标是中央银行的货币政策对宏观经济运行情况产生预期影响的连接点和传送点，在货币政策的传导中起着承上启下的作用。

根据与中央银行最终目标因果关系的性质，建立货币政策中间目标和操作目标的意义在于，及时测定和控制货币政策的实施效果及实现或接近货币政策最终目标的程度，使之朝正确的方向发展，以保证货币政策最终目标的实现。反映最终目标的统计资料需较长时间来汇集整理，而中央银行又需要随时了解货币政策的实施效果，这就要求经常汇集有关经济指标来确定政策的实施情况。中间目标就是这些指标在一定时间应达到的数值。而当中央银行货币政策工具不能直接作用于中间目标时，操作目标就弥补了这一缺陷。操作目标作为中央银行日常货币政策的调控对象，把政策工具与中间目标联系起来。中介目标在货币政策传导过程中具有极其重要的作用，货币政策最终目标能否实现及实现的程度，在很大程度上取决于中介目标的可行性和可靠性。

二、货币政策中介目标选择的标准

准确地选择货币政策中介指标，是实现货币政策最终目标的前提条件。众所周知，无论哪一个国家的中央银行的货币政策主要目标，归纳起来，就是谋求没有通货膨胀的经济增长，或者说，谋求货币供给量的增长既能适应经济增长的需要，而又不致刺激通货膨胀。但是，中央银行的货币政策运用，并不能直接地控制和实现货币政策目标。这是因为，一方面，中央银行作为国民经济中的一个部门，它所能直接控制的只是货币供应量，而不是宏观经济目标本身；另一方面，货币政策最终目标是一个长期的、非数量化的目标，它只能为中央银行制定货币政策提供指导思想，而不能为中央银行提供现实操作依据。因此，中央银行必须找出短期的、数量化的、可供日常操作的中介指标。

中介指标具有二重性质：其一，中介指标本身是货币政策作用力的杠杆，调节货币政策的运行，因此，不同的中介指标对现实经济活动的影响是不同的；其二，不同的中介指标是为不同的货币政策最终目标服务的，中介指标的选择必须服从于最终目标。因此，在货币政策最终目标既定的前提下，中介指标的选择，就是一个至关重要的问题。

根据中介指标与货币政策目标的关系，中央银行的货币政策中介指标的选择应该满足以下三个条件：

（1）可控性。即中央银行通过运用各种货币政策工具，能够准确、及时地对中介目标变量进行控制调节，以有效地贯彻其货币政策意图。必须具有明确而合理的内涵和外延，指标必须能够数量化。中央银行必须能迅速而准确地收集到有关指标的数据资料，且资料数据能够为中央银行和社会有关人士分析和理解。

（2）可测性。可测性有两方面的含义：一是中介目标应有比较明确的定义，如M_0、M_1、M_3、长期利率、短期利率等，同时有关中介目标的准确数据应能为中央银行及时获取，以便于观察分析和预测。中介目标不仅要能够便于中央银行及时、准确地收集到有关资料和进行数量分析，能够以此来准确预测最终目标的变化情况，还要能够便于社会企业及公众观察与掌握和作出相应的反应。

（3）相关性。指在中央银行选定的中介目标与货币政策的最终目标之间必须存在密切稳定的相关性，中介目标的变动能显著地影响到最终目标，中央银行通过对中介目标的控制和调节就能促使最终目标的实现。

各种经济指标之间的关系，受经济管理体制、市场发育程度、经济发展水平等因素的制约和影响。因此选择中介指标不仅要注意应尽量满足其选择标准，还应注意各个国家各个时期的客观条件。目前各国选择的中介目标一般有利率、货币供应量、超额储备金和基础货币等。

三、中介目标的种类

中介目标又可分成近期中介目标（操作目标）与远期中介目标两大类。近期中介目标（操作目标）是接近中央银行政策工具的金融变量，它直接受货币政策工具的影响，中央银行容易对它进行控制，但它与最终目标的因果关系不太稳定。远期中介目标是距政策工具较远，但接近最终目标的金融变量，它与最终目标的因果关系比较稳定，但中央银行不容易对它进行控制。

（一）远期中介目标

世界各国使用广泛的远期中介目标有利率和货币供应量两类，也有少数国家使用汇率作为远期中介目标。

1. 利率

作为货币的中介目标与最终目标间有着很强的相关性。利率与经济活动高度相关：当经济繁荣时，信贷需求增加，利率会上升，反之会下降，因而利率是经济周期波动的指示器，利率对投资有着显著的影响。

从可控性方面来说，中央银行可以规定基准利率，还可以借助于公开市场操作引导利率的变化，以实现对利率的控制。

利率资料易于获取并能够经常汇集。但选择利率作为中介目标无论是在理论上还是在实践上仍然存在一些问题。利率既是内生经济变量，也是政策变量，作为内生经济变量的利率和作为政策变量的利率在货币政策效果方面互相干扰，不易区分。作为内生经济变量，利率的变化与经济周期变动的方向是一致的，即在经济繁荣时期，企业和其他经济主体对信贷的需求增加，利率上升；在经济萧条时期，企业和其他经济主体对信贷的需求减少，利率下降。而利率作为政策变量，它的变动同经济周期的变动也是一致的，即在经济繁荣时期，由于各经济主体对信贷需求激增，为了防止投资过热和通货膨胀，政府会采取紧缩的货币政策，提高利率；反之，在经济萧条时期，政府为了刺激需求，扩大生产规模，增加信贷，会降低利率。在这种情况下，货币政策的效果是由于利率作为内生经济变量导致的，还是作为政策变量导致的，中央银行往往很难判断。因此，20世纪80年代以后，西方国家更多的是使用货币供应量作为主要的货币政策中间目标。

2. 货币供应量

货币供应量是指一定时点上存在的流通手段和支付手段的总和，即货币存量。按其流动性差异，可以分为窄口径（现金）、中口径（现金加活期存款）、宽口径（现金加活期存款和定期存款）等层次的货币供应量。货币供应量作为中央银行的货币政策中间目标，其优点在于：

其可控性表现在：货币供应量是基础货币与货币乘数之积，货币供应量的可控性实际上就是基础货币的可控性及货币乘数的可控性。从逻辑上讲，如果一国的货币体制能够确保中央银行对基础货币的控制，同时货币乘数相对稳定并且中央银行能够准确地加以预测，则中央银行就能够通过控制基础货币间接地控制住货币供应量，此时货币供应量就具有很好的可控性；反之，如果中央银行对基础货币的控制能力较弱，货币乘数缺乏稳定性，则货币供应量控制起来就比较困难。由此可见，货币供应量的可控性很大程度上取决于特定的货币制度、金融环境及经济发展阶段。

其可测性表现在：无论是狭义货币还是广义货币，各个货币层次都有规范的统计口径，便于中央银行统计。

其相关性表现在：一定时期的货币供应量代表了当期的社会有效需求总量和整个社会的购买力，对最终目标有着直接影响，因而与最终目标直接相关。

货币供应量作为中介目标克服了利率作为中介目标不易判断其效果的缺陷，作为内生经济变量，它与经济周期的变动方向是一致的，即当经济繁荣时，信贷需求增加，银行会扩大贷款规模，货币供应量增加；反之，经济萎缩时，银行会收缩信贷，减少货币供应量。作为政策变量，货币供应量与经济周期的方向是相反的，即当经济繁荣时，为遏制投资过热和出现通货膨胀，以刺激需求。中央银行会减少货币供应量；在经济萎缩时，则会增加货币供应量。

1996 年开始我国正式把货币供应量 M2 作为中介目标。弗里德曼的标准公式是货币供应量应该等于经济增长加物价增长。目前中国货币政策的中介目标是货币供应量 M2，实行这一货币政策目标框架，主要是从中国的实际出发，因为目前中国的金融市场不够发达，银行间接融资是目前社会融资的主要形式，社会金融资产的 90％掌握在银行手中，而商业银行控制的金融资产的 70％以上都是贷款。

3. 汇率

有一些国家采用汇率作为货币政策的中介目标。这些国家主要是实行经济开放的经济规模不大的国家。它们实行盯住汇率制度，即把本国货币的汇率同另外一个经济实力强大的、同本国贸易往来较多、在国际贸易中占有较大份额的国家的货币汇率挂钩，以此作为基准汇率，影响最终目标。荷兰是一个成功的典范。荷兰是一个资本可以自由流进、流出的开放度很高的国家，其对外贸易的主要伙伴是德国。德国的中央银行一直实行稳定的伙伴政策，马克是世界上最稳定的货币之一。荷兰的中央银行实行盯住汇率制度，把荷兰盾同德国马克的汇率作为基准汇率，以此作为中介目标，来稳定荷兰盾的币值稳定。

（二）近期中介目标

1. 基础货币

基础货币，由流通中的现金和商业银行的准备金组成，它构成了货币供应量倍数伸缩的基础。一般认为，基础货币是比较理想的操作指标。这是因为：①可测性强。基础货币直接表现为中央银行的负债，其数额随时反映在中央银行的资产负债表上，很容易为中央银行所掌握。②可控性强。通货可以由中央银行直接控制，中央银行可以通过公开市场操作随意控制银行准备金中的非借入准备金，借入准备金虽不能完全控制但可以通过贴现窗口进行目标设定，并进行预测，也有很强的可控性。③相关性强。货币供应量等于基础货币与货币乘数之积。只要中央银行能够控制基础货币的投放，也就等于间接地控制了货币供应量，从而就能进一步影响利率、价格及国民收入，实现其最终目标。

2. 超额准备金

银行存款准备金是指商业银行和其他存款机构在中央银行的存款余额及其持有的库存现金，它可以划分为法定存款准备金和超额准备金两部分。法定存款准备金是指银行按照法律规定所必须持有的那部分准备金，其数量取决于银行吸收的存款量和法定存款准备金率。超额准备金是指银行总准备金余额中超过法定存款准备金的那部分准备金。在中国金融界，称作"备付金"，包括商业银行的库存现金和在中央银行账户上的超额准备金存款。超额准备金是商业银行扩大贷款，增加货币供应量的基础。而超额准备金是中央银行可以控制的变量，中央银行通过一般性货币政策工具的使用增加或减少商业银行的超额准备金。

需要特别指出的是，在实际的选择过程中，货币供应量指标和利率指标一般不能同时都选作中介目标，两者之间存在着冲突，具体而言，如果中央银行以稳定利率为中介目标，则必然要容许货币供应量存在波动；反之，如果要稳定货币供应量，则有可能以利率的不稳定作为代价。这一过程只要通过移动货币的供给和需求曲线就可以很容易地得到验证。在美国等一些市场化程度较高的国家，企业和居民对利率的反应都较为敏感，利率是货币政策的主要工具。而在我国，由于存贷款利率现阶段还没有在市场上完全放开，因此把利率作为中间目标，发挥作用的空间还不是很大。

货币政策还需与其他宏观调控政策相配合：金融宏观调控政策有狭义与广义之分。狭义的金融宏观调控政策，是指中央银行根据一定时期经济和金融形势，对货币、信贷总量与结构进行调控的行为准则。广义的金融宏观调控政策，不仅指中央银行在短期内对货币、信贷进行调控的行为准则，还指中央银行对货币、信贷调控的一般行为过程：最终目标、中介指标或监测指标的选择、政策工具的运用、政策行为的传递、金融政策与宏观经济政策的协调。金融宏观调控政策是一个具有丰富内涵的政策行为体系，它贯穿于中央银行宏观调控的全过程。其中包括中央银行在年度内确定的诸如"控制总量、调整结构"的政策方针，再贷款、再贴现和公开市场操作总量的调控，对存款准备金制度及准备率的变动、利率汇率的调整，商业银行贷款规模的确定，金融机构特种存款的规定等，实际上是中央银行运用一系列政策工具进行金融宏观调控的过程。

第四节　货币政策的传导机制及效应

一、货币政策的传导机制理论

货币政策传导机制是中央银行运用货币政策工具影响中介指标，进而最终实现既定政策目标的过程，即传导机制。货币传导机制是否完善及提高，直接影响货币政策的实施效果以及对经济的贡献。在西方国家，有代表性的货币政策传导机制理论是凯恩斯学派的货币政策传导机制理论和货币学派的货币政策传导机制理论。20世纪五六十年代，凯恩斯学派与货币主义学派之间，就货币量对总体经济的影响问题曾展开激烈的论战。

（一）凯恩斯学派的货币政策传导机制理论

1. 局部均衡理论

凯恩斯学派的货币政策传导机制理论主要来源于凯恩斯出版于1936年的《就业、利息和货币通论》一书。局部均衡理论重点考察货币市场均衡的变化对商品（实际资产领域）的影响。其传导过程如下：

R（存款准备金）增加或减少→M（货币供应量）增加或减少→r（市场利率）下降或上升→I（投资）增加或减少→E（总支出）增加或减少→Y（总收入）增加或减少

在这个传导机制发挥作用的过程中，中央银行货币政策的实施，如存款准备金率的调整、再贷款、再贴现率的调整、公开市场业务的变化等，首先引起商业银行存款准备金的变化，再引起货币供应量的增减，货币供应量的增减会影响利率的升降，再影响投资发生增加或减少，最终会影响社会总支出和总收入发生变化。在上述过程中，货币政策作用的大小主要取决于三个因素：一是货币需求的利率弹性，即一定量的货币供应变动能使利率发生变动的程度；二是投资支出的利率弹性，即一定的利率变动对投资的影响程度；三是货币乘数的大小。在货币政策的传递过程中，主要环节和核心利率是传导机制的主要环节，当货币供应量发生变化时，利率是否随之变化，变化的幅度大小，这是关键。因为这直接影响着货币政策的效果。如果实际上存在着流动性陷阱，则货币供应量变化不能对利率产生影响，使货币政策无效。

2. 一般均衡理论

上述的传导过程及其分析，凯恩斯学派称为局部均衡分析。它是在假定其他部门保持不变的基础上，再分别研究货币领域的均衡和商品领域的均衡。只显示了货币市场对商品市场的初始影响，而没有能反映它们之间循环往复的相互作用。由于局部均衡理论的缺陷，后凯恩斯学派对局部均衡理论的传导模式做了进一步的补充和发展，称为一般均衡分析，即 IS-LM 模型。

其要点如下：

一般均衡分析更加注重货币市场与商品市场之间的相互作用。①假定货币供给增加，如果产出水平不变，利率就会相应下降，刺激投资与对商品的需求增长，收入相应增加，货币市场作用于商品市场。②收入增加又引起货币需求增加，货币需求超过供给时会使下降的利率回升，商品市场对货币市场有反作用。③利率的回升，又会使总需求减少，产量下降，收入减少。同时，收入减少，货币需求又会下降，利率又会回落，新一轮的变动又重新开始，这是循环不断的过程。④最终会逼近一个供求均衡点，这个均衡点同市场供求和商品市场供求两方面的均衡要求。在这个点上，利率一般情况下会较原来的均衡水平低，而社会产出量则较原来的均衡水平高。

对于这些传导机制的分析，凯恩斯学派还不断增添一些内容，主要集中在货币供给到利率之间和利率到投资之间的更具体的传导机制以及一些约束条件。随着经济生活的复杂多变，新问题的不断出现，对传导机制更具体的分析有其必要。但不论有何进展，凯恩斯学派传导机制理论的特点是对利息这一环节的高度重视。由于我国并未实行利率市场化，我国的央行可以直接控制利率，而且现在央行也在采取不停地上调利率的办法来抑制经济过热，可见我国还是认同凯恩斯学派的货币政策传导机制，以利率为主要环节来调控经济的。

（二）现代货币数量论学派的货币传导机制理论

凯恩斯以抽象利率为传导途径且不重视利率的期限结构的观点在 20 世纪 60 年代受到了诘难和挑战，这就是现代货币数量论学派的货币传导机制理论。货币主义的代表人物弗里德曼并不认同凯恩斯只将资产界定为金融资产和资本品的狭小范围内，并提出了所谓的"黑箱"理论。"认为只要清楚货币供给增加会通过影响居民手中的真实货币余额导致实际产出发生变动就可以了，至于货币供给是通过什么途径对真实经济产生影响并不重要。"弗里德曼认为短期内的货币供应量的变动可能会对实际经济产生作用，这主要是由于价格的适应性预期存在时滞，且劳动力市场上的工资合同在短期内也无法及时调整。随着投资支出的扩大，借贷资本需求的增加，名义利率会回升，投资和产量随之下降，但价格却逐步上升。因此从长期看，货币供应量的变化只会引起物价水平的变化而不影响实际产出，这就是所谓的货币短期中性与长期非中性理论。

该理论重视货币供应量对货币政策的作用，认为货币供应量的变化会直接影响名义国民收入的变动，其传导途径如下：

R→M→B→A→C→I→Y

其中，R 表示法定存款准备率；M 表示货币供应量；B 表示商业银行的放款或投资；A 表示各类金融资产；C 和 I 分别表示消费品或投资品；Y 表示名义国民收入。这个传递过程的表述是：

中央银行实施宽松的货币政策时，如降低法定存款准备率、降低再贴现率或者在公开市场上购进有价证券，则使商业银行的超额准备金增加，银行的可贷能力增强，货币供应量增加，贷款和投资规模扩大。这时，金融资产在金融市场上的价格上升，而房屋和耐用消费品等真实商品的价格会下降，社会公众对不动产等真实商品的需求会增加，推动真实商品价格上涨，根据价格的联动效应，又会带动其他真实商品的价格上涨，如此循环，必然会增加新的货币需求，使全社会的名义收入提高。如中央银行采取紧缩的货币政策则会引起相反的效果。

总之，现代货币数量论学派关于货币传导机制理论的基本观点是，货币政策的影响主要不是通过利率影响投资和收入，而是因为货币供应量超过了社会公众所需要的真实现金余额，从而直接地影响到全社会的支出和货币收入。

以上简述了凯恩斯学派与货币学派的货币政策传导机制。二者都承认货币供给会影响经济，但在程度上有很大区别，因为它们强调的经济变量不同，从而导致了二者在理论上的分歧。

（1）关于利率与货币供应量。凯恩斯学派非常重视利率指标，认为除非扩大货币供应量以后，能够降低利率，否则，货币政策无效。而货币学派则认为，利率并不重要，在增加货币供应量的初期，利率会随之降低，但很快就会因货币收入的增加和物价的上涨，名义利率上升，而实际利率可能不变；货币政策的影响与传递主要不是通过利率，而是因为货币供应量超过人们的需要量，从而直接地影响了社会的支出和收入；中央银行在制定货币政策时，应注意货币供应量。

（2）关于对国民收入的影响。凯恩斯学派认为，只有投资才能对国民收入产生直接影响，而货币对国民收入的影响是间接的；货币供应量增加以后，可以降低利率，提高资本的边际效率，增加投资，通过投资乘数的作用，引起国民收入的增加。而货币学派则认为，货币供应量的变动对名义国民收入的变动有直接影响。

（3）关于传递机制。凯恩斯学派认为，传递机制首先是在金融资产方面进行调整，主要在货币市场进行调整，然后引起资本市场的变化，投资增加，消费和国民收入增加，最后影响到商品市场。而货币学派则认为上述传递机制过于狭隘，事实上，传递机制可以同时发生在不同市场上，受影响的不仅是金融资产，也包括耐用消费品、房屋等真实商品资产。

（三）托宾 Q 理论

托宾（詹姆斯·托宾，1981 年诺贝尔经济学奖得主）把金融资产的价格，主要是股票价格引进传导机制，他认为货币理论应该是微观经济主体对资产价格进行管理的理论，可以把货币和金融机构作为一方、实体经济作为一方，货币和金融机构对实体经济的影响不是货币数量和利率，而是资产价格和影响资产价格的利率机构等因素。

经济学家托宾于 1969 年提出了一个著名的系数，即"托宾 Q"系数（也称托宾 Q 比率）。该系数以企业股票市值和债务资本的市场价值为分子，以股票和债务资本所代表的资产重置成本为分母。重置成本是指今天要用多少钱才能买下所有上市公司的资产，也就是指如果我们不得不从零开始再来一遍，创建该公司需要花费多少钱。在西方国家，Q 比率多在 0.5～0.6 之间波动。因此，许多希望扩张生产能力的企业会发现，通过收购其他企业来获得额外生产能力的成本比自己从头做起的代价要低得多。

如果股票和债务资本的市场价值低于资本的重置成本，厂商将不会购买新的投资品。如果公司想获得资本，它将购买其他较便宜的企业而获得旧的资本品，这样投资支出将会降低。反映在货币政策上的影响就是，当货币供应量上升，股票价格上升，托宾 Q 比率上升，企业投资扩张，从而国民收入也扩张。

例如，如果平均 Q 比率在 0.6 左右，而超过市场价值的平均收购溢价是 50%，最后的购买价格将是 0.6 乘以 1.5，相当于公司重置成本的 90%。因此，平均资产收购价格仍然比当时的重置成本低 10 个百分点。

托宾 Q 比率反映的是一个企业两种不同价值估计的比值：分子上的价值是金融市场上所说的公司值多少钱；分母中的价值是企业的"基本价值"——重置成本。公司的金融市场价值包括公司股票的市值和债务资本的市场价值。其计算公式为：

Q 比率＝公司的市场价值/资产重置成本

当 Q＞1 时，购买新生产的资本产品更有利，这会增加投资的需求；

当 Q＜1 时，购买现成的资本产品比新生成的资本产品更便宜，这样就会减少资本需求。

所以，只要企业的资产负债的市场价值相对于其重置成本来说有所提高，那么，已计划资本的形成就会有所增加。

托宾 Q 理论提供了一种有关股票价格和投资支出相互关联的理论。如果 Q 高，那么企业的市场价值要高于资本的重置成本，新厂房设备的资本要低于企业的市场价值。这种情况下，公司可发行较少的股票而买到较多的投资品，投资支出便会增加。如果 Q 低，即公司市场价值低于资本的重置成本，厂商将不会购买新的投资品。如果公司想获得资本，它将购买其他较便宜的企业而获得旧的资本品，这样投资支出将会降低。反映在货币政策上的影响就是，当货币供应量上升，股票价格上升，托宾 Q 上升，企业投资扩张，从而国民收入也扩张。根据托宾 Q 理论的货币政策传导机制为：

货币供应↑→股票价格↑→Q↑→投资支出↑→总产出↑

托宾Q值是使托宾出名的一个很重要的因素，现在耶鲁大学里仍有托宾的崇拜者穿有印有字母"Q"的文化衫。此外，以其名字命名的经济学名词还有"托宾税"、"蒙代尔-托宾效应"、"托宾分析"等。

托宾同样坚持利率是衡量货币政策效果的重要指标，但他的"利率"已非凯恩斯及IS-LM模型当中的单一利率了，而是各种利率的对比关系或作为真实投资的金融成本的某种利率"组合"。

托宾Q是指资本的市场价值与其重置成本之比。这一比例兼有理论性和实践的可操作性，沟通了虚拟经济和实体经济，在货币政策、企业价值等方面有着重要的应用。在货币政策中的应用主要表现在将资本市场与实业经济联系起来，揭示了货币经由资本市场而作用于投资的一种可能。在未来，我国货币政策如果开始考虑股票市场的因素，则托宾Q将会成为政策研究与政策制定的重要工具。托宾Q值常常被用来作为衡量公司业绩表现或公司成长性的重要指标。尽管由于资本市场发展的不完善，托宾Q理论在我国的应用还很有局限性，但它依然给我们提供了分析问题的一种思路。

（四）新古典综合派的储蓄生命周期论

与托宾同属新古典综合派的莫迪利安尼提出的储蓄生命周期论将财富效应传导机制引入到货币政策传导机制中来，他认为货币政策通过影响人们的财富来影响人们的消费，最终使产出发生变化。所谓财富，是指人们持有能够带来收入的资产。莫迪利安尼认为消费由两个因素决定：当期收入和总资产，货币政策可以通过改变现有储蓄的实际购买力，直接影响消费和储蓄，对总需求产生扩张性和收缩性的影响。其传导过程可表述为：

$$M\uparrow \Rightarrow i\downarrow \Rightarrow P_e \Rightarrow FW\uparrow \Rightarrow LR\uparrow \Rightarrow C\uparrow \Rightarrow Y\uparrow$$

其中，FW（Financial Wealth）为金融资产；LR（Lifetime Resources）为总资产；C为消费。

凯恩斯、托宾、弗里德曼、莫迪利安尼等西方经济学家对货币政策传导机制的研究主要是分析货币政策传导中的资产结构调整效应和财富变动效应。"资产结构调整效应是指，中央银行改变货币供应量，促使各经济主体调整自己的资产结构，影响金融资产的价格，从而影响投资和消费需求，进而导致实际经济活动出现变化。财富变动效应是指，由通货和存款组成的货币供应量是实际财富的组成部分之一，货币供应量的增减变化，会改变实际财富的数量，从而使各经济主体改变自己的投资和消费支出意愿，从而影响实际经济运行。"这两种效应在金融市场是完全竞争的市场，货币与非货币金融资产、金融资产与实物资产具有高度替代性与相关性；信息是完全而且对称的，且各种金融资产的供给与需求都是随着市场利率信号的变化而灵敏地变化，具有充分的利率弹性这样严密设定的条件下展开的。随着经济和金融理论的进一步深化和发展，这样的理论抽象和假设前提显然是不能够成立的，货币政策传导机制朝着以不完全竞争、不完善市场、不对称信息为假设前提来分析货币政策传导机制的理论发展。

二、货币政策效应

货币政策效应是指中央银行推行一定的货币政策之后，最终实际取得的效果，即货币政策的有效性问题。它包括货币政策的数量效应和货币政策的时间效应。

(一) 货币政策的数量效应

货币政策的数量效应是指货币政策效应的强度，即货币政策发挥效果的大小。

对货币政策效力大小的判断，一般着眼于实施的货币政策所取得的效果与预期所要达到的目标之间的差距。由于货币政策目标之间的矛盾，因此考察货币政策的数量效应，不应仅仅观察某一个政策目标的实现情况，而应综合考察各主要货币政策目标的实现情况。例如，一个国家货币政策最终目标是稳定物价和经济增长，那么其政策效应就可以用如下方法来考察：

假设，以 Y 代表国民收入增长率；P 代表通货膨胀率；Y_t、P_t 分别代表政策实施前的国民收入增长率和通货膨胀率，Y_{t+1}、P_{t+1} 分别代表政策实施后的国民收入增长率和通货膨胀率。货币管理当局无论是实施紧缩的货币政策，还是实施扩张的货币政策，都会出现以下三种结果：

(1) $Y_{t+1}/Y_t > P_{t+1}/P_t$。说明政策实施以后，经济增长的减速程度小于物价回落程度；或者经济增长的加速程度大于物价的上升程度；或者经济增长加速，而同时伴随着物价的下落。前两者是比较理想的结果，而后者是最理想的结果。

(2) $Y_{t+1}/Y_t < P_{t+1}/P_t$。说明政策实施以后，经济增长的减速程度大于物价回落程度；或者经济增长的加速程度小于物价的上升程度；或者经济增长减速，而同时伴随着物价的上涨。这时货币政策综合效应为负，因为货币政策的实施已产生了损害实质经济增长的结果。

(3) $Y_{t+1}/Y_t = P_{t+1}/P_t$。说明政策实施以后，经济增长率的变动的正效应为物价变动的负效应所抵消；或者物价回落的正效应为经济增长率变动的负效应所抵消，货币政策无效。

(二) 货币政策的时间效应

衡量货币政策效应，除了看其发挥效力的大小以外，还要看其发挥效力的快慢，这就是货币政策的时间效应。货币政策的时间效应，又称货币政策的时滞，是指中央银行从研究、制定货币政策到货币政策取得预期效果的时差。

货币政策时滞对货币政策有效性有很大影响。由于货币政策时滞的存在，中央银行在实施货币政策的过程中常常发生这样的问题：当中央银行采取的货币政策正在发挥作用时，经济状况却已发生了完全相反的变化。例如，中央银行在前一经济高涨时期实施紧缩的货币政策，但由于时滞的存在，紧缩的货币政策在随后出现的经济衰退时期仍然发挥着降低收入的作用，这时货币政策不仅不能起到熨平经济周期的作用，反而还会扩大经济周期波动的幅度，使国民经济运行更加不稳定。如果货币政策的时滞短，并能进行较为准确的预测，则可大大提高货币政策的有效性。

货币政策时滞可以分为三部分：内部时滞、中间时滞、外部时滞。

1. 内部时滞

内部时滞是指从经济形势发生变化需要中央银行采取行动，到中央银行实际采取行动所花费的时间过程。内部时滞还可以细分为两个阶段：认识时滞，即从经济发生变化需要中央银行采取行动，到中央银行在主观上认识到这种变化，并承认要采取行动的时间间隔；行动时滞，即从中央银行认识需要采取行动，到实际采取行动的时间间隔。内部时滞的长短取决于中央银行对经济形势变化和发展的敏感程度、预测能力，以及中央银行制定政策的效率和行动的决心，而这些又与决策人员的素质、中央银行的独立性以及经济体制的制约程度等密切相关。

2. 中间时滞

中间时滞是指从银行采取行动，到商业银行和其他金融机构根据中央银行货币政策意图，改变其信用条件的时间过程。这段时间的长短决定于商业银行及其他金融机构的反应以及金融市场的敏感程度，是中央银行所不能操纵的。

3. 外部时滞

外部时滞是指从金融机构改变其利率、信用供给量等信用条件开始，直到对货币政策最终目标产生影响为止这段时间。外部时滞又可以分为两个阶段：第一阶段，微观决策时滞，即在金融机构信用条件改变以后，个人和企业面对新的情况作出决定，改变自己的投资决策和支出决策的这段时间；第二阶段，作用时滞，即个人和企业作出新的投资决策和支出决策并采取行动，到对整个社会的生产和就业等经济变量产生影响所耗费的时间。外部时滞是货币政策时滞的主要部分。它既包括微观经济主体在新经济政策出台后的决策过程，也包括微观经济主体行为对储蓄、投资、消费、货币需求、产出和价格等重要经济变量产生影响的过程。它的长短主要由客观经济条件和微观经济主体的行为所决定，是中央银行所不能控制的。

货币政策时滞长度是各国经济学家研究的重要课题，20 世纪 60 年代以来许多经济学家对此进行了实证研究，但由于各国具体情况不同，研究的方法各异，所得出的结论相差很大，基本结论是：内部时滞长度较短，一般在 2～6 个月；中间时滞比较稳定，可预测，一般认为在 2 个月左右；外部时滞最长，各国差异最大，一般在 4～20 个月。

4. 我国货币政策的时滞效应

改革开放以来，我国货币政策最长的时滞效应的表现十分明显，已经成为制约货币最长达到预定侦测目标的重要制约因素。结合我国货币政策时滞可以得到以下一些结论：

（1）在 1985～1989 年，价格时滞比产出时滞短（产出时滞为七个季度，而价格时滞为一个季度），而这与西方经济学家的结论完全相反。西方经济学无论是凯恩斯主义还是货币主义都认为货币供应的变动首先是引起经济产出的变动，进而才带动经济产出的上升，也就是货币供应短缺影响产出，长期价格影响，产出时滞应比价格时滞短。在 1990 ～1998 年，价格时滞比产出时滞长（产出时滞为三个季度，而价格时滞为五个季度），与西方经济学家的观念吻合。这在一定程度上反映出在 1985～1989 年，经济运行的市场化程度不高，而在 1990 年以后，市场在资源配置中日益发挥了越来越重要的作用。

（2）货币紧缩时滞比货币扩张时滞短。西方经济学家认为货币政策在进行紧缩时的有效性要比进行扩张时的有效性高，对中国货币时滞的分析也印证了这一判断。

1）从货币政策的紧缩效果来看，我国 1990 年第一季度贷款增长率开始下降，1991 年第二季度工业产值增长率开始下降，1994 年第三季度贷款收缩，1995 年第一季度工业产值明显下降。

2）从货币政策的扩张效果来看，我国从 1995 年第三季度贷款开始扩张，到 1997 年第二季度工业企业贷款增长的速度最高，工业产值的增长率没有明显扩张，一直在 10％左右波动，货币政策出现"启而不动"的低效率格局。

（3）经济转轨时期，我国政策时滞十分不稳定，变动十分剧烈，影响因素众多，因而政策时滞就成为当前制约货币有效性提高的关键因素之一。

（4）随着我国的货币政策从直接调控向间接调控转变，行政手段让位于经济手段，货币政策的外在时滞有加长的趋势。

货币政策时滞的存在，对提高货币政策有效性提出了强烈的挑战。中央银行应该努力提高金融调控能力，缩短内部时滞。这包括提高货币政策的独立性、提高货币政策效果的预测能力、合理确定中央银行的政策目标。同时，确保政策从"被动性"转向"预防性"，中央银行必须分析国民经济的发展变化进行超前性的、有效的货币控制。最后，中央银行在逐步放弃对贷款规模的控制、现金投资控制等计划性的控制工具的同时，还要大力创造条件运用市场化程度较强的调控工具。

三、货币政策和财政政策的配合

货币政策若想获得最大效果，必须与政府实行的其他政策，尤其是财政政策的合作和协调，因为货币政策和财政政策是国家经济政策体系中的两大支柱，为了发挥两者应有的功能，避免相互之间的摩擦和碰撞，对于配合何种货币政策，每个国家都非常重视。

货币政策和财政政策是国家宏观经济管理目标的重要手段，这两种政策都是以货币为载体和操作对象，通过对社会总需求的调控来影响产出。货币政策是通过中央银行调节货币供给量和利率水平，进而调节社会总需求；财政政策是通过政府调整财政支出和税收政策，进而调整社会总需求。这两种政策虽然都是通过调节社会总需求来达到社会供求平衡，但却有不同的调节特点。

（一）两者的区别

表现在四个方面：

（1）政策的实施者不同。财政政策由政府财政部门具体实施，货币政策由中央银行具体实施。

（2）作用过程不同。财政政策的直接对象是国民收入再分配过程，以改变国民收入再分配的数量和结构为初步目标，进而影响整个社会经济生活；货币政策的直接对象是货币运动过程，以调控货币供给的结构和数量为初步目标，进而影响整个社会经济生活。

（3）政策工具不同。财政政策使用的工具一般与政府税收和收支活动相关，主要是税收和政府支出、政府转移性支出；货币政策使用的工具通常与中央银行的货币管理业务活动相关，主要是存款准备金政策、再贴现政策以及公开市场操作等。

（4）时滞长短不同。财政政策的认识时滞一般较短，至少不长于货币政策的时滞；财政政策的作用时滞也被认为短于货币政策，尤其是政府支出变动的时滞更短，财政政策对收入的影响大部分在第一年就产生了；财政政策的行动时滞是高度可变的，它取决于政府颁布支出或税收法案的时间长短。

（二）配合模式

（1）松的财政政策和松的货币政策，即"双松"政策。在社会总需求严重不足，生产能力和生产资源大量闲置的情况下，宜于选择这种政策组合，从而刺激经济增长，扩大就业。调控力度过大、过猛，也可能带来严重的通货膨胀。

（2）紧的财政政策和紧的货币政策，即"双紧"政策。这种政策组合可以用来治理需求膨胀与通货膨胀，但调控力度过大、过猛，也可造成通货紧缩、经济停滞甚至滑坡。

（3）紧的财政政策和松的货币政策。这种政策组合应是在控制通货膨胀的同时，保持适度的经济增长。

（4）松的财政政策和紧的货币政策。长期运用这种政策组合，会积累起大量的财政赤字。紧的政策措施和松的政策措施有时是相互补充的。在对总需求和总供给进行调节时，需要考虑它们的结构情况，而不能简单地运用松或紧的政策措施。同时还应注意到，调节需求的措施容易迅速奏效，而影响供给的措施要经历一个过程才能奏效。

第五节 中国货币政策的实践

在高度集中的计划经济体制下，财政金融工作的基本方针是"发展经济、保障供给"。实行高度集中统一的信贷管理体制，市场经济中的货币政策工具是不存在的，如果要分出中介指标，那就是按年、分季的信贷计划增长额。这实际是包括现金和存款货币在内的最大口径的货币供给的增长额。当时唯一的一家银行——中国人民银行，其年度信贷计划由国家批准。在批准的计划范围内，中国人民银行把指标存贷分解到基层行，基层行不得突破。这是一种直接的控制，在数额控制上是有效的。

由于货币的概念在当时限制在现金流通的范围，因此所谓货币政策，也只限于现金投放和回笼的政策。概括地说，传统体制下的货币政策，其目标是保证计划的实现；其政策工具是指令性的信贷计划；现金发行则是重要的观测指标。从观测的传导指标看，由于行政命令手段的应用，计划控制较为直接和简单。在计划价格保持稳定的形势下，隐蔽着实际的货币供应过多。

1984年，中国人民银行被确定为中央银行，专门行使中央银行职能，中央银行体制在中国正式确立，现代意义上的货币政策开始形成。中国货币政策的主要任务和调控方式可以分为两个阶段：第一阶段（1984～1997 年），货币政策的主要任务是治理通货膨胀，实行以贷款限额管理为主的调控方式；第二阶段（1998 年以来），货币政策的主要任务是治理通货紧缩，取消贷款规模控制，扩大公开市场操作，实现了由直接调控向间接调控的转变。

一、建立了独立执行货币政策的中央银行调控体系

1984 年，中央银行制度建立后，要求货币信贷管理制度与操作方法进一步变革。首先，建立中央银行贷款预存款准备金制度，开辟了中央银行吞吐基础货币最主要的渠道，使中央银行控制专业银行创造存款货币、扩张贷款的能力，增强其资金清偿能力。其次，调整利率，发挥其调节信贷供求、优化货币贷款投向的作用。最后，实行信贷计划管理，加强货币信贷总量控制与结构调整，根据经济运行状况，不断调整货币政策，在接近转轨时期有力地控制了通货膨胀。

1993 年，《国务院关于金融体制改革的决定》确定金融改革的首要目标是，"建立在国务院的领导下，独立执行货币政策的中央银行调控体系"，并明确提出："人民银行货币政策的最终目标是保持货币的稳定，并以此促进经济的增长。"1995 年颁布的《中华人民共和国中国人民银行法》又把这一最终目标以法律形式固定下来。法律赋予了中国人民银行职权，保障中国人民银行能按照既定货币政策目标自主操作，保持货币政策的稳定性、连续性和有效性。

在市场经济条件下，经济增长、物价稳定、充分就业和国际收支平衡，是宏观经济调控的目标，环保政策对经济发展的作用归根结底在于创造稳定的伙伴环境。货币政策最终目标的单一化，是货币政策的操作有了坚定正确的方向。中国人民银行从 1994 年开始，就把基础货币和货币供应量作为监测目标，由控制贷款总规模逐步转向控制货币供应总量，并正式确定货币供应量指标（M_0、M_1、M_2 三个层次）的标准，按季公布执行信息，这项改革有利于提高货币的可控性。中央银行逐步实现了货币信贷集中统一的调控，理顺货币政策与财政政策的关系，不再向财政部门透支或借款；理顺货币政策与投资的关系；进一步拓展间接调控工具，完善中央银行贷款，开办再贴现及公开市场业务，努力发展货币市场。对商业银行的资产负债实行比例管理和风险管理，逐步建立了以资产质量为核心的约束机制。中国进入调整改革的环保政策操作方式改革，使得中国金融体系在迎战亚洲金融危机和实现中国经济长期发展方面经受住考验。

二、总体上实行了稳健的货币政策

我国经济在经历了较长时期快速增长之后，20 世纪 90 年代中后期，特别是 1997 年 7 月亚洲金融危机爆发后，出现了前所未有的重大变化。经济增长放慢，投资和消费增长趋缓，出口大幅回落，市场有效需求不足，物价出现连续负增长。由于早几年形成的房地产泡沫破灭，不良贷款问题突出，银行体系面临防范和化解金融风险的艰巨任

务。针对这种情况，中共中央、国务院及时采取了扩大内需的方针，实行积极的财政政策，增发国债，扩大基础设施建设，并提出执行稳健的货币政策，适当增加货币供应量，正确处理防范金融风险与支持经济增长的关系。

实现稳健的货币政策，既要坚持商业信贷原则，保证贷款质量，防范金融风险，又要努力改进金融服务，拓宽服务领域，运用信贷杠杆，促进扩大内需和增加出口，积极支持经济增长。总结近年来实行稳健的货币政策工具实践，稳健的货币政策主要包括以下三个方面：

1. 灵活运用货币政策工具，保持货币供应量适度增长

中国人民银行于 1998 年和 1999 年先后两次下调了法定存款准备金率共计 7 个百分点，相应增加金融机构可用资金近 8000 亿元，为商业银行增加贷款、购买国债和政策性金融债，支持积极的财政政策创造了条件。1996 年 5 月～2002 年 2 月连续 8 次降低存款利率累计下调了 5.98 个百分点，贷款平均利率下调了 6.92 个百分点，减少了企业利息支出近 3000 亿元，提高了企业效益，支持了资本市场发展，降低了国债发行成本，对启动投资、促进消费、抑制通货紧缩趋势发挥了重要作用。与此同时，中国人民银行通过拆借市场和公开市场，向社会适当投放资金。另外，按月召开的经济金融形势分析会，对商业银行及时加强窗口指导和风险提示，对统一思想、统一步调起到了重要作用。

2. 及时调整信贷政策，引导贷款投向，促进经济结构调整

1998 年以来，我国对贷款政策进行了一系列调整，调整基础设施贷款政策，支持积极的财政政策，鼓励和督促商业银行发放国债资金项目配套贷款；调整个人消费信贷政策，发布《关于开展个人消费贷款的指导意见》，鼓励商业银行发展消费信贷业务，对个人住房贷款利率在按同档次固定资产贷款减挡执行的基础上又下降了 10%；调整农村信贷政策，推行适合我国农村实际的小额农户信用贷款制度；调整出口贷款政策，支持出口企业扩大出口；调整对中小企业，特别是高新技术企业的贷款政策，扩大对中小企业贷款利率的浮动制度，由 10% 扩大到 30%；调整对证券公司的信贷政策，发布《证券公司股票质押贷款管理办法》，支持资本市场发展；调整对非生产部门的信贷政策，开办助学贷款等。2004 年 10 月 29 日，经国务院批准，中国人民银行不再设立金融机构（不含城乡信用社）人民币贷款利率上限，并将城乡贷款信用社人民币贷款利率的浮动上限扩大为基准利率的 2.3 倍。所有金融机构的人民币贷款利率下限仍为基准利率的 0.9 倍。同时，中国人民银行对贷款政策也进行了调整，增加对农村信用社再贷款支持，较大幅度地增加了对股份制商业银行、城市商业银行再贷款和再贴现。

3. 执行金融稳定计划，发挥货币政策促进金融稳定的作用

加强金融监管，保持金融稳健运行，增强金融企业对货币政策的反应能力是实施稳健货币政策的基础。中国人民银行认真执行金融稳定工作计划，支持和配合财政部发行 2700 亿元特别国债，补充国有独资商业银行资本金，提高其资本充足率；组建信达、长城、东方、华融四家金融资产管理公司，向资产管理公司发放再贷款，支持其从国有独资商业银行收购不良资产和支持债转股；全面整顿各类金融监管，帮助化解金融机构支付风险，维护债权人合法权益；加强金融监管，坚持信贷原则，满足了积极发展的有效需求，促进了经济结构的调整。

三、推进货币政策运行机制的改革

货币政策作用是通过一定传导机构实现的。1998 年以来，中国人民银行努力推行货币政策运行机制改革，一是取消贷款规模限额控制；二是推进存款准备金制度改革；三是推进利率市场化改革；四是积极推进银行间同行拆借市场的发展；五是积极推进银行间证券市场的发展；六是积极推进票据市场的发展。这些措施增强了金融监管的活力，提高了金融市场的效率，在这个基础上，中国货币政策调控基本实现了从直接调控向间接调控的转变。

1. 取消贷款规模限额控制

1998 年 1 月 1 日，经国务院批准，中国人民银行宣布取消对国有独资商业银行信贷规模的限额控制，实行资产负债比例管理和风险管理。商业银行根据信贷原则自主决定发放贷款，中央银行只通过间接工具进行间接调节。

2. 推进存款准备金制度改革

我国的存款准备金制度是在 1984 年建立起来的，1998 年以来，随着货币政策由直接调控向间接调控转化，我国存款准备金制度不断得到完善，不仅对存款准备金率的比例加以调整，还实行了差别准备金率制度。

1998 年 3 月，存款准备金率由 13％下调到 8％，1999 年 11 月，存款准备金率由 8％下调到 6％。为了防止货币信贷总量过快增长，2003 年 9 月 21 日，提高存款准备金率 1 个百分点，即存款准备金率由 6％调高至 7％，当时调整的金融机构范围为国有独资商业银行、股份制商业银行、城市商业银行、农村商业银行（农村合作银行）、中国农业发展银行、信托投资公司、财务公司、金融租赁公司、有关外资金融机构等。农村信用社和城市信用社仍执行 6％的存款准备金率。

为制约资本充足率不足且资产质量不高的金融机构的贷款扩张，2004 年 4 月 25 日起，我国实行差别存款准备金率制度，即金融机构适用的存款准备金率与其资本充足率、资产质量状况等指标挂钩。资本充足率越低、不良贷款比率越高，适用的存款准备金率就越高；反之，金融机构资本充足率越高、不良贷款比率越低，适用的存款准备金率就越低。具体的规定是，资本充足率低于一定水平的金融机构存款准备金率提高 0.5 个百分点，执行 7.5％的存款准备金率，而其他金融机构仍执行现行存款准备金率。

3. 推进利率市场化改革

我国利率市场化改革总体思路是先货币市场和债券市场利率市场化，后存贷款利率市场化；存贷款利率市场化的思路是先外币、后本币，先贷款、后存款，先农村、后城市，先大额、后小额。1998 年 3 月，改革再贴现利率及贴现利率的生成机制，放开了贴现和转贴现利率。实现再贴现利率由中央银行根据货币市场利率独立确定，贴现和转贴现利率由商业银行在再贴现利率基础上自行加点生成。1998 年 9 月，放开了政策性银行金融证券发行利率，随后，银行间债券市场债券发行利率全面放开。1999 年 9 月，成功实现国债在银行间债券市场利率招标发行。1999年10月，对保险公司大额定期存款实行协议利率。逐步扩大金融机构贷款利率浮动权，简化贷款利率种类，探索贷款利率改革的途径。根据宏观经济、金融形势变化和货币政策需要、灵活运用利率政策工具，连续七次降息，支持国民经济持续、快速发展。2000年9月21日，放开外币贷款利率，同时放开300万美元以上的大额外币存款利率。中央银行灵活运用公开市场操作，调控货币市场利率。

中共十六届三中全会提出，稳步推进利率市场化，建立健全由市场供求决定的利率形成机制，中央银行通过运用货币政策工具引导市场利率。2004年以来，中央银行灵活运用利率杠杆进行宏观调控，以循序渐进的方式推进利率市场化改革。

(1) 从2004年1月1日起，商业银行、城市信用社贷款利率的浮动区间扩大为基准利率的 (0.9, 1.7)；农村信用社贷款利率的浮动区间扩大为贷款基准利率的 (0.9, 2)。金融机构不再根据企业规模和所有制性质，而是根据企业的信誉、风险等因素确定贷款利率，已逐步形成按照贷款风险成本差别定价的依据。

(2) 从2004年3月25日起，实行再贷款浮息制度。该制度的确定理顺了中央银行和贷款人之间的资金利率关系，提高了再贷款管理的科学性、有效性和透明度，增强了中央银行引导市场的能力。

(3) 从2004年10月29日起，放开金融机构人民币贷款利率上限并允许人民币存款利率下调。同时，上调金融机构存贷款基准利率，以进一步缓解通货膨胀压力，防止投资反弹。

4. 积极推进银行间同行拆借市场的发展

扩大全国银行间同业拆借市场的统一电子联网，努力扩大全国银行间同业拆借中心交易系统的覆盖面。吸收符合条件的证券公司进入全国银行间同业拆借市场，开展资金拆借和证券回购、现券买卖业务。目前，中国人民银行已批准部分证券公司和基金进入银行间债券市场，积极推进代理行制度，使小金融机构通过代理行进入全国货币市场。

5. 积极推进银行间证券市场的发展

抓住宏观环境的有利时机，提高银行间证券市场的市场化程度，按市场规律发展市场。不断完善证券市场制度建设，严格监管和执法。银行间债券市场的快速健康发展为中央银行完善以公开市场操作为基础的货币政策间接调控奠定了基础。

6. 积极推进票据市场的发展

改革再贴现利率生成机制，连续下调再贴现利率，提高商业银行开展票据贴现业务的积极性，支持中小企业的发展。强调发展有真实贸易背景的商业票据，防止票据市场风险。从商业银行专营票据的窗口开始做起，充分利用商业银行的信用和监管能力，充分发挥中心城市在组织票据市场发展中的作用，并逐渐完善票据市场的中介组织。

四、国际金融危机以来中国的货币政策

2008年下半年国际金融危机集中爆发，我国及时全面应对。对货币政策的方向、

重点和力度进行了调整，由从紧转向适度宽松，在两年内，先后向流通领域投放 4 万亿元人民币拉动投资，对促进经济企稳回升发挥了重要作用，也迅速扭转了通缩的形势，是世界上最早从金融危机阴影下走出来的国家。2010 年以来，我国经济运行步入上升通道，总体态势良好，但外部环境不稳，增长势头尚不牢固；与此同时，通胀预期显现。货币政策在保持连续性和稳定性、促进经济恢复较快增长的同时，根据新形势、新情况加强流动性管理，逐步引导货币条件从反危机状态向常态水平回归，以平衡好保持经济平稳较快发展、调整经济结构和管理通胀预期的关系。随着 2010 年下半年经济复苏态势进一步巩固，物价较快上涨逐渐成为经济运行中最突出的矛盾。面对持续较大的物价上涨压力，货币政策从适度宽松转为稳健，按照实行稳健货币政策的总体要求，积极采取提高利率和存款准备金率、灵活开展公开市场操作、增强汇率灵活性以及建立宏观审慎政策框架等多项措施，收紧物价上涨的货币条件。

2011 年，我国把控制流动性过剩、遏制通货膨胀当作货币政策宏观调控的首要任务。这是因为：

（1）从国内看，投资旺盛和产品、劳动力的价格大幅上升导致通货膨胀。具体分析如下：

1）能源、资源、劳动力等成本推动压力上升。随着国际大宗商品价格持续上涨，国内能源、原材料价格"水涨船高"，第一季度，工业品出厂价格和购进价格同比分别上涨 7.1％和 10.2％，向下游传导的压力加大。随着国内劳动力成本趋升，农产品、服务业等包含人工成本较高的商品价格内在上涨压力较大。继 2010 年全国 30 个省、市上调企业用工最低工资标准之后，2011 年第一季度，山东、广东等 12 个地区再次上调企业用工最低工资标准，半数地区涨幅超过 20％。

2）农产品价格上升。当前的物价上涨有短期因素，比如受恶劣天气等自然灾害的影响，消费物价指数中粮食价格连续 27 个月环比上涨。但长期结构性因素，如资源性产品价格等，也产生了价格上涨的预期。

3）投资需求旺盛的惯性拉动。为应对国际金融危机，过去两年我国投资规模持续扩大。加之，2011 年"十二五"规划的第一年，各地投资动力较强。投资快速扩张造成对生产资料和消费品的需求增加，导致能源、原材料和交通等部门产品和消费品价格上涨。

4）通胀预期仍然较强。目前通胀预期管理的局面十分复杂。我国部分地区出现的对一些日用品抢购的个别现象在一定程度上反映了居民通胀预期比较敏感和脆弱。

（2）从国际看，全球通货膨胀的影响及输入性通货膨胀是重要因素。

1）国际大宗商品价格持续上涨。2010 年以来国际大宗商品价格连续上涨，2011 年第一季度，国际市场能源、原材料、金属矿价格累计分别比 2010 年末上涨 18.8％、13.6％和 5.2％，4 月上旬布伦特和西德克萨斯原油期货价格每桶分别突破 120 美元和 110 美元。目前，国际大宗商品期货价格指数已超过国际金融危机前的水平。受全球需求恢复、流动性充裕以及地缘政治和重大自然灾害等因素影响，大宗商品价格还可能继续上涨。

2）全球通胀压力不断加大。一方面，新兴经济体通胀率继续高企。2011 年 3 月，巴西、俄罗斯、韩国和越南消费物价同比涨幅分别达到 6.3%、9.5%、4.7% 和 13.9%，印度 2 月涨幅达 8.8%。另一方面，发达经济体通胀呈抬头之势。2011 年 3 月，美国消费价格同比上升 2.7%，是 2009 年 12 月以来的最高涨幅；欧元区消费价格上涨 2.6%，创 2008 年 10 月以来新高，连续第四个月呈上升态势，超过欧央行 2% 的警戒线。

3）主要经济体货币条件持续宽松。美联储维持联邦基金利率 0～0.25% 的目标区间，继续按原计划实施第二轮量化宽松政策。2011 年 4 月初，欧央行自 2008 年 7 月以来首次加息，将欧元区主导利率提高 0.25 个百分点至 1.25%，但现行利率仍处于历史较低水平。英格兰银行则保持 0.5% 的基准利率水平不变。日本银行除了保持 0.1% 的基准利率不变以外，还因地震进一步放宽了政策。

稳定物价总水平是当前我国宏观调控的首要任务，稳健的货币政策要求更加积极稳妥地处理好保持经济平稳较快发展、调整经济结构、管理通胀预期的关系，把控制通胀放在更加突出的位置。

一、重要概念

存款准备金政策　再贴现政策　公开市场业务　选择性货币政策工具　一般性货币政策工具　消费者信用控制　不动产信用控制　直接信用控制　证券市场信用控制　货币政策传导机制　道义劝告　窗口指导　内部时滞　外部时滞

二、复习思考题

1. 货币政策的三大工具各有何特点？
2. 简述存款准备金率对货币政策目标的作用机制。
3. 为何要设立货币政策中介目标？设立货币政策中介目标的要求是什么？
4. 关于货币政策传导过程，凯恩斯主义和货币主义各持什么观点？
5. 中央选择的货币政策中介目标有哪些？这些中介目标有何特点？

三、前沿思考题

2011 年，我国为什么多次提高存款准备金率，同时又提高基准利率？

参考文献：

[1] 艾洪德：《货币数量研究》，大连：东北财经大学出版社，1994。
[2] 黄达：《货币银行学》，北京：中国人民大学出版社，2003。
[3] 周延军：《西方金融理论》，北京：中信出版社，1992。
[4] 林钟雄：《货币银行学》，台北：1995。
[5] 盛松成等：《现代货币经济学》（第二版），北京：中国金融出版社，2001。
[6] [美] 大卫·H. 弗里德曼：《货币银行学》（中文版），北京：中国计划出版社，2001。
[7] 朱小华：《中央银行业务全书》，北京：中国社会出版社，1997。

第十三章 外汇与汇率

本章提要：外汇和汇率是国际金融活动中需要了解的最基本最现实的问题。也是国际贸易、国际金融活动中最敏感的问题。

本章主要讲述：

外汇的类别及汇率的标价方法。

影响汇率变动的因素。

汇率变化对经济的影响。

汇率制度的演变及人民币汇率制度。

货币信用关系跨越国界，就具备了特殊的性质，转化为国际货币关系，国际贸易的发展和资本的广泛流动又进一步加深了这种关系。在经济全球化进程中，各国为了发展本国经济都越来越多地介入和依赖国际商品市场和国际金融市场，国与国之间的商品、技术、服务等交流急剧增加，从而不可避免地与其他国家发生着各种各样的货币关系。

第一节 外 汇

一、外汇的概念及特征

外汇是国际汇兑的简称，有动态和静态之分，是指以外币表示的用以进行国际间结算的支付手段。这种支付手段包括外币和以外币表示的信用工具和有价证券，如银行存款、商业汇票、银行汇票、银行支票、政府公债、政府国库券、公司债券、股票、息票债券等。

它包括以下三个特征：

（1）相对性。即外汇必须是以外国货币表示的支付手段，而以本国货币表示的支付手段则不属于外汇。比如说，以美元表示的支付手段对于美国来说不是外汇，但对于我国来说则是外汇。相对性特征可用"外"字来概括。

（2）国际支付性。即外汇必须是某种可用于对外支付的工具。根据可自由兑换程度的不同，外汇可区分为两类。这表现为两方面，一是支付能力上外汇必须是真实的，像空头支票、拒付汇票等就不能视为外汇；二是支付方式上外汇必须适应国际结算的要求，或者说外汇应具体表现为国际结算的某种工具。

（3）可兑换性。在这里是指可将该外币支付手段兑换成其他货币表示的支付手段，即使这种兑换可能会受到某些限制，但如果完全不具备这一特征，外汇就无法实现国际结算的职能。可兑换性特征可用"兑"字来概括。

国际货币基金组织对外汇的解释："外汇是货币行政当局（中央银行、货币机构、外汇平准基金组织及财政部）以银行存款、财政部国库券、长短期政府证券等形式所持有的在国际收支逆差时可以使用的债权。其中包括由中央银行及政府间协议而发行的在市场上不流通的债券，而不问它是以债务国货币还是以债权国货币表示。"此定义具有两个特点，一是它所解释的是一国"国际清偿力"项下的外汇，故所述的外汇特指一国货币行政当局持有的，而没有包括个人和机关、团体等所持有的；二是它强调外汇的作用是在国际收支逆差时可以使用的债权，因此它所指的外汇不仅包括以外币表示的债权，也包括在一定条件下以本币表示的债权。由此可知，外汇的概念不是一成不变的，而是在不断变化发展的。这既表现在外汇概念从动态变化为静态，由狭义扩大到广义，又表现为随着银行业务的发展和国家外汇管理的需要，有些原属于外汇之列的，现已被排除掉，而原来不属于外汇范畴的却又被新吸收进来。如外国货币，在现金结算的条件下，理所当然是狭义的外汇，现在由于非现金结算的普遍运用，外国货币，不论是可自由兑换的，还是不能自由兑换的，都不再属于狭义的外汇。

二、外汇的种类

（1）根据外汇可否自由兑换，分为自由兑换外汇、记账外汇。

自由外汇是指无须经过货币发行国外汇管理当局批准即可自由兑换成其他国货币或向第三者办理支付的外汇。美元、日元、英镑、德国马克等一些主要西方国家的货币属于这一类。

记账外汇是指不经有关国家管理当局批准不能自由兑换成其他货币，也不能向第三者进行支付的外汇。例如，我国过去与苏联及不少第三世界国家签过这样的协定。协定通常规定双方进出口商品的价款只在双方银行开立的账户上记载，或者使用本国货币计价结算，或者使用对方货币或第三国货币定价结算，到一定时期，集中冲销双方账户之间的债权债务，所余下的差额则由双方协商处理。在一般情况下，这种双方银行账户上所记载的外汇，不能转让给第三国使用，也不能转成自由外汇。

（2）根据外汇的来源与用途不同，外汇分为贸易外汇和非贸易外汇。

贸易外汇是指由国际商品贸易引起收支的外汇。出口贸易可以收入外汇，进口贸易要支付外汇。贸易外汇是一个国家外汇的主要来源。

非贸易外汇是指除国际商品贸易以外的其他各项外汇收支,包括劳务外汇、旅游外汇、侨汇、捐赠与援助外汇等。随着服务贸易的迅速扩大,这种外汇也越来越重要。

第二节　汇　率

一、汇率的概念

汇率是用一个国家的货币折算成另一个国家的货币的比率,也可以说是在两国不同货币之间,用一国货币表示的另一国货币的价格。由于它是两种货币之间的兑换比率,因此也称为兑换率(也称为外汇行市、汇价、外汇牌价)。

二、汇率的标价方法

不同的货币之间可以相互表示对方的价格,两种货币的兑换比例可以是以本币表示外国货币的价格,也可以是以外国货币表示本币的价格,这就是汇率的标价方法。常见的汇率标价方法有直接标价法、间接标价法和美元标价法。

(一)直接标价法

直接标价法是以一定单位(1、100、10000 单位等)的外国货币作为标准,用一定量的本国货币来表示外国货币的价格。通常以 100 外币为单位。目前,世界上多数国家都采用这种标价法。直接标价法又称应付标价法,在直接标价法下,等式左边的外国货币数额固定不变,外汇汇率涨落均以等式右边相对的本国货币数额的变化来表示。如果需要比原定数额更多的本国货币才能兑换原定数额的外币,这说明外国货币价值上升,本国货币对外国货币的币值下降,通常可称之为外汇汇率上涨。假定以比原定数额较少的本国货币就能兑换原定数额的外国货币,这就说明本币币值上升,外币对本币的比值下降,通常称之为外汇汇率下跌。目前除美元、英镑、爱尔兰镑、澳大利亚元、新西兰元、欧元以外,其他货币的汇率均采用直接标价法表示。

(二)间接标价法

间接标价法是以一定单位(1、100、10000 单位等)的本国货币为基准,用折成多少外国货币单位来表示,英国一直采用这种标价法。例如,每英镑兑多少外币作标价。目前只有美英两国采用间接标价法,但美元对英镑仍采用直接标价法。在间接标价法下,等式左边的本国货币数额固定不变,外汇汇率涨落均以等式右边相对的外国货币数额的变化来表示。一定单位的本国货币折算的外国货币增多,即等式右边的外国货币数额增大,说明外汇汇率下降,或本币汇率上升。如果外币数额减少,则说明外币币值上升,本国货币币值下降,本币汇率下跌、外汇汇率上升。直接标价法和间接标价法之间存在着一种倒数关系，即直接标价法的倒数就是间接标价法，反之，亦然。

（三）美元标价法

美元标价法是对美国以外的国家而言的，指在国际间进行外汇交易时，银行间的报价通常以美元为基准来表示各国货币的价格。即每1美元等于其他货币若干元。又称纽约标价法，是指在纽约国际金融市场上，除对英镑用直接标价法外，对其他外国货币用间接标价法的标价方法，由美国在1978年9月1日制定并执行。20世纪50年代，国际金融市场开始采用美元标价法，目前欧洲各国的货币汇率仍然以对美元的比价为基准。国际金融市场上一些较大的银行的外汇牌价也都是公布以美元对其他主要货币的汇价。其他各国货币之间的汇价要通过各自和美元的汇价套算出来。在美元标价法中，美元称做基准货币，其他货币称做标价货币。

下面为银行报价：

USD/JPY（1美元兑日元）	126.10/20
GBP/USD（1英镑兑美元）	1.7600/10
AUD/USD（1澳元兑美元）	0.8200/10

汇率的标价总是五位有效数字，斜线左边是买入价，右边是卖出价。（从银行或报价人角度）在上述美元兑日元汇价报价中，126.10/20表示银行愿意以126.10的汇价买进美元，卖出日元；同时愿意以126.20的汇价卖出美元，买进日元。又如1.7600/10表示银行愿以1.7600的汇价买进英镑，卖出美元；又以1.7610的汇价卖出英镑，买进美元。0.8200/10表示银行愿以0.8200的汇价买进澳元，卖出美元；又以0.8210的汇价卖出澳元，买进美元。

三、汇率的种类

（一）按汇率的制定是否通过第三国货币来划分

可分为基本汇率与套算汇率。

（1）基本汇率。目前国际上有50多个国家接受了IFM关于货币自由兑换的规定，这些国家的货币因此被认为是可自由兑换的货币，其中主要有美元（USD）、日元（JPY）、英镑（GBP）、欧元（EURO）。由于国际上可自由兑换的货币种类很多，各国再公布本币对这种基准货币之间的汇率，这种汇率称为基本汇率，它是套算本币对其他外币的基础。

（2）套算汇率。基本汇率确定以后，对其他国家货币的汇率，就可以通过基本汇率套算出来，因此称为套算汇率。

（二）按银行买卖外汇划分

可分为买入汇率和卖出汇率、现钞汇率。

（1）买入汇率，是银行向同业或客户买入外汇所使用的汇率。

（2）卖出汇率，是银行向同业或客户卖出外汇所使用的汇率。

（3）现钞汇率，从理论上讲，卖外币现钞的兑换率应与外汇汇率相同，但因需要把外币现钞运到各国发行行去，由于运送外币现钞要花费一定的运费和保险费，因此，银行在收兑外币现钞时，汇率要低于外汇买进汇率，但现钞卖出价和现汇卖出价相同。

采用直接标价法时，外币折合本币数量较少的汇率为买入价，外币折合本币数量较多的汇率为卖出价。采用间接标价法时，本币折合外币数量较多的汇率为买入价，本币折合外币数量较少的汇率为卖出价。卖出价与买入价之间的差额即为卖出外汇的收益，一般占 0.5％左右。买入价与卖出价之和除以 2，称为中间汇率。在使用直接标价法的国家，银行所报的外汇汇率的前一个数字是买入汇率。在使用间接标价法的国家，银行所报外汇汇率后一个数字是买入汇率。

外汇报价时应如何分清买入价和卖出价的区别呢？实际上，买入价和卖出价的报价方法都是从银行的角度出发，并针对报价中的前一个币种而言的。即买入价指银行买入前一个币种卖出后一个币种的报价；卖出价是指银行卖出前一个币种买入后一个币种的报价。例如，银行报美元兑日元卖出价 131.20，即银行按 1 美元＝131.20 日元的价格买入日元卖出美元；银行报美元兑日元买入价 130.90，按 1 美元＝130.90 日元的价格买入美元卖出日元。让我们拿外汇买卖中的实例来看一下，如甲客户打算拿手中的 1 万美元换成日元，乙客户打算将手中的 10 万日元换成美元，按照上面的报价，则两位客户的计算方法如下：

甲：1 万美元×130.90（买入价）＝1309000 日元

乙：10 万日元÷131.20（卖出价）＝762.20 美元

上述方法同样适用于各外币兑人民币的外汇牌价中。对于外汇投资者来讲，在实际交易中最重要的是分辨出在买入价和卖出价两者之中哪一个是针对自己买卖方向上的报价，而不是名词意义上的解释。因此，最简便的判断方法就是哪一个报价计算出来的结果对银行有利，那就是银行报给客户的价格。

（三）按买卖对象划分

可分为同业汇率和商人汇率。

（1）同业汇率，它是按外汇市场供求关系决定的汇率，又称外汇的批发价。

（2）商人汇率，是指银行对顾客买卖外汇的汇率。

（四）按汇兑的方式和收付时间划分

可分为电汇汇率、信汇汇率、票汇汇率。

（1）电汇汇率，是经营外汇业务的本国银行，在卖出外汇后，即以电报委托其国外分支机构或代理行付款给受款人所使用的一种汇率。在国际金融市场上，外汇汇率极不稳定，因此，在国际贸易中，进口商为避免外汇汇率波动所带来的风险，在买卖合同中规定使用交收时间最快的电汇方式。银行同业之间买卖外汇或资金划拨也经常使用电汇，电汇汇率较一般汇率高，但是电汇调拨资金快，加速国际资金周转，因此，电汇在外汇交易中占有绝大的比重，它已经成为基本汇率。由于电汇进行交易时，可于当天或第二天完成，故没有利息包含在汇率中，所以这种汇率为最纯的汇率。一般均以此汇率作为基准决定其他各种对客户的汇率。

（2）信汇汇率，是以信汇方式买卖外汇时所使用的汇率。信汇是用银行开具的付款委托书，以信函方式通过邮局寄给付款地银行，银行在这段时间内可以占用客户的资金，因此信汇汇率比电汇汇率低。

（3）票汇汇率，是以票汇方式买卖外汇时所使用的汇率。票汇是指银行在卖出外汇时，开立一张由其国外分支机构或代理行付款的汇票交给汇款人，由其自带或寄往国外取款。和信汇一样，票汇汇率一般比电汇汇率低。

即期票汇汇率：也称见票即付，由于付款时间较电汇慢，汇率也比电汇汇率低。

远期票汇汇率：远期票汇付款期限较长，一般在1～3个月，或按指定日期付款。因此，它以即期票汇汇率为基准，扣除远期付款的利息，故比电汇、信汇汇率都低。

（五）按外汇买卖交割期限不同划分

可分为即期汇率和远期汇率。

（1）即期汇率，也称现汇汇率，是指买卖双方成交后，当日或两个营业日内交割款项时使用的汇率。

（2）远期汇率，远期汇率是买卖远期外汇的汇率。远期外汇买卖与即期外汇买卖不同，交易货币的交割（收、付款）是在两个工作日以后进行的。外汇市场上通常最长可以做到一年，1～3个月的远期交易最为常见。远期买卖成交后，双方必须按约定的日期和约定的汇率进行交割。由于这种交易提前把将来的汇率确定下来，因此，买方实际上把将来的汇率风险转嫁给了卖方。当然，银行也会调整自己的头寸，或通过货币市场的借贷防范风险，或者干脆把风险转嫁给别人。

例：某进出口公司计划从日本进口一批设备，预料三个月后支付1.42亿日元。为防日元升值、美元贬值所带来的汇率损失，该公司可向银行购买三个月的远期日元。假设三个月远期日元的汇率为1美元兑142日元，那么，该客户只需准备100万元就够用了，不论汇率将来如何变化均与他无关，一旦美元兑日元下跌到13600，那么该客户就要多付44000以上的美元。当然，如果日元贬值，公司就划不来，但公司应从锁定成本考虑。

（六）按有无外汇管制划分

可分为官方汇率和市场汇率。

（1）官方汇率，指一国的货币金融管理机构如中央银行或外汇管理当局所公布的汇率。这种汇率具有法定的性质，又称法定汇率。

在金本位制下，官方汇率的确定比较容易，只要将本国货币与外国货币含金量加以对比即可。在纸币制度下，官方汇率最初以纸币的黄金平价为依据，黄金的货币作用被削弱后，官方汇率或者根据某种综合价格指数的对比而确定，或者根据某种"货币篮子"的变动而确定，或者根据某种"关键货币"的变动而确定。官方汇率有的是单一汇率，有的是复汇率（多重汇率）。第二次世界大战后，大部分国家的货币金融管理机构在制定官方汇率时，都很重视本国货币与美元的汇率，即在大部分国家的外汇市场中，美元都起"关键货币"作用。

（2）市场汇率，是指在自由外汇市场上买卖外汇的实际汇率。在外汇管理较松的国家，官方宣布的汇率往往只起中心汇率作用，实际外汇交易则按市场汇率进行。市场汇率是外汇市场上自由买卖外汇的实际汇率。

在外汇市场上，真正起作用的是按供求关系变化而自由波动的市场汇率，而官方汇率经常只起中心汇率的作用。但是各国货币金融管理当局对市场汇率的动态并不采取完全放任的政策，而要利用各种手段进行干预，使之不过于偏离官方汇率。在外汇管制较松的国家，外汇交易一般按市场汇率进行；在外汇管制较严的国家，往往出现高于官价的黑市汇率。

（七）按是否商业交易划分

政府一般对商业交易和非商业交易规定不同的汇率。前者称为商业汇率或贸易汇率，后者称为金融汇率或非贸易汇率。

（1）贸易汇率：主要指应用于对外贸易及其从属费用方面支付结算的汇率。

（2）金融汇率：是指适用于资金移动及旅游方面的汇率。

四、汇率的决定

（一）影响汇率变动的主要因素

引起汇率波动的直接原因是外汇供求的变动，而外汇供求的变动则是多方面因素共同作用的结果。既包括经济因素，又包括政治因素和心理因素等，而各个因素之间又相互联系和相互制约。随着世界政治经济形势的发展，各个因素对不同国家在不同时间所起的作用不同。

1. 经济因素

（1）经济增长。实际经济增长对一国货币汇率的影响较为复杂，一方面，实际经济的增长反映了一国经济实力的增强，于是，该国货币在外汇市场上的信心大增，外汇汇率下降（直接标价法）即该国货币币值有可能上升；另一方面，经济增长加速，国内需求水平提高，将增加一国的进口，如果出口保持不变，则该国经济收支项目的盈余减少甚至出现逆差，这样该国货币币值有下降的压力。经济增长对一国汇率影响的净结果取决于上述两方面影响的大小。

（2）国际收支。国际收支状况对一国汇率有长期的影响，尤其是经常收支项目。一国国际收支发生顺差，则外国对该国货币的需求以及外国本身的货币供应量会相对增加，于是该国货币汇率会下降即其币值会上升。反之，该国货币汇率就会上升即其币值会下降。在固定汇率时期，国际收支逆差往往是货币贬值的先导。20世纪70年代后随着浮动汇率取代固定汇率，一些另外的经济因素如利率和通胀率变得更加重要了。

（3）通货膨胀。一国货币价值的总水平是影响汇率变动的一个重要因素，它也影响一国商品、劳务在世界市场上的竞争能力，由于存在通货膨胀，商品出口会减少而进口会增加。这些变化将对外汇市场上的供求关系发生影响，从而导致汇率的变动。同时，一国货币对内价值的下降不可避免地影响其对外价值，即该国货币在国际市场上的信用地位受到削弱，币值下降。自20世纪70年代初期开始，由于各国财政与货币政策的不同，通胀率发生很大差异，因此汇率波动剧烈。但一国货币内部贬值转移到货币外部贬值要有一个过程，这种转移过程需要半年，甚至需要几年，从长期看，汇率终将根据货币实际购买力而自行调整到合理的水平。

（4）资本流动。资本流动对汇率的影响通过两个渠道：一是改变外汇的相对供求状况；二是改变人们对汇率的预期。就前者来看，如果一国有大量资本外流，就意味着在本国外汇市场上外币的供应量相对减少，这样则本币汇率上升。就后者来看，当一国出现资本外流时，市场就预期该国货币贬值，于是就抛售该国货币购入外币，结果汇率上浮，开始时的预期变为现实。

2. 政治因素

（1）利率政策。利率作为一国借贷状况的基本反映，对汇率波动起决定性作用。利率水平直接对国际间的资本流动产生影响，高利率国家发生资本流入，低利率国家则发生资本外流，资本流动会造成外汇市场供求关系的变化，从而对外汇汇率的波动产生影响。一般而言，一国利率提高，将导致该国货币升值，本币汇率上升；一国利率下跌，则该国货币贬值，本币汇率下跌。

（2）汇率政策。一国货币购买力不变，而对外汇率政策产生变化。

（3）外汇干预政策。央行对外汇市场的干预早已有之。欧洲货币体系就规定汇率波动的上下限，各央行有责任干预外汇市场，维持成员国之间货币汇率的稳定。自实行浮动汇率制以来，各央行曾多次单独或联合干预外汇市场。1985年9月22日，西方五国财长和央行行长联合干预外汇市场央行一起向外汇市场抛售美元，致使美元汇率狂跌。这是最典型的央行干预行动。

3. 其他因素

（1）市场预期心理。市场预期心理是指外汇市场参与者对某种货币的信心问题，它是政治、经济、社会等各方面因素综合作用的结果。市场预期心理对于外汇的供求有着重大影响。当市场对某种货币的信心不足，就会产生大量抛售该货币的行为，从而导致其汇率的下降。反之，如果市场参与者们预期某种货币在未来一段时间保持坚挺，则会大量收购该货币，从而促使其升值。投机是建立在心理预期的基础上，期望从汇率变动中获利而进行的外汇买卖活动。当投机者预期某种货币趋于升值，就会大量买进，等预期汇率实现后再抛出，以赚取巨额投机利润；当预期某种货币趋于贬值时，则会采取相反的行动。大量的投机行为会提前并加剧外汇市场中汇率的波动。

（2）外汇投机活动。外汇投机活动是指通过预测汇率变化买卖外汇以获利的行为。东德、西德统一，这种突发事件对西德马克有什么影响，人们一时难以判断。开始一周，人们觉得事发对西德政局不利，多抛售马克买入美元，一周后，人们冷静下来，觉得大量廉价劳工进入西德，对解决西德劳工不足，刺激经济发展有利。于是买马克，但德国宣布自1990年7月1日起货币统一时，人们预期马克会增加10%的货币供应量，通货膨胀压力大，而德国又表示不愿加息。反观日元，日本有加息的倾向，西方七国在那里埋怨日元太弱。因此，许多人开始回吐原来买进的大量马克，反过来抛马克买日元，从而使西德马克下跌。外汇交易员在对待这些传闻时有一句谚语：于传闻时买入，于事实时卖出，或于传闻时卖出，于事实时买入。

（3）国际性经济、政策或突发事件。在政治选举中，不同的政党有不同的经济政策，不同的经济政策则可能导致汇率水平的变化。因此，在西方国家大选前夕，外汇市场的反应是很敏感的。此外，较大规模自然灾害的发生，会影响到本国的进出口贸易，从而影响到本国的国际收支状况，最终使汇率发生变化。战争及大规模的军事冲突也可能产生同样的结果。上述各因素的关系，错综复杂，有时各种因素会合在一起同时发生作用；有时个别因素起作用；有时各因素的作用又相互抵消；有时某一因素的主要作用，突然为另一因素所代替。一般而言，在较长时间内，国际收支是决定汇率基本走势的重要因素（如1年），通货膨胀、汇率政策只起从属作用，助长或削弱国际收支所起的作用；投机活动不仅是上述各项因素的综合反映，而且在国际收支状况所决定的汇率走势的基础上，起推波助澜的作用，加剧汇率的波动幅度；从最近几年看，在一定条件下，利率水平对一国汇率涨落也起重要作用。

前面分析了决定汇率变动的诸种因素，这种分析基本上是基于某个国家的立场，若从整个世界的外汇市场来看，影响汇市波动的一个重要原因就是美国的经济情况。美国现时仍然是世界上最强大的国家，而且美元是世界范围的流通货币，所以，美国经济情况的变动，必然会对国际外汇市场带来影响。

（二）汇率变动对经济的影响

汇率作为联系国内外商品市场和金融市场的纽带，其变动受国内外诸多因素的影响；反过来，汇率的变动也会对一国的经济发展产生重大影响。尤其是在经济全球化进程中，这种影响越来越大，所以各国都把汇率作为一个重要的经济杠杆，来调节本国经济。

1. 对进出口贸易的影响

一般而言，一国货币贬值将有利于扩大出口，限制进口，促进贸易收支改善；反之，一国货币升值将限制出口，扩大进口，使贸易收支恶化。本国货币贬值后，一方面，以外币表示的本国出口商品的价格下降，增强了出口商品的国际竞争力，导致出口量的增加；另一方面，以本币表示的进口商品的价格上升，从而抑制进口。反之亦然。

2. 对资本流动的影响

一方面，汇率变动会通过影响人们的预期而影响资本流动。一国货币贬值后，人们会对本币失去信心，从而发生货币替代现象，导致资本外逃；相反，本币升值后，则会形成大量抛售外汇、抢购本币的现象，使资本流入增加。另一方面，本币贬值意味着1单位外币折合更多的本币，外国投资者在该国的投资成本降低，有利于吸引外资流入；相反，本币升值意味着1单位外币折合更少的本币，外国投资者在该国的投资成本增加，会抑制外资流入。这与通过预期的途径对资本流动的影响方向相反。

3. 对国内物价的影响

汇率变动通过影响出口商品价格来影响贸易收支，而贸易商品价格的变动，又必然会对一国社会物价总水平产生影响。本币贬值有推动国内物价总水平上涨的倾向。一方面，本币贬值后出口需求增加，而供给一时增加不多，必然会加剧国内市场的供求矛盾，从而引起出口商品的国内价格飞涨。另一方面，本币贬值后，以本币表示的进口商品的价格马上提高，由于示范效应，又会引起国内同类商品或替代商品的价格上涨。相反，本币升值有助于推动国内物价总水平下降的倾向。

4. 对外汇储备的影响

外汇储备是一国国际储备的主要内容，由本国对外贸易及结算中的主要货币组成。在以美元为主要储备货币时期，外汇储备的稳定性和价值高低完全取决于美元汇率的变化。美元升值，一国外汇储备相应升值；美元贬值，一国外汇储备也相应贬值。在多元化储备时期，汇率变化对外汇储备的影响也多样化了，有时外汇市场汇率波动较大，但因储备货币中升、贬值货币的力量均等，外汇储备总值就不会受到太大影响；有时虽然多种货币汇率下跌，但占比重较大的储备货币汇率上升，外汇储备总价值也能保持稳定或略有上升。国际储备多元化加之汇率变化的复杂性，使国际储备的管理难度加大，各国货币当局都应随时注意外汇市场行情的变化，相应地调整储备货币以避免汇率波动造成的储备损失。

5. 对微观经济活动的影响

浮动汇率制度下，汇率频繁波动使得企业进出口贸易的计价结算和对外债权、债务中的风险增加。具体来说，进口商品计价货币升值，或应偿还借款货币升值，都意味着债务方实际支出的增加；出口商品计价货币贬值，或应收贷款货币贬值，都意味着债权方实际收入的减少。相对于固定汇率制度下汇率的稳定性，浮动汇率制度下进出口贸易和国际借贷等活动随时面临汇率变化风险，这就要求微观主体要对汇率变化随时加以关注及准确预测。

（三）汇率的决定理论

1. 金本位制度下的汇率决定

在金本位制度（Gold Standard System）下，各国流通领域中使用的是具有一定成色和重量的金币，尽管各国货币的名称不一、重量成色不等，但它们都有一定的黄金含量，两国间的货币汇率就取决于两国货币的含金量之比。我们通常把两个实行金本位制国家单位货币的含金量之比称作铸币平价（Mint Parity），两国货币汇率的决定基础就是铸币平价。

以英国和美国为例，在1929年经济危机之前，英国规定1英镑的含金量是113.0016格令，美国规定1美元的含金量是23.22格令，由此英镑与美元的铸币平价为：113.0016/23.22＝4.8665。这就是在当时的条件下，英镑与美元之间汇率的决定基础。

铸币平价是汇率决定的基础，外汇市场上的汇率水平受外汇供求关系等因素的影响而出现变动，但汇率的变化被限定在铸币平价上下一定的界限范围内，这个界限就是黄金输送点。

在金本位制度下，各国之间办理国际结算可以采用两种方式，一是汇票支付即非现金结算，二是直接运送黄金。具体来说，当外汇市场上外汇汇率上涨达到或者超过某一界限时，本国债务人用本币购买外汇的成本机会超过向国外输送黄金的成本，债务人就会选择输出黄金结算债务，而不会到外汇市场购买外汇，这样外汇市场外汇的价格就会随之降到某一界限之内，这个界限就是黄金输出点。同样，当外汇市场上外汇汇率下跌，达到或者低于某一界限时，本国外汇债权人用外汇兑换本币所得就会少于用外汇在国外购买黄金再输送回国的所得，从而引起黄金的输入。外汇市场上外汇的价格随之上升到某一界限之内，这个界限就是黄金输入点。黄金输出入点的高低取决于在这两个国家之间输出入黄金的运输费、保险费、包装费及改铸费等费用。以当时的美国和英国为例，两国之间输送黄金的费用约为黄金价值的 $0.5\%\sim0.7\%$，如果按 0.6% 计算，那么英镑对美元的汇率就不会超过 $4.8665\times(1+0.6\%)=4.8957$ 美元的上限，也不会跌破 $4.8665\times(1-0.6\%)=4.8373$ 美元的下限。

由此可见，在金币本位制度下受制于黄金输送点的制约，外汇市场上的汇率波动总是限制在一定的范围之内，最高不超过黄金输出点，最低不低于黄金输入点。以此，由供求关系导致的外汇市场上汇率的波动是有限度的，汇率制度也相应稳定，金本位制度也因此被认为是固定汇率制度。

2. 国际借贷理论

（1）代表人物及主要观点。国际借贷理论（Theory of International Indebtedness）又称外汇供求论，是由英国经济学家戈逊在 1816 年出版的《外汇理论》一书中提出来的。其主要观点是一国货币汇率取决于外汇的供给与需求，而外汇的供给与需求取决于国际借贷，国际借贷是指国际间各种经济往来所产生的债权债务关系。国际借贷分为固定借贷和流动借贷，前者指借贷关系已经形成，但未进入实际收付阶段的借贷，后者指已进入收付阶段的借贷。也就是说，一国对外的流动借贷是指该国在一定时期内处于实际收付阶段的对外债权与对外债务。一国国际收支平衡表中的经常项目和资本与金融项目的收支，构成该国的国际借贷。戈逊认为，只有流动借贷的改变才会对外汇供求产生影响。具体的影响关系如下：

1）一国对外流动借贷出现顺差，即对外债权大于对外债务，则外汇供给大于需求，外汇汇率下降，本币汇率上升。

2）一国对外流动借贷出现逆差，即对外债务大于对外债权，则外汇需求大于供给，外汇汇率上升，本币汇率下降。

3）一国对外流动借贷相等，即对外债权等于对外债务，则外汇供求平衡，本币汇率不变。

（2）简要评价。将国际借贷分为固定借贷与流动借贷，并指出只有立即清偿的各种到期的收付差额，才能引起汇率的变动，这是比较符合客观现实的，但它只是探讨了国际收支对汇率的影响，并没有触及汇率决定的基础。此外，它的使用条件比较严格，例如，外汇市场比较发达，供求信息表达比较充分；外汇市场的自由度较高，基本不受国家干预；进行货币兑换的两个国家经济发展阶段比较相似等。这些条件在现实中很难达到，因而影响了该理论的适用性。

3. 购买力平价理论

购买力平价理论（Theory of Purchasing Power Parity）早在 16 世纪已有萌芽，正式提出这一学说的是瑞典经济学家卡塞尔，他在 1922 年出版的《1914 年以后的货币与外汇》一书中对这一理论做了系统论述。其基本观点是：本国人需要外国货币，是因为用它可以在货币发行国购买商品或劳务；外国人需要本国货币，也是因为用它可以购买本国的商品或劳务。因此，本国货币与外国货币相兑换，就等于本国购买力与外国购买力的交换。所以，用本国货币表示的外国货币的价格即汇率，取决于两国货币购买力的比率。由于一国货币购买力实际上是该国物价水平的倒数，因此，两国之间的货币汇率可由两国物价水平之比来表示。

第三节　汇率制度

一、自由金本位时期的汇率制度

首次得到公认并持续到第一次世界大战爆发的货币制度是金本位制，这个时期大约始于 1880 年，金本位制是一种根据黄金含量来决定货币比率的固定汇率制。金本位制有两种形式：金本位制和金汇兑本位制。

（一）金本位制时期的汇率制度

第一次世界大战前的国际货币体系，是典型的国际金本位货币体系。这个国际货币体系大约形成于 1880 年并延续至 1913 年，它是在资本主义各国间的经济联系日益密切，主要资本主义国家实行金本位货币制度之后自发地形成的，其形成基础是英国、美国、德国、荷兰、一些北欧国家和拉丁货币联盟（由法国、意大利、比利时和瑞士组成）等实行的国内金币本位制。

最早实行金本位制的国家是英国，英国政府在 1816 年颁布了铸币条例，发行金币，规定 1 盎司黄金为 3 镑 17 先令 10.5 便士，银币则处于辅币地位。1819 年又颁布条例，要求英格兰银行的银行券在 1821 年能兑换金条，在 1823 年能兑换金币，并取消对金币熔化及金条输出的限制。从此英国实行了真正的金本位制。到 19 世纪后期，金本位制已经在资本主义各国普遍采用，它已具有国际性。由于当时英国在世界经济体系中的突出地位，它实际上是一个以英镑为中心、以黄金为基础的国际金本位制度。这种国际金本位制度持续了 30 年左右，到第一次世界大战爆发时宣告解体。在金本位制度的全盛时期，黄金是各国最主要的国际储备资产，英镑则是国际最主要的清算手段，黄金与英镑同时成为各国公认的国际储备。英镑之所以与黄金具有同等重要的地位，是由于当时英国强大的经济力量，伦敦成为国际金融中心，英国也是国际经济与金融活动的中心，于是形成一种以黄金和英镑为中心的国际金本位制，也称为英镑汇兑本位制（Sterling Exchange Standard System）。

金本位制具有三个特点：自由铸造、自由兑换和自由输出入。由于金币可以自由铸造，金币的面值与其所含黄金的价值就可保持一致，金币数量就能自发地满足流通中的需要。由于金币可以自由兑换各种价值符号（金属辅币和银行券），就能稳定地代表一定数量的黄金进行流通，从而保持币值的稳定，不致发生通货膨胀。由于黄金可在各国之间自由转移，这就保证了外汇行市的相对稳定与国际金融市场的统一。所以金本位制是一种比较稳定、比较健全的货币制度。

在各国都实行金本位制的条件下，铸币平价是各国货币比价确定的原则，由于各国政府都规定货币自由铸造、自由兑换与黄金自由输出入的三大政策，各国货币汇率波动的界限受黄金输送点的限制，一般波动不大。由于汇率受到黄金输送点的自动调节，不需要任何国际机构进行监督。当时，各国货币可以自由兑换，对外支付也没有任何限制，实行自由、多边的结算，黄金是最后的国际结算手段。各国政府对货币发挥世界货币职能所确定的这些共同原则和采取的共同措施，就构成了国际金本位货币体系。由于这些原则与措施具有共同性，就使国际货币体系具有统一性的特点；另外，由于这个国际货币体系并非是在一个公共的国际组织领导与监督下，拟定共同的规章后形成的，而是各国自行规定其货币在国际范围内发挥世界货币职能的办法，这样，它又具有松散性的特点。因此，第一次世界大战前的国际金本位货币体系是一个统一性与松散性相结合的国际货币体系。

随着主要资本主义国家之间矛盾的发展，破坏国际货币体系稳定性的因素也日益增长起来。1913 年年底，英、法、美、德、俄五国占有世界黄金存量的 2/3，绝大部分黄金为少数强国所占有，这就削弱了其他国家货币制度的基础。全世界约有 60% 的货币用黄金集中于各国中央银行，各国多用纸币在市面流通，从而影响货币的信用，而一些国家为了准备战争，政府支出急剧增加，大量发行银行券，于是银行券兑换黄金越来越困难，这就破坏了自由兑换的原则。在经济危机时，商品输出减少，资金外逃严重，引起黄金大量外流；各国纷纷限制黄金流动，黄金不能在各国间自由转移。由于维持金币本位制的一些必要条件逐渐遭到破坏，国际货币体系的稳定性也就失去了保证。第一次世界大战爆发后，各国停止银行券兑换黄金并禁止黄金输出。战争期间，各国实行自由浮动的汇率制度，汇价波动剧烈，国际货币体系的稳定性已不复存在。于是金本位制宣告结束。

(二) 金汇兑本位制

1. 金汇兑本位制的建立

第一次世界大战结束后，世界经济情况发生了很大的变化。首先，各国的经济实力对比发生了改变。英国的海外资产损失严重，由债权国变为债务国，而美国则大发战争财，变成了债权国。其次，第一次世界大战期间，各国为了筹措军费，实行通货膨胀政策，导致战后各国物价与工资上涨的程度大不相同，因此真正的均衡汇率难以确定。再次，由于物价的普遍上涨，而黄金价格保持原有水平不变，结果是黄金生产数量下降，黄金存量对世界生产与国际贸易的比率低于战前。在这种情形下，原来的金本位制度难以恢复，各国只得允许汇率浮动。战后，除美国仍坚持金本位制以外，其他国家的货币都不稳定。而且，一些国家利用通货贬值实行汇兑倾销，各国为了防止汇兑倾销，除强化外汇管制外，还对贸易施加种种限制，这就缩小了世界贸易的范围，因此世界货币制度的重建问题受到各国普遍的重视。

1922年，在意大利的热那亚召开了经济与金融会议，会上讨论了重建有生命力的国际货币体系问题。会议建议采取金汇兑本位制以节约黄金的使用。其主要内容是：①货币单位仍规定含金量。②国内不流通金币，以国家发行的银行券当作本位币流通。③银行券只能购买外汇，这些外汇可在国外兑换黄金。④本国货币同另一实行金本位制的国家的货币保持固定的比价，并在该国存放大量外汇或黄金作为平准基金，以便随时干预外汇市场来稳定汇率。这是一种间接使货币与黄金联系的本位制度。⑤主要金融中心仍旧维持其货币同黄金外汇（即可兑换黄金的货币）的可兑换性。

热那亚会议之后，除美国仍实行金本位制，英国和法国实行金块本位制这两种与黄金直接挂钩的货币制度外，其他欧洲国家的货币均通过间接挂钩的形式实行了金汇兑本位制。1925年，国际金汇兑本位制正式建立起来。

英国和法国实行的金块本位制是一种附有限制条件的金本位制，金币虽仍作为本位货币，但在国内流通的是纸币，而由国家储存金块，作为储备；国家规定纸币的含金量，但纸币只能按规定的用途和数量向本国中央银行兑换金块。

实行金汇兑本位制度的国家，通过在金块本位制或金币本位制国家保存外汇，准许本国货币无限制地兑换外汇，以维持本国货币的对外汇率。在这些国家的国际储备中，除黄金外，外汇占有一定的比重，黄金仍是最后的支付手段。这个时期的国际货币体系仍然属于国际金本位货币体系范畴，同样具有统一性、松散性两个特点。但是，这一时期的国际金本位货币体系的基础已经严重削弱，不如战前的金本位制了。

2. 金汇兑本位制的解体

1929～1933年的世界经济危机，摧毁了西方国家的金块本位制与金汇兑本位制，统一的国际金本位货币体系也随之瓦解。在西方国家普遍实行纸币流通制度的情况下，它们的货币信用制度危机加深，矛盾重重，建立不起统一的国际货币体系，而纷纷成立货币集团，如英镑集团、美元集团、法郎集团、日元集团等。在货币集团内部以一个主要国家的货币作为中心，并以这个货币作为集团内部的储备货币，进行清算。集团内部外汇支付与资金流动完全自由，但是对集团外的收付与结算则实行严格管制，常常要用黄金作为国际结算手段，发挥黄金的世界货币职能。各货币集团内部的货币比价、货币比价波动界限以及货币兑换与支付均有统一严格的规定；对集团外的国际支付则采取严格管制；集团之间壁垒森严，限制重重。在这一时期，不存在统一的国际货币体系。一些西方国家为了争夺国际市场纷纷进行外汇倾销，货币战接连不断，更加剧了国际货币关系的混乱，从而严重地阻碍了国际贸易的发展，使国际货币关系同国际贸易发展之间产生了尖锐矛盾。这时各国普遍要求建立新的国际货币体系，然而，由于西方国家刚刚摆脱1929～1933年经济大危机，又面临着第二次世界大战，难以立即就国际货币关系问题做出共同的安排，因此在20世纪30年代后半期未能建立新的国际货币体系。

二、以英镑作为主要国际支付手段

英国的货币单位，其辅币和进位，原为1镑等于20先令，1先令等于12便士，从

1972 年 2 月 15 日起改用 1 英镑等于 100 新便士的十进位制。现流通的纸币面额有 1、5、10、20、50 英镑，铸币面额有 0.5、1、2、5、10、50 便士。英国在 1821 年正式实行金本位制，英镑成为英国的标准货币单位，规定 1 英镑含金量为 7.32238 克。第一次世界大战期间，英国曾停止实行金本位制。1925 年实行金块本位制（见金本位制），于 1931 年又放弃，英镑成为不能兑现的纸币。从 19 世纪到 20 世纪初，英镑一直是资本主义世界最重要的国际支付手段和储备货币。但经过第一次世界大战，英镑的国际储备货币地位趋于衰落，并为美元所取代。

三、以美元为中心的布雷顿森林货币体系的建立

"二战"后，西方国家的经济有了很大的变化，美国远离战场，经济不但没有受到破坏，且进一步得到发展，而参战的德、日、意等国经济迫切需要美国的援助。这样，由于美国在政治、经济、军事各方面的优势，就为建立以美元为中心的国际货币制度奠定了基础。1944 年 7 月，在美国新罕布什尔州的布雷顿森林召开有 44 个国家参加的联合国与联盟国家国际货币金融会议，通过了以美国的"怀特计划"为基础的《联合国家货币金融会议的最后决议书》以及《国际货币基金组织协定》和《国际复兴开发银行协定》两个附件，总称为《布雷顿森林协定》。1945 年"二战"结束，在布雷顿森林会议之后，根据《布雷顿森林协定》的精神，以美国为首的西方国家，先后建立起了关贸总协定（世贸组织的前身）和世界银行、国际货币基金组织，并使之成为支撑当今世界经济、贸易和金融格局的三大支柱。人们又习惯称之为布雷顿森林货币体系。

（一）以美元为中心的固定汇率制度（1944～1970 年）

布雷顿森林会议的核心是建立固定汇率制度，这个汇率制度可以概括为双挂钩、一固定、上下限、政府干预。

1. 双挂钩

"双挂钩"是指美元和黄金挂钩，其他国家的货币与美元挂钩，即美元黄金平价。按照规定，这个黄金官价，未经美国同意，任何国家不得擅自改动；美国承担义务：各国央行如有合法的货币用途，可向美国申请以 35 美元兑换一盎司黄金，这个制度一直实行到 1971 年 12 月美元第一次贬值，其他国家的货币与美元挂钩，指定各国货币必须规定含金量。例如，1971 年美元第一次贬值前，1 英镑的含金量为 2.13281 克，1 美元等于 0.888671 克黄金，那么 1 英镑就等于 2.04 美元，这就是当时英美两国货币的官价。

2. 一固定

"一固定"是指本国货币的平价（指各国货币与美元的汇价）一经国际货币基金组织确定，就基本固定，不得随意变动，实际上是一种可调整的固定汇率。平价变动幅度超过 1%，会员国有权自行调整，不必经过基金组织批准；变动幅度在 10%～20% 时，须经基金组织的批准，基金组织同意与否，须在 72 小时内作出决定；变动幅度超过 20% 时，基金组织批准与否，没有时间限制。如未经批准而自由调整其货币平价的会员

国，则有可能被剥夺利用基金组织资金的权利，甚至可能被强制退出基金组织。

3．上下限

"上下限"是指基金组织规定即期外汇交易或黄金买卖一般都只能在平价的上下1％范围内波动，即汇率变动不得超过固定汇率或黄金官价上下1％。1971年12月，又扩大为上下2.25％的范围而决定平价的标准，由黄金为特别提款权。

4．政府干预

"政府干预"是指在汇率或金价波动幅度超过上下1％限度时，各国政府承担干预的义务，务使汇率恢复到规定的限度之内。

以美元为中心的资本主义体系使战后四分之一世纪保持着汇率的相对稳定，有利于企业核算成本和利润，减少了汇率风险，促进和扩大了国际贸易。在以美元为中心的固定汇率制度下，美元被等同于黄金而充当国际储备，美元数量可以迅速增加以弥补黄金的不足，但是，各国的美元储备，是对美国的债权，只有美国的国际收支持续逆差，各国持续保持对美国的债权，才有可能保持美元储备。而美国的国际收支持续逆差，又会引起美国黄金储备的外流，削弱美元的地位，这是一个难以两全的局面。如果说黄金是以自身的价值作后盾，来充当国际清偿手段的，那么美元就是以美国的经济实力所能支持的限度。或者美国经济衰退不足以支持美元的国际储备地位，那么世界各国就不可能通过扩大对美国的国际收支顺差来增加美元外汇储备，过多地依赖于美国的经济实力，这就是以美元为中心的国际货币制度的根本弱点。

（二）浮动汇率制度

1．浮动汇率制度的涵义

浮动汇率制度是在以美元为中心的固定汇率制度崩溃以后，主要西方国家从1973年开始普遍实行的一种汇率制度。在浮动汇率制度下，政府对汇率不加以规定，也不规定上下波动的界限，听任外汇市场根据外汇的供求情况，自行决定本国货币对外国货币的汇率。外国货币供过于求时，价格就下跌，外币的汇率就下浮；外国货币求过于供时，价格就上涨，外币的汇率就上浮。所谓浮动汇率制度是指一国不规定本币对外币的平价和上下波动幅度，汇率由外汇市场的供求状况自行决定并上下浮动的汇率制度。

2．浮动汇率制度的种类划分

从政府是否对市场汇率进行干预来划分，浮动汇率可分为自由浮动汇率与管理浮动汇率。自由浮动汇率是指政府对汇率不进行任何干预，市场汇率完全听任外汇市场的供求变化而自由波动的汇率，又称清洁浮动汇率。由于汇率的波动直接影响到一国经济的稳定与发展，各国政府都不愿听任汇率受供求影响而无限制地波动，因此，纯粹的自由浮动只是名义上的，事实上是不存在的。

管理浮动汇率是指从本国利益出发一国政府对汇率的波动进行不同程度的干预而形成的浮动汇率，又称肮脏浮动汇率。在现行的货币体系下，各国实行的都是管理浮动汇率，政府直接干预外汇市场，干预汇率的方式主要有三种：①直接干预外汇市场，干预形式各有不同。有一个国家单独干预，几个国家联合干预，还有代理干预。如1999年4月上旬，联邦德国、法国、意大利、英国和瑞士应日本的要求阻止日元继续下跌，但它们没有花费自己的外汇储备，而是动用日本的外汇储备。②运用货币政策，主要是通过调整贴现率或银行利率来影响汇率。③实行外汇管制，主要是通过各种措施来影响国际资本流动的规模和方向。

当今的管理浮动汇率形式多种多样，按照政府对汇率的干预程度又可划分为钉住浮动汇率、有限弹性浮动汇率和较高弹性浮动汇率。

（1）钉住浮动汇率。大多数发展中国家经济实力不强，国际储备较少，对付汇率冲击的能力较弱，本国外汇市场又不发达。因此，多数发展中国家采用钉住浮动汇率。钉住浮动汇率的重要特点是汇率缺乏弹性。实行钉住浮动汇率的国家，其货币与被钉住货币之间仍规定有平价，但汇率对平价的波动幅度为零，或者限于一个很小的范围内。钉住浮动汇率与布雷顿森林体系下的可调整的钉住汇率不同，前者是在主要国家货币实行浮动汇率制的背景下实行的，此外，由于各主要货币相互之间的汇率是波动的，因此选择钉住其中一种或几种主要货币，便意味着本币的汇率将对其他未被钉住的主要货币浮动，因而属于浮动汇率制度；而后者则属于固定汇率制度。按照被钉住货币的不同，钉住浮动还可分为钉住单一货币浮动和钉住一篮子货币浮动。

1）钉住单一货币浮动。采用该方式浮动的发展中国家，由于经济、历史、地理等方面的原因，与美国、法国等建立了密切的贸易和金融关系。为使这种关系持续稳定地发展下去，避免双边汇率频繁波动带来不利影响，这些发展中国家将本币钉住美元或法国法郎等单一货币。

2）钉住一篮子货币浮动。这种钉住方式又有两种情况：一种是直接将本币钉住特别提款权，好处是简便易行，可保持汇率的相对稳定；不利的是由于美元在特别提款权中占40％的比重，所以钉住特别提款权在很大程度上还是主要钉住美元。另一种是将本币钉住本国自行设计的一篮子货币，篮子中的货币由与本国经济联系最为密切的国家的货币和对外使用最多的货币组成。各种货币所占的权数，通常按本国对外贸易总额中各主要贸易伙伴国的份额，或按本国对外贸易的货币构成来确定，其好处是可保持汇率的相对稳定，也可根据本国对外经济贸易关系的变化，通过随时调整货币篮子而调整汇率，不利之处是由于这些国家自行设计和使用不同的货币篮子，这就增加了这些国家之间的汇率风险，同时也造成各个货币篮子之间套算汇率的困难。目前实行钉住浮动汇率的国家仍较多，但呈下降趋势。

（2）有限弹性浮动汇率。实行有限弹性浮动汇率的国家，其货币对某一外币或集团国外币规定有平价，并且市场汇率可有一定程度的浮动，但这种浮动是有限的。该浮动汇率制也有两种形式，即钉住单一货币的有限浮动和联合浮动。

1）钉住单一货币的有限浮动：实行该种方式浮动的国家为少数发展中国家，这些国家的本币钉住单一货币（美元），但有一定的波动幅度。采用该种浮动方式，与钉住单一货币浮动相比，虽然弹性有所增强，但本国货币政策的独立性依然不够。

2）联合浮动由1972年4月由欧洲经济共同体六国（联邦德国、法国、比利时、荷兰、卢森堡和意大利）开始实行。参加联合浮动的国家组成集团，集团内各国货币之间实行固定汇率，规定汇率波动幅度，各有关国家有义务共同维持彼此间汇率的稳定，而对集团外国家的货币则实行联合浮动。目前采用该浮动方式的为欧洲联盟的部分国家，联合浮动有利于以联合的力量来抵御外来冲击，保持集团内部汇率的相对稳定，促进经济一体化。但它强调经济政策的一致性，这不仅削弱了集团内各成员国货币政策的自主性，而且由于内部经济发展的不平衡，使集团内部矛盾重重，汇率波动的幅度也由最初的±1.125％不断扩大，1993 年 8 月 1 日再次扩大到±15％（德国马克和荷兰盾除外）。

（3）较高弹性浮动汇率。实行较高弹性浮动汇率的国家，其本币汇率对外币的依赖性较小，灵活性较大。

3. 浮动汇率制度的利弊

自浮动汇率制度在世界上普遍实行以来，与固定汇率制度相比，它对世界贸易和金融的有利与不利影响，一直是各国政府、经济界、学术界争论和关心的问题。

浮动汇率制度的优点如下：

（1）浮动汇率制度对一国国际收支平衡具有一定程度的自动调节作用。当出现国际收支逆差时，本国货币汇率将相应下浮，从而刺激出口、限制进口；出现顺差时，则本国货币汇率上浮，从而鼓励进口、限制出口，以改善经常项目的差额。

（2）浮动汇率制度使各国具有独立推行本国货币政策、财政政策的更大自由，有利于国内经济的稳定与发展。在固定汇率制下，为了将汇率波动限制在一定范围内，各国政府除了在必要时对外汇市场进行干预外，还必须尽力保持国际收支的平衡，在实施某些国内政策时，就必须受到外部因素的制约。例如，在国内经济衰退、失业增加，需采取扩张性的货币与财政政策时，就必须考虑它对国际收支平衡的影响，从而使政策的实施受到一定限制。在浮动汇率制度下，由于政府没有将汇率维持在一定水平上的义务，因此国内经济政策受外部因素的影响较小。

（3）浮动汇率制度可使各国较少受到国外经济波动的冲击和影响。例如，在浮动汇率制下，当一国严重的通货膨胀导致该国经常项目逆差时，该国货币汇率会下浮，用该国货币计价的出口商品价格的上涨会被汇率的下跌所抵消，从而使贸易对手较少受国外物价上涨的影响。而在固定汇率制下，经济贸易关系密切的国家容易相互传播通货膨胀和经济周期波动的影响。

（4）在浮动汇率制度下，外汇供求主要靠市场调节，政府可以保持相对较低的外汇储备水平，一般不会出现储备货币大量流失的现象。

4. 浮动汇率制的缺点

（1）浮动汇率制给正常的国际贸易、国际金融发展带来不利影响。在浮动汇率制下，各国政府不再负有维持汇率波动幅度的义务，市场汇率受供求因素的影响，波动剧烈而频繁，使进出口贸易活动难以核算实际成本和收入，增大了国际贸易和借贷等活动的汇率风险。

（2）浮动汇率制会助长国际金融市场的投机活动，增大市场的不稳定性。汇率经常性的波动给投机者带来牟取暴利的可乘之机；反过来，投机活动又会加剧汇率的波动和市场的不稳定，从而影响整个金融系统的正常运转。

（3）浮动汇率制助长通货膨胀。首先，在浮动汇率制下，各国有实行独立的国内经济政策的更大自由，这就有可能使某些国家长期推行通货膨胀政策，而较少考虑国际收支平衡的状况。其次，已出现高通货膨胀率的国家，会出现国际收支赤字，导致本币贬值、进口商品价格上涨，从而又加剧其通货膨胀。最后，在浮动汇率制下，国际货币基金组织对国际储备的控制减弱，以致国际储备的增长超过了世界经济发展和国际贸易增长所需的程度，导致世界物价水平提高。

第四节 人民币汇率制度

一、人民币汇率制度的历史回顾

1948 年 12 月 1 日，中国人民银行成立，并发行了统一的货币——人民币。人民币对西方主要货币的汇率于 1949 年 1 月 18 日首先在天津产生，全国各地区以天津口岸的汇率为标准，根据当地的具体情况，公布我国的人民币汇率。这标志着新中国汇率制度的形成。1949～1993 年年底，我国汇率制度的演变大致可分为四个阶段。

1. 国民经济恢复时期的汇率制度（1949～1952 年）

这一时期我国国民经济正处在医治战争创伤、恢复生产、百废待兴时期。在这个阶段，我国汇率制度有以下特点：①人民币汇率的安排主要采取的是钉住美元的方法，具体计算是以国内外物价对比法为基础。②汇率主要由当时我国的外汇管理机构——中国人民银行来制定，但汇率的制定有较大的自主性和灵活性。③人民币汇率的调整在很大程度上反映了国内外物价水平的变化。④人民币汇率较好地反映了我国国民经济的真实情况，人民币币值随着国民经济的好转而提高。这一时期制定的人民币汇率政策对于我国国民经济的恢复和发展，稳定金融和物价，促进进出口贸易的发展起到了积极作用。

2. 中央集中计划经济时期的汇率制度（1953～1973 年）

从 1953 年开始，我国进入社会主义建设时期，国民经济实行集中计划的管理体制。金融、物价乃至整个经济生活比较稳定。人民币汇率的政策目标直接表现为维持汇率的稳定，人民币汇率除对个别国家货币的公开贬值或升值做出相应调整外，一般保持固定不变。这一阶段汇率制度的特征表现为：①人民币汇率的安排采取与西方个别主要国家货币挂钩（主要是英镑）的方法，只是在某种外币升值或贬值时做相应调整，缺乏主动性和灵活性。②片面强调汇率稳定，进行高度的汇率压制，高估人民币币值。③汇率的价格信号和经济杠杆功能退化，不再对进出口贸易和国民经济运行产生较大的影响，忽视市场调节的作用。

3. 从计划经济向市场经济过渡时期的汇率制度（1973～1985 年）

在这个阶段，人民币汇率制度出现了较大的变化，先是实行钉住"货币篮子"的汇率制度，后又实行人民币汇率双轨制，最后又取消了贸易内部结算制，实行单一汇率制度。由于汇率政策变化大，人民币汇率出现了较大的变化，汇率制度呈现以下特点：①汇率的安排不是以钉住某种单一货币为基准，而是采取钉住"一篮子"货币的钉住汇率制。②整个阶段自始至终都在进行汇率制度的改革，人民币汇率由单一汇率走向双重汇率，再从双重汇率走向单一汇率。③人民币汇率调整的次数增多，主要是人民币汇率下调，汇率变化的幅度逐渐加大。总的来说，这一阶段的汇率制度对消除人民币汇率历史性高估、减轻国内外物价背离程度、扩大对外经济开放起到了积极作用。

4. 双轨制的管理浮动时期的汇率制度（1986～1993 年）

这一阶段人民币汇率制度从单一计划管理向计划与市场共同发挥作用转变，是我国大力发展社会主义市场经济，积极参与国际分工和交换的必然产物。这一阶段的汇率制度特点有：①汇率的安排逐步从钉住"一篮子"货币转向管理浮动汇率政策，表现出较高的弹性。②多重汇率并存，外汇的官方牌价、调剂价和黑市价相互影响，相互制约。③人民币汇率依然高估，突出地反映为人民币汇率公开牌价与外汇市场调剂价之间的差额。④人民币汇率的管理浮动体现了外汇市场的供求关系和主要西方国家货币的汇率变化，但国家对外汇的计划管理和美元的汇率涨落还主要地决定着人民币的汇率水平。

二、人民币汇率制度的改革

1993 年 12 月 28 日，国务院发出了加强外汇管理体制的通知，同年 12 月 29 日，中国人民银行公布了《关于进一步改革外汇管理体制的公告》，宣布从 1994 年 1 月 1 日起，对我国外汇管理体制进行重大改革，主要改革措施包括：

（1）实现人民币官方汇率与外汇调剂市场汇率并轨，并轨后的人民币汇率实行以市场供求为基础的、单一的有管理的浮动汇率制度。这就意味着外汇供求关系是决定外汇市场汇率的基础。

（2）取消外汇留成制度，实行银行结售汇制度。通过银行结售汇，外汇指定银行的头寸上限管理，以及资本项目的严格管理，政府有效地控制了企业、银行和个人对外汇的供需，从而在根本上限制了人民币汇率的浮动幅度。

（3）建立规范、统一的银行间外汇市场。1994 年 4 月 1 日，在上海建立了中国外汇交易中心，形成了全国统一的银行间外汇交易市场。外汇市场建成后，中国人民银行可以运用货币政策等经济手段在外汇市场吞吐外汇，对外汇市场进行积极干预，调节外汇供求，以稳定汇率。

中国外汇交易中心的成立和成功运作，标志着人民币汇率形成机制向市场化方向迈出了实质性的、决定性的一步。2005 年 7 月 21 日，中国人民银行公布了《关于完善人民币汇率形成机制改革》的公告，重新确立了我国实行"以市场供求为基础、参考一篮子货币进行调节、有管理的浮动汇率制度"。人民银行汇率调节能力增强了，可根据经济金融形势的变化适时调整人民币汇率，向真正有弹性、可浮动的汇率制度逼近。

一、重要概念

外汇　自由外汇　记账外汇　汇率　直接标价法　间接标价法　汇率制度　固定汇率　浮动汇率

二、复习思考题

1. 试述影响汇率变动的主要因素。
2. 汇率变动对经济的影响有哪些?
3. 比较固定汇率制与浮动汇率制的优劣。

三、前沿思考题

人民币汇率机制的改革及如何应对西方国家希望人民币升值的要求?

参考文献:

[1] 周建松:《货币金融学概论》,北京:中国金融出版社,2006。
[2] 宋玮:《金融学概论》,北京:中国人民大学出版社,2007。
[3] 夏德仁:《货币银行学》,北京:中国金融出版社,2006。
[4] 黄达:《金融学》,北京:中国人民大学出版社,2003。
[5] 姜波克:《国际金融学》,北京:高等教育出版社,2000。
[6] 刘军善:《国际金融学》,大连:东北财经大学出版社,2005。

第十四章　国际收支与国际储备

本章提要：在开放经济条件下，国际收支反映一国对外经济交易的全貌，也反映外向型经济对一国经济的支持程度。是一个国家进入经济全球化，金融全球化的数据显示。

本章主要讲述：

国际收支的界定。

国际收支平衡表的内容和编制方法。

国际收支平衡与失衡的判断标准，国际收支失衡的主要原因及调节政策。

国际储备的结构及使用。

国际收支的主要内容是一国对外经济交易所发生的外汇收支，它反映了一个国家经济发展的外向型程度和经济结构是否合理，反映了一个国家在世界经济中的地位和作用，也反映了一个国家调节和稳定汇率的能力。同时，外汇收支与国内经济均衡是密切相关、互相影响的，协调好二者的关系至关重要。中国自对外开放及加入WTO以来，经济的外贸依存度不断增大，外汇储备已居世界首位，与之相关的人民币升值问题也成为国人和世界关注的热点。

第一节　国际收支平衡表

一、国际收支的概念及特征

（一）国际收支的概念

国际收支即支付差额，它有狭义和广义两个层面的含义。狭义的国际收支是指一个国家或地区在一定时期内，由于经济、文化等各种对外交往而发生的，必须立即结清的外汇收入与支出。这一概念是建立在现金基础上的，仅包含已实现外汇收支的交易，不包括未到期的债权债务，因此称为狭义的国际收支概念。广义的国际收支是指一国或地区居民与非居民在一定时期内全部经济交易的货币价值之和。它是以交易为基础，既包括贸易收支和非贸易收支，也包括资本的输出、输入；既包括已实现外汇收支的交易，也包括尚未实现外汇收支的交易。

广义的国际收支概念定义为：国际收支是一定时期的统计报表，它着重反映：①一国与其他国家之间商品、劳务和收入的交易。②该国货币、黄金、特别提款权以及对其他国家债券，债务的所有变化和其他变化。③无偿转移支付，以及根据会计处理的需要，平衡前两项没有相互抵消的交易和变化的对应记录。

（二）国际收支的特征

国际收支有以下四个特征：

(1) 国际收支是一个流量概念，一般以一年为报告期。

(2) 国际收支反映的内容是以货币记录的经济交易，包括交换、转移、移居和其他交易。

(3) 国际收支记录的经济交易是本国居民与非居民之间发生的。

(4) 国际收支是一个事后概念，是对已发生事实的记录。

二、国际收支平衡表

一国的国际收支的内容是通过国际收支平衡表来反映的。

（一）国际收支平衡表的记账原理及格式

国际收支平衡表的记账原理包括：

(1) 复式记账原则，"有借必有贷，借贷必相等"。每一笔国际经济交易都应在国际收支平衡表的借方和贷方同时反映。

(2) 权责发生制。交易的记录时间，以所有权转移为标准。

(3) 按照市场价格记录。

(4) 所有的记账单位要折合为同一种货币。

各国国际收支平衡表的格式基本相同，表 14—1 所列为 IMF 第五版《国际收支手册》中规定的格式。

表 14—1 国际收支平衡表（1993 年第五版）

项 目	借方	贷方
一、经常账户（Current Account）		
1. 商品（Goods）		
2. 服务（Service）		
3. 收入（Income）		
4. 经常转移（Current Transfers）		

续表

项 目	借方	贷方
二、资本和金融账户（Capital and Financial Account）		
1. 资本账户（Capital Account）		
2. 金融账户（Financial Account）		
直接投资（Direct Investment）		
证券投资（Portfolio Investment）		
其他投资（Other Investment）		
储备资产（Reserve Assets）		
• 外汇储备（Foreign Currency Reserve）		
• 黄金储备（Gold Reserve）		
• 特别提款权（SDRs）		
• 储备头寸（Reserve Position in IMF）		
• 其他资产（Other Assets）		
三、错误与遗漏账户（Errors and Omissions Account）		

（二）国际收支平衡表的主要内容

国际收支平衡表由三大账户组成：经常账户、资本和金融账户、错误与遗漏账户。

1. 经常账户

该账户记录实质资源的流动，在一国国际收支中占据最基本、最重要的地位。包括货物、服务、收益和经常性转移。

（1）货物。包括通过海关进出口的所有货物以及一些虽然不经过海关，但是属于国际间经济交往的货物交易，如飞机、船只等在境外港口购买的燃料。

（2）服务。相对于商品的有形贸易来说，服务贸易属于无形贸易。共有 11 种：运输、旅游、通信服务、建筑服务、保险服务、金融服务、计算机和信息、专有权使用费和特许费、其他商业服务、个人服务及文化和娱乐服务以及一部分政府服务。

（3）收入。收入项目包括职工报酬和投资收益两项。职工报酬是指在别国居住不满一年的个人从别国所取得的合法收入。投资收益和资本与金融项目直接相关，指的是和投资、资本流动相关的利息、股息、利润以及红利等收入。

（4）经常转移。又称为单方转移，是指不以获取收入或者支出为目的的单方面交易行为。分为各级政府转移和其他部门转移。包括侨汇、无偿捐赠和援助、国际组织收支及居民收支等。经常转移与贸易收支在性质上不同，是一种单方面的价值转让，不要求等价交换或偿付。

2. 资本和金融账户

是指资本账户项下的资本转移、非生产、非金融资产交易及其他所有引起一经济体对外资产和负债发生变化的金融账户。该账户分为两大部分：资本账户与金融账户。

（1）资本账户。该账户反映资产在居民与非居民之间的转移，包括资本转移和非生产、非金融资产交易。

（2）金融账户。该账户反映的是居民与非居民之间投资于借贷的增减变化，由直接投资、证券投资、其他投资和储备资产四部分构成。

1）直接投资是国际上长期资本流动的一种方式，指一国的经济组织直接在国外采用各种形式对工矿、金融、商业等企业进行的投资和利润再投资。

2）证券投资是指在证券市场上购买他国政府发行的债券、企业债券以及股票所进行的投资。该投资以取得利息或股息为目的，投资者对企业不享有经营管理权。

3）其他投资，包括所有直接投资、证券投资和储备资产未包括的金融交易。

4）储备资产，亦称官方储备，包括黄金、外汇、特别提款权、在基金组织中的储备头寸。

3. 错误与遗漏账户

该账户是人为设立的一种平衡账户，目的是使国际收支平衡表借方和贷方平衡。由于统计数据来源不一、时间不同等原因，借方合计与贷方合计之间总是存在一定的差额，为此需要一个平衡项目，当贷方大于借方时，将差额列入该项目的借方；反之，将差额列入该项目的贷方。

三、我国的国际收支

改革开放以来，我国国际收支发生了很大的变化，主要呈现以下几个特点。

（1）国际收支规模扩展很快，国际收支在国民经济中的意义越来越重要。仅以进出口贸易为例，其总额与 GDP 之比，1988 年为 25.6％，2001 年上升到 44.0％。国民经济对涉外经济的依存度大大加深。

（2）经常项目在整个国际收支中的比重趋于下降，资本项目的比重上升。1982 年时，我国经常项目的资本项目在国际收支中所占比重分别为 86％和 13％，2001 年上半年该比例分别为 73％和 26％。

（3）经常项目中的货物贸易与服务贸易收支总额保持了同步增长；经常项目的结构和内容发生了明显的变化。出口产品中初级产品所占比重逐年下降，制成品和深加工产品的比重上升；出口商品的种类增多；市场结构则日益多元化。在对外贸易方式上，除了传统的一般贸易外，各类加工贸易、补偿贸易以及其他贸易方式比重在不断上升。国际旅游、运输等传统服务贸易发展迅速，同时一些非传统的服务贸易方兴未艾。例如，近年来国际咨询、通信、计算机和信息服务、专利使用、娱乐文化等都有了较快的发展。

（4）资本项目的地位越来越重要。其中，外商来华直接投资，自 1992 年以来，规模越来越大，投资领域越来越广泛，成为影响国际收支状况的重要因素。

（5）在国际收支规模不断扩大的过程中，我国外汇储备规模快速上升，截止到 2010 年年底，我国外汇储备总额达 2.9 万多亿美元，成为世界第一储备国家。

2008 年中国国际收支平衡表见表 14－2。

表 14－2　中国国际收支平衡表（2008 年）　　　　单位：千美元

项　目	行次	差额	贷方	借方
一、经常项目	1	426107395	1725893261	1299785866
A. 货物和服务	2	348870456	1581713188	1232842732
a. 货物	3	360682094	1434601241	1073919146
b. 服务	4	－11811638	147111948	158923586
1. 运输	5	－11911179	38417556	50328735
2. 旅游	6	4686000	40843000	36157000
3. 通信服务	7	59585	1569663	1510079
4. 建筑服务	8	5965493	10328506	4363013
5. 保险服务	9	－11360128	1382716	12742844
6. 金融服务	10	－250884	314731	565615
7. 计算机和信息服务	11	3086931	6252062	3165131
8. 专有权利使用费和特许费	12	－9748930	570536	10319466
9. 咨询	13	4605315	18140866	13535551
10. 广告、宣传	14	261668	2202324	1940656
11. 电影、音像	15	163322	417943	254622
12. 其他商业服务	16	2885059	26005857	23120798
13. 别处未提及的政府服务	17	－253890	666187	920076
B. 收益	18	31437960	91614872	60176912
1. 职工报酬	19	6400156	9136547	2736391
2. 投资收益	20	25037804	82478325	57440521
C. 经常转移	21	45798979	52565201	6766222
1. 各级政府	22	－181611	49205	230816
2. 其他部门	23	45980590	52515996	6535406
二、资本和金融项目	24	18964877	769876094	750911218
A. 资本项目	25	3051448	3319886	268439
B. 金融项目	26	15913429	766556208	750642779
1. 直接投资	27	94320092	163053964	68733872
1.1 我国在外直接投资	28	－53470972	2175785	55646757
1.2 外国在华直接投资	29	147791064	160878179	13087115
2. 证券投资	30	42660063	67708045	25047982

续表

项　目	行次	差额	贷方	借方
2.1 资产	31	32749936	57672404	24922468
2.1.1 股本证券	32	−1117368	3844800	4962168
2.1.2 债务证券	33	33867304	53827604	19960300
2.1.2.1（中）长期债券	34	37563103	53827604	16264501
2.1.2.2 货币市场工具	35	−3695799	0	3695799
2.2 负债	36	9910127	10035641	125514
2.2.1 股本证券	37	8721011	8721011	0
2.2.2 债务证券	38	1189116	1314630	125514
2.2.2.1（中）长期债券	39	1189116	1314630	125514
2.2.2.2 货币市场工具	40	0	0	0
3. 其他投资	41	−121066726	535794199	656860925
3.1 资产	42	−106074263	32563248	138637510
3.1.1 贸易信贷	43	5866953	5866953	0
长期	44	410687	410687	0
短期	45	5456266	5456266	0
3.1.2 贷款	46	−18501123	478305	18979428
长期	47	−6569000	0	6569000
短期	48	−11932123	478305	12410428
3.1.3 货币和存款	49	−33528165	17715954	51244120
3.1.4 其他资产	50	−59911928	8502035	68413963
长期	51	0	0	0
短期	52	−59911928	8502035	68413963
3.2 负债	53	−14992463	503230952	518223415
3.2.1 贸易信贷	54	−19049071	0	19049071
长期	55	−1333435	0	1333435
短期	56	−17715636	0	17715636
3.2.2 贷款	57	3620979	442835925	439214946
长期	58	6724078	20129387	13405309
短期	59	−3103099	422706538	425809637
3.2.3 货币和存款	60	2702297	59226206	56523909

项　目	行次	差额	贷方	借方
3.2.4 其他负债	61	−2266668	1168821	3435489
长期	62	−2236180	34976	2271156
短期	63	−30488	1133845	1164333
三、储备资产	64	−418978429	0	418978429
A. 货币黄金	65	0	0	0
B. 特别提款权	66	−7114	0	7114
C. 在基金组织的储备头寸	67	−1190315	0	1190315
D. 外汇	68	−417781000	0	417781000
E. 其他债权	69	0	0	0
四、净误差与遗漏	70	−26093843	0	26093843

第二节　国际收支调节

一、国际收支的失衡

按复式簿记原理编制的国际收支平衡表，就表本身来看，总是平衡的。但是一国的实际国际收支经常出现失衡状况：或是支大于收出现逆差，或是收大于支出现顺差。

（一）国际收支失衡的判断标准

怎样判断一国的国际收支是平衡还是不平衡？

国际上通行的方法是将国际收支平衡表上各个项目，区分为两种不同性质的交易：自主性交易和调节性交易。自主性交易是指企业单位和个人，为了一定的经济动机而主动地自发地进行的交易，如商品和服务的输出入、赠与、侨民汇款和长期资本流出流入。调节性交易又称补偿性交易，是指在自主性交易产生不平衡时所进行的用以平衡自主性交易收支的弥补性交易。如向国外银行和国际金融机构借用短期资本，进口商取得分期付款的权利以及动用国际储备等。自主性交易系由生产经营，单方面支付和投资的需要所引起，与国际收支其他项目的大小无关。通常判断一国国际收支是否平衡，主要是看其自主性交易是否平衡。如果一国国际收支不必依靠调节性交易而通过自主性交易就能够实现基本平衡，是平衡；反之，如果自主性交易收支出现差额，必须通过调节性交易来维持收支平衡，则为国际收支失衡。

关于自主性交易和调节性交易的区别从道理上分析似乎是可以的，但在具体统计时很难准确地把握。因为同一笔交易从不同的角度考察可以是不同的类别。例如，一个国家的货币管理当局提高利率时大量的外资会流入，从投资者角度看是自主性交易，从一个国家的货币管理当局看，却是调节性交易。如果投资者是该国居民，则同一笔交易既可看做是自主性交易，又可看做是调节性交易。两种交易的区分是经济学家詹姆斯·米德提出来的，各国货币管理当局曾按此方法区别，但实践过程表明，这种方法很难执行。

（二）国际收支失衡的原因

导致一国国际收支失衡的原因是多方面的，既有内部的，又有外部的；既有主观的，又有客观的；既有经济的，又有非经济的。概括来说，主要有以下因素：

1. 周期性失衡

这是经济的周期性波动引起的国际收支失衡。典型的经济周期具有危机、萧条、复苏和高涨四个阶段。一国处于经济复苏和高涨阶段，国内投资和消费需求旺盛，对进口的需求相应增加，因而出现贸易和国际收支逆差。反之，在经济萧条阶段，社会总需求下降，进口需求也相应下降，国际收支出现盈余。

2. 结构性失衡

这是一国产业结构同国际分工失调引起的国际收支失衡。当国际经济结构发生变化，而一国产业结构不能适应这种变化，就会出现国际收支失衡，这种失衡主要反映在贸易项目上。

3. 货币性失衡

从国内说，如果一国发生通货膨胀，国内物价上涨，本国货币币值下跌，其出口商品成本随之提高，出口商品在国际市场上的竞争力削弱；而进口商品价格相对便宜，从而导致贸易收支和国际收支失衡。币值的变动是导致国际收支失衡的直接原因，国内物价上升的原因被认为是货币供应量的过分增加，因此国际收支失衡的原因是货币性的。

4. 收入性失衡

收入性失衡是指由国民收入及其变动引起的国际收支失衡。当一国国民收入相对快速增长，导致进口需求增长过快而引起国际收支出现短暂的失衡。

5. 其他因素导致的临时性失衡

这是由短期的、非确定或偶然因素，如自然灾害、政局动荡等引起的国际收支失衡。一般失衡程度较轻、持续时间较短。

二、国际收支失衡的调节

一国的国际收支如果经常出现失衡而且差额大，持续时间较长，就必须进行调节。国际收支的调节政策一般有：

（一）财政政策

政府利用财政收入、财政支出对经济进行调控，财政政策通常是调节国内经济的手段，但由于总需求变动可以改变国民收入、物价和利率，启动国际收支的货币和收入调节机制，因此财政政策成为国际收支调节手段。如当一国出现国际收支逆差时，政府可以采用紧缩的财政政策，削减政府开支，提高税收，使投资和消费需求减少，物价下降，有利于出口，抑制进口，改善国际收支。反之，当出现顺差时，政府可实施积极的财政政策，扩大政府开支，减少税收，以扩大总需求，增加进口，从而减少国际收支顺差。

（二）货币政策

货币政策指中央银行通过调节货币供应量以影响经济活动的经济政策，主要工具是公开市场操作、再贴现政策以及法定准备金率。如当一国出现国际收支逆差时，中央银行可提高再贴现率，市场利率随之上升，投资和消费需求下降，物价下降，有利于出口，压制进口，改善贸易收支。同时，市场利率的提高，也有利于吸收短期资本流入，从而改善国际收支。

（三）汇率政策

汇率政策指通过调整本币汇率来调节国际收支，消除国际收支不平衡的政策。当国际收支出现逆差时，可以通过本币贬值，增强本国出口商品的国外竞争力，扩大出口；同时，国外商品的价格相对上升，进口减少，国际收支得以改善。反之，当国际收支出现顺差时，可以通过本币升值来刺激进口、抑制出口，从而恢复国际收支平衡。

（四）直接管制政策

直接管制政策指政府直接干预对外经济往来，以实现国际收支平衡。直接管制包括外汇管制、贸易管制和财政管制等形式。

（五）国际经济合作

各国的国际收支是联系在一起的，一国的逆差就是另一国的顺差。这种情况客观上要求各国加强国际合作。如成立国际金融机构（如 IMF），为成员国的国际收支失衡提供援助；各国中央银行之间签订互惠信贷协定，以提供贷款支持等。

由于国际收支与国内经济有密切联系，通常在对内经济政策上也需要采取相应政策，以此来间接影响国际收支。另外，有些国家利用供应政策来间接影响国际收支也取得了一些成效，各国应该结合本国的国情，通过多种调节措施来调节国际收支。在我国目前的经济条件下，直接管制政策仍然是现阶段的主要调控手段，能够迅速、有效地影响国际收支状况。但是，随着我国经济对外开放程度进一步提高，我国经济的市场化程度的深化，更好地发挥利率、汇率政策等经济手段在调节国际收支方面的作用，日益成为经济发展本身的要求。

第三节　国际储备

一、国际储备的特性

国际储备（International Reserve）是指一国货币当局为弥补国际收支逆差、维持本国货币汇率稳定、应对国际间的货币紧急支付而持有的在国际间可以被普遍接受的各种金融资产。

能够作为国际储备的资产一般应该具备以下四个特性：

(1) 官方持有性。国际储备资产必须由该国货币当局集中掌握，任何非官方金融机构、企业和私人所持有的黄金和外汇，均不计入国际储备资产，因此国际储备又称官方储备。

(2) 普遍接受性。国际储备资产能被世界各国普遍认同和接受，所以能作为一国对外贸易和非贸易活动的国际支付手段，用于弥补国际收支逆差。

(3) 充分流动性。国际储备资产必须是能在其各种形式之间自由转换，在必要时能随时动用的资产。这样，当一国出现国际收支逆差时，就可迅速动用某种资产予以弥补或干预外汇市场来维持汇率的稳定。

(4) 自由兑换性。一国作为国际储备的资产必须可以自由地、不受限制地与其他国家的金融资产相交换，充分体现储备资产在国际交易中的自主性。只有具备自由兑换性，储备资产的价值才能充分实现。

正是上述特征决定了某些国家的货币可以作为国际储备资产，而大部分国家的货币不能作为国际储备资产。

二、国际储备的构成

国际储备通常由四种资产构成：黄金、外汇、普通提款权、特别提款权。

(一) 黄金储备 (Gold Reserve)

黄金是最古老的一种国际储备资产。各国公布的黄金储备是指一国货币当局持有的货币性黄金 (Monetary Gold)，而不包括为了满足工业用金和民间藏金的需求作为商品储备的黄金。由于黄金具有可靠的保值手段，它一直是国际储备的主要来源之一。但如今的黄金已经难以达到人们对国际储备资产的要求，黄金本身的一系列缺陷导致大多数国家虽然仍持有黄金储备，但黄金只在国际储备中占较小比例。例如，截至 2009 年 12 月，中国的黄金储备规模达到 3389 万盎司，按当时的黄金价格约合 370 亿美元，而同期中国的外汇储备则达到 2.399 万亿美元。

各国不愿过多持有黄金的原因主要在于：①黄金的供应商受到黄金产量的限制，无法满足国际经贸活动不断增长对国际储备的需求。②黄金储备对国际收支的调节作用有限，在通常情况下很少直接用作对外支付。③黄金价格波动频繁，往往大幅度脱离其内在价值，从而影响了黄金发挥国际储备的作用。例如，在 1980 年 1 月世界黄金价格曾上升至每盎司 870 美元，创纪录高峰，后来逐步下跌到 1985 年 11 月每盎司 327 美元的谷底，1987 年黄金市价又上涨到 482 美元的高峰，随后又不断下滑，20 世纪 90 年代徘徊在 350 美元左右；进入 21 世纪，黄金价格又开始一路上涨，截至 2010 年 3 月，黄金价格约在 1120 美元。④黄金储备的机会成本很高，持有黄金储备要占用大量财富，不仅不能生息，而且还要支付保管费用，是一种很大的资源浪费。黄金储备有逐步退出国际金融领域的趋势。

（二）外汇储备（Foreign Exchange Reserve）

外汇储备是指一国政府所持有的可用作国际间结算和对外支付的流动性较高的金融资产，主要表现为在国外银行存款和外国政府债券等形式。充当国际储备的货币必须具备以下三个条件：一是能够自由兑换成其他储备货币；二是在国际货币体系中占据重要地位；三是购买力稳定。一般来说，同时具备上述三个条件的货币通常都是由综合经济实力名列世界前茅的国家所发行。目前，充当外汇储备的主要货币有美元、日元、欧元、英镑等。

在国际储备资产中，外汇储备是规模最大、增长速度最快的资产，其占国际储备的比重由 1950 年的 27.6％增加到超过 90％。因此，外汇储备已成为国际储备中最主要、最活跃的组成部分，国际储备管理实质上就是外汇储备管理。

一国外汇储备的多少，也能从一定程度上反映该国应付国际收支的能力，关系到该国货币汇率的维持和稳定，也是显示一个国家经济、货币和国际收支等实力的重要指标。根据中国国家外汇管理局公布的数据显示，2010 年 12 月中国外汇储备余额达 2.9 万多亿美元，占全球外汇储备的 30％以上，其数量连续四年位居全球第一。中国的巨额外汇储备是国家财力的象征。充足的外汇储备有利于增强政府宏观调控的能力，有利于维护国家和企业在国际上的信誉，更有助于拓展国际贸易、吸引外国投资、降低国内企业融资成本、防范和化解国际金融风险。但是，外汇储备规模过大也会对经济发展产生许多负面影响：①损害经济增长的潜力。一定规模外汇储备的流入代表着相应规模实物资源的流出，这种状况持续下去将损害经济增长的潜力。②储备币种的价值不稳定易导致储备资产缩水，如中国的外汇储备构成中，大部分是美元资产，近年来美元的大幅贬值使我国的外汇储备遭受巨大损失。改善外汇储备结构是必然的措施。③外汇储备过多会使中国失去享受 IMF 优惠低息贷款的资格。④过多的外汇储备还会加速热钱流入，引发或加速本国的通货膨胀，因此，对外汇储备数量和结构的管理已成为国家宏观经济调控的重要组成部分。

（三）普通提款权（General Drawing Rights）

即成员国在 IMF 中的储备头寸（Reserve Position in IMF），指 IMF 的会员国按规定从 IMF 提取一定数额款项的权利。它是 IMF 中最基本的一项短期贷款，用于解决会员国国际收支不平衡，但不能用于会员国经常账户下交易的支付。

IMF 就像一个股份制性质的储备互助会，其会员国必须按一定的份额向 IMF 缴纳一笔钱，作为入股基金，即份额。IMF 规定，认缴份额的 25％这一部分，必须用可兑换货币缴纳，其余 75％用本国货币缴纳。当会员国发生国际收支逆差需要弥补时，就有权向基金组织申请普通贷款。具体来说，一国在 IMF 中的储备头寸包括三个部分：一是会员国向 IMF 所交份额中的 25％，是黄金或外汇，称作"储备部分"；二是 IMF 为满足会员国的借款需要而使用的该国货币持有量部分，即该国货币的持有量下降到不足该国本币份额 75％的差额部分；三是 IMF 向该会员国借款的净额。后两部分称做"信贷部分"。

成员国向基金组织取得普通贷款，其额度不超过该国缴纳份额的 125％，分为五个档次，每一档次占 25％。第一个档次的 25％是储备部分，可以自由提取，但要收利息。其余四个档次是信贷部分，要收利息，档次越高，借款越多，利息越高，基金组织掌握越严。贷款方式是：用本国货币向基金组织购买需要的外国货币，偿还时，则需要用可兑换货币购买本国货币。

（四）特别提款权（Special Drawing Rights，SDRs）

又称为"纸黄金"，是成员国在普通提款权之外又一种使用资金的权利。它不是真正的货币，没有内在价值，是 IMF 于 1969 年创设的一种新的国际储备资产和记账单位，是一种虚拟的信用资产，其目的是补充国际储备资产的不足。IMF 的会员国可用分配到的特别提款权归还 IMF 的贷款，或用于会员国政府之间的官方结算和支付。所以对于 IMF 的会员国来说，已分到而尚未使用的特别提款权，就构成该国国际储备资产的一部分。

特别提款权与上述三种储备资产相比，有四个特点：

（1）它是一种没有任何物质基础的记账单位，不能用于兑换黄金，也不能直接用于国际间贸易和非贸易的支付。

（2）它只能由成员国货币当局持有，并且只能在成员国货币当局和 IMF、国际清算银行之间使用。

（3）成员国可无条件享有它的分配额，无须偿还。

（4）它的定制取决于主要的国际储备货币，不受任何一个国家政策的影响，是一种比较稳定的储备资产。

三、国际储备的来源与管理

（一）国际储备的来源

一国的国际储备来源于以下四个渠道：

1. 国际收支顺差

国际收支顺差是国家储备最主要的来源，包括经常项目顺差和资本项目顺差两个方面，经常项目顺差主要是通过贸易和非贸易的顺差而形成的，是本国最直接、最实际、最可靠的和无偿占有的储备资产。反映了一个国家对外贸易和外向型经济的实力。

2. 购买外汇和外资直接投资

当一国需要干预外汇市场时，可以用本国货币购进外币。这种情况往往出现在本币对外币升值时，为了稳定汇率，就要在外汇市场上抛出本国货币，从而使本国的外汇储备增加。大量的外资直接投资也为用本国货币购买外币提供了条件。

3. 购买黄金

4. 特别提款权

数量少，流通性差，只是外汇储备的一个补充来源。

（二）国际储备的管理

国际储备的管理是指国际储备应保持合理的数量和质量以及正确地使用。

1. 国际储备的数量

一个国家的国际储备不是越多越好，它要根据不同国家不同时期的经济状况作出合理的界定。这里引进两个定义：经常储备量和保险储备量。经常储备量是指能够保证一国最低限度进出口贸易所必需的储备资产数量，是该国国际储备的下限，也是最少储备量，有一定的风险，又称"风险储备量"；保险储备量是指能达到该国对内对外经济发展最好情况下可能出现的对外支付所需的储备资产数量，是该国国际储备的上限，也是最多储备量。合理的国际资产储备数量应保持在上限和下限之间。国际公认：一国国际储备的合理数量，为该年进口总额的 20％～50％；实施外汇管制的国家，因政府能有效地控制出口，储备可以少一点，但不少于 20％，不实施外汇管制的国家，储备应多一点，但一般不超过 50％。大多数国家保持在 30％～40％，国际储备是一种备用资产，在未被使用时是闲置的，如果用来投资会带来经济效益。作为存款，它可以带来利息，但比投资收益要差。所以不是储备越多越好。

2. 国际储备的质量

国际储备的质量是指储备资产结构、币种结构。在全部储备资产中，外汇储备比重最大，不低于 85％，黄金储备占 5％左右，普通提款权和特别提款权两项之和在 10％左右。从币种结构看，在外汇中主要应该选择那些经常进行国际支付的货币种类，我国主要是美元、日元、欧元等；还要注意选择有升值趋势的货币；保留未来偿还所用的货币；当然也要注意币种多元化，以分散汇率风险。在期限结构上注意定期与活期、长期与短期有效搭配。一国外汇资产的币种结构是和该国对外贸易的结构及汇率政策相适应的，在对外贸易中最多使用的结算货币应当作为主要币种。当净出口增加时，作为结算的国际货币会相应增加；当净出口增加时，作为结算的国际货币会相应减少，无论增加或减少一国都必须保持足够进出口使用的某些货币。外汇资产结构和一国的汇率政策是密切相关的，如中国曾经实行单一钉住美元的汇率政策，就必须保持最大量的各种形式的美元资产。现在实行参考一篮子货币进行调节的汇率政策，就要根据篮子中各种货币的比重，确定外汇储备中相应的币种结构，其中关键货币要占最大比重。

3. 国际储备的使用

国际储备资产使用主要是指外汇的使用，使用原则是，既要保证对外支付的需要，又要让它增值，取得一定收益。因此，要兼顾其保值性和盈利性，使外汇资产分布在不同的货币形式上，一般分为一线储备资产、二线储备资产、三线储备资产。

（1）一线储备资产主要用于一国经常性或临时性对外支付的需要，其资产形式包括外币现金、在国外的活期存款、外币短期证券等。这部分储备资产流动性强，其比例一般应占外汇储备资产的 30％～40％，过低会影响对外支付，过高会影响收益。

（2）二线储备资产主要用于一般临时性或突然性对外支付的需要，其资产形式包括中期国库券和证券等。这部分储备资产既有一定的流动性，又有较高的盈利性，其比例一般应占全部外汇储备资产的 20％～30％。

（3）三线储备资产主要是那些能取得较高收益的长期有价证券。这部分储备资产流动性差，收益性高，可补充一线储备资产的收益不足，也可以作为对外举债的保证。其比例占外汇资产的 30%～40%，过低会影响收益，过高不能满足国际支付的需要。

国际储备资产的管理是一项挑战性很强、风险性很强、技术性很强的复杂工作，它与汇率的变化、对外贸易状况的变化、其他国家经济政策和经济状况的变化密切相关。一个国家的政府和货币管理当局要根据本国货币发展的实际情况审时度势，在不同时期自主地调整管理政策，并且要预测发展趋势，有一定的前瞻性。

4. 国际储备的作用

（1）是一国国际支付的保证。如果一个国家的国际收支出现逆差，并在一定时期内得不到调节，持续下去会导致长期逆差乃至不断恶化，从而会影响该国的经济发展。而动用国际储备则可以使国际收支逆差得到及时弥补，不至于使逆差持续发展，从而给货币行政当局提供一个缓和的时间去实施调节国际收支的政策和措施。

（2）是稳定本国货币汇率的保证。在浮动汇率下，汇率的不稳定对一国和整个世界的经济发展会带来不利影响，因此，很多国家为了稳定本国货币汇率，由中央银行用部分外汇储备建立"外汇平准基金"，专门对外汇市场进行直接干预。

（3）是举借外债的保证。一个国家国际储备的多少是该国经济实力的强弱的一个重要指标，有了充足的国际储备，一方面保证了对外债务的清偿，增强了国际信誉；另一方面展示了该国的经济实力，又为对外举债提供了保证。

一、重要概念

国际收支　经常账户　资本与金融账户　国际收支平衡表　周期性失衡　结构性失衡　国际储备

二、复习思考题

1. 简述国际收支的含义及特征。
2. 国际收支失衡的原因主要有哪些？
3. 国际收支失衡的调节政策主要有哪些？
4. 简述国际储备的结构和作用。

三、前沿思考题

当前中国外汇储备居世界第一位，其成因是什么？如何合理使用我国的外汇储备？

参考文献：

[1] 黄达：《金融学》，北京：中国人民大学出版社，2003。
[2] 杨胜刚、姚小义：《国际金融》，北京：高等教育出版社，2005。
[3] 国家外汇管理局：《2008 年中国国际收支报告》。

第十五章 金融创新与金融监管

> **本章提要：** 世界经济和金融发展的大量数据表明，金融深化过程必然伴随着金融创新，金融创新又反过来促进金融进一步深化。一方面，金融创新促进金融和经济的发展；另一方面，金融创新也带来新的金融风险，增加金融体系的不稳定性。因此，必须加强金融监管。
>
> **本章主要讲述：**
> 金融深化和金融创新的基本原理及其表现。
> 金融深化、金融创新与金融发展和经济发展之间的关系。
> 金融监管理论与实践。

第一节 金融深化与金融抑制

1973 年，美国斯坦福大学经济学教授罗纳德·I. 麦金农（Ronald I. McKinnon）和爱德华·S. 肖（Edward S. Shaw）分别出版了各自的著作：《经济发展中的货币与资本》和《经济发展中的金融深化》，建立起金融发展理论。他们提出"金融抑制论"，把发展中国家的经济欠发达归咎于金融抑制，主张进行"深化"金融，极力倡导和推行金融自由化。他们把金融抑制的原因直接归结于金融管制，因此也把金融深化与金融自由化等同起来。许多发展中国家特别是一些拉丁美洲国家在 20 世纪七八十年代都尝试金融自由化，但是，大多以失败告终。这暴露了麦金农—肖学派在理论上存在着缺陷。当然，从金融对经济发展的调控和推动的巨大作用方面考察，"金融深化"有积极意义，值得深入研究和借鉴。多年来，世界各国的金融理论工作者都十分关注这一理论，并研究它在一国经济中的作用。

到 20 世纪 90 年代金融发展理论相应地提出了内生增长理论，认为金融发展并不意味着金融自由化，并指出在不具备一定条件的国家，不走金融自由化的道路也能实现金融发展。在某些市场条件不具备的时候，实施必要的金融管制，可能更有利于金融的深化和经济的增长。亚洲一些国家实施的有管制的金融发展在相当一段时期取得了较高的经济增长便成为其理论的佐证。那么，到底什么是金融深化，什么是金融管制？金融深化与金融自由化到底有无区别，区别又何在呢？

一、金融深化

（一）金融深化的含义

金融深化（Financial Deepening）是指随着一个国家或地区的经济发展对金融服务不断提出新的要求，其金融中介、金融工具和金融市场不断进行创新，市场可以运用的资金潜力不断被挖掘，市场规模不断增加，同时不断走向专业化和复杂化的过程。它既包括金融机构和产品的创新，也包括金融制度和技术的创新；既包含数量的增加，也包含质量的提高。

金融深化可以运用多种方式去测量。一个最基本的衡量方法是所谓"货币化"程度，即国民生产总值中货币交易总值所占的比例。货币化程度越低，表明"自然经济"和"物物交换总值"的比重越高。

人们经常把金融深化理解为金融发展，或者两者相提并论。实际上，金融深化并不等于金融发展。金融深化更多地表现为数量上的扩张，或者金融的复杂化程度；金融发展主要强调金融效率的提高，体现为对经济发展需要的满足程度和贡献作用。金融深化单纯追求数量的增长，或者技术上的复杂，会导致泡沫经济的表现。没有发展的金融深化是很危险的。例如，在 20 世纪 80 年代后期和 90 年代初期，由于房地产和股市过热，投机风潮盛行，日本银行业的资产价格膨胀，在 1991 年的世界前 10 大银行中，日本占 8 家。两年以后，日本金融危机频发，不良资产大量出现，储备资产价值急剧缩水，到 1998 年，世界前 10 大银行中，日本只剩下 1 家。从 1992 年开始到 2002 年，日本的金融经历了近 10 年的衰退，银行业务萎缩，扩张能力降低。货币市场、资本市场都受到了历史上少有的长期持续低迷。经济发展也受到了相当程度的影响和制约。

（二）金融深化的表现

金融深化最直接的表现为金融机构数量的增加，分工的专业化程度加深，金融资产总规模的增长，经济活动的各种要素对金融的依赖程度加深，金融交易的方式变得更加多样、方便、有效，金融监管的效率更高，金融运行的法律环境更完善、更有效等。

用信息经济学的分析方法的观点来看，金融深化表现为由于对一种新的金融交易方式的潜在需求和供给逐渐产生和扩大，使得新的金融机构、金融产品或金融市场得以出现，并能在满足该需求的过程当中使其自身能够生存和发展下去。这一深化的过程，有时表现为直接的金融交易的变化，有时则只是表现为金融交易的环境的改变。以下仅对金融深化的一些重要表现加以介绍：

1. 专业生产和销售信息的机构的建立

当金融市场上存在着大量的因信息不对称而无法实现金融交易时，为了消除信息的不对称，解决逆向选择的问题，市场需求就会推动成立专门的收集和销售信息的机构。

在美国，就产生了像标准普尔、穆迪公司一类的专业信用评级机构，尽最大可能地去收集那些正寻求融资的企业和个人的全部信息，然后公布这些信息或卖给那些需要这些信息的机构。近几年，中国也先后出现了像中诚信、大公等信用评级和信息咨询机构。这类为金融提供服务的中介机构的产生，可以有效地帮助解决信息不对称问题，同时降低收集和生产信息的成本，从总体上降低金融活动的交易成本。当然，由于存在一些机构和个人不愿意花钱买信息，而是跟随那些买过信息的人的投资行为进行投资的情形，即所谓的"搭便车"现象，这样，中介机构的产生和存在也还是不能完全消除逆向选择的问题。

2. 政府出面进行管理

正是因为广泛存在着不对称信息，金融行业才成为几个受到政府部门最严格地管制的行业之一。政府管制的内容包括由政府制定和执行统一的会计标准、信息披露标准，以及对市场上的所谓"内部人"行为进行检查和处罚，充当金融市场上的"游戏裁判"等。政府管理的出现及其管理的深度和广度，既是金融深化的要求和条件，又是金融深化的表现和内容。

3. 金融中介出现

像银行、货币经纪公司、信托公司、证券公司、基金管理公司等金融中介的出现和专业化分工，是金融深化的最重要表现。它们分别以不同的方式和成本，根据各自的业务经营的重点和特点，而把自己同其他的金融机构区别开来。这些机构当中，商业银行最具有特殊性，即它是通过单独向单个客户发放贷款的方式来进行的，因而能够有效地防止出现"搭便车"的现象。因此，银行也是能够最成功地减少不对称信息的金融中介机构。在发展中国家的金融体系中，银行一直承担最重要的金融中介作用。

4. 限制条款、抵押和资本净值

金融深化和发展在交易上的表现，就是合同中越来越明确的限制条款（Restrictive Covenants）。因为存在对借款人的行为的种种担心，贷款人为了消除他能够认识到的各种不希望或不允许发生的事项，则会在合同中对此作出明确的限制。限制条款通常包括四个方面的内容：①限制借款人从事某些活动和高风险投资。②鼓励借款人采取一些有利于保证贷款偿还的措施，如要求借款人为用做贷款抵押的房产购买保险。③要求使抵押品处于良好的保管状态。④要求借款人定期及时地提供其经营状况的信息。

抵押，作为借款人为得到贷款而交由贷款人控制的财产，能够减少逆向选择的发生，因为它减少了借款人还不了款时对贷款人造成的损失。借款人也因为有抵押而更容易获得贷款，或者获得较低利率的贷款。企业的资产与负债的差额即企业的净值，也能够起到与抵押相类似的作用。企业可以用其净值向银行质押获得贷款。有效地处理抵押和质押，需要有良好的市场环境和法律环境。

（三）金融深化的原因

1. 信息不对称

信息不对称（Information Asymmetry）是指交易的一方对交易的另一方的信息掌握得不充分而无法作出准确的决策。信息不对称会降低市场的运作效率。乔治·施蒂格勒（1960）以二手市场的交易为典型，首次分析了信息不对称对市场有效运作的影响。这就是所谓的"次品车问题"。金融交易中也普遍存在着类似的"次品车问题"，即借钱的人比被借钱的人更了解该借款使用中的风险，因此，有钱的人总是不敢轻易地把钱借出去。由于信息不对称，就容易导致所谓的"逆向选择"形成"道德危害"。由于金融活动中大量存在不对称信息，并易出现逆向选择和产生道德危害，各种金融中介也就因此而出现了，并花专门的费用去收集和生产信息，最大限度地去解决信息不对称的问题，从而能够最大限度地解决金融交易中的逆向选择和道德危害的问题。本质上讲，所有形式的金融深化，其内容都是某种意义上有关信息的交易。

2. 交易成本（Transaction Cost）

什么是交易成本？举例来说，假如你有 500 元要去做投资，你想投资买股票，证券公司会告诉你，因为你的资金太少，按他们的最低收费标准，也会占到你的投资额的很大比例。假如你不想买股票了，而准备去买债券，你会发现，债券的最低票面的限额是 1000 元，结果你根本无法实现你的投资愿望。他们之所以会确定这样的收费标准或最低面额，是因为他们计算过，为这点小额资金投资花费的时间和精力是不值得的，否则，他们就会把标准降得再低一点。也就是说，是交易的成本限制了你的投资。此外，交易成本还使你面临另外的问题：因为资金太少，投资品种的数量就会受到限制，你不得不把所有的鸡蛋都装在一个篮子里，不能够去分散你的投资风险。解决上述问题的办法就是靠"规模经济"。

规模经济是指通过增大交易规模来降低每一元钱的交易成本。通过把许多小投资者的资金绑在一起来投资，单个投资者会分担的交易成本就大大地减小了。规模经济的出现就能够帮助解释金融活动中为什么会产生金融中介机构，以及为什么会不断有新的金融产品出现。例如，共同基金（Mutual Fund）的出现，尤其是开放式基金的出现，很重要的原因之一就是它通过规模经济为中小投资者提供投资便利，降低交易成本，并可以充分实现投资风险的分散。其他各种金融中介，包括金融机构及金融产品，也都是因此而发展起来的。

有效的金融体系会降低金融中介成本，提高资金配置的效率，最终提高经济的增长。因此可以说，信息不对称的存在和生产信息的需要，以及生产信息需要交易成本，是推动金融发展和金融深化的最重要的原因和最原始的动力。

二、金融抑制

（一）金融抑制的含义

金融抑制（Financial Repression）是指当金融市场受到不适当的限制或干预时，各种类型的资金价格被扭曲，资金需求者应有的融资渠道遭遇阻滞，不能以其希望的融资方式和市场公允的可以承认的价格获得所需要的资金或去调整其资金的结构，使之达到一个最佳状态。

（二）金融抑制的表现

麦金农和肖将金融抑制描述为包括利率和汇率在内的金融价格的扭曲以及其他手段使实际增长率下降，并使金融体系的实际规模下降，因而阻止或严重妨碍经济发展过程。认为在大多数金融受到抑制的经济中，存、贷款利率都设上限，在银行确实遵守贷款利率上限的情况下，金融抑制会给出各种各样的错误信息，误导生产者、投资者做出错误的决策，造成生产和投资结构的不合理与投资的错误配置，必然发生可贷款资金的非价格配给现象。

1. 对资金的价格——利率进行管制是金融抑制的最重要表现之一

其结果是，它一方面使储蓄减少，另一方面又鼓励了对贷款的超额需求。因此从微观和宏观多个层面对正常的经济行为和经济增长进行干扰和损害：

（1）它引导人们减少储蓄，增加现期消费。使社会储蓄低于社会投资所需要的水平，导致有效的投资不足。潜在的资金供给者不去存款，而是直接去从事低收益的投资，总体上易降低社会的投资效益。正规的金融中介的地位和作用下降了。非正规的、不受政府管制的金融中介市场就会产生或扩大。低利率导致资金的低成本，使得一些产出率低的项目也能产生利润，一些本来在市场均衡利率下借不到钱的借款人也获得了融资。

（2）宏观上，为避免超额需求导致超额发行，政府往往需要采取行政配置信贷资金的手段，将相对稀缺的资金分配给政府愿意投资的领域，市场配置资源的作用进一步受到损害。

2. 对货币的价格——汇率进行管制是金融抑制的另一个主要表现

对汇率进行管制使得市场的参与者并不能根据自己的意愿自由决定外汇的持有量，也不能对外汇水平的高低变化调整外汇供求数量。在此情况下，外汇供求极具刚性，其价格弹性近乎为零。非市场化的汇率形成机制对外汇市场和宏观经济的运行带来了问题：

（1）外汇市场的配置效率低下。体现在市场缺乏价格发现功能；外汇资金绝大部分掌握在中央银行作为外汇储备，无法被企业所利用，使外汇发挥不了对国民经济应有的作用。

（2）外汇市场的运行效率低下，表现在高交易成本、低市场流动性，人为通过日波幅限制来维持价格稳定的必然性、交易品种少等。

（3）中央银行干预外汇市场的被动性使货币政策在很大程度上丧失了自主性，导致汇率的政策杠杆作用丧失，造成出口退税政策成为进出口调节的唯一政策依赖，对财政政策也形成不小的约束。

事实上，金融抑制除了表现为利率和汇率的价格扭曲外，更多的是表现为一种金融"欠发达"（Underdevelopment）状态，其原因除了可能是不适当的金融管制外，更多的可能是因为缺乏金融发展的良好环境。

总之，金融抑制减少了由金融体系对储蓄者、企业家和生产者提供的金融服务，进而阻碍了创造性活动，放慢了经济增长。

（三）金融管制政策的效果

金融管制是政府对金融的利率、汇率、准入的资本流入等现象采取的一种严格限制行为。当金融管制政策的目标与市场激励机制相容的时候，金融管制政策不仅能够达到预期的效果，而且还能够有效地弥补市场机制的不足。但与市场激励机制相悖的时候，不仅达不到政策设计的初衷，而且会带来种种负面作用。

利率管制政策的主要目的，一是减低资金成本，以期鼓励投资，促进经济增长；二是限制银行间存贷款的竞争，以保护银行的利润，维持金融稳定。实践中，除了前面介绍的负面作用外，这两个目的都难以实现。低利率导致过少的储蓄与过多的贷款需要之间的矛盾，会使银行或其信贷人员以非市场的方式间接提高贷款的价格，如果要求借款人保持高额的低利率存款，甚至个人受贿，从而使企业承担的利率实际并不低。或者由此在银行体系之外产生大量的非正式金融机构，会以更高的利率和非存款方式吸收社会资金，对银行存贷款形成冲击。

三、金融深化与经济增长模型

（一）哈罗德—多马模型（实物增长模型）

传统的经济增长理论认为，经济增长是由资本积累、技术进步和人口增长等实物因素促成的，货币不是生产因素，其供给具有无限弹性，不会成为制约经济增长的因素，货币供给的变动只在短期内影响商业循环，对长期经济增长无关紧要。因此，传统的经济增长理论仅关注经济的实物方面，而忽略了经济的货币方面，其模型中只有实物资产，没有货币资产。哈罗德—多马模型和典型的新古典增长模型都是没有货币资产的单一资产增长模型，即实物增长模型。在该模型中，经济增长依赖于资本的增长。具体来讲，它根据简化假设得出有保证的经济增长率公式。

所谓有保证的增长率是指商品市场处于均衡状态时或计划储蓄与计划投资相等时的国民收入增长率。用 S 表示计划储蓄，I 表示计划投资，有保证的增长率要求：

$$S=I \tag{15-1}$$

哈罗德—多马模型中假设计划储蓄是收入的一个固定比率，计划储蓄函数可以表示为：

$$S=sY \tag{15-2}$$

式中，s 为平均储蓄倾向或边际储蓄倾向。计划投资被假定为收入增量的一个可变比率，投资函数可以表示为：

$$I=v\Delta Y \tag{15-3}$$

式中，v 为资本产出率，根据商品市场均衡的条件，可得：

$$sY=v\Delta Y \tag{15-4}$$

$$或：\frac{s}{v}=\frac{\Delta Y}{Y} \tag{15-5}$$

这就是哈罗德—多马模型的基本公式，它表明国民收入增长率取决于储蓄率 s 和资本产出率 v。由于它是根据商品市场均衡条件推导出来的，因此 $\frac{s}{v}$ 就是商品市场处于均衡时达到的增长率，即有保证的增长率。

在哈罗德—多马模型中，假定资本—劳动比率不变，这样，如果一国的人口增长率为 n，为维持充分就业，国民收入也必须以同样的比率 n 增长。哈罗德把 n 称为国民收入的自然增长率。在充分就业状态，有保证的增长率 $\frac{s}{v}$ 和自然增长率 n 相等，即：

$$\frac{s}{v}=n \tag{15-6}$$

如果 s、v 和 n 满足该方程，经济就能按照保持充分就业的均衡增长率 n 和保持商品市场均衡的增长率 $\frac{s}{v}$ 增长，这时，均衡增长的途径就是充分就业的途径。然而，在哈罗德—多马模型中，这两种均衡增长的途径是不稳定的，因为三个变量中，如果有一个变量如储蓄发生变动，其他两个变量就不能内生地产生一种变量来抵消这种变化。假定由于某些原因导致平均储蓄倾向 s 出现下降，这时方程（15-6）就由等式变成不等式，即 $\frac{s}{v}<n$，而 s 的下降并不能形成一种内生力量恢复等式关系，因而商品市场均衡引起收入按小于保持充分就业要求的增长速度增长。因此，方程（15-6）代表的有保证的增长率是不稳定均衡增长率。

从以上模型推导可以看出，哈罗德—多马模型主要关注的是实物经济的增长状况，而没有考虑到经济的货币化方面。在人类经济进入 21 世纪后，经济发展中的一个显著变化是，人类经济已经由信用经济进入证券化经济时代。在证券化经济时代，经济发展的一个重要的特点是由证券化引起的虚拟经济的增长在整体经济增长中的比重越来越高，成为支撑经济发展的重要内容。如果用哈罗德—多马模型作为衡量金融深化与经济增长之间的关系就显得不足了。

（二）托宾模型（货币增长模型）

托宾（1965）在其开拓性论文《货币与经济增长》中，将货币引入经济增长模型中分析了货币政策对经济稳定状态增长率的影响，建立了一个两资产投资组合的选择模型。在该模型中，经济增长依赖于资本深化，资本深化的存在是由于个人在物质资本的竞争性资产和实际货币余额之间存在投资组合分配。个人财富在这些资产间的精确（采用总代替能力）分配依赖于资产的相对产出和资产持有者的偏好。如果相对于资本边际生产率（资产回报）的货币产出越低，则会在个人投资组合中保留越多数量的真实资产，反之亦然。这种资本深化引起随后经济的更快发展。

托宾认为，在增长理论中，大多假定生产中的各种要素间不存在代替关系，所有变量都是实物量，货币和价格变量是没有意义的。托宾认为他要建立的模型既要考虑各要素之间的代替关系，又要考虑货币作用。在托宾模型中，货币对经济运行的影响主要是通过可支配收入的影响进而对人们的消费或储蓄行为的影响实现的。

根据稳态增长条件（产出、劳动力和资本按同一比率增长），稳态条件下托宾货币经济增长模型为：

$$[s-(1-s)\lambda n] f(k) = nk \qquad (15-7)$$

式中，s 为储蓄率；λ 为实际现金余额占收入的比例；n 为国民收入的自然增长率；f 为函数符号；k 为人均资本存量。

托宾模型对金融深化是非常重要的。原因在于它初步形成了以下观点：①由于通货膨胀政策有利于刺激投资，因此，有益于经济增长。②由于投资和资本积累的出现，货币政策收益依然低于资本收益。

与哈罗德—多马模型相比，托宾模型可谓向前进了一大步。但是，托宾模型的主要缺陷在于对只存在法定货币（不兑现）的假设，它限制了模型对于不以法定货币为特点的经济的适用性。正是由于以上不足，它对经济的指导作用受到了限制。

（三）麦金农和肖的模型（发展中国家）

麦金农和肖都认为金融抑制妨碍了储蓄投资的形成，造成资源配置的不合理从而阻碍了经济发展。为此，解决之道便是实行金融深化或实行金融自由化。从金融与储蓄投资的关系进行考察，麦金农修改了哈罗德—多马的经济增长模型，把金融因素引入金融深化与经济增长模型中。

在研究金融深化与经济发展关系中，麦金农采用了这样的假设，即所有经济单位都受到自筹资金的限制，并且在这些国家，投资的不可分割性具有重要的作用。第一个假设在麦金农的模型中暗指了任何潜在的投资者在进行一个项目之前，必须积累该项投资所需的所有货币余额。更高的实际存款利率降低了节省实际投资余额的机会成本，因此对于希望为投资项目融资的企业起着推动作用。在托宾的投资组合方法中，货币与资本并非被替代了，而是被视为内在固有的补充。这种互补性在需求方程中被表达为实际余额（$\frac{M}{P}$）：

$$\frac{M}{P} = L(Y, \frac{I}{Y}, d-\pi^e); \sigma(\frac{M}{P})/\sigma(\frac{I}{Y}) > 0 \qquad (15-8)$$

其中，$\frac{M}{P}$ 为实际货币需求；Y 为收入；I 为投资；$\frac{I}{Y}$ 为投资占收入之比；d 为各类存款利率加权平均数；π^e 为预期未来通货膨胀率；$d-\pi^e$ 为货币的实际收益率。

在麦金农的模型中，货币供给条件对储蓄与投资的决策具有重要的影响，也同样被视为决策中的一部分。与托宾采取同样假设，即通过政府债券产生的纯粹法定货币存量必然是外生的。运用纯粹的外生法定货币，麦金农暗指的是无信用货币的世界，但是他改变了最初关于货币与收入的关系的假设，并且把收入引入托宾的投资方法中。麦金农支持其中的核心内容，但作了新古典货币主义的政策建议。在此方法背后暗含的假设是货币与投资是两种完全不同的通过独立生产函数进入经济中的事物——其中货币通过政府支出提供。因为法定货币在没有信用的条件下是不存在借款的，所以就没有必要提供一个机制。通过这个机制，生产资本过程产生为其生产融资所需的货币。如果麦金农的第一个假设改变并引入信用货币，则这种在任何一个时期商业部门必须是一个纯储蓄者而非纯负债者的特殊假设，将至少在互补性理论中是必需的，在托宾的模型中，缺少信用的货币是该理论的最主要的缺陷，即使它是第一个近似的模型。

肖的正式的理论贡献并不基于法定货币世界的严格假设，相反，它的重心集中在金融中介在发展中所起的作用。就提高利率而言，金融自由化主要是由于储蓄者和投资者之间金融中介数量扩大。通过增加储蓄户的收益，金融中介的贷款能力也提高了，并且银行也能够分配大量的投资基金。投资基金的增加导致或引起投资数量的增加。肖的模型中包含的观点被共同认识为债务中介观点（DIV），并且被概括为如下的货币需求方程：

$$\frac{M}{P} = L\ (Y,\ \gamma,\ d-\pi^e);\ \sigma\ (\frac{M}{P})\ /\ (\sigma d-\pi^e) > 0 \tag{15-9}$$

其中，γ 是表示实际持有货币的机会成本的向量。这个观点实际上是指各种形式财富的产出。特别是货币，将对储蓄利率，进而对投资产生正面效应。

从麦金农和肖的金融深化与经济增长关系模型及其扩展可以看出，该模型主要是从发展中国家存在金融抑制的角度进行的设计，因此，它对发展中国家解除金融管制，实现金融深化是重要的。与前两个模型相比，它更能反映发展中国家的情况。因此，当研究发展中国家经济增长与金融深化的关系时，有众多经济学家采用以上模型。虽然如此，在金融学教科书中，应用以上模型描述金融深化与经济增长关系时仍然比较粗糙。

第二节　金融创新

一、金融创新概况

（一）金融创新定义

创新是经济发展和社会进步的动力源泉。从经济学的角度看，创新的本义是创造和引进新的事物，它包括技术创新和制度创新。目前被普遍接受的经济学意义上的创新是熊彼特关于创新的论述，它是各种创新流派的理论源泉。

1912年，奥裔美籍经济学家约瑟夫·阿罗斯·熊彼特出版了《经济发展理论》一书，认为，在经济生活中，存在破坏均衡，使一种均衡过渡到另一种均衡的力量。这种力量就是创新。所谓创新，就是建立一种新的函数，即企业家对生产要素和生产条件实行一种新的组合。熊彼特所说的创新含义很广，主要包括五个方面：生产新产品或提供一种产品的新质量；应用新技术和新生产方法；开辟新市场；发现获得原料或半成品的新的供应来源；实行新的生产方式。

金融创新（Financial Innovation）是熊彼特创新学说在金融领域的应用。金融创新在经济史上早已有之，并不断推动金融业的发展，一部金融业的发展史就是一部金融创新史。例如，货币的发明，本身便是一种创新，而且是历史上首次，也是最重要的创新。13 世纪商业银行在意大利的产生是金融创新的另一个里程碑。19 世纪英国现代银行制度的发展和支票的广泛使用，是金融创新的另一重大进展。西方经济学界对 1986 年国际清算银行（BIS）出版的《近年来国际银行业的创新》一书，对 20 世纪 70 年代以来的金融创新进行了历史性总结，认为"金融创新是按照一定方向改变金融资产特性（收益、风险、期限、流动性）组合的过程"。结合创新的定义和金融发展的历史，可以把金融创新定义为：

金融创新是经济成长过程中各种金融要素的重新组合；是金融当局或金融机构为更好地实现金融资产的流动性、安全性和盈利性的目标，利用新的观念、新的技术、新的管理方法或组织形式，来改变金融体系中基本要素的搭配和组合，推出新的工具、新的机构、新的市场、新的制度，创造和组合一个新的高效的货币营运方式或营运体系的过程。

（二）金融创新分类

金融创新从不同的角度可以分为不同的类型：

（1）根据金融创新涉及的范围不同，可分为狭义的金融创新和广义的金融创新。狭义的金融创新仅指金融工具的创新，广义的金融创新是指包括金融工具、金融市场、金融制度等在内的整个金融体系的创新。

（2）根据创新的主体不同，可分为管理创新和市场创新。管理创新又称公共创新，是政府为达到管理目标而做出的，涉及货币流动和货币政策在金融立法和管理条件方面的明确变化。市场创新是指金融市场上自发涌现出的新的金融商品、金融工具和服务，是由市场主导的金融业改革。

（3）根据金融创新的动机不同，可分为提高金融效率的创新、规避管制的创新、追求利润的创新和转移风险的创新。提高金融效率的创新主要包括金融观念的创新、金融组织的创新、金融市场的创新。规避管制、转移风险和追求利润的创新主要包括金融工具的创新、清算支付系统的创新等。

（4）根据金融创新实现的功能不同，可分为风险转移创新、信用创造创新、流动性增强创新、股权创造创新等。

（5）根据金融创新的表现形式不同，可分为金融工具创新、金融机构创新、金融市场创新和金融制度创新。

（6）根据金融创新的主动性，可分为进取性金融创新和被动性金融创新。进取性金融创新是金融创新主体为寻求更大的发展，对现有金融资源进行拓展和开发，以获取超额利润的创新。被动性创新是指由于需求方面环境和交易成本的变化，迫使金融机构以防御这种不利的金融环境，保护自己的市场地位。

（三）金融创新、金融发展与经济发展

金融发展（Financial Development）是指在金融增长的前提下，一国金融状态从传统社会转向现代社会的一个渐进过程，它包括整个金融业在制度、调控机制等上层建筑和运作条件、对象等经济基础的各个领域和各个层次的深刻变革。金融发展包括两个方面：一方面是对原有体制的修改、补充和完善，另一方面是建立新的体制、创造新的手段和工具。后者就是金融创新。金融创新是金融发展的强大推动力，它通过在金融领域创造和引进新的手段和新的方法，并在模仿与推广的过程中释放能量，推动着金融从低级向高级发展。从金融发展史看，金融创新贯穿于金融发展过程的始终，历史上每一次金融发展的高潮都是由创新推动的。当旧的金融体制无法适应新的社会经济发展要求时，就会在二者之间产生冲突，这些冲突必须靠金融创新来解决。因此，金融创新是金融发展的重要组成部分，它与金融发展息息相关，具有很强的正相关性，没有金融创新就不可能有金融发展，金融创新越多，金融发展就越快。

金融发展与经济发展的关系，历来是经济学家关注的一个重要问题，对这一问题的不同认识，产生了不同的经济学流派，并影响到实际经济的增长与发展。

古典学派的经济学家基本上都是货币中性论者和货币信用媒介论者。货币中性论者认为，货币只是便利商品交换的工具，货币数量的变化只影响物价水平，并不影响实际经济活动。信用媒介论者认为，信用只是起调节资本余缺的作用，它既不使资本增加，也不使资本减少，只是使资本从一个人手中转移到另一个人手中。在整个经济活动中，信用固然重要，但不是影响经济的主要因素。在古典学派看来，影响经济的主要因素是资本的数量，而不是资本的分配。

20世纪初，瑞典经济学家魏克赛尔（K. Wicksell）首创了货币经济理论，指出货币金融对实际经济有重大的实质性影响。此后，许多经济学家受魏克赛尔思想的影响，先后提出了各自的理论，阐明货币金融对经济活动的作用。特别是爱德华·肖的名著《经济发展中的金融深化》的发表具有里程碑意义。他认为，经济中的金融部门与经济发展息息相关，深度金融和浅度金融分别对经济起着促进和抑制作用。金融机制会促使被抑制的经济摆脱徘徊不前的局面，加速经济增长。但是，如果金融机制本身被扭曲的话，那它就会阻碍或破坏经济的发展。

二、金融创新的内容

当代金融创新，种类繁多，范围极广，速度极快。各种金融创新都有着自身的目的和需要。按照熊彼特对金融创新的分类，金融创新大致可以划分为五类：第一类是新科技在金融业的应用；第二类是国际新市场的开拓；第三类是国内和国际金融市场上各种新工具、新方式、新服务的出现；第四类是银行业组织和管理方面的改进；第五类是金融机构方面的变革。按照比较广泛的理解，金融创新的主要内容包括金融业务的创新、金融市场的创新、金融工具的创新、金融制度的创新。

（一）金融业务的创新

1. 负债业务的创新

负债业务的创新主要发生在20世纪60年代以后。各商业银行通过创新新型负债工具，一方面规避政府管制，另一方面也增加银行的负债来源。主要有：大额可转让定期存单；可转让支付命令账户；自动转账服务；货币市场存款账户；协定账户；其他创新业务，如股金汇票账户、个人退休金账户及货币市场存单等。

2. 资产业务的创新

一是消费信用，包括一次偿还的消费信用和分期偿还的消费信用。这种资产业务方式发展迅速，已成为有些商业银行的主要资产项目；二是住宅放款，包括固定利率抵押放款、浮动利率抵押放款和可调整的抵押放款；三是银团贷款；四是其他资产业务的创新，如平行贷款、分享股权贷款、组合性融资等。

3. 中间业务的创新

银行中间业务的创新改变了银行传统的业务结构，增强了竞争力。主要有：一是信托业务，包括证券投资信托、动产和不动产信托、公益信托等；二是租赁业务，包括融资性租赁、经营性租赁、杠杆租赁等。

4. 清算系统的创新

包括信用卡的开发和使用，电子计算机转账系统的应用等。

(二) 金融市场的创新

金融市场创新主要是指 20 世纪 70 年代中叶兴起的离岸金融市场的建立，它是一种真正意义上的国际金融市场。在这个市场上，资金的需求者和资金的供给者都是本国的非居民。离岸金融市场是一种完全的境外市场，它既不受发行国的法律、法令的管制，又不受市场所在国金融法规和利率的约束，它所经营的是可以在其发行国以外进行交易的自由货币，并且主要为非居民提供借贷资金。离岸金融市场是金融史上的一个创新，它使得世界各国金融市场连为一个整体，并由此推动了世界经济的向前发展。

离岸金融市场主要有三种类型：伦敦型、纽约型和避税港型。伦敦型离岸金融市场是一种内外混合型的离岸金融市场，即离岸金融业务和在岸金融业务并不分割的市场。主要有伦敦离岸金融市场、香港金融市场、卢森堡、摩洛哥等离岸金融市场。纽约型离岸金融市场是一种内外分离型的离岸金融市场，主要有纽约、东京、新加坡离岸金融市场。避税港型离岸金融市场是凭借地理优势和税收优惠来吸引投资者的离岸金融市场。典型的离岸金融市场是加勒比海的巴哈马、开曼以及百慕大群岛，巴拿马和西欧的马恩岛、海峡群岛等。

欧洲货币市场是离岸金融市场的核心，是离岸金融市场的发端，它的产生和发展是金融市场创新的一个重要标志。欧洲货币市场简称"欧洲市场"，它泛指在货币发行国境外进行该货币借贷业务的市场。此处的欧洲一词，意指"非国内的"、"境外的"、"外化的"含义。由于该市场发源于欧洲，故沿用至今。目前，欧洲货币市场泛指世界各地经营境外货币各种借贷业务的市场，如东京金融市场、纽约金融市场、法兰克福金融市场、巴黎金融市场、苏黎世金融市场、香港金融市场、新加坡金融市场、巴林金融市场等。

(三) 金融工具的创新

金融工具的创新一方面是指货币市场上金融工具的创新，另一方面是指衍生金融市场上金融工具的创新。

1. 货币市场的金融工具创新

在欧洲货币市场上创新的金融工具主要是贷款工具，如多种货币贷款、平行贷款、背对背贷款、浮动利率债券、票据发行便利、远期利率协定等。

2. 金融衍生市场上的金融工具创新

金融衍生工具交易除了远期交易、期货交易、期权交易、互换交易外，还存在其他类型的工具，如商品派生证券、指数货币期权凭证、弹性远期合约等。

（四）金融制度的创新

（1）主要是指大量的非银行金融机构出现和规模迅速扩大。各种保险公司、养老基金、住宅金融机构、金融公司、信用合作社、投资基金等成为非银行金融机构的主要形式。

（2）跨国银行的发展。"二战"后跨国公司的出现和发展壮大为跨国银行的发展提供了可能。各种大银行争相在国际金融中心设立分支机构，同时在业务经营上实现业务的电子化、全能化和专业化。

三、金融创新理论

（一）威廉·L. 斯尔帕的金融创新理论

美国著名的经济和金融学家斯尔帕认为：创新活动是经济推动力的产物，在金融部门中，不定期的观察结果表明大多数金融成果都源于经济刺激。金融创新是微观经济的框架，它是约束诱导、技术的进步和立法的结果。

首先，人们创造新的金融工具或做法是为了减轻强加在企业之上的金融限制，企业不断克服多种约束才能最大限度地取得效益。这些限制来自于内外两个方面，最突出的外部限制主要是政府制定的经济制度和市场对企业最优化的约束。通常情况下，一个企业需要克服现实中存在的限制以最大限度实现其目标功能，于是就产生了对创新的需求。

在创新中最重要的创新因素是技术和立法，这两个因素有时通过约束起作用，更多的时候是独立发挥作用。技术主要指信息处理和数据传送。支付体系与计算机技术紧密联系在一起，在结算过程中，交换银行自动收付系统、环球银行同业金融电信协会以及电子贸易的背后，技术是金融创新的一股主要力量。许多金融手段是用来对付法规的，因为遵守法规的成本很高。技术革新扩大了物理产量，从而提高了生活水平；金融创新则提高了风险承受能力（如期货市场），降低了交易成本（如自动柜员机），避免了过时制度所带来的风险。从某种意义上讲，金融创新所创造的经济利益从福利的角度上说和物理技术的提高所带来的经济利益一样真实可靠。

（二）弗雷德里克·S. 米什金的金融创新说

米什金，美国经济学家。他认为，刺激金融创新不外乎四种因素：经济环境的变化、技术条件的变化、规避风险和回避既有的管理法规。

米什金分析说："任何解释创新的分析都必须说明那些使创新得以发生的刺激因素。""这是由个人和企业欲使其利润最大化要求而产生的；换言之，创新这一能使经济大大获益的活动是由致富（或保持富裕）的要求所推动的。这一观点可以引出如下简单的分析：经济环境的变化将刺激人们去寻求可能有利可图的创新。"为了在新的经济环境中求得生存，金融机构必须进行金融创新，研究和开发新的金融产品，它们的情况表明："需要是创新之母。"

当新技术革命，尤其是电脑、电信工业的技术和设备在金融业广泛应用之后，金融机构会设想出许许多多的金融服务品种，这些服务能依靠新技术有效地获取利润，增加金融业的收入。

规避风险也是金融创新的主要动因之一。米什金分析道："利率风险的增加刺激了新的证券的产生和新的金融市场的开发。"对于金融机构尤其是银行而言，开发风险较低同时利率也较低的金融产品就成了当务之急，于是金融创新就自然产生了。

（三）其他金融创新理论

1. 特征需求理论

特征需求理论是英国经济学家德赛和考在研究流动和收益特征线上各点距离后得出来的结论。其基本原理是，环境的改变，尤其是风险增加和多样化，使得流动性和收益距离拉大，为了弥补其间的差异，就产生了对金融产品的需求，以缩短特征线上各点之间的最大距离。

2. 临界点与逆转现象

根据波特和辛普森的观点，如果传统的金融产品和使用原有的金融技术的机会成本没有超过临界点，则不会产生金融创新。此外，在某种程度上，金融创新的原因已经消失，但金融创新的手段仍然保留下来。

3. 竞争市场模型

按照保莫的观点，市场竞争将导致金融机构及非金融机构引入新的金融手段，使金融创新变得卓有成效。完全竞争市场符合两个条件：对进入市场者不设障碍，对离开市场者不收取费用，但真正的完全市场竞争是不存在的。金融机构间竞争的加剧，是金融创新的最大的原动力，各种新的金融产品的大量涌现，不能不说是金融业间竞争的结果。

四、金融创新的经济效应及影响

当代金融创新浪潮改变了传统的金融观念，使金融发展出现了自由化、国际化和监管强化并存的趋势。就一国经济运行机制和方式而言，其影响是利弊互见，可谓是一柄双刃剑。

（一）提高了金融业的运作效率及金融机构的经营效益

以新型化、多样化、电子化、持续化为特征的当代金融创新，在短短的几十年间，几乎改变了整个金融业。不断涌现的新工具、新服务和新交易使金融机构的渗透力、活动力及工作效率大大增强，同时突破种种限制，功能无比的创新使不同类型、不同层次的消费需求得以满足，即创新金融机构的"投入"有了明显的"产出"，其运作效率显著提高。最明显的标志就是金融创新引起非资产性收益在金融机构总收益中比重的大幅度提高。如以美国为例，1980～1982 年，银行非利息收入占总收入的比重为 24％，1992～1994 年这一比重上升为 35％。这与 20 世纪 80 年代的金融创新的表外化是相吻合的。

（二）促进了储蓄向投资的转化乃至整个经济的发展

从市场角度看，金融创新使金融市场交易品种大大增加，投资者得以进行多元化的投资组合，提高了实际收益，增强了防范风险的能力。对筹资者而言，创新使金融市场的融资渠道拓宽，融资成本下降，融资方式更为灵活。因此，金融创新促进了储蓄向投资的转化，促进了投资，从而促进了经济的发展。

另外，金融市场创新冲破了传统的管制樊篱，极大地活跃和繁荣了金融业，有力地推动了社会生产和经济的发展，推动了市场竞争，提高了效率，加速了国际经济和金融市场一体化的进程。除金融市场自身的创新如金融衍生市场的扩张能直接促进一体化的趋势外，金融管制的放松，也从宏观上为国际经济和金融市场的一体化打开了方便之门，从而提高了各国金融市场间信息传递和价格反应的能力。

（三）增强了金融产业的发展能力

金融产业的发展能力主要体现在为金融机构在经营活动中开创未来的能力，包括开拓新业务和新市场的能力、资本增长的能力、设备配置和更新能力、经营管理水平和人员素质的提高能力等。

在当今知识创新、金融创新高潮中，激烈的竞争使银行家的创新意识得以强化，强烈的创新意识带来了各金融机构竞相创新的局面，使新服务的设计产业能力也日益增长，特别是新服务在金融业的应用与推广，拓宽了金融机构的创新范围（领域），而许多新业务、新服务的配套性、衍生性、连带性需求，使金融机构的创新能力有了更为广阔的发展空间，金融机构创新能力的增强，使其能够跟上经济发展和不断变化着的客户需求，从而为金融产业的发展提供了持续性的动力。与此同时，金融创新使金融业的资本增长能力得以加强，设备的现代化配置及更新能力日益提高，金融机构经营管理水平和人员素质逐渐提高，能力日渐增强。所有这些，都从不同方面增强了金融业的发展能力。

（四）推进了金融自由化的进程

金融自由化是指 20 世纪 80 年代西方国家普遍放松金融管制后出现的金融体系和金融市场充分经营、公平竞争的趋势。金融自由化包括四个方面的内容：①价格自由化，即取消利率限制、放开汇率，让金融价格重新发挥市场调节作用。②业务自由化，即允许各类金融机构交叉开展业务，公平竞争。③市场自由化，即开放各类机构进入金融市场的限制，完善金融市场的管理和丰富金融市场的融资工具和技术。④资本流动自由化，即允许外国资本、外国金融机构更方便地进入本国市场，同时也放宽本国资本和金融机构进入外国市场的限制。

金融创新与金融自由化之间相互促进、相互影响。金融创新产生了金融管制的松动效应，出现了金融自由化。金融创新使原来的金融管制措施失去了应有的效力，因而各国金融管理当局不得不取消管制措施。因此可以说，金融创新是金融自由化的结果，而金融自由化又为金融创新的进一步发展提供了宽松的环境，促进了金融创新的发展。

（五）金融创新带来新的金融风险

金融创新使金融机构的经营风险增大。金融创新使金融机构同质化，加剧了金融机构的竞争，银行传统的存贷利差缩小。金融机构不得不从事高风险的业务，这导致金融机构经营风险的增加，信用等级下降。

金融创新增加了表外风险，即没有在资产负债表中得到反映而又可能转化为银行真实负债的行为所带来的风险。随着表外业务的开展及规模的增大，金融企业表外风险随时可能转化为真实风险。

金融创新推动了金融同质化、自由化、国际化。一国金融机构之间，本国金融机构与外国金融机构之间，国内金融市场与国际金融市场之间的相互依赖增加。金融体系中出现的任何差错都会涉及整个金融体系的安全的"伙伴风险"。

金融创新为金融机构投机活动提供了新的手段和场所，进而引发更大的金融投机风险。

五、中国金融创新的展望

我国金融制度改革的过程，是一个金融不断突破传统旧体制，推进金融市场化，促进金融发展的过程，也是一个金融不断创新的过程。我国金融业的发展从金融机构的组织结构和形式、金融的调控体系，到金融工具及金融交易技术等方面都发生了巨大变化。

随着我国经济体制改革不断深化以及与世界经济一体化进程的加快，金融创新将进入一个全新的发展时期，并将成为推动我国金融发展的重要力量。然而，由于我国金融的背景、性质、条件和要求均与西方的金融创新不同，在我国经济发展过程中的金融创新方向和内容就会与西方有所差异。为了促进我国金融创新的健康发展，主要应采取以下三个方面的对策。

（一）努力营造一个适宜金融创新的配套环境

当前，我国金融业是垄断与过度竞争并存。一方面，规模庞大的机构在市场中占有相当的垄断地位；另一方面，金融同业之间不正当竞争屡禁不止，从而造成金融活动的扭曲。因此，有关当局应对所有的金融机构一律按市场原则管理，取消各种政策性歧视，使各类金融机构在同一政策条件下自主经营自求发展。应放松金融业的市场准入，通过设立更多的股份制或其他所有制形式的非国有银行，逐步削弱国有银行的垄断程度。同时，中央银行和政府有关部门还要有效地制止金融同业之间的恶性竞争，为各类金融机构创造一个公正、公平、公开的竞争环境。

（二）从金融监管的角度引导金融机构的创新活动

西方发达国家金融监管的趋势是金融管制不断放松和金融监管不断加强，而我国却恰恰相反，由于金融监管薄弱从而导致金融管制过度。一方面，这种情形对金融管制过严，制约了金融创新量的扩张；另一方面，金融监管不力影响金融创新质的提高，这些从客观上限制了金融创新。所以，我们必须在金融发展的同时逐步放松行政性的金融管制，坚持市场的金融改革方向，增强金融改革方向，增强金融监管的规范性和有效性，对各种市场自发的金融创新采取鼓励和引导的措施，使金融创新在和金融监管的博弈中稳步发展。

（三）根据我国国情，明确当前金融创新的重点

根据我国现阶段的经济和金融业实际情况，我国金融创新重点应在以下六个方面：

（1）注重金融机构组织管理上的创新，激发金融机构的活力，提高金融业效率。在市场经济中如何发展、完善和创新我国金融组织和管理，是我国金融发展的一个全新的课题。除了要有正确的宏观经济政策和良好的外部环境外，改善金融机构自身的组织体系和管理方式极为重要。①在金融组织体系方面，需要在金融体系的结构、金融机构的性能和内部组织等方面进行改革。②在管理创新方面，中央银行应加强金融监管职能的发展和完善。

（2）充分利用先进的现代化技术与设备，促进金融技术创新。在金融领域中要广泛运用以微电子技术为代表的科学技术成果，以科技促金融。除了在金融机构普遍装备电子计算机进行业务处理、交易撮合、信息沟通、分析预测外，还要大力开发金融软件，同时加强现代化通信设备的建设，为国内外客户提供快速、便捷、准确、周到的各种金融服务。

（3）不断地创造新型的、切合我国实际的金融工具，以改善我国金融资产质量，增加社会储蓄与投资。

（4）促进金融市场创新，健全金融市场体系。当前要重点发展以同业拆借、票据承兑贴现为主的货币市场，同时要加快商业票据市场的建设；规范证券市场秩序，引导资本市场健康发展；建立统一健全的外汇市场；逐步放开黄金市场；加快利率市场化改革进程，逐步建立以中央银行利率为基础、以货币市场利率为中介、金融机构存贷款利率由市场供求决定的市场利率体系及形成机制。

（5）加快金融国际化进程，为扩大经济改革和开放创造条件。

（6）加快 R&D（即研究与发展）机构的建设和发展，推动金融创新的可持续发展。R&D 是新产品开发和推广中的重要环节。首先，要在条件成熟的金融机构内部成立专门的新金融产品研究和开发的部门。其次，要加强金融研究部门和从事数理学研究的部门合作，做到精确计算。最后，还要加强金融工程学的研究和建设。

第三节　金融监管

一、金融监管的含义、目标与原则

（一）金融监管的含义

金融监管属于管制理论范畴。管制（Regulation）一般是指国家以经济管理的名义进行干预。但是，到目前为止，经济学界对管制的认识尚未形成一致的看法。本书所说的金融监管，倾向于一般意义上的管制定义，即金融监管机构通过制定市场准入、风险监管和市场退出等标准，对金融机构的经营行为实施有效约束，确保金融机构和金融体系的安全稳健运行。金融监管是一种外部力量，因此，金融监管并不能保证金融机构不发生金融风险和损失。

（二）金融监管的目标

根据我国金融法律规定和现实国情，我国金融监管的目的可概括为：实现金融业经营与国家金融货币政策的统一；减少金融风险，确保经营安全；实现公平、有效竞争，促进我国金融业的健康发展。

（1）实现金融业经营活动与国家金融货币政策的统一。这里的统一是指通过金融监管，使金融机构的经营活动与国家的货币政策目标保持一致。由于众所周知的原因，金融机构以追逐商业利润为主要目的，其经营活动经常会与国家的货币政策产生矛盾，抵消甚至破坏国家货币政策的实施效果。因此，必须通过强有力的监督管理，限制金融机构的那些与国家的货币政策目标违背的经营活动，促使其与国家的货币政策目标相一致。

（2）减少金融风险，确保经营的安全。这是指通过金融监管当局的监督管理，维护整个金融经营的安全可靠，尽可能减少金融风险，保障公众的利益和金融机构的合法权益。金融业是一个充满各种风险的特殊企业，它既可能给当事人带来丰厚收益，促进经济较快发展，也可能因经营不善或其他问题引起风险，导致破产倒闭，给当事人带来巨大损失。金融监管当局的根本目的就是通过监管，确保金融业安全经营，不发生或尽可能减少当事人的损失。

（3）实现公平、有效的竞争，促进我国金融业的健康发展。这是指通过金融监管当局的监管、引导、调控，为金融业的发展创造一个良好、公平的竞争环境，促进社会经济的顺利发展。公平竞争是市场经济的客观要求，而不正当竞争则是市场经济条件下随时可见的顽疾，要根治不正当竞争，实现公平竞争，就必须加强金融监管。

（三）金融监管的基本原则

金融监管的基本原则包括：

1. 独立性原则

金融监管机构和部门应保持相对的独立性，在职责明确的情况下，拥有制定监管条例和日常操作上的自主权，以避免受到某些利益集团或地方政府的影响或干预。

2. 依法监管的原则

依法监管的原则具有两种含义：一是监管当局行使权力必须合乎法律法规，以确保监管当局的行为不超越一国法律、法规的限定，体现和维护社会公众的合法权益；体现银行监管的公正性、权威性、强制性。二是金融机构应合法经营，依法接受监管当局的监督，确保金融监管的有效性。

3. 公开、公正、公平的原则

即监督管理机构实施监督管理职能，应当保证监管行为的公平、公正，并具有透明度。监管行为应当充分体现公开原则，公正执法，从而有效保证在法律制定的统一标准下，公平适用于各个法律主体，并确保法律的充分贯彻实施。同时，监管行为必须具备透明度，并接受公众监督，从而为公正执法提供广泛的监督机制。

4. 效率原则

一方面，监管行为应当以提高运营效率，保障经营管理行为得以高效运转，保证金融体系稳健、有效运行为目的。另一方面，监管行为的实施也应当讲求效率，在最小成本、最大利益、最佳效果的前提下，实施监管行为。

5. 适度竞争原则

在市场经济条件下，必须保持金融机构间的适度竞争，使金融体系能以合理的成本提供良好的金融服务以满足社会公众的需要。促进银行机构间的适度竞争的含义，一是防止不计任何代价的过度竞争，避免出现金融市场上的垄断行为；二是防止不惜任何手段的恶劣竞争，避免出现危及金融体系安全稳定的行为。适度竞争原则要求既不能限制过死，又不能放松过宽，使金融机构在一个适度的基础上追求利润最大化。

6. 审慎监管原则

审慎监管就是监管当局要最大限度地评估金融机构的风险。为了及时了解和掌握金融机构风险分布状况和程度，监管当局要通过制定一系列的法规和管理指标体系，及时、准确地发现风险并采取预防措施。

7. 动态原则

金融监管应与金融发展同步，以免成为限制金融发展的羁绊。监管机构应尽快对不适应金融发展的规则进行修订，避免窒息金融创新的积极性。监管机构还要努力具备一定的前瞻性，把握金融市场走向和金融结构的演变趋势，提前作出相应的准备，缩短监管时滞，提高监管的事前性和先验性。

二、金融监管制度与模式

金融监管模式是指一国对金融机构经营所采取的监管方式。从世界各国的传统来看，主要有两种模式：分业经营、分业监管模式和混业经营、集中监管模式。金融监管模式的确定，同一国金融机构的经营方式、金融监管水平和经济金融的发展状况密切相关。

（一）分业经营、分业监管体制

分业经营体制是指银行、证券、保险和信托等金融机构只能经营本行业的业务，不能兼营其他行业业务的一种经营制度。与此相应，分业监管体制是指一国按照不同的监管对象，由不同的监管当局行使对不同行业监管职能的一种监管制度。实行分业经营、分业监管体制的主要原因是：混业经营的状态下，如果金融机构的内控机制不够健全，尤其是金融监管没有达到一定水平，在风险产生时，金融风险将迅速传导到整个金融行业，扩大金融危机的影响范围，增大金融风险所造成的损失。同时，在市场规则不健全的情况下，极易造成行业间不合理的资金流动，如大量信贷资金流入证券市场，产生泡沫经济。这样，一旦证券市场发生动荡，其风险就会通过银行体系扩散，产生金融危机。为了防止金融机构的过度竞争，防范金融风险，20世纪30年代大危机后，以美国、英国、日本、法国为主要代表的国家实行了分业经营和分业监管体制。

（二）混业经营、集中监管体制

混业经营体制是指金融机构可以经营银行、证券、保险和信托在内的全方位金融业务的一种经营体制。与此相应，集中监管体制是指由相对统一的监管当局行使监管职能的一种监管制度。实行混业经营、集中监管体制的主要原因有三点：①取决于银行机构提供金融服务的水平。银行机构的多元化发展程度越高，就越能够为工商企业提供全方位、高质量的服务。②取决于金融监管的水平。金融监管水平越高，控制和防范金融风险的能力就越强，也就有能力和条件实行混业经营、集中监管。③取决于金融自由化和金融创新的发展程度。金融自由化为金融机构混业经营提供基础，同时金融创新也为货币市场和资本市场的更加紧密联系提供了新的工具。历史上，混业经营、集中监管体制主要以德国、瑞士等国家为代表。

三、金融监管的内容与手段

（一）市场准入监管

市场准入是金融机构获得许可证的过程，各国对金融机构实行监管都是从实行市场准入管制开始的。实行市场准入管制是为了防止不合格的金融机构进入金融市场，保持金融市场主体秩序的合理性。市场准入监管的最直接表现为金融机构开业登记、审批的管制。其内容主要包括：注册资本数量、高级管理人员资格、业务范围、现实资产评估等。

例如，在美国，设立银行既可以根据国民银行法案在美国货币监理署注册，也可以根据其所在州的银行法律在各州注册，这两种类型的银行都有基本相同的银行权利。除了许可证以外，银行也通常向美国联邦存款保险公司申请获得联邦存款保险。在审查存款保险的申请时，联邦存款保险公司也通常运用银行注册机构同样的审查程序和方法。

美国的银行注册过程一般由三个阶段组成：第一阶段，非正式的申请准备阶段。在这一时期，申请机构的组织者要与核发银行开业许可证当局（美国货币监理或州银行监管当局）的官员讨论获取银行许可证的申请、注册程序以及银行业务开展计划的可行性。第二阶段，申请阶段。申请机构呈送给颁发许可证当局一份正式的申请，并从该处获得开设一家银行的初步认可。第三阶段，组建阶段。这一阶段银行筹建小组要履行其当初的承诺，雇用其余的管理人员，在计划的场所确定银行办公用房，筹集资本金，制定其运作程序和控制系统。最后它才有资格确定从监管当局获得开业许可证。在这些阶段中，申请阶段是银行注册过程的核心，因为这个阶段是监管当局根据申请者提供的各种资料对其是否适宜颁发许可证进行评估的关键阶段。

（二）市场运作过程及业务范围监管

金融机构经批准开业后，监管当局还要对金融机构的业务范围及运作过程进行有效监管，以便更好地实现监管目标的要求。如对银行机构的监管一般包括资本充足率监管、流动性监管、业务范围的监管、贷款风险的控制、外汇风险管理、准备金管理和存款保险管理的监管。对保险公司、证券公司等各类金融机构的业务及运作都有监管法规。

(三) 市场退出监管

金融机构市场退出，一般是金融机构由于不能偿还到期债务，或者发生了法律法规和公司章程规定的必须退出的事由，不能继续经营，而必须进行拯救或破产清算的过程。金融机构市场退出的原因和方式可以分为两类：主动退出和被动退出。

各国对金融机构市场退出的监管都通过法律给予明确，并且有很细致的技术性规定。归纳起来主要有三类处理方式：

1. 危机金融机构的拯救

对于陷入困境的大型金融机构，一般通过各种救助方式予以拯救；破产清算是力求避免的市场退出方式。主要的救助方式有：重新注资、接管、收购和合并、国有化、债权人参与治理、资产证券化、金融机构私有化、出售给外国投资者等。

2. 金融机构完全退出市场

在市场经济条件下，少量金融机构的倒闭不仅符合优胜劣汰的市场经济原则，也对提高社会资源配置具有重要意义。在这种情况下，政府和金融监管部门应当考虑如何减少金融机构市场退出对金融和经济社会的冲击，以充分保证广大债权人的权益等问题。金融机构完全退出市场的方式主要有以下三种类型：金融机构解散；金融机构被撤销与关闭；破产清算。

3. 放宽对危机金融机构的监管标准

通过评估，金融监管当局认为陷入危机的大型金融机构经营管理稳健、人力资本雄厚。为了减少金融机构重组或倒闭带来的负面影响，可以考虑放松对危机金融机构的管制。在分支机构的设立、跨业经营、存贷款利率以及国内外资金流动等方面，为该机构提供带有一定歧视性和垄断性的"特许经营"制度安排。

但是，这一选择必须以完善的立法和监管为前提，并辅之以其他手段。否则，片面为挽救危机金融机构而放松对银行资本充足率、信息披露、贷款损失准备金，以及分业经营的限制，则会导致金融机构的"道德风险"，形成险上加险的局面。例如，美国在20世纪80年代初期采取的放松监管选择，不仅没有救活储蓄和贷款协会行业，反而导致了它的彻底破产。

(四) 金融监管的手段

不同国家，不同时期的监管手段是不同的。如市场体制健全的国家，主要采用法律手段，而市场体制不发达的国家，更多的是使用行政手段。总的来看，目前金融监管使用的手段主要有以下五种：

1. 经济手段

经济手段是指监管当局以监管金融活动和金融机构为目的，采用间接调控方式影响金融活动和参与主体的行为。金融机构的经济手段很多，如在对商业银行进行监管时，最后贷款人手段和存款保险制度就是非常典型的经济手段。在证券市场监管中，金融信贷手段和税收政策都是重要的经济手段。

2. 法律手段

法律手段即国家通过立法和执法，将金融市场运行中的各种行为纳入法制轨道，金融活动中的各参与主体按法律要求规范其行为。运用法律手段进行金融监管，具有强制力和约束性，各金融机构必须依法行事，否则将受到法律制裁。法律手段发挥监管作用，必须树立金融法律的权威性和有效性，立法要超前，且执法要严格。

3. 行政手段

行政手段指政府监管当局采用计划、政策、制度、办法等进行直接的行政干预和管理。行政手段具有见效快、针对性强的特点。特别是当金融机构和金融活动出现波动时，行政手段甚至是不可替代的。但行政手段只能是一种辅助手段。从监管的发展方向看，各国都在实行非行政化，逐渐放弃用行政命令的方法来管理金融业，要更多地运用经济和法律手段。

4. 技术手段

监管当局实施金融监管必须采用先进的技术手段，如运用电子计算机和先进的通信系统实现全系统联网。运用电子计算机进行监管，实际上是将监管当局监管的内容量化成各项监测指标，通过资料的整理、分析和对比，最后以监控指标的形式反映金融业的业务经营活动状况来判断风险程度。

5. 综合检查手段

即现场检查与非现场监测与调查。现场检查是指通过监管当局的实地作业即审核、查看、取证、谈话等形式进行现场检查。验证机构的治理结构是否完善，提供的信息是否可靠，是从实证的角度来发现和预防风险。除了监管当局自身行使现场检查手段外，还可以委托外部审计师事务所、会计师事务所等外部力量来实现现场检查手段。现场检查内容一般包括合规性检查和风险性检查两个大的方面。合规性是指在业务经营和管理活动中执行中央银行、监管当局和国家制定的政策、法律的情况。合规性检查永远都是现场检查的基础。风险性检查一般包括其资本金的真实状况和充足程度，资产质量，负债的来源、结构和质量，资产负债的期限匹配和流动性，管理层的能力和管理水平，盈利水平和质量，各种交易风险的控制情况，表外风险的控制水平和能力，内部控制的质量和充分性等。

非现场监测体现了风险监测和预警这一监管原则，包括审查和分析资产负债表、损益表、现金流量表、管理报告等目的是对同类机构进行比较，评估金融机构的总体状况，对有问题的机构进行密切跟踪，以使监管当局在不同情况下采取有效监管措施，防止出现系统性和区域性的金融风险及危机。

在对机构经营情况检查后，要进行综合评级，称作监管评级。最有代表性的是美国的"骆驼评级制度"，这一制度是美国金融监管当局为了统一对商业银行的评级标准而制定和使用的对商业银行的全面状况进行检查、评价的一种经营管理制度。目前，世界上有很多国家的金融监管当局采用了该制度，来对银行的经营状况进行检查和评价。

(五) 国际监管

近年来，经济金融全球化的发展日益加快。一方面，跨国银行集团的发展形成了国际银行间的竞争；另一方面，国际资本流动包括国际借贷的增加，使银行风险国际化。国际社会对监管不力的金融活动所产生的潜在系统性风险开始给予极大关注，国际银行监管合作在全球范围、地区范围以及双边范围内各个层次上都表现得十分迫切。巴林银行倒闭等一系列危机事件表明，监管当局之间的有效沟通可以加强对国际性银行及其经营活动的监督与管理。同时可以创造和维护一个公平竞争的环境，以便其本国银行参与其中的竞争。正是基于这些原因，世界各国的政府、中央银行和金融监管当局在 20 世纪 90 年代对国际银行监管合作给予特别关注。从世界经济、金融的现实需要和发展趋势上看，国际银行监管合作的范围正在不断扩大，形成了一套具有普遍性的监管原则和标准。

除银行业外，还有证券业和保险业的国际监管。

国际证监会组织（IOSCO），正式成立于 1983 年，成员是来自发达国家和发展中国家的证券监管机构。该组织的宗旨是通过交流信息，促进全球证券市场的健康发展。各成员机构共同制定国际准则，促进国际证券业的协调合作和有效监管，以确保全球证券市场的公正、公开和公平。1998 年 9 月出台的《证券监管目标与原则》是其主要文件。

国际保险监督官协会（International Association of Insurance Supervisors，IAIS）成立于 1994 年，现有成员包括 180 个国家的保险监管组织。每年举办会议，与会的监管人员、企业代表与其他专家们共同探讨保险业发展与保险法规等相关议题。《保险监管核心原则》是其主要文件。

一、重要概念

金融抑制　金融深化　金融发展　金融创新　网络金融　金融监管　现场检查　非现场检查

二、复习思考题

1. 简评麦金农和肖的"金融抑制"和"金融深化"理论。
2. 简述金融创新的内容。
3. 简述金融深化、金融创新与经济发展的关系。
4. 简述金融创新的经济效应。
5. 简述我国金融创新的现状、进一步创新的制约因素及对策。
6. 金融监管的基本原则是什么？
7. 金融监管的内容有哪些？

三、前沿思考题

美国次贷危机与金融创新的关系。

参考文献：

[1] 尹洪霞、刘振海：《中央银行与金融监管》，北京：中国金融出版社，2005。
[2] 郭田勇：《金融监管学》，北京：中国金融出版社，2009。

第十六章　金融风险、金融危机与金融安全

> **本章提要**：20 世纪 70 年代以来，伴随着经济全球化、金融自由化，资本在国际间的流动加快，金融创新活跃，直接导致了金融体系的不稳定，甚至最终导致金融危机。因此金融安全问题更加受到人们的关注。
>
> **本章主要讲述**：
> 金融风险的基本理论及对金融风险进行管理的策略。
> 金融危机和金融安全的基本理论。
> 维护金融安全的措施。
> 选择有代表性的案例进行分析。

第一节　金融风险特征及类别

一、金融风险的含义

风险（Risk）是指不确定性以及由不确定性所引起的不利后果。也就是说，风险是某种不利事件发生的概率及其后果的函数，即 $R=f(p,c)$。其中，R 指风险；p 为不利事件发生的概率；c 为事件发生的后果。

风险产生的根源是不确定性。所谓不确定性是指事物的未来发展或变化有多种可能状态，而人们无法预知将会是何种状态。不确定性分为可衡量和不可衡量两种情况。前者是指人们能够事先充分预见到事物发展或变化的各种可能状态，并能预知每种状态发生的可能性大小，即知道其概率分布。后者是指人们不能估计事物发展或变化的可能状态和程度。事物发展变化中可能出现的状态越多，出现的可能性越不明确，则不确定性就越显著。风险也包含不确定性所引起的不利后果的可能性，即风险中包含某种潜在的、可能发生的损失。首先，不能割裂风险和损失之间的内在联系，否则就否定了风险

的存在。其次，风险不等于损失。风险是一个事前概念，而损失是一个事后概念。一旦损失实际发生了，风险也就不存在了，因为不确定性已经转化为确定性，可能已经转化为现实。

金融风险是指在金融活动中，由于各种不确定性因素的影响，使得金融机构或投资者的预期收益和实际收益发生偏差的不确定性及其资产蒙受损失的可能性。金融风险是风险大家族的一个分支，具备所有风险品种的共性，但由于其特殊的个性，使得金融风险在众多风险中独树一帜，表现在以下三个方面：①金融风险的承受者不仅是金融机构，还包括参与金融活动的其他主体。②金融风险可能导致的损失不仅是本金还包括机会成本的损失。③金融活动主体面临的风险水平不仅取决于风险因素的大小，还取决于对特定风险因素的暴露程度。金融风险的暴露是指金融活动中存在金融风险的部位以及受金融风险影响的程度。

二、金融风险的分类

（一）按金融风险是否可分散

1. 系统性风险（Systematic Risk）

系统性风险是来自经济个体所处的外部环境，是经济主体无法控制的外部不确定性。如，经济周期、国家宏观经济政策、国内国外政治形势等。系统性风险是不可分散风险，对所有的经济主体都有影响，它不能通过投资分散化将其抵消，只能通过某些措施进行转嫁或规避。

2. 非系统性风险（Unsystematic Risk）

非系统性风险是指某个经济企业或行业主体所独有的风险。它是由于企业面临经营困境、信用品质、法律诉讼、人事任命、竞争力等因素的变化带来的不确定性。非系统性风险是可分散风险，可以通过有效的分散投资组合降低甚至消除非系统性风险。

（二）按金融风险的表现形式

1. 信用风险

信用风险是由于债务人违约的影响，使银行资产、债权、收益受到损失的可能性。信用风险不仅仅存在于信贷业务中。广义来看，几乎在商业银行经营的所有业务中，都存在着信用风险，例如，担保、承兑、信用证、信用卡、证券投资、衍生产品交易以及其他形式的股权投资等。除了风险分布的范围日趋广泛之外，对单个或一组相关借款人的大额授信会导致信用风险的集中，从而使风险发生的可能性以及潜在损失增大。

2. 国家风险

国家风险是指银行在跨国经营活动中，由于借款人所在国家的主权行为所引起损失的可能性。国家风险的原因可以表现为以下几种行为：拒绝偿付、延期偿付、无力偿付、利息削减、债务重组、行政管制等。政府贷款数额一般都非常巨大，影响程度很深。当私人部门出现资不抵债或破产时，银行仍可以从其破产清算中得到部分清偿。但作为一国或地区政府来讲不会破产，因此在出现国家风险时，会使银行债权无法及时得到偿还。

3. 市场风险

市场风险是由于市场价格的反向变动，使得经济主体蒙受损失的可能性。对银行来讲，不论是股权资本，还是债权资本，以及其他业务经营活动中都广泛存在着市场风险。按照市场风险发生的因素，市场风险可以分为利率风险、汇率风险和价格风险。由于利率作为货币价格在银行业务经营中具有重要的影响，在市场风险中也显得尤为重要而被单独标识出来，但在本质上，利率风险作为市场风险的一种重要表现形式而存在。汇率风险又称外汇风险，是指银行在持有或运用外汇的活动中，因汇率变化而蒙受损失的可能性。价格风险是指由于资产重组或抵押品市场价格发生变化，使银行蒙受损失的可能性。

4. 流动性风险

流动性风险是指银行发生流动性不足时，无法及时满足负债和资产的融资需要，从而使银行发生损失的可能性。流动性不足通常源于资产负债期限结构匹配不合理。当市场环境发生变化，银行有可能无力及时支付到期债务，而银行机构为了保证信誉、清偿负债，有时不得不承担一些损失，出售或被迫收回部分资产，以极大的代价来满足其流动性需求。

5. 操作风险

操作风险主要是内控机制失效或操作失误，从而引起银行损失的可能性。当银行内部出现操作失误、欺诈行为或未能对市场变化作出及时反应时，意味着银行内部控制失去了应有的效力，从而使银行蒙受损失。在现代银行体制中，操作风险还包括信息技术系统失效或其他不可抗力引起的灾难事件对银行造成损失的可能性。

6. 法律风险

法律风险是指银行未能充分了解法律规定，或由于不完善、不正确的法律规定、法律意见、法律文件，造成同预计情况相比资产价值下降或负债加大的风险，并形成损失的可能性。同时，现有法律有可能无法解决与银行有关的法律问题，或者影响银行的法律可能会有变化。此外，在开拓新业务时，若交易双方适用的法律基础不同，或交易对象的法律权力不明确，银行尤其容易受到法律风险的影响。

7. 声誉风险

声誉风险是由于违约、违法、违规、操作失误或其他问题对银行的声誉产生负面影响，使存款人、贷款人或整个市场对银行的信心产生动摇，从而使银行处于困境或有发生损失的可能性。

8. 偿付能力风险

偿付能力风险是指在不利事件发生时，保险机构的可用资产不能保证所有保险客户索赔的可能性。偿付能力是保险公司稳健经营的核心问题，保险监管机构对于偿付能力的监管是整个保险行业健康发展的保证。

9. 网络金融风险

网络金融是指通过计算机网络，特别是国际互联网进行的全球范围的各种金融活动的总称，它是传统金融与现代信息网络技术高度紧密结合而形成的一种新的金融形态，是 20 世纪 90 年代以来重要的经济金融变革之一。

网络金融风险是由于网络系统的安全问题给金融体系带来的风险。网络金融风险既包括以网上银行为代表的网络金融机构在经营过程中存在的流动性风险、信用风险、市场风险和利率风险等一般风险，也包括基于信息技术投资导致的系统风险和基于虚拟金融服务品种形成的业务风险。网络金融的系统风险具体分为针对网络金融安全性而言的技术风险和由于网络金融机构管理不善而造成的管理风险。网络金融的业务风险包括操作风险、市场选择风险、信誉风险、法律风险等。值得注意的是，这些风险与传统金融业务风险对经济金融的影响不同。

三、金融风险的特征

金融风险是以货币信用混乱为特征的风险，它不同于普通意义上的风险，除了具有所有风险的一般特征外，还具有以下特征：

1. 不确定性

不确定性是指影响金融风险的因素非常复杂，各种因素相互交织，在金融活动中可能发生金融风险也可能不发生，难以事前完全把握。

2. 相关性

尽管金融机构主观的经营和决策行为会造成一定的金融风险，但是金融机构经营的商品——货币的特殊性决定了金融机构同经济和社会是紧密相关的。

3. 高杠杆性

与工商企业相比，金融企业负债率明显偏高，财务杠杆大，导致负外部性大。此外，金融工具创新日新月异，衍生金融工具有以小搏大的高杠杆效应，也伴随着高度的金融风险。一旦预测有误，便可能出现巨额亏损，投资者将受到严重损失，甚至危及整个金融市场的稳定。

4. 传染性

金融机构充当着中介机构的职能，割裂了原始借贷的对应关系。处于这一中介网络的任何一方出现风险，都有可能对其他方面产生影响，甚至发生行业的、区域的金融风险，导致金融危机。

5. 隐蔽性

由于金融机构和融资者之间存在着极大的信息不对称性，而微观金融主体对金融资产价格变化的信息又是极不完全的，因此金融风险具有很大的潜在性并在各金融机构不断积累。金融风险往往并不是在金融危机爆发时才存在，金融活动本身的不确定性损失可能因信用特点一直为其表面所掩盖。

6. 加速性

金融风险一旦爆发，它不同于其他风险爆发只在既定范围内匀速变动，而是因风险失去信用基础而加速变动。一旦金融危机爆发，往往都伴随着突发性、加速性，直到最后形成更为严重的金融危机。

7. 可管理性

金融风险的可管理性是指虽然金融风险的爆发往往由偶发事件引起，但由于其产生与发展都有一定的规律可循，因此又是可以防范和控制的，市场金融主体可以依据一定的方法、制度对风险进行事前识别、分析和预测，进而把金融风险纳入可控的组织保证中。

8. 周期性

金融风险的周期性是指金融运行是在既定的货币政策环境下，并处于整个国民经济的整体循环中，因此金融风险也受到国民经济循环周期和货币政策变化的影响，呈现出周期性、规律性变化。

第二节 金融风险的防范与管理

一、金融风险的度量

准确地评估金融风险的大小是有效防范和管理金融风险的前提。由于金融风险来自于未来的不确定性，涉及多种因素，因此金融风险的测度是非常复杂的，技术含量很高。多年来，金融理论界和金融工作者一直致力于研究开发度量金融风险的有效方法。信用风险和市场风险是两种基本的风险类型，这里对市场风险和信用风险的一些有代表性的度量方法加以介绍。人们对流动性风险、操作风险、国家风险等也有相应的度量方法，这里不一一介绍。

(一) 市场风险的度量

市场风险是因市场价格波动而导致损失的可能性。价格是金融市场的核心变量，价格变动对金融市场参与者损益的影响非常关键。利率风险、汇率风险、证券风险等均属于市场风险。金融衍生工具价格风险也可以看做是利率、汇率、证券价格风险的延伸和放大。市场风险主要有以下几种测度方法：

利率、汇率、证券价格的变化往往表现为频繁的连续性波动，这种波动固然不是可事先预知的波动但是也具有一定的统计特性。衡量波动性的基本数理统计方法是均值—方差模型。1952 年，马柯维茨在美国《金融杂志》上发表了《资产组合选择》一文，在这篇被誉为标志着现代金融学开山之作的论文中，马柯维茨采用均值和方差作为测度收益与风险的基本手段，使收益和风险第一次有了精确的、具有统计意义的定义。

1. 单一资产的风险度量

假定一种资产的收益服从某种概率分布，那么，这种资产的预期收益就是所有可能取得的收益值的加权平均数，即均值，也就是该资产收益的数学期望值。均值的计算公式是：

$$\overline{R} = \sum_{i=1}^{n} P_i R_i \tag{16-1}$$

式中，R 为资产收益率；n 表示收益率有 n 种可能；R_i 是第 i 种可能的收益率；P_i 是 R_i 发生的概率；$\overline{R}$ 是预期收益率，即均值，反映资产收益率的平均水平。

资产收益率的实际值与其均值的偏离程度用方差 δ^2 或标准差 δ 表示，其计算公式为：

$$\delta^2 = \sum_{i=1}^{n} P_i (R_i - \overline{R})^2 \tag{16-2}$$

$$\delta = \sqrt{\sum_{i=1}^{n} P_i (R_i - \overline{R})^2} \tag{16-3}$$

方差或标准差（Standard Deriation）反映了资产收益率的波动情况，方差或标准差越大，说明收益率的变动幅度越大，则该资产的风险也较高。反之，风险较低。

以方差或标准差来衡量风险的一个突出特点就是对风险的识别和度量是双向的，即是将收益围绕其均值上下波动的情况都视为风险的表现，既测度损失的变化，也测度盈利的变化。这种双向的风险测度正好与统计学中正态分布的基本理念是一致的，有助于将正态分布这种统计分析技术引进风险分析之中。不过，这种风险度量方法与风险是损失发生的可能性的一般观点有所区别，在实际投资活动中，人们作为风险厌恶者在考虑风险因素时，更注重投资收益低于预期收益的可能性，也就是下侧风险（Downside Risk），因此，有的学者提出了与马柯维茨均值—方差模型不同的均值—半方差（Semi-variance）模型，又称为偏方差模型，用于测试下侧风险。

2. 资产组合的风险度量

以上只给出了单个资产的风险分析方法，事实上，我们也可以在此基础上对多种资产构成的资产组合的风险进行度量。假设投资者将资金分别投资于风险资产 A 和 B，这两种资产在总投资中的占比分别是 X_A 和 X_B，$X_A + X_B = 1$。这个由两种资产组成的资产组合的均值（预期收益率）等于资产 A 的均值和资产 B 的均值的加权平均数，权数是其各自的投资比重。其计算公式为：

$$\overline{R_P} = X_A \overline{R_A} + X_B \overline{R_B} \tag{16-4}$$

式中，$\overline{R_P}$ 是资产组合的均值；$\overline{R_A}$ 是资产 A 的均值；$\overline{R_B}$ 是资产 B 的均值。

由于两种资产的风险具有相互抵消的可能，因而资产组合的风险就不能简单地理解为单个资产风险的加权平均，其公式应为：

$$\delta_P^2 = X_A \delta_A^2 + X_B \delta_B^2 + 2 X_A X_B \delta_{AB} \tag{16-5}$$

式中，δ_P 是资产组合的方差；δ_A 是资产 A 的方差；δ_B 是资产 B 的方差；δ_{AB} 是资产 A 与资产 B 收益率的协方差，计算公式为 $\delta_{AB} = \rho_{AB} \delta_A \delta_B$；$\rho_{AB}$ 是资产 A 与资产 B 的相关系数。ρ 的取值范围介于 -1 和 +1 之间，即 $-1 \leqslant \rho \leqslant +1$。当 ρ 的取值为 -1，表示 A 与 B 收益变动完全负相关；当 ρ 的取值为 +1，表示 A 与 B 收益变动完全正相关；ρ 的取值为 0，表示 A 与 B 的收益完全不相关。

我们可以更进一步地计算出 n 种资产 X_1，X_2，X_3，…，X_n 的均值和方差，其公式是

$$\overline{R_P} = \sum_{i=1}^{n} X_i \overline{R_i} \qquad (16-6)$$

$$\delta_P^2 = \sum_{i=1}^{n} X_i^2 \delta_A^2 + 2\sum_{i=1}^{n}\sum_{j=1, j>i}^{n} \rho_{ij} X_i Y_j \delta_i \delta_j \qquad (16-7)$$

式中，X_i 是第 i 种资产在资产组合中的比例；$\overline{R_i}$ 是第 i 种资产的均值；δ_i、δ_j 分别是第 i 种和第 j 种资产的标准差；ρ_{ij} 是第 i 种和第 j 种资产的相关系数。只要资产组合中每对资产彼此间的相关系数小于 1，组合的标准差就会小于单个资产标准差的加权平均数，因此，有效的资产组合就是要寻找彼此之间相关关系较弱的资产加以组合，在不影响收益的前提下尽可能地降低风险。当资产组合中资产的数目趋于无穷大时，组合的非系统性风险趋于零，但系统性风险不能被消除。

3.β 系数法（Beta Coefficient）

夏普等人在马柯维茨资产组合选择理论的基础上发展出资本资产定价模型（CAPM）。根据马柯维茨模型，投资者应该在估计所有资产的均值和方差以及这些资产之间的协方差的基础上，结合各自的风险偏好确定其最优的投资资产组合。CAPM 模型假设所有的投资者都按照马柯维茨资产组合选择的原则进行资产选择，且投资期限相同，那么所有投资者所选择的最优风险资产组合将会是相同的。所有投资者资产组合的总和即为市场组合（Market Portfolio），它是资产市场处于均衡状态时的资产组合。如果我们将证券市场处于均衡状态时的所有证券按其市值比重组成一个市场组合，则第 i 种证券的 β 系数的计算公式为：

$$\beta_i = \delta_{im}/\delta_m^2 \qquad (16-8)$$

式中，δ_{im} 表示第 i 种证券收益率与市场组合收益率的协方差；δ_m^2 表示市场组合收益率的方差。

在证券市场上，虽然系统性风险因素对所有证券的收益都会产生影响，但其对每种证券的影响程度不同，在证券价格的波动中，有时，单个证券与证券市场总体价格水平波动一致，即两者的波动方向和波动幅度相同。有时，单个证券的价格波动幅度大于或小于证券价格总体水平的波动，甚至波动方向与总体价格水平的波动方向相反。利用 β 系数，就可以确定个别证券价格波动与整个证券市场价格波动的关系。

β 系数是某一资产与市场组合的相关系数，反映了某一资产对市场组合离异程度的风险。若某一证券的 β 系数＝1，说明其价格波动的风险与市场组合的系统性风险相同；若 β 系数＞1，说明其价格波动的风险高于市场组合的系统性风险；若 β 系数＜1，说明其价格波动的风险低于市场组合的系统性风险。

在现实中，人们在计算金融市场上某种证券的 β 系数时，往往把一些包含有较多样本、能反映市场价格整体变化趋势的证券价格指数来代替市场组合，同时用历史数据来代替预期收益率。如果计算资产组合的 β 系数，其值等于该资产组合中各种资产 β 系数值的加权平均数，以各种资产在组合中的投资比重作为权数。

4. 缺口模型

(1) 简单缺口模型。金融载体承受的市场风险的大小，不仅取决于市场风险要素如利率、汇率、证券价格的波动幅度，也取决于金融载体对市场风险的暴露。当暴露很小时，即使市场变量变动幅度很大，可能造成的损失也较小；反之，虽然市场变量只是稍有波动，但也可能造成较大损失。暴露有两个组成因素：一是头寸，二是期限。头寸越大，风险也就越大；期限越长，面临的不确定性越多，风险也就越大。若单纯仅考虑某一种金融产品的暴露，并不能全面地衡量经济主体承担风险的大小，还需要与经济主体资产和负债的总体搭配相结合。在度量金融风险时，最为基本的方法是考察经济主体的净暴露，即其每种金融资产买入头寸和卖出头寸的差额，即缺口。缺口越大，则经济主体面临的市场风险也就越大。这一方法就是"简单缺口模型"，其优点是计算简便，但是这种方法的缺陷也十分突出，因其未考虑金融产品的期限，也就不能准确地反映出经济主体实际承担的风险，只能粗略地加以估计。

(2) 敏感性缺口（Funding Gap）模型。在一定时期内需要重新定价的资产和负债，被称为利率敏感性资产（Sensitive Asset）和利率敏感性负债（Rate－Sensitive Lisbility）。这些资产和负债，或者是在此时期内将要到期，或者是以浮动利率计息。每一时段内，利率敏感性资产和利率敏感性负债的差额，就是该时段的利率敏感性缺口，反映着每个时间段的利率风险。在整个考察期内，各个时段的敏感性缺口的总和是总缺口，反映整个考察期内的总风险。若金融机构持有正缺口，当利率下降时，其利息收入的下降幅度大于利息支出的下降幅度，结果是净利息收入减少；当利率上升时，其利息收入的上升幅度大于利息支出的上升幅度，结果是净利息收入增加。若持有负缺口，则利率的波动对金融机构净利息的影响相反。利率敏感性缺口作为传统的利率风险度量工具也存在一定的不足，因为许多资产和负债在到期前就逐步收回或支付利息，因而其有效到期日和契约到期日往往不一致，敏感性缺口模型没有考虑有效到期日不同的资产或负债的价值对利率变动反应程度的差异。

(3) 持续期缺口（Duration Gap）模型。持续期的概念最早是由麦考利于 1938 年提出的，其基本计算公式是：

$$D = -\frac{\sum\limits_{i=1}^{n}\dfrac{P_t \cdot t}{(1+i)^t}}{\sum\limits_{i=1}^{n}\dfrac{P_t}{(1+i)^t}} \tag{16-9}$$

式中，D 是持续期；t 表示金融产品产生现金流的各个时期；P_t 是金融产品第 t 期现金流量；i 是该金融产品的到期收益率；n 是最后一次现金流支付的时期。该公式的分母部分实际上就是金融产品市场价格的计算公式，可以用 P_0 来表示。所谓持续期，实际上就是金融产品在未来产生现金流的时间加权平均数，各期现金流量的现值与 P_0 的比值是权数。

从形式上看，持续期只是个时间概念，但是它的真正功能在于反映金融产品对利率风险的敏感程度。首先，持续期是衡量金融产品有效到期日的工具，它是金融产品的实际期限，持续期越长，说明该金融产品暴露在利率风险中的平均时间也越长，风险也就越大。其次，持续期是金融产品的价值也即其市场价格的利率弹性。通过求金融产品的市场价格对其到期收益率（利率）的一阶导数，可以推导出：

$$D=-\frac{\frac{dP_0}{P_0}}{\frac{di}{1+i}} \qquad (16-10)$$

因此，持续期反映着金融产品市场价格的波动对利率变动的敏感程度。持续期越大，金融产品价格的利率弹性也越大。经济主体的整个资产（或负债）的持续期是其所有资产（或负债）持续期的加权平均数，其权数是每种资产（或负债）的市场价值在总资产（或总负债）市场价值中的比重。如果资产负债的持续期搭配不当，利率风险也就出现了。总持续期的缺口公式如下：

$$DG=DA-DL \ (L/A) \qquad (16-11)$$

式中，DG 表示总持续期缺口；DA 是总资产持续期；DL 是总负债持续期；L/A 是资产负债比率。当持续期缺口大于零时，利率与经济主体的净值（即总资产与总负债的差额）价值成反向变化，当持续期缺口小于零时，二者成同向变化。当持续期缺口等于零时，净值价值不受利率波动的影响。

5. VAR 法

VAR（Value at Risk）可译为在险价值，或译风险估值。传统的市场风险度量方法只适用于特定的金融工具或特定的风险，而 VAR 法能够用于全面衡量市场风险。VAR 是指在正常的市场条件下、给定的置信水平和给定的时间间隔内，某一资产组合预期可能发生的最大损失。VAR 的含义也可以理解为，在给定的条件和时段里，该投资组合发生 VAR 损失的概率为给定的概率水平。假设某资产组合在 99% 置信水平上的日 VAR 值是 10 万元。或者说，该组合持有者损失 10 万元或更多的概率为 1%。

要测定一个资产组合的 VAR 值，必须确定三个要素：一是持有期，它是衡量资产收益波动性和关联性的时间单位，也是取得观察数据的频率；二是观察期，是对给定持有期的收益波动性和关联性进行考察的整体期限，观察期越长，越有利于获得足够长度的历史数据，但是也会同时面临市场结构可能发生调整变化的问题；三是置信水平，若置信水平选择过低，资产组合损失大于 VAR 值的概率就会过高，VAR 值也就失去了意义，若置信水平选择过高，虽然损失超过 VAR 值的概率将会降低，但是对 VAR 值估计的准确程度也下降了。在现实中，置信水平一般选择在 95%～99% 之间。此外，还需要确定资产组合在既定的持有期内收益的概率分布。

金融机构或其他经济实体可以利用 VAR 法概括地反映整个金融机构的风险状况，这在很大程度上方便了高层管理者随时掌握机构整体的市场风险情况。而且，VAR 法不仅能估计未来可能发生的损失规模，而且还可以明确损失发生的可能性。1993 年，对 VAR 方法的开发和检验已经取得了长足进步。1994 年，J. P. 摩根公司推出了以 VAR 为基础的风险计量模型（Riskmetrics）。近年来，VAR 法逐渐被西方国家金融机构和非金融公司所采用，作为防范金融风险的第一底线。VAR 法也受到金融监管部门的高度重视。1995 年 12 月，美国证券交易委员会要求公开上市交易的美国公司披露衍生产品交易活动的信息，并将 VAR 度量作为披露方法之一。1996 年 1 月，巴尔塞银行监管委员会颁布《资本协议市场风险补充规定》，宣布商业银行要针对市场风险保持相应的资本，其水平的确定要以 VAR 为基础。

（二）信用风险的度量

信用风险与市场风险相比，除了性质不同外，还具有一些特性，主要表现为：①市场风险的概率分布通常可以假定为正态分布，因为市场价格的波动及由此带来的投资损益的变动以其均值为中心，集中分布于相邻两侧，远远偏离期望值的极端情况发生的可能性较小。然而，信用风险就有所不同，若贷款能安全收回，贷款人可以获得正常的利息收益，一旦信贷资金不能回流，则贷款人的损失远大于其利息收益。由于贷款具有收益、损失不对称的特点，使得信用风险的概率分布不适合于正态分布的假设，从而为引入统计分析带来困难。②借贷双方存在显著的信息不对称。借款人较贷款人掌握了更多的信息，处于有利地位，而贷款人处于不利地位，这样就会产生道德风险问题。而在公开市场上，如果不考虑内幕交易，交易双方所拥有的信息近于是相同的，因而在市场风险的形成中，道德风险所起的作用相对不突出。③信用风险的观察数据不易获取。贷款不能公开交易，无法观察到贷款的市场价值，也不能观察到贷款价值在所关注的期间内的波动性。由于这些特性，致使信用风险长期以来难以量化。

1. 信用风险度量的传统方法

（1）专家评定。在商业银行借贷业务的具体操作中，借贷决策通常是由银行分支机构的信贷负责人做出的。他们对一笔贷款的信用风险的评定，主要依赖于其个人的专业技能、主观判断和某些关键因素的权衡。西方国家的银行信贷部门最常采用的评定方法之一是 5C 原则，也就是借贷专家对五项因素进行分析，做出权衡，最后得出信贷决策。这五项因素是：①品格（Character），即企业的声誉。②资本（Capital），即企业的资本与其债务的比例。③偿付能力（Capacity）。④抵押品（Collateral）。⑤经济周期的状态或形势（Conditions）。

不过，利用 5C 法对客户进行筛选带有相当强的主观性。专家在运用 5C 法时的主观权重可能会依贷款人的不同而变化，或是不同的专家对同一个借款人或相似的借款人也可能得出不同的结论，因此，5C 法在实践中往往缺乏一致性。

（2）信用评级。信用评级的范围较广，既包括对政府、企业、金融机构发行的各类证券的信用评级，也包括对企业和金融机构的信用评级。这里所说的信用评级主要是指对企业证券的评级和对企业资信的评级。证券评级是由专门的评级机构以发行人提供的资料为基础，进行调查、分析、预测，对证券的信用等级予以评定。企业的资信评级则是银行对首次申请贷款的客户或已经与银行建立信贷关系的客户进行信用评估，作为对客户授信的基本依据。银行对客户的资信评级一般是定期进行，为此，各家银行都建立了内部的企业资信评价体系。该体系通常包括反映企业资信状况的若干关键因素，如企业的盈利能力、营运能力、偿债能力及发展前景，并对每项要素赋予标准分值和相应的权重。银行根据企业的实际情况逐项进行评分，最终得出一个总分值，据此评定企业的资信等级。

（3）贷款分类。银行发放贷款后，一般会根据贷款的质量定期对贷款进行分类，以监控贷款信用风险的含量。最为典型的贷款分类方法是用美国通货监理署（OCC）开发的五级分类法，将银行的现有贷款归为正常、关注、次级、可疑、损失五个等级，各类贷款分别要求提取不同比例的贷款损失准备金。多年来，银行家们已经扩展了 OCC 的分类方法，开发出内部分类方法，对合格的正常贷款作进一步的更为细致的划分。

2. 信用风险度量的新方法

20 世纪 90 年代以来，贷款出售和贷款证券化的推广，以及信用衍生产品的出现和发展，对银行度量信用风险的传统方法提出了挑战。加上种种现实背景，如破产现象的大幅度增加、融资非中介化、存贷利差缩小、贷款抵押品价值的波动性等，都要求银行对信用风险进行更为准确的测度。信用风险的度量方法正酝酿着一场革命，与相对含糊和因循惯例的传统方法不同，新的度量方法更加注重建立技术性很强的数学模型。许多大银行和金融机构试图开发各种内部模型来度量信用风险，他们不仅利用新型模型评价个别贷款人的信用风险，还在贷款组合的意义上评估风险，不仅利用模型评估表内业务的信用风险，也用于评估表外业务的信用风险。其中，较为流行的两个模型是 KMV 模型和 Creditmetrics 模型。

（1）KMV 模型。KMV 模型是由 KMV 公司开发的一种信用风险度量模型，即信用监控模型（Credit Monitor Model）。该模型是对所有的股票公开交易的主要公司对银行贷款违约的可能性进行预测。

模型的核心分析工具是 EDF，即预期违约频率（Expected Default Frequency）。模型的基本思路是：当借款企业资产的市场价值超出企业的负债时，企业有动力偿还贷款，并将剩余部分留作利润或投资效益。如果企业资产的市场价值小于其负债水平，企业的所有者就会有动力选择违约，因为将企业所有的资产出售也不能完全偿付贷款。随着企业资产市场价值的下降，银行承受的企业违约可能带来的损失将会逐渐上升，最为极端的情况就是本息尽失。因而，企业的违约触发点（Default Point）被设定为与企业负债水平相等的企业市场价值或资产价值水平。EDF 就是根据企业资产价值的波动性来衡量企业目前市场价值或资产价值水平降低到违约触发点的概率，也即违约概率。企业资产价值从概念被认为是企业股权价值与负债的账面价值之和，由于负债的账面价值的波动性可视为零，因此企业资产价值的波动性是通过企业股票市场价格的波动性测算出来的。

KMV 模型的特色在于从借款企业股权持有者的角度考虑借款的动力问题，对企业信用风险的衡量指标 EDF 主要是基于对企业股票价格变化的分析。

（2）Creditmetrics 模型。Creditmetrics 模型即信用度量模型，由 J. P. 摩根公司和一些合作公司于 1997 年推出。该模型旨在提供一个计算 VAR 值的框架，用于贷款、私募债券这类非公开交易性资产的估值和风险度量。信用度量模型主要是考察资产组合的信用风险。它认为信用风险取决于借款人的信用状况，而企业的信用状况可以通过其信用等级得到反映。因此，该模型首先是确定每种信用工具当前的信用等级，然后再确定每种信用工具在既定的风险期限内由当前信用等级变化到其他所有信用等级的概率，并由此得到一个概率矩阵。接下来，确定每种信用工具期末在所有信用等级上的市场价值，与信用等级转换的概率矩阵结合，就可以得到每种信用工具风险期限末的价值的概率分布。其后，确定整个投资组合在其包括的各种信用工具的信用等级变化下所有可能的状态值，并且估计各种信用工具因信用事件（主要是信用等级变化）引起其价值变化的相关系数，以得出相关系数矩阵，从而得到资产组合在所有状态值的联合概率分布。这样，就由此得出资产组合作为一个整体的概率分布，在此基础上，可以在确定的置信水平上得出资产组合的信用风险的 VAR 值。信用度量模型对信用风险进行测度的基本方法是对信用等级的变化加以分析，与 KMV 模型有所不同。

二、金融风险的防范与管理

金融风险是每个投资者和消费者所关注的重大问题，也是各个经济主体（尤其是金融机构）生存和发展的关键问题。它直接影响着经济生活中的各种活动，也影响着一个国家的宏观决策和经济发展。因此，对金融风险进行防范和管理是金融业的重中之重。

（一）金融风险防范的一般措施

1. 回避

回避是一种事前的风险控制手段，指风险管理者在风险发生之前就发现可能的风险损失，因而在经营活动中有意地采取回避措施，主动放弃或拒绝承担该风险，彻底消除某一特定风险。在现代经济社会中，不能总是回避风险，在由风险引起的损失与承担风险所带来的收益不能相抵时，采用回避措施，反之，则不能采用，以免在回避风险的同时也放弃了可能的风险收益。

2. 补偿

补偿是一种事后的、被动的风险控制手段，指风险主体利用资本、利润、抵押品拍卖收入等形式的资金，弥补其在某种风险上遭受的损失，使风险损失不会影响到正常的经营活动。

3. 抑制

抑制是指在承担风险后，加强对风险因素的关注，注意事态变化的方向，在风险爆发前，采取措施，防止事态恶化，尽量减少损失。风险抑制措施有积极的风险抑制和消极的风险抑制。

4. 分散

分散是指风险管理者对不同性质的风险进行组合，使这些风险加总后的总体风险水平最低，同时又能够获得较高的收益。主要包括：资产种类分散、资产币种分散、投资方向分散。

5. 转移

转移是一种事前的风险管理措施，在风险发生之前，通过各种交易活动，把可能发生的风险转移给别人。风险转移是在风险和收益之间进行的重新安排，它并没有消灭风险源，而是改变了风险承担主体，并可能保留风险带来的部分收益。同时转让人会给受让人一定的补偿。从而使双方都达到满意的风险—收益状态。主要的风险转移方式有：担保、保险、转让、互换等。

6. 自留

这种措施要求经济主体主动设立各种基金，承担可能发生的风险损失。有主动自留、被动自留、全部自留、部分自留。主动自留是指已经明确某种风险的性质及后果，如采取其他方法处置，所花费用会超过自担风险所需费用，于是，经济主体选择自留方式弥补风险损失。被动自留是指不能准确识别和衡量风险损失后果的情况下，不得不采取自身承担的风险处置方式。全部自留是指在对风险损失发生的数量及后果有准确判断的情况下，即使发生最坏的后果，也要给予足额的补偿。部分自留是指依据风险的不同性质及后果，根据自身的承受能力，有选择的补偿部分风险，这种处置方式占相当比例。

（二）对信用风险的管理

信用风险是指由于对方未能偿还其债务而造成金融损失的风险。传统的信用风险主要是指违约风险，而现代意义上的信用风险既包括违约风险也包括市场风险。违约风险是指结合违约损失率对可能发生的违约或违约概率所作的可观估计。市场风险，它决定责任的市场价值，也就是市场暴露。因此，对信用风险的管理既要考虑传统的管理方法，也要应用现代的管理方法和技术手段。

1. 传统的信用分析管理方法

传统的信用分析主要分析企业的资产负债状况和现金流状况。主要包括以下九个步骤：①结合所了解的企业基本情况和银行的现有政策分析企业的贷款申请，了解贷款用途。②对企业的资产负债表及损益表进行详细分析，用以发现企业在各个阶段的发展趋势以及业务上的波动情况。③对试算表进行分析。④对账目进行调整使之标准化。⑤对贷款目的进行评价，放贷者要确定第一退出途径和第二退出途径。⑥进行压力测试。⑦分析行业结构，特别是正在出现的发展趋势、公司在行业中的地位及监管活动的潜在影响。⑧对公司管理高层和现行战略进行评价，同时对重要的部门经理也要进行评价。⑨准备贷款和保证条件。

2. 现代信用管理手段

（1）交易场所规范。即各类金融商品交易都不应在无规则状态的场外进行，而应在交易所和清算所进行。因为那里有法定的交易规则和标准的书面文书，有严格的监督。金融活动参与者与银行、券商、衍生工具交易商以及其他金融机构之间有大量的交易，在他们每天的交易中都要承担信用风险；交易所和清算所是降低这些风险的结构化手段。通过这样的交易中枢，给每一对合约双方带来了方便，使他们不必为了担心其交易对手的信用风险敞口而创建一个单独的机制。

交易所通过实施保证金要求、每日清算收入或损失制度、头寸限制要求等措施来防范违约风险。有组织的清算所能够有效地消除每个交易商的信用风险暴露的交叉蔓延；清算中心的存在增加了市场的流动性，使交易商能够以更大的交易量和交易额执行交易；清算中心监控每个交易商，所以交易商自己就不再需要互相监督了，这是一个有效的制度安排。

（2）风险对冲。随着全球金融市场的迅猛发展，一种新的用于管理风险的新技术——信用衍生产品逐渐受到人们的重视。信用衍生产品是用来交易信用风险的金融工具，在使用信用衍生工具交易风险的过程中，信用风险被从标的金融工具中剥离出来，使信用风险和该金融工具的其他特征分离开来。有了这样的工具，人们可以依据对风险大小、期限长短、信用风险事件的类型等要求，对信用风险定制组装，然后进行买卖。

利用期权对冲信用风险的原理是：金融机构在发放贷款时，收取一种类似于企业资产看跌期权的出售者可以得到的报酬。

利用互换对冲信用风险包括总收益互换和纯粹的信用互换或违约互换。总收益互换指的是按照特定的固定或浮动利率互换支付利息的义务，这些利率代表了对于贷款或债券支付的总收益。信用违约互换合约约定，买方（A）支付一定金额给卖方（B），约定当一个信用事件发生时（如 C 违约），卖方向买方支付合约面值扣除贷款后的余额。

利用远期合约对冲信用风险。远期信用合约是在贷款利率被确定以及贷款被发放后，对对冲贷款违约风险增加的一种远期协议。

（3）信用证券化。设计者的目的既是为了满足当前的资金需求，也是为了隔离风险。

（三）对利率风险的管理

除利率的期货、期权、互换这些管理工具外，久期模型是一种有代表性的管理方式。久期即各期的现金流的加权平均值，权重为各现金流的折现值占现金流折现值总额的相应比重。其一般计算公式为：

$$D = \frac{\sum\limits_{t=1}^{n} CF_t \times DF_t \times t}{\sum\limits_{t=1}^{n} CF_t \times DF_t} = \frac{\sum\limits_{t=1}^{n} PV_t \times t}{\sum\limits_{t=1}^{n} PV_t} \tag{16—12}$$

式中，D 为久期（年）；CF_t 为第 t 期的现金流；n 为最后一期的期数；DF_t 为折现因子：$1/(1+R)^t$，R 为市场年利率；PV_t 为第 t 期的现金流的折现值。

金融机构可以运用久期对其资产、负债项目进行利率免疫或对其资产负债表净值进行利率免疫。

（四）对汇率风险的管理

汇率风险可以通过以下措施加以控制：各种限额控制、表内套期保值、表外套期保值。各种限额控制主要有以下几类：即期外汇头寸限额、掉期外汇买卖限额、敞口头寸限额、止损点限额。表内套期保值是指银行通过对其资产和负债的币种加以匹配来避免因汇率变动而引起的利差亏损。表外套期保值则是指对远期外汇合同、外汇期货合同、外汇掉期合同、外汇期权合同和货币互换合同的运用对其表内的汇率风险进行套期保值。

（五）对流动性风险的管理

流动性风险指一家银行面临它不能随时以合理的价格筹集到足够的资金履行自己的

义务，满足客户的需求。

对于一家经营正常的银行而言，资产和负债期限的不匹配，利率水平的波动均可能导致流动性风险。而对于一家经营不善的银行而言，除了以上原因外，信贷风险往往是流动性危机的先导诱因。

1. 资产流动性保持法

资产流动性管理的核心和实质，就是使资产保持在最佳的状态。银行保持资产流动性的方法主要有三种：保持足够的准备资产；合理安排资产的期限组合，使之与负债相协调；通过多种形式增加资产流动性。

2. 负债流动性管理技术

（1）开拓和保持较多的可以随时取得的主动型负债：发行大额可转让定期存单；发行银行债券；同业拆借；向中央银行借款。

（2）对传统的各类存款进行多形式的开发和创新。

（3）开辟新的有利于流动性的存款服务。

（六）对操作风险的管理

操作风险是最为致命的一种风险形式，跟许多金融机构的重大失误都有间接影响。操作风险是由于错误或不完善的过程、系统和人员或外部事件造成的直接或间接的损失。

成功的操作风险管理框架是建立在操作风险管理组织结构基础上的，包括以下环节的操作风险管理流程：操作风险战略与政策、操作风险识别、操作风险评估和度量、操作风险监控报告、操作风险控制。

银行要进行有效的操作风险的管理必须建立科学独立且垂直的操作风险管理政策和建立科学的操作风险识别和监测方法，为监测风险暴露提供有效的分析和管理工具，具有适时报告的能力，最后还要为操作风险分配经济资源并为操作风险选择恰当的保险。操作风险的控制措施主要有：减损、防损、避险和对操作风险进行补偿。

防损即降低损失发生的频率（避险是防损的极端情况，行为被完全避免），可以通过运用先进的技术设备来降低故障率，或通过重建衡量方法以减少出错的可能性来实现，也可以通过反复的和自动的控制系统来实现。

减损是通过制定减轻由操作失误引起损失的策略来实现。

操作风险补偿主要是指补偿意外损失。有损前准备和损后补偿，损后补偿是以可用资本来弥补损失。损前准备是根据对损失概率的预测来设立准备金。金融机构可以通过自保来化解意外损失，即设立内部准备金来消化损失从而达到自我化解风险的目的；或者通过购买外部保险来化解损失即转移风险。

（七）综合风险管理

始于运用 VAR 方法度量金融市场风险管理革命，目前已扩展至对企业的全面风险管理。一个理想的全面风险管理体系应站在企业全局的角度去识别、度量和控制风险。

全面风险管理体系的优势在于：有助于通过对冲风险以达到降低收益的波动性的目的，从而增加股东价值；有助于降低对冲和保险的成本；有助于节约稀缺的资本资源，因为它充分考虑了分散化效果，而不是简单的对单独的风险资本的加总。

全面风险管理或者综合风险管理旨在衡量、控制和管理机构的不同风险类别和各种业务活动的综合风险。通过集中运用量化金融风险的各种方法，全面风险管理的目标就能实现。全面风险管理是风险管理的最前沿问题，综合风险管理系统应该能使各机构进行更好的风险管理。即使有些风险很难量化。但由于这一风险着眼于企业的总体风险，从而可以使资本配置更加合理。

（1）使用综合风险管理系统的直接好处是使人们发现了自然避险（natural hedging），即一些公司发现有些风险可以相互抵消。

（2）使用综合风险管理系统最实在的好处是可以降低公司整体风险的保险费用。

（3）更为实际的是，集中风险管理有助于减少交易费用。

（八）对网络金融风险的管理

由于网络金融风险具有风险扩散速度加快、监管难度提高、交叉感染的可能性增加、金融危机的突发性和破坏性加大、引起网络金融风险的因素扩大等特征，必须对网络金融风险进行控制和管理。否则，网络金融的存在和进一步发展必将受到严重的威胁，最终会威胁到国家的金融和经济安全。

对网络金融风险的管理除了用传统的金融风险管理方法外，应通过加强对网络金融的监管来防范和化解网络金融风险，维护金融业的稳定与安全。主要从以下六个方面努力：①对网络金融服务程式和真实性进行监管。②对网络金融系统安全的监管。③对消费者权益进行监管。④对利用网络金融方式进行犯罪的监管。⑤对网络金融跨境服务的监管。⑥有行之有效的法律框架，特别注意以下方面的规制：市场准入；电子签字的合法性；交易证据问题；事故、故障造成损失时当事者的责任等。

第三节　金融危机

经济学家历来以经济发展为己任，金融危机一直是经济文献中最为传统的主题，成为世界经济学界所关注的焦点。

一、对金融危机的理解

（一）传统的解释

虽然对金融危机的研究由来已久，但有关金融危机的理解至今尚处于争论之中。

按克罗凯特（Crockett）的解释，金融危机是指金融体系出现严重困难，绝大部分金融指标急剧恶化，各类金融资产价格暴跌，金融机构大量破产。

密希肯（Frederc Mlshkin）认为："所谓金融危机就是一种逆向选择和道德风险问题变得严重，以至于金融市场不能够有效地将资源导向那些拥有最高生产率的投资项目，因而导致的金融市场崩溃。"

金融危机在《新帕尔格雷夫经济学大辞典》中的定义是："全部或大部分金融指标——短期利率、资产（证券、房地产、土地）价格、商业破产数和金融机构倒闭数的急剧、短暂和超周期的恶化。"

由此可以理解，金融危机应该是金融状况在全部或大部分领域出现恶化，且具有突发的、急剧、短暂和超周期的特点。金融危机直接地表现为金融指标的急剧恶化和由于人们丧失信心而采取保值减损措施所造成的金融领域的严重动荡及其对整个经济引起的一系列后果。

（二）对金融危机理解的演变

金融危机是一个逐步形成的概念，它伴随着金融业的发展而发展，并经历了经济危机—货币信用危机—货币危机—金融危机的演变过程（石俊志，2001）。

1. 经济危机与金融危机

金融危机的概念最初是包含在经济危机的概念之中的。传统的经济危机的概念中就包含着在金融领域中发生的问题。经济危机一般表现为：在生产领域中，工厂生产的商品大量积压卖不出去，大批企业倒闭，大量工人失业，整个社会经济陷于瘫痪和混乱状态，生产力遭到极大的破坏；在流通领域中，商业停滞，商品积压，物价急剧下跌，商店纷纷倒闭；在金融领域中，现金缺乏，利息率高涨，有价证券价格暴跌，银行纷纷倒闭，出现信用紧缩；在国际收支领域中，资本大量外逃，进而出现货币危机。

经济危机的重心在生产领域中，基本上是生产过剩的危机，但也涵盖着商业流通、金融和国际收支等领域中爆发的问题。经济危机是经济周期运动的产物，因此具有明显的周期性。金融危机的根源也是经济运动中产生的问题，但是，由于金融体系的内在脆弱性，金融危机可能伴随着经济危机爆发，也可能在不发生经济危机的情况下爆发，因此也具有非周期性。随着现代经济金融化的发展，现代经济危机越来越多地表现为金融危机。金融危机的爆发是经济问题发展到一定程度的产物，它伴随着经济危机爆发的过程一起发生时，反过来加速和加深经济危机；在没有明显的经济危机发生时，也可能爆发金融危机，并可能对经济造成极为严重的破坏。

2. 货币信用危机与金融危机

随着金融业的发展，金融危机的概念从经济危机的概念中游离出来，其最初雏形是货币信用危机。至今，传统的经济危机的概念中所包含的在金融领域中发生的问题仍被称为货币信用危机。因此，货币信用危机发生，主要表现为：在商业信用方面，企业破产，银行呆账、坏账增加，商业信用锐减，有价证券难以变现，借贷资本极端缺乏，存款人挤兑，大批银行倒闭；在资本市场方面，有价证券行市急剧跌落，资本市场大缩水；在国际收支方面，国际信用关系突然断绝，国际收支出现大量逆差等。

因此，货币信用危机源于传统的经济危机概念范畴，具有周期性，而金融危机则充实了更多的现代含义；货币信用危机是金融市场危机的初级形态，金融危机是货币信用危机在现代经济金融条件下的表现形式。

3. 货币危机与金融危机

伴随着现代金融业的发展，频繁爆发了金融状况严重恶化的问题，使金融体系本身的内在脆弱性日趋明显。由于金融体系内在脆弱性的存在，以及金融经济的发展支持和刺激了虚拟经济的过度扩张，从而形成了泡沫经济；而金融自由化的发展，资本的大规模流动，在没有出现明显的经济危机的情况下，由于某些外生因素的诱发和冲击，引发了金融危机。20 世纪 70 年代以来，这些问题普遍地称为货币危机并进行认真的理论研究，出现了大量的研究成果，其中克鲁格曼的第一代模型、奥伯斯特菲尔德的第二代模型和道德风险第三代模型等是最著名的，并被人们所广泛接受。

所谓货币危机就是指由于投机冲击，导致一国汇率贬值，或者迫使该国政府为保护其货币抛出大量外汇储备或者大幅度提高国内利率水平。即货币危机主要指的是货币对外价值危机，也就是政府承诺的本币汇率在市场压力下难以保持的状况。它可以看做是广义的金融危机的表现形式之一，也可以看做与狭义的金融危机并列的一个概念。从表现形式上看，货币危机通常表现为固定汇率制度的崩溃或被迫调整、国际储备的急剧减少，以及本币利率的大幅上升。从字面上看，货币危机侧重于描述金融危机在货币流通、货币购买力和汇价等方面的表现。金融危机则具有更广阔的含义，它不仅包含了货币危机的全部内容，而且更多地强调了金融信用关系和金融资产市场等方面出现的问题。从传统的货币信用危机的概念到现代的金融危机的概念过渡期间，似乎人们普遍地接受了货币危机的概念。从某种角度上看，货币危机与金融危机并没有很大的区别。但是，与十几年前相比较，现在人们更多地讲金融危机而不是货币危机。

从以上的分析我们可以看出，金融危机的概念处在一个不断发展的过程中，它随着金融业的高速发展而不断地充实自身的内容。进入 20 世纪 80 年代，全球处在一个特殊的变革时期，经济全球化的程度不断加深，与此同时，伴随金融自由化、信息技术、融资证券化、金融创新及国际资本流动的加速，金融变得更加脆弱，经济严重泡沫化，最终在 90 年代爆发了三次大规模的金融危机。

二、现代金融危机的特征

与传统金融危机相比，现代金融危机具有以下特征：

(一) 金融危机发生的频率加快

金融危机并非 2011 年才有，但在第二次世界大战以前，它的出现在一定程度上还是一种偶然现象，其频率和影响范围、影响程度都比较有限。第二次世界大战以后，金融危机频频爆发，最终导致固定汇率制度受到冲击，布雷顿森林体系崩溃，债务危机四处蔓延。到 20 世纪 90 年代，金融危机愈演愈烈，频率有明显加快的趋势。首先是金融衍生产品投机失利的"巴林事件"和"大和事件"震惊了世界，随后发生了北欧银行危机，且又有欧洲 10 余个发达国家在一批投机者攻击下发生了欧洲货币体系危机。时隔不久，作为新兴市场经济国家的墨西哥发生了"新兴市场时代的第一次大危机"。1997年 7 月爆发的亚洲金融危机，则成为"全球化时代的第一次大危机"。20 世纪 80 年代末 90 年代初苏联东欧集团的解体，使全球金融危机蔓延到"转轨国家"之中。据林德格尔、伽沙和赛尔（Lindgren、Garcia 和 Saal，1996）的统计，1980～1996 年，共有

133 个成员国发生过银行部门的严重问题或危机。正如 Honohan（1996）激烈地认为，20 世纪后 20 多年发生的金融危机的频率和规模，是"史无前例的"。新世纪初，也未能幸免，始于 2007 年的美国次贷危机进而演变成全球性金融危机至今仍在深刻地影响全球金融经济。

（二）金融危机的超周期性和超前性

传统金融危机表现为周期性金融危机。现代金融危机强调它的超周期性和超前性。一方面，金融危机此起彼伏似乎脱离了经济周期的轨道；另一方面，虚拟经济与实体经济严重脱钩，因此经济运动的疾病积累到一定程度时，先在金融领域爆发，使现代金融危机具有敏感性和超前性，突发性加强，表现为经济危机病发的前兆，并提供经济危机疾病的自愈机制。

（三）金融危机的蔓延和传染性效应增强，速度加快，呈全球性

20 世纪 90 年代以后，随着计算机、通信、网络技术的迅速发展，以贸易自由化、生产全球化、金融自由化与国际化为特征的经济全球化进程加快，也使金融危机蔓延和传染的范围广、程度深。

（四）金融危机具有更容易在新兴市场国家爆发的区域性特征

（五）投机攻击引发货币危机，货币危机成为现代金融危机的先导，并处于核心环节

（六）货币危机与银行危机的双重性

进入 20 世纪 80 年代以来，随着各国金融市场的自由化，银行危机同货币危机就紧密地联系在一起了，银行危机与货币危机的相互关系，即所谓"共生危机"普遍引起了人们新的关注，使得经济学家展开了激烈的争论，一些经济学家认为最近的危机是一种"新型"的危机。

三、现代金融危机的表现形式

（一）货币危机

又称货币汇率危机，由于实行钉住汇率制或固定汇率制的国家，其国内经济变化没有配合相应的汇率调整，导致其货币内外价值脱节，反映为本币汇率高估，由此引发投机攻击加大市场上本币的抛压，其结果是外汇市场上本币大幅度贬值，该国金融当局为捍卫本币币值而动用大量国际储备干预市场或大幅度提高国内利率，使一国的货币流通领域出现严重混乱，甚至使原有的汇率制度趋于崩溃，因此称为货币危机。它对证券市场、银行业、国际收支以及整个国民经济将产生强烈的影响，容易引发证券市场危机、银行业危机及债务危机等多种危机。

（二）银行业危机

又称金融机构危机，即大量的银行被挤兑或濒临破产。在金融领域均衡遭到破坏时，金融资产质量下降，银行资产质量随之恶化，信用等级下降，金融体系的脆弱性显现出来，伴随着一连串的金融机构倒闭。

（三）债务危机

无力偿还外债而发生的危机。危机发生伴随着资金外逃，国际借贷条件就会恶化。出现汇率贬值的现象时，当过度借入外债时，尤其是短期外债，偿债期限过于集中和自身经济结构失调导致对外支付手段枯竭。

（四）资本市场危机

资本市场危机，表现为资本二级市场上的金融资产价格强烈波动，如股票市场、债券市场、基金市场及与之相关的衍生金融产品的金融资产价格发生急剧、短暂或超周期的暴跌。由于金融恐慌，使市场全体竞相退出，造成一发不可收拾的金融资产价格狂跌。典型的如股灾，股灾同时具有扩散性，不同的股票市场相互影响，引起连锁反应。证券市场危机与货币市场危机具有联动作用。

四、现代金融危机理论

现代金融危机理论的基础是国际货币危机理论。其中，具有代表性、解释力较强的是克鲁格曼（1979，1991）、弗拉德和伽伯（1984，1988）为代表的第一代理论模型，奥伯斯特菲尔德（1986，1995）为代表的第二代模型和正在发展的以道德风险等危机模型为主的第三代理论模型。

（一）克鲁格曼—弗拉德—伽伯模型

早在 1961 年，约翰穆斯在 Econometrica 上发表了理性预期的文章，之后卢卡斯（Lucas，1972，1973）相继发表重要的有影响论文，经济学中出现了理性预期革命。在国际货币危机的理论研究方面，以投资者心理和经济理论为基础的研究明显加强。1979年，克鲁格曼（Krugman）完成了题为《一种国际收支危机的模型》的开创性论文，奠定了现代金融危机理论模型的基础，弗拉德（Flood）和伽伯（Garber）1984 年对其模型加以扩展并给予简化，形成理性投机模型（Rational Speculative Attack Model），学界又称为第一代金融危机模型。

克鲁格曼提出的模型属于完全预期的非线性投机攻击模型。模型假定：两国货币的汇率由购买力平价决定，即单位外币的本币价值 e 等于本国物价水平 P 与外国物价水平 P∗ 之比，投资者可以自由选择本国货币资产和外币资产；一国外汇储备有限但实行钉住汇率。其原理是，由于一国实行固定（钉住）汇率，该国货币政策就受到约束。因为在开放条件下，私人总财富 W（表现为储蓄 S）是本币和外币资产 F 的组合，而本币资产的实际价值（M/P）是货币供应量 M 的函数，当 M 增加时，投资者完全预见到固定汇率崩溃，必将改变资产。

即：$e = P/P∗$

$W = M/P + F = S$

$= LS + (1-L)S$

式中，L 为资产组合系数。

在政府方面，财政赤字（政府财政支出 G 与税收 T 之差）必须用发行货币或提取外汇储备 R 来弥补，即：

$$G-T=M/P+R$$

如果该国实行钉住汇率政策，同时又不断增大货币发行抵补财政赤字（G-T），那么，这将首先引起（M/P）上升，通货膨胀率增加，随后投资者改变资产组合，用本币兑外币，LS 下降，（1-L）上升，导致 R 下降（ΔR=-ΔF=ΔM/P）。当 R 下降至零，政府失去保卫汇率的手段，固定汇率制度崩溃，货币危机发生。克鲁格曼确信，由于政府不适当的财政与货币政策使投资者完全预见到汇率的跳跃，从而改变投资组合，投资者为保卫自己的资产价值（利益）而抢兑外汇，政府外汇储备减少，导致了危机。在他看来，触发货币危机的关键是政策失误，而投资者的冲击行为是完全理性的（Rational Attack）。

该模型描绘了固定汇率制下一国宏观经济基本面的不协调会导致货币危机的爆发，并且可以衍生出一些重要的认识和政策主张。例如，那些认为对货币的投机冲击是基于不健康的基本面的人，往往倾向于从比较积极的角度看待投机活动。他们认为避免货币危机的有效方法是实施恰当的财政、货币政策，使得实施固定汇率的政策承诺真正令人信服。否则投机活动就会以迫使政府放弃固定汇率的方式，让政府认识到调整政策的必要性，市场借此起到"惩罚"先前错误决策的作用。从这个角度看，资本管制的措施作为一种抹杀市场信号的做法应该被放弃。这种对投机的乐观看法在某种程度上也促成了《马约》中的有关规定：一种货币只有当它在不借助资本管制的条件下，在以前的两年里能稳定在欧洲的汇率机制的波幅内时，它才有资格加入欧盟。这一标准隐含的一个观念就是，投机活动会"挑选"出那些拥有良好基本面保障的货币。

但第一代货币危机模型忽视了引致货币危机的外部因素，把货币危机的成因完全归结为一国的宏观政策，在全球化程度不断提高的今天，这种分析无疑是片面的。同时，第一代货币危机模型中政府的行为过于机械和简单，它不仅忽略了当局可用的政策选择，而且忽略了当局在选择过程中对成本和收益的权衡。因此，尽管第一代货币危机模型开创了货币危机理论模型研究的先河，但是由于其理论上的缺陷以及显示经济状况的发展，都使得第一代模型的实际应用受到限制，这也是第二代和第三代货币危机模型形成的一个重要起点。

（二）奥伯斯特菲尔德模型

20 世纪 80 年代后期，一些学者开始尝试从另外一个角度解释货币危机：集中考虑在经济基本面没有出现持续恶化的条件下货币危机爆发的可能性，它强调多重均衡（Multiple Equilibrium）和投资者预期自我实现（Self-fulfilling）。奥伯斯特菲尔德（Obsfeld，1994，1995）把第一代模型发展成一个随机攻击模型，又被称为第二代货币危机模型。

与上述模型相比，该模型的最大区别是前提条件不同：其一，它假定市场投资者并不能准确预见到固定汇率何时放弃（非完全预期），但投资者估计到如果发生危机，汇率将变更；其二，政府的财政货币政策是健全的，货币供应量与固定汇率水平是适应的，这样，在结论上两个模型也明显不同：在克氏模型中，如果政府坚持正确的宏观政策，投机攻击和货币危机就不会发生；而在奥氏模型中，即使政策健全、外汇储备处于高水平，由于市场缺乏准确预期，攻击和危机依然会发生。

第二代货币危机模型的政策含义是仅仅依靠稳健的国内经济政策是不足以抵御货币危机的，固定汇率制面对投机行为有天生的脆弱性，选择固定汇率就必须实施资本管制或是对资本市场交易进行限制；货币危机的发生并不以过度扩张的财政货币政策为前提，只要一国的失业或政府债务压力达到一定程度，固定汇率就可能步入以自我实现为特征的、随时可能在市场预期推动下陷入崩溃的多重均衡区间。另外，多重均衡区间的存在，实际上暴露了国际金融体系的内在不稳定性。因为即使根本没有执行与固定汇率不相容的财政货币政策的国家，也有可能因为市场心理的作用而遭遇货币危机。正是从这个意义上说，有的学者认为，在汇率制度的选择上，要么完全固定（如世界银行货币局制度或采取单一货币），要么浮动，任何介于二者之间的选择都是不稳定的。最后，从第二代货币危机模型结论推到，在特定的区间内，投机者的行为是不公正的，特别是对于一些抵御金融风险能力相对较弱的发展中国家来说，更是不公正的。

（三）道德风险等——第三代金融危机模型

1997 年 7 月的东南亚金融危机引起了学术界的关注。对于已有的理论能否充分解释这次危机，理论界有不同看法。如卡明斯基（Kaminnsky，1998）认为，本质上这不是一场"新"的危机，原有的理论成果对其具有说服力。但另一些学者则认为原有的两代模型对东南亚金融危机缺乏现实充分的解释力，危机爆发前具有一些有别于以前经受货币冲击国家的特点：①大多数东南亚国家国内状况良好，财政基本上收支平衡，通货膨胀率很低。②1996 年，这些国家的经济增长速度确实放慢，但并没有出现 1992 年英国所面临的就业与汇率的政策两难局面。③资本价格，特别是股票和地产价格，在危机爆发前就已经持续地下跌，泡沫呈现破灭迹象。这意味着，东南亚危机的背后一定还有其他因素在起作用，一些学者也不断尝试提出新的理论，建立所谓"第三代模型"的努力一直在继续。

建立"第三代模型"的尝试大致有三个思路：

1. 道德风险

在新兴市场经济国家中银行体系起着某种关键性的作用。据此，麦金农、皮尔（Mckinnon 和 Pill，1996）和克鲁格曼（1998）认为，金融中介结构恶性膨胀导致了经济泡沫，泡沫的崩溃导致危机发生，而导致膨胀的体制因素，主要是道德风险。由于新兴市场国家普遍存在政府对借款提供隐含担保的现象，政府官员与各种金融活动有着千丝万缕的裙带关系，使金融机构无顾忌地大量举债，产生了过度借款综合征（Overborrowing Syndrome）。尤其是随着私人国际资本市场的迅速发展和工业化国家取消了对资本账户的限制，导致国内银行从国际市场借入过量的资金。私人资本市场通常易犯错误是没有对基本经济要素给予足够的注意。因此将借入的资金投入国内的投机性项目或用于消费信贷。金融过度即金融机构过量的风险贷款产生膨胀，它不是商品价格而是资产价格的膨胀，只要整个链条没崩溃，这一过程将得到维持并不断循环，风险贷款的增加推动了风险资产价格的上升，使金融机构的资产负债表看起来比实际上要好得多，经济泡沫由此而生，且日益严重。然而，金融泡沫脱离实体经济的膨胀不可能永远持续下去，当某种外来扰动因素出现时，金融泡沫就会突然破灭，并通过支付链条传导到整个金融体系。此时，整个过程将按照相反的机制运行：资产价格急剧下降，金融机构的大量风险贷款几乎立刻变成巨额不良贷款。当危机发生到一定程度，政府可能被迫撤出其隐含的担保，使得金融机构再融资的能力进一步下降，致使一些金融机构破产并停止运营，并促使资产价格进一步下降。这种恶性循环便是金融危机。

值得注意的是，通过政府的隐含担保及政治家们的裙带关系而产生的过度借款和过度投资，通常是隐蔽地发生的，因此，尽管导致危机的因素早已产生并在逐步积累，宏观经济的运行仍有可能表现得十分稳健。事实上，这些都只是假象，在这种表面现象的背后，政府实际上正在从事着风险极高且不可持续的赤字支出。过量的外债使本国的金融系统变得极其脆弱，一旦遭受到攻击或资本流向发生逆转，银行系统的崩溃和经济衰退就难以避免。正如麦金农和皮尔强调的那样：在一个充满了过度担保和缺乏有效管理的金融经济中，道德风险铺平了通向极度投资的道路。

2. 流动性不足

常和维拉斯可（Chang 和 Velasco，1998a、1998b，1999）认为新兴金融危机的主要根源是由于国际流动性不足而导致金融危机的"自我实现"。他们也是以金融机构作为分析的中心环节的，其模型主要采用 Diamond 和 Dybvig（1983）的银行挤兑模型来解释的。所谓国际流动性不足指的是一国金融系统国际资产和国际负债期限的不匹配，更准确地说，如果一国金融系统潜在的短期外币债务超过了它当时可获得的外币数量，那么该国金融系统就处于国际流动不足的状态，这将导致多重均衡的存在。当国内存款人和国外贷款人对本国银行体系持乐观态度时，银行能够将非流动资产持有至到期日，并顺利偿还其债务，这时本国金融系统处于"好的"均衡；当国内存款人和国外贷款人出现恐慌时，存款人都试图从银行提取存款，同时国外贷款人拒绝将贷款延期，银行被迫过早地进行资产清算并因此破产，这时本国金融系统处于"坏的"均衡。

在 Chang 和 Velasco 的模型中，流动性危机的宏观经济效应取决于汇率制度。在固定汇率制度下，如果中央银行愿意充当最后贷款人，那么银行危机可以避免，但必须以货币危机为代价。在货币局制度下，银行危机不会演变为货币危机，但由于货币局限制了中央银行充当最后贷款人，实行部分储备的银行业将变得不稳定。在弹性汇率制度下，如果中央银行愿意充当最后贷款人，且银行存款以本币标价，那么就可以防止某些银行类型的危机。在固定汇率下，那些从银行提出存款的挤兑者将向中央银行购买硬通货，如果存款人预期这一系列行动将导致中央银行耗尽国际储备，那么对他们来讲，挤兑将是最优选择，悲观的预期将会自我实现。

3. 企业的净值变动与多重均衡模型

随着东南亚货币危机的发展，克鲁格曼本人也开始对自己以前提出的道德风险模型表示怀疑，他进而认为银行体系不是问题的关键。他认为是投资者信心的丧失导致市场预期的传递，造成恶性循环而最终滑入危机的旋涡。资产负债表能改变一个带特殊均衡的模型为另一个自我实现的悲观主义引发投资崩溃的模型，原因是对国内资产价格的信心效应。

他提出了一个新的多重均衡模型。这一模型将伯南克和吉特勒（Bernanke 和 Gertler，1989）等人对企业净值（资产减负债）与企业融资能力关系的研究应用到了开放经济环境中。它假定外国债权人只愿意提供高于企业净值一定比例的贷款，但是由于外资流入的数量会影响到本国的实际汇率，从而影响到企业外币负债的本币价值，因此企业的净值又取决于外资的流入量，这就导致多重均衡，当外国债权人与其本国企业有较高净值时，资本流入，本币升值，本国企业的外币负债价值下降，外国债权人的预期得到证实，因此构成一个理性预期均衡；当外国债权人预期本国企业净值较低时，资本流入减少，本币贬值，本国企业的外币债务加重，外国债权人的预期同样得到证实，这也构成一个理性预期均衡。

他认为类似于东南亚的货币危机的关键在于企业，由于销售疲软、利息升高和本币贬值，企业的资产负债表出现财务困难，这限制了企业的投资行为。一个谨慎的银行体系并不足以保持开放经济下受自我加强式金融崩溃风险的威胁，金融体系在货币危机中并非是由于先前投资行为失误，而是由于金融体系的脆弱性。在他看来，导致金融体系可能发生崩溃的因素主要有：高债务因素、低边际进口倾向和相对出口而言的大规模的外币债务。

克鲁格曼的理论模型分析所蕴涵的政策含义：①控制短期债务和所有外币债务。②为了应对危机，存在两种可能性：一是实施紧急贷款以加强投资者的信心；二是实施紧急资本管制避免资本外逃。③从企业角度出发，在危机后重建经济的关键在于恢复企业和企业家的投资能力。④多重均衡模型实际上揭示了政府可能面临的一种更为艰难的政策选择。在危机袭来时，政府选择贬值会使企业因外债加重而破产，政府利用紧缩政策来保卫固定汇率则又会使企业因国内经济萧条而破产。正是在这个意义上、在这种情况下，可以实行暂时的资本管制，以此来切断利率和汇率之间的联系。

4. 新一代危机模型的探讨

克鲁格曼在 2001 年 3 月以色列特拉维夫大学发言时，提到了新一代金融危机模型即第四代金融危机模型，它将是一个更为一般的金融危机模型。

总之，危机模型的不断推陈出新，正是由于现实的金融危机事件不断地发生变化。一个令人沮丧的事实凸显在人们面前，即每一轮危机似乎都会产生一个新模型，每一个模型又都能在事后对危机作出解释，但却无法预测危机。在实践的推动下，成熟的金融危机的模型还有赖于经济学家的不断探索。

第四节　金融安全

一、对金融安全的理解

安全本来是国际关系学的概念，国际关系学者眼中的国家安全是指对国家"核心价值"的维护，具体内容包括保持国家统一和领土完整、内外经济正常运行、制度和统治不受外部力量干扰的状态，维护这种状态的能力，以及人民对维护这种状态能力的信心与主观感觉。

金融安全是对"核心金融价值"的维护，包括维护价值的实际能力与对此能力的信心这两个紧密相关的方面。

所以，国家金融安全可以定义为一国能够抵御内外冲击保持金融制度和金融体系正常运行与发展，即使受到冲击也能保持本国金融及经济不受重大损害，如金融财富不大量流失、金融制度与金融体系基本保持正常运行与发展的状态，维护这种状态的能力和对这种状态与维护能力的信心与主观感觉以及这种状态和能力所获得的政治、军事与经济的安全。金融安全是货币资金融通安全，凡与货币流通及信用直接相关的经济活动都属于金融安全的范畴。

二、金融安全的特征

1. 金融安全的主要表现

金融安全主要表现为金融机构的稳健性，金融运行的有序性、有效性和可持续性四个方面。金融机构经营的稳健性是金融安全的基础，理论上要求每一个金融机构都稳健经营，整个金融体系才可处于稳健经营的状态，才有稳健性。金融运行的有序性要求有一个健全的金融体系，也要求有一个良好的金融法制环境。金融运行的有效性表现为金融运行对资源配置的有效性，只有资源得到了有效合理的配置，金融安全才有了进一步完善的基础。金融运行的可持续性是从发展的角度来对金融安全的界定。

金融安全的稳健性，金融运行的有序性、有效性和可持续性构成了一个密不可分的整体。其中稳健性是基础，有序性是状态，有效性是效果，可持续性是发展。只有四者齐备，才能说该国（经济体）的金融是安全的，该国（经济体）具有金融安全。

2. 金融安全的特征：社会性和政治性

金融安全社会性指的是金融安全有着普遍的社会影响力。

金融安全的政治性有两层含义：一是有些金融安全问题易引起政治上的论争，要用政治性手段加以解决；二是金融安全遭到剧烈破坏所导致的政府更迭，执政党下台，甚至威胁到一国的经济安全和国家安全。

三、影响金融系统安全的因素

1. 影响金融系统安全的内部因素

（1）金融系统运行是否有良好的宏观经济环境，即经济环境是否与金融系统运行相协调。金融系统运行的宏观经济环境主要包括两个方面：市场经济的充分发展、经济结构的失衡。如果这两个方面的条件是好的，金融系统就会顺利运行，金融系统的安全也就获得了一个基本的保证。

（2）金融系统完善的程度。金融系统完善的程度与金融系统的安全有着直接的关系。完善的金融系统必须具备以下两种机制：金融运行机制、自组织机制。

（3）国家的经济实力和政府的强有力。当一国发生金融危机，当局通常都是通过动用各政府可动用的决策资源、行政资源、经济资源来摆脱危机的，这三种资源基本体现了国家的经济实力和政府的控制力。

2. 影响金融系统安全的外部因素

（1）一国的金融系统在国际金融体系中的地位。一国金融系统在国际金融体系中的地位对该国金融系统的安全有着重要的影响。一国金融体系在国际金融体系中的地位越高、发言权越强，其抗风险或转移风险的能力越强，越有利于本国的金融安全。

（2）国际游资的冲击。随着经济金融的全球化和各国金融市场的开放，国际资本流动越来越频繁，规模也越来越大，对一国经济金融冲击也越来越大，应该引起高度重视。

四、中国的金融安全

（一）中国金融安全存在的问题

（1）中国金融机构自身体制的不完善和国内金融市场的不完善加剧了金融机构体系的不安全并加大了潜在系统性风险。

（2）金融监管不足和法制建设滞后加强了我国金融监管体系的不安全。

（3）金融全球化的不断推进增加了我国金融外在环境的不稳定性。

（4）人民币国际化进程增加了我国金融系统的不安全性。

（5）国际收支失衡和外汇储备资产保值加大了我国金融系统的不安全性。

（二）影响中国金融安全的因素

1. 国内因素

（1）宏观经济运行的状况。近几年来，我国经济一方面快速发展，另一方面也正经历着深刻的变革，处于转变经济发展方式和产业结构调整的过程中，中国经济从而也不断出现波动，这给金融安全增添了许多不利的影响。

（2）金融体系的完善程度。金融体系的完善主要包括宏观经济环境与金融体系的协调性、监管体系的完善程度。金融体系自身制度环境包括金融机构的产权制度状况、治理结构状况、内部控制制度状况等。这些因素若存在问题，将会在对传统金融体制进行改革中，使传统金融体制下隐含的金融不稳定因素外在化，还会生成许多新的金融不稳定因素，在整个宏观经济环境并不宽松的条件下，新旧不稳定的因素交织在一起，实际上就形成了金融业的存量风险和增量风险，两种风险所形成的破坏力，不断积累并叠加在一起，直接威胁到中国金融安全。

（3）中国政府控制危机的能力。从亚洲金融危机和最近的全球金融危机来看，中国政府化解金融风险、防范金融危机的能力是较强的。但是，随着中国进一步地参与经济全球化和金融全球化，中国的经济问题变得更加复杂，随着中国经济金融的进一步开放和市场化程度的提高，原有的宏观调控中的直接控制的手段将会进一步地减少使用，而需要进一步地加大间接调控的力度。因此，政府和央行提高宏观调控能力也面临严峻的考验。

2. 外部因素

(1) 国际经济与金融秩序。当前，国际经济与金融秩序是由美国和西方少数发达国家主导的，它们在建立世界经济和金融秩序时有绝对的话语权，而发展中国家在国际金融领域处于劣势，无力改变甚至难以影响国际金融市场，常常受到来自于发达国家的金融资本控制。这种经济金融发展的不平衡，使经济发达的国家在与经济不发达国家进行经济金融交易中，千方百计将其国内经济金融矛盾和风险转嫁给经济不发达国家。中国是发展中国家，在金融对外开放和涉外金融活动中，与世界经济金融的交往中，很自然地就成为发达国家转嫁经济金融风险的对象，所以公正、合理的国际金融秩序是维护一国金融安全的重要国际环境。

(2) 人民币汇率争端。随着中国经济、金融全球化步伐加快，中国经济金融与世界经济金融连为一体。由于中国经济长期以来是外向型的经济，国际收支持续顺差，在经济总量超越日本成为全球第二以后，引起全球瞩目，甚至引起了西方强国的恐慌，这些国家的某些人企图延缓中国发展的步伐。人民币汇率问题就成为他们利用的重要工具之一，人民币的国际环境变得复杂了，一方面是人民币在国际市场上走强，升值的预期使愿意持有人民币的国外居民越来越多；另一方面是中国国内的经济金融发展还未为人民币汇率进一步的改革做好准备。因此，现行的人民币汇率运行机制在为中国经济的发展提供了一个强劲的外部需求的同时，也引发了一些问题，如中国对外经济环境的恶化、人民币的升值预期增强、游资进入中国等。

(三) 维护中国金融安全的对策

在我国对外开放和市场化改革的进程中，确保金融安全稳定，从而促进经济增长，进一步提升我国全球影响力和竞争力具有重要意义。因此，必须从维护我国核心利益的角度出发，从多个层面和多个角度入手维护我国金融安全，做到立足当前，放眼长远，有重点、有步骤、有取舍。

1. 推进国家金融安全体系改革

金融安全体系改革是长期和艰巨的系统性工程。监管者要有全局观念，要根据机构、市场、工具的发展推动改革进程，提高金融监管的科学性和有效性：①必须坚定不移地推进金融安全体系改革。改革必须从保障国民经济金融安全的战略高度出发，突破现行体制和机构的条条框框，建立与金融市场发展兼容的安全体系。②必须建立我国显性的存款保险制度。③必须建立金融安全支柱之间密切和富有弹性的联合沟通机制，强化机构之间的配合协作，增强金融安全体系应对风险的稳健性。

2. 坚持金融市场化改革不动摇

金融市场化改革的基础工作是构建符合现代金融体系的微观主体。市场化、规范化经营的金融机构，是金融市场正常运作的基石。

3. 理顺金融市场价格体系

有效的价格体系是压缩套利空间和防范外部冲击的必要条件。这其中，重点是确定基础利率和完善利率形成机制。当前，要以市场性、基础性、相关性和系统稳定性为标准，确定和培育适合我国的基准利率。下一步，需要重点完善银行间同业拆借利率的形成机制和传导机制，拓展货币市场的深度和广度，为基准利率发挥价格导向作用创造良好的市场环境。

4. 坚持审慎的对外开放策略

我国在汇率制度选择、资本项目开放等关键领域，需要坚持审慎、独立的金融政策。同时，要努力保持宏观经济稳定，完善金融监管制度，为银行体系稳健发展和渐进金融改革创造良好的外部环境。

5. 审慎推进金融创新，完善金融监管体系

金融创新是一把"双刃剑"。因此，在倡导加强金融创新的过程中必须很好地坚持审慎的基本原则。加强金融监管是维护一国金融安全的基本手段。我国监管当局应进一步更新监管理念、创新监管制度、转变监管方式，加强各方的协调与合作，使金融监管的有效性不断增强，金融运行的效率和安全性不断提高。尽快从制度上进行改革，清晰划分职责边界，明确监管程序，从维护国家金融安全的高度切实履行好外部监管职责。

6. 积极参与国际金融新秩序的建立，加强国际金融合作与协调

从 20 世纪以来不断发生的金融危机来看，现行的国际金融体系和国际合作机制已经不适应经济全球化发展的需要。因此，要建立新的国际金融秩序，防范金融风险，维护金融安全，促进全球经济的健康发展。

第五节　案例分析

金融史上的风险案例不胜枚举，触目惊心，本节从银行风险、证券市场风险、网络金融风险、金融衍生工具风险、金融改革中的风险等方面选择有代表性的案例进行分析，这些案例足以让我们领略和极其深刻地认识金融风险的恶果及如何加强管理。

案例一：对金融衍生工具操作缺乏监督的教训——巴林银行倒闭

1995 年 2 月 26 日，具有 233 年悠久历史的巴林银行破产了，这个消息震惊了英国。破产是由一位 28 岁的交易员尼克·里森（Nicholas Leeson）在衍生工具交易中损失了 13 亿美元造成的。这笔巨额损失耗尽了该银行所有的股权资本。

在期货市场上的操作使巴林银行面临着日本股票市场上的巨大风险，后来给该银行带来了巨额损失并导致破产。里森是新加坡巴林期货公司的首席交易员，他手中已积累了大量的日经 225 股指期货（日经 225 是由日本股票构成的指数）。巴林银行在新加坡交易所和大阪交易所的名义头寸曾一度令人难以置信地高达 70 亿美元。在 1995 年的头两个月里，日本股市下跌超过 15％时，巴林期货公司遭受了巨大的损失。同时，由于里森已大量售出期权，从而使损失进一步加重，因为里森以为日本股市会保持平稳。当损失不断加重，里森仍顽固地相信他是对的，仍然不断地增加他的头寸规模。最后，他没有资金来支付交易所要求的保证金，只得于 2 月 23 日仓皇出逃。随后，里森给他的上司发了一份传真说："我为留下的烂摊子深表歉意。"

分析：巴林银行的高层领导者给予了一个远在海外的交易员个人太大的权力，对其买卖如此巨大的数额竟一无所知，没有限制、监督和审批，这是制度缺失的教训，对于银行自身的灭顶之灾已无可挽回。

案例二：利率风险——辛迪加欧洲美元贷款利率飙升

可以考虑将 20 世纪 80 年代经历的海外债务危机作为一个例子来说明利率风险。美国及其他发达国家的一些商业银行都急于向发展中国家贷款，但同时它们又希望降低利率风险和信用风险。一种被称为辛迪加欧洲美元贷款（Syndicated Eurodollar Loan）的金融工具应运而生。它用美元结算（美元贷款用美元结算，没有汇率风险），以浮动利率为基础计算利息费用（不受市场利率波动影响，无利率风险），而且贷款对象是政府（不可能倒台）。但是，在 20 世纪 80 年代初期美国利率飙升之后，像墨西哥和巴西这样的国家无力偿还债务，它们无法按浮动利率偿还它们的借款利息。简单地说，市场风险变成了规模巨大的信用风险。

分析：这些国家急需接受贷款，并且相信政府贷款的可靠性，但是它们的货币管理当局忘记了这是市场，没有预测国际金融市场上利率大幅度上升的可能性，跌进了利率深渊。

案例三：网络金融遭袭——美国信用卡泄密事件

卡系统公司（CardSystems Solutions，Inc.）是美国一家专门处理信用卡交易资料的厂商。该公司为万事达（Master）、维萨（Visa）和美国运通卡等主要信用卡组织提供数据外包服务，负责审核商家传来的消费者信用卡号码、有效期等信息，审核后再传送给银行完成付款手续。这家已有 15 年历史的公司怎么也没有想到，2005 年 6 月 17 日，居然有黑客恶意侵入了它的电脑系统，窃取了 4000 万张信用卡的资料。这些资料包括持卡人的姓名、账户号码等。在泄密的 4000 万张信用卡中，维萨卡约 2200 万张，万事达卡约 1390 万张。凭借这些偷来的资料，黑客就能制造伪卡，大肆刷卡，损害真正持卡人和发卡银行的利益，扰乱经济金融秩序。

分析：网络金融是现代金融的技术特征、全球化特征。技术防范成为任何一家金融机构风险管理必须研究的一个重要课题。

案例四：银行风险管理缺失与金融环境恶劣的代价——海南发展银行关闭事件

海南发展银行（简称"海发行"）是新中国成立以来首家也是到目前唯一一家依法关闭的银行，海发行从 1995 年 8 月成立到 1998 年 6 月关闭，前后不到三年，其教训值得很好地总结。

1. 成立之初资不抵债，违背了"资本金不足不能开业"的规则，已经埋下了风险的祸根

海南发展银行是海南省政府提出组建的一家区域性股份制商业银行，也是当时海南省唯一具有独立法人地位的股份制商业银行。它是由海南省人民政府出面组织，由 5 家信托投资公司的金融资产重组合并基础上组建的。海南省政府的新思路是希望通过这种

新形式化解海南的金融风险，是一个大胆的尝试，在全国是第一家。中国人民银行批准成立，是把它看成中国金融体制改革的一种探索和创新。这种创新实际上使海南发展银行担负着改造旧体制，建立新体制的任务。但是它成立之初就很不健全。海发行由海南省人民政府控股，股本总额 16.77 亿元，其中 5 家信托投资公司以 6.31 亿元入股，占 37.63%。海发行还向全国公开募集股本。需要说明的是，这 5 家信托机构，在 1993 年以前房地产热时，它们均有大量的高成本资金压在房地产上，资产负债比例畸形发展，债务压力极大，财务状况恶化，已经积累了较严重的金融风险。海发行成立伊始，这 5 家信托公司的债务被认定为 44.4 亿元，后来又认定为 50 亿元以上。可以想象，注册资本 16.77 亿元，一成立就背上了 3 倍于己的债务包袱的商业银行，在未来发展的道路上会遇到多么大的困难。

2. 高息揽存积累了高额的经营成本，使资产负债比例严重失衡

三年中，海发行 5 万元以上存款平均利率估计超过 15%，1997 年 106 亿元的资金规模中除了 40 亿元个人储蓄存款（其中有相当部分是高息揽存来的）外，另外 60 多亿元也是高成本的同业拆借。沉重的成本负担，成为海发行经营的又一困境。实际上，海发行的高息揽存行为是迫不得已，这与当时的大背景有关。1995 年，房地产建设热潮刚刚退去，资金来源匮乏，在海南高息揽存已成为金融机构的重要手段之一，某些信托投资公司开出的利率甚至高达 25%。而且，成立之初就背负巨额债务的海发行很快就树立了"存款立行的"思路，也使该行很快就陷入高息揽存的怪圈。

3. 资产质量低下，产生大量坏账

在资产管理方面，海发行在短短三年内又新增了大量坏账。从开业到 1995 年年末，海发行总部先后向 5 家分支机构借出资金 58 笔 3.56 亿元用于保证支付，未收回一笔。到 1996 年 3 月，海发行总部对 5 家分支机构的支持资金达 85 笔，累计发生额 8.49 亿元。

4. 内部管理极其薄弱，风险控制不力，财务管理混乱，甚至违规操作

为了扩大股本，海发行在成立初期甚至给股东提供贷款入股，形成虚收资本；股东中有退股的，资本已抽走但仍未销账，资本账户没有冲减调整；后又继续大量给股东发放贷款，变相抽逃资本金。在资产使用方面，超负荷发放贷款，短期负债用于长期贷款长期资产，使存贷比例失调。

5. 不合理地兼并导致支付危机和挤兑风潮

1997 年 12 月，海发行各营业网点排起了长龙，并很快演变成挤兑风潮。新中国成立以来几乎从来没有发生过的挤兑情况突然在中国最南端的最大经济特区发生了。这场危机的导火索缘自于行政干预，海发行被迫兼并和托管海南省 28 家陷入支付危机的城市信用社。海发行原本是"自身难保"，它既没有实力也十分不情愿兼并这些问题严重的城市信用社，海南原有城市信用社分布在 14 个市、县，大都是 1992 年前批准的，管理混乱，问题很多。截至 1997 年 6 月 30 日，这些城市信用社资产总计 137.08 亿元，负债 141.53 亿元，所有者权益为－4.45 亿元。1997 年 5 月，海口城市信用社主任出逃，随后，全省 10 多家城市信用社引发了大面积的支付危机。海南省政府和金融监管

当局一方面千方百计保支付，另一方面决定由海发行接收这批债务累累的信用社。1997年12月经中国人民银行总行批准，原34家城市信用社中有1家继续独立经营，5家违规经营、严重资不抵债的信用社关闭，债权债务交由海发行经营，其余28家由海发行兼并。在当时，这个方案被认为有四个好处：①海发行是股份制商业银行，可以向全国募集股金来解决资本金不足问题。②海发行可以在其他经济发达地区设立分支机构，实施跨省经营，突破岛内环境的局限，有利于逐步消化现有包袱。③海发行拥有省政府这样的大股东，有利于依法收贷。④海发行作为商业银行，可以利用人民银行的再贷款支持。接管之后，原以为取款无望的储户很快在海发行营业部门口排起了长队，这成为海南省的热门话题，各种传闻也甚嚣尘上，恐慌很快积累成挤兑风潮。最初的几天，现金以每天一两个亿的速度流出。到12月31日，海发行10天共兑付原城市信用社存款9.87亿元，其中92.5%是居民储蓄存款。原城市信用社吸收存款此前也往往采用高息承诺，海发行接管后为降低利息成本一律执行国家规定，只兑付本金和正常利息。与此同时，海发行对自己曾经承诺的高息也采取了断然纠错的办法，不仅停止向储户支付高息，甚至开始追扣发出的部分高息。这种违背承诺的举措即使是对原来高息揽存的合理纠正，却也严重损害了海发行的信誉，并对储户的利益形成直接冲击。海发行的一大批储户也加入挤兑，有的大户甚至不惜损失数万元的利差，提前将定期存款取走。原城市信用社和海发行的两股挤兑大军，使海发行脆弱的资金链面临越来越大的支付压力，1997年年初海发行先后从中国人民银行获得共30多亿元的再贷款。1998年3月22日，中国人民银行总行拒绝增加再贷款，海发行随后又推出的限额取款进一步加剧了公众的恐慌，兑付限额从2万元、5000元、1000元、200元一路下滑，到6月19日，海南省委大院里的海发行网点的兑付限额已经下降到100元。两天之后，也就是对28家城市信用社恢复兑付185天之后，海发行关闭。

分析：从银行成立之初就资不抵债，到高息揽存、贷款资产质量低下、内部管理混乱、新中国历史上没有发生过的挤兑潮等一系列事件可以看出，对于银行个体来讲，这是一个综合性风险。根本原因是银行高级管理层对各个环节的风险控制不力，管理极其薄弱。

案例五：资产整合与股市投资风险——德隆事件

20世纪90年代初，中国开始在上海和深圳试点股票市场。"德隆"原是北京很有名的迪厅，它开始用原始积累的数千万元资金投入新兴的中国股票市场。通过买股票认购证、原始股和参与深沪大盘的炒作，资金规模有了跳跃式的发展。1996年7月，"德隆"和它的朋友已经持有"湘火炬"70%的流通股，该股也从2.3元上涨到4元左右。但是这个时候，四川长虹、深发展等有大比例送股的龙头股却有400%的涨幅，这一点既让唐氏兄弟感到股票市场巨大的利润空间，又让他们意识到光持有流通股无法获得公司决策权，就不能通过大比例送股大幅度拉升股价。唐氏兄弟做出了一个重大决定，在新疆注册成立德隆投资公司，要通过资金和这些年在上层建立的社会关系进入"湘火炬"的决策层。这一重大决定很快得以实施，"湘火炬"的上级部门考虑到当时的汽车零配件行业不太景气，该公司效益也很一般，加上德隆开出的优厚条件，决定向德隆投资公司出让其控股权。此后，德隆通过拆借资金很快完成了收购，进入"湘火炬"公司决策层。并在 1997 年和 1998 年年报分别推出 10 送 2 股和 10 送 9 股的优厚方案，"湘火炬"的股票价格也很快于 1997 年涨到 10 元，1998 年超过 20 元，"德隆"此时已获得了 10 亿元以上的账面利润。1998 年以后，德隆投资公司通过贷款、从已控制的公司拆借资金、联合更多投资者等方式入主了"新疆屯河"和"合金股份"，"德隆系"也正式形成。通过控制流通股和大比例的送配，这三家公司的股票价格涨幅最少都超过 20 倍，到最高峰时期，"德隆系"控制的股票市价已经超过 200 亿元人民币。因为擅长资本运作而在中国股市名声赫赫。甚至出现过一旦听说德隆看上了哪只股票，这只股票的价格立即扶摇直上的"逢德必涨"现象。在胡润发布的"2003 年资本控制力 50 强"排行榜上，德隆集团以对 5 家上市公司、217 亿元流通市值的控制力名列榜单首位。作为德隆集团多年打造的股市形象工程，即使在 2003 年股市跌入低谷，"德隆系"的股价依然逆市上涨，尽显强庄风范。

在德隆资本膨胀过程中，其关键词是"产业整合"。其核心思想是以资本运作为纽带，通过企业购并、整合传统产业，为传统产业引进新技术、新产品，增强其核心竞争力。为此，德隆缔造了一个两翼并举的庞大金融产业王朝：产业一翼，德隆斥巨资收购了数百家公司，所属行业含番茄酱、水泥、汽车零配件、电动工具、重型卡车、种子、矿业等；金融一翼，德隆将金新信托、厦门联合信托、德恒证券、新疆金融租赁、新世纪金融租赁等纳入麾下。也正是凭借着这一精心构建但实质粗糙的产业链，德隆在中国资本市场上南征北战，东奔西突，不断地制造着一个又一个产业并购的故事。其不计成本的扩张，不论好坏的通吃，不仅使帝国的版图迅速扩大，也使这一帝国显得庞杂而可怕。在这粗糙收购加上不计成本的扩张背后，决定其最后整合的结果是难以产生正的现金流，长期陷于资金饥渴症。其旗下公司的债务不断攀升，使支撑德隆庞大产业帝国的资金链脆弱不堪。特别是 2001 年，德隆旗下上市公司无法融资之后，德隆帝国也就岌岌可危了。

2001 年 7 月，对中国股票市场是个灾难的时期，经历了 5 年的大牛市后，终于出现了"股灾"。很多股票出现了比上涨还疯狂的下跌。他们才真正明白中国股票市场奇高的市盈率确实是不健康的，肯定有崩溃的一天；"德隆系"三只老股确实价格太高了，要变现账面利润几乎是不可能的，而且还有那么多的贷款和拆借资金需要及时归还。为兑现账面利润，德隆最后找到的解决之道是，利用德隆的影响和这些年形成的社会关系大规模地介入优质产业，再将利润较高的产业注入上市公司，以降低上市公司股票市盈率，形成合理的投资价值，然后出货。为了尽快形成实业领域的优势，德隆以能带来资金流的金融企业作为进入的重点，相继控制了 170 余家企业，包括天山股份、ST 中燕、重庆实业、沱牌曲酒等新的上市公司，以及德恒证券、恒信证券、东方人寿、南昌商业银行等数十家金融企业。以这类公司为载体，德隆加大了资金借贷，并从控股公司套取了大量资金，进入了更多实业领域。德隆采取的措施是，在上市公司基本面改善的同时，在其他非上市产业中形成了很大的坏账（包括资金利息）。"德隆系"甚至越来越感觉到自己陷入一种莫名其妙的恶性循环，产业规模越来越大，债务越来越重，看得见的利润还是只有上市公司股价上的差额，而扣除这些无法兑现的价差后公司几乎是资不抵债。

2003 年以后，证券市场的监督并没有因熊市的来临而放松，国务院、证监会以及一些地方政府已经开始意识到"德隆系"高企股价后面的巨大金融风险，并有意识地采取一些措施限制德隆进入某些产业，同时加大了限制违规资金进入证券市场的力度。这个时候的唐氏兄弟开始认识到问题的严重程度，原来一直很神秘的德隆开始站出来树立公众形象，希望通过社会和政府的谅解来渡过这一难关。但是，这一措施太迟了，德隆的摊子已经大到政府几乎都无法收拾的地步。2004 年春天，"德隆系"进入中国证券市场已经超过 10 年了，它们第一次感觉到失望的冬天是那么冰冷。原来合作很好的银行、民间金融资金不但不再借钱给它们，还加大对资产抵押贷款的追缴力度，而再次大规模的扩张又受到政府的限制。德隆只有选择股价跳水来套现这一条路。2004 年 4 月 14 日，"德隆系"旗下的三驾马车——湘火炬、新疆屯河和合金投资第一次集体跌停，德隆王朝中子系统或关联系统的矛盾也接连暴露，德隆已无法自保。迫不得已，华融资产管理公司受中央银行之命拯救德隆，先是整体托管，再寻求重组途径。

分析：

（1）忽视产业整合背后的巨大风险。德隆模式的核心思想是"产业整合"，我们不能否定整合产业这一模式，但是产业整合背后埋藏着较大的风险，特别是兼并金融企业风险更大，因为产业整合效益的速度，总体上说无法跟得上金融扩张的速度，这是德隆没有理性思考和分析的。在产业整合上战线拖得太长，步子迈得太快，随着资源的配置，金融市场上的风险也在发生新的配置，金融市场主体追求高收益的同时，也承受着巨大的风险。德隆要解决结构性的差异，达到平衡，不仅需要横向的、内容方面的互补性的投资，如金融和产业、产业链之间的互补，而且需要注意投资节奏方面的结构安排，即长、中、短期投资的比例结构合理。否则，如果长期投资的比重过大，就会影响资产的流动性，虽抓住了富有诱惑力的投资机会和产业整合机遇，但可能忽视公司高速成长带来的潜在风险。

（2）借短贷长容易导致资金链断裂。据监管部门的调查，2002～2004 年德隆贷款额高达 200 亿～300 亿元。在贷款类别中，短期贷款占绝大部分，短期偿债风险极大。德隆产业整合的巨额资金大多属于长期投资，而每年年底客户大笔抽走资金，德隆的资金都十分紧张，但 2005 年年初，客户的钱一般又会投回来。德隆正是依靠着这种"危险的游戏"发展着自己。而当围绕着德隆的质疑和央行银根收紧终于动摇客户的信心时，流走的钱再也没有回来，德隆的"长投短融"游戏就此破局了。在资本运作过程中，德隆一直宣称自己是一家"战略投资公司"。但市场则一直把它视作"庄家"的代表。随着证券市场的进一步规范，德隆控制的上市公司已经不再能很方便地融资，增发和配股等手段不再是任意而为的游戏。而对于德隆这样的资本运作高手来说，如果失去强大的资金支持，其一切运作都会失去根本。据估算，"德隆系"在股市上蒸发的市值超过 200 亿元之巨。而兑付委托理财，三年下来累计也达百亿元以上，就此支付的利息和营销费用至少是 80 亿元。况且，德隆还不断斥重金用于金融机构的股权收购，这部分资金至少也有 50 多亿元。仅仅三年，以上几大资金黑洞合计高达 400 多亿元，德隆何堪如此重负？

（3）对民营企业集团的产业扩张和资本运作必须加强监管。德隆资金黑洞问题，暴露了民营企业集团的产业扩张和资本运作、金融系统的风险防范和化解、金融监管机构的监管制度等方面都还存在着不少弊端和缺陷，为此我们应当对民营企业集团的多元化经营策略进行深刻的反思和总结，改革民营企业集团的资本运作机制和管理模式，进一步健全金融系统的风险管理和控制体系，完善金融监管制度，有效防范和化解金融风险。通过不断的、有益的探索和尝试，以促进金融资本与产业资本的相互融合和渗透，进而为建立我国真正的金融控股集团打下坚实的基础。

案例六：三次主要国际金融危机比较

第一次：1929～1933 年金融危机

1929～1933 年金融危机习惯上被叫做世界经济大危机，是 1929～1933 年在主要资本主义发达国家发生的、迄今涉及范围最广、持续时间最长、破坏性最大的一次世界性生产过剩危机。

第二次：1997～1998 年金融危机

1997～1998 年金融危机又称东南亚金融危机、亚洲金融危机。东南亚金融危机是 1997～1998 年在泰国等东南亚国家之间由泰铢贬值引发的一场金融风暴。

第三次：2008 年以来的金融危机

2008 年全球金融危机，又称金融海啸及华尔街海啸等，是指由美国次贷危机引发，2007 年 8 月开始浮现到 2008 年上半年正式爆发，并蔓延到其他国家的全球金融危机。美国次贷危机又称次级房贷危机，也译为次债危机，是在美国因次级抵押贷款机构破产、投资基金被迫关闭、股市剧烈震荡引起的金融风暴。主要发展路径是：美国次贷危机引起美国金融危机，美国金融危机引起全球金融危机，全球金融危机引发全球性经济危机。

分析：

（一）金融危机的相同点

1. 从宏观层面看

三次代表性国际金融危机的共同点有：股价暴跌、货币贬值、金融机构倒闭、房地产缩水、失业剧增、经济增速下滑、经济衰退、部分地区局势动荡等。

2. 从行为表现层面看

三次代表性国际金融危机的共同点有：一是强制清理旧债；二是商业信用剧烈缩减；三是银行资金呆滞；四是存款者大量提取存款；五是部分金融机构连锁倒闭；六是有价证券行市低落；七是有价证券发行锐减；八是货币短缺严重，借贷资金缺乏，市场利率急剧提高，金融市场动荡不安。

3. 从危机征兆看

三次代表性国际金融危机发生前的典型特征主要有：一是经济持续多年高增长；二是外部资金大量流入；三是国内信贷快速增长；四是普遍的过度投资；五是股票、房地产等资产价格快速上涨；六是贸易持续逆差并不断恶化；七是币值普遍被高估。

4. 1997 年与 2008 年两次国际金融危机发生的共同原因

一是全球经济的一体化；二是国际金融市场的内在不稳定性；三是流动性过剩且资本流动水平很高。即在现代货币信用机制下，信息的不对称导致危机的发生，只要现代市场经济存在，市场经济所固有的货币信用机制就可能导致金融危机。

（二）金融危机的不同点

1. 金融危机的影响范围不同

1929～1933 年金融危机主要是资本主义发达国家，包括美国、英国及西欧、日本。1997～1998 年金融危机主要是东南亚国家，波及部分其他国家与地区。2008 年全球金融危机则是包括美国在内的全世界大部分国家。前两次金融危机对中国的影响不大，而目前正在蔓延的金融危机则对中国带来很大影响。

2. 金融危机持续时间长短不同

1929～1933 年金融危机从 1929 年 10 月开始，到 1933 年年底结束，共计 4 年多。1997～1998 年金融危机从 1997 年 5 月开始，到 1998 年年底结束，共计 1 年半。2008 年全球金融危机从 2007 年 7 月开始，目前仍在继续。

3. 金融危机的具体特点不尽相同

1929～1933 年金融危机的具体特点表现在：一是经济危机导致金融危机，先经济危机再金融危机；二是生产过剩导致产品积压，引起金融市场动荡；三是范围特别广，影响到整个资本主义世界及各生产部门；四是时间特别长，从 1929 年至 1933 年，前后差不多 5 个年头；五是破坏性特别大，整个资本主义世界生产下降了 1/3 以上，贸易总额缩减了 2/3；六是货币贬值的币种多，涉及范围广，包括英国、美国在内，全世界有 40 多个国家的货币先后贬值；七是主要影响地区是发达资本主义国家，对当时的中国基本上没什么影响。

1997～1998 年东南亚金融危机的具体特点表现在：一是金融危机导致经济危机，先金融危机再经济危机；二是泰铢贬值引发泰国金融秩序混乱，危机蔓延严重；三是时间不太长，前后差不多 1 年半；四是主要波及东南亚以及部分资本主义国家，对当时的中国有一定影响但不大。

2008 年全球金融危机的具体特点表现在：

（1）2008 年全球金融危机第一波危机的特点：①系统性。美国和欧洲金融体系出现了系统性崩溃的风险，所有的金融部门，不管是投行、商业银行都没有幸免。②全球性。原来是美国的，很快变成全球性的危机。③联动性。危机不仅仅涉及金融行业，还波及股票市场、汇率市场以及大宗商品市场，特别值得注意的就是油价，在金融危机发生以前，2008 年上半年油价从每桶 100 美元涨到 147 美元。金融危机爆发以后，油价跌到了 36 美元以下，下降幅度是 75%。④综合性。金融危机导致全球经济的衰退，还对一些国家的政治、社会产生了严重冲击。⑤不确定性。自从 2007 年夏天发生次贷危机以来，出现了好多次高潮，2008 年也出现好多次高潮，但是下一波什么时候来临，不好预测，这次金融危机什么时候结束，现在也很难预测。

（2）2008年全球金融危机第二波危机的特点：①这一波危机是在各国政府大力度救市政策出台的情况下发生的。②实体经济与虚拟经济正出现明显的负面互动。美国、欧洲、日本这三大经济体同时出现了深度的经济衰退，而且衰退的程度还在不断加深。在金融系统全面收缩并自身难保、实体经济面临严重和持续的资金短缺、整个社会都节衣缩食的情况下，实体经济将面临越来越大的困境，而这种困境都不可避免地向金融企业乃至整个虚拟经济传导，导致实体经济与虚拟经济的恶性循环。③大型金融机构正出现越救越亏的严重局面。现在所有救市政策都药不对症，不但没有特效药，而且也没有迅速见效的途径。美林公司在被美国银行收购后，2008年第四季度仍然巨亏158.4亿美元。④新的危机爆发点不断出现。美国次贷危机已经爆发，信用卡危机也开始出现，汽车等耐用消费品的贷款也都不风平浪静，新的危机爆发源还在不断出现。东欧国家的危机正在全面爆发，而且正在向西欧迅速扩散，给向东欧国家提供主要发展资金的西欧银行带来了沉重打击。⑤货币贬值将成为各国应对危机的一种趋势。当前货币贬值成为各个国家应对危机的重要手段。韩国货币一年来几乎贬值了一半，俄罗斯不但货币大幅贬值，而且其外汇储备也大幅缩水。

4. 金融危机产生的具体原因不完全一样

1929～1933年金融危机产生的具体原因主要是：投资过度，导致经济高涨；需求不足，导致生产过剩；证券市场高涨，投机狂热；信用紧缩，生产衰退。1997～1998年东南亚金融危机产生的具体原因主要是：经济长期过热，产业结构不合理；举债规模过大，结构不合理；金融自由化步伐过快，金融制度不健全且缺乏监管，导致金融秩序混乱，信用危机出现；宏观调控出现失误；国际金融投机者的攻击，加速了危机的爆发。2008年全球金融危机产生的具体原因表现在：美国房地产市场泡沫破裂是引发次贷危机的直接原因；住房金融管制放松和资产证券化为次贷危机爆发埋下了隐患；监管缺失是导致金融动荡的重要制度因素；以美元为核心的国际货币体系是导致美国金融动荡的深层次原因。

5. 金融危机的影响后果与程度轻重不一

1929～1933年金融危机影响后果与程度：美国经济水平倒退10年；美国采煤业生产倒退28年，炼铁业生产倒退36年，炼钢业生产倒退31年；美国失业人口达到1700万，平均每四个人中就有一人失业。

1997～1998年金融危机影响后果与程度：①金融危机爆发仅一年，韩国经济水平倒退约7年，国民生活水平下降约12年。②当金融风暴袭来时，印度尼西亚政府惊慌失措，应对无方，造成数十家银行倒闭，工商业陷于停顿，企业资本大幅缩水，人均收入从1000余美元锐减至400多美元，失业和贫困人口大幅增加。

2008年全球金融危机影响后果与程度：①冰岛政府濒临破产。就在一年前，冰岛还在全球最富有的国家之列。而如今，冰岛股市近期持续暴跌，本币克朗也大幅贬值，冰岛政府只能寻求外国援助。②英国成为首个陷入衰退的发达经济体。英国2008年10月24日宣布第三季度GDP环比下降0.5%，该国成为第一个陷入衰退的主要发达经济体。③乌克兰政府肩负千亿美元外债压顶。国际货币基金组织（IMF）宣布大手笔提供

165 亿美元给水深火热中的乌克兰，不过这对于背负 1000.62 亿美元外债的乌克兰来说，可能只是杯水车薪。

6. 应对金融危机采取的政策措施不一样

1929～1933 年金融危机应对政策措施：英美法等国主要采取国家干预政策；德国、日本主要采取军化政策，实施对外侵略。

1997～1998 年金融危机应对政策措施：改革金融体制；加强金融监管；制定金融法规。

2008 年全球金融危机应对政策措施：应对措施五花八门，各有利弊。主要措施包括：金融监管、国有化、高管限薪、扶助就业、降息、退税、注资银行降息。在亚洲，新加坡制定了 23 亿财政刺激方案、越南央行下调基准利率 1‰；韩国国有金融机构力挺银行、日本批准 88.5 万亿日元预算并探讨收购银行所持股份、港金管局五度注资；韩国拟创造百万就业岗位、菲律宾拟海外发行政府债券、中国"一揽子"计划应对危机。在欧美 2008 年 10 月以来，一些国家救市政策措施包括：俄国政府动用 10 万亿卢布拉动内需，德国汽车业向政府求救，美联储三次下调贴现利率至 0.5‰，三次调低联邦基金利率至 -2.5‰ 的目标区间，为历史最低水平，欧洲央行五次下调基准利率至 1.5‰，是该行创立后最大的单次降息幅度。波兰央行降息 75 个基点，IMF 向拉脱维亚提供贷款，加拿大 40 亿加元援助汽车工业，意大利 800 亿欧元救市，西班牙将推行百亿欧元计划，欧盟出台 2000 亿欧元救市，挪威将加大出口信贷担保，荷兰推 60 亿欧元刺激计划，瑞士央行降息 100 个基点，英国央行史无前例大降息，冰岛政府担保国内银行，英国扩大货币发行，法国车商救市政策获成效，英国央行降息预期增强，德国拟动用千亿欧元帮助企业，巴西发行 10 亿美元债券，智利 40 亿美元刺激经济，奥地利接管梅迪西银行。

一、重要概念

金融风险　系统风险　非系统风险　信用风险　市场风险　操作风险　网络金融风险　金融危机　经济危机　货币危机　信用危机　金融安全

二、复习思考题

1. 金融风险的基本特征是什么？
2. 简述利用 VAR 进行风险管理的基本原理。
3. 简述对信用风险的管理。
4. 简述对利率风险的管理。
5. 简述对投资组合风险管理的要点。
6. 什么是全面风险管理？
7. 简述金融危机的几种理论。
8. 简述金融风险、金融危机和金融安全之间的关系。

三、前沿思考题

试分析我国金融安全问题及对策。

参考文献：

[1] 卫新江：《金融监管学》，北京：中国金融出版社，2005。

[2] 谷秀娟：《金融风险管理——理论、技术与应用》，上海：立信会计出版社，2006。

[3] ［美］菲利普·乔瑞（Philippe Jorion）：《风险价值（VAR）——金融风险管理新标准》，北京：中信出版社，2005。

[4] 曾志耕：《网络金融风险及监管》，成都：西南财经大学出版社，2006。

[5] 刘毅、杨德勇、万猛：《金融业风险与监管》，北京：中国金融出版社，2006。

[6] 朱忠明：《金融风险管理学》，北京：中国人民大学出版社，2004。

[7] 杨星：《金融创新》，广州：广东经济出版社，2001。

[8] F. S. 米什金：《货币金融学》，北京：中国人民大学出版社，1998。

[9] 黄宪、江春、赵何敏、赵征：《货币金融学》，武汉：武汉大学出版社，2002。

[10] 姜爱林：《20 世纪以来三次国际金融危机比较》，金融教学与研究，2009 年第 3 期（总第 125 期）。

后　记

在《全国高等教育金融学专业系列规划教材》中，这是最后成书的一本教材，这使我们有充分的时间征询学生对本课程教学的意见。于是，我们进行了两点改进：其一，开篇增加了导论，简明讲述金融和经济的关系，增强学生学习金融知识的兴趣；其二，最后一章讲述金融风险和金融危机，增加了几个有代表性的案例分析。这是不同于其他同类教材的地方。

在本书的撰写和校对过程中，经济管理出版社的责任编辑刘宏同志和校对部门的多位同志给予了大力帮助。他们十分细心地多次阅稿，指出了书中存在的问题。对于他们严谨的学术态度和认真负责的工作精神，我们表示崇敬和感谢。本书的顺利出版，武汉市恒曦书业发展有限公司的孙敏同志也做了大量具体工作，在此一并鸣谢。

刘应森　马郧

2012 年 1 月